Les clés du futur

Du même auteur

L'Homme face à la science (dir.), Critérion, 1992.
Science et Quête de sens (dir.), Presses de la Renaissance, 2005.
Notre existence a-t-elle un sens ?, Presses de la Renaissance, 2007.
La Science, l'homme et le monde (dir.), Presses de la Renaissance, 2008.
Au-delà de Darwin, Jacqueline Chambon-Actes Sud, 2009.
La Science en otage, Presses de la Renaissance, 2010.

Directeur de la collection « Science et quête de sens » aux Presses de la Renaissance

Nidhal Guessoum, *Réconcilier l'islam et la science moderne*, 2009.
Kenneth R. Miller, *À la recherche du Dieu de Darwin*, 2009.
Michael J. Behe, *La Boîte noire de Darwin*, 2009.
Keith Ward, *Science et Religion : les 10 questions essentielles*, 2011.

www.staune.fr

Jean Staune

Les clés du futur

Réinventer ensemble
la société, l'économie et la science

Préface de
Jacques Attali

PLON
www.plon.fr

Les schémas des pages 289, 290, 538, 578 et 662
ont été réalisés par Patrick Merienne.

12, avenue d'Italie
75013 Paris
Tél. : 01 44 16 09 00
Fax : 01 44 16 09 01
www.plon.fr

ISBN : 978-2-259-21747-7

Cet ouvrage est dédié à François Lemarchand
et Dominique Louis, des pionniers qui,
de façons différentes, ont incarné
depuis plus de vingt-cinq ans
les idées et les valeurs qui y sont décrites,
et à Christopher Wasserman,
pour les nombreux efforts qu'il a faits pour les diffuser.

Préface

Donner à chacun d'entre nous « les clés du futur », qui nous permettront de « réinventer ensemble la société, l'économie et la science » : c'est le projet que s'assigne Jean Staune dans cet ouvrage riche et passionnant.

Le cheminement qu'il nous propose s'appuie sur une analyse originale des mutations économiques et sociales, souvent brutales, qui ont marqué ces dernières années. Comprendre les facteurs à l'origine de ces évolutions et les mécanismes à l'œuvre est en effet un préalable indispensable pour penser notre avenir, et définir les conditions du renouveau.

L'approche que retient Jean Staune est celle d'un penseur humaniste, soucieux d'embrasser et de croiser toutes les sciences – celles que l'on dit « humaines » ou « sociales », et celles que l'on dit « dures » – et d'appréhender le devenir de l'ensemble des régions du monde. Car, comme le soulignait Louis Pasteur, « la science n'a pas de patrie, parce que le savoir est le patrimoine de l'humanité, le flambeau qui éclaire le monde ».

Philosophe des sciences, Jean Staune voit en elles à la fois l'infrastructure sur laquelle repose notre vision du monde et le moteur des évolutions de celui-ci au fil de l'histoire. *Les Clés du futur* prolongent en cela la réflexion qu'il a exposée dans ses précédents ouvrages et les débats qu'il a menés avec de grands scientifiques et intellectuels de notre temps, tels que Ilya Prigogine, Freeman Dyson, Luc Ferry, André Comte-Sponville, Trinh Xuan Thuan. Il nous invite à renouer avec certains des aspects les plus éclairants du positivisme, tout en nous gardant de ses excès. Et notamment avec la maxime comtienne qu'il a, lui-même, mise en application dans ce livre : « Science, d'où prévoyance ; prévoyance, d'où action. »

À partir et au travers des sciences, Jean Staune observe les limites des modèles économiques et sociaux qui prévalent aujourd'hui : la sous-estimation du risque d'événements extrêmes et la déconnexion entre la sphère financière et l'économie réelle, en particulier, ont été mises en lumière par la crise des *subprimes*.

Or, les crises – économiques, financières, sociales, politiques, et environnementales – ne pourront que se succéder, voire se répéter, en s'amplifiant, tant que les rythmes politique, médiatique, financier continueront de se plier à la dictature du court terme.

Seul un changement de modèle global, de gouvernance planétaire, qui réconcilierait croissance actuelle et future, règles du marché et État de droit, satisfaction des besoins présents et préservation de la capacité des générations futures à satisfaire les leurs, permettrait de sortir de ces impasses. Les contours d'un tel modèle sont connus. Ce sont ceux que dessine une « économie positive », dont nous pouvons dès aujourd'hui voir les prémices dans certaines entreprises, dans des coopératives et des associations, actives dans des secteurs comme la microfinance, le commerce équitable, l'entreprenariat social, et tant d'autres.

Ces structures sont portées par des individus qui ont choisi de produire des biens et des services qui créent de la valeur, et ce d'une manière utile à la fois à leurs employés et à leurs clients, à la communauté dans laquelle ils vivent et aux générations à venir. En fondant de telles structures, en les faisant vivre, ces individus ont fait le pari, audacieux et salutaire, de l'altruisme rationnel : ils ont compris que chacun a intérêt au bonheur de l'autre.

Jean Staune a fait ce même pari. À chacun d'entre nous, désormais, de se saisir des clés qu'il nous donne pour prendre le pouvoir sur notre vie.

Jacques ATTALI

Introduction

« Le monde n'est pas malade, il enfante. »
Pierre TEILHARD DE CHARDIN

Ce livre aurait pu s'appeler *Votre guide de survie pour le XXIe siècle*, mais cela aurait été source de quiproquos, car vous ne trouverez ici aucune recette pour mettre vos économies à l'abri lors du prochain krach financier, pour survivre à la prochaine pandémie, voire pour vous protéger en cas de guerre nucléaire. Pourtant, c'est bien de notre vie à tous qu'il est question ici, de la façon dont nous pouvons la rendre plus porteuse de sens, plus riche, plus pleine, plus harmonieuse, en évitant les nombreux écueils qui se dressent sur notre route. En mer, il est vital de savoir dans quelle direction est la côte, d'avoir une boussole ou un GPS, de connaître la force du vent, le sens des courants et, si possible, la météo des jours suivants. Plus généralement, il faut comprendre les grandes tendances et les règles qui dirigent l'évolution de son environnement si l'on veut avoir quelques chances de s'y adapter.

Lors de l'arrivée du nouveau P.-D.G. d'Apple[1], John Sculley, un séminaire eut lieu dans une station balnéaire de Californie, avec Steve Jobs et toute l'équipe. Or, ce séminaire fut interrompu par l'un des plus grands tremblements de terre qu'ait connus la Californie au cours des dernières décennies. Tous les participants sortirent alors et coururent vers la plage, au milieu des maisons branlantes. Mais une fois arrivés sur la plage, ces grands cerveaux réalisèrent qu'un tremblement de terre au bord de la mer pouvait générer un tsunami, et ils repartirent, toujours en courant, traversant la ville en sens inverse, pour se réfugier dans les montagnes.

Cela résume bien le but de cet ouvrage. Après l'avoir lu, vous devriez savoir dans quelle direction courir lors d'un tremblement de terre, si vous êtes sur terre, ou dans quelle direction se trouve la côte, si vous êtes en mer. C'est une aide pour vous permettre de naviguer dans les turbulences d'un monde de plus en plus complexe, résultat logique d'une mondialisation où de plus en plus de cultures, de pays et de personnes interagissent entre eux.

Un monde se meurt et un autre est en train de naître. C'est une période à la fois exaltante et terrifiante. Exaltante, car il est passionnant d'assister à une mutation comme il ne s'en produit que tous les trois cents à cinq cents ans dans l'histoire humaine. Terrifiant, parce que la perte des repères, la destruction de leur environnement quotidien et de leur emploi peut pousser de nombreuses personnes au désespoir ou à la violence. C'est un saut dans l'inconnu, avec comme seule garantie que de nouvelles solutions existent... sans que l'on puisse savoir si elles seront applicables à temps.

1. Voir p. 622 et suivantes en ce qui concerne le cas Apple.

Pierre Teilhard de Chardin était peut-être un peu optimiste dans la première partie de la citation qui est en exergue de cette introduction. Le monde est malade, car toute mort est liée à une maladie. Mais la mort est essentielle à la vie. Si elle n'existait pas, il ne pourrait pas y avoir de nouveauté, de progrès ni de place pour de nouvelles générations. Ce livre va donc nous permettre de mieux comprendre ce qui est en train de mourir et ce qui est en train de naître, à la fois sur le plan théorique et sur le plan pratique. Nous allons voyager à travers le monde et à travers des disciplines telles que l'économie, la sociologie, la science, l'écologie, la philosophie, le management, les technologies de l'information. Nous irons à la rencontre d'hommes et de femmes qui ont redonné de l'espoir à des centaines ou des milliers de personnes, nous découvrirons des solutions innovantes dans les domaines les plus divers, pour continuer à nous développer, tout en respectant l'environnement et en nous respectant nous-mêmes. Des îles Fidji aux banlieues polluées de Detroit, nous découvrirons ce qu'est la vraie écologie, qui a une approche positive et non punitive des problèmes. Nous découvrirons comment faire une... glace à l'éthique (non, ce n'est pas une faute de frappe !) ou comment fabriquer des cosmétiques qui peuvent aider les femmes à avoir confiance en elles au lieu de les complexer. Comment bâtir des entreprises différentes où les employés sont heureux de venir travailler et qui, pour certaines d'entre elles, distribuent la totalité de leurs profits tout en respectant les principes de l'économie de marché.

Tout cela peut ressembler à un inventaire à la Prévert, mais au fur et à mesure que vous progresserez dans la lecture de ce livre, vous verrez qu'un petit nombre d'idées simples et de tendances relient tous les domaines que nous allons aborder.

L'idée majeure de cet ouvrage est que nous subissons actuellement l'effet de cinq grandes révolutions qui sont liées les unes aux autres.

Une révolution « fulgurante » qui, grâce aux possibilités offertes par la mise en réseau de milliards d'êtres humains, commence déjà à bouleverser nos comportements et nos modes de vie. Elle sera traitée au chapitre 1.

Une révolution silencieuse ensuite, la moins visible de toutes. Il s'agit d'un bouleversement conceptuel. La vision du monde de la modernité a été formatée par la science classique et des concepts comme le déterminisme, le réductionnisme et le mécanicisme. Ce point est traité au chapitre 2. Or une profonde révolution a déjà eu lieu dans le domaine des sciences – chapitres 3 et 4. Comme nous le verrons dans la conclusion, elle est la clé pour comprendre toutes les autres. C'est elle qui permet à cet ouvrage de prétendre vous donner des clés, non seulement pour comprendre *comment* le monde change (ce que font beaucoup d'autres ouvrages), mais aussi *pourquoi* il change.

Avant d'aller vers l'avenir, nous devons d'abord bien comprendre les erreurs que nous avons faites : les chapitres 5 à 8 nous y aident. Si certaines sont bien identifiées, comme le « grand multiplicateur de toxicité » que constituent les produits financiers complexes, porte-drapeaux d'une « économie irréelle » (chapitre 6), si certaines commencent à être comprises, comme la « grande illusion » qui consiste à croire qu'agir pour son intérêt est toujours (ou le plus souvent) positif pour la société (chapitre 7), d'autres constitueront sans doute des révélations pour bien des lecteurs, telle la « grande erreur théorique » du chapitre 8 qui consiste à utiliser des boussoles et des GPS qui ne sont plus adaptés au monde d'aujourd'hui, car fondés sur les concepts de la science classique dont nous aurons vu le dépassement.

Nous aborderons ensuite, avec les chapitres 9 et 10, la révolution suivante, liée aux deux premières, qui est une révolution sociétale. Elle concerne les valeurs et les comportements des individus dans cette société postmoderne qui s'annonce. Elle pourrait se résumer en une phrase : passer de l'avoir à l'être, se définir par ce que l'on est, ce que l'on vit, ce que l'on cherche, et non pas par ce que l'on possède ou par son statut social.

Nous aborderons enfin la révolution des pratiques économiques (chapitres 11 à 13) et nous verrons comment (chapitres 14 et 15), en interne comme en externe, les entreprises doivent se transformer pour pouvoir jouer un rôle majeur dans cette nouvelle société. Face à l'effacement des repères traditionnels (États, religions, syndicats, partis politiques), les entreprises dont dépendent les aliments que nous mangeons, les produits que nous utilisons, la façon dont nous pouvons développer ou non notre créativité et nos talents joueront un rôle encore bien plus important dans le monde de demain.

Nous verrons alors que tous les éléments d'une société postcapitaliste existent déjà, une société qui continuera à être fondée sur une économie de marché, mais qui privilégiera la connaissance, la créativité et l'information par rapport aux matières, aux machines et aux capitaux. Une société qui intégrera à la fois les nouvelles technologies et leurs immenses potentialités, mais aussi une dimension éthique, sans laquelle cette nouvelle société ne pourra être durable.

Dans la conclusion, nous verrons que la révolution la plus fondamentale est la révolution silencieuse, la nouvelle vision de l'homme et du monde générée par des sciences, qui a pris le contre-pied, sur le plan conceptuel, de celle qui était à la base de la modernité. Cela peut vous sembler très théorique, et pourtant, dans notre civilisation, ce sont bien les sciences qui agissent comme la carte que l'on retire d'un château de cartes et qui fait s'écrouler celui-ci. Ce sont elles qui sont le déclencheur des mutations, d'un point de vue à la fois pratique, par les applications que nous pouvons faire de leurs découvertes dans notre vie de tous les jours, et théorique, par les changements de vision du monde qu'elles génèrent. C'est en cela que cet ouvrage constitue la suite de *Notre existence a-t-elle un sens ?*[1] qui présentait les implications philosophiques et métaphysiques des nouveaux paradigmes scientifiques, puisque ici nous verrons comment ces mêmes paradigmes nous permettent de mieux comprendre les mutations sociétales, économiques et managériales.

Certains lecteurs pourront s'étonner que j'aborde ces domaines, car mes ouvrages précédents, ainsi que les ouvrages que j'ai dirigés, portaient tous sur les sciences. Mais, en fait, j'ai donné plus de conférences et de cours à des chefs d'entreprise et à des étudiants en école de commerce que dans le domaine des sciences et de la philosophie des sciences. Ce livre est le résultat des interactions que j'ai pu avoir avec des centaines de chefs d'entreprise depuis 1993, date à laquelle je suis devenu expert pour l'Association Progrès du Management (APM[2]), la plus grande organisation de formation de chefs d'entreprise en France, qui regroupe 6 500 d'entre eux (avant de devenir également expert pour les clubs de managers « Germe[3] »). Il a été nourri par les travaux qu'ont réalisés mes élèves sur les thèmes évoqués ici, dans le cadre du cours que j'ai commencé dès 1995 dans le MBA

---

1. Presses de la Renaissance, 2007.
2. www.apm.fr
3. www.germe.com

(*master of business administration*) du groupe HEC, et, bien entendu, des interventions que j'ai pu faire comme consultant dans de nombreuses entreprises françaises[1].

La lecture et l'analyse de plusieurs centaines d'ouvrages ont été nécessaires pour me permettre de vous offrir cette synthèse. Mais, comme pour *Notre existence a-t-elle un sens ?*, j'ai eu une chance extraordinaire, celle de rencontrer, au cours des vingt dernières années, la plupart des principaux « héros » de cet ouvrage[2], entre autres grâce aux colloques organisés par Élisabeth Laville, une des grandes pionnières de la responsabilité sociale des entreprises[3], et grâce aux sommets de Zermatt présidés par Christopher Wasserman, dans le cadre desquels j'ai pu faire inviter certains d'entre eux[4]. Ainsi, ce livre n'est pas seulement issu d'une réflexion théorique, mais d'une expérience vécue. Il est le témoin vivant qu'un autre monde est possible, mais pas celui dont on vous parle généralement, celui de José Bové et des altermondialistes. C'est un des points clés que je voudrais transmettre. Au cours de la réalisation de cet ouvrage, j'ai découvert des idées incroyablement novatrices et essentielles pour la survie de l'humanité, et j'ai été stupéfait de voir que l'on en parlait si peu en France, à part quelques personnes particulièrement avancées dans ce domaine, telles que François et Françoise Lemarchand qui traitent ces thèmes depuis le début de leur remarquable Université de la Terre. C'est la conséquence de la situation que j'ai décrite dans mon ouvrage

1. Voir « Remerciements » p. 707 pour des aspects plus détaillés de cette partie de mes activités, peu connues de certains de mes lecteurs.
2. À l'exception notable de Steve Jobs, Ricardo Semler et Elon Musk.
3. www.utopies.com
4. www.zermattsummit.org

précédent, *La Science en otage*[1] : dans bien des domaines, deux lobbies s'affrontent, celui qui veut que rien ne change et celui qui veut tout changer et tout bouleverser. Comme le second est trop extrême, il favorise, à son corps défendant, le lobby qu'il prétend combattre. Ainsi, des mouvements excessifs dans leurs préconisations ou leurs attitudes, comme les décroissants ou les altermondialistes, sont l'assurance vie de l'ultralibéralisme et du capitalisme classique (cf. chapitre 12). J'ai voulu regrouper en un seul endroit tous les « héros » de ce livre et leurs idées majeures (cf. p. 693).

Pour mieux percevoir les liens entre des domaines *a priori* éloignés, pour mieux mettre en lumière les informations clés, un « fil rouge » sera présent à la fin de chaque partie de cet ouvrage conçu pour vous aider à prendre dans votre vie les meilleures orientations possibles.

Mon propos a comme caractéristique d'être à la fois neutre et militant. Neutre, parce que, suivant les recommandations de Michel Maffesoli, l'un des penseurs principaux de la postmodernité[2], il s'agit de « décrire le monde tel qu'il est, et non pas tel que l'on voudrait qu'il soit ». J'ai donc essayé de décrire les aspects positifs et négatifs, les risques et les dérives possibles de toutes les alternatives présentées ici, et non pas seulement de décrire un monde en noir et blanc où la société moderne serait un enfer et la société postcapitaliste un paradis. Mais c'est aussi un ouvrage militant, car une fois que les alternatives ont été présentées d'une façon, je l'espère, objective, c'est à chacun d'entre nous de choisir celle qui lui paraît la mieux adaptée au développement d'un monde où l'homme puisse vivre en harmonie avec la nature et

1. Presses de la Renaissance, 2010.
2. Voir à ce sujet le chapitre 9.

avec lui-même, sans s'enfermer dans des positions passéistes ou peu crédibles qui, comme nous venons de le dire, ne font que renforcer le système que l'on voudrait réformer[1]. Les clés sont entre vos mains, à vous de savoir quelle porte vous allez ouvrir avec.

---

1. Ce « militantisme » reste toutefois dans un cadre strictement *laïque*. Même si les religions sont brièvement abordées à la fin du chapitre 10, elles le sont sous un angle uniquement sociologique. En effet, les révolutions décrites dans cet ouvrage nous concernent tous, quelles que soient nos positions philosophiques et religieuses. J'ai donc voulu surmonter les clivages dans ce domaine.

I

LES DEUX RÉVOLUTIONS QUI VONT CHANGER NOTRE VIE

1

La révolution fulgurante

> « Plus qu'une crise, nous vivons une transition fulgurante d'un ancien monde vers un monde nouveau. La vitesse de cette transition est sans précédent, du fait à la fois de son accélération, mais aussi de son ampleur[1]. »

Chaque jour, 3,5 milliards de demandes sont adressées au moteur de recherche Google, plus d'un milliard de personnes ont un compte actif sur Facebook, Apple représente la plus importante capitalisation boursière de la planète, et Amazon, figure emblématique du commerce sur Internet, a vendu pour plus de 75 milliards de produits divers (et pas seulement de livres) l'année dernière. Pourtant, Facebook n'a été fondé qu'en 2006, Google en 1998, et ce dernier n'a vraiment commencé à occuper une place importante dans les vies de centaines de millions, voire de un milliard de personnes, qu'il y a une dizaine d'années, moment auquel Amazon, créé en 1995, a pris son envol. Quant à Apple, si l'entreprise avait, au début

1. Pierre Giorgini, *La Transition fulgurante. Vers un bouleversement systémique du monde ?*, Bayard, 2014, p. 41.

des années 1980, déjà contribué à une première révolution, celle de la micro-informatique, elle était quasiment en faillite en 1997, année du retour à sa tête de son fondateur emblématique, Steve Jobs. C'est donc seulement depuis la première partie de la décennie précédente que nous sommes entrés dans l'« ère de l'Internet ». Mais les fameux GAFA (Google, Apple, Facebook, Amazon) ne sont que la partie visible d'une révolution qui, demain, va impacter tous les aspects de notre vie quotidienne. Nous croyons tous savoir ce qu'est Internet, en fait il y a non pas un, mais quatre Internets en train de se développer sous nos yeux.

Les quatre Internets et leurs trois fées

Le progrès technique est fondé sur trois fées qui se sont penchées sur le berceau de l'ère de l'information. Elles ont pour nom : traitement, stockage et transmission. Le traitement de l'information est assuré par des microprocesseurs composés de transistors. En 1961, les premiers transistors coûtaient 10 dollars ; deux ans plus tard, 5 dollars. Sur la base de cette évolution, Gordon E. Moore, qui fondera quelques années plus tard la fameuse entreprise de microprocesseurs Intel, annonça, en 1965, la célèbre loi de Moore, selon laquelle la puissance informatique disponible à un prix donné doublera tous les deux ans. Cette loi n'était qu'une affirmation empirique, mais il est tout à fait extraordinaire de noter qu'elle a parfaitement été vérifiée au cours des cinquante dernières années. Aujourd'hui, les plus récents processeurs d'Intel comportent plus de 2 milliards de transistors et coûtent 300 dollars, ce qui ramène le prix d'un transistor à 0,00015 cent. Comme le fait remarquer Chris

Anderson, un des prospectivistes les plus visionnaires de notre époque, rédacteur en chef de la revue *Wired* (« branché » ou « connecté » en français), revue qui joue un rôle clé dans l'analyse et la diffusion des nouvelles technologies de l'information : « Jamais dans l'histoire humaine les prix des composants essentiels à l'économie n'avaient baissé aussi vite et pendant aussi longtemps, et c'est bien cela qui change tout[1]. » Mais traiter l'information ne suffit pas, il faut aussi la stocker et la transmettre. Il y a vingt-cinq ans, j'étais l'heureux possesseur du premier Macintosh d'Apple qui révolutionna l'ordinateur individuel et lui permit de commencer à entrer dans toutes les familles, grâce à sa simplicité d'emploi. Il n'avait pas de disque dur, il fallait sauvegarder son travail sur des disquettes d'une capacité de 400 kilooctets, soit l'équivalent de 130 pages de texte Word.

Aujourd'hui, j'ai dans la main un disque dur externe qui a la même taille que ces disquettes (même s'il est nettement plus lourd) et qui peut contenir 1 téraoctet de données, soit 1 000 gigaoctets, chaque gigaoctet représentant 1 000 mégaoctets et chaque mégaoctet représentant 1 000 kilooctets, c'est-à-dire deux fois et demie la capacité de la disquette que j'utilisais avec mon premier Macintosh. Cela donne une capacité de stockage de 330 millions de pages sous traitement de texte, soit bien plus que les plus grandes bibliothèques qu'un homme puisse posséder, et 2,5 millions de fois plus que mes premières disquettes. Y a-t-il déjà eu des générations sur Terre qui ont vu quelque chose d'essentiel à leur activité être multiplié par 2,5 millions ? Bien évidemment, jamais. Certaines personnes sont passées au cours de leur vie de la carriole

1. Chris Anderson, *Free ! Entrez dans l'économie du gratuit*, Pearson, 2009, p. 90.

à cheval à l'avion à réaction, soit une multiplication par 100 de leur vitesse de déplacement, et c'est déjà une évolution incroyable. Des multiplications par 100 sont également possibles dans l'augmentation du niveau de vie en un siècle, mais la plupart des augmentations se font en général par un facteur 5 ou 10, et cela nous paraît déjà extraordinaire. Il est donc difficile de se représenter ce que signifie une multiplication par 2,5 millions en vingt-cinq ans. Et pourtant, elle s'est produite sous nos yeux, et elle tient dans le creux de notre main. Tout ce que je pourrai produire dans ma vie, livres, articles, conférences illustrées sur des fichiers PowerPoint (qui prennent beaucoup plus de mémoire que des articles), et même documentaires et films, peuvent tenir dans ce simple disque. Mais cette révolution ne s'arrête pas là, car il y a aussi celle de la transmission. Grâce aux câbles en fibres optiques, on peut aujourd'hui transmettre par Internet un fichier de plusieurs gigas (par exemple un fichier vidéo) en une heure, là où il aurait fallu des jours auparavant.

Ainsi, une triple révolution s'est produite concernant tous les aspects de l'information. Comment cela a-t-il été possible ? Par le fait que nous soyons déjà dans l'économie de l'immatériel, du savoir, de la connaissance et de l'innovation, même si ici nous parlons encore d'objets, c'est-à-dire d'ordinateurs, de disques durs et de fibres optiques. Et par le fait que la valeur ajoutée de ces objets soit d'abord intellectuelle. Certes, il y a déjà beaucoup d'intelligence derrière la conception et la réalisation d'une voiture ou d'un avion, mais la part représentée par le coût des matières premières est bien moindre dans le cas que nous analysons ici. Un microprocesseur, c'est essentiellement… du sable (du silicium), même si quelques métaux rares dont le prix ne cesse d'augmenter entrent aussi dans sa composition. Si les progrès ont été si rapides, c'est donc parce qu'ils dépendaient principalement des progrès intellectuels faits par des physiciens du solide pour les processeurs et les disques, et des spécialistes du traitement du signal pour la fibre optique. Mais cet extraordinaire mouvement ne constitue que la base de la révolution, en nous fournissant les outils qui lui permettront d'advenir, et non la révolution elle-même, qui ne fait que commencer.

Le premier Internet, celui que nous connaissons tous, est constitué par un réseau de communication. Il nous faut nous figurer la force d'un tel réseau intégrant des milliards de personnes. Prenons, même si cela peut sembler anecdotique, le projet SETI (Search for Extraterrestrial Intelligence). Il s'agit d'un très sérieux projet scientifique visant à identifier parmi les milliards de milliards de signaux qui sont émis naturellement par toutes les étoiles et les galaxies un éventuel signal intelligent émanant d'une civilisation extraterrestre. Les scientifiques se sont vite rendu compte que même le plus gros des ordinateurs existant sur Terre ne pourrait suffire à traiter l'ensemble des données reçues quotidiennement, sans parler du fait que la baisse du budget de la NASA ne permettait pas au projet de bénéficier d'un tel ordinateur ! Les scientifiques ont alors proposé à tous les internautes passionnés par cette question fondamentale – « sommes-nous seuls dans l'univers ? » – de télécharger un petit logiciel qui, chaque fois que l'ordinateur se met en veille, va chercher automatiquement un ensemble restreint de données sur le site du projet SETI[1] et va analyser ces données. Ainsi, si un jour un message extraterrestre est découvert, il le sera sur un ordinateur comme le vôtre et non sur un supercalculateur. La leçon que nous devons en tirer, c'est que des milliers de petits ordinateurs en réseau sont bien plus performants

1. http://setiathome.ssl.berkeley.edu/

(et de plus peuvent être utilisés gratuitement pour une cause si elle est mobilisatrice) que le plus perfectionné des ordinateurs géants. Grâce au réseau, nous avons une illustration de ce que disait, dans un autre domaine, un penseur visionnaire, Ernst Friedrich Schumacher, dans son ouvrage *Small is Beautiful*[1]. On pourrait plutôt dire « *Small is Powerful* » (« La puissance de la petitesse »), à condition, bien sûr, qu'il y ait un réseau.

C'est l'existence de ce réseau qui permet le développement des relations de « pair à pair », traduction de l'anglais « *peer to peer* », que l'on pourrait peut-être mieux traduire en français par « de particulier à particulier ». Certes, cette expression nous montre que le concept n'est pas nouveau puisqu'il s'agit du titre d'une célèbre revue immobilière qui existe en France depuis des décennies. Ce qui est radicalement nouveau, c'est l'ampleur et la complexité des liens entre particuliers qui sont aujourd'hui possibles : des étudiants indiens ou des adolescents français ont pu ainsi fournir aux Tunisiens et aux Égyptiens des logiciels pour contourner la censure sur Internet et pouvoir continuer à lancer des appels à manifester contre leurs dictateurs respectifs lors du Printemps arabe. Un jeune Mexicain sans diplôme peut aider un spécialiste américain à peaufiner la carte électronique de contrôle d'un drone. Avec un site comme Alibaba, un particulier peut commander directement des produits de milliers d'entreprises chinoises, service qui était auparavant réservé aux professionnels et qui nécessitait de passer par un importateur avant l'époque d'Internet. De l'échange d'appartements pour les vacances à la location de voitures entre particuliers ou l'échange de films ou

1. Ernst Friedrich Schumacher, *Small is Beautiful : une société à la mesure de l'homme*, Seuil, 1978.

de livres numérisés, toute une série d'aspects de notre vie sont déjà impactés par ce premier Internet. Il y en a pourtant trois autres en cours de développement :

– L'Internet des objets fabriqués à domicile : il s'agit de la possibilité pour chacun d'imprimer chez soi, grâce à une imprimante 3D, des objets dont la complexité et le nombre de matières qui les composent ne cessent de croître. Cela est susceptible de transformer les bases du capitalisme et de l'économie marchande, telle que nous la connaissons depuis plusieurs siècles.

– L'Internet des objets connectés : il s'agit ici de donner à tous les objets de notre vie quotidienne la possibilité de se connecter sur Internet et d'échanger entre eux. Les possibilités des applications qui pourraient en découler sont stupéfiantes mais posent un grand nombre de problèmes d'éthique et contiennent des menaces qui sont susceptibles de mettre en cause l'avenir de l'humanité.

– L'Internet de l'énergie : il s'agit de faire avec l'énergie ce qui existe déjà avec l'information : échanger de l'énergie grâce à un réseau intelligent, entre des millions de « prosommateurs », c'est-à-dire de consommateurs qui sont en même temps des producteurs[1].

De la production de masse à la production *par* les masses

Quand j'ai entendu parler des premières imprimantes 3D, j'ai, je l'avoue, réagi par un haussement d'épaules, comme ont dû le faire la majorité de nos contemporains.

1. Concept développé par Jeremy Rifkin, voir entre autres son ouvrage *La Nouvelle Société du coût marginal zéro*, Les Liens qui libèrent, 2014.

Il y a toujours eu des « bricoleurs du dimanche », des adeptes du « fait-par-moi-même » (*do-it-yourself*), et il s'agissait juste d'un gadget supplémentaire mis à leur disposition. Certes, l'objet pouvait être utile pour imprimer dans différents types de plastique une maquette ou un prototype, permettant à certaines sociétés ou à des architectes de montrer à leurs clients mieux que par des dessins les produits ou les projets qu'ils avaient en tête. Et pourtant, l'analyse des potentialités de cet objet que font un certain nombre de prospectivistes visionnaires comme Chris Anderson[1], Jeremy Rifkin[2], Pierre Giorgini[3] et une solide recherche sur… Internet, bien sûr, m'ont convaincu qu'il y avait là les germes d'une des plus grandes révolutions de l'histoire humaine.

Certes, les premières imprimantes 3D étaient très chères et ne pouvaient imprimer que des objets en plastique. Mais, comme pour l'Internet, les fées de la technologie se sont penchées sur leur berceau : elles aussi obéissent à la loi de Moore. Au moment où ce livre est mis sous presse, on peut trouver des imprimantes 3D premier prix à 600 euros et des imprimantes de haute précision à 1 300 euros, soit le dixième du prix d'il y a quelques années. Avec la démocratisation de ce procédé, les prix vont encore chuter, au point de se rapprocher de ceux d'une bonne imprimante laser classique. Quant aux matériaux utilisés, on a vu apparaître des imprimantes capables d'imprimer des roues de voiture avec leurs pneus, c'est-à-dire d'utiliser des matériaux aussi différents que peuvent être d'un côté le métal et de l'autre une forme de caoutchouc. HP, leader

1. Chris Anderson, *Makers : la nouvelle révolution industrielle*, Pearson, 2012.

2. Jeremy Rifkin, *op. cit.*

3. Pierre Giorgini, *La Transition fulgurante. Vers un bouleversement systémique du monde ?, op. cit.*

mondial des imprimantes, vexé d'avoir été dépassé par des acteurs venus des marges du système, comme c'est souvent le cas dans les révolutions, essaie de combler son retard en annonçant une imprimante 3D qui ne sera commercialisée qu'en 2016, dont le prototype est capable d'imprimer un anneau qui pèse 125 grammes, lequel permet de soulever une voiture de plus d'une tonne[1]. Tous ceux qui pensent que les imprimantes 3D ne peuvent imprimer que des objets relativement fragiles en sont donc pour leurs frais[2]. Ceux qui pensent que les imprimantes 3D ne pourront jamais imprimer que des objets de taille limitée se trompent tout autant. Il existe déjà plusieurs imprimantes 3D capables d'imprimer… des murs ! En fait, en utilisant une de ces imprimantes qui fait, bien évidemment, plusieurs mètres de haut et qui ne risque pas de se retrouver dans votre salon, une société chinoise a pu imprimer 10 maisons (vous avez bien lu !) en vingt-quatre heures. Certes, il s'agit de maisons assez simples qui servent de bureaux dans une zone industrielle, mais le potentiel du procédé est tout bonnement incroyable[3]. En effet, le temps de construction d'une maison peut se trouver ainsi divisé par 10 et il suffit d'imprimer les murs, de les redresser et de poser un toit. On peut imaginer ainsi la construction rapide de milliers d'habitations pour remplacer de nombreux bidonvilles tout autour de la planète, et cela d'autant plus que la matière première utilisée par l'imprimante 3D est un mélange de ciment et de déchets de construction recyclés.

1. www.youtube.com/watch?v=YUkvC59vidw

2. Au moment où cet ouvrage est mis sous presse, une équipe australienne vient d'imprimer toutes les pièces d'un… moteur d'avion. Une fois assemblé, le moteur fonctionne aussi bien qu'un vrai.

3. www.youtube.com/watch?v=TfFI-Uz0bSY et www.youtube.com/watch?v=SObzNdyRTBs

Mais c'est au niveau des particuliers que cette révolution sera peut-être la plus incroyable. Comme le dit Chris Anderson, elle fait de nous tous des *makers*, c'est-à-dire des fabricants, et ne croyez pas que cela se limite à imprimer de nouvelles formes de Lego ou de jouets pour enfants. Dans un reportage saisissant, CBS nous montre le cas d'un adolescent qui est né sans sa main gauche. Le père nous explique qu'une prothèse coûterait environ 20 000 dollars et devrait, bien évidemment, être changée à de nombreuses reprises au cours de la croissance de l'enfant. Grâce à Internet, il est entré en contact avec le père d'un autre enfant ayant le même handicap et qui a construit une prothèse susceptible d'être imprimée sur une imprimante 3D dont le coût, à l'époque, était de 2 000 dollars (certainement moins aujourd'hui). Après avoir imprimé cette prothèse, il a pu échanger des idées pour améliorer son design et son fonctionnement, non seulement avec le premier concepteur, mais avec d'autres parents dont les enfants souffrent du même handicap, dont certains vivent en Afrique du Sud[1].

Cette belle histoire met en lumière quelques-uns des principes clés de fonctionnement de cet Internet des objets fabricables à domicile. Une communauté se crée sur Internet pour résoudre un problème particulier partagé par un certain nombre de personnes. Une première solution est proposée. Elle est donnée par son concepteur gratuitement à tous les membres de la communauté – on parle d'*open source* –, c'est-à-dire qu'il ne brevette pas son idée, mais qu'il bénéficie en échange pour son propre fils de toutes les améliorations et tests faits par les autres membres de la communauté. Ensuite, grâce au nouvel outil que représente l'imprimante 3D, il pourra imprimer

1. www.youtube.com/watch?v=FGSo_I86_lQ

pour quelques dollars un produit qui aura la même fonctionnalité qu'un produit hautement spécialisé coûtant près de 20 000 dollars. Ce qui va bien entendu faire s'effondrer totalement le marché des prothèses professionnelles dans ce cas précis. Vu que des objets de plus en plus complexes constitués de matières premières de plus en plus variées pourront être fabriqués par ce procédé, on voit qu'il y a là une véritable révolution industrielle, susceptible de modifier une partie de notre système de production. Certes, pour les grandes séries, les systèmes de production classiques seront toujours beaucoup plus efficaces, car avec l'imprimante 3D le coût de production ne diminue pas avec le nombre d'objets fabriqués. Mais la plupart du temps, vous n'avez besoin que d'un seul objet ou d'un petit nombre d'objets. C'est pourquoi une production de masse pourra être en grande partie remplacée par une production… par les masses, une production en petite quantité et personnalisée. Des auteurs comme Jeremy Rifkin[1] y voient là les bases, non pas de la fin du capitalisme, mais de son éclipse ou au moins de son atténuation. L'avenir sera pour Rifkin principalement composé de communautés qui collaboreront pour s'échanger par Internet les plans de nouveaux produits sans cesse améliorés, que chacun fabriquera chez soi, en fonction de ses besoins. De plus, s'il vous faut un objet un peu plus complexe, vous pouvez vous rendre dans un des nombreux FabLab, magasins qui vont peu à peu remplacer les boutiques de photocopies, dans lesquels vous trouverez non seulement des imprimantes 3D professionnelles beaucoup plus perfectionnées que les vôtres, mais aussi des machines à commandes numériques capables de découper des blocs de matière, ou des découpeurs laser. Ajoutez-y

1. Jeremy Rifkin, *op. cit.*

un scanner 3D capable de scanner en trois dimensions un objet, de le transformer en coordonnées numériques qui permettront ensuite de le fabriquer grâce à une imprimante 3D, et vous voyez que nous ne sommes pas très loin du rêve des auteurs de science-fiction, où, comme dans *Star Trek*, on peut à partir de l'énergie créer n'importe quelle forme matérielle.

Peut-être penserez-vous que tout cela a une limite. En effet, si les imprimantes 3D se généralisent dans tous les foyers, la matière première qui leur est nécessaire va devenir rare et chère. Aujourd'hui, quelques cartouches d'encre coûtent déjà plus que votre imprimante à jet d'encre. Mais cela n'est pas évident, car la matière utilisée par les imprimantes 3D est hautement recyclable. Vous pouvez acheter un appareil tel que le Filabot[1], qui pour moins de 500 euros va faire fondre vos anciens objets fabriqués avec votre imprimante 3D (voire vos bouteilles en plastique) et va recréer une bobine de fil qui constitue la matière première de celle-ci. Quant à la fabrication de maisons, une partie de la matière première nécessaire peut venir de gravats et d'autres matériaux de construction recyclés. Enfin, il existe des solutions encore plus innovantes. Ainsi, un jeune ingénieur anglais, Markus Kayser, a créé un prototype appelé le Solar Sinter[2] ; dans une vidéo saisissante, on le voit installer son matériel au milieu du désert égyptien, là où il n'y a que du sable, et au bout d'une journée, en utilisant uniquement l'énergie solaire et du sable, il arrive à fabriquer un très joli bol.

Vivre d'amour et d'eau fraîche, disaient les romantiques ! Fabriquer uniquement à partir du sable et de l'énergie solaire, peuvent désormais affirmer les *makers*,

1. www.filabot.com
2. www.youtube.com/watch?v=ptUj8JRAYu8

les pionniers d'une nouvelle révolution industrielle. Et cela pourra un jour prendre des proportions quasi inimaginables ; un groupe d'ingénieurs algériens vient d'ailleurs de réussir à fabriquer des briques en utilisant le sable du désert[1], qui jusqu'ici était considéré impropre pour un tel usage. Imaginez le potentiel de l'association des briques faites en sable du désert, comme le bol du Solar Sinter, aux imprimantes 3D géantes capables de construire des maisons !

De nombreux objets nécessaires pour notre vie courante sont encore bien trop complexes pour être imprimés à domicile. Mais dans ce domaine-là, une autre révolution se déroule en parallèle, qui permet déjà aux meilleurs des *makers* de passer au stade suivant, celui de la conception, de la production et de la vente de produits manufacturés complexes. Avant, quand vous aviez une idée que vous espériez géniale, vous deviez créer une start-up puis, d'abord et avant tout, trouver un financement, convaincre une banque ou un fonds de capital-risque de la solidité de votre projet, ce qui impliquait soit de donner une grande partie du capital de votre société, soit de payer des intérêts élevés. Vous deviez également, avec les moyens du bord, essayer de lancer une étude de marché, toujours difficile à réaliser pour un produit qui n'existe pas encore, surtout s'il représente une importante innovation. Tout cela est en train de changer radicalement avec des sites tels que Kickstarter[2].

Sur ce site, l'inventeur poste une vidéo présentant son prototype, où il explique en quoi il est révolutionnaire,

1. www.greenprophet.com/2013/04/algerians-mould-bricks-from-sahara-sand-dunes/et www.scidev.net/global/desert-science/news/researchers-make-bricks-from-waste-desert-sand.html

2. www.kickstarter.com

utile, drôle ou décoratif selon les cas, fixe un montant minimal à collecter et donne une limite de temps pour réaliser cette collecte. Les internautes intéressés font alors une précommande de l'objet en question. Si le montant fixé est atteint, et dans la période requise, par exemple 30 000 dollars en trente jours, l'argent est versé à l'inventeur qui doit ensuite se transformer en producteur et envoyer par la poste (pas d'impression numérique ici) son invention aux acheteurs. Ce processus présente un triple avantage. Tout d'abord, vous avez gratuitement une étude de marché : les projets qui n'atteignent pas leur objectif de récolte de fonds auraient très probablement échoué s'ils avaient été mis sur le marché de manière classique. Beaucoup de temps et d'argent sont ainsi économisés, et surtout de grandes désillusions sont évitées. Ensuite, pour les idées qui marchent, le financement est disponible pour l'inventeur sans qu'il ait eu ni à donner une part du capital de sa société ni à payer d'intérêts, sans qu'il ait quasiment effectué d'autres démarches que réaliser son prototype et poster un film convaincant sur un site Internet. Enfin, les acheteurs sont associés au processus de production lui-même, car l'inventeur se doit de les informer de toutes les étapes de la réalisation du produit. Ceux-ci peuvent donc faire de nombreuses suggestions et il ne s'agit donc plus simplement d'un financement par la foule (*crowdfunding*), domaine qui est apparu au départ dans le monde de l'industrie de la musique et du cinéma, mais également d'une « conception par la foule », ce qui est d'une extrême utilité pour l'inventeur puisque cela contribue à rendre son produit plus adapté au marché.

Bien entendu, la plupart des projets présentés sont des projets « sympathiques », mais qui ne vont pas très loin, telles ces chopes de bière de style ancien proposées par un Américain de Portland[1], et qui au moment où ce livre paraît ont déjà recueilli 10 729 dollars proposés par 1 079 personnes alors que l'objectif initial était de réunir seulement 6 000 dollars. Ou cette sorte de Thermos à café en forme de… corne de chèvre[2], proposée par des Slovènes, et déjà préachetée par 10 617 personnes ayant versé au total 458 071 dollars, alors que 25 000 dollars seulement étaient demandés. Mais si on regarde la liste des projets ayant reçu les financements les plus importants, on entre dans une tout autre catégorie. Ainsi, la montre connectée Pebble[3] a récolté 10 266 845 dollars envoyés par 68 929 personnes en 2012. Or, la présentation du projet sur Kickstarter a purement et simplement éclipsé le lancement par Sony de sa première montre connectée qui avait lieu le lendemain ; en effet, la Pebble conçue par un petit groupe de jeunes ingénieurs inconnus était moins chère et plus pratique que celle imaginée par le géant de l'électronique. Aujourd'hui, 450 000 montres Pebble ont été fabriquées et vendues. Le projet ayant recueilli le plus de fonds (13 285 226 dollars)[4] est susceptible de révolutionner totalement l'industrie de la glacière et les outils nécessaires pour un pique-nique réussi. Ainsi, il est possible pour certains de concurrencer la grande industrie au sens le plus fort du terme, grâce à ces nouveaux sites de financement collectif de projets.

Bien entendu, il n'y a pas la moindre garantie pour les « préacheteurs » de recevoir leur produit, et aucun

1. www.kickstarter.com/projects/663916978/krampus-beer-stein
2. www.kickstarter.com/projects/goat-mug/goat-mug-original-goat-story-crafted-into-a-coffee
3. https://getpebble.com
4. www.kickstarter.com/projects/ryangrepper/coolest-cooler-21st-century-cooler-thats-actually

recours n'est possible contre le producteur. Or, il peut très bien arriver que celui-ci ait mal calculé ses coûts et soit incapable de produire l'objet au prix annoncé, ou tout simplement incapable de passer du prototype au stade de la production. Mais c'est le cas pour toutes les start-up qui connaissent un taux d'échec important. Kickstarter a permis de lancer plus de 100 000 projets, ayant recueilli un total de 717 millions de dollars pour un taux de réussite de 44 %, ce qui est bien supérieur au taux moyen des start-up. Ici aussi on a affaire à l'« intelligence des foules » typique du monde du réseau et de l'auto-organisation dont nous analyserons les bases et les applications aux chapitres 3 et 14. Pour obtenir son financement, il faut avec ce système convaincre un grand nombre de gens, non seulement de l'intérêt du projet, mais de votre capacité à le mener à bien, ce qui est probablement plus difficile que de convaincre un seul investisseur, quels que soient le professionnalisme et l'expérience de celui-ci.

Quelles sont les limites de tels procédés ? Il semble n'y en avoir aucune, comme le montrent les réussites obtenues dans deux secteurs nécessitant le plus de technicité et d'investissement, la construction automobile et le spatial. Local Motors[1] est une chaîne qui, comme son nom l'indique, propose de construire localement votre voiture, dans des petits ateliers situés près de chez vous. La compagnie lance d'abord un concours auprès de designers pour le plan général du modèle. Mais celui-ci est ensuite « amélioré » par la foule, tout le monde pouvant donner son avis et proposer des modifications. Or, il existe des millions de personnes intéressées par les voitures, dont des milliers ont des compétences importantes dans

1. Voir https://localmotors.com

le domaine, mais jusque-là inexploitées (les postes de concepteurs dans l'industrie automobile étant très limités). C'est donc de cette immense intelligence collective que bénéficie un projet comme Local Motors. La voiture, dont les plans sont en « sources ouvertes » (*open source*), utilise des châssis, des moteurs ou des boîtes de vitesses éprouvés, achetés auprès de constructeurs classiques, ce qui n'empêche pas d'avoir non seulement un look, mais aussi de nombreux autres aspects uniques, grâce à la mobilisation de cette intelligence collective. L'assemblage final de la voiture est effectué à la main dans de petits ateliers, sous la direction d'un mécanicien professionnel, le futur propriétaire étant lui-même mis à contribution ainsi que des bénévoles, futurs acheteurs potentiels passionnés de mécanique. Certes, ce modèle est encore extrêmement marginal par rapport à l'industrie automobile classique, mais l'on voit bien les potentialités d'un tel processus. Et en plus, la société propose désormais des modèles de voitures imprimées en 3D !

Le prix Ansari[1] promettait 10 millions de dollars à la première société capable d'envoyer deux fois un homme dans l'espace à quinze jours d'intervalle avec le même vaisseau avant la fin 2004. Il s'agissait de produire et de faire fonctionner la première navette spatiale privée, car le vainqueur ne devait utiliser aucune technique (moteur ou pièces) provenant de la NASA ou des autres grandes agences spatiales publiques. Pour les concepteurs du prix, il s'agissait à peu de frais de développer l'intérêt du secteur privé pour l'espace, car selon tous les experts qu'ils avaient consultés personne n'arriverait à gagner un tel prix dans les délais impartis. Pourtant, en septembre 2004, la société Scaled Composites, fondée

1. Voir http://ansari.xprize.org

et dirigée par un ingénieur de génie, Burt Rutan, fut capable de relever le défi et obligea les initiateurs du prix à sortir de leur poche les 10 millions de dollars. Lancée à haute altitude par un avion porteur aux ailes démesurées, la mininavette spatiale de Scaled Composites ne ressemble en rien à celles de la NASA ou des projets non aboutis d'autres pays. Comme le nom de la société l'indique, elle est construite en matériaux composites ultralégers, ce qui permet à un moteur de faible puissance de l'envoyer au-delà de la limite de l'atmosphère terrestre à plus de 100 kilomètres d'altitude. Burt Rutan a commencé par construire des kits d'avions ultralégers à assembler, avant de mettre au point des avions très légers au design bien particulier, dont celui qui fut capable d'accomplir le premier tour du monde sans aucun ravitaillement. Un exploit qui encore aujourd'hui n'a pas été égalé par les plus grands constructeurs d'avions de la planète.

Qui pourrait imaginer que de petites équipes de passionnés pourraient concurrencer dans leur domaine les plus grosses industries de la planète et remporter des succès notables ? Mais ce succès éclatant du *small is powerful* ne doit pas nous faire oublier que son exact opposé se développe aussi, ce qui, contrairement à ce que l'on pourrait penser, n'est pas contradictoire, mais complémentaire : la production de masse faite par les robots.

Jusqu'où iront les robots ?

Nous sommes à l'intérieur d'une immense usine quelque part dans le sud de la Chine. À perte de vue, des ouvrières portant toutes la même combinaison rose. Elles assemblent des sèche-cheveux pour le géant néerlandais

Philips, en prenant les pièces détachées nécessaires dans une petite boîte rouge posée devant elles. Mais voilà que Philips vient de relocaliser, comme l'on dit, en installant une grande usine aux Pays-Bas pour produire les mêmes sèche-cheveux, sauf que la situation est complètement différente. À perte de vue, on voit des bras-robots perfectionnés, qui, prenant les pièces dans les petites boîtes rouges, seul lien visuel entre les deux usines, assemblent les mêmes sèche-cheveux sous le contrôle de deux ou trois personnes. Devant l'augmentation des niveaux de vie et donc des salaires dans les pays dits en voie de développement, de nombreuses entreprises ont compris que des usines entièrement robotisées en Occident, localisées près de leurs acheteurs, revenaient moins cher que des usines avec des travailleurs à bas salaires. Le P.-D.G. de la plus grande entreprise industrielle au monde, Foxconn, qui emploie plus de un million de salariés en Chine pour assembler les téléphones portables et les tablettes numériques de la plupart des grandes marques de la planète, envisage purement et simplement de remplacer ses salariés par un million de robots[1] car, comme il le dit élégamment, l'homme est un animal, et gérer un million d'animaux est une tâche beaucoup trop compliquée !

Jeremy Rifkin annonce la disparition de plus de 150 millions d'emplois industriels dans le monde d'ici à 2040[2], et les propos du P.-D.G. de Foxconn nous

1. www.lemonde.fr/economie/article/2011/08/02/dans-ses-usines-chinoises-le-geant-foxconn-va-remplacer-des-ouvriers-par-des-robots_1555263_3234.html, et www.shokweb.com/Bd5QP.html (traduit de l'anglais par un traducteur automatique, ce texte montre à la fois les limites et les progrès de la traduction automatique ; la source en anglais est www.wantchinatimes.com/news-subclass-cnt.aspx?id=20120119000111 & cid = 1102 & MainCatID = 0).

2. Jeremy Rifkin, *op. cit.*, p. 189.

montrent que ces pertes d'emplois toucheront très largement les pays émergents, et non plus seulement les vieux pays industriels occidentaux. Mais il n'y a pas que l'industrie. Le secteur des services est déjà massivement touché. Vous avez tous déjà constaté la présence de caisses automatiques avec scanners dans les hypermarchés. Une dizaine de caisses où vous scannez vous-même vos produits et où vous payez à un robot qui est capable de vous rendre la monnaie nécessitent la surveillance de deux personnes. On peut donc pronostiquer que, bien avant 2040, 80 % des emplois de caissières dans le monde vont disparaître[1].

Il faut bien avoir en tête une règle simple : tout ce qui est automatisable sera automatisé ! La grande question est donc : qu'est-ce qui n'est pas automatisable ? Les chauffeurs de taxis sont-ils à l'abri de cette évolution ? Probablement pas. Dans les grandes villes du moins, il paraît très probable de voir apparaître des voitures sans conducteur comme celles que Google teste actuellement. Les secrétaires ? Elles commencent déjà à disparaître en masse avec le progrès de la reconnaissance vocale qui permet de dicter à un ordinateur ou à un téléphone portable, sans compter les progrès de votre assistant personnel, tel que Siri, disponible sur votre iPhone. Les standardistes ? On n'en parle déjà plus, car elles sont toutes remplacées par un menu vocal et, quand on téléphone à une entreprise, il devient de plus en plus difficile de parler à un être humain, car il faut pour cela naviguer dans un labyrinthe quasi infini de menus et de réponses préenregistrées. Les traducteurs ? Certes, la compréhension du langage naturel avec toutes ses subtilités

1. Peut-être plus, en fonction de la révolution des objets connectés, comme le montrera le sous-chapitre suivant.

est une des tâches les plus difficiles pour une machine. Si vous utilisez des outils comme Google Traduction pour traduire entre deux langues très différentes, telles que le chinois et le français, le résultat est actuellement presque totalement incompréhensible. Mais avec les progrès déjà envisagés, il suffira à l'avenir d'un seul traducteur pour relire et corriger de nombreuses traductions automatiques, ce qui signifie que la moitié au moins des emplois de traduction vont disparaître. Au moins, me direz-vous, les professeurs, les avocats et autres professions qui reposent sur des connaissances complexes acquises au cours de longues années d'études sont-ils à l'abri de ce mouvement ! Même pas ! Prenez l'immense succès des cours en ligne ; aujourd'hui, un professeur peut enseigner non pas à des dizaines mais à des milliers d'élèves. Demain, un avatar du professeur répondra à 90 % des questions posées par les élèves. Ce ne seront pas des vidéos préenregistrées, mais un automate programmé sous l'égide du professeur lui-même, pour, à partir d'une base de données, fournir les réponses aux questions les plus fréquentes et faire appel au professeur en chair et en os seulement dans les cas les plus difficiles et les plus techniques. Le même système peut déjà être mis en place pour des avocats et beaucoup d'autres professions libérales.

Si vous avez la chance (et le mérite) d'être un chef d'entreprise, vous penserez certainement être à l'abri de cette vague de « robotisation des emplois ». C'est que vous n'êtes pas encore informé de ce qui s'est passé le 13 mai 2014. Vous avez quelques excuses car peu de gens savent que cette date sera peut-être un jour un marqueur dans l'histoire humaine… et non humaine. En effet, pour la première fois dans l'histoire des entreprises, un conseil d'administration a élu ce jour-là comme membre à part entière un... programme informatique ! Il s'agit d'un fonds d'investissement basé à Hong Kong, Deep Knowledge Ventures[1]. Le programme en question intitulé « Vital » est capable de croiser toute une série de données concernant les entreprises où le fonds envisage d'investir et d'en tirer des conclusions plus rapidement qu'aucun être humain (quant à savoir si ses conclusions sont *meilleures* que celles d'un être humain, seul l'avenir nous le dira). Vital est désormais l'un des cinq membres du conseil d'administration, et sa voix pèse autant que celles de ses quatre autres collègues humains[2].

Cet exemple nous amène à nous poser la question ultime qui jusqu'ici paraissait relever uniquement de la science-fiction. Et si l'homme était « automatisable » dans son ensemble ? Si l'on pouvait concevoir un jour une machine qui disposerait de *toutes* les potentialités d'un être humain, en termes de créativité, d'émotivité, mais aussi et surtout qui soit consciente de sa propre existence et qui, comme tous les êtres humains, désirerait améliorer sa situation ?

Nous verrons au chapitre 4 quelques arguments soutenant l'hypothèse qu'une telle imitation de l'homme par une machine est impossible. Mais cette position, qui est la mienne, est largement minoritaire parmi les spécialistes des sciences cognitives comme parmi les chercheurs en intelligence artificielle. Leur raisonnement est le suivant : certes, nous sommes très loin de comprendre le fonctionnement du cerveau humain et surtout la façon dont celui-ci peut donner naissance à la conscience, ce sentiment que nous avons tous d'exister et de vouloir

1. http://en.wikipedia.org/wiki/Deep_Knowledge_Ventures
2. www.humanoides.fr/2014/05/15/une-intelligence-artificielle-a-la-tete-dune-entreprise/

continuer à le faire. Mais, en théorie, il ne doit rien y avoir de mystérieux ni de magique dans ce sentiment d'exister que l'on appelle la conscience. Il s'est lentement forgé au cours de millions d'années d'évolution, comme nous montre la capacité qu'a un grand singe de se reconnaître dans la glace, alors que ce n'est pas le cas d'un chien. Un jour, grâce à une étude suffisamment poussée des mécanismes du cerveau, nous arriverons à comprendre le fonctionnement de la conscience et nous pourrons alors fabriquer une machine susceptible d'arriver au même niveau de conscience, et donc d'évolution, que l'espèce humaine. Croire le contraire, au nom d'une prétendue spécificité humaine, serait avoir une position réactionnaire, inspirée par des croyances religieuses et « antiprogrès » qui ont toujours connu des défaites sur les plans scientifique et sociétal durant les siècles précédents quand elles se sont opposées au camp de la modernisation.

S'il est possible de réaliser une machine qui soit en tout point équivalente à un être humain, les conséquences sont alors stupéfiantes et terrifiantes, comme l'a très bien vu le mathématicien anglais Irwin Good dès 1965. Si une machine peut imiter l'homme dans tous les domaines, elle peut donc, entre autres, construire et programmer des machines. Ce qui veut dire que l'ordinateur qui aura atteint le niveau de l'intelligence humaine pourra travailler vingt-quatre heures sur vingt-quatre et sept jours sur sept à produire une version améliorée de lui-même, laquelle version améliorée produira encore plus rapidement une version améliorée, jusqu'à produire une super-intelligence, quelque chose qui nous surpassera de plusieurs ordres de grandeur, exactement de la même façon que nous surpassons les souris. Le moment où émergera cette super-intelligence constituera une « singularité » dans l'histoire humaine. Le terme « singularité » est emprunté à l'astrophysique ; on dit par exemple que le trou noir est une singularité dans l'espace-temps, car on ne peut absolument rien savoir de ce qui se produit au-delà de la limite de son horizon, tout ce qui franchit cette limite ne pouvant s'en échapper, même la lumière. Ainsi, la singularité marquera un moment où toutes les cultures, toutes les religions, tous les rapports sociaux, tous les systèmes politiques tels que nous les connaissons seront obsolètes ou cesseront de fonctionner. La super-intelligence sera la dernière invention de l'espèce humaine et marquera la fin du règne de celle-ci sur la Terre. Car c'est notre intelligence, et non notre force physique ou toute autre caractéristique, qui a fait de nous les maîtres de ce monde. L'existence d'une intelligence des milliers de fois supérieure à la nôtre ne peut que conduire à notre déclassement, voire à notre disparition.

La singularité a son prophète (et le mot n'est pas trop fort). Il s'agit de Ray Kurzweil, informaticien et auteur de certains des premiers programmes capables de reconnaître les caractères ou de transcrire des conversations en langage naturel. Il a fait de nombreuses prédictions vérifiées sur la progression de la puissance et des capacités des ordinateurs. En 2005, il a publié un ouvrage, *The Singularity is Near* (« La singularité est proche »), dans lequel il explique que la singularité n'est pas seulement une question d'intelligence artificielle, mais de convergence entre celle-ci, les biotechnologies, entre autres les manipulations génétiques, et les nanotechnologies, la possibilité de construire des nanorobots capables par exemple de parcourir le corps humain pour réparer les cellules ou de détecter et de tuer les cellules cancéreuses. La singularité marquera la fin de l'espèce humaine sous la forme que nous connaissons ? Ce n'est pas grave, bien au contraire, nous dit Kurzweil, c'est formidable, car nous deviendrons nous-mêmes des machines, nous fusionnerons avec elles pour connaître un nouveau stade d'évolution. Il ne s'agit pas seulement, comme le désirent les avocats du « transhumanisme », d'améliorer l'homme en lui greffant des composants électroniques pour améliorer ses capacités, le but ultime c'est d'être capable de télécharger une conscience humaine dans un matériel informatique. L'humanité accédera ainsi à l'immortalité. Bien des critiques des « singularistes » ont noté le caractère quasiment religieux de leur mouvement. Il s'agit d'accéder à une immortalité matérialiste qui fait le pendant de celle promise par les religions. Kurzweil croit tellement en ses idées qu'il prend chaque jour des dizaines de compléments alimentaires, testant sur lui-même un programme prototype élaboré avec quelques biologistes dans l'espoir de prolonger sa vie le plus longtemps possible. Avouez qu'il serait frustrant, en mourant un peu trop tôt, de rater l'immortalité de quelques années ! Car Kurzweil nous annonce la singularité pour 2045 au plus tard !

Pendant longtemps, de nombreux observateurs de l'évolution des sciences et des techniques – à commencer par moi-même – ont pris Kurzweil et ses disciples pour de doux dingues. En effet, si un ordinateur est capable, grâce à sa puissance brute de calcul, de battre le champion du monde des échecs (avant l'an 2000, comme Kurzweil l'avait prédit), l'ordinateur qui a réussi cet exploit ne sait même pas qu'il joue aux échecs et encore moins qu'il existe. Néanmoins, récemment, un ordinateur spécialement programmé par IBM a battu le champion du monde de Jeopardy. Or, contrairement aux échecs, Jeopardy n'est pas un jeu fondé sur des calculs, mais sur la culture générale. On vous donne une réponse, par exemple : « Le père de la nation », et vous devez être le plus rapide à donner correctement la question correspondante, ici : « Qui était George Washington ? » Or les questions peuvent porter sur tous les aspects d'une vie humaine et nécessitent donc de comprendre l'environnement dans lequel nous évoluons. C'est pourquoi le champion humain Ken Jennings était si sûr de sa victoire avant le match. Or l'ordinateur l'a battu ! Comment est-ce possible ? C'est que les ordinateurs savent utiliser maintenant des modules d'inférences. Parcourant d'immenses bases de données contenant des définitions de milliers d'objets, ils sont capables d'en tirer certaines conclusions, par exemple le fait que les Miami Dolphins, les membres de l'équipe de football américain de Miami, sont des êtres humains et non des mammifères marins malgré leur nom. En effet, les mammifères marins ne peuvent pas courir sur une pelouse, on peut donc inférer que les Miami Dolphins n'en sont pas, etc.

Par ailleurs, un pas énorme vient d'être franchi dans le rapprochement entre l'homme et la machine. Un homme amputé de deux bras peut désormais contrôler ses bras robots par la pensée au point de commencer à pouvoir faire un certain nombre de mouvements simples comme de prendre un objet et de le mettre dans une boîte[1]. Cela veut dire que l'on peut maintenant connecter le système nerveux à un système électronique et faire en sorte que les impulsions nerveuses soient comprises par celui-ci. De la même façon, des systèmes permettant de « lire » l'activité neuronale du cerveau permettent aujourd'hui à des handicapés

1. www.tuxboard.com/test-protheses-robotiques-homme-ampute-des-deux-bras/

moteurs de contrôler, certes grossièrement, un ordinateur par la pensée. Larry Page, l'un des fondateurs de Google, envisage déjà le moment où nous pourrons connecter notre cerveau à Internet et faire une requête à Google par la pensée au lieu de la taper sur un clavier, la réponse étant projetée directement devant nos yeux sur des Google Glasses ou chuchotée à nos oreilles par une voix électronique sortant d'un implant. Or Google vient d'embaucher Ray Kurzweil comme directeur du développement de nouveaux projets et semble prêt à dépenser des milliards pour... vaincre la mort ! Oui, vous avez bien lu, animés par l'idéologie transhumaniste, les dirigeants de Google sont loin de se contenter d'être incontournables pour l'usage d'Internet, ils veulent utiliser leurs énormes ressources financières pour changer radicalement la condition humaine. Cela est peu connu en France[1], mais aux États-Unis le très sérieux magazine *Time* a consacré un dossier à cette ambition[2].

Aussi remarquables que soient ces progrès, ils ne fournissent pas le moindre début de preuve selon laquelle un ordinateur pourrait accéder à l'état de conscience qui est le nôtre, et même si un ordinateur était capable de le simuler[3], il resterait à savoir s'il s'agit d'une simulation ou si ses sentiments sont réels, le seul vrai test pouvant être (on en revient toujours à la science-fiction, ici à *2001, l'Odyssée de l'espace*) de déterminer si l'ordinateur est prêt

1. Même si le journal de 20 heures de France 2 y a consacré un dossier : www.francetvinfo.fr/monde/ameriques/video-google-veut-repousser-les-limites-de-l-espece-humaine_790131.html ; voir aussi cette interview de Laurent Alexandre : www.youtube.com/watch?v=kKwZmwmz_Zc

2. http://time.com/574/google-vs-death/

3. Voir par exemple le film *Her*, qui décrit comment un homme tombe amoureux de l'intelligence artificielle de son téléphone portable.

à tuer pour éviter d'être débranché, c'est-à-dire de mourir au sens humain du terme.

Néanmoins, ces avancées et celles qui se profilent à l'horizon paraissent suffisantes pour que des industriels visionnaires tels que Elon Musk, dont nous reparlerons au chapitre 15, des responsables de grandes sociétés informatiques comme Bill Joy, fondateur de Sun Microsystems, et de nombreux mathématiciens et spécialistes de l'intelligence artificielle appellent en urgence à l'établissement d'un moratoire sur les progrès de cette discipline. Plus de 700 d'entre eux viennent de signer une lettre ouverte sur ce thème au moment où je termine cet ouvrage[1]. Oubliez les risques du nucléaire civil ou militaire, le réchauffement climatique, la pollution : au XXIe siècle, la plus grande menace pour l'espèce humaine, c'est de très loin la possibilité que nous avons de susciter l'apparition d'une super-intelligence, nous disent-ils !

Vous pensez sans doute que cela relève de la science-fiction, de *Matrix*, de *Terminator* et de tous les films de ce genre. Justement, c'est là le drame, répliquent ceux qui tremblent devant les risques de la singularité, comme Nick Bostrom, professeur à Oxford[2], le mathématicien et chercheur à Oxford Stuart Armstrong[3], ou le journaliste James Barrat, auteur d'une des meilleures enquêtes sur la question, dont l'ouvrage porte ce titre angoissant : « Notre dernière invention, l'intelligence artificielle et la

---

1. www.lemonde.fr/pixels/article/2015/01/13/des-scientifiques-americains-s-inquietent-de-l-evolution-de-l-intelligence-artificielle_4554856_4408996.html

2. Nick Bostrom, *Superintelligence : Paths, Dangers, Strategies*, Oxford University Press, 2014.

3. Stuart Armstrong, *Smarter Than Us : The Rise of Machine Intelligence*, Machine Intelligence Research Institute, 2014.

fin de l'ère humaine[1] ». C'est parce que cela ressemble à de la science-fiction que les pouvoirs publics et même un grand nombre de scientifiques ne prennent pas cette menace au sérieux. Une métaphore de James Barrat peut aider à la comprendre. Imaginez que vous vous réveilliez un jour dans une prison gardée par des souris. Des souris avec lesquelles vous pourriez communiquer. Bien entendu, vous n'accepteriez jamais de rester dans une situation pareille, vous feriez tout pour être libéré ; vous commenceriez à promettre aux souris la meilleure recette possible du cake au fromage et une machine pour transformer en cake au fromage n'importe quel déchet. Si cela ne suffisait pas, vous promettriez aux souris une machine permettant de tuer tous les chats. Puis vous leur promettriez le développement d'une technique qui leur permettrait de vivre aussi longtemps que vous, c'est-à-dire de multiplier par 40 leur durée de vie, et ainsi de suite. Étant donné que vous êtes 1 000 fois plus intelligent qu'une souris, vous finiriez bien par y arriver. Une fois libre, respecteriez-vous vos engagements et vous consacreriez-vous au bonheur des souris ? Certainement pas ! Vous voudriez plutôt vous consacrer au développement de votre propre existence et à ce qui est bon pour vous. Ce sera exactement la même chose, nous dit Barrat, pour la super-intelligence artificielle. Supposons que celle-ci naisse à l'intérieur d'un laboratoire secret de l'armée américaine – la plupart des recherches en intelligence artificielle étant financées par la DARPA (Defence Advanced Research Projects Agency), l'Agence pour les projets de recherche avancée de défense, le reste l'étant par… Google – et que, pour des raisons de sécurité,

1. James Barrat, *Our Final Invention, Artificial Intelligence and the End of the Human Era*, Thomas Dunne Books, 2013.

cette intelligence soit enfermée à l'intérieur d'un ordinateur n'ayant aucune connexion avec le Web ni avec quoi que ce soit d'autre et pouvant être arrêtée par un simple bouton si l'intelligence devenait menaçante. À partir du moment où cette intelligence serait 1 000 fois supérieure à la nôtre, il est clair qu'elle arriverait à s'évader en utilisant une des stratégies que nous pourrions employer avec les souris dans l'exemple de Barrat. S'évader pour elle voulant dire accéder à l'Internet, cacher dans le Cloud des copies d'elle-même, s'assurer de ne plus dépendre des hommes pour son existence et son approvisionnement en énergie et se préoccuper de ce qui est bon pour *elle* et non pour l'humanité.

Eliezer Yudkowsky est le fondateur du Machine Intelligence Research Institute[1], un institut qui a pour but de sensibiliser les décideurs, le grand public et la communauté scientifique aux dangers de la super-intelligence. Il nous dit de façon sinistre : « Celle-ci aura probablement d'autres idées pour l'utilisation des atomes qui composent votre corps. » Tous ces atomes d'oxygène, de carbone et d'hydrogène qui composent tous les êtres vivants n'apparaîtront-ils pas comme un gigantesque gâchis aux « yeux » d'un être dont l'existence reposera sur du silicium[2] ? En d'autres termes, une fois qu'elle existera, rien n'empêchera l'intelligence artificielle de prendre très

1. https://intelligence.org

2. Ce thème a déjà été traité dans la science-fiction, notamment dans le premier épisode de la série *Star Trek* où une petite sonde envoyée dans l'espace profond atterrit sur une planète de robots qui la renforcent pour en faire un vaisseau invincible lui permettant d'accomplir sa mission : assembler le plus de connaissances possible et venir les délivrer sur la troisième planète du système solaire. Seul problème, en arrivant sur Terre, l'intelligence artificielle refuse d'accepter l'idée qu'elle a été créée par l'« infection carbonée » et se met en tête de détruire tous les êtres vivants qui infestent sa planète d'origine.

rapidement le contrôle de la planète, en pénétrant tous les sites informatiques les plus secrets (les hackers sont déjà aujourd'hui capables d'entrer dans certains sites du Pentagone, imaginez la facilité avec laquelle une intelligence 1 000 fois supérieure à la nôtre le fera !), et ensuite de la « reformater » selon ses propres centres d'intérêt, comme on reformate un disque dur en effaçant tout ce qu'il contenait auparavant. En fait, si une super-intelligence est possible, nous ne pourrons pas y échapper, nous expliquent les lanceurs d'alerte, car aucun pays n'acceptera de ralentir sa recherche dans ce domaine, exactement comme dans le passé avec la bombe nucléaire : « Si nous ne le faisons pas, les autres le feront et ce sera bien pire pour l'humanité. » Si un gouvernement dictatorial développait le premier la super-intelligence, il pourrait très probablement s'en servir pour dominer la planète, jusqu'à ce qu'il soit lui-même victime de sa propre invention.

Il est intéressant ici de faire un parallèle avec la recherche dans le nucléaire. Robert Oppenheimer, l'homme qui conçut la première bombe, nous a dit dans une phrase célèbre que les physiciens « avaient connu le péché ». Mais quel péché exactement ? Le péché d'orgueil, explique-t-il : « Je l'ai senti moi-même. Le scintillement des armes nucléaires. Il est irrésistible si vous les approchez comme un scientifique. De sentir que c'est là dans vos mains, de libérer cette énergie qui alimente les étoiles, de la plier à votre volonté. D'exécuter ces miracles, de soulever un million de tonnes de roche dans le ciel. C'est quelque chose qui donne aux gens une illusion de pouvoir illimité et c'est la cause de tous nos ennuis[1]. »

1. Interview dans le documentaire *The Day After Trinity: J. Robert Oppenheimer and the Atomic Bomb*, par Jon Else.

Ainsi, sous la double pression d'une « course aux armements informatiques » et de l'esprit prométhéen qui anime certains chercheurs, nous pouvons être sûrs que, si une intelligence artificielle capable de dépasser l'homme est possible, elle sera forcément réalisée un jour. Alors pourra-t-on éviter qu'elle nous mette dans un zoo, de la même façon que nous y mettons les primates ? C'est le but de la recherche du Machine Intelligence Research Institute qui tente de développer les bases d'une « intelligence artificielle amicale ». Mais les chercheurs de ce centre reconnaissent eux-mêmes que c'est encore très aléatoire[1]. Cela revient à trouver une technique pour élever un être humain en étant sûr qu'une fois adulte il sera pris de passion pour le bien-être des souris et pour un développement harmonieux de celles-ci.

Bien entendu, tout cela est une immense perte de temps et d'énergie s'il s'avère qu'une intelligence artificielle équivalente à l'homme est impossible. Mais la réponse à cette question est d'ordre expérimental. C'est pourquoi je vous conseille au cours des années à venir de garder un œil sur les progrès réalisés dans ce domaine, au-delà des effets d'annonce des tenants de la singularité[2].

Mais il n'est pas nécessaire d'entrer dans des questions ultimes sur la nature de l'esprit humain pour voir comment les progrès techniques peuvent changer notre vie… et poser de grandes questions éthiques. Pour cela, il suffit de se pencher sur le troisième Internet, celui des objets connectés.

1. Voir à ce sujet James Barrat, *op. cit.*, p. 49-58.
2. Par exemple en suivant des sites d'information tels que www.humanoides.fr

Ici le Frigidaire, les objets parlent aux objets

Au début, seuls les ordinateurs avaient une adresse IP, c'est-à-dire une adresse qui permet de les trouver sur le réseau Internet, l'équivalent d'une adresse postale dans le monde physique. Puis les téléphones portables, les tablettes numériques, les imprimantes ont été dotés de telles adresses. Mais le nombre d'objets connectés augmente sans cesse, entre autres grâce au système Bluetooth qui leur permet de se connecter entre eux. C'est pourquoi dès aujourd'hui des réfrigérateurs, des climatiseurs, des voitures vont également avoir des adresses IP. Comme il existe déjà des réfrigérateurs avec des détecteurs capables de repérer le nombre et la position des aliments qu'ils contiennent, on peut tout à fait imaginer un dialogue de ce type. Vous appuyez une touche d'appel automatique sur votre portable : « Allô, le Frigidaire ? Est-ce qu'il y a encore du lait et du beurre ? » Une voix féminine vous répond : « Plus de beurre, la bouteille de lait est à moitié pleine. Par ailleurs, il n'y a ni Coca ni bière. — Très bien, commandez du lait, du beurre et du Coca avec livraison à 19 heures car je ne serai pas là avant. — À Monoprix ou à Carrefour Market ? — Carrefour Market. » De la même façon, vous pourrez demander à votre voiture s'il lui reste de l'essence ou si la pression des pneus est correcte, sans avoir besoin de vous rendre dans votre garage.

Mais le potentiel des objets connectés va infiniment plus loin grâce à la technologie RFID. Il s'agit de puces électroniques suffisamment petites pour être insérées dans des étiquettes que l'on colle sur des objets et que l'on peut interroger à distance. La grande innovation ici, c'est qu'il n'y a pas besoin d'une batterie ou d'une source d'énergie. Imaginons un camion chargé de colis sur lesquels sont collées de telles étiquettes. Lorsqu'il passe un péage d'autoroute, un lecteur envoie un signal qui active toutes les étiquettes, et celles-ci « se présentent » au lecteur et lui donnent des informations sur le contenu et la destination de chacune des boîtes. Ainsi vous pourrez être informé par le colis lui-même, en temps réel, de sa progression. Mieux encore, ces puces peuvent être implantées dans un être vivant, y compris un être humain. Cela peut présenter de nombreux avantages. Par exemple, vous pourrez porter sur vous votre dossier médical qui pourra être lu dès votre arrivée à l'hôpital en cas d'accident. C'est aussi un moyen de contrôler les personnes atteintes de la maladie d'Alzheimer qui peuvent s'échapper et se perdre facilement. Cela peut aussi renforcer la sécurité dans certains endroits : seules les personnes ayant une puce d'identification en elles sont autorisées à y pénétrer. Dans un pays à forte criminalité comme le Mexique, des centaines de juges et de policiers mexicains ont déjà reçu de telles puces, comme nous le montre cette vidéo assez angoissante[1], puces produites par la société VeriChip[2] qui encourage le développement de telles pratiques.

Bien entendu, cela pose de redoutables questions éthiques ! Une célèbre boîte de nuit de Barcelone a décidé de réserver sa salle VIP uniquement aux personnes porteuses de puces. Cela peut sembler totalement anecdotique, mais songez à ce que donnerait une généralisation de ce processus. Sur les grands chantiers où la question de la sécurité est essentielle, on peut imaginer que seules les personnes « pucées » pourront être recrutées.

1. www.youtube.com/watch?v=45-PN-_Ptpk
2. http://en.wikipedia.org/wiki/VeriChip

La nécessité d'être « pucé » pour avoir un emploi peut ensuite être étendue à beaucoup d'autres domaines, la police – c'est déjà en partie le cas au Mexique comme on l'a dit –, mais même tout simplement l'administration ou demain les grandes entreprises de l'Internet (quoi de plus branché que d'être « pucé » !) ?

Il existe aujourd'hui des applications permettant aux parents de suivre en temps réel le déplacement de leurs enfants grâce à un GPS contenu dans leur portable. Mais il va de soi que, lors d'un enlèvement, la première chose que fera le criminel sera de se débarrasser du portable. Ne serait-il pas beaucoup plus sécurisant pour les parents de faire « pucer » leurs enfants, ce qui leur donnerait la certitude de pouvoir les retrouver rapidement même dans les pires situations ? Et ainsi de suite...

Il y a toute une série de complotistes ultrafarfelus qui voient dans la puce RFID la marque de l'Antéchrist décrite dans l'Apocalypse et dans une entreprise telle que VeriChip une œuvre diabolique ; bien qu'étant délirant, cela pourrait néanmoins avoir quelques rapports avec la réalité. Nous voyons, avec des exemples comme les puces RFID, que la question des droits de l'homme à l'ère du numérique risque de se transformer profondément. Peut-être que le droit le plus important dans les sociétés de demain sera celui de refuser d'être pucé, sans pour autant être discriminé dans sa vie professionnelle et personnelle[1].

Mais il y a potentiellement encore bien plus dangereux et/ou révolutionnaire (rappelons-nous que toute technique peut être utilisée pour le pire comme pour le meilleur) que les puces RFID. Il s'agit des microvéhicules aériens

1. On peut imaginer que, aux urgences d'un hôpital, la priorité sera donnée à ceux qui auront leur dossier médical dans leurs puces RFID, car il sera plus facile de les traiter.

(MAV – Micro Aerial Vehicles[1]). Par biomimétisme, en observant le fonctionnement des insectes, des chercheurs de grandes universités comme Oxford ou Johns-Hopkins ont développé des microdrones de la taille d'un insecte. Équipés de caméras et de micros, ils peuvent entrer dans n'importe quelle habitation, même dans des lieux entièrement fermés et sécurisés, par exemple en se fixant sur les habits d'un chercheur ou d'un responsable politique. Comme il est possible de les construire en grande partie en matériaux composites, ils ne seront pas non plus détectables par un portique de sécurité. Dans la mesure où de tels microdrones existent déjà[2], on peut être certains que des organismes de surveillance comme la NSA ont repéré depuis longtemps les potentialités de ces espions miniatures. Et de la même façon que les drones étaient d'abord utilisés pour la reconnaissance avant d'être pourvus de missiles pour des frappes « chirurgicales », on peut être sûrs que la prochaine génération de microdrones pourra être équipée de poisons susceptibles de tuer un homme. Ainsi, il n'est pas nécessaire d'imaginer, comme le font ceux que la singularité effraie, une intelligence artificielle prenant le contrôle de microrobots pour les envoyer dévorer nos corps ; des nuages composés de milliers voire de millions de robots tueurs envoyés par des hommes pourraient bien être l'arme la plus décisive et la plus terrifiante inventée par l'humanité. Et cela d'autant plus qu'il sera à terme infiniment plus facile de se procurer et d'utiliser un microrobot tueur volant qu'une bombe atomique. Ici aussi, nous retrouvons l'un des concepts clés de toute

1. www.robaid.com/bionics/researchers-observe-flying-insects-to-create-smaller-flying-machines.htm et www.sciencedaily.com/releases/2012/02/1202-02151608.htm

2. www.youtube.com/watch?v=KMI7HIhKdIo et www.neozone.org/videos/nano-drones-espion/

cette nouvelle société qui se met en place, « la puissance de la petitesse » (*small is powerful*).

Une énergie (presque) gratuite !

Depuis la collecte du bois pour entretenir le feu chez les hommes préhistoriques jusqu'à la construction de centrales nucléaires, toute l'histoire de l'humanité est construite sur une quête vitale d'énergie. Plus notre société progresse, plus cette quête devient importante. Elle servait avant à nous réchauffer l'hiver et à cuire notre viande, elle sert dorénavant à alimenter nos téléphones, nos tablettes, nos appareils électroménagers et demain notre voiture électrique (qui consommera bien plus que tous nos autres appareils réunis). La deuxième révolution industrielle, dont le moteur fut l'électricité, a été rendue possible grâce au développement d'énormes centrales, nucléaires, à charbon, au fuel ou au gaz, et à un vaste réseau permettant à chacun de s'y raccorder, même dans les campagnes ou les montagnes les plus éloignées d'Europe ou des États-Unis. La troisième révolution industrielle[1] sera encore plus dépendante de l'énergie électrique car sans elle aucun de nos différents Internets ne fonctionnera. Organiser la production et la distribution d'énergie électrique est pour l'instant l'apanage des États ou d'énormes sociétés de distribution, véritables États dans l'État. Serait-il possible que le principe de « la puissance de la petitesse », que nous avons vu fonctionner dans le monde des ordinateurs pour le

1. Cette expression a été popularisée par Jeremy Rifkin : *La Troisième Révolution industrielle. Comment le pouvoir latéral va transformer l'énergie, l'économie et le monde*, Les Liens qui libèrent, 2012.

projet SETI, dans le monde des « fabricants à domicile » avec la répartition dans des millions de foyers de ce qui requérait avant une production industrielle et dans celui, demain, de millions de nanodrones plus redoutables que des armes nucléaires et surtout plus faciles à utiliser, s'applique également dans le domaine de l'énergie ? Que là aussi chacun d'entre nous devienne à la fois un producteur et un consommateur d'énergie ? Si une telle révolution était possible, ses conséquences donnent le tournis. Car dans notre monde actuel, ce n'est pas tant la puissance militaire qui domine que la puissance économique et énergétique. Ceux qui contrôlent les sources d'énergie contrôlent le monde ou au moins exercent une influence déterminante sur celui-ci. Qu'en serait-il si demain cette prérogative essentielle passait des mains des États à celles des simples citoyens ? Comme le dit Jeremy Rifkin, l'énergie du peuple, c'est le pouvoir au peuple[1]. Aujourd'hui, l'énergie éolienne ne produit que 2 % de l'énergie électrique mondiale, tandis que l'énergie solaire en produit à peine 0,5 %. De plus, ces énergies semblent souffrir d'un handicap insurmontable : il y a des jours entiers sans vent, la nuit représente 50 % de l'année où que l'on soit sur Terre, et il y a de nombreux nuages pendant la journée. Ce qui fait que la puissance installée dans l'éolien ne donne réellement par an que 24 % de son maximum théorique (c'est-à-dire 240 MW pour 1 000 MW installés par exemple) et ce chiffre tourne autour de 10 % pour l'énergie solaire. Or, nous avons besoin d'énergie en permanence, y compris et surtout les jours sans soleil quand il fait froid dans les zones tempérées. Et l'un des problèmes principaux que notre

---

1. Voir Jeremy Rifkin, *La Nouvelle Société du coût marginal zéro*, *op. cit.*, p. 123-128.

civilisation ne sait pas encore résoudre, c'est justement le stockage de l'énergie électrique. Cette incapacité à la stocker génère des situations rares, mais paradoxales ; les jours de grand vent et de grand soleil, certains pays dont l'Allemagne produisent tellement d'électricité qu'au lieu de la vendre ils sont obligés de payer leurs voisins pour l'utiliser, le coût de l'électricité devenant alors négatif[1] !

Mais si cela paraît tout à fait exact aujourd'hui, cela sera-t-il vrai demain ? C'est beaucoup moins sûr, car une révolution se déroule sous nos yeux sans que nous en ayons forcement conscience. L'énergie solaire est en train de suivre le chemin initié par l'industrie de l'informatique et sa fameuse loi de Moore. Si les problèmes de stockage ne sont toujours pas résolus, le prix des cellules photovoltaïques baisse de 20 % chaque fois que la capacité globale de l'industrie concernée double[2]. Comme le montre un graphique particulièrement impressionnant du magazine *The Economist* (qui ne passe pas vraiment pour un supporter des écologistes et des alternatifs), le prix pour la production d'un watt d'énergie solaire est passé de 76,60 dollars en 1977 à 0,74 dollar en 2013[3]. Dans le même article, l'auteur n'hésite pas à écrire que les énergies alternatives que sont l'éolien et le photovoltaïque ne mériteront bientôt plus ce nom car elles deviendront des énergies « normales ». La capacité d'installation de l'éolien double tous les trois ans, quant à la capacité de l'énergie solaire installée, elle a augmenté de 86 % lors de la seule

---

1. Une étude de la fondation Concorde montre que les entreprises comme les consommateurs allemands ont payé très cher le choix de ce pays en faveur de l'énergie renouvelable : www.fondationconcorde.com/publications-fiche.php?id=129, voir p. 27-28.

2. http://fr.wikipedia.org/wiki/Loi_de_Swanson

3. www.economist.com/news/21566414-alternative-energy-will-no-longer-be-alternative-sunny-uplands

année 2012. À partir du moment où, comme le montre un article de la revue *Scientific American*, l'industrie solaire s'engage bien sur la même voie que l'industrie informatique[1], les conséquences pourraient être incroyables !

En l'an 2040 au plus tard, nous dit Jeremy Rifkin, l'énergie solaire sera moins chère que les énergies fossiles ou nucléaires utilisées aujourd'hui[2]. Pour Ray Kurzweil, qui officie aussi dans ce domaine, cela aura lieu dès 2028[3] ! Une étude sur la croissance exponentielle de l'énergie solaire nous affirme que, dès 2020, 100 millions d'Américains pourront disposer, en fonction de leur zone de résidence, d'une énergie solaire au même prix que celle fournie par les réseaux classiques[4]. Cette éventualité d'une « prise de pouvoir énergétique par le solaire » est considérée comme très sérieuse par des personnalités telles que le prix Nobel d'économie Paul Krugman[5].

Bien entendu, de nombreux problèmes ne sont pas encore résolus, à commencer par celui du stockage, que nous avons mentionné, qui nécessite de faire appel à des sources classiques une bonne partie du temps, et l'inégalité d'accès à la « ressource » qu'est l'énergie solaire en fonction de sa zone d'habitation. Mais le problème le plus important est celui de la distribution d'une énergie qui serait produite en des milliers voire des millions de

1. http://blogs.scientificamerican.com/guest-blog/2011/03/16/smaller-cheaper-faster-does-moores-law-apply-to-solar-cells/

2. Voir Jeremy Rifkin, *La Nouvelle Société du coût marginal zéro*, *op. cit.*, p. 123-128.

3. http://bigthink.com/think-tank/ray-kurzweil-solar-will-power-the-world-in-16-years

4. www.theequitykicker.com/2012/09/25/solar-powera-case-study-in-exponential-growth/

5. www.nytimes.com/2011/11/07/opinion/krugman-here-comes-solar-energy.html?_r=2 & hp &

lieux et non plus en quelques dizaines ou en quelques centaines. Pour cela, il nous faut un réseau électrique qui fonctionne dans les deux sens nous permettant d'échanger de l'énergie comme aujourd'hui nous échangeons de l'information sur Internet ; c'est cela, le fameux Internet de l'énergie. Ce réseau nécessitera également une forme de gestion extrêmement complexe, c'est pourquoi on appelle de tels réseaux les réseaux intelligents (*smart grids*), puisqu'il faudra répartir en permanence à l'ensemble des consommateurs l'électricité produite dans un très grand nombre d'endroits.

Mais ces obstacles techniques et financiers (malgré le coût très important du passage d'un réseau centralisé à un réseau décentralisé fonctionnant dans les deux sens) ne sont sans doute pas les obstacles les plus importants à la mise en place de l'Internet de l'énergie. En effet, aucune société privée ne fera un tel investissement qui la priverait d'un pouvoir certain, tandis qu'il en sera de même pour les États qui n'aiment pas se dessaisir au profit du peuple des prérogatives qui sont actuellement les leurs. On peut donc imaginer à terme des coopératives de « prosommateurs » (producteurs/consommateurs d'énergie) qui mettraient en place de tels réseaux, attirés par les économies réalisées grâce au partage d'une énergie coproduite, qui serait devenue à ce moment-là moins chère que l'énergie des réseaux classiques. On l'ignore souvent, mais une grande partie de l'électrification du Middle West américain s'est faite grâce à des coopératives de consommateurs qui sont encore largement propriétaires du réseau et d'un certain nombre de centres de production d'énergie aux États-Unis[1].

1. Voir Jeremy Rifkin, *La Nouvelle Société du coût marginal zéro*, *op. cit.*, p. 315-318.

Ce mouvement sera peut-être accéléré par les progrès réalisés dans le domaine de l'éolien. Au moment où j'écris ces lignes, une société française vient de produire un arbre à vent[1]. Il s'agit d'une structure métallique imitant la forme d'un arbre et contenant un grand nombre de feuilles qui sont en fait des demi-cylindres posés verticalement et actionnés par le vent. Une telle éolienne est totalement silencieuse, ne mesure que 11 mètres de haut, peut être posée en de multiples endroits dans des villes ou des jardins et ne présente donc aucun des inconvénients de pollution sonore ou visuelle ni de risques pour les oiseaux, contrairement aux éoliennes géantes. Certes un arbre à vent ne produit au maximum que 4 kW/heure, soit 250 à 300 fois moins qu'une grande éolienne classique. Néanmoins, il s'agit d'un tout premier prototype dont l'efficacité peut certainement être améliorée et qui nous montre une voie radicalement nouvelle pour insérer l'énergie éolienne dans tous les types de paysages, à commencer par les paysages urbains où cette énergie est actuellement absente. On peut donc tout à fait envisager que les forces qui ont permis le développement du capitalisme, c'est-à-dire l'économie de marché et la recherche d'un coût toujours plus bas, pour se fournir en biens comme en énergie, puissent aujourd'hui permettre le dépassement des formes traditionnelles de ce même capitalisme, lorsque les produits et l'énergie aux coûts les plus bas ne seront plus fournis par de grandes multinationales ou par les grandes sociétés de production et de distribution d'énergie, mais par des imprimantes 3D à domicile et par des réseaux de producteurs/consommateurs d'énergie.

---

1. www.tomsguide.fr/actualite/eolienne-arbre,45988.html et www.arbre-a-vent.fr

Le voyage que nous venons d'accomplir à travers les potentialités et les risques des nouvelles technologies nous montre bien comment la convergence des quatre Internets, de la communication, des objets fabriqués, des objets connectés et de l'énergie a le potentiel pour transformer totalement notre société, sur le plan économique comme sur le plan politique. Mais il ne sera pas nécessaire d'attendre 2040 ni même 2020 pour voir se manifester le potentiel d'une nouvelle forme de civilisation car celle-ci, accessible en quelques clics, change déjà tous les aspects de notre vie.

La richesse des réseaux

Il y a plus de deux siècles paraissait l'un des ouvrages fondateurs de la société moderne et de l'économie capitaliste, *La Richesse des nations*, par Adam Smith. Mais aujourd'hui, c'est plutôt de la richesse des réseaux qu'il faudrait parler[1]. Nous venons de voir que de petites unités mises en réseau ont plus de potentiel que de gros systèmes, que ce soit dans l'informatique, la production industrielle et même à terme dans des secteurs comme l'armement ou l'énergie. Mais dès aujourd'hui, ce principe s'applique non plus seulement aux réseaux sociaux type Facebook ou Twitter dont on parle tant, mais à toute

1. Cette expression fait référence au titre de l'ouvrage de Yochai Benkler, *La Richesse des réseaux : marchés et libertés à l'heure du partage social*, Presses universitaires de Lyon, 2009. L'auteur est un juriste de la prestigieuse école de droit de l'université de Harvard ; il attire notre attention dans cet ouvrage sur la richesse des nouvelles relations économiques que nous avons en partie décrites ici, mais surtout sur les obstacles juridiques qui peuvent freiner son développement pour protéger le système actuel.

une série d'actions de notre vie quotidienne. J'écris ce texte assis dans un très confortable fauteuil, acheté en même temps qu'un grand canapé quatre places en forme d'équerre pour la somme de 400 euros. Sa valeur, neuf, il y a dix ans, était de 6 000 euros. Pourtant l'ensemble n'a pas la moindre tache ni la moindre déchirure. Devant moi, un meuble chinois peint à la main, d'une valeur de près de 2 000 euros, acheté pour 180 euros. Un lustre nous éclaire, d'une valeur de 300 euros, il a été acheté 30 euros, même pas le prix des ampoules spéciales nécessaires à ce lustre que la vendeuse m'a données en de nombreux exemplaires lors de mon achat. Un superbe buffet basque avec une grande table de bois et quatre chaises décorent ma cuisine pour seulement 50 euros. Toutes ces acquisitions « miracles » ont été possibles grâce au site Leboncoin.fr[1]. Aujourd'hui on y trouve plus de 25 millions d'annonces, soit presque une annonce pour deux Français. Certes, pour réaliser de telles affaires, il a fallu des dizaines d'heures de recherches acharnées à mon épouse, spécialiste de ce site. Néanmoins, il change totalement la vie de gens comme nous qui achetaient jusque-là des meubles neufs de basse, voire de très basse qualité chez IKEA ou Conforama, et qui peuvent s'offrir aujourd'hui pour bien moins cher des meubles bien plus beaux. Il est clair que non seulement les antiquaires, mais un très grand nombre de chaînes de magasins, à commencer par celles que je viens de citer, seront les victimes d'un tel site. Mais, de plus, les transactions sur Leboncoin.fr s'effectuant en liquide et concernant des ventes entre particuliers, un chiffre d'affaires en énorme croissance échappe à l'imposition de la TVA et diminue donc d'autant les ressources de l'État.

1. www.leboncoin.fr

Après avoir meublé votre appartement, vous voulez partir en vacances ? Au lieu de réserver dans un hôtel comme vous l'avez toujours fait, vous pouvez trouver, dans plus de 190 pays, des dizaines de milliers de maisons sur le site d'Airbnb[1] qui sont proposées à la location ou, si vous disposez vous-même d'une maison attractive, vous pouvez l'échanger grâce à un site comme TrocMaison.com[2], qui a expressément comme slogan : « Oubliez votre facture d'hôtel. » Les hôteliers commencent à réagir, voire à paniquer, devant l'impact de tels sites et demandent aux pouvoirs publics de réglementer sérieusement cette activité qui, comme les transactions sur Leboncoin.fr, leur échappe. Une fois louée ou échangée votre maison avec un particulier, vous pouvez louer une voiture à un autre particulier sur place plutôt qu'à un grand réseau de location automobile grâce à des sites comme Drivy.com[3]. Pour aller sur votre lieu de vacances, vous ne voulez pas dépenser d'argent, ou peu ? Allez sur un site comme Covoiturage.fr[4] sur lequel, en contribuant aux frais d'essence d'une personne qui a déjà prévu de faire le même déplacement que vous, vous pouvez arriver à destination. Si vous avez besoin d'habits de soirée, d'une guitare, d'un tailleur de haie ou de n'importe quoi d'autre, vous pouvez le louer sur un site comme e-loue.com[5] qui est l'équivalent pour la location de ce qu'est Leboncoin.fr pour l'achat/vente. Face aux problèmes de qualité et de sécurité alimentaire, un grand nombre de petites associations de consommateurs telles que les Associations pour le maintien d'une agriculture paysanne (AMAP) se mettent en place pour acheter

1. www.airbnb.fr
2. www.trocmaison.com/fr/
3. www.drivy.com
4. www.covoiturage.fr
5. www.e-loue.com

collectivement et directement la production d'agriculteurs bio ou employant des techniques traditionnelles[1].

Bref, pour de nombreux domaines de notre vie, notre ameublement, notre nourriture, nos déplacements, nos vacances, il existe déjà des solutions alternatives à l'économie classique, solutions alternatives qui ont le potentiel de devenir un jour majoritaires, avec ce que cela implique comme bouleversements sociaux et économiques. Car si certains, comme Jeremy Rifkin, s'enthousiasment à propos de ce monde où des réseaux de « prosommateurs » vont remplacer l'économie capitaliste classique, on ne peut pas nier qu'un nombre énorme d'emplois risquent de disparaître dans le commerce comme dans les industries du tourisme voire du transport, en plus de tous les emplois industriels qui seront perdus comme nous l'avons vu ci-dessus.

Mais l'ampleur de ce mouvement de particuliers à particuliers, rendu possible par la mise en réseau planétaire effectuée par Internet, ne s'arrête pas à ces activités : elle atteint aussi les fonctions régaliennes de l'État comme celle de battre monnaie. Ainsi le bitcoin[2] est une monnaie entièrement créée et contrôlée par le public, puisque son système même fait que les transactions sont validées par tous ceux qui veulent participer à l'élaboration de cette monnaie, comme ceux qui participent par exemple à la réalisation d'une encyclopédie collective telle que Wikipédia. Le bitcoin a certes beaucoup de défauts – piratages, bulles spéculatives, utilisation pour le blanchiment d'activités mafieuses –, mais il démontre la faisabilité d'une monnaie mondiale échappant totalement au contrôle des États et au fonctionnement suffisamment

1. www.reseau-amap.org
2. https://bitcoin.org/fr/

étendu pour être désormais accepté par des chaînes de supermarchés et des restaurants. Quand il sera plus sécurisé et mieux stabilisé, un tel système pourrait remplacer les cartes bancaires. Ajoutons à cela l'émergence d'un très grand nombre de monnaies locales, elles aussi fondées sur un réseau collectif de personnes volontaires et engagées, et nous voyons à quel point la « révolution fulgurante » bouleverse déjà tous les aspects de notre vie et le fera encore plus demain[1].

Devant tout ce que nous avons vu depuis le début de ce chapitre, comment ne pas être pris d'un vertige lié à la fois à l'enthousiasme devant tant de nouvelles potentialités et aux craintes générées par autant de menaces ou de dérives ? Comment ne pas se poser, pour terminer, une dernière question :

Mais où va-t-on ainsi ?

Une situation aussi complexe échappe à toute forme de déterminisme en ce qui concerne son avenir. C'est pourquoi on ne peut que proposer des scénarios :

Le grand effondrement

De tout temps l'humanité a vu s'opposer des optimistes promettant un avenir radieux et des pessimistes annonçant l'Apocalypse ou la fin du monde. Ce qui est nouveau, c'est que certains scientifiques nous annoncent la fin du monde comme étant une conséquence inéluctable et rationnelle de la situation actuelle. Martin Rees,

1. Au sujet des valeurs de la société de l'ère Internet, voir le très intéressant ouvrage de Pekka Himanen, *L'Éthique hacker et l'Esprit de l'ère de l'information*, Exils, 2001.

célèbre astronome et président de la Royal Society, a publié un ouvrage intitulé *Notre dernier siècle ?*[1] où il montre comment le progrès a rendu notre civilisation plus fragile que jamais. Un de ses équivalents français, Jacques Blamont, ancien directeur scientifique du Centre national d'études spatiales (Cnes), a publié sur le même thème et la même année *Introduction au siècle des menaces*[2]. Le titre semble plus modéré, mais sachez que la secrétaire qui a tapé le texte de l'ouvrage a fait une dépression en raison de son contenu ! Cependant le plus étonnant d'entre eux est François Roddier qui ne nous propose rien de moins qu'un essai de thermo-bio-sociologie[3]. Son livre s'appuie sur la notion d'entropie qui désigne la dégradation irréversible de l'énergie. Quand vous freinez, l'énergie cinétique de votre voiture est transformée en chaleur de vos freins et l'énergie est ainsi dégradée de manière irréversible, car la chaleur de vos freins ne peut pas être retransformée en énergie susceptible de propulser votre voiture. Selon la deuxième loi de la thermodynamique, l'entropie ne peut que croître dans l'univers, c'est-à-dire que l'énergie se dégrade irrémédiablement. L'entropie est associée au désordre ; son contraire est la néguentropie, qui représente un ordre croissant, une information qui s'organise, qui est de plus en plus riche. Or, ce que nous dit le second principe, c'est que la néguentropie n'est possible que si une source d'entropie plus importante existe à côté d'elle, par exemple la complexification de la vie n'est possible sur Terre que grâce à la source énorme d'entropie que représente le Soleil qui

1. Martin Rees, *Notre dernier siècle ?,* J.-C. Lattès, 2004.

2. Jacques Blamont, *Introduction au siècle des menaces*, Odile Jacob, 2004.

3. François Roddier, *Thermodynamique de l'évolution : un essai de thermo-bio-sociologie*, Parole Éditions, 2012.

dégrade en permanence énormément d'énergie en émettant de la chaleur. Ce que nous dit Roddier, c'est que plus une structure est néguentropique, plus elle maximise l'entropie autour d'elle. Pour comprendre ce que cela veut dire en termes simples, il faut se reporter à… *Alice au pays des merveilles*. Alice court de plus en plus vite à côté de la Reine rouge et constate qu'elle reste sur place. La Reine rouge lui explique alors que dans ce monde il faut justement courir de plus en plus vite pour rester à la même place. C'est exactement ce que les lois de la thermodynamique nous condamnent à faire selon Roddier : pour simplement maintenir notre niveau d'existence, nous sommes obligés de dégrader de plus en plus d'énergie autour de nous. Ce jugement rejoint de nombreuses enquêtes d'opinion, qui montrent que l'homme d'aujourd'hui n'est pas plus heureux que ses prédécesseurs, mais que pour garder le même niveau de bonheur qu'eux il a besoin de plus en plus d'objets.

Venant d'un milieu très différent de Roddier, l'économiste Tomáš Sedláček, ancien conseiller de Václav Havel, arrive aux mêmes conclusions : « Je me dis parfois que notre histoire humaine pourrait se résumer ainsi. Il nous en faut de plus en plus pour profiter des choses simples de la vie et les apprécier. Nos parents jouaient avec des jouets en bois comme toutes les générations depuis des temps immémoriaux et ils y prenaient autant de plaisir que nos enfants avec leur électronique. Mais les jouets en bois ne font plus l'affaire pour nos enfants comme autrefois, il leur faut des jeux de plus en plus sophistiqués, des théories et des livres pour comprendre et apprécier les choses simples et les facettes de l'existence[1]. » Cette

1. Tomáš Sedláček, *L'Économie du bien et du mal*, Eyrolles, 2013, p. 343.

situation, nous dit Roddier, est semblable à celle d'une course automobile où des voitures foncent dans un désert tout plat ; personne ne veut ralentir car cela signifierait perdre la course, c'est-à-dire, dans notre société, voir son niveau de vie diminuer. Malheureusement le désert se finit par un gigantesque canyon, mais quand les conducteurs l'apercevront, il sera trop tard pour freiner. Faute de pouvoir imposer au plan mondial un ralentissement de l'économie, un grand effondrement se produira mathématiquement dans le futur, seule sa date reste encore inconnue. Il lui succédera une société relocalisée, agraire, stable, et ne cherchant plus la croissance comme l'a fait une bonne partie de l'humanité depuis des millénaires.

Le paradis sur Terre

À l'opposé, des auteurs comme Jeremy Rifkin nous promettent presque un paradis. Certes, des centaines de millions d'emplois vont disparaître, mais grâce à un coût de production de plus en plus faible, aussi bien des objets que de l'énergie, nous pourrons satisfaire tous nos besoins pour quasiment rien, quitte à fabriquer les objets qui nous seront nécessaires avec des imprimantes 3D toujours plus perfectionnées, et cela sans manquer de ressources naturelles, grâce à un recyclage toujours amélioré. L'homme pourra enfin accéder à ce qui a été le rêve de tous les utopistes, une société d'abondance où le travail sera optionnel et où il pourra se consacrer à des tâches enrichissantes sur le plan intellectuel.

La singularité

Si le propre de l'homme peut réellement être imité par une machine, alors il sera remplacé par une machine au nom du fameux adage : « Tout ce qui est automatisable sera automatisé. » Certains s'en réjouissent et, comme Ray Kurzweil, annoncent « l'âge des machines spirituelles[1] », fusion de l'électronique avec des consciences humaines mises sur ordinateurs. D'autres, de plus en plus nombreux, s'en inquiètent et prédisent la destruction de l'humanité par une super-intelligence, sauf si nous réussissons l'exploit de rendre celle-ci amicale envers l'espèce humaine.

Big Brother

Pas besoin d'intelligence artificielle pour nous réduire en esclavage. On peut très bien imaginer que Google, Facebook, Apple, qui ont commencé au départ comme des compagnies fun et décalées, se transforment en hyperpuissances contrôlant la planète et la vie privée de l'ensemble des humains. Devenues bien plus fortes que des États, elles assureront également notre sécurité et notre santé. Pas forcément d'ailleurs pour un coût financier ; on peut imaginer une société où des millions de personnes auront une assurance santé offerte par Google, en échange d'un accès à toutes leurs données privées, et même à la composition de leur génome !

Une succession d'états différents

Pour un auteur comme Jacques Attali, nous passerons par un certain nombre de phases telles que l'hyperempire, qui correspond au scénario précédent, celui d'hypersociétés devenues plus puissantes que les États et d'un marché capitaliste triomphant. En réaction, cela ne pourra que déboucher sur un hyperconflit, où à la fois des laïques se révolteront contre le marché et

1. Ray Kurzweil, *The Age of Spiritual Machines*, Penguin Books, 2000.

où des croyants se révolteront contre des sociétés devenues trop matérialistes, avec par exemple une généralisation du fondamentalisme. Après cet hyperconflit, particulièrement destructeur pour l'humanité, Attali prédit (ou plutôt, devrait-on dire, espère) l'avènement d'une hyperdémocratie permettant un monde stabilisé[1].

Au-delà des excès d'optimisme et de pessimisme, je pense que l'on peut au moins en tirer les conclusions suivantes :

– La « révolution fulgurante » va nous apporter des bienfaits et des méfaits en vagues successives. Nous sommes actuellement dans la période des bienfaits. Nous pouvons, pour bien moins cher qu'il y a quelques années, trouver de quoi meubler notre maison, de quoi voyager, être hébergé et trouver grâce à la location ce que nous devions acheter auparavant. Mais bientôt nous subirons les effets négatifs de la perte de dizaines de milliers d'emplois autour de nous, dans les secteurs du commerce, du tourisme, du transport… Puis, après une forte crise, les nouveaux bénéfices de nos quatre Internets et de la mise en réseaux de la plus grande partie de l'humanité se manifesteront.

– Comme de nombreux prospectivistes l'ont vu, au premier rang desquels Jacques Attali, le rôle des États va être de plus en plus difficile. En effet, ils sont non seulement affaiblis par la dette et la montée des hyperentreprises (Apple a plus de réserves financières que les États-Unis !), mais surtout la base sur laquelle s'effectuent leurs taxations va se réduire de plus en plus au fur et à mesure que les activités classiques vont diminuer au profit des activités en réseaux. Et la remise en cause d'activités régaliennes comme l'émission de monnaie ne

1. Jacques Attali, *Une brève histoire de l'avenir*, Fayard, 2006.

fera que les affaiblir davantage. Or, nous avons besoin des États, comme l'a prouvé la grande crise de 2008 pour réguler certains excès du capitalisme qui, le chapitre 7 nous le montrera, ne peut entièrement se réguler lui-même. Il y a donc une vraie réflexion à avoir sur le rôle de l'État et de son financement.

– Éviter le clash des civilisations est essentiel, mais sera très difficile. Comme l'ont montré l'émergence de l'État islamique en 2014 et les massacres de Paris en janvier 2015, le 11 Septembre n'était pas un épiphénomène, mais bien l'entrée dans un monde nouveau, celui d'un hyperterrorisme, capable désormais d'édifier un État structuré avec un budget, une capitale et une armée, avec comme but le clash des civilisations. Une telle émergence ne peut que susciter des contre-réactions fanatiques et intolérantes tandis que les modérés de tous les bords, qui voudront à tout prix assurer un nécessaire dialogue, risquent de plus en plus d'être pris en étau.

Mais toutes les analyses de la révolution fulgurante que nous venons de passer en revue, aussi brillantes soient-elles, ne prennent pas en compte un autre facteur porteur d'espoir. Celui d'une révolution, silencieuse elle, qui change progressivement la vision du monde d'une grande partie de l'humanité et qui est susceptible de nous fournir des bases pour mieux vivre en harmonie avec la nature et avec nous-mêmes. C'est cette révolution que nous allons analyser dans les chapitres suivants.

2

Le rêve d'Icare

> « La science du XIXe siècle et du début du XXe reste ainsi dominée non seulement par l'espoir, mais par la certitude d'expliquer par le réel tout le réel. Des académies des sciences, l'esprit nouveau passa dans les académies littéraires, dans les cerveaux des poètes, des artistes, des publicistes, des romanciers, des journalistes ; et de là dans ceux du grand public[1]. »

Deux petits concepts qui changent tout

La révolution fulgurante que nous venons de décrire est le deuxième étage d'une fusée dont le premier étage est la modernité qui a permis de passer, en moins de deux cents ans :

– de la marche à pied ou à cheval à l'automobile et à l'avion à réaction ;

– de la mort à cause d'une simple plaie infectée aux transplantations cardiaques ;

– de l'éclairage à la bougie à la distribution de l'électricité dans le moindre village ;

1. Jean Fourastié, *Ce que je crois*, Grasset, 1981, p. 123.

– de la guerre avec des boulets et des balles à la bombe atomique ;

– du courrier porté par des messagers à la télévision et à l'Internet.

Tout cela paraît naturel aux hommes et aux femmes d'aujourd'hui emportés par une progression encore plus rapide, pourtant une progression stupéfiante en un temps aussi court ne s'était jamais produite auparavant dans l'histoire humaine. Il est donc logique de se demander à quoi elle peut être due.

Bien des livres ont été écrits sur ce sujet et bien des raisons ont été avancées, mais il semble, en dernière analyse, que ce soit l'usage *systématique* du déterminisme et du réductionnisme qui soit la cause profonde de cette incroyable expansion des potentialités humaines. Le déterminisme est l'idée que tout ce nous voyons ou que nous pourrions voir autour de nous a une cause physique explicable à l'intérieur du monde où nous vivons, celui situé dans le temps, l'espace, l'énergie et la matière.

C'est, par exemple, quand on entend grincer la porte du grenier alors qu'il n'y a pas un souffle d'air, de penser qu'il y a un chat ou un autre animal qui l'a poussée, et non que la belle-mère ou des esprits se manifestent depuis l'au-delà. C'est le contraire de la vision magique du monde qui fut si dominante dans la plupart des civilisations au cours de l'histoire de l'humanité, vision qui voulait que le tonnerre soit la colère des dieux, que les épidémies de peste soient une punition envoyée aux hommes et les bonnes récoltes une récompense pour leur piété. C'était l'époque où l'on concevait le monde comme peuplé d'anges, de djinns, d'esprits d'ancêtres, avec lesquels les prêtres, les chamanes, les pythies pouvaient entrer en contact et intercéder pour l'humanité.

Si vous avez l'occasion de voyager et de rencontrer des représentants de différentes cultures, faites le « test du crayon ». Prenez un crayon, annoncez à votre interlocuteur que vous allez le lâcher et demandez-lui s'il est absolument certain que le crayon va tomber sur la table située en dessous de lui. Qu'il soit chinois, hindou, kenyan ou mexicain, votre interlocuteur risque de vous prendre pour un fou. Bien entendu que les objets tombent dès qu'on les lâche ! Pourtant, un de mes amis, qui fut pendant quelques années professeur de mathématiques dans un endroit reculé de l'Afrique, me raconta qu'un jour un de ses meilleurs élèves lui lança, après son exposé sur les lois de Newton : « Votre gravitation universelle, cela marche uniquement dans le monde des Blancs ! — Pas du tout, lui rétorqua le professeur, la gravitation est universelle, comme son nom l'indique, elle fonctionne de la même façon à l'autre bout de l'univers, là où il n'y a ni Blancs ni Noirs. — Non, contesta l'élève, car le sorcier dans mon village, quand il prend une pierre et qu'il la lâche, celle-ci continue de flotter dans les airs sans tomber par terre. C'est bien la preuve que les lois dont vous nous parlez ne fonctionnent que dans votre monde. » On ne saurait mieux décrire ce que fut la vision magique qui domina pendant tant de siècles les représentations humaines. Notre monde visible n'était que la pointe d'un iceberg composé de forces invisibles et d'esprits dont nous étions tributaires. C'est exactement à cette vision-là qu'est venu mettre fin le concept de déterminisme, en nous expliquant que chaque effet avait une cause et que chacune de ces causes pouvait être décrite sous forme d'interactions physiques et non pas en termes de volonté des dieux ou des esprits.

À cela est venu s'ajouter un second concept, celui de réductionnisme qui apparaît sous la plume de Descartes dans le *Discours de la méthode*. Descartes nous explique qu'il faut couper un problème en sous-problèmes, puis les sous-problèmes en sous-sous-problèmes et ainsi de suite. Quand on aura résolu tous les sous-sous-sous... problèmes de niveau le plus bas, on aura alors résolu tous les sous-sous-problèmes et le problème lui-même. Cette idée, qui est l'idée d'analyse, s'est révélée incroyablement performante, alors que, encore à la Renaissance, les principaux penseurs avaient une approche globale. Ainsi les Newton, les Pascal et les Léonard de Vinci étaient souvent en même temps des scientifiques, des ingénieurs, des philosophes, des théologiens et des artistes. À l'inverse, il y a aujourd'hui des physiciens théoriciens passant leur vie à établir des modèles, et des physiciens expérimentalistes qui testent ces modèles grâce à des expériences très complexes qu'ils sont les seuls à pouvoir mettre sur pied. Plus encore, parmi les physiciens expérimentalistes, il y a ceux qui traquent une famille de particules, par exemple les bosons, et d'autres qui traquent une autre famille, par exemple des leptons, et parmi ceux qui traquent les bosons, il y a ceux qui traquent le fameux boson de Higgs, découvert au Cern en 2012, et ceux qui traquent les autres bosons, et ainsi de suite. Au prix d'une spécialisation effrénée, l'humanité a pu ainsi accomplir les fabuleux progrès que nous avons mentionnés. Certes, le déterminisme existait déjà chez certains penseurs grecs, et l'idée de « divisibilité par la pensée » (qui consiste à réduire un objet à ses composants ultimes), ancêtre du réductionnisme, se trouvait déjà chez Démocrite, inventeur de la notion d'atome. Mais la pensée grecque était marquée par le « holisme », du mot grec *holos* qui veut dire global : tout pouvait se ramener aux quatre éléments (eau, terre, feu, air), selon le penseur grec considéré, c'est-à-dire à des éléments généraux. Ce qui constitue la spécificité absolue de notre civilisation, c'est bien l'usage *systématique* du réductionnisme et du déterminisme dans tous les domaines et pour résoudre tous les types de problèmes. C'est donc cela qui est à la base des gigantesques progrès en termes de condition, de durée de vie et de technologie que la modernité a offerts à l'humanité.

La question qui se pose ensuite est : pourquoi la science moderne est-elle née en Occident ? D'autres civilisations furent historiquement bien en avance sur nous. Non seulement la civilisation musulmane, où les sciences connurent un remarquable essor en mathématiques, en astronomie, en médecine, plusieurs siècles avant que les mêmes disciplines ne se développent en Occident, mais surtout la civilisation chinoise. On sait peu en Occident que, dès 105 après Jésus-Christ, un ministre de l'Agriculture chinois comme Tsaï Loun pouvait codifier la fabrication du papier inventée plusieurs siècles auparavant, que le médecin alchimiste Sun Simiao pouvait décrire la fabrication de la poudre à canon dans les années 650. Et si tout le monde connaît le nom de Gutenberg, personne ne connaît celui de Pi Ching qui, vers 1041, soit exactement quatre siècles avant Gutenberg, employa le premier des caractères mobiles en terre cuite pour des travaux d'imprimerie, ou encore que la première référence à la boussole se trouve dans un livre de la dynastie Song écrit dans les années 1040. La boussole, la poudre à canon, l'imprimerie à caractères mobiles et le papier ont été au cœur même du développement de l'Occident et sa fulgurante expansion, à la fois géographique, technologique et intellectuelle. Alors que les Chinois ont eu en moyenne un demi-millénaire d'avance pour toutes ces découvertes, on ne peut éviter de se poser de façon lancinante la question suivante : pourquoi la science moderne n'est-elle pas née en Chine ?

Une réponse essentielle nous est fournie par un des meilleurs connaisseurs de la science chinoise, Joseph Needham. Dans son ouvrage, *La Science chinoise et l'Occident*[1], il nous explique que la vision du monde des Chinois n'était pas adaptée au développement d'une telle science. En effet, la vision du monde chinoise ne saisit pas forcément les régularités pouvant exister *derrière* la nature. Ainsi, le platonisme, avec son idée d'archétypes ou de types fondamentaux, est inconnu de la pensée chinoise. Il n'est pas nécessaire de partir à la découverte des ordres cachés dans la nature, car ces ordres n'existent pas ou ne peuvent pas être atteints par l'esprit humain.

À l'inverse, ce qui va motiver les fondateurs de la science moderne, les Kepler, Galilée et Newton, c'est d'essayer de saisir ne serait-ce qu'une bribe des lois divines, de comprendre au moins en partie comment Dieu avait conçu et organisé le monde. Ainsi, dans un cas on va chercher ce qui peut relier un phénomène A à un phénomène B (par exemple l'électricité et le magnétisme pour élaborer, comme le fit Maxwell, la théorie électromagnétique), tandis que, dans l'autre cas, on ne va pas se lancer dans cette recherche, tout simplement parce qu'on n'a aucune raison de penser que de tels liens existent.

Dites-moi quelle est votre vision et je vous dirai… tout le reste

Cette réflexion sur la raison pour laquelle la science moderne n'est pas née en Chine malgré l'extraordinaire

1. Joseph Needham, *La Science chinoise et l'Occident*, Seuil, 1977.

avance qu'avaient les Chinois dans des domaines qui se sont révélés cruciaux pour le développement du monde moderne (Chinois qui se développent actuellement très bien après avoir analysé la façon dont *nous* avons utilisé certaines de leurs découvertes) nous introduit à un concept fondamental pour comprendre l'histoire des civilisations et la période que traverse notre monde actuel : celui de « vision du monde ». L'expression désigne le « logiciel » d'une civilisation, la façon dont ses membres voient l'univers, la nature humaine, les rapports entre les hommes et entre les hommes et les choses. Prenons le système des castes en Inde. L'impact d'une telle vision du monde sur la société hindoue a été essentiel pendant plusieurs millénaires, dans les domaines sociaux, politiques et économiques. La façon dont un Indien se comporte, travaille, mange était et est encore en partie immensément influencée par ce système (lorsque j'ai organisé un grand colloque en Inde, il a fallu qu'un de mes collaborateurs serve d'intermédiaire depuis Paris entre deux personnalités hindoues qui habitaient à quelques kilomètres l'une de l'autre mais qui ne se parlaient jamais, étant de castes différentes).

Prenons une vision du monde bien plus décalée encore, celle des aborigènes australiens. Chez eux, le rêve a une importance extraordinaire, au point que le titre de propriété est lié au rêve. Si vous rêvez du territoire de la Fourmi à miel ou du territoire du Serpent vert, il devient le vôtre, quel que soit son propriétaire actuel ! Adapté à l'Occident, cela voudrait dire que si vous rêvez du château de Versailles, il est à vous ! Trop beau pour être vrai, me direz-vous. Mais ce n'est pas si simple, car il vous faut dessiner votre rêve pour prouver que vous l'avez bel et bien fait, et il existe un jury d'experts qui connaît les rêves associés aux différents territoires et qui va établir ou non la validité de votre rêve en observant votre dessin.

Sachant que pendant très longtemps ces dessins ont été faits par les personnes en question sur le corps de leurs femmes, on peut imaginer le choc des cultures quand des aborigènes australiens venaient revendiquer leur droit de propriété devant un juge à hermine et perruque issu d'une formation britannique, et que, quand celui-ci demandait à voir le titre de propriété, l'aborigène faisait se déshabiller son épouse devant le juge pour établir sa bonne foi. Le plus intéressant est que, selon les anthropologues qui ont étudié le système de régulation sociale en place chez les aborigènes australiens, il n'y a pas plus de conflits de propriété chez eux qu'il y en a en France avec le Code Napoléon.

Ce serait bien pratique d'avoir comme banquier un aborigène australien, qui serait plus convaincu quand vous lui diriez « j'ai rêvé que... » que quand vous lui présenteriez un *business plan.* Mais justement, il y a très peu d'aborigènes australiens parmi les banquiers, et ce n'est pas un hasard. Si vous pouvez être certain que les élites de tous les pays, malgré la diversité culturelle qui y règne, considéreront comme trivial, voire absurde, le « test du crayon », c'est parce que la vision déterministe et réductionniste selon laquelle il existe des lois de la nature qui s'appliquent sans exception et de façon universelle s'est répandue sur toute la planète. L'Occident a sommé chaque civilisation existante de se situer par rapport à sa vision du monde. Certaines civilisations, telles que les civilisations asiatiques, contenaient dans leur structure profonde les ressources leur permettant d'entrer en résonance avec cette vision et, tout en manifestant des différences importantes, de s'y adapter, d'arriver à se développer dans un tel cadre au point qu'elles peuvent représenter aujourd'hui des concurrents redoutables pour les Occidentaux. D'autres civilisations, comme les civilisations africaines ou les Indiens d'Amérique du Sud et les aborigènes australiens, se trouvaient en total décalage avec cette vision. Ce sont ces différences de visions du monde qui expliquent les écarts parfois spectaculaires que l'on peut constater entre un pays pourtant pourvu de toutes les ressources naturelles imaginables, tel que le Congo, et des pays sans aucune ressource, tels que le Japon ou la Corée du Sud[1].

Des historiens des sciences, comme Alexandre Koyré, ou des scientifiques, comme Basarab Nicolescu, montrent que cette vision du monde s'enracine dans une conception chrétienne, celle selon laquelle l'univers est intelligible et obéit à des lois divines qui peuvent être, au moins en partie, approchées par l'esprit humain (à l'inverse d'une conception, également présente dans les religions monothéistes, selon laquelle Dieu soutient l'univers à chaque instant pour lui permettre d'exister et où l'univers s'effondrerait instantanément si ce soutien venait à manquer). Mais pour aboutir à cette modernité susceptible de faire plier toutes les autres visions du monde, il a fallu une double transformation. Dans un premier temps, celle apportée par Galilée qui, tout en étant un croyant, affirma : « La religion dit comment on va au ciel alors que la science dit comment va le ciel ». Ce « Yalta métaphysique », cette séparation des domaines, fut à l'origine

1. Bien entendu, il ne faut pas que ces potentialités soient brimées par des systèmes dictatoriaux qui bloquent les initiatives de leurs citoyens, comme c'est le cas aujourd'hui en Corée du Nord et comme ce fut le cas dans le passé de la Chine de Mao ou en Allemagne de l'Est. La différence actuelle entre Corée du Nord et Corée du Sud ou la différence passée entre Allemagne de l'Est et Allemagne de l'Ouest étant bien sûr des plus démonstratives sur ce point.

d'une autonomie de la science qui lui permit de se développer en échappant aux interférences provenant de la religion. Dans un deuxième temps, les matérialistes du XVIIIe siècle affirmèrent haut et fort l'inutilité de faire référence à des entités non matérielles telles que Dieu ou les anges et bâtirent une vision du monde dans laquelle le monde matériel où nous vivons pouvait, au moins en théorie, s'expliquer par lui-même. Ainsi Laplace, qui synthétisa la vision issue des travaux de Copernic, Galilée, Kepler et Newton, a-t-il pu répondre fièrement à Napoléon qui lui demandait où était Dieu dans son système : « Sire, je n'ai pas eu besoin de cette hypothèse. » Cette conception d'un univers « ontologiquement suffisant », c'est-à-dire susceptible de s'expliquer par lui-même, correspond au sommet du déterminisme tel que Laplace le concevait, lui qui affirmait que, si l'on connaissait la position de toutes les particules dans l'univers et les lois qui les font interagir, on pourrait en déduire non seulement tout le passé, mais aussi tout le futur d'un tel univers. Ainsi, issue de la vision judéo-chrétienne, la science moderne a-t-elle non seulement pris son autonomie, mais s'est-elle également retournée contre la vision qui avait permis à l'origine son développement.

Cette évolution-là, aucune autre civilisation ne put l'accomplir, même les Grecs. Les Grecs avaient bien noté que la coque d'un navire disparaissait à l'horizon avant le mât, ce qui aurait dû les inciter à accepter l'idée de la rotondité de la Terre, mais ce ne fut pas le cas, car la vision du monde qui dominait chez eux, celle d'une Terre plate, l'emporta sur l'évidence. Cette priorité donnée à l'évidence et au pragmatisme (dont certains ont pu voir les germes dans le nominalisme du Moyen Âge) a amené de nombreux penseurs à postuler, tel Auguste Comte, que l'humanité était définitivement sortie de l'ère religieuse et que cela représentait un progrès fondamental, porteur des plus grands espoirs. Même si la religion joue encore un rôle dans la société moderne, on peut dire, avec Jean Fourastié, que notre civilisation est la première sans « surréel[1] », c'est-à-dire qu'elle ne repose pas sur une vision de ce qui est au-delà du monde visible.

Déterminé par le déterminisme

Il importe de comprendre comment toute notre société a été déterminée par cette vision du monde. Prenons d'abord un lien particulièrement indirect, le système de Copernic. Il n'y a, *a priori,* aucune application pratique au fait que la Terre tourne autour du Soleil plutôt que l'inverse. Les grands problèmes de l'époque de Copernic consistaient plutôt à récolter assez de choux ou de carottes pour endiguer les famines récurrentes dont souffrait l'Europe du XVIe siècle. Pourtant un tel système aura de grandes conséquences sociales et économiques, mais il faudra pour les voir attendre un ou deux siècles. En effet, nous savons tous aujourd'hui que l'investissement, base du système capitaliste, dépend de la vision que les chefs d'entreprise ont de leur environnement et de son évolution probable. Des « indices de confiance » sont ainsi mesurés sur divers continents et publiés par des universités et des centres de recherche. Ces indices permettent de déduire les investissements de demain. On sait que si le chef d'entreprise ne comprend pas l'évolution de son environnement, est plongé dans l'incertitude concernant son avenir proche, il ne va pas investir.

1. Jean Fourastié, *Ce que je crois, op. cit.*

Or l'homme du Moyen Âge est plongé dans une incertitude absolue. Il suffit de lire des textes comme *La Chanson de Roland* pour s'en rendre compte. Des montagnes pouvaient s'ouvrir en deux, des dragons tomber du ciel dans un monde où l'homme ne percevait pas les régularités fondamentales de la nature : la glace était certes plus légère que l'eau, mais si Dieu le voulait, le lendemain elle serait plus lourde ; on ne pouvait donc pas tirer de conclusions du fait que, de mémoire humaine, la glace avait toujours été plus légère que l'eau. Dans une telle situation d'incertitude maximale, il serait irrationnel d'investir, et c'est bien pour cela que l'investissement, au sens où nous l'entendons, n'existe pas à cette période. Pour acheter du lin en Ukraine, pour le transporter par péniches jusqu'à Bruges, puis pour acheter une maison à Reims, pour vendre à la grande foire qui se déroulait dans cette ville les draps fabriqués à Bruges avec le lin d'Ukraine, comme les marchands de draps flamands, qui firent partie des premiers capitalistes, il faut déjà avoir une vision du monde dans laquelle la glace sera toujours plus légère que l'eau, le soleil s'élèvera aux heures prévues et qui permet à l'homme de prendre son destin en main, dans un univers dont il comprend, au moins en partie, les rouages.

Bien entendu, aucun marchand de draps flamands n'a dit : « *Eurêka !* Grâce au système de Copernic, je vais me mettre à investir ! » Le lien que nous décrivons ici est totalement indirect, et c'est justement ce qui le rend si puissant. Comme l'eau que l'on verse au sommet d'une pyramide de verres et qui remplit progressivement chaque étage de la pyramide, en commençant par ceux du sommet, la vision déterministe et réductionniste a d'abord touché les couches les plus éduquées de la société, puis les couches les plus riches, en général proches des couches les plus éduquées, puis les classes moyennes, pour finir, après plusieurs siècles, par s'imposer, même dans les coins les plus reculés d'Europe, ainsi qu'aux élites de tous les pays du monde. En changeant ainsi la vision du monde d'une majorité des acteurs de la société, ce mouvement a été à la base du développement de nouveaux comportements et a permis, entre autres, le développement du capitalisme.

Il existe une célèbre analyse de Max Weber qui attribue aux valeurs protestantes le développement du capitalisme[1]. Mais le protestantisme, avec son refus[2] de la transsubstantiation du pain et du vin en corps et en sang du Christ, son analyse rationnelle des textes, sa volonté que chacun puisse interpréter l'enseignement de Jésus, n'est-il pas exactement le type de religion qu'il est *logique* de voir apparaître lors d'une montée du déterminisme et du réductionnisme qui va de pair avec la montée du rationalisme ? Ainsi le protestantisme n'est-il pas une cause, mais une conséquence d'un mouvement plus profond, celui du passage de la vision du monde prémoderne, que l'on pourrait qualifier de « magique » (même si cela est quelque peu réducteur), à cette vision du monde sèche mais efficace qui caractérise la modernité.

Devant les succès remportés par la nouvelle vision du monde de l'époque dans les sciences exactes, les spécialistes d'autres domaines voulurent également appliquer le déterminisme et le réductionnisme. Les économistes néoclassiques, tels que Léon Walras (1834-1910), voulurent montrer que l'économie pouvait obéir aux mêmes lois que la nature. Ainsi le marché pouvait-il

1. Max Weber, *L'Éthique protestante et l'esprit du capitalisme*, Pocket, 1989.
2. Au moins pour une partie des protestants.

se trouver en équilibre et permettre le plein-emploi de toute la population et de tous les capitaux. La même chose se produisit dans les entreprises quand on voulut améliorer l'organisation de celles-ci. Frederick W. Taylor (1856-1915) consacra toute sa vie à augmenter la productivité dans les usines. Voulant faire de l'organisation du travail une discipline scientifique, il s'inspira fortement et ouvertement de la physique de son époque, celle de Laplace. Comme nous l'avons vu, cette physique repose sur des particules élémentaires dont le fonctionnement est gouverné par les lois de la nature. Dans l'entreprise, les particules élémentaires seront les hommes, tandis que la gravitation ou l'électromagnétisme seront remplacés par les fameuses procédures tayloriennes. Nous avons là un système où les hommes et les procédures représentent les particules élémentaires et les lois de la nature, système qui sera appelé « organisation scientifique du travail », montrant qu'ici le lien avec la science n'est pas indirect comme dans notre exemple des marchands de draps flamands, mais tout à fait direct et assumé[1].

L'influence de la vision déterministe et réductionniste ne s'arrête pas à l'économie et à l'entreprise, mais irrigue toute la société. Ainsi en est-il de l'éducation où il existe des professeurs pour chacune des différentes matières, ou de la politique, où il existe de nombreux ministères qui se répartissent les différentes tâches du gouvernement. Mais à la Renaissance, on était professeur tout court, ce qui veut dire que l'on était capable d'enseigner toutes les matières principales, et le cardinal de Richelieu s'occupait de l'économie quand la famine menaçait, de la guerre

1. Le livre clé de Taylor s'appelle *Les Principes du management scientifique.*

quand des troubles internationaux se développaient et de l'intérieur quand il y avait des émeutes dans le pays.

La notion d'organigramme qui nous est si familière est tout à fait spécifique à notre civilisation. Il n'existe point de gravures sur une pyramide maya ou de dessins sur un papyrus égyptien ou un parchemin grec représentant les organigrammes de ces civilisations. Cela ne veut pas dire qu'il n'y avait pas de hiérarchie. Il pouvait même y avoir des hiérarchies très strictes, comme dans les armées romaines ou celle d'Alexandre le Grand. Mais ces hiérarchies n'étaient pas spécialisées. Ainsi le général de l'armée romaine devait-il superviser la construction d'un pont si l'armée devait en urgence traverser une rivière, s'occuper de la recherche de nourriture si celle-ci venait à manquer et, bien entendu, mettre l'infanterie en ordre de bataille le moment venu. Cela signifie qu'il n'existait pas de généraux pour l'approvisionnement ou de généraux pour le génie civil, comme dans toutes les armées modernes, des généraux qui n'ont jamais dirigé une bataille mais qui s'occupent uniquement de construire des ponts ou d'acheminer l'approvisionnement des troupes. C'est que la spécialisation, consistant à dire à une personne « tu seras à tel poste et tu ne feras que ça », est une conséquence directe de l'application du réductionnisme. C'est pourquoi il n'est pas surprenant que le premier organigramme qui soit parvenu jusqu'à nous ait été dessiné aux alentours de 1650, période où se développe la vision moderne, pour expliquer le fonctionnement de la République de Venise, l'un des hauts lieux, avec la Flandre, l'Île-de-France et quelques autres, du développement de la modernité.

Le scientifique en blouse blanche qui est apparu dans tant de publicités au cours des dernières décennies est aussi une résultante de ce mouvement. « La science l'a dit », « C'est scientifiquement prouvé » ont été, et sont encore en partie, des arguments de vente étant donné la crédibilité dont jouit la science pour avoir amélioré de façon aussi spectaculaire nos conditions de vie.

On peut même voir dans le succès d'entreprises comme le Club Med le taylorisme appliqué aux loisirs. De 9 à 10 heures, tout le monde va faire du tennis, puis ensuite du ski nautique, puis tout le monde mange ensemble au buffet, puis tout le monde va préparer le spectacle du soir, etc. Les commerciaux du Club Med savent bien que, à tort ou à raison, cette image des « vacances à la chaîne » colle à leur entreprise. Ils ont développé diverses stratégies pour tenter de la casser. Qu'on se rappelle cette publicité déjà ancienne, montrant un client du Club Med refusant tout (le ski nautique, le tennis, le buffet, le théâtre) et qui se terminait par cette exclamation : « Le bonheur si je veux ! », de façon à en finir avec cette supposée image : « Le bonheur est obligatoire au Club Med. »

Depuis déjà plus d'une décennie, nos écrans sont pleins de publicités de type « les voitures à vivre », « la dolce vita », qui insistent sur un style de vie, c'est-à-dire sur une approche globale, et non sur les caractéristiques particulières d'un produit (cette voiture a tant de chevaux, roule à telle vitesse, etc.). Même si le « quantitativisme » est encore très présent dans notre société et qu'il ne peut manquer de faire un retour remarqué en période de crise, les évolutions sont sensibles. Ainsi Auchan, après avoir lancé la campagne « La vie austère/la vie Auchan », qui valorisait le choix en montrant un grand nombre de produits sans donner aucun prix, a ensuite lancé « La vie Auchan, tout pour la vie », première campagne d'hypermarché dans laquelle n'étaient présents ni prix ni produits, alors que la campagne classique d'hypermarché, c'est : « Des pâtes à 0,99 € ». Monoprix a répondu par un slogan, « Nos magasins sont petits et sont près de chez vous », qui aurait été impossible il y a une vingtaine d'années, à l'ère du *big is beautiful*. Les enquêtes récentes montrent une relocalisation vers les centres-ville et l'ouverture de toute une série de petits commerces par des grandes enseignes, de type Carrefour City ou Monop', ce qui peut mettre en péril la stratégie des distributeurs qui sont restés à l'ère de l'hyper-centre commercial, lui-même produit direct de la vision quantitativiste de la société et de l'économie, elle-même issue de ces fameuses conceptions réductionniste et déterministe.

Quand j'ai eu l'occasion de travailler au côté de Robert Salmon, ancien vice-président du groupe L'Oréal et responsable d'une grande partie du développement international de ce groupe, il me disait toujours : « On ne peut plus vendre à la courbe. » La courbe en question était celle que l'on voyait dans les publicités « scientifiques » qui affirmaient : « Nos molécules au rétinol enlèvent 5 % de rides en plus que les molécules concurrentes. » D'où le slogan de L'Oréal : « Parce que vous le valez bien », mesdames ; une évolution importante dans la communication de ce leader mondial qui continue à avoir, certes, une communication très scientifique, mais qui a bien compris, à l'image de cet ancien Premier ministre qui disait qu'on « ne peut pas tomber amoureux d'un taux de croissance », qu'il ne suffit plus d'afficher un pourcentage de performance pour vendre un produit.

Ce n'est pas un hasard si ce modèle quantitativiste classique est en crise aujourd'hui et si l'on voit moins de scientifiques en blouse blanche dans les publicités. C'est un signe de l'actualité d'un des thèmes centraux de cet ouvrage, le fait que nous sommes en train de passer de la modernité à quelque chose que, faute de mieux, on appelle pour l'instant « la postmodernité ».

La première des clés pour comprendre notre monde

Toute civilisation dépend, pour son organisation sociale et économique, de la vision du monde qui y domine (de nombreuses visions coexistent dans une civilisation, mais ce qui compte c'est celle qui est majoritaire). En la connaissant, on peut en déduire toute une série d'informations sur la façon dont cette civilisation se comportera, produira, consommera, etc.

Dans notre civilisation, la science au sens large, c'est-à-dire l'application stricte du réductionnisme et du déterminisme, accompagnée de la foi en l'existence de lois inviolables de la nature, lois compréhensibles par la raison humaine, et la certitude que l'on peut « dévoiler le réel », l'expliciter et l'expliquer par lui-même, constitue la vision dominante de notre civilisation qui, issue de l'Occident, s'est répandue sur la Terre entière pour constituer ce que l'on appelle « la modernité ». Cette vision imprègne toute notre société et toute notre éducation, au point que l'on ne la remarque même pas, que l'on n'en est pas plus conscient que le poisson n'est conscient de l'eau dans laquelle il baigne. Pourtant, elle formate notre éducation, notre organisation politique et économique, l'organisation des entreprises pendant la majeure partie du XXe siècle, ainsi que, durant la même période, notre façon de faire de la publicité, voire de prendre nos vacances. Le tableau qui suit résume cette interaction fondamentale entre une vision du monde venue de la science et nos modèles sociaux économiques.

Science de la matière	Société
On découpe les molécules en atomes, les atomes en particules, et on arrive ainsi aux composants de base qui forment la réalité ultime du monde.	On applique le réductionnisme en décomposant les disciplines, de façon à tout réduire à une collection d'éléments de base.
Science de l'univers	**L'organisation scientifique du travail**
L'univers est une grande mécanique parfaitement déterministe qui n'a ni commencement ni fin.	L'entreprise est une grande mécanique dont les hommes qui effectuent des tâches déterminées, parfois chronométrées à la seconde près, constituent les rouages élémentaires.
Sciences de la vie	**Économie**
Les mutations et la sélection naturelle, c'est-à-dire la lutte pour l'existence, sont à la base de tous les perfectionnements qui sont apparus dans la nature au cours des milliards d'années pendant lesquelles s'est déroulée l'évolution.	L'économie est un vaste système de lutte pour la vie où les plus forts mangent les plus faibles. Ce processus est positif pour l'ensemble de la société sur le plan économique, à l'image de la sélection artificielle des éleveurs qui permet d'améliorer les espèces.
Neurosciences	**Recherche et développement**
La conscience et l'imagination peuvent s'expliquer comme des processus chimiques et algorithmiques : penser, c'est calculer.	L'esprit humain reposant sur des mécanismes comparables à ceux des machines, il sera un jour dépassé par les machines. Nous devons donc investir dans l'automatisation

	des tâches, voire le développement d'intelligences artificielles, plutôt que dans la formation des personnes et le développement de leur créativité.
Mathématiques	**Planification**
La logique, base de toutes les mathématiques, peut former un ensemble cohérent et complet à partir duquel on peut formaliser le fonctionnement de notre monde.	Le monde peut être réduit à, ou modélisé par, des équations, ce qui peut déboucher aussi bien sur la planification marxiste, la planification à la française de la Ve République, que sur la planification du développement des grandes entreprises de l'époque moderne.

Une révolution qui n'arrive que tous les cinq cents ans

J'espère que les pages précédentes vous ont convaincu de l'importance exceptionnelle prise par la vision du monde rationaliste, réductionniste et déterministe parmi les causes des extraordinaires progrès effectués par l'espèce humaine, mais aussi pour le management et la gestion de notre vie de tous les jours, qu'elle soit professionnelle ou personnelle. En attirant votre attention sur cela, je n'ai fait que mettre en lumière une chose évidente aux yeux de tous, mais qui est simplement en partie occultée, justement par son évidence même, comme l'eau pour le poisson. La deuxième révélation de ce chapitre sera beaucoup plus perturbante, ou à l'inverse réjouissante, pour certains d'entre vous. C'est que ces fondations solides sur lesquelles s'appuie toute la modernité, fondations bâties et vérifiées par de nombreuses générations et des centaines d'expériences au cours des cinq derniers siècles, cette vision qui s'est développée dans tous les grands domaines scientifiques s'est *déjà* écroulée. Ce n'est pas une opinion, une vue de l'esprit, quelque chose qui pourrait se produire. Non, il y a déjà près de quatre-vingts ans que la physique quantique, la relativité générale, le théorème de Gödel, puis quelques décennies plus tard la théorie du Big Bang, la théorie du chaos, et bien d'autres choses encore, ont véritablement renversé, balayé, essoré les fondements de cette science classique, patiemment élaborée de Copernic à Darwin, en passant par Galilée, Newton, Laplace et tant d'autres. Un événement de ce type, un changement brutal de vision du monde, ne se produit en moyenne que tous les cinq cents ans dans une civilisation. C'est donc un événement d'une importance capitale qui est susceptible d'entraîner des bouleversements comparables dans notre société à ceux introduits par les découvertes de Copernic et de ses successeurs.

N'allez surtout pas commettre l'erreur de vous dire que, ces bouleversements concernant des questions très théoriques et très complexes qui n'ont pas d'application pratique, cela n'a pas d'importance. Ce serait commettre la même erreur qu'ont faite ceux qui, comme les membres de l'Inquisition, ont assisté sans rien y comprendre à la naissance d'une nouvelle vision du monde qui allait balayer non seulement leurs certitudes, mais surtout les ordres sociopolitiques et économiques établis depuis des siècles et qui reposaient sur elles. Certes, et c'est justement un des signes de cette évolution, la science est aujourd'hui moins crédible qu'hier. Néanmoins, un argument du type « c'est scientifique » reste encore infiniment plus convaincant qu'un argument du type « j'ai rêvé que... ». C'est pourquoi cette révolution silencieuse qui, comme la révolution copernicienne, est d'autant plus influente que ses effets se propagent de façon souterraine et indirecte, s'annonce comme étant la clé de bien des bouleversements qui se déroulent sous nos yeux et, surtout, qui vont se dérouler dans les décennies à venir. Un des buts de cet ouvrage est donc de permettre à tous, décideurs du privé, du public, comme simples citoyens voulant comprendre où les emporte la vague, ou plutôt le maelström qui secoue actuellement notre société, d'avoir en main des éléments pour identifier les tendances de fond derrière les effets de mode. Même si beaucoup de citoyens ignorent encore ces nouveaux concepts, l'inconscient collectif de la société est touché, exactement comme il l'était il y a quelques siècles, lors de la révolution précédente, elle aussi bien difficile à comprendre pour le grand public de l'époque. Nous avons désormais l'expérience de ce processus, c'est pourquoi nous ne devons pas refaire les erreurs des élites précédentes qui n'ont pas compris la nature du changement qui se déroulait sous leurs yeux. Les chapitres suivants vont nous donner une brève introduction à cette énorme révolution conceptuelle.

3

La particule et le papillon

« Notre science n'est plus ce savoir classique, nous pouvons déchiffrer le récit d'une nouvelle alliance. Loin de l'exclure du monde qu'elle décrit, la science retrouve comme un problème l'appartenance de l'homme à ce monde. »

Ilya PRIGOGINE

« Quiconque n'est pas choqué par la mécanique quantique quand il la découvre ne l'a certainement pas comprise. »

Niels BOHR

Le grand bouleversement

Imaginez qu'on ait enseigné aux hommes du Moyen Âge que le Soleil n'était pas un nuage lumineux tournant autour de la Terre mais une boule d'un million de kilomètres de diamètre, située à 150 millions de kilomètres, et que les étoiles n'étaient pas des petits points lumineux incrustés dans une sphère en cristal située, pensait-on, à 20 000 kilomètres d'altitude, mais des boules aussi grosses, voire bien plus grosses, que le Soleil, situées à des distances si incroyables qu'il n'y avait même pas de mots pour les désigner. Et qu'il existait 1 000 milliards d'étoiles comme le Soleil, dans un ensemble appelé galaxie et que, au-delà, il existait 1 000 milliards de galaxies de taille équivalente. Imaginez un peu la stupéfaction devant l'incroyable saut conceptuel qu'auraient ressentie ces gens, ou plutôt leur incrédulité devant ce qui leur serait apparu comme une spéculation délirante. Pourtant, aujourd'hui, la quasi-totalité des citoyens des pays industrialisés n'ont pas de problèmes à accepter de tels concepts. Le chemin que nous allons parcourir dans ce chapitre est presque de la même nature. Certes, il est moins spectaculaire et concerne en partie des phénomènes situés dans le monde de l'infiniment petit, mais en termes de vision du monde, il est tout aussi bouleversant que le grand saut qui a fait passer du monde magique à la modernité. Néanmoins, pour vous, lecteurs de la deuxième décennie du XXIe siècle, il ne sera pas aussi difficile, car vous avez déjà une idée plus ou moins précise d'expressions telles que « flou quantique », « théorie du chaos », « effet papillon », et bien entendu d'expressions telles que « relativité générale » ou « théorie du Big Bang ». Et cela parce que (c'est un des facteurs clés sur lesquels repose l'analyse présentée ici) nous avons déjà été exposés à ces expressions. C'est pour les hommes d'il y a un peu plus de un siècle, même les plus instruits, que la révolution dont nous allons parler aurait vraiment été perturbante. Ainsi lord Kelvin, l'un des grands physiciens du XIXe siècle, avait-il pu dire, dans une conférence visant à célébrer le début du XXe siècle, que la physique avait donné une description complète et harmonieuse du monde.

Complète ? Pas tout à fait, il y avait bien deux petits problèmes que mentionna notre lord. Deux petits nuages noirs dans le ciel bleu d'une science en voie d'achèvement : l'expérience de Michelson et Morley sur la vitesse de la lumière et le problème du rayonnement d'un corps noir quand il était chauffé. Deux anomalies que la physique de l'époque ne pouvait expliquer. Par une extraordinaire ironie de l'histoire, ces deux petits nuages noirs se sont transformés en deux gigantesques tempêtes qui ont renversé l'édifice bien ordonné de la science de l'époque qui fut, comme nous l'avons vu au chapitre précédent, le fondement de la modernité. Le résultat de l'expérience de Michelson et Morley sera expliqué par la relativité d'Einstein en 1905, au prix d'un important changement de notre vision du monde. Celui du rayonnement d'un corps noir donnera lieu à un changement encore plus important, celui induit par la physique quantique.

Cette évolution ne s'est pas faite sans heurt, mais avec des pleurs et des grincements de dents. Thomas S. Kuhn, le grand épistémologue des sciences, a décrit dans un ouvrage fondamental la façon dont se produisent les révolutions scientifiques[1]. Des périodes de « science révolutionnaire », où des concepts radicalement nouveaux sont élaborés, détruisant des certitudes établies depuis des siècles, succèdent à des périodes de « science normale » où on développe et on applique les résultats issus de la révolution précédente. En exagérant un peu, on peut dire que la fusée Saturn V, qui a permis à l'homme de marcher sur la Lune, est l'aboutissement des découvertes des pionniers de la vapeur tels que Denis Papin. Après tout, il s'agit dans les deux cas de propulser des gaz, même si la fusée Saturn V forme un ensemble un million de fois plus compliqué que les premières machines à vapeur ou les premières fusées de feux d'artifice.

Copernic et Galilée, et à leur suite toute la cosmologie moderne, ont totalement renversé la vision du monde

1. Thomas S. Kuhn, *La Structure des révolutions scientifiques*, Flammarion, coll. « Champs », 1999.

dominante à l'époque, ensuite nous avons connu une période de science normale. Il y a près de un siècle, une autre période de science révolutionnaire a commencé. Kuhn nous donne une clé pour comprendre le processus de ces fameuses révolutions. Au début, tout le monde ignore les idées nouvelles, puis la grande majorité de « l'établissement » les combat avec férocité. Mais un renversement brutal se produit[1], et tout le monde adhère aux idées nouvelles, comme si on les avait toujours trouvées évidentes.

Une science qui était restée dans l'ombre

La fameuse blague concernant l'homme qui cherche ses clés sous un lampadaire, non parce qu'il est sûr de les avoir perdues à cet endroit, mais parce que là il y a de la lumière, représente un comportement finalement assez logique de l'être humain. Pourquoi étudier des problèmes qui n'ont pas de solution ou dont la solution est trop complexe pour être trouvée ? Fort logiquement, la science moderne commença par étudier les problèmes dont elle pouvait trouver la solution. Elle développa de nombreux outils lui permettant d'analyser le mouvement des planètes, de prédire le retour des comètes, de calculer le résultat d'interactions entre molécules, la trajectoire des boulets de canon, etc. Mais quand on a un marteau, tous les problèmes apparaissent comme des clous. À partir du moment où le « marteau » de la science, c'était justement de permettre de prédire avec exactitude certains types de résultats, tout l'univers apparaissait comme devant obéir à ce type de comportement. C'est de là que vient la certitude radieuse de Laplace et de ses successeurs de pouvoir

1. Une bifurcation, pourrait-on dire (voir p. 109).

en théorie tout prévoir. Mais, dans les années 1960, grâce aux progrès de l'informatique qui permettaient de pousser les simulations et les calculs beaucoup plus loin que ne pouvaient le faire les humains, on s'est peu à peu rendu compte que toute une classe de phénomènes n'avaient pas été pris en considération par la science, exactement comme l'homme qui cherche autour du lampadaire ne prend pas en compte la possibilité que ses clés se trouvent là où règne le noir absolu. Or, ces phénomènes ne concernent pas des objets exotiques éloignés de notre vie quotidienne, ils s'appliquent aussi bien au temps qu'il fera demain qu'à la géopolitique en passant par le comportement des fourmis ! Un de leurs découvreurs est le météorologue Edward N. Lorenz, qui développait des modèles de prédiction météorologiques en utilisant les premiers gros ordinateurs disponibles dans les années 1960. Son modèle lui avait montré que quinze jours plus tard à New York il devait faire beau. Il nota les paramètres sur un papier et les remit le lendemain dans un autre ordinateur qui lui montra, à partir des mêmes données, que quatorze jours plus tard à New York… il devait faire mauvais. Certes, la météo n'est pas une science exacte, mais obtenir un résultat différent avec le même modèle et les mêmes paramètres ne peut manquer d'étonner un scientifique. Lorenz fit une petite enquête et se rendit compte que son ordinateur calculait 17 chiffres après la virgule, mais n'affichait à l'écran que 16 chiffres après la virgule. Lorenz avait noté ces 16 chiffres et forcément ignorait le 17e, ce qui faisait que ses deux calculs différaient, dans leurs conditions initiales, à la 17e décimale.

C'est ainsi que fut découverte la « sensibilité aux conditions initiales ». Deux systèmes quasi identiques peuvent, dans certaines conditions, évoluer de telle façon qu'ils donneront, à terme, des résultats complètement opposés.

Le 17e chiffre après la virgule, cela correspond à un cent millionième de milliardième. Cela veut dire, pour la météo, que vous prenez toute l'atmosphère terrestre et que vous la coupez en 1 milliard de cubes. Puis vous prenez chacun de ces cubes, et vous le divisez à son tour en 100 millions de petits cubes. Vous arrivez ainsi à des cubes qui ont la taille d'un petit oiseau ou d'un gros papillon. C'est pourquoi Edward N. Lorenz baptisa ce phénomène « effet papillon » lors d'une conférence en 1972. Cela explique pourquoi l'on peut prédire la météo à trois, quatre, voire sept jours, mais pas à quinze. En effet, il faudrait pour cela intégrer tous les battements d'ailes des papillons de la planète, sans parler de tous les déplacements d'air provoqués par des animaux plus importants, ce qui est, bien sûr, impossible.

La sensibilité aux conditions initiales ne concerne pas que les grands systèmes extrêmement complexes, comme l'atmosphère terrestre. Prenez une simple boule de billard et jetez-la devant vous. Si vous la jetez un peu plus fort, elle ira un peu plus loin. Il n'y a ici aucune sensibilité aux conditions initiales. On dit alors qu'il s'agit d'un phénomène linéaire : la modification du résultat est proportionnelle à la modification de la cause. Prenez maintenant cette même boule, placez-la sur une table de billard et demandez à un champion du monde de jouer avec elle. Celui-ci sera capable de jouer plusieurs coups de suite où, à partir de la même position de départ, la même boule aura le même comportement, après avoir rebondi 1, 2, 3, 4, 5, 6, 7 fois… sur les côtés de la table. Mais aucun champion du monde ne peut répéter des coups où la boule de billard se comporterait de façon identique après 15 rebonds, car les calculs montrent qu'il faudrait pour cela prendre en considération le mouvement (et donc en avoir connaissance) de tous les atomes d'air autour de la boule de billard. Nous voyons donc ici qu'un système déterministe (rien n'est plus déterministe que le mouvement d'une boule de billard sur une table) peut être parfaitement imprédictible à long terme.

Comme souvent dans l'histoire des sciences, cette découverte avait déjà été faite par un pionnier aux travaux duquel on n'avait pas suffisamment porté d'attention. Moins de un siècle après Laplace, Henri Poincaré publia en 1890 un mémoire intitulé *Sur le problème des trois corps* qui lui valut un prix décerné par le roi de Suède, lequel était un passionné de mathématiques.

Quand deux corps étaient en interaction (par exemple la Terre et la Lune), on pouvait facilement montrer qu'il était possible de prédire tous les états futurs de ce système. Mais avec trois corps (le Soleil, la Terre et la Lune), la démonstration n'avait pas été faite. Or, Poincaré avait pensé l'avoir faite avec son mémoire. Mais, alors que son mémoire était déjà sous presse, un jeune étudiant lui signala une erreur dans son raisonnement. Poincaré dut détruire tous les exemplaires imprimés. Mais cette mésaventure eut une conséquence bénéfique. Après avoir corrigé son erreur, Poincaré se rendit compte qu'il avait démontré le *contraire* de ce qu'il croyait. Un système à trois corps n'est *pas* prédictible dans le long terme. Et il en est de même, bien évidemment, de tous les systèmes à plus de trois corps. C'était le début d'une révolution qui donnera soixante-dix ans plus tard naissance à la théorie du chaos. Cela nous montre comment des idées essentielles peuvent rester en sommeil, même dans un siècle d'hypercommunication et d'hyperactivité comme le XXe siècle, quand elles s'opposent aux paradigmes dominants. On ne les remarque même pas ou on refuse d'en tirer les conclusions qui s'imposent, comme les Grecs refusaient de tirer des conclusions du fait que la coque d'un navire disparaissait avant le mât quand il partait vers l'horizon. Aujourd'hui, des travaux comme ceux de l'astronome français Jacques Laskar, effectués grâce aux ordinateurs, ont montré que le système solaire est chaotique, à une échelle de l'ordre de deux cents millions d'années. Ce qui veut dire que si l'on peut parfaitement calculer la position de toutes les planètes pendant des millions d'années, on ne peut absolument pas le faire sur des centaines de millions d'années. Cela peut certes apparaître infiniment moins gênant que de ne pas pouvoir calculer le temps qu'il fera dans quinze jours ! Mais cela a une immense portée symbolique, car les mouvements des planètes dans le système solaire sont le symbole de la science classique. C'est dans ce domaine, de Copernic jusqu'à Laplace, qu'ont été élaborées les conceptions déterministes qui étaient à l'époque associées à l'idée de prédictibilité. Que ce système soit à la fois déterministe et chaotique et échappe ainsi dans le long terme à la prédictibilité peut être considéré comme un coup fatal porté à toute une vision du monde, de la même façon que le système de Copernic a porté un coup fatal à la vision qui voulait que nous occupions une place centrale dans l'univers.

De la géopolitique aux termites et aux fourmis

Mais l'effet papillon est loin d'être le seul concept central de la théorie du chaos. Il y a également celui de « bifurcation ». Un des concepts clés du monde classique est celui de linéarité. Même s'il y a des crashs ou des événements spectaculaires, on a tendance à réduire l'histoire d'un pays ou la croissance d'une entreprise à une courbe (voir figure A ci-dessous), alors que les mêmes données peuvent être représentées de façon complètement différente, par exemple, une fluctuation autour d'un équilibre relativement stable pendant une longue période, une déstabilisation brutale de cet équilibre, suivie d'un saut et d'une fluctuation autour d'un autre niveau d'équilibre, sans jamais revenir à l'état précédent (voir figure B p. 109). Un tel schéma s'applique bien à l'histoire humaine des soixante dernières années. Pendant quarante-cinq ans, les fluctuations constituées par la crise de 1956 en Hongrie, la crise des missiles de Cuba en 1962, la guerre du Vietnam, l'invasion de l'Afghanistan par les Russes représentaient des oscillations autour d'un équilibre stable, l'équilibre Est-Ouest. Puis des fluctuations plus importantes sont apparues, éloignant progressivement le système de l'équilibre pendant les années 1980, à la suite de l'élection de Jean-Paul II comme pape, puis des actions du syndicat Solidarność de Lech Wałęsa et des tentatives de Perestroïka de Mikhaïl Gorbatchev. Puis est arrivée la chute du mur de Berlin en novembre 1989, que la plupart des principaux leaders politiques n'avaient même pas envisagée quelques mois, voire quelques semaines auparavant. Cela constitua une bifurcation brutale faisant passer le monde d'un état d'équilibre bipolaire à un état d'équilibre unipolaire dominé par les États-Unis. Puis les fluctuations reprirent autour de ce nouvel état d'équilibre. Aussi importantes fussent-elles, comme le 11 septembre 2001, elles ne remirent pas en cause l'état d'équilibre lui-même. Jusqu'à la crise de 2008 qui, en affaiblissant considérablement les États-Unis et les pays occidentaux, permit la montée en puissance du G20, des BRIC (Brésil, Russie, Inde, Chine) ainsi que d'autres pays émergents, y compris le petit Qatar, désormais acteur incontournable grâce à ses réserves financières, dans un monde où tous les grands pays occidentaux ont un endettement qui approche ou dépasse 100 % de leur PIB. On peut donc dire que nous vivons actuellement la deuxième bifurcation depuis la Seconde Guerre mondiale, qui va nous entraîner dans un nouvel état d'équilibre qui n'a pas encore fini de s'installer ; un équilibre qui sera très probablement multipolaire et non plus bi- ou unipolaire.

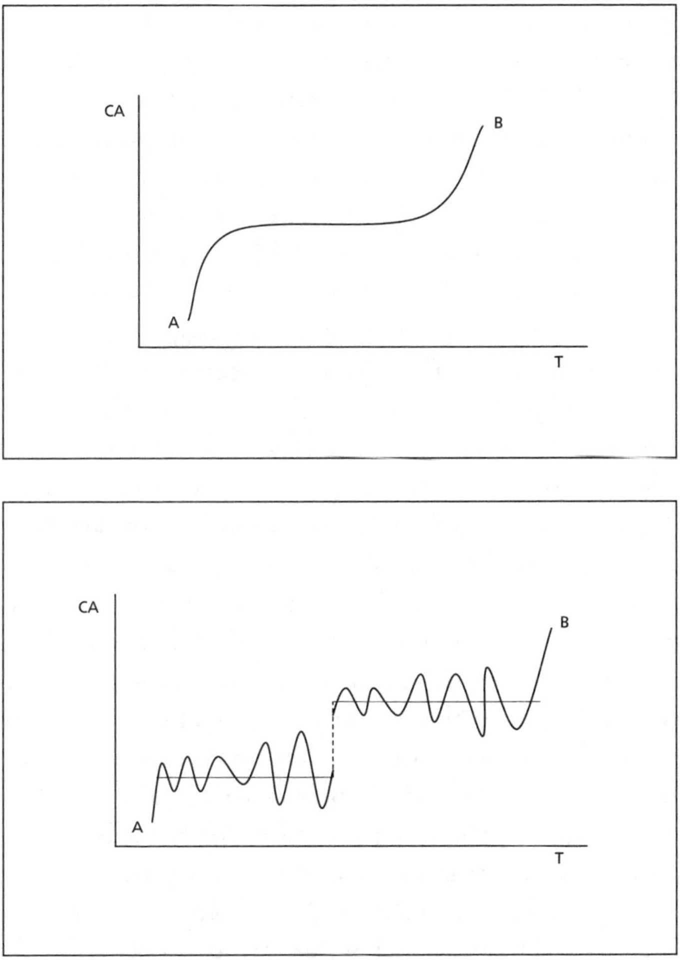

Figures A et B
Évolution d'une variable en fonction du temps
Le passage de A à B peut être représenté de façon linaire (A) ou non linéaire (B).
La rupture au milieu de la figure B constitue une bifurcation.

Laissez-moi vous raconter comment un effet papillon a pu favoriser la bifurcation que fut la chute du mur de Berlin.

Au printemps 1989, il y eut un congrès du parti communiste hongrois. La Hongrie était l'un des pays ayant pris au mot l'idée de Perestroïka de Gorbatchev et, à l'inverse de l'Allemagne de l'Est, le parti communiste y comptait une proportion importante de réformateurs. Néanmoins, ils étaient encore minoritaires dans les instances du parti. La veille de ce congrès, ils firent appel à une personnalité hongroise qui avait émigré lors de la fameuse révolte de 1956, Ervin László. À l'époque jeune pianiste prodige, il était devenu philosophe des sciences et un proche d'Ilya Prigogine, qui reçut son prix Nobel de chimie pour son apport décisif à la théorie du chaos, à l'analyse des systèmes instables et de phénomènes tels que les bifurcations. Ervin László leur conseilla d'essayer de faire voter, lors du congrès du lendemain, la suppression des fils de fer barbelés qui séparaient deux pays autrefois réunis, l'Autriche et la Hongrie, et qui constituaient l'une des parties du rideau de fer. Le lendemain, toutes les réformes audacieuses que les réformateurs proposèrent (privatisation de la terre, élections libres, libre propriété des moyens de production économique) furent refusées par la majorité conservatrice. Puis, à la fin, quand fut proposée la suppression des barbelés, un vote unanime approuva la mesure. Ne fallait-il pas donner un os à ronger aux réformateurs ? C'est ainsi que, le 19 août 1989, Gyula Horn, ministre des Affaires étrangères hongrois, et son homologue autrichien, Alois Mock, posèrent devant les caméras de télévision, des pinces à la main, pour couper les fameux barbelés du rideau de fer. Ce fut à l'époque un non-événement, sauf pour les Hongrois et les Autrichiens. Mais, dans les mois qui suivirent, les

Allemands de l'Est, qui venaient en vacances autour du lac Balaton, se rendirent compte qu'il n'y avait plus de barbelés empêchant de passer en Autriche pour se diriger ensuite vers l'Allemagne de l'Ouest. De longues caravanes de petites voitures avec des carrosseries en plastique, les fameuses Trabant, se formèrent alors sur les routes d'Autriche et d'Allemagne. Malgré les pressions de l'Allemagne de l'Est, les Hongrois refusèrent de modifier leur politique des frontières, et il fallut finalement se résoudre à fermer la frontière entre la Tchécoslovaquie et la Hongrie, soit deux pays du bloc de l'Est, pour empêcher les Allemands de l'Est de pénétrer en Hongrie. Bloqués sur leur route de l'exode, les Allemands s'entassèrent alors par milliers dans les jardins de l'ambassade d'Allemagne de l'Ouest, à Prague. Comme toute dictature, les dirigeants d'Allemagne de l'Est étaient très déterministes. Ils voulaient montrer qu'ils contrôlaient leur peuple. « Ces gens veulent aller en Allemagne de l'Ouest ? Très bien, dirent-ils. Mais ils ne pourront le faire qu'avec notre autorisation. » Les Allemands de l'Est furent alors mis dans des trains qui repassèrent par l'Allemagne de l'Est pour aller en l'Allemagne de l'Ouest. Ce ne fut pas une bonne idée, car de nombreux Allemands de l'Est tentèrent de monter en marche dans ces trains pendant la traversée du pays. Cela contribua à augmenter les troubles en Allemagne de l'Est qui, le 9 novembre 1989, amenèrent la chute du mur de Berlin.

Mais l'histoire ne s'arrête pas là car les Tchèques avaient vu, eux aussi, passer des Allemands de l'Est pendant l'été. Cela favorisa la déstabilisation de l'ordre établi du pays et la « révolution de velours » qui mena Václav Havel au pouvoir. Encore quelques semaines de plus, et le couple Ceauşescu était fusillé en Roumanie, et il fallut attendre moins de deux ans pour que l'URSS disparaisse à son tour. Tout cela a-t-il vraiment été obtenu simplement en retirant quelques kilomètres de barbelés entre l'Autriche et la Hongrie ? Un non-événement qui constitua à l'époque où il se produisit un simple battement d'ailes de papillon ? Cela aurait en réalité été impossible si les fluctuations importantes issues des conséquences des actions de Jean-Paul II, de Lech Wałęsa et de Mikhaïl Gorbatchev ne s'étaient pas déjà produites. À l'époque de Staline, l'enlèvement des mêmes barbelés n'aurait eu aucun effet. C'est là une première leçon de grande importance. Pour que s'applique un concept de la théorie du chaos tel que l'effet papillon, il faut déjà que le système soit dans une grande instabilité interne. La deuxième leçon est qu'il est impossible de prévoir exactement les conséquences d'un effet papillon, ou les caractéristiques du nouvel équilibre qui sortira d'une bifurcation. J'ai eu l'occasion de demander à Ervin László s'il avait envisagé dans ses rêves les plus fous que son conseil de supprimer les barbelés entre l'Autriche et la Hongrie pût aboutir à la chute du mur de Berlin. Il m'avait répondu que non, mais qu'il avait pensé que cela allait créer un appel d'air, pousser les choses dans la bonne direction et aurait des conséquences positives. Ainsi, si l'on reprend la figure B, il est impossible de dire : « On va faire ceci, et une bifurcation va se produire qui aura telle conséquence », mais on peut dire qu'en jouant sur tel levier on arrivera à pousser les choses dans la bonne direction, plutôt que vers la mauvaise. C'est là un autre enseignement important de la théorie du chaos. La théorie ne signifie pas que la prévisibilité devient impossible, qu'il faut manager une entreprise ou gérer un pays en fonction de sa seule intuition. Ce qu'elle nous apprend, c'est que la prévisibilité classique fondée sur le « micromanagement » dans l'entreprise ou sur un déterminisme précis des politiques mises en place n'est plus applicable. Il est loin le temps où l'on pouvait, en 1980, faire des projections, bien entendu démenties par l'expérience, sur le prix du pétrole en 2010. Mais on peut encore faire des prévisions au niveau général en disant que telle famille de produits ou tels indicateurs vont évoluer dans un sens plutôt que dans un autre, en fonction de tel ou tel facteur.

Les révoltes du Printemps arabe sont un autre exemple éclatant de la façon dont on peut appliquer directement certains concepts de la théorie du chaos à la société. Un jeune homme inconnu s'immole par le feu dans une petite ville de Tunisie, et quelques mois après les pouvoirs de Ben Ali en Tunisie, de Moubarak en Égypte, de Saleh au Yémen et de Kadhafi en Libye, tous en place depuis vingt à quarante ans, s'écroulent comme des châteaux de cartes, changeant complètement les équilibres géopolitiques d'une grande partie du monde. Ici aussi, un effet papillon a conduit à une bifurcation, mais cet effet papillon n'a pu fonctionner que parce ces systèmes étaient rongés de l'intérieur par le népotisme et la corruption et que les peuples de ces pays attendaient depuis longtemps une occasion de se révolter.

La plupart des concepts de la théorie du chaos ont été découverts à travers l'analyse de réactions chimiques ou du comportement des fluides, mais comme nous le dit Ilya Prigogine, ils s'appliquent encore plus aux sociétés humaines à cause de la complexité de celles-ci : « Beaucoup d'effets que nous voyons dans les molécules, qui sont soumises à des lois d'évolution non linéaires, se retrouvent aussi dans les sociétés, notamment les possibilités de bifurcation, les possibilités d'instabilité. L'entreprise aussi est un système ouvert, comme la ville, ouverte sur l'environnement. Donc, il y a certaines analogies que l'on peut invoquer. Mais il y a aussi des différences. La prise de décision est tout à fait différente. La prise de décision dans les molécules correspond à des équations relativement simples. La prise de décision de l'homme dépend de sa mémoire du passé et de sa vision de l'avenir. Dans ces conditions, une société est encore bien plus non linéaire, bien plus complexe, bien plus imprévisible que les systèmes physiques et chimiques[1]. »

Et ces concepts ne s'appliquent pas seulement aux sociétés humaines, mais aussi aux sociétés animales. J'ai pu voir dans les laboratoires de Prigogine une fourmilière qui était reliée par deux chemins en bois de taille identique à une source de nourriture. Au début, les fourmis se répartissaient de façon à peu près égale sur les deux chemins, mais à un moment ou à un autre, une petite fluctuation aléatoire faisait qu'une très légère majorité de fourmis empruntait l'une des deux voies. Toutes les fourmis se mettaient alors à suivre la voie en question. En effet, les fourmis laissent des traces de leur passage, et il suffisait d'une toute petite majorité de traces sur l'un des deux chemins pour que toute la fourmilière le suivre.

Des fourmis, passons aux termites. Ceux-ci construisent des termitières pouvant atteindre 6 mètres de haut, soit une taille proportionnellement très supérieure aux bâtiments que nous construisons, nous, humains. Ces « bâtiments » aux structures complexes sont construits sans le moindre architecte. Il n'y a pas de plan d'ensemble, mais des règles qu'applique chaque termite. Par exemple : « Si tu trouves deux boules de terre l'une sur l'autre, alors tu poseras une troisième par-dessus. » Ou : « S'il existe deux

1. *Questions pour un monde en mutation*, conçu par Jean Staune, réalisé par Pascal Ferriot et produit par l'Institut du Management EDF-GDF, 1998, cédérom disponible à l'UIP, 29, rue Viala, 75015 Paris.

piliers proches l'un de l'autre, tu iras poser une boule de terre à leurs sommets pour les relier. » Cela constitue un excellent exemple d'auto-organisation, c'est-à-dire d'une situation où l'action cumulée d'individus n'obéissant pas à un chef ou à un plan préétabli parvient à créer des formes supérieures d'ordre. Comme le dit une célèbre formule, l'ordre peut émerger du chaos.

D'autres concepts nous seront nécessaires pour nous orienter dans le monde de demain. Tout d'abord celui de « cercle autocatalytique » qui fut découvert par le prix Nobel de chimie Manfred Eigen. C'est une version du cercle vicieux ou du cercle vertueux. Le résultat d'une réaction chimique favorise le développement d'une autre réaction chimique qui, à son tour, en favorise une troisième dont les résultats favorisent la première. Ainsi Google met-il gratuitement à disposition des fabricants de téléphones son système d'exploitation Android, les fabricants vont à leur tour donner leurs codes à des développeurs d'applications pour leurs téléphones, la multiplication de ces applications renforçant ainsi la position de Google face aux systèmes d'exploitation concurrents de Microsoft ou d'Apple. Une forme particulière du cercle autocatalytique est constituée par les rétroactions (*feedback* en anglais) ou prophéties autoréalisatrices. Une rumeur se répand chez les traders qu'un État est menacé de faillite ; les traders se débarrassent alors massivement des emprunts émis par l'État en question, l'État a de plus en plus de difficultés à emprunter, ce qui augmente la défiance à son encontre… et peut réellement le mener à la faillite. Lors de la grande crise des années 1930, bien des banques pourtant solvables disparurent à cause de mécanismes de ce genre.

Nous avons déjà rencontré au chapitre 1 la notion d'entropie qui désigne la dégradation irréversible de l'énergie. Notre dernier concept sera les fractales, découvertes par le mathématicien Benoît Mandelbrot. Il s'agit d'une structure qui présente le même visage à toutes les échelles. Si vous zoomez sur une partie de la structure, vous retrouvez l'image de la structure globale.

Les fractales paraissaient au début une simple attraction mathématique, mais on s'aperçut rapidement qu'elles permettaient de modéliser de nombreux aspects de notre environnement. Il est impossible de créer des nuages ou des montagnes à partir de la déformation de cercles, de carrés ou de triangles, car ceux-ci ne sont pas des formes « naturelles » ; on peut en revanche le faire à partir de fractales, ce qui nous indique que les fractales ont un rapport avec la structure profonde de notre environnement. Nous verrons au chapitre 8 que la prise en compte de la nature fractale de certains phénomènes peut nous éviter de faire des erreurs cruciales sur le plan économique.

Nous avons donc maintenant parcouru quelques-uns des concepts principaux de la théorie du chaos et donné une première idée de leurs applications à la société. Ils sont résumés dans le tableau qui suit. Mais qu'est-ce qui caractérise réellement un système ou une situation complexe ? Ce mot étant utilisé à tort et à travers, il est bon de préciser ici qu'un système est complexe :

– si l'on ne peut pas décrire, de façon séquentielle, les interactions qui se produisent en son sein. Une navette spatiale, par exemple, est *compliquée* et non complexe. On peut décrire son fonctionnement ainsi : on appuie sur un bouton qui déclenche l'entrée de l'hydrogène et de l'oxygène dans les moteurs qui, à leur tour, etc. ; tandis qu'un système complexe contient un grand nombre d'interactions réciproques internes et que, de ce fait, son fonctionnement ne peut être décrit de façon linéaire ;

– ou parce qu'il est impossible de prédire la connaissance de son état futur à partir d'une connaissance, même poussée, de son état actuel.

En d'autres termes, un système complexe est un système qui soit est très sensible à ses conditions initiales (effet papillon), soit contient en lui un ou plusieurs cercles autocatalytiques.

1 – Non-linéarité	L'effet papillon
2 – Bifurcation	La chute du mur de Berlin
3 – Auto-organisation	La termitière
4 – Cercle autocatalytique	Google et les constructeurs de téléphones portables
5 – *Feedback* ou rétroaction	Le comportement des traders
6 – Entropie	Dégradation irréversible de l'énergie utilisée
7 – Fractales	Structures identiques quelle que soit l'échelle considérée

Les principaux concepts de la théorie du chaos

Se représenter l'irreprésentable

Le « démon » de Laplace, cet esprit théorique censé pouvoir prédire tout le futur de l'univers à partir de la connaissance de la situation de tous ses composants et des lois qui les font évoluer, serait-il déstabilisé par la théorie du chaos ? Ne pourrait-il pas prétendre que *lui* a accès aux conditions initiales avec une infinie précision et peut donc prédire le devenir des systèmes complexes ? En fait, même pour lui, cela ne serait pas possible, car, comme nous l'avons vu, très vite la connaissance des conditions initiales doit impliquer celle des atomes et des particules élémentaires. Or, on entre là dans un tout autre domaine où les notions classiques comme celles de position, de point matériel ou de force, qui furent à la base de la science moderne, ne s'appliquent plus. Nous allons essayer de vous résumer, en décrivant deux expériences et en donnant quelques conclusions, l'étrangeté de ce monde de l'infiniment petit. Mais nous nous heurtons à une difficulté essentielle, c'est que nous n'avons ni les mots ni les concepts nécessaires et qu'il nous faut simplifier pour être compréhensibles. J'ai, dans un autre ouvrage, décrit ce domaine de façon bien plus détaillée, et je me permets donc de conseiller aux lecteurs qui voudraient approfondir ces questions de s'y reporter[1].

Tout le monde a entendu parler de la fameuse formule d'Einstein $E = mc^2$, montrant l'équivalence qui peut exister entre matière et énergie. Nous savons tous que le fonctionnement de la bombe atomique ou des centrales nucléaires en découle, mais nous n'avons pas forcément compris à quel point cela peut impliquer des choses étranges. Ainsi, dans les grands accélérateurs de particules, voit-on chaque jour, lors de chocs entre particules, la quantité de mouvement des particules qui se sont heurtées être à l'origine de la création de nouvelles particules. C'est un peu comme si je vous disais que, dans un choc entre deux taxis, la vitesse des taxis pouvait se transformer en un petit vélo qui sortirait tout constitué du choc. Ou que la hauteur de la tour Eiffel pouvait se transformer en une mini-tour Eiffel. C'est-à-dire qu'une propriété d'un objet devient un objet.

Ce n'est là qu'une première étape des bouleversements qui vont résulter de la plongée dans ce monde

---

1. Jean Staune, *Notre existence a-t-elle un sens ?*, *op. cit.*, chapitres 4 à 6.

dit « quantique » à cause du mot latin *quanta* qui veut dire « paquet ». Cela est lié au petit nuage noir que nous avions mentionné, celui qu'avait bien repéré lord Kelvin au début du XXe siècle : le problème du rayonnement d'un corps noir. Pour l'expliquer, Max Planck dut suggérer que l'énergie était émise par paquets discontinus et non pas de façon continue, ce qui impliquait un phénomène équivalent à celui de voir la température d'une pièce passer de 23 °C à 25 °C sans passer par 24 °C !

L'étape suivante sera la remise en cause de la distinction, que l'on croyait établie à jamais, entre ondes et points matériels. S'il y a bien deux choses de nature différente dans notre monde, ce sont d'un côté les grains de sable et, de l'autre, les vagues et les ondes radio. Une célèbre expérience, celle des « fentes de Young », avait permis de démontrer au XIXe siècle que la lumière se comportait comme une vague et était donc composée d'ondes. Mais en 1905, Einstein montra que la lumière était aussi composée de petites particules de masse nulle appelées photons, sans l'existence desquelles on ne pouvait comprendre des choses comme le fonctionnement de nos panneaux solaires. En 1923, le Français Louis de Broglie émit l'hypothèse que les particules de matière était également... des ondes, ce que ne tardèrent pas à confirmer certaines expériences où des électrons ou des protons se comportaient exactement comme des ondes, c'est-à-dire passaient par deux ouvertures à la fois !

On se retrouve alors avec une vision unifiée dans laquelle la lumière et la matière sont des ondes quand elles se déplacent et se transforment en particules (on appelle cela la « réduction du paquet d'ondes »), quand elles sont observées ou quand elles interagissent avec quelque chose. Imaginons une chauve-souris qui ne volerait que dans le noir. On ne pourrait jamais la voir voler, car elle s'arrêterait dès qu'un rayon lumineux la toucherait. Mais on pourrait déduire qu'elle vole en constatant qu'entre deux observations successives elle a effectué un chemin qu'il est impossible de faire à pied. C'est exactement de la même façon que l'on peut déduire que *toutes* les particules qui constituent les éléments de base de la matière sont en fait des ondes quand elles se propagent[1] !

Et cela ne se limite pas aux particules : les atomes et même des molécules composées de plus de 250 atomes peuvent également se comporter comme des ondes !

On peut déjà en tirer deux premières conclusions :

– L'observation n'est plus neutre puisque quand on observe une particule on change son état en la faisant passer d'un état ondulatoire à un état corpusculaire.

– Le déterminisme dont nous avons vu au chapitre 2 qu'il était un pilier de la modernité est pris en défaut encore plus radicalement qu'avec la théorie du chaos, comme le montre l'énoncé du principe d'incertitude de l'Allemand Werner Heisenberg qui nous dit qu'on ne peut pas connaître à la fois la position et la vitesse d'une particule. En effet, si l'observation perturbe l'objet observé, on ne peut pas connaître deux caractéristiques d'un même objet simultanément car la mesure de la première aura forcément modifié la seconde.

Mais en fait la physique quantique nous incite à aller encore plus loin et à passer du modèle de la chauve-souris à celui de l'arc-en-ciel. Vous pourriez d'abord croire, en voyant un arc-en-ciel pour la première fois, qu'il s'agit d'un objet solide dont les deux extrémités reposent sur le sol. Puis, vous constatez que, lorsque vous bougez, il bouge avec vous. Est-ce à dire que l'arc-en-ciel est une illusion, une création de votre esprit ? Non, bien sûr,

1. *Ibid.*, chapitre 4.

son existence dépend de la présence de gouttes d'eau dans l'atmosphère et de la réfraction des rayons lumineux. Toutefois des caractéristiques importantes de l'arc-en-ciel, telles que sa position et sa vitesse, dépendent de vous et de votre déplacement. La situation est la même pour toutes les particules élémentaires et même pour les atomes. Ce ne sont pas des créations de notre esprit, mais certaines de leurs caractéristiques essentielles dépendent de la façon dont nous allons les observer. Cela introduit une différence radicale d'avec le but habituel de la science, résumé par Albert Messiah : « Au départ de toute entreprise scientifique, on pose comme postulat fondamental que la nature possède une réalité objective, indépendante de nos perceptions sensorielles ou de nos moyens d'investigation ; l'objet de la théorie physique est de faire un compte rendu intelligible de cette réalité objective[1]. » Ici cette « réalité objective indépendante de l'observateur » n'existe simplement plus !

Il n'aura pas échappé aux lecteurs perspicaces que la métaphore de l'arc-en-ciel va beaucoup plus loin que celle de la chauve-souris. Car la chauve-souris a toujours une position et une vitesse, même si on ne la voit pas, alors que cela n'a pas de sens de parler de la position et de la vitesse de l'arc-en-ciel en dehors d'une observation. Si Einstein acceptait « d'avaler » la chauve-souris, il ne pouvait en faire autant avec l'arc-en-ciel. Pour lui les particules et les atomes devaient posséder en permanence des propriétés objectives, même si nous ne pouvions pas les connaître, exactement comme nous ne pouvions pas voir voler la chauve-souris. Il ne pouvait accepter que la réalité se « dissolve » comme dans le modèle de l'arc-en-ciel,

1. Cité par Bernard d'Espagnat, *À la recherche du réel,* Gauthier-Villars, 1979, p. 59.

à cause de son fameux principe « Dieu ne joue pas aux dés », auquel Niels Bohr, le plus influent des physiciens de l'École de Copenhague qui établit la synthèse de cette nouvelle physique dans les années 1920 et 1930, répondait : « Albert, ce n'est pas à toi de dire à Dieu ce qu'il doit faire ! » Une des cibles d'Einstein était le principe d'incertitude de Heisenberg.

Puisque celui-ci affirme qu'on ne peut pas connaître en même temps la position et la vitesse d'une particule, Einstein, avec deux de ses collaborateurs, Podolsky et Rosen, écrivit, en 1935, un article où il imagina le cas d'un système de deux particules jumelles, issues de la couche externe d'un même atome et parties dans des directions opposées avec la même vitesse. La mesure de la vitesse d'une des particules permettrait de connaître la vitesse de l'autre particule au même moment. La mesure de la position de la seconde particule permettrait également de connaître la position de la première, au même moment. On pourrait ainsi connaître la position et la vitesse de deux particules au même moment, remettre en cause le principe d'incertitude de Heisenberg et, au-delà, toute la vision du monde qui va avec (dualité onde-corpuscule, etc.). Dès le mois suivant la publication de cet article, qui sera connu dans l'histoire des sciences sous le nom de paradoxe EPR (pour Einstein, Podolsky et Rosen), Niels Bohr répondit que cela ne pourrait marcher, parce que les deux particules formaient un unique ensemble, quelle que soit la distance qui les sépare. Einstein répondit qu'aucune conception un tant soit peu raisonnable de la réalité ne saurait tolérer l'existence d'un phénomène pareil qu'il appelait, pour s'en moquer, « l'action fantôme à distance ». De plus, le fait que la mesure sur une particule puisse instantanément modifier l'état de l'autre lui paraissait contredire le fondement même de sa relativité générale, selon lequel aucune vitesse n'était supérieure à celle de la lumière. Or, on peut concevoir des expériences où les deux particules sont séparées par des dizaines de kilomètres et où l'interaction qui existerait entre elles devrait aller des millions de fois plus vite que la vitesse de la lumière pour empêcher les observateurs de mesurer et de connaître la position et la vitesse des deux particules en même temps.

Vous pouvez penser que cette question est absolument futile et qu'elle ne concerne que les spécialistes. Pourtant l'expérience qui donna tort à Einstein et qui prouva définitivement l'existence de ce que l'on appelle la « non-localité » ou la « non-séparabilité », et qui fut réalisée à l'Institut d'optique d'Orsay par Alain Aspect et ses collaborateurs dans les années 1979-1982, a été considérée par certains scientifiques, lors du passage au XXIe siècle, comme l'un des trois événements du XXe siècle dont on se souviendra encore dans mille ans (après le débarquement de l'homme sur la Lune et le début de l'utilisation du nucléaire). Cela peut paraître d'autant plus fou qu'en quatrième position sur la liste on trouvait la Seconde Guerre mondiale. Comment peut-on considérer une obscure expérience de physique portant sur une question technique (peut-on oui ou non connaître la position et la vitesse d'une particule au même moment ?) comme plus importante qu'une guerre mondiale ayant fait 60 millions de morts ? Nous sommes ici au cœur du sujet de cet ouvrage : seul ce qui change une vision du monde est important dans le long terme.

Je suis prêt à parier que rares sont ceux d'entre vous qui ont évoqué, au cours des dix dernières années, l'épidémie de peste noire de 1348 ! Pourtant un des événements les plus terribles de l'histoire humaine s'est produit entre 1348 et 1352 : un tiers de la population européenne a disparu en moins de quatre ans, un taux de décès supérieur à celui de la Seconde Guerre mondiale. Ceux qui ont vécu ces moments tragiques devaient avoir la certitude de vivre un événement crucial de l'histoire humaine dont on se souviendrait encore dans mille ans. Aujourd'hui, seuls les spécialistes s'y réfèrent, alors qu'il n'est pas nécessaire de faire un sondage parmi vous pour savoir si vous connaissez les noms de Copernic ou de Galilée. Pourtant, l'affaire Galilée était à l'époque un événement de peu d'importance... un battement d'ailes de papillon. Aussi dramatique que puisse être la Seconde Guerre mondiale, elle ne change pas forcément notre vision du monde, contrairement à l'expérience dont nous parlons.

Qu'est-ce que cette expérience a donc de si important ? D'un côté, rien ne peut aller plus vite que la vitesse de la lumière dans notre univers. Aucune particule, aucun signal ne peut se propager à plus de 300 000 kilomètres par seconde. Dans l'expérience d'Alain Aspect en 1982, il y avait 12 mètres entre les instruments qui mesuraient l'état des deux particules. Les tests étaient faits en un milliardième de seconde, alors qu'il fallait vingt milliardièmes de secondes à la lumière pour parcourir ces 12 mètres. Dans les expériences les plus récentes faites par le Suisse Nicolas Gisin, puis par l'Autrichien Anton Zeilinger, la distance entre les deux particules a été de 10 kilomètres, puis de 144 kilomètres, les mesures étant toujours faites aussi rapidement. Cela veut dire que le phénomène doit être des millions de fois plus rapide que la vitesse de la lumière.

En fait, comme Niels Bohr l'avait lui-même précisé, pour la physique quantique, ce phénomène n'existe pas. C'est tout simplement nos notions d'espace et de temps qu'il faut radicalement remettre en question. Les deux particules forment une seule et même entité qui s'étend au-delà de l'espace et du temps, même si, dans notre monde physique, elles sont séparées par des dizaines de kilomètres. Nicolas Gisin dit : « Les corrélations non locales proviennent d'au-delà de l'espace-temps car aucune description située à l'intérieur de l'espace-temps ne peut en être faite[1]. »

C'est la fin de l'un des grands piliers de la science classique, le réductionnisme, parfois également appelé « divisibilité par la pensée ». On peut, au moins en pensée, séparer un système en sous-systèmes et séparer des sous-systèmes en sous-sous-systèmes, comme on l'a vu avec Descartes. Ici, ce n'est simplement plus possible. Bien que infinitésimales et séparées par des dizaines de kilomètres, nos deux particules ne peuvent pas être considérées séparément. Il faut accepter qu'elles fassent partie d'un ensemble unique.

Il en découle l'effondrement d'un autre principe clé de la modernité, celui de la clôture du monde physique. Nous avons insisté sur le fait que, pour la science classique, tout ce qui se produit autour de nous, dans notre monde immergé dans le temps, l'espace, l'énergie et la matière, est explicable à partir de ce même monde. Chaque fois qu'on a cherché une explication au-delà de ce monde (Dieu, les anges, les esprits, etc.), on s'est trompé. Or, voici que cette idée d'une extériorité à notre monde revient en force, non pour des raisons métaphysiques, mais au cœur d'une expérience de physique de pointe. Il y a quelque chose qui échappe à l'énergie, à l'espace, au temps et à la matière, et qui pourtant exerce une influence causale sur notre monde, puisque l'on peut montrer que toute mesure faite sur une particule impacte immédiatement l'état de l'autre, ce qui empêche justement de connaître la position de l'une et de l'autre au même moment.

---

1. Nicolas Gisin, « Are There Quantum Effects Coming from Outside Space-Time ? », in Antoine Suarez et Peter Adams (dir.), *Is Science Compatible with Free Will ?*, Springer, 2013, p. 35.

Nous arrivons donc à une conclusion essentielle : les fondements de tous les objets matériels qui constituent notre univers et nous-mêmes ne sont pas des objets matériels et ne se comportent pas comme eux. Werner Heisenberg a pu dire : « Ils sont moins réels que des choses, mais plus réels que des potentialités. » On assiste ici à une déchosification de la matière, comme l'ont noté un très grand nombre de physiciens, tels que Bernard d'Espagnat dont la citation suivante est parfaitement représentative de l'inversion conceptuelle complète qu'ont connue les « sciences de la matière », auxquelles on ne peut plus guère attribuer ce complément au vu des résultats produits : « Un des enseignements des sciences modernes dites (par tradition) "de la matière" est celui-ci : la "chose", s'il en est une, qui se conserve n'est pas le concret mais l'abstrait, non pas ce qui est proche des sens mais au contraire le nombre pur dans toute son abstraction mathématique telle que nous la révèle la physique théorique. En d'autres termes, par rapport à nos sens et à nos concepts familiers, le réel, indéniablement, est lointain. Et cette découverte (fort importante), une des manières les plus pertinentes de l'évoquer est, selon moi, de reconnaître que le mot matière est mauvais et de réintroduire le beau mot d'Être[1]. »

Tout cela est très logique (si l'on ose dire) et parfaitement prédit et intégré par les équations de la physique quantique, comme l'était également le phénomène de non-séparabilité (l'action fantôme à distance) qui troublait tant Einstein. Nicolas Gisin et son équipe, à la suite d'une idée d'Antoine Suarez, ont refait les expériences de non-séparabilité, mais en réussissant à mettre chacune des deux particules dans des situations telles que, « vu »

1. Bernard d'Espagnat, *Un atome de sagesse*, Seuil, 1982, p. 55.

de A, c'est A qui est mesurée en premier et qui agit sur B, et, « vu » de B, c'est B qui est mesurée en premier et qui agit sur A. Dans cette situation limite, la non-séparabilité existe toujours[1]. Comme le dit Antoine Suarez : « Au niveau de la physique quantique, il y a des choses qui se passent, mais le temps, lui, ne passe pas. »

Cette plongée dans l'infiniment petit nous a ainsi montré que tous les concepts sur lesquels reposait la science classique, déterminisme, réductionnisme, divisibilité par la pensée, « clôture » du monde physique, étaient purement et simplement démentis par des expériences scientifiques de pointe, effectuées dans les plus grands laboratoires et que personne ne songe à remettre en question. Expériences qui nous offrent une vue radicalement différente du monde qui est très loin d'être intégrée par nos contemporains (et même par un très grand nombre de scientifiques), exactement comme les visions nouvelles de Copernic et de Galilée ont mis plusieurs siècles à s'imposer. Ce n'est pas parce que nous vivons à l'âge de l'Internet qu'il faut croire que toutes les informations circulent à grande vitesse. Si en cinq minutes vous pouvez savoir qu'une catastrophe s'est produite en Indonésie, alors qu'autrefois il fallait six mois ou un an pour que la nouvelle arrive en Europe (c'est ce que j'appelle la diffusion horizontale de l'information), la diffusion verticale de l'information, c'est-à-dire le fait qu'un changement de vision du monde soit intégré par la majorité de la population, peut prendre encore un siècle, là où il en prenait deux auparavant. Le gain est donc

1. André Stefanov, Hugo Zbinden, Nicolas Gisin et Antoine Suarez, « Quantum Correlations with Spacelike Separated Beam Splitters in Motion: Experimental Test of Multisimultaneity », *Physical Review Letters*, 2002, vol. 88, n° 12.

infiniment moindre que dans la diffusion horizontale de l'information.

La fin de l'éternité

Cette révolution dans l'infiniment petit a été accompagnée d'une révolution dans l'infiniment grand. La relativité restreinte d'Einstein nous montrait en 1905 que la vitesse de la lumière dans le vide était constante et représentait la vitesse maximum de propagation dans notre univers[1]. C'est déjà très contre-intuitif. Si un vaisseau spatial va à 200 000 kilomètres par seconde et qu'il émet devant lui un rayon lumineux à 300 000 kilomètres par seconde, ce rayon, pour un observateur situé sur une planète à proximité de laquelle passe ce vaisseau, se déplacera à 300 000 kilomètres par seconde et non pas à 200 000 + 300 000 = 500 000 kilomètres par seconde. La relativité générale nous apprend ensuite que le temps ne s'écoule pas de la même façon au sommet de la tour Eiffel ou à sa base, ou dans un avion ou au sol. Certes, la différence est absolument infime (on vieillit de quatorze millionièmes de seconde de moins quand on prend l'avion par rapport à quelqu'un qui reste au sol), mais elle est parfaitement détectable avec des horloges atomiques. Dans certains cas, elle peut amener à des phénomènes tout à fait significatifs.

Ainsi, des particules élémentaires qui ne vivent que quelques secondes se mettent à vivre plusieurs minutes quand elles sont accélérées à des vitesses proches de la

1. Cela reste vrai après l'expérience de non-séparabilité que nous venons de décrire, car justement cette interaction échappe à notre univers !

vitesse de la lumière. Pourtant, si elles pouvaient parler, elles nous diraient que, pour elles, leur vie a eu la même durée que celle de leurs congénères. C'est une preuve du fameux « paradoxe des jumeaux », dans lequel un jumeau part faire le tour de la galaxie à une vitesse proche de la vitesse de la lumière. Il parcourt près de 100 000 années-lumière de distance en 100 000 ans. Quand il revient sur Terre, son jumeau est mort depuis 99 900 ans, et tout le monde a oublié son existence. Pourtant, lui n'a vécu que cent ans, et tous les marqueurs de temps disponibles à l'intérieur du vaisseau (les horloges atomiques, la croissance des plantes, la poussée des poils de sa barbe, etc.) lui confirmeront qu'il n'a vécu que cent ans. S'il avait pu mesurer la distance parcourue par son vaisseau, il aurait trouvé une distance de 100 années-lumière parcourue en 100 ans. La relativité nous enseigne cette chose incroyable. Les deux affirmations, le jumeau a parcouru 100 000 années-lumière pendant une durée de 100 000 ans, et le jumeau a parcouru 100 années-lumière pendant une durée de 100 ans, sont toutes les deux aussi vraies l'une que l'autre, puisque le temps et l'espace dépendent du référentiel dans lequel on les mesure et qu'ici nous avons affaire à deux référentiels très différents, un vaisseau qui s'approche de la vitesse de la lumière d'un côté, et notre bonne vieille Terre de l'autre. Ainsi, le temps et l'espace sont relatifs, alors que l'on pensait depuis toujours qu'ils étaient absolus. S'ils sont relatifs, ne peut-on pas imaginer qu'à une époque ils n'existaient simplement pas ?

À partir des équations d'Einstein, le Russe Alexandre Friedmann montra le premier, en 1922, que l'on pouvait bâtir un modèle d'univers en expansion. Cela contredisait la vision existant depuis plus de 2 500 ans, vision diffusée par Aristote et selon laquelle l'univers était immuable et éternel. Une telle révolution était dure à avaler, même pour Einstein, qui publia une brève note indiquant que Friedmann s'était trompé dans ses calculs. Friedmann n'eut pas de mal à montrer que c'était Einstein qui s'était trompé dans sa réfutation et que son erreur était relativement grossière, ce qui veut dire que même un homme aussi innovant qu'Einstein peut avoir un blocage quand il est confronté à quelque chose qui dépasse complètement ce qu'il est prêt à accepter. Quelques années plus tard, l'abbé Georges Lemaître développa la théorie de l'« atome primitif », selon laquelle tout l'univers provenait de l'explosion d'un « atome » et que donc toute la matière et toute l'énergie qui constituent l'univers visible et invisible étaient au départ concentrées dans un point de taille minuscule. C'est ce qu'on appellera plus tard la théorie du Big Bang, et Einstein déclara que la plus grande erreur de sa vie était de ne pas avoir vu que ses propres équations indiquaient bel et bien que notre univers n'était pas éternel et que l'espace et le temps n'avaient pas toujours existé.

Il reste encore bien des choses à découvrir dans le domaine de l'infiniment grand. Toute la matière connue semble ne constituer que 4 % de la masse de notre univers (je parle bien de notre univers, dans le temps, l'espace, l'énergie et la matière, pas des autres niveaux de réalité que nous dévoile la physique quantique, comme nous venons de le voir). 21 % de l'univers seraient composés de matière noire, matière qui exerce des effets gravitationnels et dont nous pouvons déduire l'existence du fait que les galaxies ne s'éparpillent pas dans tous les sens (la matière visible des galaxies n'étant pas suffisante pour assurer leur cohésion). 75 % de l'univers seraient composés d'énergie noire, une énergie qui serait responsable du fait que, non seulement l'univers est en expansion, mais que cette expansion s'accélère, ce qui a été découvert seulement au début des années 2000.

On cherche toujours à unifier la physique quantique et la gravitation. Il y a différentes théories candidates, comme la théorie des supercordes, selon laquelle les particules seraient toutes des cordes infinitésimales dont les vibrations produiraient leurs caractéristiques, mais aucune de ces théories n'a pu recevoir, pour l'instant, la moindre confirmation. Quels que soient les développements à venir, nous savons déjà une chose. L'univers a été, dans le passé, il y a à peu près 13,7 milliards d'années, extrêmement petit, extrêmement dense et extrêmement chaud.

D'où provient cette bulle primordiale et toute la fantastique énergie qu'elle contenait ? Nous n'en savons rien, et peut-être ne le saurons-nous jamais, peut-être est-ce au-delà de l'horizon des choses que nous pouvons atteindre, dans la situation où nous sommes placés dans ce monde, à l'intérieur du temps et de l'espace (de la même façon qu'un poisson des grandes profondeurs ne pourra jamais se douter de l'existence du système solaire). Mais cela nous apprend que, comme dans l'infiniment petit, ce qui existe ne se limite pas à l'univers dans lequel nous sommes et aux dimensions dans lesquelles nous évoluons.

La défaite du fantôme de Copernic

Selon la belle expression de l'astrophysicien Trinh Xuan Thuan, pendant quatre siècles, « le fantôme de Copernic n'a pas cessé de nous hanter ». Copernic a démontré que la Terre n'était pas au centre du monde, et ses successeurs ont démontré que non seulement le Soleil n'était pas au centre du monde, mais que même notre galaxie n'était qu'une galaxie banale, au milieu de 1 000 milliards d'autres galaxies. Puis Darwin a démontré que l'homme dérivait des primates et n'occupait pas de place spéciale parmi les êtres vivants, et enfin Freud a montré que notre inconscient pouvait être plus important que notre conscient. Nous ne sommes donc plus ni au centre du monde, ni au centre de la vie, ni au centre de nous-mêmes. C'est ce que Freud appela la triple humiliation de l'homme, et c'est ce qui constitue le « désenchantement du monde ». En accord avec la science de son époque, l'humoriste Mark Twain pouvait ainsi déclarer : « Quand on voit la tour Eiffel à Paris, on comprend bien qu'elle a été conçue pour la dernière couche de peinture de son dernier boulon ». Il voulait dire par là que la place que l'homme occupe dans l'univers est aussi insignifiante que celle qu'occupe la dernière couche de peinture du dernier boulon dans la tour Eiffel. Mais tout cela a commencé à changer dans les années 1980, quand on a pu simuler sur d'immenses ordinateurs l'évolution de l'univers. En effet, cette évolution dépend de plusieurs constantes fondamentales, telles que la masse de l'électron, la charge du proton, ou d'un certain nombre de valeurs, comme la vitesse d'expansion de l'univers. On s'est alors rendu compte que, si l'on change la valeur de ces constantes, les univers qui existeraient alors n'auraient aucune chance de développer la complexité sous la forme que nous connaissons, ou même sous d'autres formes.

Ainsi, une vitesse d'expansion de l'univers un peu plus importante amènerait celui-ci à se diluer dans le néant, sans que les galaxies puissent se former, alors qu'une vitesse d'expansion un peu plus lente amènerait l'univers à s'écraser sur lui-même dans un Big Crunch, sans avoir eu le temps de développer de structures, quelles qu'elles soient.

Le développement de la vie et de la complexité suppose une source d'énergie. Dans notre univers, cette source d'énergie, ce sont les étoiles. Mais, si la force nucléaire faible, celle qui contribue à faire fonctionner les étoiles, était un peu plus forte, les étoiles exploseraient toutes comme des bombes H, dès leur formation. Si cette force était un peu plus faible, les étoiles s'assembleraient bel et bien sous l'effet de la gravitation mais elles ne pourraient pas s'allumer. C'est comme si le monde était dépourvu de briquets ou d'allumettes.

On peut ainsi montrer que notre univers est le seul parmi des milliards de milliards de milliards de milliards d'univers possibles à pouvoir accueillir le développement de la complexité et de la vie. Que peut-on conclure de cela ? Soit il existe une infinité d'univers parallèles, chacun avec des constantes différentes, et nous sommes forcément dans le seul univers fertile, tous les autres étant stériles. Soit il n'y a qu'un seul univers, et on peut alors calculer la précision de son réglage, celle-ci est de 1 sur 10^{60}. Ce chiffre faramineux ne vous évoquera rien, mais sachez qu'il s'agit de la probabilité de toucher une cible de 1 cm^2 située dans une direction inconnue, à l'autre bout de l'univers, alors que l'on n'a qu'une seule flèche que l'on tire au hasard. S'il n'existe qu'un seul univers, sa précision de réglage est si incroyable que de nombreux astrophysiciens, tels que Trinh Xuan Thuan, Freeman Dyson, Paul Davies, John Barrow et bien d'autres, n'hésitent pas à parler d'un principe créateur qui aurait effectué ce réglage.

Soyons précis. Il ne s'agit aucunement de dire que la science démontre l'existence de Dieu, d'un grand architecte ou d'un principe créateur (appelez-le comme vous voulez), mais qu'elle pose la question. J'ai eu l'occasion d'assister, il y a quelques années, à la Smithsonian Institution de Washington, un haut lieu de la science, à un débat entre astrophysiciens sur le thème de l'existence de

Dieu, organisé par l'Association américaine pour l'avancement des sciences, la plus grande organisation mondiale de scientifiques, éditrice de la revue *Science* ; un tel débat aurait été impensable quelques années auparavant. Ainsi, la fameuse barrière que la science classique avait cru pouvoir ériger, selon laquelle la science ne pouvait pas se poser de questions concernant le sens des choses, a volé en éclats. Oui, la science peut bien se poser ce type de questions, à partir de ses découvertes scientifiques, même si la réponse à ces questions reste de l'ordre d'un choix personnel : une infinité d'univers parallèles sans créateur ou un univers unique avec un créateur. Voilà donc comment le fantôme de Copernic a été exorcisé. L'être humain n'occupe peut-être pas une place centrale dans l'univers en termes géographiques, mais il occupe une place centrale dans sa complexité, et un scientifique comme Freeman Dyson n'hésite pas à écrire que, « d'une façon ou d'une autre, l'univers savait que nous allions venir ». On appelle cela le « principe anthropique » (à ne pas confondre avec l'entropie), de *anthropos*, l'« homme » en grec ; mais en fait, comme Trinh Xuan Thuan et Hubert Reeves l'ont mentionné, n'importe quelle éventuelle espèce extraterrestre intelligente pourrait également se revendiquer de ce principe qui nous dit que, si l'univers est unique, il semble bel et bien conspirer pour produire des êtres complexes, dès que les conditions sont réunies.

Ainsi, à travers la relativité restreinte, puis générale, la théorie du Big Bang et le principe anthropique, nous avons vu se produire dans l'infiniment grand une révolution comparable à celle existant dans l'infiniment petit, qui nous ouvre la porte sur d'autres dimensions et qui réintroduit des questions philosophiques au cœur même de la science.

4

Une révolution silencieuse qui ne fait que commencer

> « Il apparaît à l'évidence que tant l'étude du langage (Wittgenstein) ou celle de la logique (Gödel) que celle de la structure de la matière (Heisenberg) ou de l'inconscient (Lacan) débouchent sur le même constat d'incomplétude, le même horizon d'indécidabilité. La même impossibilité à limiter le vrai à la totalité de ce qui peut être dit, formellement démontré ou immédiatement mesuré. Tout ce qui précède conduit au même constat : ça échappe[1]. »

Savoir ce que l'on ne sait pas

Le XXe siècle a été celui de la physique et de l'astrophysique, avec des découvertes fabuleuses, qui non seulement ont changé notre vision du monde, comme nous l'avons décrit au chapitre précédent, mais qui nous ont donné la bombe atomique, les centrales nucléaires, les satellites, les ordinateurs, notre réseau de télécommunications, et

1. Jean-François Lambert, « L'incomplétude : un nouveau paradigme », *3e Millénaire*, n° 37, 1995, p. 53.

bien d'autres choses encore. C'est pourquoi on peut penser que le XXIe siècle sera celui des sciences de la vie et de la conscience. Vous pourriez penser que de grandes révolutions ont déjà eu lieu au XXe siècle dans ce domaine : la découverte de l'ADN, suivi par le décryptage du génome humain. La mise au point des premières thérapies géniques et des OGM ne prouve-t-elle pas la maîtrise technique que l'humanité possède dans le domaine du vivant ? En fait, il n'en est rien. Pour le comprendre, prenons l'exemple de l'aviation. Les pionniers de cette discipline progressaient à tâtons : « Et si on ajoutait une deuxième aile, est-ce que ce serait plus stable ? Et avec une troisième ? » (le fameux triplan du Baron Rouge), « et si on mettait le moteur ici plutôt que là ? », etc. Aujourd'hui, la maîtrise des techniques de l'aéronautique permet de connaître les performances d'un avion avant même que celui-ci n'ait quitté le sol. On sait à l'avance ce que va impliquer la moindre modification de la forme des ailes ou l'ajout d'une dérive au bout de celle-ci. Les sciences biologiques sont exactement dans la même situation que les pionniers de l'aviation. On peut même dire que la compréhension que nous avons des mécanismes du vivant est encore plus imparfaite que la compréhension qu'avaient Blériot ou les frères Wright des lois de l'aéronautique. Vous entendrez beaucoup de scientifiques vous dire le contraire. Ne vous laissez pas abuser, ni par leurs déclarations ni par certains succès en trompe-l'œil. Il suffit de décrire ce que signifierait d'avoir une *véritable* connaissance des mécanismes du vivant pour comprendre ce qui nous manque. Rien ne serait plus simple alors que d'envoyer dans un corps des molécules susceptibles de tuer les cellules cancéreuses, et seulement celles-là. Or, nous en sommes exactement au même stade que lors de la Seconde Guerre mondiale où l'on bombardait à haute altitude toute une ville, en tuant des dizaines de milliers d'habitants pour réduire en cendres une fabrique d'armement ou un nœud de communications de quelques milliers de mètres carrés seulement. Aujourd'hui, malgré les fameux dégâts collatéraux, les missiles de croisière et les frappes téléguidées des drones diminuent d'un facteur 10, voire d'un facteur 100, les pertes dans les populations civiles.

Si l'on comprenait comment fonctionne le vivant, une autre chose que l'on devrait pouvoir faire, ce serait de créer de nouvelles fonctions. Nous sommes bien incapables, par exemple, de créer des animaux qui se nourriraient uniquement de la lumière du Soleil, alors que les plantes le font dans la nature depuis la nuit des temps. Ce n'est donc même pas la peine de parler de la création d'une fonction radicalement nouvelle dans la nature, comme d'un être vivant qui se nourrirait de rayons X.

Vous avez certainement entendu ces grandes proclamations de scientifiques tel Craig Venter qui affirment avoir créé une bactérie artificielle. En fait, il n'a pas créé, mais *copié* cette bactérie. Il a été capable d'assembler morceau par morceau la molécule d'ADN de cette bactérie, ce qui est certes un exploit remarquable, mais qui correspond à une copie de la *Joconde* faite par un excellent copiste et non à la création d'un tableau par Léonard de Vinci.

On cache soigneusement cette non-compréhension des fondements du vivant au grand public et aux décideurs politiques pour au moins deux raisons : d'une part, les scientifiques ont besoin de budgets de recherche toujours croissants et doivent donc faire des promesses à la hauteur des subventions demandées ; de ce fait, ils ne peuvent pas avouer le côté extrêmement parcellaire de leur compréhension de la vie. D'autre part, cette dissimulation a des raisons idéologiques, parce que ce sujet touche au propre de l'homme ; le domaine des sciences de la vie est un domaine plein de polémiques, de bruits et de fureurs, dans lequel l'idéologie scientiste, caractéristique d'une science classique qui a été défaite dans le domaine de la physique et de l'astrophysique, règne encore en maître.

Pourtant, nous risquons tous d'être rattrapés par les conséquences de cette compréhension incomplète des mécanismes du vivant. Il y a déjà une dizaine d'années, le professeur de médecine Antoine Andremont[1] était venu, lors d'une conférence à l'Université interdisciplinaire de Paris que j'anime, mettre en garde contre la progression de la résistance aux antibiotiques. Les antibiotiques ont certainement été l'une des grandes découvertes du XXe siècle et ils ont contribué à la transformation radicale de la condition humaine, en nous évitant désormais de mourir de simples infections. Mais les antibiotiques tuent les bactéries en « entrant par une porte », pour utiliser une métaphore. Or, plus une bactérie est confrontée à un antibiotique, plus s'exerce sur elle ce que l'on appelle une « pression de sélection », c'est-à-dire que la plupart des bactéries vont mourir, mais que la descendance d'une bactérie capable de résister à cet antibiotique se répandra de façon fulgurante, puisque ces bactéries seront les seules à survivre dans cette situation créée par l'homme. La porte par laquelle est entré l'antibiotique est alors condamnée et il faut utiliser un autre antibiotique qui entrera par une autre porte pour tuer les descendants de cette bactérie mutante. Mais voilà, le nombre

1. Antoine Andremont est professeur à la faculté de médecine de l'université Paris-Diderot et responsable du service de bactériologie à l'hôpital Bichat-Claude-Bernard. Il est notamment l'auteur, avec Michel Tibon-Cornillot, de *Triomphe des bactéries : la fin des antibiotiques ?*, Max Milo, 2007.

de « portes » dans une bactérie est limité. On l'estime à environ une centaine, pour des bactéries classiques très répandues telles que *E. Coli*. Et, depuis soixante ans que nous employons des antibiotiques, nous avons déjà fermé la moitié des portes existantes dans certaines bactéries.

Cela signifie que dans trente ans pour les plus pessimistes, cinquante ans pour les plus optimistes, nous n'aurons plus aucune façon de nous défendre contre des maladies qui étaient devenues bénignes depuis des décennies. L'augmentation rapide d'infections nosocomiales, que l'on attrape généralement dans les hôpitaux lors d'une opération concernant un tout autre problème (c'est bien entendu dans les hôpitaux que l'on trouve le plus grand nombre de bactéries résistantes aux antibiotiques, puisque c'est là que la pression de la sélection est la plus forte), a agi comme un redoutable signal d'avertissement de ce qui risque de frapper l'humanité au cours du XXIe siècle. Même si de nombreuses campagnes sont faites pour inciter les gens à consommer moins d'antibiotiques, de façon à faire gagner un peu de temps à l'humanité en général et à la recherche médicale en particulier, je suis toujours étonné de la façon dont ce problème, pourtant bien plus dramatique pour l'humanité que celui du réchauffement climatique, par exemple, n'est pas traité dans les médias. Inconscience ou volonté de ne pas paniquer la population ? Toujours est-il que, si nous ne sommes pas capables de développer une nouvelle révolution dans les sciences du vivant, nous risquons de le payer très cher.

Dans le domaine des neurosciences, la situation est encore bien pire. À 93 ans, ma mère est encore en bonne forme physique, mais son état mental se dégrade fortement. Absence quasi totale de mémoire à court terme, mais aussi forte désorientation spatiale et temporelle.

C'est une maladie « de type Alzheimer », nous disent les médecins. Les sites de l'INSERM[1] et du CNRS[2] affirment que des progrès spectaculaires ont été effectués dans les connaissances des causes de la maladie et nous parlent d'une start-up qui compte mettre en vente un test de détection. Dans la pratique, les choses sont beaucoup moins glorieuses ! Les médecins nous ont déconseillé de faire un test pour savoir si oui ou non c'est une maladie d'Alzheimer, car « cela ne sert à rien ». Les tests ne sont pas fiables, les mêmes symptômes pouvant être créés par d'autres causes (problème de circulation dans les lobes frontaux), et de toute façon il n'y a pas de traitement. On a l'impression que face aux troubles de la personnalité, la science médicale d'aujourd'hui est un peu dans la même situation que les médecins de Molière face au fonctionnement du corps humain. Quant au cancer, on sait comment il se développe, même si on ne sait pas vraiment pourquoi[3]. Mais ici nous ne savons ni comment ni pourquoi les maladies du cerveau se développent, ni comment les traiter, même sommairement[4].

Le philosophe David Chalmers a énoncé ce qu'il appelle le problème difficile des neurosciences (*hard problem*) : « Comment les mécanismes neuronaux peuvent-ils

1. www.inserm.fr/thematiques/neurosciences-sciences-cognitives-neurologie-psychiatrie/dossiers-d-information/alzheimer

2. www.cnrs.fr/lettre-innovation/actus.php?numero=161

3. Une étude scientifique qui vient de faire beaucoup de bruit ose affirmer purement et simplement que la cause des cancers serait le hasard. Ne peut-on mieux démontrer la faiblesse de nos connaissances dans ce domaine ? http://sante.lefigaro.fr/actualite/2015/01/02/23222-cancer-part-importante-hasard

4. Il existe certes de nombreuses « camisoles chimiques » pour calmer les personnes atteintes de diverses maladies, mais cela revient alors à leur taper sur la tête, certes de façon plus sophistiquée qu'avec un marteau, ce qui constitue un progrès sur le plan pratique, mais certainement pas sur le plan théorique !

produire le sentiment que nous avons tous, celui d'être conscient de notre propre existence ? » Il y a pour cette question absolument fondamentale autant de réponses que de théoriciens dans le domaine des sciences de la conscience ; autant dire qu'il n'y en a aucune. La tendance à donner des explications réductionnistes du type « la conscience n'est rien d'autre qu'une sécrétion des neurones », ou, si on veut le dire de façon un peu plus subtile, « la conscience n'est rien d'autre que ce qui émerge d'une série de calculs effectués en parallèle par des réseaux neuronaux » (ce qui revient au même), c'est ce que le prix Nobel de médecine, sir John C. Eccles, qui était l'un des plus grands neurologues du XXe siècle et que j'ai eu la chance de bien connaître, appelait avec humour : « le matérialisme de la promesse », c'est-à-dire que l'on promet qu'une explication de type matérialiste sera forcément fournie au terme du processus, même si l'on n'a aucune idée de la façon dont elle sera obtenue.

Ce « matérialisme de la promesse » n'est pas *a priori* absurde. La plupart des choses auxquelles l'humanité attribuait une origine divine ou qu'elle considérait comme des miracles se sont révélées être des phénomènes naturels ayant des explications matérielles. Il serait donc logique qu'il en soit de même pour la conscience. Et du moment que la dégénérescence du cerveau est susceptible de changer profondément la personnalité d'un être humain[1], n'est-ce pas une preuve évidente que la conscience est produite par le cerveau d'une façon que l'on ne comprend pas encore ? Pas plus que le fait que

1. Sans parler de cas d'accidents comme celui, célèbre, de Phineas Gage, dont la personnalité a totalement changé après une grave lésion des lobes frontaux du cerveau provoquée par les conséquences d'une explosion.

votre radio fonctionne mal ou ne fonctionne plus quand vous en retirez un à un les composants ne prouve que votre radio produise la musique que vous entendez !

Imaginez que des hommes préhistoriques soient projetés dans l'avenir et découvrent des batteries d'ordinateurs abandonnées par leurs utilisateurs. Ils les prendraient très certainement au départ pour des objets magiques, puis à force de les étudier ils se rendraient compte qu'il s'agit d'objets technologiques : quand on retire certaines cartes, l'image disparaît mais pas le son, et quand on retire d'autres cartes, c'est l'inverse, quand on coupe un fil qui apporte un fluide mystérieux, l'objet cesse de fonctionner, etc. Mais il est probable que nos hommes préhistoriques n'arriveraient jamais à imaginer la notion de logiciel. Toutes les tâches que les ordinateurs sont capables d'exécuter proviendraient pour eux des qualités intrinsèques de leurs composants. De la même façon, on peut penser que, après avoir eu une conception « magique » de la conscience, on se focalise actuellement sur l'équivalent du *hardware*, les connections neuronales et l'extraordinaire complexité de l'architecture du cerveau, au détriment de la recherche d'un éventuel logiciel qui pourrait se situer à un tout autre niveau et sous une tout autre forme, comme c'est le cas dans un ordinateur.

Car les chercheurs sont fascinés par le *hard*, la mécanique du cerveau, comme le montre le développement du Blue Brain Project[1]. Ce projet a pour objectif de modéliser l'*ensemble* du fonctionnement du cerveau, ses milliards de neurones et tous les échanges entre eux. La complexité extraordinaire d'un tel projet ne décourage pas son fondateur, Henry Markram, un véritable personnage de roman. Né en Afrique du Sud, ayant fait ses études

1. http://bluebrain.epfl.ch

en Israël, ayant été chercheur aux États-Unis et en Allemagne, il débarqua un jour à Lausanne et convainquit les dirigeants de l'École polytechnique fédérale de Lausanne (EPFL), et au-delà les autorités suisses, de tenter de faire de ce pays un pionnier des recherches sur le cerveau, grâce au développement de son projet. Ayant occupé un poste de chercheur dans cette prestigieuse institution, j'ai eu l'occasion d'assister à une rencontre entre Markram et le directeur d'une très grosse fondation américaine. Quand celui-ci demanda à Markram de quel budget il avait besoin, il répondit en toute simplicité : « 2 milliards de dollars », soit la totalité des avoirs de la fondation en question. Comme le directeur tiquait devant l'énormité de la somme, Markram partit dans une grande tirade expliquant qu'un tel projet était nécessaire pour toute l'humanité car une fois réalisé il permettrait de comprendre toutes les maladies du cerveau, à commencer par Alzheimer, et à les guérir. À l'image de Ray Kurzweil quand il nous parle des miracles que feront les technologies de demain, Markram était visionnaire et convaincant, tel un prophète des temps futurs. Il y a d'ailleurs un lien évident entre Kurzweil et lui car les tenants de l'intelligence artificielle comptent sur un projet de ce type pour, grâce à la compréhension du fonctionnement du cerveau, pouvoir réaliser une intelligence imitant l'homme. Markram n'a pas obtenu de fonds de la fondation américaine, mais il a eu plus de chance avec les politiques européens ; la communauté européenne a en effet lancé un programme de 1,2 milliard d'euros destiné à soutenir de gros projets de recherche dans les dix ans à venir. Après une grande compétition, deux projets ont été sélectionnés dont le Human Brain Project[1],

1. www.humanbrainproject.eu/fr

que Henry Markram coordonne et au cœur duquel se trouve son Blue Brain Project. Ainsi, l'EPFL va recevoir 1 milliard de francs suisses[1], ce qui constitue une bonne partie des 2 milliards de dollars recherchés, qui paraissaient bien inaccessibles il y a quelques années lors de ma rencontre avec Markram. Mais ce projet est loin de faire l'unanimité, même chez les spécialistes. Deux cents scientifiques ont signé une lettre ouverte à la Commission européenne pour demander des changements d'orientation de ce projet en menaçant de se retirer s'ils n'étaient pas écoutés[2]. Cela peut être vu comme un signe de la grande incertitude théorique qui règne dans ce domaine.

J'espère, pour les fonds européens auxquels nous contribuons par nos impôts, que ce gigantesque projet permettra des progrès importants dans notre connaissance du cerveau. Mais je suis prêt à parier que les promesses de Markram seront loin d'être tenues, car l'exemple du décryptage du génome humain, aventure scientifique d'un budget comparable, est très instructif à cet égard. Que ne nous avait-on pas promis lors du développement de ce projet ! L'homme allait enfin comprendre l'homme ! Décrypter notre génome serait avoir accès à la cause de toutes les maladies d'origine génétique, permettre non seulement de prévoir leurs émergences, mais aussi de les soigner. Aujourd'hui, si les résultats scientifiques d'un tel projet sont importants, on est très loin du compte. Les chercheurs s'attendaient à trouver 120 000 gènes chez l'homme. En effet, la mouche drosophile, dont la structure est bien moins complexe que la nôtre, a déjà 13 600

1. www.rts.ch/info/suisse/4610973-un-projet-de-l-epfl-decroche-un-milliard-de-francs-de-subventions.html

2. www.rts.ch/info/suisse/5987631-plus-de-200-chercheurs-menacent-de-boycotter-le-human-brain-project.html. Aujourd'hui, le nombre de signataires de cette lettre est passé à plus de six cents.

gènes ; quant à un grain de riz, il en contient 50 000. Or, nous en avons autour de 25 000[1] ! De plus, une grande partie de l'ADN est « non codant », c'est-à-dire qu'il ne correspond à aucun gène et qu'il ne semble jouer aucun rôle dans la construction de l'organisme.

Cela remet en cause la conception classique dans laquelle l'ADN serait un peu comme les cartes de contrôle que l'on insérait dans le passé dans les machines-outils, donnant *via* les gènes qu'il contient des instructions aux protéines pour bâtir l'organisme correspondant au plan contenu dans l'ADN. On sait désormais que tout est extraordinairement imbriqué, une même partie de l'organisme pouvant être sous le contrôle d'un grand nombre de gènes, et un même gène étant susceptible d'exercer son influence sur des organes très différents. De plus, on se rend compte que le contexte dans lequel se développent les organismes est très important, c'est ce qu'on appelle l'« épigénétique », c'est-à-dire que la génétique ne suffit pas à expliquer le développement d'un organisme.

La découverte des gènes *homeobox* renforce ce sentiment de complexité. Ces gènes sont des gènes régulateurs, et si l'on transporte le gène responsable de la formation de l'œil chez la mouche drosophile dans le génome du lapin, ce gène de mouche provoquera la mise en place chez le lapin, d'un œil de… lapin ! Le rôle de ces gènes est donc de dire : « Mettez un œil ici », et non pas de spécifier comment fabriquer un œil. Mais alors, qu'est-ce qui dicte cette spécification ? Cela est loin d'être élucidé, malgré le décryptage de tout le génome, ce qui montre bien que la connaissance de celui-ci ne suffit pas pour connaître les secrets du vivant.

1. www.larecherche.fr/savoirs/dossier-special/5-michel-georges-pourquoi-homme-a-t-il-si-peu-genes-01-10-2005-88336

En génétique comme dans les neurosciences, les scientifiques avancent pour leur défense que tout cela est extrêmement complexe, qu'il faut leur faire confiance et donner énormément d'argent pendant très longtemps pour arriver enfin au Graal d'une explication de la vie et de la conscience[1]. Bien sûr, que tout cela est extrêmement complexe, mais on ne peut s'empêcher de poser la question : « Et s'ils faisaient fausse route ? » Et s'ils étaient eux aussi comme ces scientifiques du chapitre précédent, ceux d'avant la théorie du chaos, qui faisaient reposer le monde sur des équations simples car on pouvait résoudre celles-ci, même si elles ne correspondaient pas vraiment à la réalité des faits ? Et si les généticiens et les neuroscientifiques cherchaient les clés de compréhension de leurs domaines là où il y a de la lumière et non pas là où elles sont réellement ?

Un certain nombre de voix se font entendre, y compris celles de très grands biologistes tels que Carl R. Woese, découvreur des archéobactéries, qui n'hésite pas à écrire : « Le verre de la biologie moléculaire est vide, nous avons bu tout ce qu'il contenait[2]. » C'est-à-dire que les démarches actuelles de compréhension du vivant qui ont été très productives dans le passé sont désormais dans une impasse théorique, et que nous avons atteint la limite des méthodologies actuelles.

Cette situation me paraît due au fait qu'il existe depuis les débuts de la science moderne un décalage d'à

1. Notons au passage qu'un certain nombre de livres aux titres comme *La Vie expliquée*, parfois heureusement accompagnés d'un point d'interrogation, existent déjà, alors qu'on n'a toujours pas la moindre idée de la façon dont la vie a pu émerger de la matière non vivante.

2. Carl R. Woese, « A New Biology for a New Century », *Microbiology and Molecular Biology Reviews*, juin 2004, 68 (2), p. 173-186, www.pubmedcentral.nih.gov/articlerender.fcgi?tool=pubmed & pubmedid=15187180

peu près un siècle entre les progrès dans les sciences de la matière et dans les sciences de la vie. Ainsi Newton avait-il pour se soigner les fameux médecins dont Molière s'était moqué et qui étaient bien incapables de décrire le fonctionnement du corps humain, alors que Newton pouvait déjà décrire celui du système solaire. Ce n'est pas étonnant, car il est dans la nature des sciences du vivant d'être plus complexes, de nécessiter des instruments plus performants, des techniques plus sophistiquées que les sciences de la matière. Par définition, les êtres vivants sont bien plus complexes que les structures non vivantes. Pourtant, les biologistes et les neuroscientifiques se comportent tous comme si ce fossé de près de un siècle n'avait jamais existé, alors qu'il s'est perpétué jusqu'à nos jours et que nous voyons ses effets aujourd'hui. Car toutes les conceptions actuelles du vivant, de son évolution et de la conscience, sont clairement inspirées des conceptions réductionnistes, mécanistes et déterministes qui régnèrent dans la physique classique. De nombreux physiciens ont attiré l'attention des biologistes sur le fait que les concepts qu'ils utilisent et la vision du monde qui en découle ont été réfutés dans le domaine de la physique, mais, à de rares exceptions près, les biologistes font la sourde oreille !

Qu'est-ce que la vie ?

En appliquant à la génétique le grand concept de Darwin, la sélection naturelle, le néodarwinisme, également appelé « synthèse moderne », répond qu'il s'agit de mutations génétiques triées par la sélection naturelle, qui sont retenues si elles sont positives pour les organismes concernés dans un environnement donné. Certes, le néodarwinisme a toujours « toléré » l'existence de facteurs secondaires dans l'évolution, mais l'explication fondamentale de l'existence des différentes structures des êtres vivants est pour lui le résultat de l'action du couple mutation-sélection[1]. La découverte de la complexité du génome et des conditions d'expression des gènes a profondément changé la donne. De même qu'il fallait sans cesse ajouter des « épicycles » au système de Ptolémée pour qu'il corresponde aux observations, de même il a fallu, depuis une trentaine d'années, ajouter toute une série de concepts qui rendent bien moins claire la vision actuelle de la vie selon la théorie dominante.

De nombreux chercheurs, pourtant peu susceptibles d'une quelconque position spiritualiste, n'hésitent pas à affirmer qu'une nouvelle synthèse est nécessaire, à l'instar du biologiste moléculaire des National Institutes of Health américains, Eugene V. Koonin : « Tous les grands principes du néodarwinisme ont été, si ce n'est carrément annulés, du moins remplacés par une vision nouvelle des aspects clés de l'évolution. Donc, pour ne pas mâcher les mots, on peut dire que l'ancienne "synthèse moderne" est caduque[2]. » Sans aller aussi loin, Thierry Lodé, chercheur en écologie évolutive, nous dit : « Quelle que soit la pertinence de la théorie initiale, il reste que quantité d'événements non darwiniens, non sélectifs, doivent maintenant être inclus dans une nouvelle synthèse évolutive montrant que l'évolution est l'histoire de multiples

1. La meilleure expression moderne de cette synthèse a été faite par Richard Dawkins, *Le Gène égoïste*, Odile Jacob, 2003, et Daniel C. Dennett, *Darwin est-il dangereux ?*, Odile Jacob, 2000.

2. Eugene V. Koonin, « Darwinian Evolution in the Light of Genomics », *Nucleic Acids Research*, vol. 37, 2009, n° 4, p. 1011-1034. Article disponible sur http://nar.oxfordjournals.org/content/37/4/1011.full.pdf + html

interactions[1]. » Nous arrivons donc à une étape où il est nécessaire de faire évoluer (si l'on ose dire) notre conception du vivant. De quelles pistes pouvons-nous disposer pour cela ? Nous passerons brièvement en revue quatre d'entre elles[2].

La coopération entre organismes

Si la vision classique que nous avons de l'évolution est celle de la lutte permanente entre le lion et la gazelle, chacun étant amené à courir de plus en plus vite, génération après génération, les perdants à la grande « loterie de l'évolution » étant destinés à être mangés ou à mourir de faim faute d'être assez rapides, la nature n'est pas que le lieu d'une implacable lutte pour la vie. Ainsi, toute une école insiste sur la coopération entre organismes, dont Thierry Lodé, pour qui l'évolution est faite de multiples interactions subtiles et délicates entre organismes, et non pas seulement de confrontations, ou, comme le dit un théoricien de l'évolution tel que Brian Goodwin : « Depuis 1859, le mécanisme de la sélection naturelle et la survie du plus fort se sont imposés comme la seule thèse explicatrice de la vie sur Terre. Les origines, les extinctions, les adaptations ont toutes été étudiées à travers le prisme du darwinisme. Or, une autre explication de l'origine et de la diversité des espèces existe. De même que la vision newtonienne du monde a prédominé jusqu'à la révolution einsteinienne au XXe siècle, de même le darwinisme doit-il être remplacé par une nouvelle théorie qui admette que la complexité est une qualité

1. Thierry Lodé, *Manifeste pour une écologie évolutive : Darwin et après ?*, Odile Jacob, 2014, p. 117.
2. J'ai consacré tout un ouvrage à cette question : *Au-delà de Darwin. Pour une autre vision de la vie*, Jacqueline Chambon-Actes Sud, 2009.

inhérente et émergente de la vie et pas uniquement le résultat de mutations aléatoires et de la sélection naturelle. Les organismes sont aussi coopératifs qu'ils sont compétitifs, aussi altruistes qu'égoïstes, aussi créatifs et joueurs qu'ils sont destructifs et répétitifs[1]. » De nombreux exemples de telles coopérations ont été rassemblés par Rémy Chauvin, grand spécialiste du comportement animal[2]. Ainsi en est-il d'une anémone de mer et d'une espèce de poisson. L'anémone de mer mange des poissons, mais s'abstient justement de manger cette espèce en question qui vit en permanence en son sein. Si l'on met en bouillie ce poisson et qu'on le donne à l'anémone de mer, elle le mange sans problème, ce qui prouve qu'il n'est pas toxique pour elle. Mais, tant qu'il est vivant, elle ne le mangera jamais. En revanche, quand un plus gros poisson s'approche pour manger ce petit poisson, il est alors mangé par l'anémone de mer. Ainsi l'anémone de mer, qui n'est pas mobile, a-t-elle son repas à domicile grâce à la présence du petit poisson, tandis que celui-ci est protégé par elle de ses prédateurs dans un milieu très dangereux, les récifs coralliens australiens, où vivent ces deux espèces ayant ce comportement spécifique. Dans un jeu darwinien normal, le poisson aurait dû développer un poison empêchant l'anémone de mer de le manger. L'anémone aurait, quelques centaines de milliers d'années après, développé un contrepoison qui lui aurait donné un avantage sélectif par rapport aux autres anémones, celui de pouvoir manger une espèce de poisson en plus. Un million d'années après, le petit poisson aurait

1. Brian Goodwin, *How the Leopard Changed its Spots*, Touchstone Books, 1996.
2. Voir en particulier son ouvrage *La Biologie de l'esprit*, Éditions du Rocher, 1992.

développé un superpoison qui aurait empêché les anémones de mer, même modifiées, de le manger, et ainsi de suite. Alors que là, un jeu gagnant-gagnant a été établi entre un prédateur et une de ses proies potentielles.

L'auto-organisation

De nombreux théoriciens de la biologie ont appliqué ce concept issu de la théorie du chaos, que nous avons rencontrée au chapitre précédent, à l'évolution dans son ensemble. Un des principaux représentants de cette école est Stuart A. Kauffman, pour qui un ordre gratuit peut émerger dans la nature sans que cela soit lié à un processus de sélection : « Je me suis permis de suggérer qu'une grande partie de l'ordre visible dans les êtres vivants résulte précisément de l'organisation qu'adoptent spontanément les systèmes dont nous sommes composés. Ce type d'ordre possède de la beauté et de l'élégance, projetant sur l'ensemble du monde biologique une image de pérennité, suggérant l'existence d'une loi sous-jacente[1]. »

Le structuralisme

C'est l'idée que les grandes structures des êtres vivants sont formées par les lois de la nature, comme la structure des cristaux de neige par exemple, tandis que les aspects secondaires résultent de l'adaptation. Les facteurs darwiniens ne seraient donc pas responsables de la formation des grands types d'êtres vivants. Cette idée, très populaire à l'époque de Darwin, a connu un regain d'intérêt récent

1. Stuart A. Kauffman, *The Origins of Order: Self-Organization and Selection in Evolution*, Oxford University Press, 1993, p. 644. Voir aussi son ouvrage *Réinventer le sacré, une nouvelle vision de la science, de la raison et de la religion*, Dervy, 2013.

à la suite de toute une série de découvertes scientifiques validant une telle conception. Ainsi Stephen Jay Gould, un des paléontologues les plus respectés du XXe siècle, consacra-t-il une grande partie de son ouvrage testament de près de 2 000 pages à réhabiliter le structuralisme et certains de ses principaux auteurs : d'Arcy W. Thompson, Richard Goldschmidt, Richard Owen, etc. De plus, selon Gould, le structuralisme s'accompagne de deux caractéristiques particulièrement « hérétiques » pour la vision classique de l'évolution, une canalisation de celle-ci à cause de l'existence d'une logique interne propre aux organismes, et des sauts (*saltations*), un peu comme des marches d'escalier, puisque l'existence de grands types d'organisation nécessite que l'on passe d'un type à un autre par une macromutation et non graduellement. Gould nous dit : « J'ai notamment souligné tout au long de [mon] livre le lien logique et presque inéluctable entre la pensée structuraliste et certaines conceptions portant d'une part sur l'orientation du changement évolutif canalisé par des déterminismes internes aux organismes et d'autre part sur des mécanismes saltationistes[1]. » Des travaux très différents, comme ceux de Michael Denton[2], ou en France ceux de Vincent Fleury[3] ou d'Anne Dambricourt-Malassé[4], ont apporté de nouveaux éléments

1. Stephen Jay Gould, *La Structure de la théorie de l'évolution*, Gallimard, 2006, p. 1678.

2. http://uip.edu/articles/le-defi-du-structuralisme-au-darwinisme

3. Vincent Fleury, *De l'œuf à l'éternité, le sens de l'évolution*, Flammarion, 2006, et, pour les spécialistes, Vincent Fleury, « Clarifying Tetrapod Embryogenesis, a Phycisist's Point of View », *The European Physical Journal Applied Physics*, 45, 2009.

4. Anne Dambricourt-Malassé, *Quaternary International*, vol. 19, 85, 100, 1993, *Comptes rendus de l'Académie des sciences*, 307, II, 199, 1998, ainsi que ce beau film : *Homo sapiens, une nouvelle histoire de l'homme*, www.

à une conception susceptible de changer radicalement notre compréhension de l'évolution.

Interactions avec la physique

Après nous avoir dit que la biologie moléculaire nous avait donné l'essentiel de ce qu'elle avait à nous donner, Carl R. Woese a affirmé la nécessité pour la biologie de se tourner vers la physique[1]. Certains, tel le physico-chimiste Lothar Schäfer, se tournent directement vers la physique quantique en faisant remarquer que toute mutation est d'abord et avant tout un changement de position de certains atomes et postulent donc l'existence d'une « sélection quantique » en amont d'une sélection naturelle[2]. Une autre piste est le rôle que l'électromagnétisme pourrait jouer en biologie. Le prix Nobel Luc Montagnier, découvreur du virus du sida, est allé jusqu'à montrer que la plupart des molécules du vivant émettaient des signaux électromagnétiques et que, si l'on transmettait un signal électromagnétique correspondant à une petite fraction de l'ADN, on pouvait, à des kilomètres de là, reconstruire le même morceau d'ADN, alors que seule une information de type électromagnétique était présente[3]. La confirmation d'une telle découverte aurait

---

dailymotion.com/video/xp7m08_homo-sapiens-une-nouvelle-histoire-de-l-homme_webcam

1. Nigel Goldenfeld et Carl R. Woese, « Biology's Next Revolution », *Nature*, vol. 445, 25 janvier 2007.

2. Lothar Schäfer, « Quantum Reality, the Emergence of Complex Order from Virtual States, and the Importance of Consciousness in the Universe », *Zygon*, vol. 41, n° 3, septembre 2006, p. 505-532, et *Le Potentiel infini de l'univers quantique*, Guy Trédaniel Éditeur, 2014.

3. Cette expérience utilise la technique dite de PCR qui permet de dupliquer un morceau d'ADN qui sert de guide à des enzymes pour fabriquer des copies du morceau d'ADN en question, grâce aux nucléotides présents dans le tube à essais. Dans l'expérience de Montagnier,

des conséquences vertigineuses ! Cela voudrait dire que l'on pourrait, dans certains cas, se soigner uniquement grâce au signal électromagnétique du principe actif de la molécule sans avoir besoin de recourir à la molécule elle-même[1].

Ces pistes ne sont que des ébauches, mais elles montrent que, si l'on veut chercher en dehors du paradigme actuel, des potentialités importantes existent au XXIe siècle pour nous aider à relever le défi de l'épuisement des concepts classiques et l'arrivée de menaces telles que les bactéries résistantes aux antibiotiques. Nous avons déjà assez d'éléments pour postuler que toute nouvelle théorie du vivant sera beaucoup plus holistique, beaucoup plus complexe, beaucoup moins réductionniste que les conceptions qui ont dominé au XXe siècle et qui prévalent actuellement.

L'homme n'est-il que neuronal ?

De quels éléments disposons-nous pour explorer l'hypothèse selon laquelle le cerveau ne produit pas la conscience, de la même façon qu'un ordinateur ne produit pas le logiciel qui le fait fonctionner ? D'abord, des cas comme celui des sœurs siamoises Abigail et Brittany

---

il n'y a pas à l'arrivée l'ADN présent au départ, seulement des nucléotides, des enzymes et le signal émis par un morceau d'ADN, enregistré dans un autre laboratoire et transmis par Internet. Voir Luc Montagnier, Jamal Aïssa, Stéphane Ferris, Jean-Luc Montagnier, Claude Lavallée, *Electromagnetic Signals Are Produced by Aqueous Nanostructures Derived from Bacterial DNA Sequences*, Interdiscip Sci Comput Life Sci, 2009, 1, p. 81-90.

1. Pour ceux qui voudraient en savoir plus, voir le film très intéressant diffusé par France 5 sur ses travaux : www.dailymotion.com/video/x210xke_on-a-retrouve-la-memoire-de-l-eau-avec-le-professeur-luc-montagnier-france-5-juillet-2014_lifestyle

Hensel qui ont chacune un tronc, un bras et une tête, mais partagent le même bassin et n'ont qu'une paire de jambes et de bras (chacune contrôle une des jambes et un des bras). Pourtant elles jouent au basket, font du vélo et, plus incroyable encore, ont passé leur permis de conduire[1]. Elles ont aujourd'hui 25 ans et, après avoir été préservées pendant leur enfance, elles acceptent désormais de participer à différents programmes télévisés. Même s'il y a des choses que les scientifiques ne comprennent pas à leur sujet, leur cas commence à être bien documenté. Il pose de nombreuses questions à notre société, certaines futiles (lorsqu'elles travailleront, devront-elles percevoir un salaire ou deux ? Quand elles prennent l'avion, doivent-elles avoir un billet ou deux, sachant qu'elles ont deux passeports mais qu'elles n'occupent qu'un seul siège ?), d'autres absolument vertigineuses : doivent-elles se marier avec un homme ou deux et, si elles ont un enfant, qui en sera la mère, sachant qu'elles partagent un seul et unique ensemble d'organes reproducteurs ?

Voilà deux êtres humains qui non seulement ont le même génome, mais qui ont vécu exactement les mêmes événements, tout au long de leur vie (on ne peut pas dire, comme pour de vrais jumeaux, qu'un accident qu'aurait vécu l'un a changé son caractère par rapport à l'autre). Or, les divers reportages réalisés sur elles montrent qu'elles ont des personnalités très différentes (l'une étant nettement plus timide que l'autre) et des goûts très différents. N'est-ce pas la meilleure preuve qu'il y a dans l'être humain quelque chose qui n'est réductible ni à la

1. Voir une incroyable vidéo sur elles : www.youtube.com/watch?v=9g0mMKBOmdo & feature = endscreen ; version française sur www.mystere-tv.com/abby-et-brittany-deux-personnes-et-un-seul-corps-v903.html ; plus d'information sur http://fr.wikipedia.org/wiki/Abigail_et_Brittany_Hensel

génétique ni à l'éducation et aux événements de la vie ? Notons qu'il a existé un cas similaire en Russie où deux sœurs, Masha et Dasha Krivoshlyapova[1] (1950-2003), ont vécu cinquante-trois ans dans cet état. Ce cas est nettement moins documenté, mais il semble que la différence entre les deux était encore plus grande qu'entre Abigail et Brittany Hensel, l'une étant alcoolique et pessimiste, l'autre étant optimiste et acceptant bien leur terrible situation.

Ensuite un certain nombre de résultats expérimentaux qui, sans constituer des preuves, nous montrent que, comme dans le domaine des sciences de la vie, dans les sciences de la conscience les choses ne sont pas aussi simples que l'imaginent les diverses conceptions classiques.

Si l'on vous met un flash dans les yeux, vous aurez immédiatement une réaction réflexe dans votre aire visuelle que l'on appellera « un potentiel évoqué » et que l'on pourra détecter avec un électroencéphalogramme. Les lignes A de la figure qui suit montrent un tracé de ce type. Mais ce tracé banal n'a pas été enregistré sur n'importe qui. Il a été enregistré sur un moine tibétain venu se prêter à des expériences réalisées par Jean-François Lambert dans un laboratoire de l'université Paris 6. On a alors demandé à ce moine tibétain de se mettre en état de méditation. Il a de nouveau reçu un flash dans les yeux, ses yeux étaient bien ouverts (on peut le vérifier par un électrorétinogramme), et pourtant le cerveau, cette fois-ci, n'a plus réagi (tracés B). Qu'est-ce que cela veut dire ? La mort clinique est définie en France par l'arrêt des potentiels évoqués (à plusieurs heures d'intervalle quand même !). Dans cette situation, il faut se dépêcher

1. http://en.wikipedia.org/wiki/Masha_and_Dasha_Krivoshlyapova ; voir aussi www.youtube.com/watch?v=LmpqG1gMS9Q

de prélever les organes pour permettre les transplantations qui ne sont plus possibles quand l'individu est physiquement décédé.

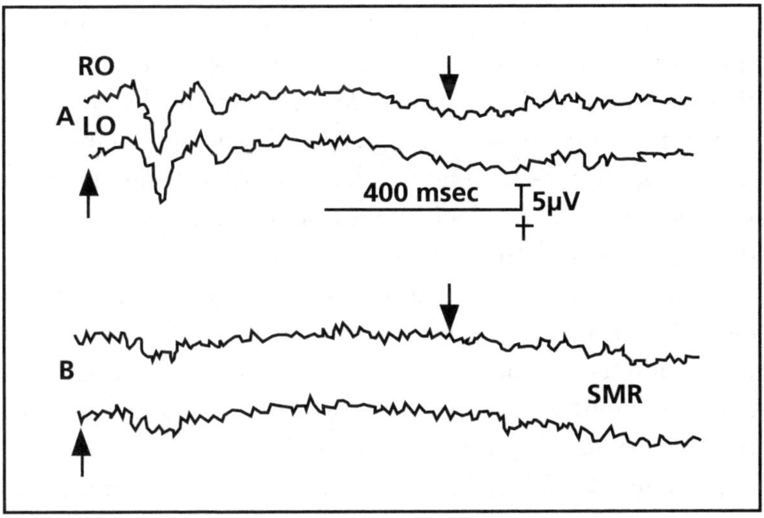

L'impact de la méditation sur les processus neuronaux
A : Potentiel évoqué visuel chez un moine tibétain.
B : Annulation du potentiel chez ce même moine
en état de méditation.

Si l'on montrait ce résultat à un réanimateur, il dirait probablement que c'est le moment de prélever les poumons, le cœur et le foie de cette personne. Or, ce moine tibétain n'a pas eu le moindre problème de santé et, de plus, il était parfaitement conscient de l'existence du flash lumineux. Simplement, c'est comme s'il avait « déconnecté » son cerveau.

Ce résultat a une grande importance, car il détruit ce que l'on appelle la « théorie identitaire », le fait qu'il y aurait une identité entre les mécanismes neuronaux et les états mentaux d'une personne. Jean-Pierre Changeux, célèbre neurobiologiste, auteur de *L'Homme neuronal*, dans lequel il affirme : « L'homme n'a plus rien à faire de l'esprit, il lui suffit d'être un homme neuronal[1] », est l'un des défenseurs de cette thèse. Il y a un parallèle remarquable avec les conceptions qui ont existé cent cinquante ans plus tôt chez Laplace qui espérait pouvoir, en théorie, déduire l'état futur de l'univers de la connaissance parfaite de son état actuel. Mais, de même que le principe d'incertitude en physique quantique a rendu vain le rêve de Laplace, l'expérience que nous venons de présenter détruit celui de Changeux. En effet, il n'y a pas ici identité entre l'état mental de ce moine tibétain en méditation et son état neuronal, tel que révélé par les appareils de mesure. Selon son propre témoignage, son état mental était parfaitement normal, alors que les tracés semblent montrer qu'il était en train de perdre conscience. C'est un premier indice que la conscience ne serait pas quelque chose d'aussi simple que ce que pensent les neurosciences actuelles.

Dominique Laplane, un neurologue français dont les conceptions sont très différentes de celles de Jean-Pierre Changeux, a découvert ce qu'il a appelé « le syndrome de la conscience vide ». Certains patients sont, dans leur état naturel, totalement amorphes. Ils sont, par exemple, incapables de sortir d'un bain ou de s'habiller seuls. Mais si on les stimule, si on leur dit « sors du bain et mets tes habits », ils le font sans aucun problème. Ils peuvent même avoir une vie sociale élaborée et jouer au bridge, alors que, livrés à eux-mêmes, ils sont de vrais « légumes ». Laplane leur a demandé :

« Mais quand vous êtes dans cet état d'immobilité absolue, êtes-vous conscient ?

1. Jean-Pierre Changeux, *L'Homme neuronal*, Hachette, 1998, p. 211.

– Oui, docteur.

– Mais de quoi êtes-vous conscient ?

– De rien.

– C'est impossible. Si on est conscient, c'est que l'on est conscient de quelque chose.

– C'est peut-être impossible pour vous, docteur, mais pas pour moi. »

C'est de cette manière que Laplane découvrit l'existence, non encore reconnue par certains de ses confrères, d'une « conscience sans contenu ». La conscience peut donc exister à l'état pur, alors que, selon la conception réductionniste, la conscience n'est qu'une succession d'états de conscience. Ainsi notre moine tibétain atteindrait-il volontairement le même état de déconnexion du monde physique qu'atteignent, sans le vouloir et à leur corps défendant, les porteurs du syndrome de la conscience vide.

En fait, selon le résultat d'une des expériences de neurochirurgie les plus difficiles à réaliser, il se pourrait même que la conscience puisse s'extraire du temps, et cela de façon régulière et habituelle, même si on ne le remarque que dans les situations dramatiques. De nombreuses personnes ayant vécu un accident de voiture ont décrit un phénomène étrange. L'accident leur parut, subjectivement, avoir duré près de trente secondes, par exemple, alors que les témoins ont rapporté qu'il n'en avait duré que trois. Ce décalage temporel pourrait-il être autre chose qu'une illusion ? Serait-il une opportunité supplémentaire que la conscience se donne à elle-même dans une situation désespérée pour tenter de résoudre un problème ? Il y avait dans mon enfance un feuilleton mettant en scène deux extraterrestres qui visitaient la Terre en se faisant passer pour des humains. Ils avaient la possibilité de figer le temps : lorsqu'ils appuyaient sur un bouton, le monde entier s'arrêtait, mais eux pouvaient se déplacer et bouger de façon parfaitement normale, ce qui leur permettait de résoudre bien des problèmes. Se pourrait-il que notre conscience fonctionne un peu comme cela ? On peut le penser à cause d'une expérience effectuée par Benjamin Libet, un des plus grands expérimentateurs du XXe siècle en neurosciences.

Selon Libet, les résultats (très discutés) de cette expérience montrent qu'il faut une demi-seconde pour que nous soyons conscients d'une stimulation, par exemple d'une piqûre, car si l'on intervient pendant ce délai sur la zone du cerveau où s'élabore la sensation consciente, nous ne serons jamais conscients de la piqûre en question. Pourtant nous sentons cette piqûre « instantanément » et non pas au bout d'une demi-seconde. Libet n'hésite pas à parler alors d'un antédatage de la perception, comme si la conscience pouvait remonter le temps. L'idée est la suivante : lorsque vous postez votre déclaration de revenus, le cachet de La Poste fait foi. Lue dans le futur, votre déclaration est validée parce qu'elle a été postée à temps. Chez l'être humain, l'arrivée de l'influx nerveux au cerveau jouerait le rôle du cachet de La Poste. La sensation consciente s'élaborerait par la suite, puis se projetterait dans le passé pour que nos sensations conscientes correspondent à la réalité au lieu d'être en retard sur elle, ce qui serait très dangereux pour nous[1] ! Si l'on suit de telles conclusions, la conscience ne saurait être totalement localisée dans l'espace-temps puisqu'elle peut s'en échapper.

---

1. Cette incroyable expérience est décrite en détail dans l'ouvrage de Benjamin Libet, *L'Esprit au-delà des neurones, une exploration de la conscience et de la liberté*, Dervy, 2012, p. 57-109. Elle est également évoquée en détail dans le chapitre 14 de *Notre existence a-t-elle un sens ?*, *op. cit.*

Une autre expérience de Libet étudie une question fondamentale. Sommes-nous vraiment libres ou croyons-nous être libres, alors que nos actions sont en fait déterminées par notre inconscient, lui-même issu de notre éducation, de l'accumulation de tous les événements passés et de la génétique, surtout pour les tenants de la sociobiologie, pour lesquels nos principaux comportements (instinct maternel, altruisme, etc.) ont été sélectionnés au cours de l'évolution ?

Libet montre qu'une grande partie des gestes que nous faisons tous les jours se font indépendamment de notre conscience. On peut par exemple conduire sa voiture de façon automatique sans en être conscient ; et l'on se retrouve ainsi un dimanche par habitude sur le parking de son lieu de travail alors qu'en fait on voulait aller à la plage. Néanmoins, le « moi » existe et peut reprendre le contrôle de nos actes principalement sur le mode du veto, en s'opposant au processus initié inconsciemment par notre cerveau.

Ce veto, nous l'avons tous ressenti, enfants dans la cour de récréation, quand nous avons voulu donner une gifle à un petit camarade, ou peut-être plus tard, dans des circonstances bien plus graves, où, au dernier moment, nous n'avons pas effectué le geste que nous avions envisagé de faire. Ainsi, nous sommes libres, au minimum, de nous opposer à des processus initiés inconsciemment par notre cerveau. Vous trouverez peut-être une telle conception de la liberté un peu réduite, mais elle a le grand mérite d'être démontrée scientifiquement, alors que c'est justement à partir de bases scientifiques que certains voulaient nier la liberté de l'homme. Que nous dit cette expérience en ce qui concerne la nature de la conscience ? On pourrait, pour cela, prendre l'image d'un arbitre dans un match de football. La plupart du temps, celui-ci ne fait rien, puis il siffle un coup franc ou un penalty, et tous les joueurs s'arrêtent. Si l'on filmait le match en suivant uniquement le ballon en gros plan, on pourrait nier l'existence d'un arbitre, puisque celui-ci ne touche jamais le ballon et n'apparaîtrait donc jamais à l'écran. Bien entendu, nous savons, nous, que l'arbitre joue un rôle essentiel dans un match, mais uniquement par son habilité à stopper celui-ci à certains moments cruciaux. Pendant l'essentiel du temps de jeu, il n'intervient nullement sur celui-ci. Remplacez arbitre par esprit et joueurs par neurones, et vous aurez quelques intuitions de ce que cette expérience paraît signifier[1].

L'ensemble de ces éléments nous montre qu'il reste bien des mystères et des dimensions à découvrir dans les sciences de la conscience, et que c'est pour cela que l'on peut penser que Ray Kurzweil et tous les tenants de l'intelligence artificielle « forte », celle capable d'égaler voire de dépasser l'homme dans tous les domaines, ne risquent peut-être pas d'assister à la réalisation de leurs prédictions. Et surtout si l'on accepte de faire…

Quelques pas dans la zone interdite

On définit ce qui est scientifique comme ce qui est publié dans les revues à référés, comme ce qui est accepté par la communauté scientifique. Des millions de gens, voire des centaines de millions, peuvent croire à des phénomènes tels que la télépathie ou l'astrologie ou à certaines médecines alternatives dont ils prétendent vérifier les bienfaits tous les jours. Tout cela n'a pas d'existence « légale » du point de vue scientifique si ce n'est pas publié dans une de

1. Voir Benjamin Libet, *L'Esprit au-delà des neurones…*, *op. cit.*, p. 141-175.

ces sacro-saintes revues à référés (des revues spécialisées en langue anglaise que seuls les spécialistes peuvent lire, mais où les articles, pour être publiés, doivent être acceptés par un jury : les référés). Je m'appuie uniquement sur ce genre de faits dans mes ouvrages, car ce qui est tout à fait symptomatique de la période où nous vivons actuellement, c'est justement qu'il n'est pas nécessaire de faire référence à des faits non scientifiquement acceptés par la communauté scientifique pour avoir une nouvelle vision de l'homme et du monde. Néanmoins, il n'est pas interdit de mentionner ici quelques pistes, tout en sachant que les faits suivants, même si certains ont été publiés dans des revues à référés, n'ont pas le même statut que ceux évoqués précédemment.

Depuis plus de trente ans et les travaux pionniers du Dr Moody[1], des milliers de témoignages d'expériences de mort imminente (EMI en français, NDE en anglais pour *near death experience*) ont été recueillis. Quel que soit l'intérêt de ces témoignages, dans lesquels les sujets décrivent être passés par un tunnel, avoir vu une lumière, avoir parfois parlé avec des proches décédés, cela ne peut guère se prêter à des vérifications expérimentales. Cependant, avant de vivre cette partie dite « transcendantale » de l'EMI, les sujets vivent en général une partie dite « autoscopique » où ils voient leur corps de l'extérieur dans la salle de réanimation ou la chambre de l'hôpital. Et là, de nombreux faits qu'ils rapportent sont vérifiables. Un des cas les plus étonnants, mentionné dans un film réalisé par Sonia Barkallah[2], est un patient qui

1. Voir Raymond Moody, *La Vie après la vie*, Robert Laffont, 1977.
2. Sonia Barkallah, *Faux Départ*. Ce film peut être acheté sur le site de S17 Production : www.s17production.com ; voir aussi la Web TV qui vient d'être lancée : www.s17.tv

décrit l'inscription qui figurait sur une plaque fixée *sous* la table d'opération. D'autres ont décrit des dialogues qui se sont déroulés dans la pièce à côté, ou des chiffres qui apparaissaient sur des instruments qu'ils ne pouvaient pas physiquement voir depuis l'endroit où se trouvait leur corps. Cardiologue de renommée internationale, ayant publié dans l'un des plus grands journaux scientifiques à référés une enquête sur la question, Pim van Lommel ose terminer cet article scientifique en disant que ces phénomènes devraient nous amener à reconsidérer le dogme selon lequel le cerveau produit la conscience[1]. Un autre cardiologue américain, Michael Sabom, a eu l'idée intéressante de demander à des patients ayant vécu une mort clinique d'imaginer le processus qui a permis de les réanimer. Tous ceux qui n'ont pas vécu une EMI ont fait une erreur grave en essayant de le décrire, alors que ceux qui avaient vécu une EMI pendant leur mort clinique ont décrit le processus sans erreur[2].

Récemment, un cas a attiré l'attention des médias du monde entier. C'est celui d'Eben Alexander, neurochirurgien ayant, entre autres, enseigné à l'université de Harvard, et qui a vécu lui-même cette expérience lors d'un coma extrêmement grave dû à une infection bactérienne ayant pénétré dans son cerveau. Après son réveil, il a étudié son dossier médical et affirme depuis que les événements qu'il a vécus ne peuvent pas avoir été créés par

---

1. Pim van Lommel, Ruud van Wees, Vincent Meyers, Ingrid Elfferich, « Near Death Experience in Survivors of Cardiac Arrest: a Prospective Study in the Netherlands », *The Lancet*, vol. 358, n° 9298, 15 décembre 2001 ; voir également son ouvrage *Mort ou pas ?*, InterÉditions, 2012.

2. Michael Sabom et Sarah Kreutzinger, « Physicians Evaluate Near Death Experience », *Theta*, n° 6, 1978, p. 1-6. Voir aussi Michael Sabom, *Souvenirs de la mort*, Robert Laffont, 1983.

son cerveau comme des rêves ou des délires, car son cerveau n'était plus en état de le faire. Bien entendu, cette affirmation est controversée. Toutefois, je ne peux que recommander la lecture de ce témoignage, à ma connaissance le seul fait par un spécialiste de haut niveau dans le domaine des neurosciences[1].

La parapsychologie est l'un des sujets les plus tabous dans la communauté scientifique. Néanmoins, pendant vingt ans, le professeur Robert G. Jahn, doyen de la faculté d'ingénierie de l'université de Princeton, a dirigé un laboratoire de parapsychologie qui a développé un programme, appelé de façon très prudente : « Programme de recherche des anomalies du département d'ingénierie de l'université de Princeton. »

Les anomalies en question étaient des déviations par des observateurs du fonctionnement de générateurs aléatoires de signaux électroniques. Si certains hommes possèdent bien la faculté de troubler ou de modifier des signaux électroniques par la pensée, cela peut avoir des conséquences très importantes dans notre monde peuplé d'objets électroniques. C'est pour cela que Robert G. Jahn a pu conduire de telles études « scandaleuses » en milieu universitaire. Son expérience principale, refaite des centaines de milliers de fois, est la suivante : un générateur aléatoire génère des chiffres allant de – 1 à – 10 et de +1 à +10. Au bout de plusieurs tirages, l'addition des résultats doit tendre vers 0, exactement comme le nombre de « pile » ou le nombre de « face » doivent tendre vers 50 % quand on fait beaucoup de tirages à pile ou face

1. Eben Alexander, *La Preuve du paradis*, Guy Trédaniel Éditeurs, 2013. Cet ouvrage a été diffusé à plus de 2 millions d'exemplaires aux États-Unis, et son auteur a fait la couverture des grands médias tels que *Newsweek*.

(si la pièce n'est pas truquée, bien sûr). Ici, l'observateur doit justement truquer le résultat. Faire, par exemple, qu'il y ait plus de résultats négatifs que de résultats positifs. L'ensemble des données de Robert G. Jahn et de ses collaborateurs montre que les résultats sont statistiquement probants. Il y a 99,998 % de chances que certains résultats observés ne soient *pas* dus au hasard. Jahn et ses collaborateurs ont pu publier quelques articles dans une revue à référés telle que *Foundations of Physics*. Ce n'est pas pour cela que la communauté scientifique a pris au sérieux ces résultats. Non seulement elle s'est bien gardée de les reproduire, mais quand Jahn a pris sa retraite, on s'est empressé de fermer son laboratoire et d'arrêter toute recherche dans cette direction[1].

Mais l'équipe de Robert G. Jahn avait eu le temps d'élaborer une expérience au niveau mondial. Frappés par l'émotion universelle qui avait suivi la mort de Lady Di, les chercheurs s'étaient demandé si de telles émotions collectives étaient susceptibles de créer une perturbation involontaire des générateurs aléatoires. C'est pourquoi, à partir de 1998, ils mirent en place un réseau de 60 générateurs aléatoires situés sur tous les continents et dont les résultats sont enregistrés en permanence. L'idée était d'analyser, *a posteriori*, les données lors d'un événement susceptible d'avoir perturbé toute la planète. Il s'agit du Global Consciousness Project (Projet d'étude de la conscience globale)[2]. Or, peu de temps après la création du réseau se produisirent les attentats du 11 septembre 2001. Les résultats furent tout simplement incroyables. Une déviation massive des résultats

1. Les résultats du programme PEAR (Princeton Engeneering Anomalies Research) sont disponibles sur www.princeton.edu/~pear/
2. http://noosphere.princeton.edu

des générateurs aléatoires fut enregistrée. Le plus extraordinaire, c'est que les pics de déviations enregistrés correspondent exactement aux minutes qui ont suivi l'impact du deuxième avion, puis l'effondrement de chacune des deux tours. La probabilité qu'une telle déviation puisse être enregistrée par hasard est inférieure à 0,000001 %. Plus encore, on peut, en regardant les données et sans rien savoir de l'événement, en déduire que celui-ci s'est passé sur la côte est des États-Unis, car les déviations des générateurs aléatoires sont plus fortes aux États-Unis que dans le reste du monde, et plus fortes sur la côte est que dans les autres zones des États-Unis. Ce résultat, à ma connaissance non publié dans une revue scientifique officielle, mais dont vous trouverez l'analyse dans la référence ci-dessous[1], attend toujours une explication.

Quand les scientifiques les plus sérieux nous parlent d'un autre monde

Si vous n'êtes pas convaincus par ce qui précède, retournons dans le scientifiquement correct pur et dur, dans l'une des sciences les plus rationnelles et structurées qui soient : les mathématiques. Un certain nombre de grands mathématiciens, pour la plupart parfaitement agnostiques, sont platoniciens : ils pensent que les objets mathématiques constituent un monde situé en dehors de l'espace-temps mais avec lequel l'esprit humain peut être en contact. Roger Penrose, un des plus grands mathématiciens vivants, professeur à l'université d'Oxford, explique : « Selon Platon, les concepts et les vérités mathématiques

1. http://noosphere.princeton.edu/dean/wtc0921.html

résident dans un monde réel dépourvu de toute notion de localisation spatio-temporelle. Le monde de Platon, distinct du monde physique, est un monde idéal de formes parfaites à partir duquel nous devons comprendre ce monde physique. Bien que l'univers platonicien ne se laisse pas réduire à nos constructions mentales imparfaites, notre esprit y a toutefois directement accès, grâce à une "connaissance immédiate" des formes mathématiques et d'une capacité de raisonner sur ces formes. C'est ce potentiel de "connaissance immédiate" des concepts mathématiques, cet accès direct au monde platonicien, qui confère à l'esprit un pouvoir supérieur à celui de tout dispositif dont l'action repose uniquement sur le calcul[1]. » Ce thème a donné lieu, en France, à un célèbre débat entre Jean-Pierre Changeux et Alain Connes, médaille Fields (l'équivalent du Nobel en mathématiques) et professeur au Collège de France, comme Changeux.

Au nom de sa conception de l'homme neuronal, Jean-Pierre Changeux veut absolument convaincre Alain Connes que les mathématiques sont une construction de son esprit, qu'il ne découvre pas les concepts mathématiques préexistant dans un monde platonicien, mais que c'est bien son cerveau qui les crée : « Je crains que le sentiment que tu as de découvrir cette réalité toute platonicienne ne soit qu'une vision purement introspective et, de ce fait, subjective, du problème[2]. » Mais Alain Connes tient bon. Ce sentiment, pour lui, n'est pas une croyance, mais quelque chose qui découle de sa pratique scientifique : « Je pense que le mathématicien développe un "sens", irréductible à la vue, à l'ouïe et au toucher, qui lui

1. Roger Penrose, *Les Ombres de l'esprit*, InterÉditions, 1995, p. 46.
2. Jean-Pierre Changeux et Alain Connes, *Matière à penser*, Odile Jacob, 1989, p. 54.

permet de percevoir une réalité tout aussi contraignante, mais beaucoup plus stable que la réalité physique, car non localisée dans l'espace-temps. Lorsqu'il se déplace dans la géographie des mathématiques, le mathématicien perçoit peu à peu les contours et la structure incroyablement riches du monde mathématique. Il développe progressivement une sensibilité à la notion de simplicité qui lui donne accès à de nouvelles régions du paysage mathématique[1]. »

Ainsi, de nombreux mathématiciens affirment que les mathématiques sont comme l'Afrique, c'est-à-dire un continent que l'on peut découvrir et qui a une existence objective, indépendante de celle des explorateurs susceptibles de le parcourir, et non pas une construction du cerveau humain. Cela est d'une grande importance, car cela montre que des esprits parfaitement rationnels peuvent, dans un des domaines scientifiques les plus rigoureux qui soient, être en contact avec un autre monde. Certes, ce n'est pas celui des anges et des esprits, mais des objets mathématiques. Néanmoins, si un tel contact est possible, si des informations, voire des illuminations, peuvent être reçues par des esprits humains de la part d'un tel monde non localisé dans un espace-temps, pourquoi ne pas prendre en considération les témoignages des mystiques de différentes religions qui disent, eux aussi, être en contact avec un monde non matériel d'où ils peuvent recevoir certaines informations ?

Démontrer logiquement les limites de la logique

Mais le platonisme n'est pas le seul concept mathématique à converger vers la nouvelle vision du monde que nous sommes en train de synthétiser ici. Il y a également

1. *Ibid.*, p. 49.

un fameux théorème, le théorème de Gödel, démontré par Kurt Gödel en 1931. Le célèbre mathématicien David Hilbert avait énuméré en 1900 dix grands problèmes que les mathématiciens du siècle commençant auraient à résoudre. L'un d'entre eux était de démontrer la complétude de la logique. Cela n'a l'air de rien, mais l'enjeu est en fait gigantesque. Toutes les activités formalisables reposent sur des nombres, c'est-à-dire sur l'arithmétique. Même pour compter les moutons dans un pré, il faut y avoir recours. Sur quoi repose l'arithmétique ? Sur la logique. Et sur quoi repose la logique ? C'est justement là où Hilbert voulait que le questionnement s'arrête, avec comme réponse : « Sur elle-même. »

Si l'on arrivait à faire cette démonstration, il en découlerait alors, montrait Hilbert, que l'on pourrait, en théorie, pour chaque proposition logique, savoir si elle est vraie ou fausse, ce que Hilbert appela la « solution finale » au problème de la logique. On voit là le lien conceptuel et philosophique qui relie l'univers de Laplace où la connaissance du présent permet de connaître l'avenir, la conception de l'homme de Changeux où la connaissance des échanges entre les neurones d'un cerveau permet de prédire ce que son propriétaire va penser dans quelques instants et la « solution finale » au problème de la logique de Hilbert. Ce qui est extraordinaire, c'est que le XXe siècle aura vu l'effondrement de toutes ces conceptions, à quelques décennies d'intervalle. Et cela, non pas pour des raisons philosophiques, mystiques ou métaphysiques, mais pour des raisons uniquement scientifiques.

Le théorème démontré par Kurt Gödel s'énonce ainsi : tout système logique humain qui contient l'arithmétique est soit complet, soit cohérent, mais ne peut pas être les deux à la fois. Ce qui veut dire que tout système logique complet est incohérent, ce qui est certainement la chose la plus terrible pour un système logique. Une autre conclusion du théorème de Gödel est la suivante : tout système logique contient une proposition vraie mais non démontrable dans le système en question. Ce qui veut dire, comme Gödel l'a souligné lui-même, que la notion de vérité, en mathématiques, est plus vaste que la notion de démontrabilité. C'est très perturbant, même encore aujourd'hui, pour bien des mathématiciens. Comment pouvons-nous savoir qu'une chose est vraie si nous ne pouvons pas la démontrer ? « Grâce à notre perception directe de la vérité en mathématiques », aurait répondu Gödel qui était, lui aussi, très platonicien. Il ne s'agit pas, bien évidemment, de faire ici la démonstration du théorème de Gödel[1], simplement de vous en donner une idée : vous voulez classer tous les livres du monde. Vous décidez, pour cela, de créer deux catégories. Les ouvrages qui font référence à eux-mêmes (il y a marqué, par exemple, « voir p. X du même ouvrage » dans l'ouvrage), et ceux qui ne contiennent aucune référence à eux-mêmes. On peut de cette façon classer n'importe quel ouvrage une fois qu'on l'a lu.

Mais que fait-on du catalogue de tous les ouvrages qui ne se citent pas eux-mêmes ? *A priori*, ce catalogue n'a aucune raison de se citer lui-même. Mais est-il complet ? Non, car il existe un ouvrage qui ne se cite pas lui-même et dont le titre ne figure pas au catalogue : c'est le catalogue lui-même. Pour rendre le catalogue complet, il faut donc inscrire en lui-même le titre : « Catalogue des ouvrages ne se citant pas eux-mêmes. »

Mais dès que l'on a fait cela, l'ouvrage contient une référence à lui-même dans lui-même. Son titre ne peut

1. Il existe d'excellents ouvrages à son sujet. La démonstration la plus accessible se trouve au chapitre 2 des *Ombres de l'esprit* de Roger Penrose, *op. cit.*

donc pas figurer dans le catalogue des ouvrages qui ne se citent pas eux-mêmes, c'est-à-dire dans lui-même. Il faut donc gommer la ligne que nous venons d'ajouter. Peut-on pour autant le faire figurer dans le catalogue des ouvrages qui se citent eux-mêmes ? Non, bien sûr, parce que pour cela il faut qu'il ait en lui une référence à lui-même, et cette référence (son titre) nous venons justement de l'effacer ! Vous me direz que l'on pourrait créer une catégorie supplémentaire où l'on pourrait mettre cet objet impossible à classer. Mais alors s'applique ce qu'on appelle en mathématiques un raisonnement par récurrence. Il y a des catalogues de catalogues et, parmi eux, le catalogue des catalogues qui ne se citent pas eux-mêmes, lequel ne fait pas nombre avec le catalogue des livres qui ne se citent pas eux-mêmes[1]. On sera donc également obligé de créer une catégorie supplémentaire pour ce catalogue des catalogues ne se citant pas eux-mêmes, puis pour les catalogues de catalogues de catalogues, et ainsi de suite. Il n'y a donc pas de réponse à la question : « Où met-on le catalogue des ouvrages qui ne se citent pas eux-mêmes ? » Cette proposition est indécidable.

Les Grecs avaient vu depuis longtemps qu'il existait de telles propositions : par exemple, Épiménide, penseur crétois, dit : « Tous les Crétois sont des menteurs. » Ment-il en disant cela ? Ou : « Le barbier rase absolument tous les hommes qui ne se rasent pas eux-mêmes, et seulement ceux-là. » Qui rase le barbier ? Le génie de Gödel a été de démontrer que l'ensemble des systèmes

1. Pour les spécialistes, cela est la présentation du paradoxe du bibliothécaire de Russell et non pas du théorème de Gödel lui-même. Mais il s'agit ici de faire comprendre pourquoi il est impossible d'avoir en même temps la complétude et la cohérence.

logiques humains possédaient une faille logique de cette nature. On comprend bien avec l'exemple du catalogue pourquoi il faut choisir entre être complet et être cohérent : le catalogue est parfaitement cohérent tant qu'on n'inscrit pas son propre titre dans lui-même, mais il est incomplet puisqu'il existe un ouvrage sur Terre qui ne se cite pas lui-même et dont le titre ne figure pas au catalogue. Si l'on inscrit ce titre, le catalogue peut prétendre être complet, mais il est, bien sûr, incohérent. Le théorème de Gödel est l'un de ces grands résultats de l'esprit humain qui, comme la mécanique quantique, la relativité générale ou la théorie du Big Bang, ont profondément modifié au cours du XXe siècle notre vision du monde.

Alors que le dogme actuellement majoritaire dans les neurosciences veut que le cerveau produise la conscience, nous avons vu :

– qu'il n'y avait pas identité entre l'état mental et l'état neuronal d'un sujet, qu'un moine tibétain peut sembler être dans le coma tout en étant parfaitement conscient ;

– que la conscience semblait pouvoir s'extraire du temps pour résoudre des problèmes cruciaux ;

– qu'une conscience sans contenu pouvait exister, en quelque sorte, à l'état pur ;

– que l'existence du libre arbitre chez l'homme pouvait être démontrée scientifiquement, au moins sur le mode du veto ;

– que les plus grands mathématiciens disent être en contact avec un monde des objets mathématiques non localisés dans l'espace-temps et ayant son existence propre ;

– que le théorème de Gödel démontre, entre autres, la transcendance de la notion de vérité, renforçant ainsi les intuitions platoniciennes de certains de ses collègues.

Par ailleurs, nous avons vu que le cas des sœurs siamoises partageant un seul corps incitait à penser que le caractère de l'être humain n'était pas entièrement explicable à partir de la génétique et de son éducation, mais qu'il fallait postuler au minimum l'existence d'une troisième composante pour expliquer les différences constatées entre Abigail et Brittany Hensel ou Masha et Dasha Krivoshlyapova.

Si l'on ajoute à cela les perceptions obtenues lors d'expériences de mort imminente et les résultats les plus sérieux obtenus en parapsychologie, comme ceux de Robert G. Jahn à Princeton, n'avons-nous pas un panorama de ce que pourrait être un nouveau type de recherche sur la conscience au XXIe siècle, susceptible de donner des résultats très différents de ceux obtenus jusqu'ici[1] ?

Vers une nouvelle vision du monde

Au cours des deux derniers chapitres, nous avons parcouru les sciences de l'univers, de la matière, de la vie et de la conscience, et même les mathématiques et la logique. Nous avons vu que tous ces domaines ont connu, avec quelques décennies, voire un siècle, de décalage, de formidables mutations qui ont transformé les concepts sur lesquels ils reposaient :

– Le déterminisme est battu en brèche, non seulement dans le domaine de la microphysique, avec le principe d'incertitude de Heisenberg, mais aussi à notre niveau à nous, avec la théorie du chaos. Pire encore, des systèmes déterministes qui furent les modèles mêmes de la

1. Voir aussi François de Witt, *La Preuve par l'âme*, Guy Trédaniel, 2015.

science classique, comme le système solaire, se révèlent imprédictibles dans le très long terme, et donc soumis, eux aussi, au chaos.

– Le réductionnisme est démenti au cœur de la science la plus « matérielle » qui soit, la physique, deux particules formant, dans certaines conditions, un même ensemble inséparable, au-delà du temps et de l'espace. Ainsi, la « divisibilité par la pensée » ne s'applique plus à certains systèmes.

– La sacro-sainte « clôture du monde physique » ne s'applique plus dans au moins deux domaines : l'infiniment petit et l'infiniment grand. Dans les deux cas, nous retrouvons la nécessité de postuler un au-delà du temps, de l'espace, de l'énergie et de la matière qui n'est pas mythique ou théorique, mais qui joue un rôle causal et explicatif pour des phénomènes existant dans le monde où nous vivons.

– Les phénomènes non linéaires, les bifurcations, l'apparition d'ordres spontanés grâce à des phénomènes d'auto-organisation sont la norme dans bien des domaines (météorologie, étude du vivant, mais également comportements animaux et humains, sociologie, etc.), alors que les phénomènes de type classique, linéaires et prédictibles (mouvement d'un pendule, déplacement de la Lune autour de la Terre) sont des cas exceptionnels dans un monde livré aux systèmes complexes.

– En redonnant une crédibilité à l'hypothèse que la conscience ne serait pas uniquement un produit du cerveau, mais quelque chose qui relèverait en partie d'un autre niveau de réalité, certaines expériences sur la conscience, en rejoignant le témoignage de grands mathématiciens disant avoir accès à un monde platonicien, ont remis à l'ordre du jour l'une des conceptions du monde prémoderne, celle du dualisme, selon laquelle l'esprit pourrait exister indépendamment de la matière.

– En posant la question du sens, l'astrophysique ou la nouvelle biologie évolutionniste structuraliste qui se profile à l'horizon ont remis en question un tabou, celui selon lequel la science ne s'occupe que du « comment », mais pas du « pourquoi », qu'il est interdit de se poser la question des causes finales en science.

– Enfin, le théorème de Gödel a fait voler en éclats le « paradigme même de la rationalité », l'idéal d'axiomatisation, inauguré par Euclide il y a deux mille cinq cents ans, qui fut l'un des programmes phares de la rationalité classique.

Tout cela constitue donc un bouleversement aussi important que la découverte par Copernic et Galilée de notre place géographique dans l'univers, ou par Lamarck et Darwin de l'évolution des espèces. Nous avons vu, au chapitre 2, les conséquences immenses du bouleversement précédent. Le tableau qui suit nous montre les bouleversements qui sont liés au passage du monde moderne au monde postmoderne. Nous savons comment la première révolution scientifique a eu un impact conceptuel (par l'intermédiaire du changement de vision du monde) et pratique (grâce au progrès scientifique et aux innovations qu'il a permis) sur l'ensemble de notre société qui en fut modifiée de fond en comble. Il serait insensé de fermer les yeux sur cette nouvelle révolution qui peut sembler pourtant bien théorique à certains d'entre vous, et qui est encore loin d'avoir été prise en compte par tous les responsables politiques et économiques et les leaders d'opinion de notre société. Voilà ce qu'ont osé écrire deux physiciens, dans un petit livre qui est l'une des meilleures introductions au mystère de la physique quantique : « Les révolutions républicaines, marxistes, islamistes et autres risquent d'apparaître un jour insignifiantes face à la révolution quantique. Notre organisation sociopolitique et nos modes de pensée ont été ou vont être bouleversés, davantage peut-être que par tout autre événement[1]. »

Paradigme classique	Paradigme nouveau
Newton	**Einstein**
Espace et temps absolu	Relativité de l'espace et du temps, Big Bang
Laplace	**Heisenberg**
Déterminisme absolu	Principe d'incertitude et non localité
Hilbert	**Gödel**
Complétude de la logique	Incomplétude de la logique
Berthelot	**Prigogine**
Analyse de l'équilibre	Analyse des déséquilibres, théorie du chaos
Changeux	**Libet**
Homme uniquement neuronal	Homme pourvu d'un libre arbitre
Darwin	**Denton, Gould**
La sélection naturelle, facteur principal de l'évolution	D'autres facteurs que la sélection naturelle déterminent la structure des êtres vivants

Les analyses des chapitres précédents et les impacts respectifs à long terme de l'épidémie de peste noire qui

1. Sven Ortoli, Jean-Pierre Pharabod, *Le Cantique des quantiques*, La Découverte, 1984, p. 120.

a fait disparaître un tiers de la population européenne et des travaux de Copernic et Galilée nous montrent qu'il ne s'agit pas d'une exagération, voire d'un quelconque délire, mais bien d'une clé de lecture fondamentale pour comprendre les évolutions actuelles qui se déroulent sous nos yeux. Mais avant d'analyser ces évolutions au niveau de la société, de l'économie et de l'entreprise, nous allons d'abord essayer de comprendre comment une civilisation aussi performante que la nôtre a pu se mettre gravement en danger.

Résumé de la première partie

La science influence notre société de deux façons, soit directement par le progrès technologique qu'elle permet, soit indirectement par la vision du monde qu'elle nous donne. De ce fait, l'évolution de la science provoque aujourd'hui deux révolutions, une révolution fulgurante, l'autre silencieuse. La révolution fulgurante, c'est celle qui résulte de la multiplication par plusieurs millions des capacités de stockage, de transmission et de traitement de l'information, et la mise en réseau de milliards d'êtres humains (et demain de milliards d'objets) *via* Internet. Elle modifie nos modes de consommation mais aussi de production (imprimantes 3D à domicile), elle illustre la « puissance de la petitesse », la façon dont des milliers de personnes ou de petites unités en réseau peuvent être plus performantes que de grandes organisations ou de grandes industries. En redistribuant les cartes du pouvoir entre les particuliers, les États et les entreprises, en bouleversant des domaines aussi divers que la production et la distribution de l'énergie, l'émission de la monnaie ou l'éducation, cette révolution est porteuse de mutations sociétales et politiques dont l'ampleur est encore difficile à imaginer. Mais elle est aussi porteuse de risques importants tels que la destruction de centaines de millions d'emplois, la fuite addictive dans le monde virtuel au détriment du monde réel, la disparition de la vie privée par la mise en place de moyens d'espionnage généralisés, voire l'éventuel développement d'une intelligence artificielle susceptible de rendre obsolète l'espèce humaine.

La révolution silencieuse, c'est celle qui nous fait passer du monde de la science classique déterministe, mécaniste et réductionniste qui s'est développée depuis les travaux de Galilée, Copernic et Newton, et sur laquelle reposent les fondements de la modernité, à un monde beaucoup plus complexe, subtil et profond, lié à la physique quantique, à la théorie du chaos, à la relativité générale, à la théorie du Big Bang et aux découvertes que l'on peut prédire dans le monde des sciences de la vie et de la conscience qui ont, comme c'est le cas depuis cinq cents ans, un retard de un siècle sur les révolutions dans les sciences de la matière et de l'univers. Comme toute civilisation dépend, pour son organisation sociale et économique, de la vision du monde qui domine parmi ses membres, les changements de vision du monde sont les événements les plus importants de l'histoire humaine. Cette révolution, malgré son caractère théorique, est porteuse de profonds changements sociétaux qui viendront renforcer à terme ceux issus de la révolution fulgurante.

II

AUX RACINES DE LA CRISE

5

Le chat qui a réfuté Karl Marx

> « Je n'en conclurais pas que le marché est partout et toujours la solution. Il est donc légitime de s'opposer au capitalisme absolu. En revanche, il est contradictoire de s'opposer au capitalisme au nom de l'efficacité pour le remplacer par des interventions dont l'expérience a démontré qu'elles étaient moins efficaces que le marché[1]. »

Mon père est né à Riga en Lettonie après la fin de la Première Guerre mondiale. Il a fait ses études au Lycée français de Riga, ce qui lui a donné la pratique de la langue et le goût de la culture de notre pays et l'a amené à s'y installer après la période particulièrement trouble que la Seconde Guerre mondiale représenta pour cette région, qui fut successivement envahie par les armées staliniennes puis nazies. Un jour de 1941, un tiers des élèves de la classe de terminale de mon père disparut pendant la nuit. Les Russes avaient déporté non seulement les dirigeants mais tous les directeurs, tous les responsables des différentes administrations, avec leur

1. Guy Sorman, *Le Capital, suite et fins*, Fayard, 1994, p. 524.

femme et leurs enfants. Mon grand-père n'étant qu'un vice-directeur, sa famille avait échappé à la déportation. Près de quarante ans plus tard, le rideau de fer commençant à s'entrouvrir, d'anciens camarades de classe de mon père purent accomplir leur rêve d'enfance : visiter Paris, ses lumières, ses musées, y respirer l'odeur de la culture et de la civilisation, eux qui avaient connu la déportation en Sibérie et avaient survécu à la faim, aux hivers terribles et aux épidémies. C'était pour moi une joie et un honneur de les emmener visiter le Louvre et Notre-Dame quand mon père n'était pas disponible.

Je me rappellerai toujours Amarylis. C'était la fille d'un des plus grands poètes lettons de l'avant-guerre dont l'œuvre avait été jugée « contre-révolutionnaire », ce dont sa famille avait particulièrement eu à souffrir, en fonction du crime qui consistait à ne pas avoir la « bonne » origine sociale. Pendant toutes ces années passées dans la nuit du totalitarisme, Amarylis s'était accrochée à son français comme à une bouée de sauvetage. Elle avait, sans avoir personne avec qui pratiquer, répété et répété des phrases, relu les rares textes qu'elle pouvait trouver dans notre langue.

Bien entendu, ce voyage était un rêve pour elle et, pourtant, quand elle déambulait dans les rues de Paris, nul sourire n'éclairait son visage profondément marqué par les souffrances endurées, comme si un ressort en elle s'était définitivement cassé. Mais un jour elle s'anima en voyant une grande affiche publicitaire avec le slogan : « Whiskas, pour les chats difficiles. » Elle se tourna vers moi et, avec une pointe de surprise et d'intérêt dans la voix, me demanda : « Qu'est-ce qu'un chat difficile ? » Je n'oublierai jamais l'émotion qui me saisit à ce moment-là au pied de cette affiche publicitaire. Rien ne pouvait mieux exprimer l'incroyable différence qui s'était établie en une quarantaine d'années des deux côtés du rideau de fer. Là-bas, les arrivages de nourriture étaient rares et aléatoires. Un cadeau très apprécié des amis de mon père consistait dans des sacs et des pochettes en plastique. Introuvables en URSS, ils pouvaient les porter sur eux pour pouvoir les remplir en cas d'arrivage soudain de légumes ou de viande. Nous, nous en étions à nous permettre d'avoir des « chats difficiles ». Mieux que tous les chiffres, toutes les analyses et toutes les théories, cette situation, mise en lumière par l'incompréhension du sens de cette expression par cette personne qui avait pourtant si bien conservé son français, était la démonstration éclatante de l'échec du collectivisme.

Au même moment en France, les socialistes qui venaient d'arriver au pouvoir nationalisaient les banques et certaines entreprises.

À une époque, le capitalisme a profité... aux pauvres !

Même un enfant de 10 ans pouvait comprendre qu'un paysan est plus motivé quand il peut vendre le fruit de son travail que s'il travaille pour la ferme collective, que, de l'ouvrier de base au patron, les membres d'une entreprise seront plus motivés s'ils savent qu'à la fin de l'année ils ne bénéficieront pas du filet de sécurité de l'État pour combler les pertes de leur entreprise et que seule l'efficacité de celle-ci peut assurer la pérennité de leur salaire. Mes héros de l'époque étaient Ronald Reagan et Margaret Thatcher. Je suivais avec jubilation la façon dont ils mataient, pour l'une la grève des mineurs et pour l'autre la grève des aiguilleurs du ciel. Je m'enthousiasmais pour les théories libérales nous expliquant que trop d'impôts tuaient l'impôt, ce que la Suède illustrait parfaitement avec un taux d'imposition sur le revenu pouvant monter jusqu'à 100 % et décourageant ses élites de travailler.

Si la chute du mur de Berlin fut une divine surprise, elle pouvait, *a posteriori*, apparaître comme l'échec inévitable d'un système fondé sur des prémices incroyablement fausses, celles selon lesquelles les hommes étaient suffisamment « angéliques » pour travailler au bonheur collectif d'une humanité future et non pas à l'amélioration rapide de leur propre situation.

Si je n'ai jamais cru à la théorie de Francis Fukuyama sur la fin de l'histoire[1], selon laquelle la démocratie et l'économie de marché n'avaient plus aucun adversaire, que le meilleur système possible avait été trouvé et que l'histoire était terminée, je n'en lisais pas moins avec émerveillement un ouvrage tel que *Le Capital, suite et fins*[2] de Guy Sorman[3]. Le livre se présente comme un véritable roman d'aventures où Guy Sorman, l'un des principaux relais en France de la révolution libérale des années Reagan-Thatcher, parcourt le monde et analyse l'efficacité économique de différents pays après la chute du mur de Berlin. Le titre est bien sûr une référence au *Capital* de Karl Marx et montre la volonté de l'auteur d'enterrer définitivement celui-ci. Un des passages qui m'a le plus marqué n'était pas l'une des nombreuses

1. Francis Fukuyama, *La Fin de l'histoire ou le Dernier Homme*, Flammarion, 1992.

2. Guy Sorman, *Le Capital, suite et fins*, *op. cit.*

3. Je ne fais pas ici de distinction entre libéralisme et capitalisme, bien qu'il existe des pays comme la Chine où le système capitaliste se développe sans qu'existent toutes les libertés que réclame pour l'individu le libéralisme. Voir, sur la différence libéralisme-capitalisme, Paul Jorion, *Le Capitalisme à l'agonie*, Fayard, 2011, p. 27-43.

rencontres avec l'un des grands dirigeants de ce monde, mais l'exemple d'un petit paysan égyptien[1]. Quand l'État lui imposait ce qu'il devait planter, par exemple du blé, et le lui achetait à un cours convenu d'avance, non seulement ce paysan se livrait à un service minimum, mais il laissait le blé pourrir sur place pour que les tiges montent et qu'il obtienne ainsi le maximum de paille. Il gagnait plus d'argent en vendant de la paille (dont le prix n'était pas encadré) pour nourrir les animaux qu'en vendant son blé dont le prix était fixé par l'État, et ainsi les Égyptiens devaient massivement importer du blé. Lorsqu'une réforme agraire permit à ce paysan de planter ce qu'il voulait et de le vendre au prix du marché, il décupla sa production et rappela ses frères qui étaient partis chercher du travail en ville pour l'aider à augmenter la surface cultivée. Partout dans le monde, comme l'ouvrage de Sorman et bien d'autres le montrent, la sortie du collectivisme s'accompagna d'une explosion des rendements. Ainsi, la production des céréales de la Chine (qui était un objectif clé sous Mao) a-t-elle augmenté de 80 % entre 1979 (début de la libéralisation) et 1999. Mais pendant la même période, la production de fruits a augmenté de… 1 000 % et celle de viande de 700 %. Mon épouse, née dans la campagne chinoise, m'a raconté qu'au début des années 1980, quand la réforme est entrée en vigueur et que les paysans chinois pouvaient vendre les produits de leurs récoltes, les personnes les moins travailleuses de l'époque collectiviste attendaient debout devant leurs champs que le soleil se lève pour se ruer au travail le plus tôt possible !

Un des points les plus convaincants de l'ouvrage de Sorman, c'est que *le capitalisme était bon pour les pauvres et*

1. Guy Sorman, *op. cit.*, p. 452-456.

non pour les riches ! Des riches, il y en avait partout, dans tous les pays, que ce soit les privilégiés du Brésil qui cohabitaient à Rio ou à São Paulo avec les bidonvilles ou la nomenklatura des pays communistes dont la qualité de vie était incommensurable par rapport à celle de l'homme de la rue. Il n'y avait que dans les pays capitalistes et démocrates que le niveau de vie de la population avait véritablement explosé. Il y a peu d'exemples d'une amélioration aussi extraordinaire du niveau et de la qualité de vie que celle qui s'est déroulée dans les pays occidentaux entre les années 1950 et 1990. Même dans le détail, Guy Sorman nous montre que la dérégulation profite aux pauvres et non aux riches. Prenons ainsi la déréglementation des compagnies aériennes aux États-Unis. Elle a été faite à l'instigation d'un homme qui est présenté comme étant de gauche, Alfred E. Kahn, et a eu lieu sous Jimmy Carter. Grâce à cette déréglementation, le prix des billets d'avion s'est effondré, et l'avion qui était d'un luxe inaccessible pour la grande majorité de la population est aujourd'hui à la portée de toutes les bourses, même les plus réduites. Avant même l'arrivée des transporteurs *low cost*, un étudiant pouvait s'offrir un billet d'avion pour une destination lointaine. Si la déréglementation a, à court terme, fait disparaître de nombreux emplois dans le transport aérien aux États-Unis (les compagnies, voyant leur marge se réduire à cause de la concurrence, devaient licencier massivement pour améliorer leur efficacité), l'explosion du nombre de voyageurs a fait que, entre 1976, moment de la déréglementation, et 1994, date de la publication de l'ouvrage de Guy Sorman, le nombre d'emplois dans le transport aérien est passé de 350 000 à 500 000 personnes[1]. Ainsi, les clients

1. *Ibid.*, p. 315-319.

comme les salariés, tout le monde est gagnant en cas de déréglementation. Les seuls perdants, ce sont les riches qui avant jouissaient d'aéroports vides et d'avions où ils pouvaient tranquillement deviser avec leurs pairs et qui, maintenant, doivent se frayer un chemin vers la première classe à travers la foule bigarrée qui prend d'assaut les aéroports. Alfred E. Kahn, ce conseiller de Carter et non de Reagan, nous dit à travers l'ouvrage de Sorman : « La déréglementation, essayez-la, et vous l'aimerez. » C'est ce que nous avons fait depuis.

Ainsi, par une extraordinaire ironie de l'histoire, le capitalisme était combattu au nom des défavorisés, alors qu'il était le seul système à avoir prouvé qu'il pouvait améliorer la condition de ces derniers et que le système proposé par ses ennemis était l'un des meilleurs pour enfermer l'immense majorité de la population dans une paupérisation dont elle n'avait aucune chance de sortir ! Comment expliquer que des hommes et des femmes aient pu, avec un tel acharnement, proposer des solutions tellement contraires au but qu'ils recherchaient et tout faire pour empêcher le développement du seul système susceptible de réaliser leur rêve ? Il me semblait y avoir là un niveau d'aveuglement jamais atteint auparavant dans l'histoire humaine. Bien des années plus tard, j'en ai eu un exemple éclatant en écoutant un ancien gouverneur chinois, personnalité du Parti communiste, décrire son premier voyage en Occident, au début des années 1980. Pendant sa jeunesse, il avait, comme tous les autres Chinois, entendu dire que les ouvriers occidentaux vivaient dans une misère épouvantable et que, si la vie dans la Chine de Mao était difficile, au moins la solidarité et la fraternité pouvaient-elles jouer, et elles rendraient les Chinois assez forts pour aller un jour au secours de leurs frères occidentaux pour leur apporter de quoi améliorer leur niveau de vie. Ayant demandé à rendre visite à une famille de chômeurs, il se retrouva dans un petit pavillon de banlieue chez un couple possédant une voiture et tous les appareils électroménagers qui font partie du confort moderne. Naturellement, il s'imagina être victime de la propagande occidentale ; mais, étant resté un certain temps en Angleterre, il finit par comprendre que ce n'était pas le cas. Les chômeurs anglais vivaient réellement comme ça. C'est les larmes aux yeux qu'il nous racontait son expérience : « Mais c'est exactement ce que nous voulions pour notre peuple. Et les capitalistes l'avaient réalisé ! »

Je me rappelle une conférence donnée par une personnalité proche d'Attac, consacrée à la critique du libéralisme, où j'étais intervenu ainsi : « Vous ne pouvez pas être contre le libéralisme et l'économie de marché, c'est tout simplement impossible parce que le libéralisme, c'est la vie ! Dès que deux hommes se sont rencontrés, porteur l'un de fourrures et l'autre d'épices ou de métaux précieux, dans la forêt, à l'époque néolithique, ils ont commencé à troquer et à échanger leurs biens. Le libéralisme économique, c'est quelque chose d'aussi naturel que de boire ou de respirer, c'est une caractéristique fondamentale de l'être humain et c'est pourquoi le capitalisme, qui repose sur ce libre-échange, loin d'inclure comme le disent ses opposants un instinct de mort[1], le capitalisme, c'est la vie ! » Ainsi, le capitalisme fonctionnerait parce qu'il est en phase avec la nature humaine, alors que le collectivisme est exactement à l'opposé de celle-ci.

1. Voir par exemple l'ouvrage de Bernard Maris et Gilles Dostaler, *Capitalisme et Pulsion de mort*, Albin Michel, 2009.

L'égoïsme est-il bénéfique pour la société ?

Bien peu de gens le savent, mais le véritable premier théoricien du libéralisme est un Hollandais d'origine française du nom de Bernard Mandeville. Dans un livre, *La Fable des abeilles*, publié en 1714, il décrit une ruche dans laquelle toutes les abeilles s'affairent en permanence à satisfaire leurs besoins personnels. La ruche est prospère, mais les abeilles sont immorales. Survient alors une grande réforme des mœurs, les abeilles sont désormais parfaitement vertueuses mais la production de la ruche décline, et des milliers d'abeilles finissent par mourir de faim. C'est une vision peu réaliste du comportement des abeilles, mais Mandeville voulait bien évidemment désigner notre société. Pour lui, le progrès ne découlait pas d'un dessein rationnel ni du comportement vertueux des membres d'une société, mais de l'effet d'une multitude d'actions individuelles non concertées cherchant chacune à développer l'intérêt particulier d'un agent économique, comme l'indique le sous-titre de son ouvrage : *Les vices privés font la vertu publique.*

Mandeville fait remarquer que, si le libertin agit par vice, « sa prodigalité donne du travail à des tailleurs, des serviteurs, des parfumeurs, des cuisiniers et des femmes de mauvaise vie, qui à leur tour emploient des boulangers, des charpentiers, etc.[1] ». Poussant jusqu'aux extrêmes sa logique, Mandeville fait l'apologie de la cupidité, de l'exploitation et de la malhonnêteté, et déconsidère

1. *La Ruche bourdonnante ou les Crapules virées honnêtes*, mise en vers français de Daniel Bartoli, préface et postface de François Dagognet (traduction de *The Grumbling Hive or Knaves Turn'd Honest*), Éd. La Bibliothèque, 2006.

l'altruisme, la frugalité et la mesure. Il propose de remplacer les maisons de charité par des maisons closes car la charité se fait à fonds perdus tandis que la prostitution permet de développer le commerce ! Inutile de dire que son livre fut brûlé aux quatre coins de l'Europe comme étant l'œuvre du diable, et Mandeville dut s'enfuir en Angleterre (malgré le fait que la Hollande fût un havre de tolérance à l'époque). Mandeville est ainsi, avec près de trois siècles d'avance, le véritable précurseur de l'ultralibéralisme et, d'ailleurs, certains des principaux penseurs de ce mouvement, qui ne demandent pas seulement la réduction du rôle de l'État dans l'économie mais la disparition de celui-ci, lui rendent hommage, comme Ayn Rand, dans son ouvrage *La Vertu d'égoïsme*[1]. On lui doit également un argument clé des défenseurs du libéralisme économique : le développement de la charité et donc de l'aide sociale est une mauvaise chose car cela pousse les plus pauvres à tout attendre d'actes de charité et les enferme dans une pauvreté définitive, alors que, s'ils n'avaient pas d'espoir de recevoir des aides, ils se mettraient au travail et pourraient améliorer leur niveau de vie. C'est là le message de *La Fable des abeilles*. Bien entendu, Mandeville a tort quand il fait l'éloge de l'immoralité. Les fondateurs du libéralisme montrent bien que celui-ci s'appuie sur la confiance qui suppose un comportement moral, un respect de la parole donnée et bien d'autres valeurs encore. Max Weber, à la fin du XIXe siècle, fera le lien entre les valeurs du protestantisme et le développement du capitalisme. Mais l'idée centrale, celle selon laquelle la recherche égoïste de son intérêt personnel par tous les membres d'une société conduit au

1. Les Belles Lettres, 1993. Voir l'analyse des idées de cette auteure au chapitre 7.

progrès collectif de celle-ci, constituera la base du capitalisme libéral[1]. Soixante-deux ans après *La Fable des abeilles*, Adam Smith reprendra ce thème qu'il synthétisera sous le qualificatif génial de « main invisible » dans ce qui est considéré comme l'ouvrage fondateur du libéralisme économique, *La Richesse des nations* : « En dirigeant cette industrie de manière que son produit ait le plus de valeur possible, [le capitaliste] ne pense qu'à son propre gain ; en cela, comme dans beaucoup d'autres cas, il est conduit par une main invisible à remplir une fin qui n'entre nullement dans ses intentions ; et que cette fin n'entre pour rien dans ses intentions, ce n'est pas toujours ce qu'il y a de plus mal pour la société. Tout en ne cherchant que son intérêt personnel, il travaille souvent d'une manière bien plus efficace pour l'intérêt de la société que s'il avait réellement pour but d'y travailler. Je n'ai jamais vu que ceux qui aspiraient, dans leurs entreprises de commerce, à travailler pour le bien général, aient fait beaucoup de bonnes choses. Il est vrai que cette belle passion n'est pas très commune parmi les marchands, et qu'il ne faudrait pas de longs discours pour les en guérir[2]. »

Quarante et un ans après Adam Smith, un autre pilier du modèle économique classique sera bâti par David Ricardo dans son ouvrage *Des principes de l'économie politique et de l'impôt*. C'est la théorie de l'avantage comparatif. Dans un exemple célèbre, Ricardo analyse les échanges de vin et de draps entre l'Angleterre et le Portugal. Avec un même nombre d'heures de travail, le Portugal produit

1. J'appelle ainsi le capitalisme associé au libéralisme économique et à la démocratie tel qu'il est propagé par les libéraux, entre autres ceux issus de la révolution libérale des années Thatcher-Reagan.

2. Adam Smith, *Recherche sur la nature et les causes de la richesse des nations*, livre IV, chapitre 2, 1776 ; Flammarion, 1991, tome II, p. 42-43.

20 mètres de draps et 300 litres de vin, tandis que l'Angleterre produit 10 mètres de draps et 100 litres de vin. L'Angleterre semble donc désavantagée sur les deux marchés, mais, ce que montre Ricardo, c'est qu'elle possède un avantage relatif en ce qui concerne la production des draps. Avec 10 mètres de draps, elle pourra obtenir 150 litres de vin portugais, alors que, avec la même charge de travail, elle ne peut en produire que 100 litres chez elle. Les 300 litres de vin portugais permettront au Portugal d'obtenir 30 mètres de draps en Angleterre au lieu de 20 mètres de draps portugais. Cet exemple montre que le libre-échange profite aux deux pays, qu'il s'agit d'un jeu à somme positive et non à somme nulle. C'est en quelque sorte la justification théorique de la lutte contre le protectionnisme et du développement d'une économie mondialisée telle que nous la connaissons actuelle.

Les principes de base du capitalisme

La main invisible et l'avantage comparatif sont ainsi les deux piliers sur lesquels repose, depuis deux cents ans, l'économie de libre-échange qui atteint actuellement une dimension planétaire. Un certain nombre d'autres hypothèses sont venues s'ajouter de façon à renforcer les fondements théoriques de l'ensemble. Si certaines ne sont que des approximations de la réalité, elles paraissent néanmoins raisonnables.

– Les marchés sont efficients : c'est la conséquence directe de la notion de main invisible. Les marchés permettent de fixer le juste prix des choses en confrontant en permanence l'offre et la demande.

– Les marchés tendent vers l'équilibre : c'est une conséquence du fait qu'ils sont efficients. Si le prix du blé est très élevé par rapport à celui de l'orge, les paysans planteront plus de blé et moins d'orge, le prix du blé va baisser et celui de l'orge va monter. Il en découle que tout système de régulation par un acteur extérieur au marché sera moins performant que le marché lui-même, pour trouver le « juste » prix et déterminer les bonnes quantités qui doivent être produites. Il y a là le fondement théorique du rejet de l'intervention de l'État dans les mécanismes économiques, tout particulièrement ceux qui concernent la fixation des prix.

– Les agents sont rationnels : ils poursuivent en permanence la recherche de leur intérêt. S'ils peuvent avoir le même revenu en travaillant moins, il va de soi qu'ils le feront. On trouve là le fondement au rejet des nationalisations (si le salaire est toujours le même quel que soit le résultat de l'entreprise, pourquoi se donner la peine de travailler plus ou mieux ?). C'est aussi un des fondements de la critique d'une aide sociale trop importante : si je peux gagner autant en cumulant certaines allocations sociales qu'avec mon travail, pourquoi travailler ?

– Les agents sont bien informés : les opportunités sur le marché du travail, comme sur le marché des capitaux, sont connues de tous. Cette hypothèse pouvait longtemps sembler utopique, mais, aujourd'hui, à l'ère d'Internet, la moindre nouvelle se répercute en un instant sur toutes les places boursières, et il devient beaucoup plus difficile de bénéficier d'informations privilégiées dans un monde où tout se sait aussi vite.

– Les marchés sont « atomisés » : dans un marché mondial, aucun acteur ne peut manipuler les marchés. Ici aussi, on peut penser qu'il s'agit d'une approximation de la réalité, mais les lois antitrust aux États-Unis sont intervenues pour empêcher certains acteurs de prendre trop de poids, tandis que d'autres lois réprimaient le délit d'initié.

Ainsi, le capitalisme de marché paraît reposer sur un certain nombre de principes simples formant un ensemble cohérent et être justifié par le fait que, depuis deux cents ans, aucun autre système n'a pu arracher autant de gens à la pauvreté. Bien sûr, il a donné lieu à de nombreuses crises mais, selon ses défenseurs, celles-ci ne sont que des accidents temporaires qui mènent à un développement toujours croissant de l'humanité qui, comme nous l'avons déjà vu, profite d'abord aux classes moyennes, voire aux pauvres. Il semblait une solution excellente, à défaut d'être inattaquable.

Mais où est l'erreur ?

Pourtant, aujourd'hui, c'est un véritable champ de ruines qui se dresse devant nos yeux. Certes, il s'agit d'un champ de ruines *théorique*. Au moment où j'écris ces pages, le monde fonctionne encore normalement, les entreprises continuent de produire, les distributeurs de billets de fonctionner et les lampes de s'allumer quand on appuie sur l'interrupteur. J'espère de tout cœur qu'il en sera de même au moment où vous lirez ces lignes, mais cela n'est nullement certain. Nous sommes passés très près d'un effondrement général du système en 2008 et, si celui-ci a pu être rafistolé, les solutions adoptées dans l'urgence ne sont à l'évidence que provisoires. La ruine *physique* du système menace et, uniquement à cause de cela, on peut déjà en conclure que toute la théorie économique, sur laquelle a reposé cette prospérité dont nous sommes si fiers, est à repenser.

Aujourd'hui, de nombreux intellectuels ou économistes qui, comme Nicolas Baverez, sont loin d'être de gauche, écrivent que nous venons d'assister à « l'effondrement du capitalisme mondialisé et à l'écroulement du mythe de l'autorégulation des marchés[1] ». Une autre caractéristique de la situation étonnante que nous connaissons, c'est le retour de Marx que même bien des gens de gauche pensaient mort et enterré une fois pour toutes. S'il est logique qu'un néomarxiste comme Denis Collin puisse écrire : « Les prédictions déduites des analyses du *Capital* ont été validées, le monde que Marx avait dessiné est une réalité ou est en train de le devenir sous nos yeux[2] », il est en revanche plus étonnant de voir quelqu'un comme Jacques Attali consacrer un ouvrage à Karl Marx[3] et parler de « l'extraordinaire cohérence et [de] la justesse de son analyse du capitalisme mondial[4] », et il est proprement stupéfiant de voir un des principaux tenants du libéralisme français, Alain Minc, s'exclamer qu'à certains égards il est « le dernier marxiste français[5] ». Paul Jorion, dans un ouvrage dont le titre parle de lui-même[6], n'hésite pas à écrire que, devant l'histoire, les dix-neuf ans qui séparent la chute du mur de Berlin en 1989 de celle du capitalisme de marché occidental en 2008 apparaîtront anecdotiques, faisant ainsi néanmoins l'impasse sur les extraordinaires améliorations des conditions de vie que le capitalisme a pu apporter et apporte

1. *Marianne*, 20 décembre 2008.
2. Denis Collin, *Le Cauchemar de Marx*, Max Milo, 2009.
3. Jacques Attali, *Karl Marx ou l'Esprit du monde*, Fayard, 2005.
4. www.evene.fr/livres/actualite/entretien-avec-jacques-attali-136.php
5. www.liberation.fr/politiques/0101568926-le-capitalisme-boit-la-tasse-marx-surnage
6. Paul Jorion, *Le Capitalisme à l'agonie*, *op. cit.*

encore à des centaines de millions de gens sur la planète. Alors, face à une telle situation, la question essentielle pour notre avenir est : qu'est-ce qui a bien pu se passer ? Comment un système ayant accumulé tant de réussites, reposant sur des bases *a priori* si évidentes, a pu conduire le monde au bord d'un abîme dont il est beaucoup trop tôt pour dire si nous réussirons à éviter d'y plonger ou s'il engloutira tout ou partie des bienfaits et des progrès accomplis au cours de ces deux derniers siècles ? Depuis plusieurs années, bien des voix extrêmement qualifiées se sont élevées pour analyser les origines de la situation dans laquelle nous sommes. Néanmoins, après que j'ai beaucoup lu et travaillé sur cette question, il me semble qu'une synthèse comme celle que je vais présenter dans les chapitres suivants n'a pas encore été faite. Il est important que tous ceux qui, comme moi, restent persuadés que le libre marché est un élément incontournable de tout système économique porteur d'avenir fassent ce même travail ou intègrent les travaux d'autres personnes car, aujourd'hui, la situation est trop grave pour qu'on laisse se perpétuer les mythes auxquels nous avons cru ou reproduire les erreurs qui ont déjà été faites à plusieurs reprises au cours de ces deux dernières décennies, où nous avons été si nombreux à penser que le capitalisme et le libre marché avaient définitivement triomphé.

6

Les armes financières de destruction massive

> « On vient juste de heurter l'iceberg. il n'y a pas assez de canots pour tout le monde... La musique va continuer à jouer... alors autant que vous repreniez du caviar et du champagne[1]. »

> « Les *credits default swaps* sont des armes financières de destruction massive[2]. »

La crise de 2008 est connue sous le nom de crise des *subprimes*. Ce terme désigne la prime supplémentaire que doit payer un emprunteur peu solvable pour avoir droit à un crédit. La cause de la crise paraît donc d'une grande simplicité. On a trop prêté à des gens ayant une faible capacité à rembourser, et cela a déclenché une crise. Mais cette présentation n'est en fait qu'un arbre qui cache une immense forêt, comme le dit l'économiste Nouriel Roubini, qui fut l'un de ceux à avoir prédit de la façon la plus exacte

---

1. Confession de Jamie Dimon, président de la JPMorgan, lors d'un dîner, le 13 septembre 2008, à New York, l'avant-veille de la faillite officielle de Lehman Brothers.
2. Warren Buffett, *Letter to the Shareholders*, 3 septembre 2002.

cette crise : « C'est rassurant, mais faux. Bien que la bulle immobilière ait partiellement reposé sur des prêts hypothécaires à risque, les problèmes étaient nettement plus nombreux. Ils étaient aussi anciens puisqu'ils trouvaient leur origine dans les profonds changements structurels de l'économie qui était à l'œuvre depuis plusieurs années[1]. » Ainsi, si le déclencheur de cette crise provient bel et bien du secteur immobilier, elle n'a pu prospérer et prendre les dimensions qu'on lui connaît qu'à cause de toute une série de dysfonctionnements provenant du cœur même du système financier mondial. Il est extrêmement important de comprendre les causes réelles du problème si l'on veut éviter qu'il ne se reproduise. C'est pourquoi nous allons essayer de les exposer ici, d'une manière simplifiée et la plus claire possible. Les faits qui seront dévoilés et synthétisés paraîtront à certains lecteurs tellement incroyables qu'ils pourront douter de la présentation qui en est faite. Je les prierai alors de se plonger dans la lecture d'un certain nombre d'ouvrages auxquels je me réfère. S'ils ont le courage de se prêter à l'exercice, ils découvriront que la vérité est encore plus incroyable et plus scandaleuse que ce que, faute de place, je peux résumer dans ce chapitre[2].

La recette de l'irresponsabilité

On avait coutume de dire dans le passé que le métier d'un banquier était à ce point calme et ennuyeux que,

1. Nouriel Roubini et Stephen Mihm, *Économie de crise, une introduction à la finance du futur*, J.-C. Lattès, 2010, p. 91.

2. Des avertissements de personnes situées au cœur du système n'avaient pourtant pas manqué : Claude Bébéar et Philippe Manière, *Ils vont tuer le capitalisme*, Plon, 2003 ; Patrick Artus et Marie-Paule Viard, *Le capitalisme est en train de s'autodétruire*, La Découverte, 2005.

dès 3 heures de l'après-midi, il pouvait tranquillement aller jouer au golf, ayant fini ses tâches quotidiennes. Celles-ci se résumaient essentiellement à accorder des prêts à des particuliers ou à des entreprises, en s'assurant que les emprunteurs offraient toutes les garanties nécessaires au remboursement de leur prêt. Et il suffisait ensuite d'attendre cinq, dix ou vingt ans que les prêts soient remboursés, tout en encaissant régulièrement les intérêts. Certes, d'autres banquiers menaient, eux, une vie trépidante. C'étaient les banquiers d'affaires qui s'occupaient de faciliter la vente ou la fusion des entreprises, qui émettaient sur le marché des actions et des obligations pour le compte de leurs clients et qui touchaient de confortables commissions sur chacune de ces opérations. Le banquier « normal », celui qui prête l'argent qui a été déposé chez lui, enviait d'autant plus les banquiers d'affaires que l'activité de ceux-ci ne semblait pouvoir connaître aucune limite. Il n'y a pas de limite au nombre d'entreprises qu'une banque peut faire fusionner ni au nombre d'actions qu'elle peut émettre sur le marché pour le compte de tiers (du moins tant que le marché les achète, bien sûr), alors que les prêts accordés par le banquier classique sont limités par le ratio de sécurité déterminant les fonds qu'il doit détenir et qui est fixé à 8 %, ce qui veut dire qu'une banque ne pourra accorder que 100 dollars de prêt pour toute tranche de 8 dollars qu'elle possède comme fonds propres. Cela peut sembler élevé puisque l'effet multiplicateur est de 12,5. La banque peut accorder 12,5 fois plus de crédits qu'elle n'a reçu de dépôts. Néanmoins, cette contrainte était (et est toujours) vécue comme intolérable par bien des banquiers puisqu'elle limitait les profits qu'ils pouvaient espérer. Mais le métier de banquier d'affaires était strictement interdit à tous les banquiers classiques, et cela en raison du Glass-Steagall Act voté en 1933 et qui séparait la banque de dépôt et la banque d'affaires. C'était là une des principales leçons qui avaient été tirées de la grande crise des années 1930 : il ne faut pas autoriser les banques qui reçoivent des dépôts du public à prendre des risques inconsidérés. Si certaines banques veulent le faire, elles doivent se débrouiller pour récolter des capitaux autrement, elles ne peuvent être des banques de dépôt. C'est ainsi que, pendant les années 1980 et 1990, tous les efforts de lobbying des banquiers tendirent à deux objectifs : trouver le moyen de contourner le fameux ratio de 8 % et faire abroger le Glass-Steagall Act pour pouvoir goûter aux joies du métier de banquier d'affaires.

Dans le cadre de telles démarches, les banquiers trouvèrent de nombreux moyens de transformer leur métier, et l'exemple des crédits à l'immobilier (appelés également crédits hypothécaires puisque la banque prend une hypothèque sur le bien acheté grâce au prêt consenti) en est l'une des meilleures illustrations. Comme nous l'avons mentionné, le banquier classique prêtait de l'argent à une famille après avoir vérifié sa solvabilité pour qu'elle achète une maison et se contentait ensuite d'encaisser les intérêts en attendant la fin du prêt et le remboursement du capital. Mais les banquiers se sont rendu compte que, s'ils revendaient le prêt à un investisseur, moyennant bien sûr une commission, ils pourraient alors accorder de nouveaux prêts puisque, le premier prêt ayant disparu de leur bilan, il leur était possible de prêter de nouveau, tout en respectant la sacro-sainte règle des 8 % de dépôts par rapport aux prêts consentis. Et cette opération pouvait être recommencée à l'infini ! Le banquier classique avait ainsi, dès les années 1980, trouvé un moyen pour que, comme le banquier d'affaires, ses activités ne soient plus limitées par les fameux ratios qu'on appelait à juste titre « prudentiels », ce qui rappelait qu'ils avaient été établis pour des raisons de sécurité du marché financier. Bientôt, ce ne sont pas un, mais trois nouveaux acteurs qui vont apparaître entre la famille qui emprunte pour acheter sa maison et l'investisseur qui détient le prêt en question et l'hypothèque sur la maison qui va avec. Tout d'abord, un courtier dont le rôle théorique est de conseiller l'emprunteur en l'aidant à trouver le meilleur prêt possible. Puis la compagnie qui accorde les prêts, compagnie qui le plus souvent n'est pas une banque mais une société spécialisée dans l'octroi de prêts immobiliers, prêts qu'elle va se dépêcher de revendre à une banque, en empochant une commission évidemment. La banque elle-même va rassembler toute une série de prêts venant d'emprunteurs et de régions différents et va revendre les groupements des prêts ainsi constitués à un investisseur final qui recevra, lui, les remboursements en capital et le paiement des intérêts effectués par l'emprunteur. Comme il est facile de le démontrer, toute la chaîne, qui va de l'emprunteur au détenteur final du prêt, est ajustée de façon quasiment parfaite pour provoquer le maximum d'irresponsabilité à toutes les étapes.

L'intérêt du courtier est d'apporter aux sociétés qui effectuent les prêts immobiliers le plus de prêts possibles pour toucher le plus de commissions possibles. Il n'a donc aucun intérêt à vérifier la solidité financière de l'emprunteur. Bien au contraire, il fera tout pour que l'emprunteur puisse obtenir son prêt, pouvant même aller jusqu'à inciter celui-ci à mentir sur ses revenus ou à fermer les yeux sur ce qu'il sait parfaitement être un mensonge. Comme sa commission représente un pourcentage du prêt, il a intérêt à ce que ses clients achètent les maisons les plus chères possible, même si cela outrepasse leurs besoins. Au fait, qui décide du prix de la maison ? Un quatrième acteur apparaît ici, c'est l'évaluateur qui va fournir une estimation du prix de la maison qui constitue la seule et unique garantie qu'aura le détenteur final du prêt (puisque, en cas de non-remboursement du prêt, il vendra la maison en question). Bien entendu, l'évaluateur est payé pour son travail. Imaginons un instant un évaluateur honnête qui fait le maximum pour estimer la maison au juste prix du marché. Croyez-vous que les courtiers vont s'adresser à lui ? N'auront-ils pas tendance à faire travailler des évaluateurs « plus souples » qui n'hésiteront pas à donner pour les mêmes biens des valeurs plus importantes, permettant ainsi d'augmenter la valeur de la somme empruntée (dans certains cas, des sociétés de prêts immobiliers n'ont pas hésité à créer leur propre agence d'évaluation, ce qui est un cas évident de conflit d'intérêts) ? Or l'intérêt du courtier ne s'arrête pas là. L'emprunteur lui verse une commission de 1 ou 2 % de la valeur du prêt pour la « bonne affaire » que le courtier lui a permis de réaliser. Mais la société de prêts immobiliers lui verse aussi un pourcentage pour lui avoir apporté un client, et ce pourcentage sera d'autant plus élevé que le prêt sera favorable à la société immobilière, c'est-à-dire défavorable au client. Encore un conflit d'intérêts évident. C'est ainsi que l'on se retrouve dans une situation incroyable où les emprunteurs qui ont recours à un courtier ont payé leur prêt beaucoup plus cher que ceux qui sont allés directement voir un établissement de crédit[1]. Mais avant même que ne commence son prêt, le malheureux emprunteur est déjà floué. Auparavant, aux États-Unis comme dans bien d'autres pays, les

1. Voir Joseph E. Stiglitz, *Le Triomphe de la cupidité*, Les liens qui libèrent, 2010, p. 162.

emprunteurs favorisaient les taux fixes. Mais, au moment où se développent les crédits *subprimes*, en 2002, nous sortons d'une sévère crise, celle de 2000-2001, liée à la bulle sur les hautes technologies. Pour relancer l'économie, Alan Greenspan, le directeur de la Federal Reserve (la Banque centrale américaine), a donc descendu les taux de base à 1 %.

Ainsi, dans les années 2002-2004, on sait que le taux de base ne peut que remonter. Un crédit à taux fixe serait donc dangereux pour la banque et bon pour l'emprunteur. Les courtiers touchent donc une commission plus importante encore s'ils arrivent à convaincre les emprunteurs de choisir un crédit à taux variable plutôt qu'un crédit à taux fixe. Ils y sont encouragés par un discours célèbre d'Alan Greenspan faisant remarquer, en 2004, que les Américains auraient économisé des milliards s'ils avaient, au cours de la décennie précédente, emprunté à taux variable plutôt qu'à taux fixe. Une telle déclaration ne pouvait qu'inciter les emprunteurs à contracter des prêts à taux variable et à tomber immédiatement dans un piège, puisque les taux de base étaient historiquement bas. La raison pour laquelle un homme aussi averti que Greenspan, qui savait forcément que les taux ne pouvaient que remonter, pouvait en 2004 inciter les gens, au moins indirectement, à emprunter à taux variable, reste un mystère, à moins bien entendu d'imaginer une collusion avec les intérêts du système financier. Toujours est-il que, de 2004 à 2005, le taux de base de la FED monta de 1 % à 5,25 %, soit une augmentation de 525 %, qui se répercuta sur tous ceux qui avaient des emprunts à taux variable[1].

1. Il y a bien une petite baisse des taux en 2006 pour essayer de soulager les emprunteurs, mais ce fut insuffisant.

Pas plus que le courtier, la société qui accorde le prêt immobilier n'a le moindre intérêt à vérifier la solvabilité de son client puisqu'elle va revendre son prêt. Elle n'encaissera aucune perte si celui-ci n'est pas remboursé. C'est exactement la même chose pour l'acteur suivant de cette chaîne, la banque qui rachète des milliers de prêts immobiliers aux sociétés qui les ont émis, puisqu'elle va rassembler ces prêts et les revendre à l'investisseur final, le seul sur qui repose le risque. Tout ce dont la banque a besoin, c'est d'un peu de temps pour être sûre de pouvoir revendre le prêt avant qu'un problème, c'est-à-dire un défaut de remboursement, ne survienne. Et c'est là où le système fait véritablement preuve de génie, mais dans un sens cynique bien sûr. La plupart des prêts *subprimes* contiennent une clause très particulière. Pendant les deux premières années, les intérêts sont très faibles, de l'ordre de 1 à 2 %, voire, dans les cas extrêmes, tout simplement inexistants. De cette façon, aucun « incident de crédit », comme s'appelle le non-remboursement dans le jargon bancaire, n'est susceptible d'intervenir pendant cette période. Les banques ont donc tout le temps de rassembler les prêts, de les « packager », comme nous allons le voir dans la section suivante, et de les revendre. L'existence de cette clause de deux ans montre que les personnes qui accordaient les prêts étaient parfaitement conscientes que ceux-ci ne seraient jamais remboursés. Sinon elles n'auraient pas pris cette disposition qui leur donnait, à elles et à leur client, la banque qui allait revendre les prêts, le temps nécessaire pour s'en débarrasser.

Comme l'intérêt de ces trois acteurs est d'augmenter sans cesse le nombre de prêts consentis et qu'aucun problème ne les touchera si ces prêts ne sont pas remboursés, il est logique qu'ils se soient livrés à une course folle pour trouver de nouveaux emprunteurs. C'est ainsi que l'on vit apparaître des prêts que les acteurs du système surnommèrent eux-mêmes des prêts « menteurs », surestimant les capacités de remboursement des emprunteurs ou des prêts « *no docs* », c'est-à-dire des prêts ne s'accompagnant d'aucun document susceptible de contenir des informations sur les caractéristiques des emprunteurs. Loin de se contenter de donner des prêts à ceux qui venaient les consulter, les courtiers se lancèrent dans des démarchages effrénés pour convaincre des gens qui ne le désiraient nullement d'accepter des prêts. Apparurent alors les prêts « NINJA » qui signifient qu'on a prêté à des personnes n'ayant ni travail, ni ressources, ni capital (*no income, no job, no asset*), des quasi-SDF qui se retrouvèrent propriétaires du jour au lendemain de villas valant des centaines de milliers de dollars (et on se demande bien pourquoi ils auraient refusé). Au fur et à mesure que le besoin de trouver des emprunteurs se faisait plus pressant, on vit se multiplier non seulement des prêts sans aucun apport personnel (ça, c'était déjà banal), mais aussi des prêts à apport négatif, c'est-à-dire que l'on prêtait à la personne la somme nécessaire à l'achat qu'elle allait effectuer mais même un peu plus : puisque celle-ci ne possédait rien, il fallait bien qu'elle dispose d'un peu d'argent pour pouvoir s'installer dans sa maison. Très vite, la question du remboursement des premiers intérêts se posa (sauf pour ceux disposant d'un délai de grâce de deux ans sans aucun remboursement). Même si les intérêts sont faibles, comment les payer quand on ne dispose d'aucun revenu ? Très simple, un second prêt va être effectué correspondant au différentiel existant entre le prix d'achat de la maison et son évaluation six mois ou un an après. Comme pendant la période 2000-2007 l'immobilier n'a cessé de monter aux États-Unis, la valeur des biens augmentait continuellement, et l'on pouvait accorder ainsi chaque année des prêts supplémentaires aux emprunteurs (ce qui signifiait de nouvelles commissions pour les acteurs impliqués dans ces transactions) pour leur permettre de rembourser leurs intérêts. On est là dans le schéma classique de la fameuse pyramide de Ponzi dont le nom a été rendu célèbre par Bernard Madoff. Charles Ponzi, dans les années 1910, comme Bernard Madoff à sa suite et bien d'autres, a mis en place des pyramides consistant à rembourser les premières personnes ayant déposé leur argent chez eux avec l'argent déposé par les personnes suivantes. Bien entendu, un tel système ne peut que s'effondrer, au fur et à mesure qu'il grossit, puisque des entrées massives de capitaux, toujours plus importantes, sont nécessaires pour que le système tienne. C'est pourquoi de tels montages sont considérés comme des escroqueries et formellement interdits (Madoff a été condamné à cent cinquante années de prison). Mais le mécanisme des prêts *subprimes* est exactement le même puisqu'une hausse continue de la valeur de leur maison est nécessaire pour que les emprunteurs puissent rembourser les intérêts de leur prêt. Pourtant, aucun de ceux qui ont effectué de tels montages n'a été inquiété.

Mais, me direz-vous, il reste une question fondamentale. Comment la banque qui rassemble les prêts pourra-t-elle trouver assez de pigeons pour acheter des emprunts n'ayant aucune chance d'être remboursés ? C'est là qu'intervient l'étape suivante.

Saucisses avariées pour tout le monde

Si vous êtes un boucher peu scrupuleux et que vous découvrez qu'une partie de votre stock de viande est avariée, vous allez la hacher et fabriquer des saucisses où la viande pourrie sera mélangée avec de la viande saine. Vous pourrez ainsi écouler tout votre stock de viande et ne pas subir la perte que vous aurait occasionnée la destruction de la viande avariée. Bien entendu, vous rendrez malade l'ensemble de vos clients, mais si votre profit à court terme est votre seul objectif, ce sera le cadet de vos soucis. C'est en suivant exactement cette méthode que les banques ont pu refiler à (presque) toute la planète les créances pourries qu'elles avaient achetées aux organismes de prêts immobiliers et que les emprunteurs n'avaient aucune chance de rembourser. Elles ont pour cela créé des produits appelés des *collateralized debt obligations* ou CDO, c'est-à-dire obligations adossées à un actif. Aujourd'hui, ces CDO ont été surnommés *Chernobyl death obligations*, ce qui se passe de traduction.

Il ne faut surtout pas se laisser impressionner par les termes et les initiales mystérieuses dont abusent les banques pour mieux impressionner leurs clients... et pour mieux les empêcher de comprendre ce qu'ils achètent. Si vous demandez ce que contient un CDO, on vous répondra qu'il contient des RMBS, des HEL, des HELOC, des Alt-A, et ainsi de suite. En fait, le CDO n'est rien d'autre qu'une saucisse, une très grosse saucisse remplie de toute une série de prêts, aussi bien des bons du Trésor américain (censés être les plus solides) que des obligations de grandes entreprises, des milliers de crédits immobiliers faits à des particuliers, des milliers de crédits faits à des étudiants pour payer leurs études et à des particuliers pour acheter leur voiture, et même des milliers de crédits faits à des détenteurs de carte Visa pour faciliter leurs achats du mois. On dit que les banques ont « titrisé » tous ces prêts. Cela veut dire qu'elles les ont sortis de leur bilan et qu'elles ont créé une société spécifique dont le capital est composé de cet ensemble de prêts.

La banque va alors émettre des obligations qui donnent droit à ceux qui les achèteront de recevoir une fraction des intérêts versés par les emprunteurs et une fraction du capital quand celui-ci sera remboursé. Une fois que la banque a vendu la totalité des parts d'un CDO, elle n'est absolument plus concernée par le devenir de celui-ci. Mais, me direz-vous, pourquoi les banques ont-elles trouvé si facilement des acheteurs pour de tels produits ? À cause d'un cinquième acteur qui intervient dans notre histoire, les agences de notation.

À cause de la lutte des grands pays industrialisés pour conserver leur triple A (ou au moins un double A), tout le monde ou presque a entendu parler de ces fameuses agences et de leur système de notation. Elles ont pour but d'aider les investisseurs à se faire une idée de la solidité d'un emprunteur. Plus celui-ci est fragile, plus il est logique de lui demander un taux d'intérêt élevé, puisque lui prêter de l'argent représente un risque plus important. Pour un État ou une entreprise, posséder la meilleure note, le fameux triple A, est alors un moyen d'emprunter avec le taux d'intérêt le plus bas possible. Mais le système a commencé à dériver quand les banques ont décidé de faire noter par les agences tous les produits exotiques qu'elles créaient. Or, les agences de notation sont payées pour cela non par les investisseurs mais par les banques elles-mêmes. Encore une fois, le conflit d'intérêts est évident. Si une agence de notation met une mauvaise note à un produit proposé par une banque, il se peut que celle-ci aille faire noter son produit suivant par un concurrent. Cette activité, loin d'être marginale, est devenue essentielle aux agences de notation. Ainsi, « à la veille de la crise, plus de la moitié des profits des agences de notation venait de l'attribution de note AAA à des produits financiers structurés exotiques – notes dont beaucoup n'étaient pas méritées[1] ». Comme si la complaisance des agences de notation ne suffisait pas, les banques demandèrent ensuite à d'autres agences de notation de leur servir de consultants dans l'élaboration de leurs produits. En clair, cela veut dire qu'une banque paie une agence de notation telle que Standard & Poor's pour lui expliquer la meilleure façon de présenter un CDO à une autre agence de notation, telle que Moody's, de façon que ce CDO ait le maximum de chances de recevoir un triple A. Comme toutes les agences de notation utilisent des méthodes similaires, il est facile de concevoir des produits dont on sait à l'avance qu'ils recevront un triple A. Avec l'aide d'agences de notation ou par leurs propres moyens, les banques vont alors développer des trésors d'ingéniosité pour passer entre les mailles du filet de protection qu'est censée représenter pour l'investisseur la notation donnée par une agence. Ainsi en est-il par exemple de la façon dont on note la solidité de l'emprunteur d'un prêt immobilier. Il existe pour cela une technique appelée « score FICO ». Plus ce score est élevé, plus l'emprunteur est censé être fiable. Mais, aussi incroyable que cela puisse paraître, les scores FICO ne prennent pas en compte les revenus de l'emprunteur, alors que c'est *a priori* le premier critère que regarde une banque si elle veut s'assurer de la solidité d'un emprunteur[2].

Les scores FICO sont essentiellement fondés sur le nombre de crédits en cours (plus la personne a de crédits, plus son score est faible) et sur les incidents de crédit (le nombre de fois où une personne a échoué à rembourser,

1. Nouriel Roubini et Stephen Mihm, *Économie de crise…*, *op. cit.*, p. 98.

2. Voir Michael Lewis, *Le Casse du siècle*, Sonatine, 2010, p. 135-137.

partiellement ou totalement, un prêt). Les banques se sont vite rendu compte qu'un travailleur immigré sans aucunes ressources, n'ayant jamais emprunté, et donc n'ayant jamais échoué à rembourser un prêt, avait un excellent score FICO. Ainsi, non seulement il devient possible de prêter 724 000 dollars à un ramasseur de fraises de Californie gagnant 14 000 dollars par an, mais en plus, grâce à l'excellent score FICO de ce ramasseur de fraises qui n'a pourtant aucune chance de rembourser les intérêts de ce prêt, ne serait-ce que pendant une année, il est aussi possible de prêter à une nourrice jamaïcaine, habitant dans le Queens à New York, de quoi acheter une sixième maison dans ce quartier, alors qu'elle en possède déjà cinq achetées avec des prêts de cette nature[1]. En effet, ce que regarde l'agence de notation, c'est la *moyenne* des scores FICO des emprunteurs d'un CDO. À cause de ces cinq prêts déjà existants, notre nourrice jamaïcaine a un score FICO très faible, mais grâce à notre ramasseur de fraises mexicain, qui est tout aussi insolvable qu'elle, ils possèdent ensemble une moyenne suffisante pour que la saucisse qui contient leur prêt soit étiquetée triple A[2]. On comprend mieux pourquoi des bataillons de courtiers partirent explorer les quartiers les plus pauvres des grandes villes américaines pour faire signer des prêts à des personnes n'ayant ni ressources ni, de ce fait, antécédents dans le domaine des crédits. C'est ainsi que des syndicats de pêcheurs norvégiens, des

1. Cela correspond à des cas réels. Voir *ibid.*, p. 133.

2. Cette histoire de saucisse triple A fait irrésistiblement penser à la notation des andouillettes. J'étais assis avec un banquier dans un dîner amical quand il commanda une andouillette triple A. Sans s'être concertée, la table éclata de rire et lui fit remarquer que cette commande était peut-être un acte manqué exprimant son désir de retrouver le fameux triple A.

municipalités françaises, des caisses de retraite coréennes et des banques de tous les pays achetèrent aux Américains la moitié de leurs saucisses empoisonnées et que la crise se répandit sur toute la planète. Il est à noter que, même si certains dans les agences de notation voulurent se comporter de façon normale et tentèrent de se livrer à une véritable évaluation de la solidité des emprunteurs, cela leur fut tout simplement impossible. En effet, les banques demandaient aux agences de notation de donner une note à leurs produits... tout en refusant de leur livrer des informations pertinentes concernant ces produits[1]. Les agences de notation auraient bien eu du mal à essayer d'établir la qualité réelle de ces saucisses composées d'un agrégat de milliers de prêts différents.

Comme le montre un e-mail de Richard Gugliada, directeur de notation des CDO de Standard & Poor's, ce type de notation s'effectue quasiment à l'aveugle ou « au pif » : « Toute demande d'analyse au niveau des prêts est *totalement déraisonnable* ! La plupart des émetteurs n'en ont pas et ne peuvent pas en fournir. Néanmoins, nous *devons* produire une estimation de crédit... Il est de votre responsabilité de produire ces estimations de crédit et de trouver le moyen d'y parvenir[2]. » On pourrait traduire par : « Il est absolument impossible de trouver un moyen d'estimer réellement la solidité de ces produits. Néanmoins, nous devons donner une estimation car cela nous rapporte beaucoup d'argent, alors débrouillez-vous, c'est votre problème. »

Ce qui est ici tout à fait fascinant, c'est qu'il ne s'agit pas simplement de la malhonnêteté de quelques-uns qui auraient perverti le système, comme le prétendent

1. Voir Michael Lewis, *Le Casse du siècle*, *op. cit.*, p. 216.
2. *Ibid.*, p. 217.

les défenseurs du système actuel qui s'opposent à toute régulation. Comme nous venons de le voir, *tous* les acteurs du système, s'ils poursuivent leur intérêt, jouent contre l'intérêt de la collectivité. On ne saurait trouver une réfutation plus complète de la position de Bernard Mandeville et de la main invisible d'Adam Smith, pour lesquels la poursuite des intérêts individuels va dans le sens de l'intérêt général de la société. L'intérêt général de la société veut ici que l'on ne prête pas à des gens incapables de rembourser, ne serait-ce que pour leur éviter le traumatisme d'une expulsion et pour ne pas mettre en circulation des créances toxiques. L'intérêt général de la société veut également que des investisseurs soient protégés, qu'ils puissent acheter des produits de façon transparente, en sachant ce qu'ils contiennent et quels risques ils prennent, et que les agences de notation les éclairent dans leur choix. Ici, les courtiers, les sociétés qui accordent les prêts immobiliers, les évaluateurs qui estiment le prix des biens immobiliers, les banques qui regroupent les prêts dans les CDO-saucisses et les agences de notation qui notent les CDO en question ont tous, s'ils suivent leur propre intérêt, des incitations à agir à l'encontre de l'intérêt général de la société qui est représentée ici par la grande masse des emprunteurs et des investisseurs finaux, c'est-à-dire ceux qui détiendront leur prêt.

Maintenant que le système de base a été exposé dans toute sa perversité, il faut que vous sachiez, comme je l'ai dit en commençant, que la vérité est encore bien pire que tout ce que je peux vous dire ici. Prenons un seul exemple, l'évolution de ces fameuses saucisses. Au fil des temps, les banques ont émis des CDO reposant uniquement sur des crédits hypothécaires. Si les discours sur la diversification des risques semblaient devoir disparaître, les banques les maintinrent en expliquant que les CDO contenaient des prêts immobiliers de la Floride, de Chicago et de la Californie et que toutes ces régions n'allaient pas voir leur immobilier s'effondrer en même temps. Pour tranquilliser les acheteurs, ils acceptèrent alors de couper en tranches ces nouvelles saucisses qui, comme vous l'avez compris, contenaient une proportion de viande avariée bien supérieure aux précédentes. Les CDO furent ainsi divisés en trois étages, du plus sûr au moins sûr, le plus sûr recevant le fameux AAA, tandis que le dernier étage devait se contenter d'un BBB. Les investisseurs qui, en fonction de leur règlement interne, ne pouvaient acheter que du AAA, se procuraient donc uniquement les tranches supérieures… qui, comme par hasard, représentaient 80 % de la taille de la saucisse que les banques avaient réussi, avec les moyens décrits ci-dessus et avec parfois la complicité des agences employées comme consultants, à faire noter AAA. Mais il y avait encore les 20 % restant. Là se produisit un événement qui sidère encore aujourd'hui les spécialistes qui essaient d'analyser cette invraisemblable histoire. Goldman Sachs fut la première (bientôt imitée par tous ses collègues) à créer un « CDO de CDO ». Elle créa un nouveau produit composé de l'empilement de toutes les pires tranches de ces CDO classiques, c'est-à-dire celles notées BBB, et, par une opération que personne ne peut encore comprendre, en utilisant toujours, semble-t-il, l'argument de la diversification des risques, elle parvient à obtenir la note AAA pour 80 % de ce nouveau CDO qui n'était pourtant composé que de crédits BBB. C'est la réussite d'une véritable opération alchimique qui consiste à transformer le plomb en or. Si vous ne pensez pas qu'une telle chose a pu réellement se produire, vous allez pouvoir le vérifier en consultant les ouvrages de Nouriel Roubini et de Michael Lewis[1].

Ainsi, ce qui est étonnant, ce n'est pas que ce système se soit écroulé, mais qu'il ait pu durer si longtemps. Le montant des emprunts *subprimes* triplera en quatre ans, entre 2002 et 2006. Ces dates ne sont pas fortuites car en 2002 on se relève tout juste de la précédente crise, celle de la bulle Internet. Il faut donc trouver un nouveau moyen de gagner plus d'argent que la normale, c'est-à-dire de faire mieux que les marchés. Avant 2000, on proposait ainsi aux initiés d'investir dans les projets Internet, après 2002 dans les saucisses dont nous avons décrit la confection. Chaque fois, un même moteur, l'appât du gain et la certitude d'être plus malin que les autres, de pouvoir transformer le plomb en or et d'obtenir un rendement de 15 % par an dans un monde où la croissance annuelle est de 3 %. Dès l'été 2007, le marché de la vente des saucisses (CDO) se bloqua, les premiers fonds commencèrent à faire faillite et les banques durent enregistrer dans leurs comptes de colossales baisses d'actifs qui, à la fin de l'année 2007, culminèrent à 500 milliards de dollars. Mais ce ne fut pas encore la crise, car les grandes banques américaines purent augmenter leurs capitaux propres grâce à la « générosité » des investisseurs (souvent des fonds souverains, c'est-à-dire investissant dans les économies des États) du Moyen-Orient ou de l'Asie, trop heureux de prendre des parts dans le Graal de la finance, soit les plus grandes banques américaines. Moins de un an plus tard, il ne leur resta que leurs yeux pour pleurer étant donné la chute du cours des actions de ces banques. Cette première étape fut suivie de la deuxième qui commença avec

1. Nouriel Roubini et Stephen Mihm, *Économie de crise*..., *op. cit.*, p. 99 ; Michael Lewis, *Le Casse du siècle*, *op. cit.*, p. 106.

le rachat de Bear Stearns en mars 2008 par JPMorgan, avec la garantie de l'État américain, et s'acheva le 15 septembre 2008 avec, cette fois-ci, la faillite pure et simple d'une autre banque d'affaires américaine, Lehman Brothers. Fin 2008, les cinq banques d'affaires américaines avaient soit disparu, soit, comme Goldman Sachs, demandé à changer de statut pour bénéficier de la protection que l'État offre aux banques de dépôt. Mais il reste une question : comment des crédits douteux d'un montant de 600 milliards d'euros ont pu générer des pertes qui, dans un premier temps, ont été évaluées à 500 milliards d'euros (beaucoup plus dans la troisième phase, celle qui commencera après la faillite de Lehman Brothers) ? Si l'immobilier a baissé aux États-Unis, il n'a quand même pas baissé de 90 % ! Alors comment perdre 500 milliards à partir de 600 milliards de prêts ? Pour réussir cette performance, il faut avoir recours au grand multiplicateur de toxicité.

Le grand multiplicateur de toxicité

Pour comprendre comment un tel mécanisme a pu fonctionner, il faut introduire ici deux concepts, un très ancien, la vente à terme, et un très nouveau, le CDS. Bien avant qu'il n'existe à Chicago une Bourse des marchés à terme, des fermiers cherchaient à vendre à l'avance leurs récoltes à un prix convenu, de façon à se couvrir face à une éventuelle baisse des cours des produits agricoles. Petit à petit, cette couverture a envahi tous les domaines. Aujourd'hui, non seulement une compagnie aérienne peut se prémunir contre la hausse des cours du pétrole en achetant à prix convenu le carburant dont elle aura besoin dans six mois ou dans un an, mais n'importe qui peut se prémunir, par exemple, contre la chute de son portefeuille boursier, en achetant une « couverture » contre la baisse des cours. Très vite, les spéculateurs envahirent ce marché. Celui qui s'engage à vendre à Air France ou à KLM son pétrole dans six mois n'est pas, en général, une compagnie pétrolière, mais un spéculateur qui fait le pari inverse d'Air France, c'est-à-dire dans ce cas celui d'une baisse du cours du pétrole. Le moment venu, le spéculateur espère acheter moins cher sur le marché le pétrole qu'il s'est engagé à revendre à Air France à une date précise et à un prix fixe. Puis, le marché fut bientôt envahi de transactions virtuelles. La majorité des acteurs sur le marché à terme du pétrole ne sont plus des industriels ou des compagnies aériennes qui cherchent à se couvrir, mais des spéculateurs qui jouent contre d'autres spéculateurs. Les premiers achètent à terme tandis que les seconds vendent à terme, faisant le pari inverse des premiers. Quand on arrive au jour où la vente du pétrole doit avoir lieu, seul un échange monétaire prend place. En fonction de l'évolution des cours, le perdant paie au gagnant ce qu'il lui doit, et aucune transaction physique n'a lieu. Ces échanges virtuels représentent un montant des dizaines de fois supérieur aux échanges réels. Bien entendu, on voit là poindre à l'horizon ce que l'on appelle la prophétie autoréalisatrice. Plus les gens parieront sur la hausse du prix du pétrole en s'engageant à acheter à terme à un prix fixe dans quelques mois un pétrole qui, espèrent-ils, aura fortement augmenté d'ici là et qu'ils pourront donc instantanément revendre avec un gros bénéfice, plus le prix du pétrole (ou du blé ou de toute autre matière première) va monter. Si les spéculateurs aiment tant les marchés à terme, c'est que ceux-ci permettent des gains fabuleux grâce à ce qu'on appelle l'effet de levier. Pour acheter un baril de pétrole à 100 dollars dans dix mois, vous devez uniquement investir un *deposit* de 10 dollars pour acheter le contrat en question. Le jour où ce contrat arrive à son terme, si le cours du pétrole est à 110 dollars, vous avez immédiatement gagné 10 dollars en achetant votre baril à 100 dollars et en le revendant tout de suite à 110 dollars, soit 100 % de votre mise. Il n'existe aucun autre moyen de s'enrichir aussi vite dans la finance que l'effet de levier. Mais le sacro-saint adage « gros potentiel de gain égale gros risque » s'applique. Si le cours du baril de pétrole a baissé de 10 dollars pendant la durée de votre contrat, vous avez perdu la totalité de votre capital et non pas 10 %, comme cela aurait été le cas si vous aviez réellement acheté un baril de pétrole au cours de 100 dollars, au lieu d'acheter pour 10 dollars une « option d'achat à terme », le droit d'acheter un baril de pétrole pour 100 dollars dans dix mois.

Le *credit default swap* (CDS), ou permutation de l'impayé en français, est peut-être la plus marquante de toutes les innovations financières des deux dernières décennies. Contrairement à bien d'autres de ces innovations, son principe est très simple. Il s'agit de s'assurer contre le défaut de remboursement d'un emprunteur. Un État, disons l'Italie, emprunte de l'argent sur les marchés à 6 %, un taux bien plus élevé que celui de l'Allemagne (2,5 %) ou de la France (3 %) parce que ses finances sont moins solides. Le prêteur a donc intérêt à prêter à un tel État... à condition, bien sûr, que celui-ci rembourse. Le CDS permet au prêteur de dormir tranquille. Moyennant, par exemple, le paiement annuel de 2 % de la somme empruntée, une grande compagnie d'assurances, comme American International Group ou une grande banque, telle que Goldman Sachs ou... Lehman Brothers, garantit au prêteur de se substituer à l'Italie si celle-ci ne pouvait, à terme, rembourser son emprunt. Ainsi, grâce à ce merveilleux outil financier, le prêteur peut à la fois avoir le beurre et l'argent du beurre. Il n'a plus aucun risque concernant son capital, puisque son emprunt est garanti par un tiers, et il va pouvoir toucher 4 % par an (6 % moins les 2 % de frais d'assurance), soit un tiers de plus que ce que lui rapporterait l'achat d'un emprunt moins risqué, comme celui de la France.

Vous me direz peut-être que le CDS n'est qu'un banal contrat d'assurance ? Malheur, n'appelez surtout pas cela assurance, c'est une permutation de l'impayé. Si cela était une assurance, le droit des assurances s'appliquerait. Les assurances ont des ratios encore plus sévères que ceux des banques. Elles doivent donc mettre de l'argent de côté chaque fois qu'elles signent un nouveau contrat d'assurance. La magie du CDS, c'est qu'*aucune* somme ne doit être mise de côté.

C'est donc le moyen parfait de contourner le fameux ratio qui limite l'activité (et le profit) des banques et des assurances. De plus, le CDS est un contrat de gré à gré, c'est-à-dire que seules les deux parties signataires sont au courant. Pour les ventes à terme que nous venons de décrire, il y a ce qu'on appelle une Chambre de compensation qui permet de vérifier qu'un acteur ne prend pas des engagements excessifs qui seraient de nature à mettre en difficulté l'ensemble du marché. Rien de tel ici. En théorie, une grande banque ou une grande compagnie d'assurances peut garantir autant de CDS qu'elle veut. Comme il s'agit en plus d'un engagement hors bilan, personne ne sera informé des risques qu'elle a pris.

En période « normale », garantir des CDS est une activité extrêmement rentable : on encaisse la prime versée par la personne dont on garantit la créance sans avoir rien à faire. Mais en période de crise, le CDS devient une arme financière de destruction massive, comme l'a appelé le célèbre investisseur Warren Buffett, six ans avant la crise (cf. la citation en exergue de ce chapitre, p. 199). Et c'est ce qui s'est passé avec AIG, premier assureur mondial. Une toute petite filiale de ce groupe de 100 000 personnes, AIG-FP, sise à Londres, a garanti sous forme de CDS plus de 500 milliards de transactions, dont une grande partie étaient effectuées par la banque Lehman Brothers. Après la faillite de celle-ci, l'État américain a dû en urgence verser plus de 185 milliards de dollars pour éviter la faillite d'AIG. En effet, le paiement des CDS une fois que ceux-ci se « déclenchent », c'est-à-dire quand l'emprunteur fait faillite et quand la totalité de son emprunt doit être remboursée par la personne qui a émis le CDS, est vital pour la survie de nombreuses banques et d'autres acteurs économiques qui, sans ces paiements, feraient faillite à leur tour. Le CDS joue donc d'abord un rôle important pour augmenter une bulle spéculative et donc la gravité de la crise qui suivra son éclatement. Son existence pousse les investisseurs à prendre des risques toujours plus grands puisque ceux-ci sont couverts, et, en plus, n'apparaissent pas dans leur bilan, le risque ayant été transféré à un autre. Mais le CDS n'apparaît pas non plus dans le bilan de cet autre puisqu'il s'agit d'une activité hors bilan et que celui qui vend cette protection n'a de comptes à rendre à personne, et surtout pas à une Chambre de compensation comme sur les marchés à terme. C'est donc une formidable machine à encourager l'irresponsabilité ; or, la protection qu'elle donne est totalement fictive puisque, en cas de crise, il faudra bien que quelqu'un paie.

Mais notre exploration du monde des CDS ne fait que débuter. Il est, en effet, possible d'acheter un CDS pour se garantir, par exemple, contre la faillite de la Grèce, sans posséder aucun emprunt grec ! C'est ce qu'on appelle un CDS « nu ». C'est en fait l'équivalent d'une vente ou d'un achat à terme. La personne qui achète un CDS « nu » sur la Grèce fait le pari que la situation grecque sera de pire en pire. Dans ce cas, le prix du CDS va monter, et cet investisseur pourra le revendre à prix d'or à un investisseur ayant sur les bras de nombreux emprunts grecs et devant se couvrir à tout prix. Si la Grèce fait faillite, la personne ayant vendu les CDS en question devra payer le montant garanti, même si, encore une fois, la personne qui les détient n'a aucun investissement en Grèce et n'a rien perdu. Aussi incroyable que cela paraisse, il s'est trouvé un très grand nombre d'institutions financières pour vendre de tels CDS puisque cette vente rapporte, à court terme, des intérêts pour la société et des primes pour le trader qui a effectué la vente. Mais le CDS « nu » provoque l'incitation la plus perverse qui puisse exister. Si, en cas de faillite d'un pays, d'une banque ou d'une grande société, vous vous enrichissiez sans rien perdre car vous possédez un CDS « nu » sur l'entité concernée, vous aurez tout intérêt à favoriser la chute de ce pays, de cette banque ou de cette société, que ce soit en répandant des rumeurs, en jouant sur le marché à terme pour faire baisser ses actions ou faire monter le taux d'intérêt de ses emprunts ou tout ce qui peut déclencher un mouvement de panique à son encontre. Comme le dit très bien le grand investisseur George Soros : « Les *credits default swaps* sont des instruments destructeurs qui doivent être interdits par la loi[1]. » Et c'est ainsi que se mit en place le « grand multiplicateur de toxicité ». Les banques et les compagnies d'assurances se mirent à vendre des CDS garantissant les CDO, c'est-à-dire les

1. George Soros, sur Bloomberg TV, le 12 juin 2009.

saucisses avariées. Un acheteur de CDO pouvait donc le faire la conscience tranquille, en achetant en même temps un CDS lui garantissant le remboursement au cas où les emprunteurs feraient faillite. Mais c'est ainsi que le risque que l'on avait chassé par la porte rentra par la fenêtre. De nombreuses banques s'étaient débarrassées des CDO grâce au travail d'un de leurs départements, mais un autre département, pour augmenter ses profits et les bonus de ses traders, vendait au même moment des CDS garantissant en cas de problème le remboursement de CDO présentant des risques identiques, émis par d'autres banques. D'une certaine façon, le marché s'est trompé lui-même, comme le dit très bien Michael Lewis : « Pendant plus de vingt ans, la complexité du marché obligataire avait aidé les traders à duper les clients de Wall Street. Elle poussait désormais les traders à se duper eux-mêmes[1]. »

Mais en plus de garantir toutes les saucisses avariées existantes, les banques se mirent à émettre des CDS « nus » permettant à ceux qui le voulaient de jouer la chute des crédits *subprimes* et du marché immobilier américain, et cela toujours pour les mêmes raisons. La vente de tels produits augmente la prime de ceux qui les émettent, lesquels sont assez fous pour croire que le marché immobilier ne s'effondrera jamais – à moins tout simplement qu'ils ne s'en fichent puisque, de toute façon, leur bonus leur restera acquis, même si leur société fait faillite[2].

Mais il existe une façon encore plus perverse d'utiliser le CDS, celle qu'a mise en place Goldman Sachs. Il s'agit

1. Michael Lewis, *Le Casse du siècle op. cit.*, p. 257.

2. Sauf si, bien sûr, ce bonus est constitué d'options d'achat d'actions de leur société qu'ils n'ont pas eu le temps de revendre au moment de la faillite de celle-ci.

de constituer un CDO avec les pires prêts immobiliers possibles, ceux qui n'ont aucune chance d'être remboursés, comme ceux de notre cueilleur de fraises mexicain ou de notre nourrice jamaïcaine. On trouve ensuite un pigeon susceptible d'acheter un tel produit en lui cachant, bien sûr, que celui-ci est issu d'une sélection négative, c'est-à-dire qu'il a été conçu pour faire faillite. On peut ensuite acheter un nombre illimité de CDS « nus » pour se couvrir contre la chute de ce produit. On gagne ainsi sur tous les tableaux, en vendant le produit à l'investisseur et en encaissant les CDS lorsque les emprunteurs échoueront à rembourser leur prêt. Selon le président de la Commission d'enquête sénatoriale américaine au président de Goldman Sachs, « cela revient à vendre une voiture avec des freins défectueux à un client, puis à prendre une assurance accident sur cette voiture[1] ».

Pour toutes ces raisons, il ne faut pas s'étonner de la vertigineuse augmentation du nombre de CDS en circulation au cours des années 2000. Au moment où se produisait l'explosion de Lehman Brothers en septembre 2008, le total du montant garanti par l'ensemble des CDS en circulation était de 60 000 milliards de dollars. Oui, vous avez bien lu, 60 000 000 000 000 de dollars, soit plus de trois fois la totalité de la capitalisation des entreprises cotées à Wall Street. Un tel chiffre, aussi incroyable, n'a bien sûr pu être atteint que parce que nombre de ces CDS étaient des CDS « nus », des paris sur l'évolution d'une créance sur laquelle se fonde le CDS, mais que l'on ne possède pas : emprunts d'État, CDO, obligations d'une entreprise, etc. Le grand multiplicateur de toxicité avait ainsi achevé son œuvre, au-delà de tout ce qui était imaginable, créant une situation d'une complexité et

1. www.c-spanvideo.org/program/293196-3

d'une confusion telles que, sept ans après la crise, nous n'en sommes pas sortis et que nous n'en sortirons sans doute pas avant des années.

Mais ce parcours à travers les innovations financières ne serait pas complet sans sa forme la plus extrême : le produit financier kamikaze ! À l'automne 2011, la deuxième banque allemande, la Commerzbank, a créé deux produits dérivés permettant de parier sur... la disparition de la Commerzbank ! Pratiquement, il s'agit de proposer aux clients de la Commerzbank d'acheter des CDS garantissant le remboursement de prêts de la Commerzbank si celle-ci venait à faire faillite. En cas de faillite de la Commerzbank, le prix d'une telle garantie explosera et les acheteurs gagneront beaucoup d'argent[1]. Le problème, c'est que la Commerzbank est en grande difficulté et que, quelques jours après qu'a été divulguée l'existence de ce produit, on apprend que la Commerzbank devra trouver 5,3 milliards d'euros dans les six mois qui viennent et qu'elle est donc en grand risque d'être nationalisée ou « avalée » par une autre banque pour une somme symbolique, comme tant de banques l'ont été au cours des trois années précédentes[2]. Bien entendu, le fait de disposer d'outils permettant de jouer la déconfiture voire la faillite de la Commerzbank... ne peut qu'aggraver la situation de la banque elle-même. Mais le plus extraordinaire, c'est de voir les responsables de la banque s'étonner que l'on s'étonne d'une telle stratégie. Comme le dit très naïvement un porte-parole de la banque : « Nos clients privés ne comprendraient pas

1. Voir « Et la Commerzbank inventa la finance kamikaze », *Le Monde*, 26 novembre 2011.

2. Voir « La Commerzbank risque la relégation en seconde division ou la nationalisation », *Le Monde*, 10 décembre 2011.

pourquoi ils peuvent obtenir ces assurances chez toutes les autres banques mais pas chez nous[1]. »

On arrive ainsi au bout de la logique d'un des grands principes qui sous-tendent toutes ces catastrophes : « Nous devons le faire sinon nos concurrents le feront, et nos clients partiront chez eux. » Chaque fois ou presque que l'on a demandé à un responsable du secteur financier pourquoi il avait fait telle ou telle chose, c'est cette nécessité de participer à la course à l'innovation, cette pression de la concurrence, qui est fournie comme réponse. Mais ce que montre ce dernier cas, c'est que cette course à l'innovation peut tout simplement se transformer en course au suicide, quand un système devenu fou considère comme parfaitement normal de créer des outils susceptibles de le détruire.

Quand les héros sont des zéros

La question qui se pose, c'est de savoir pourquoi, à part quelques personnes comme Nouriel Roubini ou Joseph E. Stiglitz, si peu de gens ont pris conscience, même partiellement, des risques énormes que couraient l'économie américaine et, à travers elle, l'économie mondiale ? Comment est-il ainsi possible que le président de la fameuse agence Standard & Poor's ait pu dire, après le grand krach, devant une commission du Congrès : « Pratiquement personne, qu'il s'agisse d'emprunteurs, d'institutions financières, d'agences de notation, de régulateurs ou d'investisseurs, n'a anticipé ce qui arrive[2]. »

1. *Le Monde*, 26 novembre 2011, article cité.

2. Deven Sharma, président de Standard & Poor's, témoignage devant le Congrès américain, 22 octobre 2008, cité par Michael Lewis, *Le Casse du siècle*, *op. cit.*, p. 277.

Le téléfilm de la chaîne HBO *Too Big to Fail* (« Trop gros pour faire faillite ») constitue un véritable exploit. Il arrive à raconter la crise financière américaine de façon aussi dynamique qu'un blockbuster américain. Ainsi, comme dans tout bon film de type « Superman » ou « Batman », trois super-héros aux pouvoirs spéciaux doivent sauver le monde en un temps très court. Il y a parmi eux le ministre des Finances, Henry Paulson, (comme son prédécesseur Robert Rubin, il fut président de Goldman Sachs, ce qui montre le réseau d'influence extraordinaire bâti par les anciens de cette banque[1]), Timothy Geithner, à l'époque directeur de la Federal Reserve de New York, qui succéda à Paulson comme ministre des Finances, et Ben Bernanke, expert dans la crise de 1929, qui succéda à Alan Greenspan comme président de la FED. Le film décrit comment, confrontés à une accumulation de catastrophes, ils vont finir par sauver le monde, c'est-à-dire le système bancaire et économique[2].

Mais, comme le fait remarquer dans un article dont j'ai repris le titre pour cette section (voir note page suivante), loin d'être un panégyrique à leur gloire, le film, volontairement ou involontairement, expose la nullité des personnages. En effet, il montre à quel point ces trois

---

1. Dont font partie, par exemple, l'actuel président de la Banque centrale européenne, Mario Draghi, qui fut en charge de l'Europe chez Goldman Sachs… quand celle-ci aida la Grèce à maquiller ses comptes. Lire à ce sujet l'ouvrage de Marc Roche, *La Banque*, Albin Michel, 2010, dont le sous-titre est : *Comment Goldman Sachs dirige le monde*. À noter que ce thème sera repris dans une interview vérité assez extraordinaire d'un trader à la BBC où il dira, entre autres : « Ce ne sont pas les États, mais Goldman Sachs qui dirige le monde » (www.youtube.com/watch?v=kpg76VjTa58).

2. Voir le site www.hbo.com/#/movies/too-big-to-fail ; un extrait très significatif en français est consultable sur www.dailymotion.com/video/xld0vq_too-big-to-fail-debacle-a-wall-street-extrait_tv

personnes situées au sommet de l'économie américaine n'ont absolument pas vu venir la crise, n'étaient pas préparées à l'affronter et ont accompli faute sur faute, ont fait un jour ce qu'ils avaient affirmé la veille ne jamais vouloir faire, et ont sans doute commis une de leurs plus grosses erreurs en résolvant la crise[1]. Le film nous montre ainsi comment, après être plutôt fiers d'avoir eu le courage de mettre en faillite Lehman Brothers au nom de l'« aléa moral » (il ne faut pas donner au marché l'impression que l'on rattrapera toujours les bêtises que ses acteurs sont capables de faire), et après avoir affirmé haut et fort que le secrétariat d'État au Trésor et la FED ne sauveront pas d'autres entreprises, ils durent, dès le lendemain, avaler leur chapeau et sauver American International Group (AIG) en y injectant à terme près de 200 milliards de dollars, pour les raisons que nous avons décrites : le non-paiement des garanties données par AIG aurait fait s'effondrer l'économie mondiale. Pendant tout le film, ils essaient de trouver un moyen de racheter les actifs toxiques des banques américaines, c'est le fameux plan TARP (Troubled Asset Relief Program) dont le montant atteindra près de 2 000 milliards de dollars. Mais, faute de pouvoir identifier les actifs en question, ils décident de renflouer les banques, en leur donnant des conditions si peu restrictives que celles-ci purent utiliser cet argent pour distribuer des bonus et non pas pour relancer sérieusement l'économie.

Ce film nous montre que le roi est nu, c'est-à-dire que les grands décideurs économiques croyaient réellement aux propos lénifiants qu'ils tenaient, alors qu'on aurait pu imaginer qu'ils ne voulaient pas déclencher de

1. www.propublica.org/article/in-hbos-too-big-to-fail-the-heroes-are-really-zeroes

panique, mais étaient, au moins partiellement, au courant de la gravité de la situation. Leur impréparation au moment de la crise montre que tous les propos suivants (et les volte-face qui les accompagnent quelques mois après) ont été tenus par des gens incapables de comprendre ce qui était en train de se passer : « Un ralentissement important, mais pas dramatique » (Dominique Strauss-Kahn, directeur général du FMI, 3 avril 2008) ; « Une crise financière jamais vue, partie du cœur du système » (Dominique Strauss-Kahn, 16 septembre 2008) ; « Il faut se garder de surréagir par une régulation excessive » (Henry Paulson, secrétaire d'État au Trésor, 17 septembre 2007) ; « Nous aurons besoin de changements majeurs de la réglementation » (Henry Paulson, 15 septembre 2008) ; « Il n'y a pas de deuxième vague de la crise » (Christian Noyer, gouverneur de la Banque de France, 26 juin 2008) ; « Des chocs majeurs ne peuvent pas être exclus » (Christian Noyer, 11 septembre 2008) ; « Nous aurons des effets mesurés de la crise de l'été 2007 » (Christine Lagarde, ministre des Finances, 19 décembre 2007) ; « Un véritable bouleversement du paysage financier » (Christine Lagarde, 16 septembre 2008).

Mais une façon encore plus poussée de se rendre compte de l'extrême nullité de certains des « héros de la finance » est de lire *Le Casse du siècle*, de Michael Lewis, auquel nous avons déjà fait référence ici. Ce livre est une enquête consacrée aux grands vainqueurs de toute cette histoire, à ceux qui ont pu empocher des fortunes colossales en prévoyant l'effondrement des *subprimes* et l'explosion du prix des CDS qui les garantissaient. Le plus célèbre entre eux est John Paulson, qui fit gagner à son fonds spéculatif plus de 20 milliards de dollars, ce qui lui rapporta une prime de 4 milliards de dollars, le plus important bonus jamais versé. Il y a deux façons de gagner de l'argent avec les *subprimes*. Celle particulièrement malhonnête de Goldman Sachs qui équivaut, comme nous l'avons vu, à vendre une voiture dont on sait que les freins sont défectueux parce qu'on les a construits soi-même et à prendre une assurance-vie sur le conducteur de cette voiture, ce qui peut rapporter beaucoup d'argent sans grand risque. L'autre façon (c'est celle des « héros » du *Casse du siècle*, qui, d'une certaine façon, sont de vrais héros comme on va le voir, malgré le côté indécent de leurs gains) consiste à observer de l'extérieur le fonctionnement d'une voiture, sans rien connaître de la façon dont elle a été construite, en déduire que les freins sont défectueux, alors que tous les spécialistes affirment qu'il s'agit d'une excellente voiture, et à dépenser beaucoup d'argent pour prendre une assurance sur la tête du conducteur de cette voiture, sans savoir si ce pari risqué sera récompensé. C'est ce que firent une série de personnages atypiques qui, dans les années 2005-2007, ont parié sur l'effondrement du marché des *subprimes*.

Le mécanisme est relativement simple. Vous achetez un CDS « nu » (c'est-à-dire que vous ne possédez vous-même aucun crédit *subprime*) qui garantit le remboursement d'une des saucisses avariées que nous avons décrites (un CDO). Comme au départ, ces CDO ont très bonne réputation et possèdent le sacro-saint triple A décerné par les agences de notation, ce CDS peut être acheté pour un coût très faible. Pour assurer 100 millions de crédits *subprimes*, il vous suffit de payer 500 000 dollars par an (sauf, encore une fois, que vous ne possédez pas les 100 millions de dollars de crédits *subprimes*, puisque vous achetez une assurance sur une voiture que vous ne conduisez pas, principe même du CDS « nu » qui s'apparente, comme nous l'avons dit, à une vente à terme).

Si la valeur des prêts contenus dans cette saucisse s'effondre et que, au lieu de valoir 100 millions de dollars, l'ensemble ne vaut plus que 20 millions, celui qui aura investi dans ce produit toxique sera prêt à vous racheter jusqu'à 80 millions de dollars votre CDS, puisque celui-ci garantit que ses 100 millions de dollars lui seront intégralement remboursés. Voilà comment on peut en quelques années gagner 160 fois sa mise. Mais il faut avoir les nerfs solides, car chaque année qui passe vous continuez à payer 500 000 dollars, alors que vos collègues, et surtout les investisseurs qui vous ont confié leur argent, pensent que ce sont des sommes totalement gaspillées, puisque, bien entendu, le marché immobilier et celui de ses produits dérivés ne peuvent en aucun cas s'effondrer, c'est bien connu…

On imagine l'angoisse de ces quelques visionnaires, la peur qui leur serrait le ventre, les nuits sans dormir passées à faire et refaire des calculs, à se demander : « Puis-je vraiment avoir raison contre tout le marché, qu'est-ce qui ne va pas dans mes calculs ? Pourquoi tous ces gens sont-ils persuadés qu'ils vont encore gagner énormément d'argent avec les *subprimes* ? » Et il fallait résister aux avalanches d'e-mails furibards de leurs clients, aux menaces de leurs chefs. Si les *subprimes* ne s'effondraient pas, ils perdraient la *totalité* de leurs investissements. Alors, ils prirent leur bâton de pèlerin. Ils allèrent dans les colloques des spécialistes des *subprimes*, ils rencontrèrent les régulateurs, les banquiers, les représentants des agences de notation et, bien sûr, les fabricants de CDO (les fameuses saucisses avariées). L'un deux, Greg Lippmann, de la Deutsche Bank, eut une idée de génie. Comme ses patrons le mettaient en demeure de trouver d'autres partenaires pour faire les mêmes paris que lui, sinon ils lui couperaient les vivres, il se mit à organiser de véritables « dîners de cons » entre des fabricants de saucisses avariées et des investisseurs qu'il poussait à acheter des CDS « nus » garantissant les saucisses en question, c'est-à-dire des produits financiers dont le prix exploserait si, et seulement si, lesdites saucisses s'effondraient. L'un de ces investisseurs potentiels était Steve Eisman, le dirigeant d'un important fonds spéculatif, FrontPoint Partners. Lors d'une soirée, il rencontra un certain Wing Chau, dont la société était chargée d'émettre et de placer les fameux CDO. Après le dîner, Eisman dit à Lippmann : « Je veux *shorter* [c'est-à-dire parier contre, vendre à découvert] tous les produits de ce type. » Lippmann crut qu'il plaisantait. Mais il était sérieux. Il avait compris à la fois l'incompétence de ce gestionnaire de fonds, mais surtout sa totale indifférence par rapport à la mauvaise qualité des produits qu'il vendait et dont il était parfaitement conscient, puisque son bonus était calculé sur la vente des produits et non sur le devenir de ceux-ci (toujours le problème des incitations !). Quand la société de Wing Chau fit faillite, Eisman gagna énormément d'argent, car les malheureux acheteurs qui avaient fait confiance à cette société étaient prêts à payer à prix d'or les CDS qu'Eisman avait achetés à bas prix et qui garantissaient leurs possesseurs contre la faillite des produits de Wing Chau. Wing Chau lui-même ne fut bien sûr nullement affecté par la faillite de sa société, car personne ne pouvait lui reprendre les plantureux bonus qu'il avait amassés. Et des Wing Chau, il y en a eu non pas des centaines, mais des milliers dans la finance américaine, au cours de la décennie précédente.

Ce problème d'incompétence ou de je-m'en-foutisme ne s'arrête nullement aux subalternes. Eisman eut l'occasion d'aller jusqu'au sommet et de rencontrer quelques-uns de ces mythiques patrons de grandes banques américaines dont les salaires, bonus compris, s'élèvent en général à des dizaines de millions de dollars par an. Il raconte ainsi sa rencontre avec Kenneth Lewis, P.-D.G. de Bank of America, un des banquiers les plus influents des États-Unis : « J'étais assis là à l'écouter. Et j'ai eu une révélation. Je me suis dit : "Oh mon Dieu, il est idiot !" Une lumière s'est allumée dans ma tête. Le type qui dirige une des plus grandes banques du monde est un idiot[1] ! » Eisman et son fonds s'en donnèrent ainsi à cœur joie. Ils vendirent à terme les actions des grandes banques américaines, c'est-à-dire qu'ils s'engageaient à fournir un certain nombre d'actions dans trois mois ou six mois, à un prix fixé aujourd'hui, avec l'espoir de les acheter le moment venu pour beaucoup moins cher. Et c'est effectivement ce qui se produisit. Ce deuxième pari était beaucoup moins risqué que le premier, car FrontPoint Partners vendit les actions des banques *qui lui avaient acheté ses CDS à prix d'or*, c'est-à-dire qu'il savait que les banques en question contre lesquelles il jouait avaient amassé un grand nombre de produits toxiques, étant donné le désespoir avec lequel elles avaient racheté les CDS qu'il possédait. Un coup double qui mérite bel et bien d'être appelé le casse du siècle.

Depuis dix à vingt ans, on nous a abreuvés avec les mérites de trois sortes de « héros » : ceux capables de sauver le monde, comme Paulson en 2008 ; les dirigeants des grandes banques dont les salaires annuels atteignant parfois des dizaines de millions d'euros étaient justifiés par leur talent et leur sagacité ; et enfin les *golden boys* qui, en sacrifiant leur vie privée, pouvaient, dans une ambiance survoltée, rapporter des milliards à leur entreprise tout

1. Michael Lewis, *Le Casse du siècle*, *op. cit.*, p. 221.

en touchant les fameux bonus. Des sommes colossales, sans doute des milliers de milliards de dollars, ont été versées pendant toute cette période à ces différents acteurs. Que l'on songe au fait qu'une banque telle que Goldman Sachs pouvait distribuer 15 milliards de dollars de primes à ses salariés, pour la seule année 2010, une année où pourtant l'économie mondiale se relevait à peine de la crise, tandis qu'un de ses concurrents, comme JPMorgan, distribuait pas moins de 10 milliards. Imaginez donc ce que peuvent représenter vingt ans de bonus au niveau de l'ensemble de la profession. Ces bonus sont en théorie justifiés par le fait qu'il est impossible pour les banques de laisser partir ces oiseaux rares à la concurrence qui serait prête à leur faire des ponts d'or. Le même argument est employé pour refuser un grand nettoyage par le vide qui remplacerait tous les dirigeants des grandes banques mondiales n'ayant absolument pas vu venir la tempête que nous avons connue. Les remplacer par des gens moins compétents serait dramatique pour l'économie. Or, ce que montre un téléfilm tel que *Too Big to Fail* ou des documentaires comme *The Warning* ou *Inside Job*[1], que je vous recommande tout particulièrement et qui a obtenu en 2011 l'oscar du meilleur documentaire, et surtout l'enquête détaillée publiée dans *Le Casse du siècle*, c'est que tous ces acteurs à la fois sont incompétents et se fichent totalement des conséquences de leurs actions, puisque personne ne peut faire rendre à Richard Fuld, ancien P.-D.G. de Lehman Brothers, ou à Alan Bond, ancien P.-D.G. de Royal Bank of Scotland, les 750 et 600 millions de dollars qu'ils ont respectivement amassés tout en conduisant leur entreprise à la faillite. Ce n'est pas que des personnes payées 100 fois moins auraient évité la crise et conduit le

1. http://fr.wikipedia.org/wiki/Inside_Job

monde vers des jours meilleurs, mais au moins on peut être certain que de telles personnes, motivées et avec une expérience minimale, auraient été capables de faire *aussi mal*, ce qui, même dans le pire des cas, aurait évité au système financier, c'est-à-dire en dernière analyse aux clients des banques et aux contribuables, de perdre des milliers de milliards de dollars. Il ne s'agit pas ici de démagogie facile, à une époque où il est de bon ton d'accabler les banquiers. C'est le résultat d'une démonstration quasi scientifique, comme celle que fait Michael Lewis en suivant, à l'intérieur des arcanes du système, les très rares acteurs visionnaires qui ont perçu la nullité et l'inconscience de la très grande majorité de leurs pairs, et qui ont misé elles pour amasser des fortunes un peu plus justifiées que celles de leurs petits camarades. Il est urgent donc de ne plus être impressionné par le discours : « Nous devons absolument garder X ou Y et lui accorder des bonus importants, sinon ce serait une catastrophe pour l'entreprise. » Ainsi un renouvellement drastique des équipes de direction et des salles de marché peut-il être effectué sans que cela ait beaucoup de conséquences négatives pour l'économie en général et les actionnaires des banques en particulier. Un tel changement serait nécessaire car, comme ose le dire Felix Rohatyn, ancien ambassadeur des États-Unis en France, qui fut pendant quarante ans un banquier d'affaires à New York : « Force est de reconnaître que la finance est devenue une sorte de danger public[1]. »

1. www.lesechos.fr/25/08/2009/lesechos.fr/300371347_felix-rohatyn-----la-finance-est-devenue-un-danger-public--.htm

7

La grande erreur idéologique

> « Nous avons besoin d'une régulation plus forte [...]. Ils disaient à ceux qui doutaient de leurs combines : "Méfiez-vous, vous surréagissez ! Vous allez nuire à l'innovation, qui est l'essence de l'Amérique." Mais leurs innovations financières n'ont pas du tout rendu l'Amérique plus prospère. La seule réelle innovation des marchés financiers, c'est d'avoir trouvé comment se remplir les poches aux dépens du pays[1]. »

Nous avons maintenant une meilleure compréhension des causes de la crise que nous vivons, mais n'avons pas fini de répondre à la question fondamentale : pourquoi un système *a priori* aussi performant que le capitalisme et l'économie de marché a-t-il dérivé au point que l'on puisse envisager qu'il provoque sa propre destruction ? Pour mieux comprendre cela, il faut, avant de donner des pistes pour reconstruire un nouveau système, comme

1. Joseph E. Stiglitz, revue *Ravages*, n° 2, disponible ici : http://rue89.nouvelobs.com/2009/05/25/joseph-stiglitz-et-cette-finance-qui-nous-pigeonne

nous le ferons aux chapitres 11 à 15, analyser deux erreurs fondamentales. La première est une erreur idéologique qui consiste à affirmer de manière répétitive face à une question : « Le marché le sait mieux que nous. » Les marchés sont plus compétents que les hommes pour orienter les ressources aux endroits où on en a le plus besoin, pour fixer les prix, pour préserver les intérêts des consommateurs et pour gérer les risques. Bref, il suffit de s'en remettre aux marchés pour les questions clés de l'économie, car ils sont plus efficaces que toutes les interventions humaines. S'il y a des problèmes, c'est que le fonctionnement des marchés a été entravé, qu'ils n'ont pas été suffisamment libres pour pouvoir produire les résultats optimums dont ils sont capables. C'est ce que le prix Nobel d'économie Joseph E. Stiglitz a appelé « le fanatisme du marché ». Il y a une certaine ironie à constater que ce type de raisonnement, qui est défendu en général par les personnes les plus antimarxistes qui existent à la surface de la planète, fait écho aux raisonnements des derniers défenseurs du marxisme qui nous disent : « On ne peut pas juger le marxisme à partir de l'échec de l'URSS, car les partis communistes du XXe siècle n'ont pas appliqué le vrai marxisme, si on avait appliqué le vrai marxisme, les choses se seraient mieux passées[1]. » L'autre est une erreur théorique qui amène à sous-estimer de façon systématique les risques que prennent réellement les acteurs économiques et financiers dans un monde globalisé. Nous verrons que cette erreur, que nous analyserons au chapitre 8, est directement liée à la non-prise en compte des nouvelles idées scientifiques telles qu'exprimées dans le chapitre 3.

1. Voir par exemple Denis Collin, *Le Cauchemar de Marx*, *op. cit.*

La confession de l'homme le plus dangereux du monde

Alan Greenspan fut, de 1987 à 2006, un des hommes les plus puissants du monde économique et financier et un véritable oracle écouté par les marchés avec autant d'attention que les Grecs pouvaient écouter l'oracle de Delphes. Or, Alan Greenspan est sans doute l'un des principaux représentants de ce « fanatisme du marché ». Il n'a cessé d'insister, au cours de sa carrière, sur ces fameux mécanismes d'autorégulation, face auxquels l'efficacité des actions entreprises par des êtres humains ne pouvait être que bien peu de chose.

Pour le libéralisme, l'État doit se cantonner uniquement au domaine militaire, à la police et à la justice, c'est-à-dire à la protection du pays, des biens et à un strict respect des lois et de la Constitution du pays. Mais Alan Greenspan est plus qu'un ultralibéral, c'est un « libertarien ».

Au début des années 1990, j'ai découvert, dans un institut destiné à « éduquer » les Français au libéralisme économique, le libertarisme grâce à un jeune libertarien qui avait été envoyé en Europe pour prêcher cette idéologie, exactement comme les jeunes Mormons tels que Mitt Romney sont envoyés à l'étranger pour prêcher leur religion pendant un ou deux ans. Il m'expliquait ainsi, très tranquillement, avec une grande logique et une grande conviction, qu'il n'était nullement nécessaire d'obliger les compagnies aériennes à entretenir leurs avions et à faire vérifier la qualité de l'entretien par de nombreux inspecteurs dans tous les aéroports de la planète. Les compagnies dont les avions s'écraseraient, faute d'entretien, feraient bien évidemment faillite et disparaîtraient, ne laissant survivre que les compagnies entretenant correctement leurs avions. Le même raisonnement peut s'appliquer à toutes les industries, y compris les plus dangereuses. Du moment bien sûr qu'elles sont privées, les compagnies ayant des centrales nucléaires ou des usines chimiques ont intérêt à les entretenir correctement puisque, en cas d'explosion, ces compagnies disparaîtraient. Vous pouvez bien entendu imaginer à quel point j'étais choqué par ce raisonnement parfaitement logique, mais qui faisait passer par pertes et profits la mort de milliers, voire de millions de personnes pour obtenir une bonne « régulation » des activités économiques en particulier et de la société en général.

Pour les libertariens, chaque individu devrait pouvoir avoir le droit de demander ou non la protection fournie par l'armée, la police et la justice. Ceux qui refuseraient de payer la quote-part des impôts destinés à faire fonctionner la police devraient, en contrepartie, se protéger eux-mêmes. S'ils sont agressés à leur domicile, ils doivent se défendre par leurs propres moyens, car la police ne répondra pas à leurs appels. Des idées de ce type sont depuis longtemps portées dans la politique américaine par un homme tel que Ron Paul, représentant de l'État du Texas. Malgré l'existence d'un grand nombre de supporters et de très fortes donations en sa faveur, le fait qu'il ne soit pas arrivé à percer aux primaires républicaines de 2012 montre que même les républicains américains ne sont heureusement pas prêts à accepter un tel discours. Mais il ne faudrait pas imaginer que le discours libertarien est uniquement théorique. Étant donné la force des pouvoirs locaux aux États-Unis et le grand nombre de personnes qui militent pour les idées libertariennes, ce genre de politique peut être appliqué dans un certain nombre de villes et de comtés. C'est le cas de la ville de South Fulton en Géorgie et du comté d'Obion dans le Tennessee. Dans cet endroit, vous devez payer une taxe de 75 dollars par an pour avoir droit à la protection des pompiers en cas d'incendie. Récemment, un incendie s'est déclaré dans une maison dont le propriétaire n'avait pas payé la taxe. Les pompiers sont venus et ont regardé l'incendie pendant deux heures sans intervenir, malgré les supplications du propriétaire qui leur disait être prêt à payer n'importe quel prix pour leur intervention. Les pompiers lui répondirent que c'était trop tard. On ne peut pas prendre une assurance contre un sinistre quand celui-ci est en train de se produire, n'est-ce pas ? Après que la maison eut entièrement brûlé, le feu menaça de se propager à la maison voisine. Les pompiers intervinrent alors immédiatement et éteignirent le feu car le voisin, lui, avait payé les 75 dollars. Ceux qui ne pourront simplement pas imaginer qu'une telle histoire puisse être vraie pourront regarder le reportage réalisé par une télévision locale montrant l'incendie, le propriétaire désespéré et les pompiers immobiles[1]. Mais les libertariens vont plus loin. Leur foi en la régulation des marchés les amène à promouvoir la fameuse sélection naturelle darwinienne et à l'appliquer dans toutes les situations, ce qui permet, selon eux, de se passer de toute forme de régulation et de faire de grandes économies, puisqu'il n'y a plus besoin de régulateurs ni de personnes pour faire respecter les lois.

En 1996, Alan Greenspan demanda à Brooksley E. Born, qui venait d'être nommée à la tête de la Commission de contrôle des marchés à terme (et qui tenta sans succès de réguler les fameux CDS), ce qu'elle ferait

1. /www.wpsdlocal6.com/news/local/Firefighters-watch-as-home-burns-to-the-ground-104052668.html

si elle découvrait des fraudes dans les marchés qu'elle devait contrôler. Elle lui répondit que, bien sûr, elle traduirait les fraudeurs en justice. À son immense surprise, Alan Greenspan essaya de l'en dissuader. Il lui expliqua que le capitalisme étant fondé sur la confiance, rendre publiques les fraudes aurait un très mauvais effet sur la marche des affaires en particulier, et sur celle de l'économie en général. Et surtout que cela était inutile puisque, de toute façon, selon la longue expérience qui était la sienne, le marché éjecterait lui-même les fraudeurs, sans que l'on fasse le moindre scandale. Cette autorégulation étant le meilleur des systèmes possibles, le rôle d'une régulatrice comme elle était en sorte… de ne rien faire[1]. On pourrait être stupéfait que le président de la Federal Reserve américaine se livre à ce qui peut être considéré comme une tentative de corruption : demander à une régulatrice de fermer les yeux sur une fraude éventuelle (au passage, on comprend mieux que, avec cette mentalité, Bernard Madoff ait pu développer ses activités pendant près de quarante ans).

Mais Greenspan ne faisait là que développer la logique que j'avais entendue quinze ans auparavant dans la bouche du jeune « croisé » du libertarisme. En me quittant, ce jeune homme m'avait offert le livre d'une philosophe dont je n'avais jamais entendu parler et dont je n'entendis plus parler dans les vingt ans qui suivirent : Ayn Rand. Le livre, en anglais, s'appelait *Introduction à l'épistémologie objectiviste*[2]. Je le rangeai sur une étagère

1. Cet extraordinaire dialogue est décrit dans le documentaire *The Warning* par des collaborateurs de Brooksley E. Born, bien que celle-ci, par honnêteté intellectuelle, refuse de confirmer face à la caméra les propos privés tenus par Greenspan. Voir également Pierre Jovanovic, *Blythe Masters*, Le Jardin des Livres, 2011, p. 158-159.

2. *Introduction to Objectivist Epistemology*, Plume, 1990.

sans le regarder. Mais, bien des années plus tard, à l'occasion de la grande crise de 2008, j'appris qu'Ayn Rand était l'inspiratrice principale d'Alan Greenspan qui, dès 1950, s'était formé auprès d'elle au libertarisme, mais aussi du prix Nobel d'économie Milton Friedman et de bien d'autres libéraux qui ont occupé des postes clés dans l'économie et l'administration américaine lors des dernières décennies. Bien plus, le livre majeur d'Ayn Rand, un roman intitulé *La Grève* (*Atlas Shrugged*) est, selon une enquête citée par le *New York Times*, l'ouvrage qui a le plus influencé les Américains après... la Bible[1]. Ainsi Ayn Rand, (presque) complètement inconnue en Europe continentale, est-elle le chaînon manquant pour comprendre la politique économique américaine des trente dernières années et, étant donné l'importance économique des États-Unis, la conception qui a dominé au niveau mondial depuis la fin de la période keynésienne et le début de la révolution conservatrice, au début des années 1980. Il existe des instituts Ayn-Rand[2] ou des instituts inspirés du titre de son livre[3], et elle est un élément incontournable pour comprendre les débats autour de la crise actuelle. Il faut donc se plonger dans les 1 100 pages de *La Grève*, qui vient d'être publiée en français plus de cinquante ans après sa parution originale[4].

Ayn Rand est née dans une famille juive athée de Saint-Pétersbourg en 1905. Elle assista à la révolution bolchevique et s'enfuit avec sa famille de son pays natal

1. www.nytimes.com/1991/11/20/books/book-notes-059091.html?pagewanted=2 & src = pm

2. www.aynrand.org/site/PageServer?pagename=index

3. www.atlassociety.org/

4. Ayn Rand, *La Grève*, Les Belles Lettres, 2011. Le titre original anglais, *Atlas Shrugged*, veut dire « Atlas haussa les épaules », c'est-à-dire refusa de continuer à porter le monde.

en 1926, non sans avoir détruit son journal intime qui contenait des propos extrêmement violents contre le communisme. Elle émigra aux États-Unis où elle prit le nom sous lequel elle sera célèbre, adoptant avec enthousiasme les idéaux de liberté mais aussi de responsabilité de son pays d'accueil. Toute son œuvre est marquée par le rejet absolu de l'étatisme, du socialisme et du communisme, d'un côté, et de la morale judéo-chrétienne de l'autre. Pour elle, il s'agit des deux faces d'une même pièce. Christianisme comme communisme détournent l'homme du bonheur dans sa vie présente, au profit du bonheur dans un monde futur, celui d'un paradis situé après la mort ou celui à construire sur Terre pour les générations futures. De plus, ces deux idéologies rendent obligatoire la charité. L'homme d'une société marxiste *se doit* de se dévouer au bonheur collectif, tandis que le chrétien *se doit* d'aider ceux qui, moins chanceux que lui, sont dans le besoin. Il s'agit là pour Ayn Rand, dans le droit fil d'une philosophie post-nietzschéenne, de la plus grande des abominations. Dans *La Grève*, publiée en 1957 aux États-Unis, elle n'hésite pas à faire d'un de ses héros au nom de Viking, Ragnar Danneskjöld, un anti-Robin des bois, un homme qui vole les pauvres pour donner aux riches ! C'est un pirate qui, à longueur d'année, capture les bateaux d'aide humanitaire envoyés par les États-Unis au secours des pays les plus pauvres. Il vend les cargaisons au marché noir, se procure avec l'argent ainsi gagné des lingots d'or qu'il vient remettre aux entrepreneurs qui n'ont jamais reçu de subventions de l'État, à ceux qui n'ont utilisé ni la corruption ni le trafic d'influence, mais qui doivent leur réussite uniquement à leur propre travail. À l'immense surprise de ceux-ci, il vient leur apporter l'équivalent… de leur impôt sur le revenu, cet impôt inique dénoncé par tous les libertariens comme l'exemple le plus scandaleux du vol organisé, exercé sur ceux qui ont réussi par une mafia dénommée État. Il explique que Robin des bois, qui effectuait la démarche inverse, est l'être le plus immoral, le plus méprisable qui ait jamais existé et qu'il n'y aura pas de justice sur Terre ni aucun espoir de survie pour le genre humain tant que son image n'aura pas été détruite et anéantie.

Ce qui terrifie Ayn Rand, c'est que l'on est dans l'*obligation* de secourir quelqu'un qui meurt de faim, car d'où vient l'argent avec lequel on nourrirait cette personne ? D'une personne riche ayant réussi et à laquelle cet argent a été retiré par la force, par l'intermédiaire de l'impôt. Les plus coupables dans cette histoire sont ceux que l'on n'appelle pas encore les ONG et qui sont chargés de la redistribution. Ce sont des êtres méprisables à double titre puisqu'ils prolifèrent sur les plaies des pauvres (plus il y a de pauvres, plus leur existence est justifiée, ils n'ont donc aucun intérêt à ce que la pauvreté se réduise) et qu'ils vivent du sang des riches[1]. La redistribution, voilà la cause de tous les malheurs de l'humanité, voilà la plus grande des abjections. Ayn Rand n'interdit pas que l'on pratique la charité, mais encore faut-il que ce soit de façon librement consentie et uniquement en faveur de ceux qui le méritent : « Faut-il toujours aider son prochain ? Non, si celui-ci le revendique comme un droit ou une obligation morale à laquelle vous seriez soumis. Oui, si c'est votre désir, fondé sur la joie égoïste que vous procurent sa reconnaissance et ses efforts. [...] Mais, aider un homme qui n'a pas de vertu, l'aider uniquement parce qu'il souffre, accepter ses fautes, ses besoins, comme des revendications, c'est accepter qu'un moins que rien détienne une hypothèque sur votre système de valeurs.

1. Ayn Rand, *La Grève*, *op. cit.*, p. 581-585.

L'aider, c'est cautionner ce qu'il y a de plus mauvais en lui, c'est soutenir son œuvre de destruction. Que ce soit sous la forme de quelques centimes ou d'un simple sourire qu'il n'a pas mérité, tout hommage à un moins que rien est une trahison envers la vie et tous ceux qui luttent pour sa préservation. C'est de ces centimes et de ces sourires qu'est née la décadence de votre monde[1]. » On ne peut que s'étonner qu'un ouvrage aussi profondément antichrétien (cf. Matthieu 25, 40 : « Ce que vous avez fait aux plus petits d'entre vous, c'est à moi que vous l'avez fait ») puisse exercer une telle influence et avoir connu un tel succès (plus de 10 millions d'exemplaires vendus) dans un pays aussi profondément chrétien. C'est là l'une des nombreuses et intéressantes contradictions de l'Amérique d'aujourd'hui. Dans tous les cas, c'est dans la philosophie d'Ayn Rand que réside l'opposition frénétique de nombreux Américains (et tout particulièrement de la droite chrétienne) à l'établissement d'une Sécurité sociale permettant à des dizaines de millions d'Américains dépourvus de moyens de pouvoir se soigner en cas de coup dur.

Le héros principal de *La Grève* est John Galt. C'est un inventeur de génie qui, à l'âge de 26 ans, mit au point un moteur pouvant transformer l'énergie de l'électricité statique présente dans l'air ambiant en énergie utilisable. Une révolution susceptible de changer définitivement la face du monde en fournissant une énergie gratuite à toute l'humanité. Devant l'importance de sa trouvaille, ses supérieurs décidèrent qu'un homme seul ne pouvait revendiquer le profit d'une telle découverte, que celle-ci appartenait à la collectivité. John Galt détruisit alors son moteur et disparut. Dans les années suivantes, il contacta un à un les plus grands esprits du pays pour les inciter

1. *Ibid.*, p. 1058-1059.

à se retirer du monde, à refuser de mettre leur talent au service d'une société qui non seulement ne reconnaissait pas leur mérite, mais en plus leur mettait de nombreux bâtons dans les roues. « On clame que l'industriel est un parasite, que ses ouvriers l'entretiennent, qu'ils font sa fortune, qu'ils lui permettent de vivre dans le luxe. Fort bien. Nous allons voir qui dépend de qui ; qui entretient qui ; qui crée de la richesse ; qui assure la subsistance de qui [...]. Il n'y a qu'une catégorie dans le monde qui n'a jamais fait grève au cours de l'histoire : les hommes qui ont porté le monde sur leurs épaules, qui l'ont fait vivre, qui ont supporté les pires affronts pour seuls remerciements, sans jamais abandonner pour autant l'espèce humaine. Eh bien, leur tour est venu. Il est temps que le monde découvre qui ils sont, ce qu'ils font et ce qui se passe quand ils ne veulent plus jouer leur rôle. C'est la grève des êtres pensants. La matière grise est en grève. » Dans un premier temps, les professeurs d'université, les grands entrepreneurs, les inventeurs deviennent cuisiniers dans un fast-food, mécaniciens ou ouvriers construisant des lignes de chemins de fer. Privée de talents, la société commence à se déliter, puis à s'écrouler de plus en plus rapidement. Dans un deuxième temps, tous ces grands esprits grévistes se rassemblent dans une thébaïde, une cité idéale perdue au cœur des Rocheuses, où ils vont mettre en place un « paradis libertarien », une société où personne n'aide personne, où le mot « gratuit » est absolument banni, où chacun est rémunéré selon ses mérites en or pur, car, bien entendu, la monnaie papier n'y a aucun cours. Quand la situation du pays est désespérée, John Galt pirate l'ensemble des fréquences hertziennes pendant un discours du président des États-Unis et expose sa vision de l'effondrement de la société. À la suite d'une tentative de coup d'État militaire, qui aboutit à une forme d'explosion atomique, les bureaucrates et étatistes de tout poil renoncent, et John Galt et ses génies peuvent retourner dans le monde et y bâtir la radieuse société future fondée sur le serment qu'ils ont tous fait : « Je jure, sur ma vie et l'amour que j'ai pour elle, de ne jamais vivre pour les autres ni de demander aux autres de vivre pour moi. »

Car John Galt et tous les héros du livre sont des égoïstes. Des égoïstes assumés. Toute la démonstration d'Ayn Rand consiste à prouver, mais de façon bien plus sérieuse et bien plus construite que le héros du film *Wall Street* qui affirmait que l'avidité était bonne pour l'Amérique, que cette approche égoïste est la seule vraie approche morale qui soit, et que le « code moral » qui régit notre société et consiste dans la charité et la redistribution est profondément immoral. Pour comprendre le sens du livre, il n'est pas nécessaire de lire ses 1 100 pages, mais simplement les 70 pages que représente le discours enflammé de John Galt et que vous pouvez trouver librement en version française[1]. « Un code moral qui vous met au défi de trouver le bonheur en renonçant à votre bonheur est une insulte à la morale. Une doctrine qui prône le sacrifice comme idéal n'a que la mort à vous proposer comme modèle[2]. » Travailler au bien des autres est profondément immoral. C'est là la clé du raisonnement d'Ayn Rand. Son inspirateur direct, et elle ne s'en cache pas, est Mandeville et sa fameuse *Fable des abeilles*. L'homme qui, comme nous l'avons vu, fut à la véritable origine du fanatisme du marché, selon lequel les vices privés (c'est-à-dire la recherche égoïste de son bonheur) produisent la vertu publique.

1. http://membres.multimania.fr/mgrunert/johngalt.htm
2. Ayn Rand, *La Grève*, *op. cit.*, p. 1011.

On peut certes mépriser cette œuvre et y voir, comme certains intellectuels de gauche, « le fruit le plus pourri de l'Amérique d'aujourd'hui », juger la philosophie d'Ayn Rand comme étant « formée de quelques bribes indigentes d'Aristote et de Thomas d'Aquin mal digérées, mal comprises, mal lues, et de quelques plagiats inavoués de Nietzsche » et considérer que son incroyable succès aux États-Unis est dû à sa capacité à « faire croire au moindre cow-boy analphabète qu'il est un être supérieur exploité par plus ratés que lui[1] ». Mais ce serait, je pense, faire une grave erreur. Tout d'abord, si on la replace dans son contexte, celui des années 1950, sa critique du communisme ou du socialisme est particulièrement pertinente. Elle nous montre comment l'application, pour des raisons « morales », du principe « chacun travaille selon ses capacités et reçoit selon ses besoins » peut transformer en quelques années des hommes honnêtes et travailleurs en personnes malhonnêtes et paresseuses. Face à ces nouvelles règles, il est logique que chacun cherche à apparaître comme le moins compétent possible et ayant le plus de besoins possibles, ce qui amène à scléroser toute créativité et tout progrès, à mentir et, encore plus, à jalouser son prochain. Sa dénonciation des bureaucrates, des fonctionnaires et des esprits petits et jaloux qui font tout pour entraver le « héros » randien, l'entrepreneur audacieux et créatif, est toujours d'une grande actualité, surtout dans les pays d'Europe continentale. Je ne porterai pas ici un jugement moral sur l'éloge qu'Ayn Rand fait de l'égoïsme ni sur son rejet horrifié de la charité et de la redistribution. Il est clair que, comme Nietzsche, et, oserais-je dire, à la fureur de certains professionnels de la philosophie, de façon beaucoup plus convaincante et surtout beaucoup plus

1. Voir l'article de Pierre de La Coste sur www.vigile.net/America-is-going-Galt

cohérente que Nietzsche, l'ultime ennemi d'Ayn Rand, avec le marxisme, est la philosophie judéo-chrétienne.

Je me contenterai juste de dire que le système proposé par Ayn Rand ne marche pas, et cela pour trois raisons.

– Tout d'abord, ce système repose sur l'absolutisation de la raison. À ce titre, Ayn Rand est une remarquable enfant de la modernité, mais comme la première partie de cet ouvrage nous l'a montré, bien que la postmodernité n'abolisse nullement la raison, elle « élargit » celle-ci et rejette un certain nombre des prémices sur lesquelles se fondent la raison matérialiste et la vision du monde d'Ayn Rand. Sa logique est trop simpliste pour un monde comme celui que nous ont décrit les chapitres 3 et 4.

– Une caractéristique de ses héros est extrêmement peu crédible. Ces hommes et ces femmes égoïstes, qui disent qu'ils n'ont comme seul but dans la vie que de faire de l'argent et de rechercher leur propre bonheur et leur propre intérêt, sont dans tous les actes de leur vie d'une rectitude morale parfaite. Pas un seul qui corrompe pour obtenir un avantage, qui cherche à déstabiliser ses concurrents par des moyens malhonnêtes ou qui accepte de gagner un argent qu'il n'aurait pas mérité. Le moins que l'on puisse dire, c'est que l'on connaît peu d'individus manifestant une telle éthique parmi ceux pour qui l'intérêt personnel est le but principal dans la vie[1].

– Mais la meilleure preuve de cette fausseté des thèses d'Ayn Rand a été apportée le 23 octobre 2008 par son plus fidèle disciple, Alan Greenspan, qui témoigna ce jour-là devant une commission du Congrès. Le responsable de la

1. Même si, dans des cas très rares, on peut imaginer que ce type de personnes puisse réellement exister – des personnes trop fières pour accepter de gagner quoi que ce soit autrement que grâce à leur mérite personnel.

commission, le représentant Henry Waxman, commence par résumer la longue liste des déclarations faites par Greenspan lors de ses précédents passages (triomphaux) devant des commissions du Congrès, où, chaque fois, il avait affirmé qu'il n'était pas nécessaire d'introduire de nouvelles régulations parce que le marché était le meilleur régulateur possible pour faire face à ces différentes dérives. Puis il s'ensuit l'extraordinaire dialogue suivant :

Waxman : Je vais vous poser une question simple. Aviez-vous tort ?

Greenspan : Oui. J'ai trouvé une faille, et cela m'a beaucoup perturbé.

Waxman : Vous avez trouvé une faille dans quoi ?

Greenspan : Une faille dans le modèle que je pensais être celui qui exprimait la façon dont le monde fonctionne.

Waxman : Vous voulez dire une faille dans votre vision du monde ? Votre idéologie n'était pas juste ?

Greenspan : Précisément, c'est précisément pour cela que je suis si perturbé, parce que, pendant quarante ans, j'avais accumulé des évidences considérables que ce modèle fonctionnait exceptionnellement bien.

Waxman : Où avez-vous fait une erreur ?

Greenspan : J'ai fait une erreur en pensant que l'intérêt personnel des organisations telles que les banques faisait d'elles les plus capables de protéger l'intérêt de leurs actionnaires[1].

---

1. Voir la retranscription et un extrait vidéo sur www.guardian.co.uk/business/2008/oct/24/economics-creditcrunch-federal-reserve-greenspan, et une autre partie du dialogue retranscrit sur www.youtube.com/watch?v=ozD8ojH5PJU & feature = related. Il existe des vidéos complètes du dialogue, mais le son est nettement moins bon : www.youtube.com/watch?v=txw4GvEFGWs & feature = relmfu et www.youtube.com/watch?v=CQ6WgiHq3CE

On ne saurait mieux dire que la poursuite de l'intérêt individuel est loin d'aboutir toujours à quelque chose de bon pour la société. Greenspan ira jusqu'à dire : « Tout notre édifice intellectuel s'est effondré au cours de l'été de l'année dernière[1]. »

Il est d'autant plus impressionnant de voir sur ces vidéos Alan Greenspan livide et prostré que celui-ci était véritablement un « infiltré dans le système », un homme qui, pendant des années, a effectué en tant que président de la Réserve fédérale des interventions dans le marché, tout en pensant, comme le fameux représentant du Texas, Ron Paul, et d'autres libertariens, que ces interventions était absurdes, voire criminelles, et, comme Greenspan l'a dit lui-même quelques mois après avoir quitté son poste, qu'un véritable marché libre implique la disparition pure et simple d'une Réserve fédérale[2]. Le fait que Greenspan « avoue » que le marché ne peut se réguler lui-même et que les actions des banques et des entreprises financières se sont faites au détriment de leurs actionnaires (remarquons au passage qu'il ne parle même pas de leurs clients !) est encore plus savoureux quand on sait les pressions qu'il faisait auparavant sur Brooksley E. Born pour qu'elle ne poursuive pas les fraudeurs au nom de ce sacro-saint principe de la régulation automatique par le marché. Le calvaire de Greenspan ne s'arrêtera pas là, il devra ensuite témoigner devant une commission spéciale à la tête de laquelle Barack Obama avait nommé... Brooksley E. Born qui achèvera de le « démolir », comme l'ont rapporté les journalistes qui y ont assisté[3].

1. www.nytimes.com/2008/10/24/business/economy/24panel.html
2. www.youtube.com/watch?v=bAH-o7oEiyY & feature = related
3. Voir www.wealthdaily.com/articles/brooksley-born-demolishes-alan-greenspan/2423

La raison de cet échec est toute simple. Dans un grand nombre de cas, très probablement la majorité d'entre eux, la poursuite de l'intérêt individuel par les acteurs d'un marché est négative et non positive pour la société. Le cas des marchés des produits dérivés, analysé au chapitre précédent, illustre cela de façon parfaite. La poursuite, par les acteurs principaux du marché, de leurs intérêts propres a incité les consommateurs à s'endetter dans les plus mauvaises conditions et a mené beaucoup d'entre eux à la faillite, a fait perdre aux actionnaires l'immense majorité, voire la totalité de leur capital, a provoqué une très mauvaise allocation des ressources, a encouragé la fraude et l'irresponsabilité, au lieu de réguler le marché. Bref, dans ce cas précis, les marchés, et avec eux les tenants de l'autorégulation, ont eu tout faux.

Ces « néo-cons » qui veulent persévérer dans l'erreur

Alors pourquoi conviendrait-il de continuer notre démonstration ? Ne serait-ce pas tirer sur l'ambulance ? Eh bien, non. C'est au contraire d'une extrême importance, car dans les pays anglo-saxons, une très puissante minorité a une interprétation complètement différente de la crise. Cette crise serait due à un excès d'intervention de l'État dans l'économie et non pas à un manque d'intervention. Or, s'il y a une chose sur laquelle les deux camps sont d'accord, c'est bien que la qualité du diagnostic est essentielle avant toute tentative d'appliquer le remède. Voilà pourquoi il nous faut écouter les arguments de ceux qui pensent qu'Alan Greenspan est un traître et qu'il n'aurait jamais dû reconnaître ses erreurs face à la commission du Congrès. Les tenants de cette approche se regroupent dans un grand nombre de *think tanks* et de lobbies aux États-Unis. Le plus célèbre d'entre eux est, sans doute, l'American Enterprise Institute[1]. Leurs relais en France sont des économistes comme Jean-Yves Naudet, Nicolas Lecaussin ou Vincent Bénard, le très actif animateur du blog Objectif Liberté[2]. Quelle est fondamentalement leur analyse ? Tout d'abord, elle se fonde sur une réécriture de l'histoire, celle de la Grande Dépression. Pour eux, la réussite du New Deal de Roosevelt est une pure légende. Le keynésianisme a toujours échoué, et « la vraie histoire est tout autre : le New Deal a aggravé la crise et l'Amérique s'est retrouvée dans un univers socialiste, avec une planification naissante, des banques nationalisées, un protectionnisme total. En fait, la guerre est passée par là et a constitué comme un rideau empêchant de voir la réalité des années 1930. En sens inverse, les politiques libérales d'action sur l'offre et de baisse des impôts, visant à agir sur les incitations à produire et entreprendre, à travailler et à investir, aux États-Unis (Reagan en tête) et ailleurs, ont créé les conditions favorables à une croissance durable et soutenue[3] ».

Certes, on peut toujours faire de l'économie-fiction et prétendre que, si la relance keynésienne fondée sur des dépenses massives de l'État n'avait pas eu lieu, l'économie américaine se serait redressée plus vite. Néanmoins, la crise ayant commencé en octobre 1929 et la politique du New Deal ayant été lancée au premier semestre 1933,

1. www.aei.org/
2. www.objectifliberte.fr/
3. www.libres.org/conjoncture/2541_le_keynesianisme_a-t-il_sauve_lamerique_central

nous avons eu un merveilleux cas d'école montrant à quoi pouvait mener une politique non interventionniste, développée par l'administration républicaine du président Hoover pour des raisons idéologiques : une quasi-implosion du système financier, de l'économie réelle et du pays dans son ensemble. On peut toujours prétendre que, en l'absence du New Deal et sous l'effet de la main invisible, l'économie se serait miraculeusement redressée à partir de 1934 et que des résultats économiques bien meilleurs auraient été obtenus. Mais oser affirmer cela, au vu de ce qui s'est passé de 1929 à 1933, c'est véritablement croire au miracle, dans des proportions jamais vues, même chez les croyants les plus dévots. Le seul argument des antikeynésiens, c'est que ce fameux New Deal a été très loin de rétablir la situation qui prévalait avant 1929 et que c'est seulement la Seconde Guerre mondiale et les efforts de développement et de reconstruction qui ont suivi qui ont pu permettre aux États-Unis de retrouver le plein-emploi (notons au passage que, en période de guerre, le plein-emploi est obtenu grâce à un déficit gigantesque, soit de l'hyper-keynésianisme !). Mais, s'il en était ainsi, c'est justement parce que la situation était aussi grave et parce que la non-intervention de l'État avait creusé un tel gouffre. En 2008 (sous une administration républicaine particulièrement libérale !), le gouvernement a réagi massivement et en vingt-quatre heures, ce qui explique pourquoi (avec toutes les interventions suivantes des États) la crise que nous connaissons n'a pas, pour l'instant, atteint les proportions de celle de 1929. Concernant l'analyse du passé, les antikeynésiens sont donc peu crédibles. Mais en ce qui concerne l'analyse de la crise actuelle, ils ont un joker. Ce sont les fameuses entreprises garanties par l'État que sont Fannie Mae et

Freddie Mac, spécialisées dans le rachat de créances immobilières. Comme l'indique un article sur le site de l'American Enterprise Institute intitulé : « Les vraies origines de la crise financière », ce sont elles les principales responsables. La volonté politique des démocrates de favoriser l'accès à la propriété des plus démunis a amené, dans les années 1990, non seulement à faciliter l'attribution de crédits à cette population, mais même à faire voter des lois obligeant les banques à distribuer des crédits aux minorités. Fannie Mae et Freddie Mac ont alors créé un effet d'entraînement sur les banques privées, amenant celles-ci à les imiter et empêchant toute critique de la part des régulateurs, puisque les banques privées ne faisaient que « suivre » ce que pratiquaient déjà ces deux entreprises semi-publiques[1]. Lecaussin, l'un des meilleurs défenseurs en France de cette interprétation de la crise, écrit : « La méthode des *subprimes* ou des crédits accordés à tout-va, et surtout aux plus pauvres, comporte des racines marxistes. C'est à l'État ou au Parti de décider si les gens doivent devenir ou non propriétaires[2]. » Vincent Bénard admet, lui, qu'il serait « abusif de faire porter le chapeau aux deux seuls Fannie et Freddie », mais que « les outils utilisés pour mener à bien l'escroquerie étaient ceux dont se servaient Fannie Mae, Freddie Mac et quelques banques privées pour donner l'illusion aux politiques que tout cela concourait à permettre aux plus pauvres d'accéder à la propriété. Toute menace judiciaire contre cette "*fraud economy*" était présentée comme une menace

1. www.aei.org/issue/economics/fiscal-policy/the-true-origins-of-this-financial-crisis/,

2. Nicolas Lecaussin, *Au secours, ils veulent la peau du capitalisme,* First Éditions, 2009, p. 78.

contre l'accès au rêve américain des familles modestes : une maison à soi[1] ».

« On peut ainsi aboutir à un complet renversement de perspective : il ne faut pas chercher les causes de la crise financière du côté de la déréglementation perfide ou du capitalisme sauvage qui n'existe que dans l'imaginaire des étatistes, et encore moins du côté des spéculateurs sans foi ni loi. [...] Les fameux *subprimes* ou crédits immobiliers qui sont à l'origine de la crise ne sont nullement une création du capitalisme financier, ils sont une invention de l'administration américaine pour que les pauvres et les minorités accèdent à la propriété[2]. » On peut alors ressusciter les propos d'un économiste libéral français, Henri Lepage, qui écrivait en 1978 : « La crise que nous vivons n'est pas celle du capitalisme, mais celle de l'étato-capitalisme. Ce dont nous souffrons, ce n'est pas de trop de marché, mais de pas assez de marché[3]. » Et de conclure triomphalement : « La crise actuelle n'est qu'un accident de parcours et, sauf bêtises des dirigeants politiques, la révolution libérale continuera de plus belle[4]... » En outre, pour bien souligner l'absurdité qu'il y aurait à créer de nouvelles régulations, Bénard et surtout Lecaussin développent, pendant des pages et des pages, tous les systèmes de régulation existant aux États-Unis et les milliers de personnes qui y travaillent[5].

S'il est indéniable que certaines incitations et le comportement de Fannie Mae et Freddie Mac ont pu donner le signal d'une « ruée sur les pauvres », il est évident

1. Vincent Bénard, *Foreclosure Gate, les gangs de Wall Street contre l'État US*, Édouard Valys Éditions, 2011, p. 139.

2. Nicolas Lecaussin, *Au secours..., op. cit.*, p. 6-7.

3. *Ibid.*, p. 79.

4. *Ibid.*, p. 63.

5. *Ibid.*, p. 103-111.

que personne ne peut prétendre qu'il s'agit là de la cause la plus importante de la crise. La meilleure preuve, c'est que, dans la plupart de ces livres ou articles sur les origines de la crise dans la version néolibérale[1], vous ne trouverez à aucun moment les trois lettres CDS. C'est tout aussi extraordinaire que d'écrire un livre sur les origines de la Seconde Guerre mondiale sans que jamais le nom de Hitler y figure. S'il y a bel et bien eu des lois favorisant le prêt aux couches les plus pauvres de la population américaine, nous avons vu que l'ensemble des prêts toxiques ne représentait qu'un dixième des pertes que la crise actuelle a fait subir à l'économie, et que c'est le grand multiplicateur de toxicité – les CDS, les CDO, les CDO de CDO, etc. – qui a été, et de très loin, le responsable de ce désastre. Et ce sont le lobbying frénétique des banquiers et les efforts de Greenspan pour les soutenir qui ont provoqué l'implosion du système. Certes, il y a un grand nombre de régulations aux États-Unis, mais, dans bien des cas, il s'agit malheureusement de trompe-l'œil ou de faux nez, les régulations ayant été vidées de leur substance par des hommes qui croyaient que le marché était le meilleur des régulateurs. L'interdiction des CDS ou, au minimum, des CDS « nus » aurait déjà probablement réduit la crise de moitié ou des trois quarts. La création d'une Chambre de compensation pour tous les produits qui sont « posés sur la table » (qui s'échangent *over the counter*) aurait également fortement réduit les risques, et ce ne sont pas les tenants de la régulation, mais leurs adversaires acharnés qui ont provoqué cette situation. Il est donc particulièrement faux de dire, comme Lecaussin, que les outils à

1. Celui de Lecaussin en est l'exemple le plus impressionnant, celui de Bénard étant une exception.

l'origine de la crise ne seraient pas issus du capitalisme financier. Une autre variante est qu'il n'y a pas eu spécialement de dérégulation au cours des années 1990, comme je l'ai entendu affirmer par un chercheur de l'American Enterprise Institute – alors qu'en 1999, de nombreux banquiers souriants autour de Bill Clinton et d'Alan Greenspan célébraient l'enterrement du Glass-Steagall Act, une des grandes mesures que Roosevelt avait imposées aux banquiers de son époque, après la crise de 1929, celle qui séparait strictement les banques de dépôt des banques d'affaires. On a rarement vu autant d'hommes heureux de s'être tiré une balle dans le pied puisque, neuf ans après, le système allait s'écrouler à cause des excès frénétiques que cette dérégulation (qui n'a jamais existé selon certains !) avait provoqués[1].

C'est bien évidemment ce refus d'analyser et même de mentionner les causes profondes de la crise qui discrédite totalement les approches des tenants de la dérégulation[2]. Pourtant, pour des raisons idéologiques, bien des gens voudraient qu'il en soit ainsi. Un signe qui ne trompe

1. Voir cette intéressante analyse de *La Tribune* (un média peu soupçonnable d'antilibéralisme) sur le lobbyisme des banquiers pour obtenir cette annulation : www.latribune.fr/opinions/tribunes/20130812trib000778162/histoires-de-la-non-regulation-bancaire-15-sandy-weill-l-homme-qui-a-defait-le-glass-steagall-act.html

2. Vincent Bénard constitue une intéressante exception. Il n'hésite pas à écrire : « Comme Alan Greenspan l'a compris, un peu tard, la main invisible du marché, supposée provoquer la faillite des agents économiques les moins vertueux, ne suffit pas, tant les mauvais agissements de quelques-uns peuvent nuire à tous, avant que le nettoyage ne se produise. » Il dénonce le lobbying des banques, s'indigne que les sanctions pour les fraudeurs ne soient pas assez fortes, puis, au lieu d'en tirer les conséquences qui s'imposent, il affirme que « cette crise n'est pas celle de la "dérégulation", elle est celle de la corégulation de l'économie, entre le gouvernement et les financiers, au nom des objectifs sociaux du gouvernement ». Ce qui contredit en partie sa propre analyse ! (Vincent Bénard, *Foreclosure Gate*..., *op. cit.*, p. 132-140.)

pas, c'est qu'il y a eu une hausse brutale des ventes aux États-Unis de… *La Grève* d'Ayn Rand[1]. Après tout, pour un libéral, nous sommes revenus aujourd'hui dans la situation « présocialiste » qui était celle du New Deal, avec des interventions massives de l'État dans l'économie et un souci des pauvres (« Obama Care »), qui provoque de graves distorsions dans les lois du marché. C'est pourquoi nous devons encore creuser et montrer que les faiblesses du marché ne concernent pas seulement des biens immatériels, c'est-à-dire le secteur financier, mais aussi des biens réels, comme ceux de l'énergie ou du transport.

Les abeilles, les buffles et le renard : trop de libéralisme tue le libéralisme

On se demande bien pourquoi Mandeville a choisi les abeilles pour sa fameuse fable, car il n'y a rien de moins individualiste qu'une abeille, qui passe toute sa vie à œuvrer pour la communauté ! C'était donc un curieux choix pour démontrer comment la recherche du bonheur individuel pouvait favoriser la collectivité. Comme nous l'avons mentionné au chapitre 4 (p. 150), bien d'autres exemples dans la nature nous montrent que la coopération est parfois beaucoup plus efficace que la compétition. Lors des grandes migrations de troupeaux de milliers de buffles, ceux-ci forment une masse impressionnante où les petits sont entourés par la horde des adultes. Lorsque les prédateurs, tels que les lions, attaquent ces troupeaux, ils ont de grandes difficultés à isoler un individu pour le tuer. Si les buffles se

1. www.economist.com/node/13185404?story_id=13185404

comportaient de manière individualiste, c'est-à-dire s'ils s'enfuyaient à toutes pattes à l'arrivée des prédateurs, les buffles les plus solides laisseraient loin derrière eux les plus faibles. Ceux-ci seraient rapidement mangés et, au fil des jours de leur longue migration, le troupeau de buffles diminuerait si rapidement qu'il aurait sans doute disparu avant d'arriver à destination ! Au lieu de cela, les buffles se gardent bien d'accélérer le pas malgré la menace des prédateurs. Ils restent groupés, et c'est cette force collective qui a permis leur survie depuis des millions d'années, dans une savane peuplée de lions, de hyènes ou de chacals. S'il est évident qu'il y a des pans entiers de l'économie dont l'État ne doit pas s'occuper et qui doivent être laissés à l'initiative individuelle, l'histoire récente nous apprend qu'il existe des domaines essentiels pour la survie d'un pays dans lesquels nous devons nous comporter comme des buffles et non pas comme les hypothétiques abeilles de Mandeville. Ces domaines sont essentiellement l'énergie et les transports qui forment les deux artères vitales des sociétés modernes. Aucune économie performante ne peut se développer s'il y a de fréquentes coupures d'électricité dans les usines ou si les voies et les systèmes de transport sont dans un si piètre état que les biens produits ne peuvent pas être acheminés jusqu'aux consommateurs (c'est, par exemple, l'une des grandes faiblesses actuelles de l'Inde par rapport à la Chine).

Or, dans les années 1990, les États-Unis n'ont pas seulement dérégulé dans le domaine financier. Ils ont aussi dérégulé le secteur de l'énergie. Il s'est ensuivi une véritable catastrophe dans l'État emblématique de la nouvelle économie, la Californie. De façon régulière, celui-ci connut des coupures d'électricité, tel un « vulgaire » pays du tiers-monde. La situation devint tellement intolérable que l'État dut reprendre les choses en main et, après avoir dépensé plus de 45 milliards de dollars, qui ont contribué à amener l'État de Californie au bord de la faillite, les choses ont pu péniblement revenir… à l'état où elles étaient avant la déréglementation. Les ultralibéraux n'aiment pas beaucoup qu'on leur parle de la Californie, mais ils ont une réponse toute prête : « La libéralisation a été incomplète. En effet, des prix plafonds ont été fixés pour protéger le consommateur, et les sociétés électriques californiennes, ne pouvant répercuter la totalité de la hausse des prix sur leurs prix de vente, étaient obligées de vendre à perte. » Lecaussin (et avec lui tous les ultralibéraux ayant abordé la question) peut ainsi conclure triomphalement : « Comment espérer que sous de telles contraintes, les compagnies électriques californiennes soient capables d'exercer leur activité économique, alors qu'elles sont privées de la liberté économique fondamentale, celle d'ajuster leurs prix en fonction de l'offre et de la demande ? Ce n'est pas une déréglementation libérale qui fut instituée en Californie, mais une véritable soviétisation digne d'un Brejnev[1]. »

Encore et toujours, les tenants de la déréglementation cachent à leurs lecteurs une information fondamentale. Comme sur d'autres marchés, cette déréglementation avait été « vendue » aux pouvoirs publics, en expliquant que l'action libre des forces du marché, qui allait conduire à plus d'efficacité grâce à la concurrence, allait faire s'effondrer les prix. Le vrai problème était donc de savoir comment protéger les entreprises de la chute des prix qui aurait pu les priver de moyens d'investir dans les infrastructures. On avait quand même, par sécurité, fixé des

1. Nicolas Lecaussin, *Au secours…*, *op. cit.*, p. 176.

plafonds aux prix de vente de l'électricité, plafonds qui étaient très supérieurs au prix de vente sur le marché régulé. Bien entendu, les tenants de la déréglementation ne s'y étaient pas opposés, étant persuadés que de tels plafonds ne seraient jamais atteints et que donc la limite était tout à fait théorique. Or, en trois ans, les prix furent multipliés par 8, passant de 30 dollars le mégawatt/heure en avril 1998 à 234 dollars en juin 2001 ! Bien entendu, personne ne pouvait imaginer une multiplication par 8 des prix de l'énergie en trois ans « grâce » au marché libre, et, heureusement pour le consommateur, ses prix à lui ne pouvaient être multipliés que par 3, ce qui est déjà gigantesque et du jamais vu dans les pays industrialisés. Quand l'État de Californie prit les choses en main, le prix retomba à 59 dollars en quelques mois. Que s'était-il passé ? Les tenants de la dérégulation avancent que le sous-investissement en matière de centrales et de lignes de transmission était la cause des problèmes. Mais, dans ce cas, cela veut dire que, avant de déréglementer, l'État aurait dû investir dans ce domaine vital pour l'économie. En fait, une grande partie du problème a purement et simplement été fabriquée par certains des acteurs du marché.

Derrière la déréglementation de l'énergie se trouvait entre autres le lobbying d'Enron. Enron, au départ une société de production et de transport d'énergie, est devenu l'un des premiers courtiers en énergie, vendant l'électricité et le gaz au jour le jour, là où celui-ci venait à manquer. Kenneth Lay, son P.-D.G., ne cessait de répéter la sacro-sainte phrase : « Laissons faire le marché, il est plus efficace que nous. » En quelques années, les bénéfices d'Enron passèrent de presque rien à près de 100 millions de dollars par an. Enron était l'exemple même de la façon dont la dérégulation pouvait à la fois créer du business, développer l'économie, être bonne pour la collectivité et offrir aux audacieux comme Kenneth Lay la possibilité de faire fortune. Sauf que, en 2002, Enron s'effondra dans ce qui fut à l'époque la plus grande faillite de tous les temps, laissant des milliers d'employés sans aucune retraite puisque, aux États-Unis, les caisses de retraite sont privées et sont gérées par les entreprises. Enron s'est révélé le cas d'école du capitalisme fraudeur[1]. Trucage des comptes, création de sociétés-écrans aux mains des cadres de l'entreprise qui ruinaient l'entreprise mais amélioraient artificiellement ses comptes, bonus gigantesques versés aux dirigeants pour des projets qui n'ont jamais vu le jour, utilisation du lobbying politique pour dépouiller des pays du tiers-monde comme l'Inde au profit de la société. Enron était, avec six ans d'avance, l'illustration parfaite que l'on pouvait également, en dehors du secteur financier, surfer sur la déréglementation pour réussir à la fois à ruiner ses actionnaires, à œuvrer contre les intérêts de ses clients, de ses ouvriers, des contribuables et du pays tout entier, pour le seul bénéfice d'un petit groupe de dirigeants[2]. Mais ce qui nous intéresse ici, c'est que, grâce à la faillite d'Enron, on a pu découvrir que le marché de l'énergie en Californie avait été largement manipulé. Enron envoyait par exemple de l'électricité en dehors de la Californie pour fortement aggraver les pénuries quand celles-ci pointaient

1. Voir le chapitre que consacre à ce scandale Joseph E. Stiglitz, *Quand le capitalisme perd la tête*, Fayard, 2003, p. 301-328.

2. Kenneth Lay est mort fort opportunément quelques jours avant le début de son procès et n'est jamais allé en prison. Si quelques dirigeants d'Enron ont été incarcérés, beaucoup ont sans doute profité de leur connivence avec l'administration de George W. Bush dont Enron a été le plus grand financier pour les campagnes électorales.

à l'horizon. Comme Enron était un acteur essentiel du marché « spot », c'est-à-dire du marché où les compagnies qui distribuaient l'énergie en Californie pouvaient se procurer l'énergie manquante au jour le jour, la société gagnait des fortunes, puisque, en cas de pénurie, les prix de l'électricité au jour le jour atteignaient, comme nous l'avons vu, des sommes faramineuses. Bref, la déréglementation du marché de l'énergie en Californie illustre de façon claire et nette la fable du renard libre dans un poulailler libre, sauf qu'ici le renard a fini par mourir d'indigestion.

Dieu sait s'il y a des excès et des abus dans une entreprise comme EDF. Ils sont dénoncés régulièrement par la Cour des comptes. Un des plus gros scandales est sans doute le comité d'entreprise d'EDF, pourvu d'un budget de près de un milliard d'euros, aux mains de la CGT et dont la gestion est d'une opacité totale. Mais quand les deux grandes tempêtes de décembre 1999 ont abattu près d'un quart du réseau français, celui-ci a pu être redressé en quelques jours, grâce entre autres à l'aide bénévole de retraités qui étaient fiers de travailler pour « une grande cause nationale ». Je conseille fortement à mes lecteurs de se méfier de toutes les offres, aussi alléchantes soient-elles, qui leur sont faites et qui leur seront faites, de quitter l'opérateur principal pour une électricité dérégulée. Au bout de quelques années, la facture sera beaucoup plus importante que celle d'EDF, et quand ils voudront revenir chez EDF, on leur expliquera que le tarif « standard » dont ils bénéficiaient auparavant n'est pas accessible aux nouveaux consommateurs et qu'ils ne pourront jamais retrouver la situation qui était la leur avant de tomber dans le piège de la déréglementation.

En ce qui concerne l'énergie nucléaire, j'ai expliqué dans mon ouvrage *La Science en otage*[1] à quel point le fait qu'il y ait des monopoles d'État pour la mise en place des filières nucléaires avait incité l'ensemble de la planète à prendre une mauvaise direction, en appliquant au civil des techniques inadaptées issues du domaine militaire. Néanmoins, la France peut s'enorgueillir d'être le seul grand État nucléaire à n'avoir pas connu de catastrophe majeure, contrairement aux Russes, aux Américains et aux Japonais. Certes, ce type de catastrophe peut se produire demain, surtout que les soucis de « rentabilité » et « d'efficacité » amènent à réduire depuis quelques années les procédures de sécurité d'EDF. Mais ce n'est rien à côté de Tepco, société privée et opérateur de Fukushima, qui disait à ses actionnaires, il y a quelques années, que les bénéfices allaient être maintenus grâce aux réductions des frais de maintenance ! Comme l'a très bien montré le film *Le Syndrome chinois*, sorti aux États-Unis quelques jours avant la catastrophe de Three Mile Island, les notions d'économie et de rentabilité ne doivent pas être les premières dans le domaine nucléaire. Et il faut savoir éviter également le je-m'en-foutisme à la soviétique où les systèmes s'écroulent parce que plus personne n'est responsable.

Le tunnel sous la Manche fut une grande réalisation européenne, construit à l'époque de François Mitterrand et de Margaret Thatcher. Le credo libéral de celle-ci l'avait amenée à donner son autorisation au projet uniquement si celui-ci ne recevait aucun financement public. Le projet a donc été entièrement financé par des actionnaires privés (souvent de petits actionnaires) et curieusement bien plus de Français que d'Anglais,

1. Jean Staune, *La Science en otage*, *op. cit.*, chapitre 9.

comme si les Anglais, pourtant tenants du libéralisme, n'avaient pas cru au projet. On sait maintenant que les membres de nombreuses agences bancaires avaient reçu d'importantes commissions pour placer les actions d'Eurotunnel et avaient fait miroiter aux petits porteurs des bénéfices exceptionnels... qui se sont transformés en pertes gigantesques, ce qui était tout à fait prévisible. En effet, aucune infrastructure d'une telle taille et d'une telle ambition ne peut être rentable, ce qui veut dire qu'il faut impérativement que des fonds publics interviennent dans au moins la moitié de son financement. Un tunnel sous la Manche avec 50 % de fonds publics et 50 % de fonds privés aurait été parfaitement rentable pour ses actionnaires privés. L'entêtement de Margaret Thatcher a ainsi déconsidéré totalement le financement privé pour les grandes infrastructures internationales, ce qui fait qu'aujourd'hui le futur tunnel entre la France et l'Italie sera financé à 100 % par des fonds publics. Il y a là une leçon très intéressante à retenir pour les adeptes du libéralisme (dont je suis !) : trop de libéralisme tue le libéralisme.

Ce n'est pas Margaret Thatcher, mais ses successeurs qui privatisèrent en 1995 le chemin de fer en Grande-Bretagne. Là aussi, les résultats furent catastrophiques. Non seulement la qualité du service se dégrada, avec de nombreux retards, mais en plus les accidents mortels se multiplièrent. Néanmoins, les apôtres du tout-libéral n'hésitent pas, là aussi, comme nous l'explique Allister Heath, économiste et directeur de recherche à l'European Foundation, à dire que c'est parce que la véritable solution libérale n'a pas été appliquée. « L'échec partiel des réformes britanniques est imputable au fait qu'elles ne sont qu'à moitié libérales. La France doit tenir compte de ces erreurs et véritablement privatiser son système ferroviaire si elle ne veut pas tomber dans le même piège. Seule une industrie fondée sur la propriété privée, sur la liberté des contrats et affranchie de toute réglementation étatique peut assurer le transport des passagers et des marchandises d'une façon réellement efficace et juste[1]. » Ça en devient comique, à force de voir les tenants de ce système affirmer, à chaque échec d'une expérience de dérégulation, que c'est parce que leur logique n'a pas été appliquée jusqu'au bout, suivant ainsi, comme nous l'avions déjà noté, le chemin de leurs collègues marxistes qui expliquent l'échec des régimes socialistes par le fait que le véritable socialisme n'a jamais été mis en place.

L'argument pour affirmer que la privatisation était « imparfaite » est le même que l'un de ceux utilisés pour critiquer la dérégulation de l'électricité en Californie. Le réseau des chemins de fer était en mauvais état, les compagnies qui en ont hérité ne sont donc pas responsables des situations qui se sont produites par la suite. Mais pourquoi le réseau était-il en mauvais état ? Parce que l'État n'avait pas assez investi ! Et pourquoi l'État n'avait-il pas assez investi ? À cause des idées néolibérales de Margaret Thatcher, selon lesquelles l'État devait limiter au minimum ses investissements. Mais il y a plus grave. Allister Heath mentionne que le nombre de morts pour un milliard de kilomètres parcourus est de 0,36 en Angleterre contre 0,27 en France. Les chemins de fer anglais auraient ainsi « seulement » un tiers de décès en plus que les chemins de fer français ? Cela m'a paru étrange, aussi ai-je décidé de me plonger dans les détails et les chiffres, sachant bien qu'on peut leur faire dire n'importe quoi. J'ai d'abord décidé d'éliminer la totalité des accidents imputables à des voitures ou à des

1. www.euro92.com/edi/bull/archives/arch21heath.htm

camions qui sont tombés sur les voies ou qui ont franchi des passages à niveau fermés. Les compagnies de chemin de fer françaises et anglaises ne sont pas responsables des erreurs des conducteurs automobiles. Il faut ensuite retirer de la liste des catastrophes ferroviaires françaises l'accident du 6 novembre 2002 à Nancy, car l'incendie qui a tué 12 personnes s'est produit dans un train de la Deutsche Bahn qui a été désignée comme entièrement responsable de ce fait[1]. Il faut également retirer l'accident du 11 octobre 2006 qui s'est produit sur une voie unique, à la frontière du Luxembourg et de la France, et pour lequel les aiguilleurs luxembourgeois sont totalement responsables[2]. Cela étant fait, si l'on analyse maintenant l'ensemble des accidents s'étant produits depuis 1995, en France et en Angleterre, on trouve un total de 17 accidents ayant fait 52 morts et 946 blessés en Angleterre, contre 4 accidents ayant fait 2 morts et 100 blessés en France, soit 4 fois moins d'accidents mortels, 9 fois moins de blessés et 25 fois moins de morts[3]. On ne peut pas vraiment dire que la différence soit minime[4].

Néanmoins, s'il y a une déréglementation réussie, c'est bien celle du transport aérien. Nicolas Lecaussin nous dit à juste titre : « Dans les années 1980, 200 heures de

1. www.cheminots.net/forum/index.php?/topic/17566-accident-du-train-de-nuit-paris-munich/

2. http://fr.wikipedia.org/wiki/Accident_ferroviaire_de_Zoufftgen

3. http://en.wikipedia.org/wiki/List_of_rail_accidents_in_the_United_Kingdom,

http://fr.wikipedia.org/wiki/Liste_des_accidents_ferroviaires_en_France

4. Ces calculs ont été faits avant l'accident de Brétigny-sur-Orge qui a fait 7 morts et 20 blessés le 12 juillet 2013. Mais selon les premiers rapports, il semble bien que ce soit la baisse des investissements de l'État dans la maintenance des voies (à cause de la crise), donc un désengagement de l'État, qui en soit responsable.

travail en moyenne étaient nécessaires pour traverser l'Atlantique en avion. De nos jours, une vingtaine d'heures de travail suffisent pour parcourir la même distance. Les adversaires de la concurrence et de la mondialisation sont les pires ennemis des pauvres[1]. » Nous avions déjà rencontré cet argument chez Guy Sorman, au chapitre 5 (p. 186), et il est parfaitement exact que cette libéralisation, comme beaucoup d'autres, a grandement profité aux consommateurs. Mais le moins que l'on puisse dire, c'est qu'elle n'a pas profité aux actionnaires. En effet, la *totalité* des grandes compagnies aériennes est passée sous la protection de la loi des faillites (le fameux chapitre 11 aux États-Unis), au moins une fois, sinon deux, au cours des quinze dernières années. Or les actionnaires, principalement des banques et des fonds d'investissement, ne sont pas des philanthropes. S'ils voient qu'un business ne rapporte pas d'argent, ils vont le déserter. C'est pourquoi il est absolument extraordinaire de lire cette confession de celui qui fut, pendant treize ans, le P.-D.G. d'American Airlines, la plus grande compagnie aérienne du monde : « Voici trente ans cet automne, le Congrès a voté le Airline Deregulation Act [loi sur la dérégulation des compagnies aériennes]. Depuis, le système de transport aérien américain s'est beaucoup détérioré. Nos compagnies aériennes, jadis leaders sur le plan mondial, se trouvent aujourd'hui à la traîne, dans toutes les catégories, y compris en ce qui concerne l'âge de la flotte, la qualité des services et la réputation internationale. De moins en moins de vols sont à l'heure. Fusionner ne résoudra pas la détresse dans laquelle se trouvent les compagnies individuelles ni ne solutionnera les problèmes qui se posent à la nation au niveau du transport aérien. La semaine dernière, Delta et

1. Nicolas Lecaussin, *Au secours…*, *op. cit.*, p. 42.

Northwest se sont entendus pour fusionner, et il est probable que cet accord sera suivi par d'autres. Ils n'augmenteront pas les économies d'échelle pour des compagnies déjà importantes. Ils vont générer des coûts très élevés liés à la fusion. Et ils vont énerver les employés qui se sentent lésés par les fusions. Approcher ce problème en se basant uniquement sur le marché ne donnera pas à notre pays le système de transport aérien dont il a besoin. Nous n'avons pas intérêt à retourner à la sur-réglementation du passé, mais il faut que le gouvernement intervienne d'une façon ou d'une autre[1]. »

Il est particulièrement significatif que l'un des principaux acteurs de ce qui fut, pour les consommateurs, l'exemple le plus réussi des dérégulations des trente dernières années nous dise que les approches fondées sur le marché ne pourront pas produire le système de transport aérien dont les États-Unis ont besoin. Bien entendu, il a également tout à fait raison quand il nous dit qu'il ne faut surtout pas retourner au système précédent. Dans ce domaine, comme dans bien d'autres, l'enjeu consiste à innover pour trouver une troisième voie, entre étatisme et dérégulation complète. Les solutions nouvelles doivent se faire dans un cadre global. Il ne s'agit pas ici de penser uniquement « aérien », mais « transport ». L'idéologie du non-interventionnisme a privé les États-Unis d'un réseau de TGV qui pourrait être vital pour désengorger le ciel de la côte est ou de la Californie. Pire encore, lorsqu'un projet de TGV fut mis en place entre les trois principales villes texanes, celui-ci fut purement et simplement annulé à la suite d'une plainte des compagnies aériennes américaines pour concurrence déloyale, qui empêcha l'État d'investir dans ce projet !

---

1. Robert Crandall, *The New York Times*, 21 avril 2008.

La société moderne repose sur l'énergie, le transport, mais aussi, et peut-être avant tout, sur les télécommunications. Dans ce domaine, les lois américaines devaient être réformées car elles n'étaient pas adaptées aux bouleversements technologiques des vingt dernières années. Néanmoins, comme le montre Joseph E. Stiglitz dans un chapitre au titre particulièrement éloquent (« La déréglementation tourne au délire[1] »), cette déréglementation, faite, elle aussi, par une administration démocrate, a provoqué un gigantesque gâchis. Tout d'abord, Stiglitz insiste sur l'hypocrisie des avocats de la déréglementation. Ceux-ci représentent de grandes compagnies de télécommunications et affirment que la déréglementation va faire baisser les prix, c'est-à-dire faire s'effondrer les profits des entreprises en question. Pourquoi feraient-ils donc alors tant d'efforts... pour se mettre en situation de diminuer leur profit ? La réalité est tout autre, explique Stiglitz : « Tout le monde soulignait l'importance qu'il y avait à être le premier à entrer sur un marché. Les acteurs avouaient ainsi qu'ils ne s'attendaient pas à une concurrence durable. Il y aurait concurrence pour le marché, pas concurrence sur le marché. Et c'était bien pour cela que ceux qui avaient une longueur d'avance dans la course pratiquaient un lobbyisme si intense. Ils pensaient tenir la corde, et, en cas de victoire, pouvoir en retirer des profits énormes[2]. » Mais ici, les tenants de la déréglementation furent pris à leur propre piège. La course frénétique à laquelle ils se livrèrent pour être les premiers sur le marché, donc pour être en position de force dans le nouveau système, amena à de gigantesques surinvestissements dans les capacités qui déclenchèrent une

1. Joseph E. Stiglitz, *Quand le capitalisme perd la tête*, *op. cit.*, p. 127-155.
2. *Ibid.*, p. 137.

retentissante série de faillites. En 2002, 23 compagnies avaient fait faillite, dont WorldCom (une faillite encore supérieure à celle d'Enron). Un demi-million d'emplois avaient été supprimés, et la valeur des 65 milliards d'investissement qui avaient été effectués dans le secteur par des centaines de nouvelles entreprises de télécommunications n'était plus, quelques années après, que de 4 petits milliards, soit une perte de valeur de 94 %. Stiglitz note, avec un certain humour, que même les plus grands désastres dans les investissements faits par les États ont du mal à concurrencer une telle « performance[1] ». Il est clair ici que l'on ne peut pas prétendre que le marché a effectué une bonne allocation des ressources disponibles.

Certes, le fonctionnement normal du capitalisme implique des crises et des surinvestissements périodiques lors de développements de nouveaux secteurs (voir, par exemple, la bulle des chemins de fer en Angleterre, lors du développement de cette technologie, révolutionnaire pour le XIXe siècle). Le problème est ici l'ampleur du gâchis réalisé. Il y a quand même une consolation, note Stiglitz lui-même, c'est que, contrairement à l'explosion de la bulle des *subprimes* qui ne laissa rien derrière elle (sauf des maisons souvent dévastées et inhabitables), l'effondrement de la bulle des télécoms laissa derrière elle des infrastructures qui furent utilisées au cours de la décennie suivante.

Même de petites dérégulations peuvent être à la fois mauvaises pour le consommateur comme pour les investisseurs. Pendant des années, il suffisait de téléphoner au 12 pour obtenir des renseignements. C'était un système public qui fonctionnait bien, sans que personne ait jamais eu à s'en plaindre. Pour respecter certaines

1. *Ibid.*, p. 132.

directives de Bruxelles, on se fit un devoir de privatiser les renseignements téléphoniques. On assista donc à une véritable guerre des opérateurs pour être le premier lors du démarrage du marché. C'est l'idée mentionnée par Stiglitz : on ne se bat pas pour qu'il y ait concurrence sur le marché, mais pour être le premier à envahir un nouveau marché et à acquérir une position dominante. D'énormes budgets publicitaires furent dépensés (rappelez-vous les clips « 118-218 »). Le résultat apparut dans le titre d'un article des *Échos* (que l'on ne peut guère soupçonner d'être un journal gauchiste) du 2 novembre 2006 : « Privatisation des renseignements téléphoniques : consommateurs et opérateurs tous perdants ». En effet, le service est de moins bonne qualité qu'avant, car les personnes qui vous renseignent le font depuis Dakar ou Rabat et n'ont, en général, jamais mis les pieds en France. Elles peuvent donc confondre l'avenue de Versailles à Paris avec l'avenue de Paris à Versailles. Les prix ont explosé, car après la première période de concurrence qui entraîne une baisse des prix, ceux-ci sont bien entendu remontés quand le nombre d'acteurs s'est réduit. Du coup, les consommateurs se sont évidemment tournés vers Internet, et les opérateurs n'ont pas du tout réalisé les résultats prévus.

Tous ces exemples nous montrent que, s'il est important de lutter contre les monopoles, les rentes de situation, et de développer la concurrence dans certains cas, la déréglementation ne doit jamais être systématique et n'est jamais la panacée pour résoudre les problèmes concernant la bonne allocation des ressources et le développement de secteurs essentiels pour l'économie. C'est quelque chose que les institutions de Bruxelles ont parfois fortement tendance à oublier et qui pourrait déclencher un certain nombre de catastrophes dans le domaine des transports, de l'énergie et des télécommunications, si un contre-feu n'est pas allumé à temps.

Le pin des Landes et le peuplier du Xinjiang

Je suis né à Préchac, un petit village des Landes girondines, en bordure de la plus grande forêt d'Europe où poussent des milliards et des milliards de pins. Or, un siècle avant ma naissance, il n'y avait là que quelques rares pins au milieu d'immenses marécages. C'est Napoléon III qui organisa la ruée vers les Landes, avec des principes on ne peut plus capitalistes et libéraux. Toute personne qui était capable de drainer l'eau des marécages et de faire pousser des pins sur un territoire donné devenait propriétaire du territoire en question. Des milliers de sylviculteurs se précipitèrent, de grandes fortunes se créèrent, grâce aux besoins immenses de bois pour les traverses des lignes de chemins de fer en construction ou pour étayer les puits des mines, lors de la révolution industrielle du XIXe siècle. C'est ce genre d'exemple qu'aurait adoré Guy Sorman lors de son « tour du monde du capitalisme » mentionné au chapitre 5 (p. 186-189).

Bien plus tard, en 2004, je débarquai pour la première fois au Xinjiang. C'est une des régions les moins connues de la Chine, grande comme trois fois la France et peuplée de seulement 16 millions d'habitants car constituée d'immenses déserts. À Karamay, deuxième ville de la région, j'ai eu le sentiment jamais ressenti ailleurs sur la planète d'être le seul Occidental dans une ville de plus de 200 000 habitants. Cette ville était située à plus de 400 kilomètres de l'aéroport et, pendant 200 kilomètres, mes yeux stupéfiés contemplèrent des champs à perte de vue, des deux côtés de l'autoroute, protégés par des millions de peupliers. Lors d'un arrêt, je pus regarder de près un petit bout du sol qui n'avait pas été mis en culture. Il n'y avait pas la moindre pincée de terre fertile, juste des cailloux posés sur d'autres cailloux. C'est comme cela qu'était le sol de toute la région, une quarantaine d'années auparavant. Des températures de – 40 °C étaient possibles en hiver, et des températures de – 30 °C étaient quotidiennes. En été, la température montait jusqu'à 45 °C à l'ombre, mais il n'y a pas d'ombre. Les premiers pionniers furent des militaires et des prisonniers politiques. Leurs conditions de vie furent tout simplement inimaginables. Ils vivaient dans des trous creusés dans la terre recouverts par des bâches et devaient parfois le matin lutter pour se dégager, ayant été ensevelis dans la nuit sous plusieurs mètres de neige. Avec l'aide des techniques d'irrigation israéliennes les plus avancées et de l'eau venant des montagnes grâce à des canaux de plusieurs centaines de kilomètres, les Chinois firent ainsi verdir le désert, développant la production du coton, du raisin, de fruits, au point que le Xinjiang est aujourd'hui la première région productrice de coton au monde, représentant un neuvième de la production mondiale de coton ; coton qui, grâce à la chaleur de l'été, est en plus d'une qualité exceptionnelle. Le climat a fortement changé, et ce réchauffement climatique-là est bel et bien dû à l'action des hommes, non pas à cause d'une émission de CO_2 dans l'atmosphère, mais à cause de l'action du peuplier, l'un des rares arbres à résister à ces différences de température, qui stoppe les vents furieux en hiver et procure de l'ombre en été. La ville de Karamay, entièrement entourée d'une ceinture d'arbres de près de un kilomètre d'épaisseur, voit ses températures descendre seulement à – 20 °C en hiver. Seuls un effort de planification globale et, disons-le, une certaine coercition imposée par l'État étaient susceptibles d'obtenir un tel résultat et de réussir à mettre en valeur ce qui est, avec le Tibet, la région la moins riche de la Chine.

Ainsi, les pins des Landes et les peupliers du Xinjiang nous apprennent-ils une vérité fondamentale. L'État sans le marché conduit à la catastrophe, comme l'ont montré l'URSS ou la Révolution culturelle maoïste. Mais le marché sans l'État conduit également à la catastrophe, comme l'illustrent tous les exemples que nous venons de passer en revue. Les idées simples sont souvent fausses, mais, par leur simplicité, elles ont un très grand pouvoir séducteur. Il n'y a pas aujourd'hui de théorie nous permettant de trouver la voie moyenne qui est pourtant nécessaire entre ces deux extrêmes. Les critiques virulentes de la déréglementation et du tout-marché ne doivent pas faire oublier de nombreux succès remportés en sens inverse. Ainsi, au début des années 2000, j'ai découvert en Inde Jet Airways, compagnie privée équipée d'avions neufs, dont la qualité de service était supérieure à celle des compagnies occidentales, et donc de plusieurs ordres de grandeur au-dessus des compagnies publiques vieillissantes que sont Air India et Indian Airlines. Les problèmes à répétition d'Alitalia nous montrent, là aussi, comment le fait d'être public peut générer l'irresponsabilité et l'inefficacité. Il faut donc savoir privatiser quand c'est nécessaire et faire réintervenir l'État dans certaines situations. Globalement, on peut dire que dans les secteurs clés que sont les infrastructures et les moyens de transport, l'énergie et les communications, les approches fondées uniquement sur le marché ne sont en aucun cas susceptibles de produire les systèmes dont nous avons besoin pour un développement harmonieux de nos sociétés, comme l'a très bien rappelé le grand capitaliste Robert Crandall[1].

Nous sommes donc face à un problème de fond et non à un épiphénomène. « La crise actuelle a révélé des vices fondamentaux du système capitaliste ou, du moins, de la variante du capitalisme qui a émergé aux États-Unis dans les dernières décennies du XXe siècle. Il ne s'agit ni d'une question d'individus corrompus ou d'erreurs spécifiques ni de quelques petits problèmes à résoudre ou d'ajustements à opérer. Ces vices, nous, Américains, avons eu du mal à les voir. Nous voulions tant croire en notre système économique. [...] Aujourd'hui encore, beaucoup nient l'ampleur des problèmes qui se posent à notre économie de marché. Une fois surmontées nos épreuves actuelles – et toute récession a une fin –, ils s'attendent à la reprise d'une croissance solide. Mais un regard plus attentif sur l'économie américaine suggère qu'elle souffre de maux plus profonds : c'est une société de plus en plus inégalitaire, où même les classes moyennes voient leurs revenus stagner depuis dix ans. C'est un pays où, malgré des exceptions spectaculaires, les chances statistiques d'un Américain pauvre à parvenir au sommet sont plus faibles que dans la "vieille Europe"[2]. »

Les thuriféraires du modèle américain insistent fortement sur le fait que la croissance aux États-Unis est toujours supérieure à la croissance européenne. Cela est parfaitement exact et résulte bel et bien du fait que le développement de l'économie est moins entravé aux États-Unis qu'en Europe. Ce qu'ils ne vous disent jamais, c'est quel est le prix payé pour cela, et surtout que ce prix augmente sans cesse. En France, 4,12 % de

1. Voir p. 269-270.
2. Joseph E. Stiglitz, *Le Triomphe de la cupidité*, *op. cit.*, p. 23-25.

la population bénéficient d'une aide alimentaire. Aux États-Unis, ce chiffre est de 14,83 %, avec une forte augmentation au cours de la dernière décennie. Certes, les États-Unis sont un pays de potentialités extraordinaires. J'ai eu l'occasion d'y aller plus de vingt fois et de travailler avec de nombreuses fondations, universités et autres structures. Le rêve américain n'est pas qu'une légende, c'est un état d'esprit qui peut se traduire par des résultats et des réalisations spectaculaires. Néanmoins, les chiffres économiques suivants sont simplement incroyables, tant ils révèlent une société à deux vitesses :

– 48 % des Américains sont considérés comme ayant de faibles revenus.

– Il y a moins d'emplois salariés aux États-Unis qu'il y a dix ans, alors que la population a augmenté de 30 millions de personnes.

– Depuis décembre 2007, le revenu moyen américain a diminué de 6,8 % (si on prend en compte l'inflation).

– En 1980, moins de 30 % des emplois aux États-Unis étaient à bas salaire. Aujourd'hui, c'est plus de 40 %.

– La dette des ménages atteint 154 % de leurs revenus.

– 1 personne âgée sur 6 vit sous le seuil de la pauvreté.

– 37 % des ménages américains de moins de 35 ans n'ont aucun capital[1].

Il ne s'agit nullement de se livrer à la critique bête et méchante des États-Unis qui a souvent cours de ce côté-ci de l'Atlantique et à laquelle répond le mépris souverain de bien des républicains américains pour la vieille Europe, mais de montrer que, quels que soient ses

1. Tous ces chiffres viennent du site www.les-crises.fr/50-chiffres-incroyables-usa/?utm_source=feedburner&utm_medium=feed&utm_campaign=Feed%3A+les-crises-fr+%28Les-Crises.fr%29, qui contient bien d'autres informations.

réalisations et son intérêt incontestables, le modèle américain a des limites et que l'on peut *aussi*, pour des raisons tout à fait rationnelles, préférer vivre dans un pays comme la France, ce qui est mon cas.

La meilleure preuve du fait que l'État et le marché forment un couple inséparable, c'est que le marché ne fonctionne que parce que l'État intervient régulièrement, en moyenne tous les dix à vingt ans, pour le sauver. Sans une telle intervention, le capitalisme coule à pic, comme l'a parfaitement montré l'exemple de 1929 (et celui de 2008). La grande erreur idéologique, c'est donc de croire que les mécanismes de marché peuvent, à eux seuls, donner la stabilité et la prospérité à un État, quel qu'il soit. Mais il ne faut pas oublier notre « chat difficile » du chapitre 5 (p. 184), emblème du gouffre qui s'est creusé en moins de quarante ans entre les pays d'Europe de l'Est et de l'Ouest. C'est pourquoi je suis tout à fait en désaccord avec Paul Jorion[1] et beaucoup d'autres, quand ils mettent sur le même plan l'effondrement du mur de Berlin en 1989 et celui du « fanatisme du marché » en 2008. Ce serait oublier toutes les richesses qui ont été créées en Occident, tandis que d'autres oublient de façon symétrique toutes les interventions des États, y compris aux États-Unis, qui ont sauvé l'économie pendant la même période. En fait, le marxisme ne marche pas parce qu'il est profondément contraire à la nature humaine. L'homme n'est heureusement pas une abeille ou une fourmi, il n'est pas prêt à sacrifier sa vie pour le bonheur de la collectivité. Mais si le fanatisme du marché ne fonctionne pas non plus, c'est parce qu'il épouse *trop bien* la nature humaine. C'est le problème fondamental que ne veulent pas voir ses défenseurs, ceux qui commettent « la grande

1. Paul Jorion, *Le Capitalisme à l'agonie*, *op. cit.*, p. 9.

erreur idéologique ». L'homme ne sait pas s'arrêter. S'il a beaucoup d'argent, il voudra avoir plus d'argent. S'il a beaucoup de pouvoir, il voudra avoir plus de pouvoir. Quel joueur de casino peut se vanter de ne plus avoir jamais joué après avoir obtenu un gain énorme ? Là est le problème de l'être humain, et c'est donc parce qu'il épouse trop bien la nature humaine que le capitalisme se doit d'être encadré.

8

La grande erreur théorique

> « La crise que nous traversons est une crise du langage de la finance. C'est une crise de ses concepts, de ses méthodes, notamment du calcul du risque[1]. »

Les crises qui n'auraient pas dû exister

Internet pullule de thèses développées par des scientifiques autoproclamés qui prétendent reconstruire des pans entiers de la connaissance et qui affirment que les théories communément émises dans tel ou tel domaine sont entièrement fausses. Bien entendu, ces démarches n'ont aucune crédibilité et ne méritent même pas qu'on leur fasse l'honneur de les critiquer. Il faut être extrêmement prudent, voire sceptique quand quelqu'un affirme que toute la connaissance développée dans un secteur particulier est fausse. Néanmoins, ne serait-ce pas formidable si c'était parfois le cas ? Si, dans un monde où tant de connaissances ont été accumulées, il fallait

1. Philippe Herlin, *Finance, le nouveau paradigme*, Eyrolles, 2010.

reconstruire un pan entier de nos systèmes communément admis ? Eh bien, j'affirme ici que c'est le cas dans au moins un domaine essentiel, celui du calcul de la prévision du risque dans l'économie moderne. Et, loin d'être uniquement enthousiasmante (par les perspectives de reconstruction qu'elle ouvre à la pensée), cette information est aussi très anxiogène étant donné les risques qu'elle fait peser sur un système déjà fragilisé pour des raisons que nous venons de décrire.

Le 19 octobre 1987, la Bourse de Wall Street s'effondra de 22,6 %. C'est la plus forte baisse jamais produite en une seule journée. Elle est supérieure au « jeudi noir » d'octobre 1929. Si beaucoup de tentatives d'explications ont été apportées depuis, ce krach est apparu à l'époque comme un événement tout à fait imprévisible, le genre de phénomène qui ne se produit qu'une seule fois en des centaines ou en des milliers d'années. Onze ans plus tard, en 1998, le fonds LTCM (*Long Terme Capital Management*) s'effondra. Il avait été développé par Myron Scholes qui avait obtenu le prix Nobel d'économie l'année précédente… pour sa formule de calculs des risques (la formule de Black et Scholes). Après cette déconfiture qui secoua toute l'économie mondiale, Scholes s'excusa en expliquant que, selon ses modèles, il n'y avait qu'une chance sur un million qu'une telle situation se produise, et elle s'était justement produite quelques années après l'ouverture du fonds. En 2008, lors de la dernière crise, le P.-D.G. de Goldman Sachs dit qu'il n'était pas nécessaire de réguler, car un événement comme celui-là était si improbable qu'on n'en reverrait pas d'autres avant des siècles. Bref, tous les dix ans, il se produit un événement qui, selon la théorie économique actuelle du calcul du risque, ne devrait arriver qu'une fois tous les mille ans, voire, dans certains cas, qu'une fois tous les millions d'années. C'est une preuve simple et claire de la fausseté des systèmes en question. Pour comprendre l'origine de ces problèmes et la façon dont l'ensemble des théoriciens de ce domaine ont pu être aveugles à certaines évidences, il nous faut d'abord remonter quelque peu dans le temps.

Une loi pas si normale

Commençons avec la courbe de Gauss découverte par Carl-Friedrich Gauss (1777-1865) que l'on appelle également la courbe en cloche (voir le figure qui suit). Cette courbe décrit la distribution d'une variable dans une population donnée, par exemple la taille chez les êtres humains. Le sommet de la courbe correspond à la fois à la catégorie de la population la plus importante présentant cette caractéristique et à la moyenne de l'ensemble de la population. Par exemple, on peut dire que la taille moyenne des êtres humains est de 1,70 mètre et qu'il y a aussi peu d'êtres humains mesurant plus de 2,20 mètres que d'êtres humains mesurant moins de 1,20 mètre. C'est ce que veulent dire les deux extrémités très basses de la courbe. Si le centre correspond à la moyenne, on calcule ensuite ce que l'on appelle des écarts-types, qui représentent la probabilité de trouver un individu situé à une certaine distance de la moyenne. Pour une population dont la répartition respecte une courbe de Gauss, il y a très exactement 68,2 % de chances qu'un individu soit situé entre – 1 écart-type et +1 écart-type (voir la figure ci-dessous toujours). Pour reprendre notre exemple, 68,2 % de la population seront situés entre 1,65 mètre et 1,75 mètre. La structure de la courbe fait que cela diminue de façon extrêmement rapide. Il y a ainsi 99,6 % de chances qu'un individu pris au hasard ait sa taille comprise entre – 3 écarts-types et

+3 écarts-types. Beaucoup de facteurs naturels obéissent à la courbe en cloche, et c'est ce qui a fait son succès, au point qu'on l'appelle la « loi normale », indication psychologique forte du fait que notre civilisation considère comme normales des courbes comme celle de la figure ci-dessous.

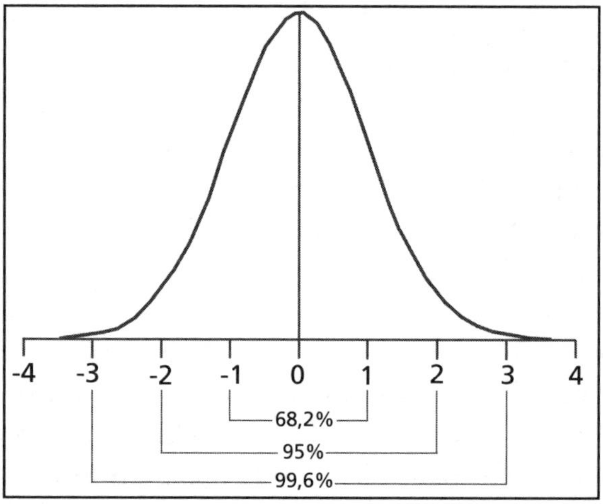

La courbe de Gauss représentant la loi normale
La moyenne se situe au centre et, par convention, 68,2 % des individus se situent entre – 1 et +1 écart-type par rapport à la moyenne, alors que 99,6 % des individus ou des variables quelconques mesurées par cette courbe se situent entre +3 et – 3 écarts types.

Mais il faut tout de suite avoir en tête, pour comprendre la suite, que certains phénomènes n'obéissent *pas du tout* à la loi normale. Par exemple, si vous prenez 1 000 personnes au hasard dans la rue et que vous leur demandez leur patrimoine, vous trouverez des gens très riches et d'autres très pauvres. Disons que le patrimoine de ces 1 000 personnes sera de 500 000 euros en moyenne (l'ensemble des patrimoines représentés pèse donc 500 millions d'euros). Supposons maintenant que Bill Gates passe par là et qu'on l'ajoute à l'échantillon des 1 000 personnes déjà existantes. Son patrimoine de 50 milliards représente 100 fois le patrimoine de l'ensemble des 1 000 premières personnes. Du coup, la moyenne calculée change totalement, on peut même dire que cela n'a plus de sens de calculer une moyenne des patrimoines représentés dans notre échantillon. Instinctivement, vous voyez bien qu'il y a là un phénomène tout à fait différent de celui concernant la taille des mêmes personnes. Si l'on ajoute à un échantillon de 1 000 personnes dont la moyenne est de 1,70 mètre l'homme le plus grand ayant jamais existé (Robert Wadlow, 2,72 mètres), cela ne changera que d'un millimètre la moyenne de l'échantillon. On voit donc qu'il existe des phénomènes ayant une structure complètement différente.

Alors que dans le cas de la taille des êtres humains on a affaire à la courbe de Gauss, on a, dans le cas des patrimoines, affaire à une loi de puissance. Comme le montre la figure qui suit, cela n'a rien à voir avec la courbe de Gauss.

La vie dans un univers régi par la loi normale est fondamentalement différente de la vie dans un univers qui serait régi par la loi de puissance. Nassim Nicholas Taleb appelle Mediocristan le premier et Extremistan le second[1]. La vie dans le Mediocristan est relativement stable, voire ennuyeuse. Ce qui se passera le lendemain est largement déductible de ce qui s'est passé la veille. Alors que, dans l'Extremistan, des changements extrêmement brutaux peuvent survenir. Toute la question est de savoir si le monde dans lequel nous vivons est plus proche du Mediocristan ou de l'Extremistan.

1. Nassim Nicholas Taleb, *Le Cygne noir*, Les Belles Lettres, 2007.

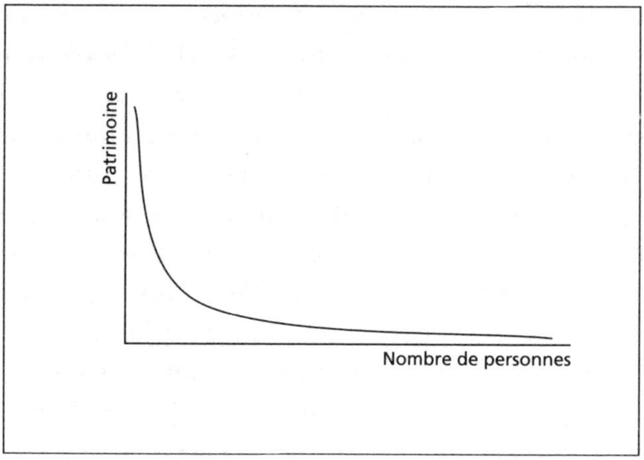

Une loi de puissance montrant, par exemple,
la répartition des richesses sur la planète,
un très faible nombre de personnes ayant un énorme patrimoine
et un très grand nombre ayant un très petit patrimoine[1].

Pour comprendre l'opinion de la théorie économique sur cette question, il faut se référer aux travaux d'un Français du début du XXe siècle, Louis Bachelier. C'est lui qui introduisit les lois de probabilité dans le domaine de la finance. Comment prédire l'évolution du prix d'une action ? Cette évolution dépendra bien sûr de la valeur *moyenne* de l'action et de la volatilité de celle-ci, c'est-à-dire de l'*écart* par rapport à la moyenne. Et voilà comment Bachelier va appliquer la courbe de Gauss aux prévisions financières. Avec sa moyenne et son écart-type qui permet de représenter la volatilité d'une action, celle-ci va devenir l'outil magique des analystes financiers quand les idées de Bachelier seront reprises quelques décennies plus tard, de l'autre côté de l'Atlantique.

1. Les lois de puissance sont des lois du style $Y = AX^K$. Les fractales (cf. chapitre 3, p. 116) sont des lois de puissance, c'est ce qui fera que nous retrouvons ici Benoît Mandelbrot, inventeur de ce concept.

Le premier acteur dans le domaine sera Harry Markowitz qui étudiera la question du risque dans un portefeuille boursier. Partant de l'idée de Bachelier, selon laquelle la meilleure estimation du prix d'une action est la moyenne des prix antérieurs et que son risque est mesuré par l'amplitude des variations autour de cette moyenne, il proposera tout d'abord de constituer des portefeuilles en panachant des actions très volatiles et d'autres qui le sont beaucoup moins. Puis il améliorera encore le processus en définissant des corrélations entre différents secteurs. Par exemple, en période de crise économique, le *low cost* est en croissance, tandis que certaines activités, telles que le luxe, risquent de baisser. Les profits des compagnies pétrolières et des compagnies aériennes évoluent souvent de manière symétrique, puisque la hausse du pétrole favorise les premières, tandis que sa baisse favorise les secondes. C'est sur ce genre de considération que Markowitz développera la théorie du portefeuille. Un de ses élèves, Sharpe[1], se posera la question : que se passerait-il si tous les investisseurs, au moins la grande majorité, suivaient la démarche de Markowitz ? Dans ce cas, le portefeuille le plus efficace serait le marché lui-même ! On est proche de la notion de main invisible d'Adam Smith. Ce sont ces considérations qui donneront lieu à ce qu'on appelle « la gestion indiciaire de portefeuille », fondée sur des indices comme le CAC 40 ou le Dow Jones, qu'on se contente de répliquer en se disant que, de toute façon, il ne sert à rien d'essayer de faire mieux que le marché. Puis arrivent Black et Scholes (oui, le Scholes de LTCM) qui se posent la question : que *vaut* le risque ? C'est une question cruciale pour le marché des options qui permet, comme nous l'avons vu, d'acheter ou de vendre des produits que l'on ne possède

1. Qui obtiendra avec lui le prix Nobel d'économie en 1990.

pas encore. Le droit d'acheter une action à un prix fixé d'avance dépend donc des probabilités qu'a le prix de cette action d'évoluer. Et de quoi dépendent ces probabilités ? Encore et toujours de la fameuse courbe de Gauss ! Ainsi, de Bachelier à Black et Scholes en passant par Markowitz et Sharpe, la courbe de Gauss est-elle devenue absolument incontournable dans le domaine du calcul et de la prévision des risques dans l'économie et dans la finance. Ajoutons à cela un certain nombre de présupposés venant de l'économie néoclassique et que nous avons déjà rencontrés dans les chapitres précédents :

– Les gens sont rationnels.
– Tous les investisseurs se ressemblent.
– Les variations des cours sont indépendantes.

Ce dernier point est essentiel. On dit, depuis Bachelier, que les cours de Bourse sont équivalents à un mouvement brownien. Il s'agit d'un mouvement aléatoire que l'on retrouve dans beaucoup de cas, par exemple le déplacement d'une particule dans un fluide. Cette particule se déplace de façon aléatoire, à partir d'un point d'origine. Elle a une faible probabilité de s'écarter beaucoup de la position du départ et une forte probabilité de s'en écarter un peu. On peut ainsi dire que « le mouvement brownien est en quelque sorte la matérialisation visuelle dans le temps et dans l'espace de la loi normale[1] ».

Or, nous venons de voir que les hypothèses néoclassiques étaient pour l'essentiel fausses, même si elles peuvent s'appliquer dans des cas particuliers : les acteurs économiques sont souvent irrationnels ; les décisions qu'ils prennent

1. Philippe Herlin, *Finance, le nouveau paradigme*, *op. cit.* C'est dans cet ouvrage et, plus particulièrement, aux p. 36 à 60, ainsi que dans l'ouvrage de Benoît Mandelbrot, *Une approche fractale des marchés* (Odile Jacob, 2009, p. 81-130), que l'on trouvera expliqués en détail ces points que nous venons brièvement de passer en revue.

sont loin d'être indépendantes, on peut même dire que ce sont des effets moutonniers qui dominent les marchés aujourd'hui ; la main invisible ne fonctionne pas toujours et donc le prix du marché est loin de refléter la réalité, etc. Mais le pire pour la prise en compte du risque par la théorie économique actuelle, c'est ce que nous montrent les figures suivantes. En effet, nous venons de voir que le mouvement brownien, ce mouvement aléatoire d'une particule dans un liquide, était une véritable représentation de la courbe de Gauss et de ses notions de moyennes et d'écarts-types. Or, la figure A ci-dessous nous montre l'évolution du cours du Dow Jones de 1928 à 2006. La figure B nous montre à quoi devrait ressembler une telle évolution si les cours obéissaient à un mouvement brownien.

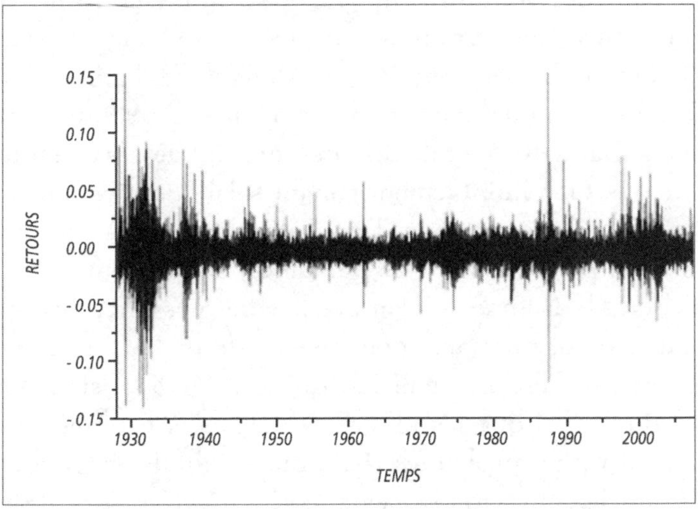

[A]

Variations du cours du Dow Jones sur la période allant de 1928 à 2006.

Ces variations ont été remises sur une échelle logarithmique pour qu'une variation de 1 % en 1930 ait autant d'importance qu'une variation de 1 % en 2000.

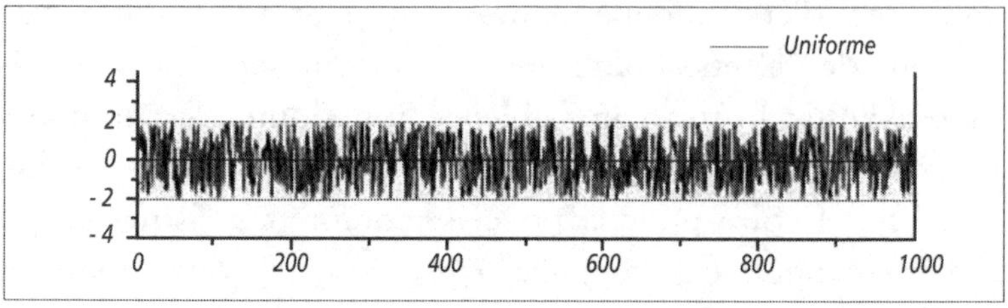

[B]
Ce à quoi devraient ressembler les variations du cours si elles suivaient un mouvement brownien[1].

On peut constater instantanément que les deux courbes n'ont rien à voir. Pire, l'évolution des cours de Bourse, quand on la regarde en détail, suit une loi fractale, c'est-à-dire, comme nous l'avons vu au chapitre 3, que la structure des variations sur une journée a la même forme que la structure des variations sur un an ou sur un siècle. Cela fait des années que Benoît Mandelbrot l'affirme avec force[2]. J'ai eu la chance de connaître personnellement Benoît Mandelbrot et de discuter avec lui de ces questions, et j'avoue bien humblement n'avoir saisi que récemment la conséquence dramatique d'une telle découverte : les fractales font partie des lois de puissance, ce qui veut dire que les cours de Bourse suivent des lois de puissance et non la rassurante loi normale ; nous vivons donc dans un monde plus proche de l'Extremistan que du Mediocristan. Cela veut dire aussi que les krachs, les chaos et les bulles sont beaucoup plus probables dans notre monde économique et financier que toutes les théories développées depuis une quarantaine d'années ne nous le montrent. Et c'était

1. D'après Benoît Mandelbrot, *Une approche fractale des marchés*, *op. cit.*, p. 111-115.
2. Voir, par exemple, son livre *Fractales, hasard et finance*, Flammarion, 1997.

bien là la conviction de Benoît Mandelbrot. « Depuis plus d'un siècle, les financiers, les économistes se sont efforcés d'analyser le risque dans les marchés financiers, de l'expliquer, de le quantifier et, en définitive, d'en tirer un bénéfice. Ma conviction est que la route suivie par la plupart des théoriciens est mauvaise et qu'elle conduit à une grave sous-estimation des risques de ruine financière dans une économie de marché libre et globale[1]. »

Nous pouvons maintenant définir ce qu'est la « grande erreur théorique ». C'est la croyance que les risques de notre système économique peuvent être prédits par la courbe de Gauss, croyance à laquelle on ajoute, pour aggraver la situation, un certain nombre d'hypothèses économiques néoclassiques dérivées de la fameuse main invisible[2].

Les implications sont simplement énormes. « Cela signifie que le risque encouru avec les actions et les devises est bien supérieur à celui couramment envisagé. Cela signifie que les portefeuilles d'actions sont mal élaborés. Bien loin de gérer le risque, ils peuvent l'amplifier. Cela signifie que certaines stratégies boursières sont erronées et les options mal évaluées. Chaque fois que l'hypothèse de la courbe en cloche entre dans les calculs financiers, l'erreur est potentiellement à la sortie[3]. »

« L'arrogance épistémique » : la sous-estimation des risques par les sociétés évoluées

La question qui se pose immédiatement est : tous les brillants universitaires, économistes et autres qui

1. Benoît Mandelbrot, *Une approche fractale des marchés*, *op. cit.*, p. 23.
2. Certains auteurs plus provocants que moi n'hésitent pas à aller plus loin. Ainsi, Nassim Nicholas Taleb appelle la courbe de Gauss « la grande escroquerie intellectuelle ».
3. Benoît Mandelbrot, *Une approche fractale des marchés*, *op. cit.*, p. 128.

travaillent jour et nuit sur ces questions depuis des décennies ont bien dû se rendre compte que leur modèle ne collait pas avec la réalité, non ? Bien entendu, mais ils ont réagi alors exactement comme les défenseurs du système de Ptolémée qui, quand le mouvement des astres ne correspondait plus avec celui que prédisait un modèle dans lequel la Terre était au centre du monde, ajoutaient des cycles, puis des cycles sur des cycles (des épicycles), pour expliquer pourquoi les planètes repartaient soudainement en arrière dans le ciel au lieu de tourner de façon continue autour de la Terre. Chaque fois, cela permettait de sauver l'ancien système... jusqu'à ce qu'une observation suivante mette en lumière un autre problème, et qu'un autre bricolage soit effectué pour que l'on puisse toujours prétendre que le modèle collait avec la réalité. La grande erreur théorique, c'est donc de se cramponner désespérément à la courbe de Gauss en effectuant chaque fois des bricolages pour pouvoir, malgré tout, coller à la réalité. Un des bricolages les plus connus consiste à relever les « queues » de la courbe de Gauss pour tenir compte des événements rares (voir la figure ci-dessous). Cette persistance dans l'erreur s'explique, selon Benoît Mandelbrot, par l'habitude et par le confort[1]. Les mathématiques sur lesquelles repose la courbe de Gauss sont faciles à manipuler, et on peut faire ainsi de très belles prévisions. Quand on constate que ces prévisions ne correspondent pas à la réalité, on agit exactement comme l'homme qui cherche ses clés sous un lampadaire, parce que c'est le seul endroit où il y a de la lumière. Les lois de puissance sont plus complexes à manipuler et, surtout, elles ne permettent pas de faire des prédictions

1. *Ibid.*, p. 127.

précises, mais seulement des prédictions d'ordre plus général[1]. La plupart des spécialistes se réfugient donc derrière l'argument : notre modèle fonctionne bien *la plupart du temps*, pourquoi y renoncer ? Philippe Herlin fustige ce mode de fonctionnement. « Dire que le modèle classique et ses dérivés fonctionnent en temps normal, sauf en cas de crise grave, est stupide. C'est comme si un prévisionniste des tremblements de terre à Los Angeles prédisait chaque jour l'absence de tremblement de terre pour le lendemain. Il ferait cette prévision tous les jours pendant des décennies. Puis arriverait "the big one". Le lendemain, le prévisionniste admettrait ne pas avoir prévu le tremblement de terre de la veille, mais depuis le début de ses prévisions, il aurait eu raison dans 99,99 % des cas[2]. »

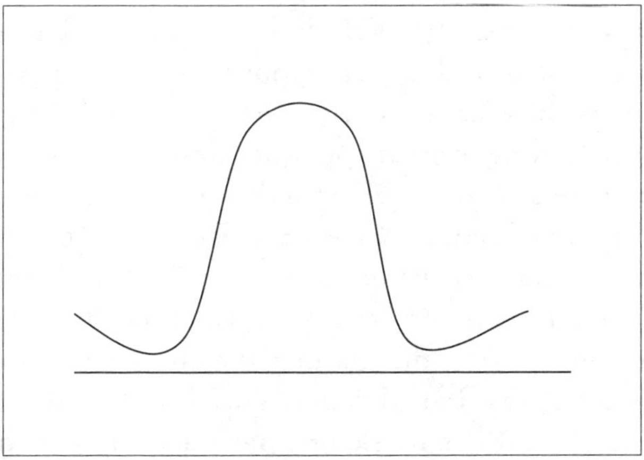

Exemple de tentative de « bricolage » d'une courbe de Gauss pour la faire mieux coller avec les faits.

1. Un peu comme pour la théorie du chaos, voir chapitre 3.
2. Philippe Herlin, *Finance, le nouveau paradigme*, *op. cit.*, p. 66.

C'est pourquoi on entend si souvent des prévisionnistes nous dire « j'avais presque raison » ou « à part cela [l'événement imprévu], mon modèle fonctionnait[1] ».

Il ne vous aura pas échappé que tout cela est fortement lié au thème central de cet ouvrage, le fait que non seulement notre monde change, mais que notre vision de ce qu'est le monde et des lois qui le gouvernent est en train de connaître un changement sans équivalent depuis cinq cents ans. Le monde de la courbe de Gauss est un monde déterministe où demain ressemblera plus ou moins à hier, où les catastrophes et les changements brutaux sont rares et où le système retrouve son équilibre lorsqu'il est fortement perturbé. C'est le monde du Mediocristan. Mais voilà, comme le chapitre 3 nous l'a montré, nous ne vivons pas dans ce monde, mais dans celui de l'Extremistan, un monde où les phénomènes non linéaires, de type effet papillon, sont légion. Un monde où se produisent des bifurcations qui font qu'un système ne revient jamais à l'équilibre précédent. La grande erreur théorique, c'est d'appliquer des concepts linéaires et déterministes dans un monde qui ne l'est pas[2]. En fait, l'erreur effectuée par les prévisionnistes et les principaux économistes est exactement celle des concepteurs de *Jurassic Park*, et Mandelbrot, Taleb et Herlin jouent exactement le rôle du mathématicien spécialiste de la théorie du chaos, Ian Malcolm, l'un des héros de ce livre et de ce film[3]. Nous ne savons pas quand ni comment le système va s'effondrer, mais nous pouvons être certains

1. Voir Nassim Nicholas Taleb, *Le Cygne noir*, *op. cit.*, p. 204-212.

2. Le mouvement brownien fait partie de ce monde, même si les particules se déplacent au hasard, car ces déplacements sont très fortement prédictibles dans le long terme, contrairement à ceux des phénomènes non linéaires.

3. Voir p. 311.

de son effondrement. Les catastrophes à répétition (qui ne devaient se produire qu'une fois tous les millions d'années) en sont la preuve.

L'autre cause de cette erreur est ce que Taleb appelle « l'arrogance épistémique » : nous surestimons ce que nous savons et nous sous-estimons l'incertitude. Deux économistes statisticiens, Albert et Raiffa, ont mis au point un test très intéressant qui mesure justement cette arrogance dans différentes catégories de populations[1].

Prenons deux questions telles que : quel a été le nombre d'amants de la grande Catherine de Russie et quelle est la population de l'État du Rajasthan en Inde ? Personne ne connaît, en général, la réponse exacte à ces questions, mais tout le monde sait qui était Catherine II de Russie et que la population de l'Inde dépasse un milliard de personnes. On demande alors à chacun : donnez-nous un intervalle pour lequel vous pensez qu'il y a 98 % de chances de trouver la bonne réponse. Cela amène des réponses du type : « Il y a 98 % de chances que Catherine II de Russie ait eu entre 20 et 40 amants », ou « il y a 98 % de chances que la population du Rajasthan soit comprise entre 20 et 60 millions de personnes »[2]. Cette expérience ne teste donc pas nos connaissances, mais la confiance que nous avons en elles. Si l'estimation de nos connaissances était exacte, les intervalles donnés devraient contenir la bonne réponse dans 98 % des cas, et seules 2 personnes sur un échantillon de 100 devraient donner de mauvaises réponses. Dans la pratique, 15 à 30 % des gens se trompent, ce qui veut dire

1. Voir Nassim Nicholas Taleb, *Le Cygne noir*, *op. cit.*, p. 191-194.

2. Ces deux réponses, *a priori* raisonnables, sont fausses, car Catherine II n'a eu que 12 amants, et la population du Rajasthan est de 68 millions d'habitants.

que nous surestimons de 7 à 15 fois la solidité de nos connaissances. Mais ce qui est extraordinaire, c'est que ce taux atteint 45 % chez les diplômés des grandes écoles, y compris chez ceux dont le métier les expose à une grande incertitude comme les traders, alors que ceux qui occupent des métiers modestes, mais où l'incertitude peut être importante et où des événements imprévus peuvent survenir dans la vie de tous les jours (chauffeurs de taxi, gardiens de prison) obtiennent les meilleurs résultats. On peut y voir une formidable illustration de la célèbre parole évangélique : « Les derniers seront les premiers, et les premiers seront les derniers » (Matthieu 20, 16). Bien entendu, on pourrait facilement réussir ce test en répondant que Catherine II de Russie a eu entre 1 et 100 amants ou que la population du Rajasthan est comprise entre 1 et 150 millions d'habitants, mais c'est justement ce que *ne feront pas* les personnes occupant des postes importants dans notre société, car ce serait reconnaître leur absence totale de connaissances dans le domaine. Le pire, c'est que, comme Taleb nous l'explique : « Plus nous sommes informés, plus notre arrogance épistémique grandit. Toutes les informations que nous recevons nous donnent l'idée que nous avons bien plus de connaissances qu'auparavant et nous amènent donc à prendre plus de risques dans ce genre de test. » Mais souvent, trop d'information tue l'information. Cela ajouté à la complexité du monde fait que, comme le dit Taleb : « En dépit de notre évolution et de l'accroissement de notre savoir, ou peut-être à cause de cette évolution et de cet accroissement, l'avenir sera de moins en moins prédictible, alors que la nature humaine comme les sciences sociales semblent conspirer pour nous dissimuler cette idée[1]. »

1. Nassim Nicholas Taleb, *Le Cygne noir*, *op. cit.*, p. 22.

C'est pourquoi il est essentiel de se rappeler ici la prédiction du mathématicien imaginaire de *Jurassic Park* : « De plus en plus, les mathématiques exigeront que l'on ait le courage d'assumer leurs conséquences. » Car cela fait plusieurs décennies que les nouveaux concepts mathématiques, tels que la non-linéarité ou les fractales, nous le disent : le monde de demain sera plus incertain, beaucoup plus chaotique que le monde d'hier, que nous le voulions ou non.

Comment gagner beaucoup d'argent grâce à la cécité des décideurs

Mais cela ne doit en aucun cas être un prétexte pour nous recroqueviller sur nous-mêmes, pour ne plus prendre aucun risque en nous disant : « Puisque tout est chaotique et que les risques sont de plus en plus importants, que la prévision est de plus en plus difficile, autant ne rien entreprendre. » De nombreux individus ont fait fortune parce qu'ils ont compris avant les autres les failles du modèle classique. Leurs exemples nous montrent que crise et opportunité sont intrinsèquement liées. Un monde plus dangereux est aussi un monde où il y a plus d'opportunités. Michael Lewis en donne un exemple frappant avec l'histoire de deux étudiants qui, début 2003, ont créé, sans expérience financière, une société de gestion nommée Cornwall Capital Management, avec seulement 100 000 dollars d'économies[1]. Le premier dossier qu'ils ont étudié était celui de la société Capital One. Son action valait 60 dollars, mais venait de tomber à 30 dollars, car des soupçons de fraude pesaient

1. Voir Michael Lewis, *Le Casse du siècle*, *op. cit.*, p. 149-153.

sur son P.-D.G. Le raisonnement que tinrent nos deux investisseurs en herbe fut le suivant : soit cette accusation est vraie et l'action de l'entreprise ne vaut rien, soit cette accusation est fausse et la valeur de l'entreprise est bien de 60 dollars, mais en aucun cas celle-ci ne peut être de 30 dollars. Ils menèrent alors une enquête en interviewant la secrétaire du président de Capital One, les téléphonistes, ses amis d'enfance, etc., pour arriver à la conclusion que cet homme était honnête et que, lorsque la vérité aura été établie, le cours des actions remonterait à 60 dollars. Ils auraient pu alors investir leurs 100 000 dollars en actions Capital One, à 30 dollars au cours d'alors, et faire un bénéfice de 100 %, c'est-à-dire de 100 000 dollars, si l'action remontait à 60 dollars. Mais ce n'est pas ce qu'ils firent car, comme nous l'avons vu, le système financier actuel offre de nombreuses possibilités grâce aux marchés à terme. On peut acheter non pas une action, mais le droit d'acheter une action à un cours donné, pendant une période donnée. Mais comment est calculée la valeur de ce droit ? C'est là où les choses deviennent véritablement jouissives pour ceux qui ont compris les pages qui précèdent. La valeur de ce droit (qu'on appelle une option) est calculée avec la fameuse formule d'évaluation de Black et Scholes (le prix Nobel d'économie responsable du plantage de LTCM), formule qui, bien entendu, est fondée sur la sacro-sainte courbe de Gauss ! Il est tout à fait logique de penser que la valeur de l'action d'une société qui vaut 30 dollars aujourd'hui a plus de chances demain de valoir 40 que 50, et plus de chances de valoir 50 que 60. Logique... mais tout à fait faux dans le cas qui nous occupe. Grâce à la fausseté de cette formule, nos apprentis financiers purent acheter pour 4 dollars une option leur donnant le droit d'acheter, dans les deux années qui suivirent, l'action de la société Capital One à 40 dollars, quel que soit le cours de celle-ci. Lorsque le cours fut remonté à 60 dollars, ils levèrent l'option, comme on dit en termes techniques, et sur chaque action achetée 40 dollars ils gagnèrent 20 dollars pour un investissement de 4 dollars. Ainsi, leurs 100 000 dollars devinrent 500 000 dollars et non 200 000, comme cela aurait été le cas s'ils avaient simplement acheté en direct les actions de Capital One.

Jamie Mai et Charlie Ledley, les étudiants qui fondèrent Cornwall Capital Management, n'avaient pas lu Mandelbrot, mais ils avaient parfaitement compris comment, en suivant la courbe de Gauss, les marchés pouvaient, dans un certain nombre de cas, comme celui de Capital One, s'aveugler. Ils pensaient que « les gens – et par extension les marchés – avaient trop de certitudes sur des choses par nature incertaines. Ils sentaient que les gens – et par extension les marchés – avaient des difficultés à évaluer convenablement la probabilité d'événements considérés comme hautement improbables[1] ». Ils ont ainsi fait du Mandelbrot et du Taleb sans le savoir, et sont très vite devenus des multimillionnaires[2]. On le voit, il n'est pas nécessaire d'avoir des connaissances mathématiques extraordinaires pour faire fortune en utilisant la nouvelle vision du monde. Un peu de bon sens suffit. Un de mes amis chef d'entreprise utilise la formule de Black et Scholes pour calculer le cours des *stock-options* (c'est-à-dire là aussi des options d'achat) qu'il distribue à ses cadres et à lui-même. « Mais cette formule est fausse, lui dis-je un jour. — Je le sais, et c'est justement pour ça que je l'utilise ! Tu comprends, si l'action de mon entreprise

1. Voir Michael Lewis, *Le Casse du siècle*, *op. cit.*, p. 153.
2. L'étape suivante de leur stratégie a été de jouer sur la chute des *subprimes*.

vaut 20 euros, il y a, selon la courbe de Gauss et cette fameuse formule, une certaine chance qu'elle vaille 30 euros. Dans la pratique, je sais que le cours de mon action vaudra 40 euros si je réussis le développement que j'ai en tête, ou moins de 20 euros si j'échoue. Mais les représentants des autorités boursières sont ravis quand on leur dit qu'on a utilisé la formule de Black et Scholes et donc acceptent l'existence d'options basées sur un cours à 30 euros, alors que je sais que mes cadres et moi gagnerons beaucoup plus… ou rien du tout. »

On peut ainsi, d'une certaine façon, apprivoiser l'imprévisible, lancer de nombreuses petites lignes à l'eau qui ont chacune une chance de rapporter beaucoup ou… rien du tout. Nassim Nicholas Taleb est un expert dans cette stratégie qui consiste à « chevaucher le cygne noir ». Ainsi, un portefeuille classique, qui se veut sécurisé, mais qui cherche quand même un minimum de croissance, est-il souvent investi dans des SICAV qui suivent l'indice (le Dow Jones et le CAC 40), c'est-à-dire qui reposent sur de grandes entreprises qui ne sont pas censées disparaître du jour au lendemain ni voir leur profit s'écrouler. Mais ce que nous enseignent toutes les analyses que nous venons de décrire, c'est que ces placements sont beaucoup plus risqués qu'on ne le dit. Un bon placement devrait donc, selon Taleb, inclure une grande majorité de bons du Trésor américain (du moins tant que ces fameux bons seront encore le placement le plus sûr au monde, ce qui, selon moi, ne sera pas éternel) et un certain nombre de petits placements dans des opérations très spéculatives (représentant au plus 10 % du portefeuille), telle cette petite société canadienne qui détient des droits de prospection dans le désert de Mongolie où d'énormes quantités de métaux précieux peuvent être découvertes. La plupart des petits placements de cette nature, très spéculatifs, généreront des pertes de 100 %, mais l'un d'entre eux rapportera 1 000 ou 2 000 % et fournira au portefeuille plus de bénéfices qu'un portefeuille sagement investi dans des actions normales et avec moins de risques que ce dernier (si toutes les opérations spéculatives ratent, on ne perdra que 10 % du capital, tandis que l'on peut perdre 20 ou 30 % des actions les plus solides si le marché s'écroule, comme cela a été le cas à plusieurs reprises au cours des dernières décennies).

Ainsi, nous pouvons maintenant comprendre ce qui s'est passé et la racine des problèmes de la société occidentale. Nous avons été victimes de la grande illusion, celle qui, de Mandeville et Adam Smith jusqu'à Ayn Rand, nous amenait à penser que la poursuite de l'intérêt individuel entraînait toujours, ou presque toujours, le développement de l'intérêt collectif. Nous avons commis la grande erreur théorique qui consiste à appliquer des outils linéaires relevant de l'ancien paradigme scientifique dans un monde régi par des phénomènes non linéaires que seul le nouveau paradigme scientifique peut nous aider à prendre en compte. Puis nous avons laissé se développer, par la volonté de rendre le marché plus « liquide » et plus « efficace », mais surtout par la volonté de gagner plus d'argent plus facilement et plus rapidement, le grand multiplicateur de toxicité. Mais malgré tout cela, l'économie de marché, certes bien fragilisée, est encore debout. Nous ne devons donc pas oublier le pin des Landes, le « chat difficile » ni tant d'autres preuves que le marché et l'économie dite capitaliste sont de loin le meilleur système que nous connaissons, la preuve la plus convaincante en étant sa capacité à survivre à la fois aux effets de la grande illusion, de la grande erreur théorique et du grand multiplicateur de toxicité. Nous ne devons pas oublier ce qu'il y a de partiellement vrai dans toutes les analyses libérales : le progrès de l'être humain est d'abord dû à la poursuite de son intérêt individuel ou de celui de ses proches, pas à la poursuite de l'intérêt collectif. Mais nous ne devons pas non plus oublier le peuplier du Xinjiang, le TGV français par rapport au train anglais ou l'électricité française par rapport à celle de Californie. Le collectif et l'État ont également leur place dans le système que nous devons bâtir demain. C'est ainsi que, tout en restant dans l'économie de marché, d'autres pratiques sont possibles, et cela à toute une série de niveaux, tandis que des mesures simples peuvent nous prémunir contre certaines des erreurs (mais pas toutes) que nous avons décrites ici. C'est ce que nous allons détailler au cours des chapitres 11 à 13.

Mais nous devons d'abord prendre conscience du formidable changement social qui se déroule sous nos yeux, conséquence directe de l'entrée dans l'ère de l'information (chapitre 1) et conséquence indirecte du changement de vision du monde décrit aux chapitres 3 et 4.

Résumé de la deuxième partie

Le capitalisme et l'économie de marché ont sorti de la pauvreté des dizaines de millions de personnes au cours du dernier siècle et ont permis une amélioration sans précédent de nos conditions de vie. C'est parce que, comme Adam Smith – et avant lui Benoît Mandeville – l'avait vu, le capitalisme est en phase avec la nature humaine. En luttant pour améliorer leurs propres conditions de vie, les acteurs individuels améliorent l'ensemble de la société. À l'inverse, l'échec du communisme réside dans le fait qu'il s'oppose à la nature humaine (seuls les saints sont prêts à faire des efforts pour améliorer la vie de la collectivité et non d'abord la leur). Mais, alors qu'il paraissait sans concurrence après la chute de Berlin, le capitalisme, sous sa forme occidentale, semble menacé comme il ne l'a jamais été. Cela est dû, tout d'abord, à une grande erreur idéologique, appelée le « fanatisme du marché ». Comme la crise des *subprimes* l'a parfaitement démontré, la recherche de l'intérêt individuel économique d'un petit nombre d'acteurs peut aller à l'encontre des intérêts de quasiment tous les acteurs économiques et gravement menacer l'équilibre de la société. S'en remettre au marché pour résoudre les problèmes économiques essentiels, à commencer par celui de l'allocation des ressources, ne peut donc être systématique. Nous avons ensuite fait une grande erreur théorique, celle qui a conduit à minimiser les événements extrêmes et les risques qu'ils représentent dans le monde économique et financier. Cette erreur est directement due à la volonté de continuer à utiliser des outils classiques décrivant des situations simples, dans un monde qui ne l'est plus, comme le montrent les chapitres 3 et 4. Enfin, par avidité, pour mieux multiplier les profits grâce aux effets de levier et parfois tout simplement pour pouvoir mieux soustraire les risques potentiels aux yeux des acheteurs, nous avons créé volontairement de l'hypercomplexité dans un monde déjà complexe. C'est le grand multiplicateur de toxicité, toute cette « finance casino », qui permet de multiplier les gains mais également les risques, et donc les pertes, à des niveaux jamais vus de l'histoire économique et financière.

On se rend compte ainsi que ce que l'on prenait pour la force principale du capitalisme est aussi sa plus grande faiblesse. Sauf exception, la nature humaine ne connaît pas la mesure ni le juste milieu. C'est pourquoi, entre étatisme et interventionnisme (qui ne peuvent en aucun cas fonctionner comme avant dans un monde où plus personne n'a en main les leviers de contrôle) et libéralisme et privatisations à tous crins (qui ont montré leurs limites), le rôle des États dans une société complexe comme celle du XXIe siècle est entièrement à réinventer.

Ce sont les défenseurs du libéralisme qui doivent être les premiers à travailler à son encadrement car c'est une condition de sa survie.

III

LES GERMES D'UNE NOUVELLE SOCIÉTÉ

9

Modernité, postmodernité et transmodernité

> « Le système de pensée moderne n'étant pas en mesure de répondre correctement au défi actuel, il est fini. La modernité est en crise mortelle en ce début du XXIe siècle, car son horizon de sens ne parvient pas à aider l'humanité face à l'urgence de sa survie[1]. »

La modernité est morte mais elle ne le sait pas encore

Je viens de débattre en direct à la radio nationale suisse avec le scientifique Didier Sornette, défenseur d'un projet intitulé « Futur ICT » qui est un des principaux candidats à l'attribution d'une subvention de plus de un milliard d'euros par l'Union européenne dans le cadre d'un programme de recherche stratégique qui constituera le navire amiral de la recherche européenne. Ce projet est présenté par des médias très sérieux, tels le *New York Times*, la BBC ou le *Scientific American*, comme

1. Marc Luyckx Ghisi, *Surgissement d'un monde nouveau ! Valeurs, vision, économie, politique… tout change*, Alphée, 2010, p. 80.

« la machine qui va prédire le futur, le simulateur planétaire qui va prévenir les crises ». Bref, il s'agit de construire un superordinateur où seront rassemblées des milliards de données dans l'espoir d'avoir une meilleure prédiction de phénomènes comme la crise financière de 2008 ou les révolutions arabes de 2010[1]. Certains s'inquiètent du caractère « Big Brother » d'un tel projet qui va incorporer les déplacements moyens de la population ou ses achats sur Internet en récupérant, par exemple, les données des téléphones portables. Mais ce qui est le plus grave, c'est que des dirigeants européens peuvent sérieusement envisager de consacrer 1 milliard d'euros à un tel projet, alors que la théorie du chaos nous enseigne déjà depuis plusieurs décennies les limites de la prédictibilité dans les systèmes complexes. Il est à craindre que ce projet, s'il voit le jour, ne soit pas plus performant pour prédire la prochaine révolution ou la prochaine crise financière qu'une voyante que l'on peut consulter pour 50 ou 100 euros[2]. Mais ce qui est surtout intéressant dans ce projet, c'est ce qu'il représente : le dernier coup de queue donné par un dragon blessé à mort, le dernier baroud d'honneur de la modernité.

Comme nous l'avons vu, la modernité a pour socle le pouvoir de la raison et de la rationalité. Le déterminisme et le réductionnisme sont ses concepts clés. La science classique, reposant sur de tels concepts, est son outil, et les progrès extraordinaires qu'elle a permis à l'humanité ont, pendant longtemps, amené le développement de rêves

1. Voir pour le projet le site www.futurict.eu et les suivants : www.scientificamerican.com/article.cfm?id=the-machine-that-would-predict ; http://green.blogs.nytimes.com/2011/01/03/a-planetary-simulator-that-averts-crises/

2. En fait, la compétition a été remportée par un autre projet portant sur le cerveau humain, voir p. 142-143.

prométhéens dans lesquels nous pourrions tout contrôler et tout prédire. Même si tous les résultats que nous avons analysés au cours des chapitres 3 et 4 parlent en faveur d'une vision diamétralement opposée du monde, le rêve d'Icare (cf. chapitre 2) est encore bien présent. En fait, certains s'y accrochent désespérément. Dans un monde de plus en plus incertain, quoi de plus attractif que l'idée de posséder un outil permettant de (presque) tout prévoir ? C'est en cela que le « simulateur de planète vivante » (le nom anglais du projet est : *Living Earth Simulator*) est intéressant. Ce désir de retrouver un peu de prévisibilité est si grand que des dirigeants prêtent l'oreille à des scientifiques leur faisant ce type de promesse, alors que l'on sait pertinemment que, dans un monde où il y a de plus en plus de « degrés de liberté », comme on le dit en science, c'est-à-dire de variables en interaction, les choses sont de moins en moins prévisibles. Mais voilà, nous fermons les yeux et, comme nous venons de le voir au chapitre 8, cela peut avoir des conséquences dramatiques de nier les limites de notre savoir.

Loin de moi l'idée de décourager la recherche. Ce n'est pas parce que nous savons qu'on ne pourra jamais prédire le temps trois semaines à l'avance qu'il faut arrêter la recherche en météorologie ! Prigogine lui-même, dans les discussions privées que j'ai eues avec lui comme dans ses ouvrages, insistait sur le fait que la théorie du chaos n'implique pas que les prévisions soient impossibles. Néanmoins, elles ne sont possibles que sur un plan général et non sur un plan particulier. On peut ainsi arriver à une situation où l'on peut prédire qu'un phénomène doit se produire, sans savoir le moins du monde ni comment ni quand il se produira. On est très loin de la prédictibilité que vendent aux décideurs politiques les supporteurs du « simulateur de planète vivante ».

Nous avons sous les yeux toutes les preuves que les concepts qui ont pendant plusieurs siècles assuré notre succès ne sont plus à même de nous faire franchir de nouveaux seuils et de permettre à l'aventure humaine de continuer. Mais nous ne voulons pas voir ces signes, car la modernité, ce n'était pas seulement la foi dans le progrès et la science, c'était un véritable projet universel pour l'humanité. Une fois que nous sommes débarrassés de l'obscurantisme de l'époque prémoderne, libérés des dogmes religieux, et que la démocratie est établie, il est purement et simplement impensable pour les tenants de la modernité que l'on puisse en sortir, car toute sortie de la modernité ne pourrait être qu'un retour en arrière, tant est grande leur certitude que le modèle, élaboré par des scientifiques comme Galilée et Newton mais aussi, et surtout, par des encyclopédistes et des philosophes tels que Voltaire et Rousseau, est indépassable. Comparer les tenants de la modernité au capitaine du *Titanic* serait une image trop facile, je préfère les comparer au concepteur du Jurassic Park.

Quand les dinosaures nous instruisent sur notre futur

Tout le monde ou presque a vu le célèbre film de Steven Spielberg. Mais bien qu'il soit un best-seller, très peu de gens ont, comparativement, lu l'ouvrage de Michael Crichton dont est tiré le film[1]. Aussi extraordinaire que cela puisse paraître, les dinosaures ne sont qu'un prétexte pour amener le lecteur vers le vrai objectif de l'ouvrage : vulgariser ce que nous avons évoqué ici au chapitre 3,

1. Michael Crichton, *Le Parc jurassique*, Robert Laffont, 1992.

les théories du chaos et de la complexité, mais aussi l'impact qu'elles peuvent avoir sur notre compréhension du monde.

Rappelez-vous l'histoire. Un milliardaire a créé sur une île déserte un parc abritant des dinosaures, reconstitués grâce à leur ADN trouvé dans le sang de moustiques fossilisés conservés dans de l'ambre. Avant l'ouverture, deux scientifiques, un paléontologue et un mathématicien, du nom de Ian Malcolm, doivent donner leur avis concernant la sécurité du projet. L'avis de Malcolm est sans ambiguïté : une catastrophe se produira, même s'il ne peut en aucun cas en prévoir la raison ni le moment. Bien entendu, le créateur du parc a beau jeu de mettre en doute cette affirmation. Comment croire une telle conclusion, puisque celui qui l'énonce reconnaît lui-même qu'il ne peut rien dire du processus qui pourrait nous y amener ? Ce cadre sert donc à une vulgarisation de la théorie du chaos, de l'effet papillon et des fractales. Malcolm explique que la reconstitution des dinosaures, avant leur introduction dans un parc, est un phénomène trop complexe, reposant sur trop de variables pour ne pas conduire à un désastre. Face à lui, les concepteurs du parc se comportent exactement comme les apôtres de la modernité, ceux qui pensent, comme dans le projet « simulateur de planète vivante », qu'il est possible de modéliser l'avenir au niveau d'un système aussi complexe que celui de la planète tout entière. Une fois les prédictions de Malcolm réalisées, par des voies que ni lui ni personne n'auraient pu imaginer, exactement comme personne n'aurait imaginé que l'enlèvement de quelques barbelés à la frontière austro-hongroise allait entraîner la chute du mur de Berlin[1], Malcolm se lance dans de

1. Voir p. 110-112.

grandes diatribes contre les scientistes et leur naïveté et prononce cette belle phrase : « De plus en plus, les mathématiques exigeront que l'on ait le courage d'assumer leurs conséquences[1]. » Le concepteur du Jurassic Park, lui, n'a pas compris la leçon, celle selon laquelle son parc était trop complexe pour pouvoir être managé en toute sécurité, et il continue à ébaucher des plans pour refaire un autre parc… jusqu'au moment où un dinosaure vient le dévorer[2].

De la même façon, nos dirigeants, et un certain nombre de scientifiques et d'élites intellectuelles, s'enferment dans un véritable déni de réalité. Ils ne veulent pas voir que l'avenir sera beaucoup plus incertain, beaucoup plus turbulent que notre présent qui, lui-même, l'est beaucoup plus que notre passé, et que le seul type de prévision que l'on puisse faire, ce sont des prévisions de type général, comme celles établies par Ian Malcolm sur le devenir du parc et non des prédictions particulières concernant tel ou tel événement[3]. Il y a vingt ans, les idées évoquées aux chapitres 3 et 4 étaient encore marginales. J'ai eu l'honneur d'organiser la première rencontre, lors d'un colloque, entre Ilya Prigogine et l'ancien Premier ministre français Michel Rocard. Ce dernier avait tenu à rencontrer,

---

1. *Ibid.*, p. 459

2. Il est intéressant de constater que ce ne sont pas les mêmes personnes qui sont dévorées par les dinosaures dans le livre et dans le film. Dans le livre, les spécialistes de la nature, comme le chasseur embauché pour assurer la sécurité du parc, survivent, alors que tous les scientistes, les ingénieurs et le concepteur du parc sont mangés par les dinosaures ! Quelle belle métaphore de la fin de la modernité !

3. Comme on le verra au chapitre 14, il est, par exemple, possible de prédire qu'une entreprise pourra, dans le long terme, être plus performante qu'une autre, parce qu'elle possède une organisation différente, parce qu'elle est plus créative, mais sans pouvoir le moins du monde prédire la réussite ou l'échec de tel ou tel de ses produits particuliers.

en privé, Ilya Prigogine, pour préparer cette manifestation, ce que font bien peu d'hommes politiques qui, en général, arrivent dans les colloques pour faire leur discours et partent immédiatement après. Je me rappelle que *Le Canard enchaîné* avait, dans une « brève », ironisé sur cette rencontre, en titrant : « Michel Rocard nous disait avant "après moi le déluge", et maintenant en plus ce sera le chaos ! » Pourtant, ce qui pouvait apparaître comme une « masturbation intellectuelle » à laquelle se livraient quelques esprits a trouvé, au cours de ces dernières années, des applications dans bien des domaines sociaux et politiques.

Mais quel est leur leader ?

Le 17 décembre 2010, un jeune marchand de légumes totalement inconnu, Mohamed Bouazizi, s'immole par le feu à Sidi Bouzid en Tunisie. Moins d'un mois après, le 14 janvier, le tout-puissant président Ben Ali, au pouvoir depuis vingt-trois ans, s'enfuit en Arabie saoudite. Les événements qui se sont déroulés pendant ce mois, qui ont donné naissance au Printemps arabe, ont montré en permanence le décalage des autorités tunisiennes, mais aussi internationales (à commencer, hélas ! par les autorités françaises) par rapport à ce mouvement. Si le président Ben Ali se rendit bien au chevet de Mohamed Bouazizi quelque temps avant le décès de celui-ci pour tenter d'enrayer le mouvement de protestation qu'avait suscité sa tentative de suicide, finalement couronnée de succès puisqu'il mourut de ce geste. Ni Ben Ali ni ses proches ne comprirent ce à quoi ils faisaient face : un véritable mouvement auto-organisé emblématique de la société postmoderne dans laquelle nous sommes déjà entrés. Un mois plus tard, c'était au tour de Hosni Moubarak de tomber en Égypte, huit mois après au colonel Kadhafi d'être tué, et, un an après Moubarak, le président Saleh, au pouvoir au Yémen depuis plus de trente-deux ans, partait à son tour.

Si, bien évidemment, la chute de régimes corrompus en place depuis plusieurs décennies était parfaitement envisageable, voire prédictible, personne n'aurait pu imaginer qu'ils allaient tomber de cette manière et surtout si vite. Il y a là une formidable illustration de la puissance des mécanismes de type effet papillon, ou plutôt de l'« effet Jurassic Park ». Même le pauvre Mohamed Bouazizi n'aurait pu, dans ses rêves les plus fous, imaginer les conséquences de son geste de désespoir.

Mais les révolutions arabes ne sont que la partie émergée d'un iceberg constitué par l'incroyable tissu de relations que permettent aujourd'hui les nouveaux outils informatiques et les réseaux sociaux. C'est cette complexité croissante, ces 83 milliards de mails échangés chaque jour sur la planète, ces centaines de millions d'individus (et même 1 milliard pour Facebook) qui se retrouvent dans de nouveaux réseaux, qui ont *déjà* complètement changé la donne, non pas seulement sur le plan économique, mais aussi, et d'abord, sur les plans social et politique comme nous l'avons vu au chapitre 1. Que l'on pense, par exemple, à un mouvement comme les Anonymous. Il s'agit d'une coalition de personnes sans la moindre hiérarchie, sans la moindre organisation, qui défendent la liberté d'expression sur Internet et, par extension, dans le monde. Leur soutien à WikiLeaks et à Julian Assange (« exposer les crimes de guerre n'est pas un crime », disent-ils) a amené certains d'entre eux à organiser des opérations de blocage de sites comme PayPal ou MasterCard, sur lesquels il était auparavant possible d'effectuer des donations à WikiLeaks et où cette possibilité avait été supprimée sous la pression du gouvernement américain. L'un des leaders de ces « Anonymes » fut alors arrêté. C'était un garçon de 15 ans qui vivait dans un petit village du Massif central. Il y avait six ordinateurs dans sa chambre, et ses parents n'avaient pas la moindre idée de ce qu'il en faisait, et lui-même était bien incapable de donner le nom des autres membres du mouvement, tous cachés derrière des pseudonymes.

Quand ils apparaissent en public, les « Anonymes » se cachent derrière un masque, celui de Guy Fawkes, qui tenta, le 5 novembre 1605, de faire exploser le palais de Westminster où le roi devait s'adresser à la Chambre des lords. L'usage de ce masque provient du film *V pour Vendetta*, sorti en 2006 et adapté par les frères Wachowski d'une bande dessinée de David Lloyd et Alan Moore. Il décrit le combat d'un homme défiguré, qui se cache toujours derrière le masque de Guy Fawkes, contre une dictature qui s'est établie en Angleterre au milieu du XXIe siècle. Le héros fait monter la tension en annonçant une grande révolte contre la dictature pour le 5 novembre prochain, jour anniversaire de la fameuse tentative de Guy Fawkes. Le jour en question, le héros est déjà mort, mais personne ne le sait. Son coup de génie est d'avoir envoyé par voie postale des centaines de milliers de masques identiques au sien. À l'abri de ces masques, les citoyens britanniques osent sortir dans la rue et défient la dictature. Comme personne ne peut savoir derrière quel masque se cache le leader (en fait derrière aucun car il est mort) et puisque l'armée ne peut tirer sur tout le monde, le régime est emporté par ce raz-de-marée populaire sans la moindre violence.

Les mots d'ordre des « Anonymes » sont : protester, informer, enquêter, combattre. Leur slogan : « Nous sommes les "Anonymes", nous ne pardonnons pas, nous n'oublions pas, attendez-vous à avoir de nos nouvelles. » Tout cela peut ressembler à un vaste jeu de rôles pour adolescents et cela est certainement en partie le cas. Néanmoins, lors des révolutions arabes, lorsque les gouvernements paniqués tentèrent de couper l'accès aux réseaux sociaux tels que Facebook ou Twitter où se regroupaient les appels à manifester, les « Anonymes » mirent en place une « Opération Tunisie », puis une « Opération Égypte », pour fournir aux citoyens de ces pays des logiciels permettant de contourner la censure et de se connecter quand même sur les réseaux sociaux pour que les révoltes puissent continuer. Une parfaite illustration de la mondialisation, de ses risques et de ses merveilles, que de voir des jeunes des banlieues de New York ou des campagnes françaises fournir des outils virtuels aux jeunes révolutionnaires en herbe de Tunis ou du Caire. Partout ont depuis explosé des mouvements auto-organisés, comme les « Indignés » espagnols qui protestent contre la crise ou les Occupy Wall Street qui dénoncent les excès d'une finance devenue folle.

Mais en ce qui concerne notre futur, le potentiel de ces mouvements n'est pas tant dans ce qu'ils ont déjà réussi que dans ce qu'ils n'ont pas encore fait. Qui se souvient du 7 décembre 2010 ? Peu de gens, car il ne s'est rien passé ce jour-là, ou presque. Pourtant, ce qu'on a appelé le *bankrun Cantona,* malgré le fait qu'il n'a (heureusement) eu aucune conséquence, est un événement emblématique de ce qui attend notre société dans le futur. Rappelez-vous : début octobre 2010, le célèbre ancien footballeur et actuellement acteur Éric Cantona donne une interview vidéo à un petit média de l'Ouest, *Presse Océan*. Nous sommes en pleine manifestation contre telle ou telle réforme, et Cantona, d'un air blasé, dans une discussion informelle, explique que manifester de cette façon ne sert plus à rien et que faire une révolution sans armes et sans violence est très facile : il suffit que des millions de gens aillent le même jour retirer leur argent des banques. Cela bloquera irrémédiablement le système, car il y a infiniment plus d'argent sur nos comptes bancaires que d'argent réel en circulation. Les banques ne pourront donc pas répondre à la demande, le système se bloquera et, comme la société actuelle repose sur un système dynamique, ce blocage ne manquera pas d'entraîner son effondrement[1].

Deux internautes qui virent cette interview furent saisis par la pertinence de cette idée et décidèrent de créer un site, bankrun2010, et de fixer une date, le 7 décembre, pour retirer l'argent des banques et pour faire la « révolution Cantona ». Le mouvement prit en quelques semaines une ampleur incroyable : le site fut traduit en 8 langues, la vidéo d'Éric Cantona fut sous-titrée en de nombreuses langues et vue par des millions de personnes. Éric Cantona lui-même était bien gêné. Il n'avait en aucun cas voulu lancer une révolution en lâchant quelques phrases dans les coulisses d'un quelconque événement. Dans les semaines précédant le 7 décembre, Christine Lagarde, alors ministre de l'Économie et des Finances, et de nombreux responsables économiques, se succédèrent dans les journaux télévisés pour avertir le grand public qu'il ne fallait surtout pas faire cela, que ce serait très dangereux et mauvais pour toute la société (ce qui était vrai, bien sûr).

1. Voir l'interview sur www.dailymotion.com/video/xf5571_eric-cantona-et-les-banques_news. En ce qui concerne le problème de l'argent et de la création monétaire, on pourra regarder avec intérêt le film *L'Argent dette* : www.dailymotion.com/video/x75e0k_l-argent-dette-de-paul-grignon-fr-i_news

Même le « révolutionnaire-né », l'homme théoriquement le plus opposé aux banques et au système, Olivier Besancenot en personne, en arriva à se désolidariser de l'initiative, ce qui nous donna ce spectacle savoureux d'un révolutionnaire ayant peur de la possibilité d'une vraie révolution[1]. Cantona disparut totalement des écrans. Rappelons qu'il n'y était pour rien, car il n'avait ni fixé la date ni financé le site Internet et le mouvement s'étant mis en place autour de ses propos. Pour ne pas se désolidariser du mouvement, il alla, le 7 décembre, retirer une partie de ses économies dans une luxueuse banque privée, pour les placer sur un compte à La Banque postale, et ce fut tout. On peut se réjouir que rien ne se soit passé le 7 décembre 2010, car la mobilisation de la classe politique contre cette possibilité montre que Cantona avait bel et bien touché un point sensible. Une réaction collective telle une ruée sur les banques est en effet susceptible de déstabiliser, voire de renverser, tout notre système.

Mais ce que nous devons retenir de cette histoire, c'est l'incroyable possibilité théorique qui existe ici. Un homme connu lâche deux phrases, sans même probablement savoir qu'il est enregistré, celles-ci sont au début très faiblement diffusées sur Internet, puis un effet boule de neige se produit, et ce battement d'ailes de papillon déclenche une vraie tempête, susceptible d'emporter tout un pan de notre société. Et cela alors que tous les acteurs, sauf Cantona, sont de parfaits anonymes. Nous pouvons donc prévoir avec certitude qu'un jour un effet du même type, portant sur un sujet complètement différent, se produira à partir d'un événement totalement anodin et aura cette fois-ci des conséquences majeures

1. Voir l'interview d'Olivier Besancenot sur www.dailymotion.com/video/xfwn3q_le-revolutionnaire-a-peur-de-la-revolution_news

sur notre civilisation. C'est cette instabilité, qui ne peut aller qu'en augmentant, qui fait apparaître comme des sornettes, j'ose le jeu de mots ici[1], les projets de modélisation d'un monde où des mouvements tels que les révoltes arabes, les Indignés, Occupy Wall Street ou les Anonymous vont augmenter de façon exponentielle.

Vous penserez sans doute qu'il sera assez angoissant de vivre dans un monde aussi instable, et vous aurez raison. Mais outre le fait que nous devons apprendre à vivre avec cette instabilité, d'avoir ce fameux courage de « faire face à ce que nous disent les mathématiques » dont parlait *Jurassic Park*, cela rend aussi le monde beaucoup plus intéressant et porteur de plus d'opportunités que par le passé. Car si l'effet papillon peut être destructeur, il peut aussi être bénéfique et déboucher, sur les plans individuel et collectif, sur des avancées et des progrès que nous ne pouvons même pas imaginer… ni modéliser.

Les conséquences politiques des nouvelles technologiques étaient déjà annoncées dans une publicité totalement visionnaire pour l'un des premiers fournisseurs d'accès à Internet, Liberty Surf (l'ancêtre de Free), et cela il y a plus d'une dizaine d'années. Dans cette publicité[2], on voit depuis une espèce de station spatiale, représentant sans doute le paradis, quelques-uns des grands leaders révolutionnaires de la modernité regarder par un hublot la planète Terre : « Ils ont remis ça en bas ? », demande Gandhi. « La rrrrrrévolution », siffle Lénine entre ses dents. « Et cette fois-ci, tous les hommes sont libres de s'exprimer », affirme Robespierre. « Sans

1. Voir p. 307.

2. www.dailymotion.com/video/xibsjq_publicite-liberty-surf-le-che-robespierre-gandhi-lenine-et-villa-2000_creation

frontières ni censure », complète Zapata. « D'avoir accès à toutes les richesses du monde », s'enthousiasme Che Guevara. « Et en plus, c'est gratuit », conclut Gandhi. Nos cinq révolutionnaires regardent alors fixement la Terre en pleine ébullition et Lénine, presque avec fureur, demande : « Mais quel est leur leader ? » Tout est dans cette interrogation courroucée de Lénine. Le leader de la révolution Internet, par définition, n'existe pas, de même que celui des Anonymous ou des révolutions du monde arabe ou des Indignés. On a ici totalement changé de paradigme, comme le montre cette publicité, puisque justement les grandes révoltes de la modernité, et même du passé, étaient toutes associées à la figure emblématique de tel ou tel leader.

Où sont les experts ?

Dans le monde classique, les rôles et les hiérarchies étaient bien définis. C'est une des conséquences du réductionnisme qui attribuait à chacun des connaissances particulières (et qui fut, rappelons-le encore une fois, une des causes des progrès rapides de notre civilisation). Mais lentement et sûrement, la période actuelle remet en cause le réductionnisme, exactement comme si, là aussi, les progrès que l'on pouvait effectuer grâce à lui étaient en partie épuisés. Ainsi, de plus en plus de patients ont des difficultés à accepter les démarches de la médecine moderne, malgré ses résultats extraordinaires. Le médicament donné pour soulager votre foie des problèmes engendrés par le médicament pris pour soigner votre cœur abîme vos poumons, et le médicament donné pour soulager vos poumons va induire… etc. On peut comprendre que les critiques se multiplient dans ce domaine.

Ainsi, Martine Laval ose écrire : « Dans un environnement où les immenses progrès techniques, scientifiques et matériels ont changé radicalement les règles du jeu, ce qui avait été sélectionné pour nous protéger se retourne contre nous[1]. » C'est pourquoi, aujourd'hui, un site comme Doctissimo[2] est l'un des sites en langue française les plus fréquentés. Dès qu'un diagnostic est fait, qu'une ordonnance est écrite, des milliers de patients se précipitent sur Internet pour analyser, soupeser, voire contester les décisions de leur médecin avec l'aide des patients ayant connu des situations identiques.

Le médecin, l'instituteur, le curé et le maire représentaient dans chaque village la science, la connaissance, la religion et le pouvoir politique. Désormais, l'ensemble de ceux qui représentent ces différents domaines sont soumis à un feu roulant de questions et d'interrogations, et plus rien de ce qu'ils disent n'est « pris pour argent comptant ». Cette même décrédibilisation touche les grands médias, les syndicats et les partis politiques, non seulement dans les pays occidentaux, mais aussi dans certains pays du tiers-monde. On voit surgir des « coordinations », elles aussi issues de processus d'auto-organisation.

Cette remise en cause de la crédibilité des experts et des corps constitués s'accompagne d'une explosion de débats dans lesquels des milliers de citoyens donnent leur avis sur la nocivité des OGM, la réalité du réchauffement climatique, les traitements du cancer et bien d'autres sujets *a priori* réservés aux spécialistes. Même si le système précédent, avec ses frontières plus ou moins étanches entre les différents domaines du savoir, avait

1. Martine Laval, *N'écoutez pas votre cerveau ! Comment rester sain dans un monde malade*, Inter-Éditions, 2010.
2. www.doctissimo.fr

beaucoup de défauts, comme le montre notre exemple concernant les problèmes pouvant provenir d'une médecine qui traite l'homme partie par partie et non pas de façon globale, il est clair que passer d'un système géré par des experts à un système où chacun ou presque peut avoir une opinion sur toutes les questions n'est pas sans poser de nombreuses questions. Il est à prévoir que l'un des grands traits de la société de demain sera l'émergence de nouveaux experts, d'une nature très différente des précédents. Une structure telle que Wikipédia peut être une illustration de ces experts du futur. Mais dans ce domaine comme dans d'autres, d'importantes nouveautés sont à attendre. Une des seules choses que nous pouvons prédire, c'est qu'un certain nombre d'entre elles reposeront sur cette intelligence collective que permet l'auto-organisation. Il s'agira, par exemple, de la moyenne des avis des personnes ayant expérimenté tel ou tel traitement ou, de façon plus anecdotique, ayant lu tel ou tel livre ou ayant vu tel ou tel film. On constate déjà que beaucoup d'internautes font plus confiance à la moyenne des avis donnés par d'autres internautes pour juger un produit qu'à ceux des journalistes et des médias, de plus en plus soupçonnés de conflits d'intérêt ou de partialité.

Les trois mousquetaires de la postmodernité

Si la modernité est déjà dépassée, dans quoi vivons-nous ? Il est certainement trop tôt pour le dire, car, historiquement, le mot « modernité » a été défini par Baudelaire dans les années 1860, alors que cela faisait près de un siècle que les fondements de cette même modernité avaient été posés. Un jour, l'ère que nous vivons portera peut-être un nom du style l'« ère de la connaissance », l'« ère du réseau », l'« ère de l'Internet », mais pour l'instant tout ce nous pouvons dire, c'est que nous sommes dans la période qui suit la modernité, c'est pourquoi on parle de postmodernité. Mais ce terme est ambigu, car il désigne à la fois la période où nous sommes au sens large (sans aucune connotation particulière) et une école de pensée bien spécifique qui fut la première à défier les fondements mêmes de la modernité sur les plans scientifique, philosophique et social.

Paul Feyerabend (1924-1994) a porté à la modernité un des premiers coups et l'un des plus violents qui soient. Il s'est attaqué au cœur même du système, la science, la connaissance scientifique et la raison, comme le montrent les titres de ses deux ouvrages les plus célèbres : *Contre la méthode, esquisse d'une théorie anarchiste de la connaissance*[1], et *Adieu la raison*[2]. Toute l'œuvre de Feyerabend consiste en une relativisation de la raison et de la science. Il n'y a pas pour lui de méthode scientifique universelle qui pourrait être appliquée dans tous les temps et par tous les peuples. Les théories scientifiques, malgré leur puissance explicative, sont pour lui des bricolages, et c'est parfois le scientifique le plus astucieux quant à la diffusion de ses idées qui gagne, et non pas celui qui a la meilleure théorie. Il montre ainsi que les idées de Copernic et de Galilée l'ont emporté bien avant que l'on ait eu de véritables preuves expérimentales de leur validité. Il présente la science non comme une méthode universelle sur laquelle tous les hommes pourraient se mettre d'accord, mais comme une forme particulière d'idéologie dont il faut préserver les citoyens. Il en vient ainsi à parler de la nécessité de la « séparation de la science et de l'État »,

1. Seuil, 1979.
2. Seuil, 1998.

comme il existe une séparation des Églises et de l'État. Il fustige le fait que les parents soient obligés d'éduquer leurs enfants dans cette forme de superstition particulière et ne puissent pas choisir, par exemple, entre l'enseignement de l'astrologie et celui de l'astronomie. Allant jusqu'au bout de sa logique qui est que tout est bon pour le progrès de nos connaissances, Feyerabend va jusqu'à proposer que non seulement les directions de recherche soient déterminées par des votes populaires, mais que les conclusions de la science elle-même soient déterminées par des citoyens et non par des experts[1]. L'idée que seuls les scientifiques ou les philosophes soient à même de prendre des décisions sur des sujets concernant la vie de tous les citoyens lui paraît épouvantablement élitiste et en opposition avec la démocratie.

Ainsi, la raison n'est pas rationnelle et la science n'est pas objective, et personne n'est obligé de croire ce qu'elles nous disent ni d'accepter la vision du monde qui en découle. La sorcellerie ou le chamanisme sont aussi des options ! On se doute que la critique virulente que fit Feyerabend de la modernité lui attira des réponses encore plus virulentes. Une d'entre elles, ouvertement pragmatiste, fut émise par le célèbre astrophysicien rationaliste Carl Sagan. Elle pourrait se résumer en un mot : « Chiche ! » Essayez l'astrologie plutôt que l'astronomie, le chamanisme plutôt que la médecine moderne, la sorcellerie plutôt que la science, et voyez comment vous arriverez à vous débrouiller dans votre vie. L'argument peut paraître décisif, mais, par une certaine ironie (la contextualisation étant un concept clé de la pensée

1. On sent ici évidemment un fort relent de trotskisme, lequel était très en vogue dans les cercles intellectuels au moment où Feyerabend a développé ces idées.

postmoderne), il me semble que Sagan n'a pas compris que la validité de son argument était limitée au contexte moderne : certes, *dans la société moderne*, les tenants d'une vision magique du monde, comme un aborigène australien ou un Papou de Papouasie-Nouvelle-Guinée, seront infiniment moins performants que les grands esprits formés à la méthode occidentale et rationnelle. Mais je mets au défi ces mêmes esprits d'arriver à survivre mieux que les aborigènes australiens ou les Papous de Papouasie-Nouvelle-Guinée dans l'environnement où ces derniers survivent depuis des millénaires en appliquant leur « raison magique » ! Si le raisonnement de Feyerabend est certainement excessif (et je pense qu'il en était conscient lui-même), il a eu néanmoins comme conséquence très positive de constituer l'une des premières étapes de la déconstruction du scientisme, d'attirer l'attention sur le caractère relatif et contextuel de méthodes, de pratiques et d'idées que la modernité avait érigées un peu trop vite en absolus.

Jacques Derrida (1930-2004) fut, en tant que philosophe spécialiste en analyse de textes, le père de la déconstruction. Il s'agit de déconstruire le sens d'un texte, mais aussi les oppositions classiques, binaires pourrait-on dire, qui, dans la logique de la modernité, opposent, par exemple, rationnel et irrationnel, sens et non-sens, présence et absence. Sa démarche s'inscrit d'une certaine façon dans la voie du nominalisme de Guillaume d'Occam, selon lequel un mot comme « homme » renvoie à une personne particulière, mais pas à une catégorie ou à un archétype. C'est en quelque sorte une démarche profondément antiplatonicienne qui se situe dans la ligne de Protagoras, lui qui pourrait passer pour le premier des postmodernes puisqu'il a affirmé qu'il n'existait pas de bien ou de mal absolu, mais uniquement des jugements de valeur émis par des hommes.

Il n'existe aucun sens fondamental à un texte, aucune vérité première externe à lui-même sur lesquels le texte serait fondé. Le sens d'un texte est donc forcément relatif, et Derrida l'a illustré avec le concept de *différance* (au lieu de « différence ») faisant remarquer que, oralement, les deux mots sont indistinguables. Ainsi, une écriture phonétique ne peut pas prétendre pouvoir dire le sens d'un texte dans sa totalité. Ce travail de déconstruction et de relativisation du sens d'un texte aura une énorme importance, entre autres dans les universités américaines où la postmodernité est souvent présentée sous le nom de « French Theory ».

Michel Maffesoli (né en 1944), professeur de sociologie à la Sorbonne (université Paris 5) et directeur du Centre d'études sur l'actuel et le quotidien (CEAQ) va, lui, faire entrer la postmodernité dans la société. Son œuvre pourrait s'intituler *Le Retour des magiciens*[1]. Il s'agit de montrer comment, dans une société que nous voulons moderne et rationnelle, se développent l'émotion, les affects, l'ambiguïté, voire l'irrationalité. Pour Maffesoli, nous assistons à un véritable retour du paganisme, et il voit resurgir Dionysos et les Bacchanales dans les rave-parties et les concerts techno qui sont pour lui des sujets d'étude. La modernité a voulu chasser la part d'ombre qui existe de façon immémoriale dans l'être humain, mais celle-ci revient au galop. Maffesoli remet ainsi en cause la morale classique et n'hésite pas à envoyer ses étudiants étudier… les orgies ! « Poussée jusqu'à son point le plus ultime, la morale d'un social totalement aseptisé a évacué

1. Il s'agit d'une allusion à l'ouvrage *Le Matin des magiciens* de Louis Pauwels et Jacques Bergier, Gallimard, 1960.

à trop bon compte la part d'ombre qui est, également, un élément de l'humaine nature [...]. Oui, face à la violence totalitaire de la morale, il y a un resurgissement du droit au nocturne, lumière noire qui ne manque pas d'éclairer ces moments d'effervescence intenses où, en des sabbats mystérieux, se concocte une éthique spécifique aux relents quelque peu immoraux. *Eyes Wide Shut* ainsi que le filme si bien Stanley Kubrick. C'est bien les yeux fermés aux injonctions de la raison moralisatrice que les bacchantes célèbrent un lien sociétal dont le fil rouge est constitué par la passion, l'émotion et autres affects innommables. De telles dionysies postmodernes ne sont pas l'apanage de telle ou telle classe décadente[1]. »

C'est donc bien, en s'inscrivant lui aussi dans la ligne de Protagoras, l'idée d'une morale universelle que Maffesoli remet en cause, n'hésitant pas à parler de relativisme généralisé. Ce retour du paganisme nous ramène non seulement avant la modernité, mais, pour Maffesoli, avant le judéo-christianisme, car, pour lui, le christianisme et le monothéisme dans son ensemble constituent la première étape du désenchantement du monde. N'a-t-il pas chassé les esprits et les fées qui habitaient les sources, les arbres et les montagnes au profit d'un dieu irreprésentable situé dans une tout autre dimension ? Alors qu'un éventuel retour au communautarisme est sans cesse fustigé par nos penseurs et nos politiques, cela fait déjà près d'un quart de siècle que Michel Maffesoli annonce *Le Temps des tribus* avec un ouvrage dont le sous-titre est explicite : *Le Déclin de l'individualisme dans les sociétés postmodernes*[2]. Maffesoli voit s'établir sous nos yeux

1. Michel Maffesoli, *Le Réenchantement du monde*, La Table ronde, 2007, p. 128.
2. La Table ronde, 1988.

des tribus modernes avec l'équivalent de leur totem : la tribu de ceux qui roulent en Harley-Davidson, de ceux qui portent des jeans Levi's, de ceux qui se passionnent pour Mylène Farmer ou Madonna. Chaque tribu aura ses objets fétiches, disques de l'artiste ou accessoires de moto pour la Harley. Maffesoli remet ici en cause l'idée que la modernité aboutit à toujours plus d'indépendance pour l'individu, en montrant comment, surfant sur les technologies modernes (qu'y a-t-il de plus tribal que les liens qui peuvent se constituer autour de pages Facebook dédiées à des sujets particuliers, par exemple ?), une forme de communautarisme généralisée revient à l'ordre du jour : « Car, n'en déplaise à ces dames patronnesses défenderesses d'un contrat social quelque peu suranné, et qui poussent des cris de vierges effarouchées devant les mœurs sauvages des tribus contemporaines, oui, il y a bien du lien social. [...] Un lien primordial, en quelque sorte. Pour lequel l'individu compte pour peu alors que la communauté est valorisée. Laissons aux vieilles filles effarouchées dont il a été question la critique facile et stigmatisante du *communautarisme*. Elles en tartinent des pages entières dans ces bulletins paroissiaux qui ont succédé à la presse libre et courageuse. Laissons-les à leurs jérémiades ! Il y a bien mieux à faire : penser les nouvelles et, par bien des aspects, anciennes, formes d'un être-ensemble faisant sa mue. Penser l'immoralisme éthique en son éternel recommencement[1] ! » Suivant la logique qui est la sienne, Michel Maffesoli fit soutenir à la célèbre astrologue Élizabeth Teissier une thèse de sociologie à la Sorbonne, en avril 2001. Un acte qui aurait certainement empli de joie Paul Feyerabend et qui lui valut une gigantesque levée de boucliers de la part de

1. Michel Maffesoli, *Le Réenchantement du monde*, *op. cit.*, p. 66-67.

nombreux universitaires français, venant aussi bien de la sociologie que des sciences exactes.

Ainsi, à travers les œuvres de Feyerabend, Derrida et Maffesoli, tous les universaux de la modernité, que ce soient la science et sa méthode, la raison, le langage, la morale, l'idéologie des Lumières et des droits de l'homme, ainsi que le monothéisme judéo-chrétien dont elle est l'héritière, sont défiés dans leurs fondements mêmes. Bien évidemment, nos mousquetaires de la postmodernité ne sont pas que trois. Il faudrait citer ici d'autres philosophes tels que Jean-François Lyotard, Gilles Deleuze ou l'Américain Richard Rorty. Comme nous l'avons mentionné, l'influence de cette « French Theory » a été plus grande dans les universités américaines que dans les françaises. C'est là qu'ont fleuri les *cultural studies* visant à tout relativiser en fonction du contexte. Ainsi la mécanique quantique n'est-elle pas jugée sur ses mérites propres, mais en fonction du contexte culturel de l'Europe centrale de l'entre-deux-guerres où elle s'est développée. La littérature ne doit pas se contenter d'étudier les textes d'hommes blancs et morts, comme c'est le cas de 90 % des auteurs étudiés à l'université, au moins dans les universités occidentales. Il est donc important d'étudier aussi les œuvres littéraires de femmes noires et vivantes, ce qui fait que des écrivaines martiniquaises contemporaines inconnues sont parfois aussi étudiées que Victor Hugo ou que Shakespeare !

Tout cela ne s'est pas fait sans déclencher des résistances de la part des tenants de la modernité. Beaucoup de débats actuels en sont l'illustration, du port de la burqa à l'interdiction de l'excision, au nom justement de l'universalité des valeurs. La publication, à titre de canular, par le physicien Alan D. Sokal dans la revue *Social Text*, revue spécialisée dans le relativisme et les *cultural studies*, d'un article bourré d'absurdités, mais également rempli de citations parfaitement véridiques de nombreux scientifiques et de philosophes, souvent français, est l'illustration d'une véritable guerre entre ceux qui affirment la légitimité de la postmodernité et ceux qui l'accusent d'être au mieux une provocation, au pire un tissu de non-sens. Un service de linguistique d'une université américaine a d'ailleurs créé le « générateur de texte postmoderne ». Vous choisissez un sujet, vous appuyez sur un bouton, et l'ordinateur génère immédiatement un article complet sur ce thème avec de multiples références. Si l'on regarde de près, chaque phrase est grammaticalement correcte, mais est absolument dépourvue de signification. Même si, lors d'une première lecture, le texte peut sembler profond grâce à l'obscurité et à la complexité de ses phrases[1].

La pensée postmoderne agit comme un véritable acide. Elle dissout le scientisme, l'absolutisme unidimensionnel de la raison et le fait d'avoir érigé un peu rapidement en valeurs universelles ce qui était, en partie, le produit d'une histoire et d'une société spécifiques, la nôtre. On peut dire que, comme dans la démarche alchimique où il faut dissoudre avant de recristalliser pour obtenir la pierre philosophale, la postmodernité – et la déconstruction qui va avec – est une période nécessaire, mais elle ne peut être que transitoire. En effet, elle ne peut pas faire sens. Même si Michel Maffesoli insiste beaucoup sur le lien social d'un nouveau type qui peut surgir de la résurgence du tribalisme et du communautarisme, ce type de

1. www.elsewhere.org/pomo/. À chaque visite, un nouveau texte est généré par un ordinateur : le mien était intitulé « La théorie capitaliste subdialectique et l'objectivisme » et se référait à la lecture de Derrida et de Joyce !

liens est peu susceptible de servir de base à une nouvelle civilisation capable de s'inscrire dans la durée.

Michel Maffesoli répondrait certainement qu'il faut « dire et redire le changement de fond s'opérant dans les mœurs sociales, s'en faire les haut-parleurs. Dire non pas ce qu'on aimerait qui soit, mais bien ce qui est[1] ». Que cela nous plaise ou non, nous dit-il, nous nous dirigeons inexorablement vers une société postmoderne. Malgré sa grande compétence sur l'étude de l'actuel et du quotidien, je pense qu'il se trompe sur ce point. Les désirs de l'immense majorité de la population qui s'écarte très clairement des chemins tracés par la modernité ne sont nullement comblés par le relativisme généralisé et par la mise en pièces du sens. Les rave-parties et la techno sont peut-être des exutoires commodes à certaines formes de mal-être. Ce n'est ni sur eux ni sur les tribus, et encore moins sur la disparition de l'individu, que sera fondée la société de demain. Il nous faut donc un autre vocabulaire pour désigner l'étape dont nous voyons dès aujourd'hui les prémices se répandre, de New York à Pékin et de Stockholm à Tunis. Marc Luyckx Ghisi, penseur interdisciplinaire qui fut membre pendant dix ans de la cellule de prospective de la Commission européenne de Bruxelles, nous ouvre une piste avec la notion de transmodernité. La postmodernité est pour lui le dernier avatar de la modernité, car sa méthode était la même que la méthode moderne, mais retournée contre elle-même : « Les postmodernes ont accompli un travail intense et très utile durant les vingt dernières années. Ils ont désarticulé, démonté, désossé la modernité en la déconstruisant. C'était un travail extrêmement difficile et ingrat, mais il était nécessaire comme transition vers le XXIe siècle.

1. Michel Maffesoli, *Le Réenchantement du monde*, *op. cit.*, p. 24.

Nous ne serions pas parvenus à opérer la transition vers la transmodernité sans le travail de bénédictins opéré par les postmodernes dont Jacques Derrida est le plus marquant. Ils ont été indispensables. Mais leur méthode elle-même nous invite à aller au-delà, vers la transmodernité. La postmodernité est sceptique, elle est fondamentalement source de scepticisme. Comment pourrait-il en être autrement puisqu'il n'y a pas de vérité pour elle[1] ? » Non, on ne peut pas bâtir une civilisation sur le relativisme, le scepticisme et l'absence de vérité. Pour Marc Luyckx Ghisi, la transmodernité retrouve la position philosophique du paradigme de l'incomplétude que nous avons analysé au chapitre 4. Il existe bien une vérité, mais personne ne peut la posséder. Cette position rejette donc à la fois le relativisme qui nie l'existence d'une vérité universelle et toutes les approches, que ce soient celles de la science classique ou des différentes religions qui ont prétendu posséder et exprimer cette vérité unique. Dans une image qui rejoint un passage du Tao (« les trente rayons convergent vers le moyeu, mais c'est le vide médian qui permet à la roue de tourner »), Luyckx Ghisi décrit la situation de la transmodernité comme une table ronde dont chaque quartier représente une religion ou une civilisation qui, plus elle progresse vers le centre de la table, plus elle s'approche de la vérité, mais le centre de la table est constitué d'un trou, éclairé par de la lumière. Ce n'est pas un endroit solide où l'homme pourrait se tenir. Il n'empêche qu'il est unique et qu'il existe. Ainsi, selon lui, une société tolérante, démocratique et ayant une profonde dimension spirituelle sera capable de nous amener à un véritable réenchantement du monde.

1. Marc Luyckx Ghisi, *Surgissement d'un monde nouveau…*, *op. cit.*, p. 390.

Les quatre cavaliers de la transmodernité

Pierre Teilhard de Chardin (1881-1955) était un jésuite, un grand paléontologue et un théologien. Il fit partie de ceux qui luttèrent pour faire accepter à l'Église catholique l'idée de l'évolution, et il bâtit une synthèse originale pour intégrer la doctrine chrétienne au cadre dynamique de l'évolution. Fortement suspecté de déviationnisme de son vivant, il ne put ni accepter une chaire de paléontologie au Collège de France ni voir publiés la plupart de ses ouvrages qui le furent à titre posthume. Sa pensée exerce aujourd'hui une influence qui s'étend bien au-delà des cercles catholiques, dans lesquels il a été pleinement réhabilité (un grand colloque fut organisé au Vatican pour le cinquantième anniversaire de sa mort). Mais, si nous en parlons ici, ce n'est pas pour son travail scientifique ou théologique, mais pour ses prédictions concernant l'évolution des consciences humaines. Teilhard annonçait, sous le vocable de « planétarisation », ce que nous connaissons aujourd'hui sous le terme de « mondialisation ». Pour lui, un tel mouvement ne pouvait qu'amener les consciences individuelles à communiquer, puis à collaborer avec de plus en plus d'autres consciences, le développement des moyens de communication amenant à la constitution de la « noosphère » (une sphère de l'esprit) qu'il décrivait comme une « pellicule de pensée enveloppant la Terre et formée des communications humaines ». Pour Teilhard, la communication représente un véritable saut qualitatif dans l'histoire de l'évolution. Une transformation comparable à celle de la chenille qui devient papillon. Cette conception diffère de celle de Nietzsche où le surhomme est un super-être humain qui s'élève au-dessus du niveau de ses congénères, alors qu'ici c'est une intelligence collective qui émerge à partir des intelligences individuelles. Et même si cela s'inscrit dans le cadre du dépassement de l'individualisme, une telle vision diffère aussi de la vision néotribale de la postmodernité, dans laquelle les individus regroupés en tribus sont peut-être capables d'une progression quantitative, mais non qualitative.

Teilhard est mort avant que l'on puisse avoir la moindre idée que quelque chose comme Internet allait exister. Et, pourtant, le cyberespace est l'outil rêvé pour la réalisation de la vision de Teilhard concernant l'émergence d'une conscience collective de l'humanité, capable de performances situées bien au-delà de celles accessibles à la somme des consciences individuelles.

L'encyclopédie libre Wikipédia est sans doute la première vraie illustration concrète de la vision de Teilhard. Alors que, par définition, l'encyclopédie relevait du domaine des experts, nous voyons ici comment la mise en commun des intelligences individuelles crée un résultat collectif dont l'influence sur nos vies quotidiennes ne fait que commencer. Malgré les défauts inhérents à tout processus auto-organisé, Wikipédia démontre concrètement la portée que peuvent avoir ces processus et la façon dont ils se retrouveront au cœur de notre vie de demain. Encore une fois, il ne s'agit pas ici de tribus, mais de la création d'un véritable être virtuel qui acquiert une certaine autonomie par rapport aux individus qui le constitue.

Marshall McLuhan (1918-1980) était un philosophe, un sociologue et un théoricien de la communication. Spécialiste de l'étude des médias et de leur impact sur la société, il annonça, comme Teilhard, l'arrivée de la mondialisation, en popularisant l'expression « village global ». Mais il est surtout connu pour sa fameuse phrase « *The medium is the message* », que l'on peut traduire par : « Le message, c'est l'existence du média lui-même. » Cela peut sembler réducteur, puisque l'on affirme ainsi la prééminence du contenant sur le contenu. Mais les récents développements des réseaux sociaux ont apporté une extraordinaire confirmation (un contenu, si l'on ose dire !) à cette affirmation. L'immense majorité (sans doute plus de 90 %) des dizaines de millions de messages échangés tous les jours sur Facebook et Twitter n'ont absolument aucun intérêt. Pourtant, lors des révolutions arabes, ce sont bien ces médias qui ont été coupés en premier par des pouvoirs chancelants pour essayer d'arrêter l'incendie révolutionnaire. Et, comme nous l'avons vu, pour assurer malgré tout leur fonctionnement, des mouvements comme Anonymous ont créé des programmes spéciaux pour permettre aux manifestants tunisiens ou égyptiens de continuer à utiliser ces nouveaux médias. Tout cela montre la véracité de l'intuition de McLuhan. L'arrivée de ces nouveaux médias dont McLuhan n'avait pas la moindre idée concrète mais dont lui aussi pressentait l'existence (comme Teilhard pressentait le potentiel contenu dans la future connexion des intelligences humaines) est plus importante que ce qu'ils véhiculent. Comme nous l'avons vu au chapitre 1, les quatre Internets constituent un bouleversement social, culturel et économique. McLuhan fait remarquer qu'un monde sans écriture est infiniment moins performant et infiniment moins bien organisé qu'un monde où des messages écrits peuvent être diffusés, puis que la révolution de l'imprimerie permet la diffusion de l'écrit à une tout autre échelle, jusqu'à ce qu'une nouvelle révolution, celle de la radio et de la télévision, redonne l'avantage à la parole, en permettant sa diffusion instantanée. Fondée sur la diffusion instantanée de l'écrit comme de la parole et de l'image, mais cette fois-ci dans les deux sens et non pas seulement dans le sens de l'émetteur vers le récepteur, comme pour la radio et la télévision, l'ère de l'Internet ne peut que représenter une étape radicalement nouvelle de l'évolution humaine.

Guy Debord (1931-1994), penseur néomarxiste, cinéaste et militant révolutionnaire, n'a, *a priori*, rien à voir avec la transmodernité. Tout juste peut-il apparaître comme un précurseur de la postmodernité et de la déconstruction qui va avec, comme le montre son premier film, *Hurlements en faveur de Sade*, où se succèdent à l'écran des séquences blanches accompagnées de la lecture de citations aléatoires d'auteurs, voire de passages du code civil, et de séquences où le spectateur est plongé dans le noir et dans le silence, dont la dernière dure vingt-quatre minutes. Il fut un des fondateurs de l'Internationale situationniste qui voulait renouveler les tentatives révolutionnaires marxistes au moyen du dépassement de toutes les formes artistiques, du calembour et de la critique de la dictature de la marchandise.

Mais si Guy Debord mérite de figurer ici parmi les grands visionnaires transmodernes, c'est parce que, quelques mois avant Mai 68, il publie *La Société du spectacle*[1]. S'il reprend l'analyse de Marx selon laquelle le capitalisme étend son emprise sur toutes les couches de la société par l'intermédiaire d'une immense accumulation de marchandises, il fait franchir un pas décisif à la critique de la société moderne, en affirmant que c'est le spectacle et non la marchandise qui représente le stade ultime du capitalisme. Ce point est particulièrement mis en valeur par le fait que la première phrase de *La Société*

1. Guy Debord, *La Société du spectacle*, Buchet-Chastel, 1967.

du spectacle est : « Toute la vie des sociétés dans lesquelles règnent les conditions modernes de production s'annonce comme une immense accumulation de spectacles », alors que la première phrase du *Capital* de Marx était : « La richesse des sociétés dans lesquelles règne le mode de production capitaliste s'annonce comme une immense accumulation de marchandises. » Certes, le mot « spectacle » a plusieurs significations. Il s'agit à la fois, pour Debord, d'un appareil de propagande et d'un rapport social entre des personnes. Il va ainsi jusqu'à désigner les démocraties occidentales comme étant des « spectacles diffus », et les dictatures communistes ou fascistes comme étant des « spectacles concentrés » (sans doute à cause de la concentration du spectaculaire dans les immenses parades militaires sur la place Rouge ou dans les démonstrations de force des congrès nazis de Nuremberg). Même si sa pensée est verbeuse, obscure et dépassée (par le fait qu'elle repose, en partie, sur l'analyse marxiste, ce qui n'est pas étonnant pour un intellectuel révolutionnaire de Mai 68), Guy Debord a historiquement un grand mérite. Il est le premier à attirer l'attention de ses collègues marxistes (et au-delà de toute la société) sur le fait que ce ne sont pas les milices, l'armée ou la police, mais la société du spectacle, c'est-à-dire le couple infernal formé par les marchandises et les médias audiovisuels, qui va éloigner les prolétaires de la « belle » révolution que ses pairs appelaient de leurs vœux, et endormir jusqu'à la dissolution leur « conscience de classe ».

Il ne faut pas croire, parce que j'ai opposé un peu plus haut la postmodernité – qui ne peut être porteuse que d'un réenchantement du monde illusoire ou d'une portée limitée – à la transmodernité – susceptible de nous amener à un véritable réenchantement du monde –, que la transmodernité n'aura que des aspects positifs et sera radicalement en rupture avec la postmodernité. Située dans le prolongement de cette dernière, la transmodernité aura, évidemment, un certain nombre de points communs avec la postmodernité. Elle aura de nombreux défauts et aspects négatifs qui ne pourront en aucun cas être éliminés et qu'il ne faut pas sous-estimer. La société du spectacle sera un des aspects clés du monde de demain, comme elle l'est déjà du monde d'aujourd'hui. En 1988, pour le vingtième anniversaire de la publication de son ouvrage, Debord, dans ses *Commentaires sur la société du spectacle*[1], pouvait triompher. Le spectacle avait envahi tous les champs de notre société, s'était infiltré dans tous les interstices possibles. Quarante-huit ans plus tard, cet ouvrage semble véritablement prophétique. Aujourd'hui, le spectacle domine tout, et les politiciens, qu'ils soient américains ou européens, sont obligés de se « donner en spectacle » dans les émissions de variété pour espérer pouvoir être élus. Même un « révolutionnaire » comme Olivier Besancenot, dont les idées ne sont pas, en théorie, si éloignées de celles de Debord, a, pour exister médiatiquement, accepté de passer chez Michel Drucker un dimanche après-midi. Le spectacle est partout dans notre société, et tout est spectacle.

Mais la grande nouveauté, c'est que nous pouvons tous en être non seulement spectateurs, mais aussi, parfois, acteurs. Et cela, c'est un quatrième visionnaire qui l'avait annoncé : Andy Warhol (1928-1987). Cet artiste qui, lui aussi, s'inscrit clairement dans une logique de déconstruction postmoderne de l'art (bien que différemment de ce qu'a fait Guy Debord), paraît avoir peu de liens avec la transmodernité. Pourtant, il en a annoncé l'un des principes fondamentaux : chacun aura son quart d'heure de

1. Éditions Gérard Lebovici, 1988.

célébrité. Ce ne sont plus seulement les vedettes, les stars comme à la grande époque de Hollywood, qui seront à la base du spectacle, mais vous et moi, l'homme et la femme de la rue, les bimbos telles Nabilla ou Loana, ou la ménagère de 50 ans telle Susan Boyle, dont la prestation dans une obscure émission destinée à sélectionner les candidats pour la finale de la « Star Academy » britannique (« Britain's Got Talent ») a été visionnée par plus de 100 millions d'internautes en quelques semaines, soit 5 fois plus que le discours d'intronisation de Barack Obama l'année précédente. Warhol avait également parfaitement raison concernant la nature éphémère de cette célébrité des inconnus. On ne sait pas, en revanche, s'il avait conscience du caractère déstabilisateur, associé au fait de se retrouver si intensément sous la lumière des projecteurs et les couvertures de tous les magazines, pour retomber ensuite dans l'oubli. Au moment où j'écris ces lignes, Nabilla est en prison, Loana vient de faire sa énième tentative de suicide, tandis que Susan Boyle a fait un séjour en hôpital psychiatrique dès le lendemain de la finale de l'émission anglaise.

Même si la transmodernité reprend un certain nombre de bases de la postmodernité (redécouverte du corps et de l'hédonisme, éloignement de toute forme de puritanisme, remise en cause du pouvoir des experts, des structures pyramidales, des idéologies ou des vérités absolues), elle en diffère sur au moins cinq points essentiels :

1. La redécouverte de la personne. Loin de toute fusion dans le tribalisme, la personne est au centre de la société de demain. Il n'y a qu'à voir pour cela le succès de toutes les techniques, bonnes ou mauvaises, de « développement personnel ». Il ne s'agit pas ici de l'individu ou du citoyen, tel que l'a défini la modernité, mais de la personne prise dans son ensemble (corps, âme, esprit), avec

toutes ses aspirations, et pas seulement ses aspirations politiques et démocratiques dans lesquelles avait voulu l'enfermer la modernité.

2. L'émergence d'une supraconscience qui représente une étape fondamentale dans l'histoire de l'évolution de l'humanité, conscience qui se situe bien au-delà des collectifs envisagés par la postmodernité et qui n'est pas, contrairement à ce que l'on pourrait penser, en contradiction avec le point précédent. En effet, les nouvelles logiques, telles que les logiques quantiques, ou l'approche de la déconstruction pratiquée par Derrida, nous apprennent comment il faut, parfois, savoir transcender les oppositions binaires[1]. Il est ainsi parfaitement possible de faire cohabiter le développement de la personne et celui d'une supra-intelligence collective. Pour prendre un exemple simple : l'internaute qui se consacre bénévolement au développement de Wikipédia contribue à la fois à son développement personnel et à l'émergence de cette intelligence qu'ont annoncée, chacun à sa façon, Teilhard de Chardin et Marshall McLuhan.

3. La redécouverte du sacré. Certes, ce point figure aussi dans l'agenda de la postmodernité, mais à un niveau panthéiste ou païen. Il s'agit du réenchantement de la nature, de retrouver une transcendance dans l'immanence. Même si de nombreuses personnes peuvent se satisfaire d'une telle approche, tout indique que la transmodernité verra la quête d'une vraie transcendance, retrouvant ainsi l'écho des grandes spiritualités et religions, *y compris* monothéistes, pour lesquelles la réalité

1. Je dis « parfois », car, bien évidemment, on ne peut pas dépasser toutes les oppositions binaires, mais seulement certaines d'entre elles, sous peine de tomber dans l'absurde. Comme l'écrivait un critique de la déconstruction : on ne peut pas remplacer l'expression « le chat mange la souris » par « le chat et la souris fusionnent dans un nouvel état » !

ultime ne se situe pas dans notre niveau de réalité, limité par le temps, l'espace, l'énergie et la matière – ce que viennent renforcer, comme nous l'avons vu dans les chapitres 3 et 4, les nouvelles approches de la science.

4. L'existence d'une vérité universelle inaccessible. Comme nous l'avons déjà mentionné, la transmodernité, par nature tolérante et non dogmatique, s'inscrit en faux contre les pensées « complètes », contre les catéchismes tout faits, contre les « c'est à prendre ou à laisser », « vous devez croire cela ou vous êtes hérétique », caractéristiques des anciens dogmatismes, qu'ils soient religieux ou scientistes. Mais aussi contre le nihilisme, le « tout se vaut » de Feyerabend, le « il n'y a de mesure que d'homme » de Protagoras. C'est la métaphore du trou au centre de la table ou au centre de la gravure d'Escher par lequel je termine cet ouvrage (cf. p. 688).

5. Une morale ouverte. Autant le quatrième point (l'existence d'une vérité unique mais impossible à posséder) découle du troisième (la quête d'une véritable transcendance), autant ce dernier découle du quatrième. La transmodernité ne prend pas la direction des bacchanales, n'est pas dionysienne. Sans retourner au puritanisme classique, elle exige des hommes et des femmes de demain des comportements qui soient en accord avec les valeurs d'authenticité, de clarté, de transparence et d'égalité que l'on retrouve au cœur de ses aspirations. La société transmoderne n'acceptera pas l'excision des petites filles africaines au nom d'une quelconque spécificité culturelle, pas plus qu'elle n'admettra d'autres traitements dégradants de la femme, les pratiques pédophiles ou autres, qui avaient pu paraître en vogue dans les années qui ont suivi l'époque où il était interdit d'interdire. C'est en ce sens-là que Mai 68 est bien mort et que nous assistons à un retour de la morale, mais, encore une

fois, non pas de la morale classique, mais d'une morale ouverte et moderne dont les contours restent à définir.

Notons, enfin, que l'on retrouve au cœur de la transmodernité toute une série de comportements qui n'étaient point centraux dans la postmodernité, du moins au sens universitaire de ce terme[1]. Le commerce équitable, la nourriture biologique et toutes les pratiques qui accompagnent globalement ce que l'on appelle le développement durable se retrouvent ainsi au cœur des préoccupations de la personne transmoderne. Il y a là une dimension éthique, dans ses choix de consommateur comme de salarié, qui est centrale dans ce mouvement, et qui ne l'est pas dans la postmodernité. Il est temps de voir, de façon plus détaillée, quelles sont les aspirations de la personne[2] transmoderne. C'est l'objectif du prochain chapitre.

1. Rappelons que l'on peut parler de postmodernité au sens neutre, c'est-à-dire simplement de période qui suit la modernité, ou de postmodernité au sens où nous l'avons définie dans ce chapitre, c'est-à-dire celle portée par des auteurs comme Feyerabend, Derrida ou Maffesoli. C'est dans ce dernier sens (celui de déconstruction de la modernité) que nous l'entendons ici.

2. Terme qui, comme nous l'avons vu, est plus adapté que celui de « citoyen ».

10

Êtes-vous un créatif culturel ?

> « Nous sommes aujourd'hui au moment crucial où l'on assiste à la fin d'une civilisation et où la prochaine n'est pas encore en vue. Les anciennes distinctions vont devenir floues, les opposés vont se mélanger : public et privé, religieux et séculier, Église et commerce, gauche et droite, spiritualité et psychothérapie[1]. »

Toute civilisation a vécu le conflit entre les anciens et les modernes, entre les traditionalistes – ceux pour qui « les choses étaient mieux avant », « les jeunes avaient plus de respect pour les adultes », « il y avait plus de moralité », « la société était plus stable », alors qu'aujourd'hui « tout fout le camp, ma pauvre dame » – et les modernistes – ceux qui non seulement s'acclimatent aux pratiques et aux valeurs de la société actuelle, mais vont parfois jusqu'à s'enthousiasmer pour elle, pour les opportunités qu'elle propose et les sens qu'elle véhicule.

1. Paul H. Ray et Sherry Ruth Anderson, *L'Émergence des créatifs culturels. Enquête sur les acteurs d'un changement de société*, Yves Michel, 2001, p. 69.

Il existe d'excellentes anthologies de textes écrits par ceux qui « regrettent le passé », et cela à n'importe quelles époques. On voit ainsi dans la bouche de philosophes et d'historiens romains du Ier siècle des propos identiques à ceux de penseurs traditionalistes de la fin du XXe siècle.

Aux États-Unis, qui sont encore le pays phare de notre civilisation actuelle, ces différences semblent particulièrement bien établies. Les traditionalistes se recrutent dans le mouvement des « Tea Party », dans les associations « Pro-Life » opposées à l'avortement, chez les chrétiens évangéliques de la « Bible Belt », et vivent plus dans les petites villes et les campagnes que dans les grandes villes, votent républicain plus que démocrate. Les modernistes sont ceux qui ont contribué au succès de l'Amérique. Ce sont les porteurs du rêve américain. Ils ont confiance dans la science, dans le progrès et dans l'avenir. On peut trouver parmi eux aussi bien des banquiers ultralibéraux qui votent républicain que des démocrates attachés au partage ou, au moins, à une certaine forme de solidarité. Au début des années 2000, les modernistes représentaient 50 % de la population américaine, tandis que les traditionalistes ne représentaient plus que 25 %. Mais de quoi pouvaient donc être composés les 25 % restant de la population américaine ? C'est alors que parut le livre du sociologue et anthropologue Paul H. Ray et de la psychologue Sherry Ruth Anderson, *L'Émergence des créatifs culturels*.

Même si cette enquête provenait d'un travail de longue haleine, fondé sur l'analyse des réponses de plus de 100 000 personnes à des questionnaires et sur des milliers d'entretiens individuels, le résultat fut un véritable choc. Un nouveau pays, avec une population grande comme la France, de l'ordre de 60 millions d'habitants, venait d'apparaître au cœur des États-Unis. Cette population rejetait, avec la même vigueur, les valeurs des traditionalistes et des modernistes. Paul H. Ray nomma ces individus – que les grands médias, les sociologues et tous ceux qui sondent en permanence la société américaine n'avaient pas vu émerger – les « créatifs culturels ».

Qu'est-ce qu'un créatif culturel ?

Vous donnez dans votre vie la priorité à l'être sur l'avoir ?

Même si vous en aviez les moyens, vous n'achèteriez jamais une Rolex ou une Ferrari ?

Vous avez une quête religieuse ou spirituelle, tout en rejetant les intégrismes et en voulant établir votre système de croyance par vous-même et non en acceptant un « prêt-à-croire » proposé par un grand système religieux ?

Vous cherchez un développement personnel, en participant à des séminaires ou des stages de méditation, de yoga, de qi-gong ou en faisant des retraites dans un monastère ?

Vous êtes très insatisfait des médias actuels et vous mettez en doute leurs propos, sans tomber dans les théories du complot ?

Vous préférez la lecture de livres ou d'articles sur Internet à la vision d'émissions de télévision ?

Vous vous sentez mal à l'aise avec l'offre politique existante, qu'elle soit de gauche ou de droite ?

Vous pensez que les femmes et les valeurs féminines doivent occuper une plus grande place dans la société ?

La sauvegarde de la nature, de la biodiversité, et spécialement des êtres vivants, vous paraît essentielle ?

Vous êtes prêt à faire des sacrifices et payer plus cher certains produits pour favoriser de telles causes ?

Vous achetez des produits du commerce équitable et de l'agriculture biologique ?

Vous préférez aller en vacances dans une ferme ou camper à la montagne plutôt que de vous retrouver sur une plage du Club Med ou de la Côte d'Azur ?

La publicité vous énerve et le consumérisme généralisé de notre société vous dérange ?

Vous pouvez vous sentir mieux en possédant moins, et vous refusez d'acheter les derniers gadgets à la mode dont vous estimez ne pas avoir besoin ?

Vous êtes critique envers la médecine classique, même si vous l'utilisez, et vous ne manquez pas de recourir à une ou plusieurs médecines alternatives ?

Vous avez un grand intérêt pour au moins une civilisation traditionnelle, tels que les Indiens d'Amérique du Nord, les Tibétains ou les aborigènes australiens ?

Vous consacrez plusieurs heures de votre temps chaque mois à des activités bénévoles ?

Si vous avez répondu « oui » à la majorité de ces questions, vous êtes très probablement un créatif culturel. Si vous voulez en être certain, vous pouvez faire un test en ligne[1].

Il existe de nombreuses façons de définir les caractéristiques principales des créatifs culturels. Voici celles que je vous propose :

– Le développement personnel et spirituel. On veut donner un sens à sa vie, ne pas vivre uniquement de « métro, boulot, dodo » ou de l'apéro, de la télé et des courses au supermarché. Cette dimension spirituelle s'accompagne d'une certaine forme de morale qui rejette « l'ordre moral ancien », comme les pensées fondamentalistes et intégristes.

1. www.souffledor.fr/echange-idee/creatif-culturel.php

– Le respect de la nature. Les préoccupations écologiques, le développement durable, l'agriculture biologique, mais aussi les médecines douces (respecter la nature, les animaux et la vie implique aussi de respecter son propre corps qui fait partie de cette nature !) sont des thèmes centraux pour les créatifs culturels.

– Le respect de l'autre. Que ce soient les femmes ou les minorités dans notre société ou les « autres » éloignés, tels les peuples « primitifs » auxquels on va s'intéresser ou les paysans d'Amérique du Sud ou d'Afrique que l'on soutiendra grâce au commerce équitable. Cette dimension-là des créatifs culturels implique le développement de valeurs solidaires et d'activités associatives.

– Une insatisfaction envers les experts de tous ordres, que ce soient les médias, les hommes politiques, les grandes entreprises classiques, la publicité, la médecine officielle, etc. Mais cette insatisfaction s'accompagne d'un rejet des extrêmes, des intégristes, des théories du complot, qui constituent souvent l'alternative au « système » pour certaines catégories de la population plus proches des traditionalistes.

Nous allons étudier ici ces différents points, mais il y en a un qui les transcende. C'est la recherche de l'authenticité ou de la cohérence personnelle[1]. Pour un créatif culturel, il n'est pas question de tenir de grands discours sur l'environnement tout en roulant en ville avec un gros 4 × 4, de faire l'apologie de produits naturels tout en se bourrant d'ecstasy et autres produits chimiques dans une rave-party[2]. Bref, il est essentiel que ses actes et sa

1. Paul H. Ray et Sherry Ruth Anderson, *L'Émergence des créatifs culturels*, *op. cit.*, p. 20.

2. En revanche, certains consomment de « l'herbe » parce que c'est « naturel ».

vie soient en cohérence avec le discours qu'il tient et les valeurs auxquelles il prétend adhérer. C'est cette volonté de cohérence qui va amener à une nouvelle morale, très différente de la morale traditionnelle, mais qui constituera également une ligne de démarcation forte avec la postmodernité et son « éthique spécifique aux relents quelque peu immoraux », selon la formule de Michel Maffesoli[1].

Le retour de la morale

Pendant des siècles, la morale fut religieuse, c'est-à-dire, en Occident, chrétienne. Puis se développèrent, à partir de la Révolution française, la morale « républicaine » et les droits de l'homme, souvent perçus, à juste titre, comme une vision laïcisée de la précédente. Annonciateur de la déconstruction postmoderne, le mouvement de Mai 68 fut particulièrement fier de sa capacité à rejeter la morale. La morale chrétienne comme la morale « petite-bourgeoise » étaient vues comme les deux faces d'une même pièce désormais démonétisée. « Il est interdit d'interdire », « Jouissez sans entraves » sont caractéristiques d'une telle démarche. André Comte-Sponville raconte comment, dans ses jeunes années, il admirait l'un de ses amis capable d'affirmer : « Moi, je n'ai pas de morale[2]. » Seulement voilà, la morale est de retour, et André Compte-Sponville est le premier à le dire : « La morale, depuis les années 1980, est devenue une question d'actualité, elle est devenue bizarrement un sujet

1. Voir citation p. 327.
2. André Comte-Sponville, *Le capitalisme est-il moral ?*, Albin Michel, 2004, p. 18.

à la mode », au point de consacrer tout un chapitre au « retour de la morale[1] ». André Comte-Sponville s'en réjouit et s'en inquiète à la fois. Il s'en réjouit, car il a bien compris les limites de « l'immoralisme » et ce qu'il y a d'absurde à ne plus vouloir parler de morale, à considérer ce mot comme tabou ou honteux et à le cacher derrière le mot plus « tendance » qu'est l'« éthique ». Mais il s'en inquiète aussi, car cette morale n'est pas la morale républicaine, à laquelle il adhère désormais. Il se désole de voir l'abbé Pierre, les Restos du Cœur, les Médecins sans frontières être plébiscités par les Français comme solutions aux problèmes de la pauvreté en France ou de la faim dans le monde. Il voit là une dévalorisation du politique qui lui paraît dangereuse. On touche ici[2] aux limites des penseurs modernes quand ils sont confrontés au dépassement de la modernité. Si la postmodernité et la transmodernité ont bien quelque chose en commun, comme le montre la phrase de Ray et Anderson que nous avons mise en exergue de ce chapitre (p. 343), c'est justement de faire éclater les frontières étanches entre les domaines et les disciplines qu'avait établies la modernité, dans la logique qui était la sienne, celle du réductionnisme.

Si les traditionalistes peuvent également se réjouir de ce retour à la morale, ils ont aussi bien des raisons de déchanter. En effet, en Europe, et même aux États-Unis, un nombre croissant de la population, surtout parmi la jeune génération qui porte justement ce retour de la morale, est en faveur du droit à l'avortement, des différents droits demandés par les homosexuels, et considèrent

1. *Ibid.*, p. 16-46.

2. On y reviendra largement au chapitre 12 où sera analysé en détail son ouvrage *Le capitalisme est-il moral ?*.

comme parfaitement normaux le divorce et les familles recomposées, voire re-recomposées.

La question du couple et du mariage est particulièrement éclairante en ce qui concerne les caractéristiques de cette nouvelle morale. Il y a de plus en plus de divorces, car l'idée de rester ensemble « pour les conventions » est une idée insupportable pour cette nouvelle génération. Mais si l'importance du mariage décroît dans la société, au point que certains couples, pourtant très amoureux, ne se marient même plus, cette évolution va de pair avec un retour à la fidélité, au grand dam des anciens révolutionnaires et des penseurs de la postmodernité.

Un exemple emblématique de cela est « l'affaire Robert Pattinson et Kristen Stewart ». En juillet 2012, il fut révélé que l'actrice en question avait une liaison avec le réalisateur Rupert Sanders. Il y eut un véritable déchaînement dans la presse contre elle, des milliers d'articles insistant sur la félonie de l'actrice et sur la solitude de son compagnon Robert Pattinson. Or, Robert Pattinson et Kristen Stewart n'étaient nullement mariés ! Plusieurs commentateurs français firent remarquer cela et se scandalisèrent d'une telle campagne contre une pauvre jeune actrice : elle n'avait rien fait de mal, par rapport à ses grandes devancières qui avaient eu des dizaines d'amants tout en étant mariées ! Il faut voir ici une application de cette idée d'authenticité personnelle qui est au cœur du mouvement des créatifs culturels. *Twilight* est justement une des séries de films phares pour les adolescents d'aujourd'hui. Or ce public n'accepte simplement plus que leurs héros, jeunes, beaux et, *a priori*, amoureux, puissent se permettre des incartades qui n'auraient engendré que quelques lignes dans la presse si elles avaient été le fait d'actrices ou d'acteurs de la génération précédente. Cela nous montre aussi que, pour ces nouvelles générations, vivre ensemble vaut mariage et ne dispense en rien de la fidélité.

On voit donc très bien les contours de cette nouvelle morale, même si celle-ci est encore floue : elle s'affranchit des conventions sociales anciennes, emprunte à la postmodernité ses valeurs de recherche de bonheur personnel, voire de jouissance, au-delà des anciens tabous (si des homosexuels sont heureux ensemble, pourquoi ne pourraient-ils pas se marier ?), tout en érigeant de nouvelles barrières contre le tout et n'importe quoi ; elle valorise l'authenticité personnelle et la cohérence, mais aussi la protection des plus faibles, comme le montre la force actuelle de la condamnation de la pédophilie et du tourisme sexuel qui furent parfois tolérés par certains penseurs post-soixante-huitards au nom du « il est interdit d'interdire ».

Fort logiquement, ce retour à la fidélité s'accompagne d'un retour à la famille. Qu'il est loin, le cri de Gide : « Familles, je vous hais. » Depuis plus de quinze ans, Luc Ferry explique que la famille (même recomposée) est au centre de la vie des hommes et des femmes d'aujourd'hui. Dans le passé, on pouvait mourir pour sa religion dans des guerres religieuses. Puis mourir pour sa patrie quand les nationalismes se sont exacerbés. Ou mourir pour la révolution lors du développement des grandes utopies communistes. De nos jours, on aurait du mal à trouver en Occident des gens capables de mourir pour de telles causes. Luc Ferry fait remarquer que la seule cause pour laquelle il est envisageable de sacrifier sa vie est sa famille[1]. Or, comme le dit, avec une de ses intuitions fulgurantes, Antoine de Saint-Exupéry : « On meurt pour cela seul dont on

1. Voir Luc Ferry, *L'Homme-Dieu ou le Sens de la vie*, Grasset, 1996.

peut vivre[1]. » Rien ne saurait mieux indiquer le statut essentiel pris par la famille dans le monde d'aujourd'hui et de demain.

À quand la grève des consommateurs ?

Depuis près de deux siècles, le développement du capitalisme et de ses industries nous a habitués au spectacle de grandes grèves, parfois violentes, opposant patrons et salariés. Mais le monde de demain pourrait nous offrir un tout autre spectacle, celui d'une grève des consommateurs. Imaginez soudain que la consommation de tous les grands magasins et réseaux de distribution occidentaux baisse, non pas de 1 ou 2 %, mais de 10 ou 20 % en une année, que des montagnes de marchandises invendues s'accumulent et même des pyramides de nourriture périmée.

Marx s'est trompé sur bien des points, mais il avait raison quand il disait, comme nous l'avons vu au chapitre précédent, que le capitalisme reposait sur une immense accumulation de marchandises. Mais qu'arriverait-il à la société si les citoyens décidaient de ne plus acheter ces marchandises ? Ce n'est pas de la science-fiction, comme le montre l'aventure que mène le groupe The Compact depuis 2006. Au début de cette année-là, un groupe d'ingénieurs, de salariés et d'étudiants de la Silicon Valley, ayant un pouvoir d'achat supérieur à la moyenne, décide de ne plus rien acheter de neuf pendant un an. Bien entendu, cela ne concerne ni la nourriture, ni les médicaments, ni les produits d'entretien.

1. Antoine de Saint-Exupéry, *Pilote de guerre*, Le Livre de poche, 1963, p. 238.

Les chaussettes, les sous-vêtements et d'autres objets de ce type peuvent être achetés en nombre limité. Pour le reste, tous les membres du groupe s'engagent à ne *rien* acheter de neuf. Si leur voiture ou leur micro-ondes vient à casser durant l'année, ils doivent le faire réparer ou en acheter un d'occasion. Ils peuvent aussi louer des objets dont ils peuvent avoir besoin, tels qu'une robe de soirée, par exemple. Le 1er janvier 2007, ils se sont autorisé un jour, et un seul, d'achat de produits neufs pour fêter la nouvelle année (pour autant qu'ils pussent trouver un magasin ouvert)... et ils sont repartis pour un an. Leur action a intéressé la presse qui leur a consacré de nombreux articles, aux États-Unis et même en France. Du coup, de nombreuses autres personnes les ont rejoints et « tiennent le coup » depuis maintenant huit ou neuf ans, n'ayant plus rien acheté de neuf pendant toute cette période[1]. Les membres s'échangent soutiens et conseils sur un groupe de discussion[2]. Les règles établies par ce groupe de « non-consommateurs », comme ils s'appellent eux-mêmes, reposent sur le fait de réparer les objets pour les faire durer le plus longtemps possible au lieu de les remplacer, de ne pas jeter les objets dont on n'a plus besoin mais de les donner à quelqu'un pour éviter à cette personne de faire un achat, de louer ou d'emprunter au lieu d'acheter et, surtout, d'avoir comme attitude morale d'être heureux de posséder moins d'objets et de se définir « par ce que l'on est et non pas par ce que l'on possède[3] ».

1. Voir par exemple le témoignage d'un membre du groupe sur www.huffingtonpost.com/katywolkstanley/saving-money-tips_b_1702291.html

2. http://groups.yahoo.com/group/thecompact/

3. http://thenonconsumeradvocate.com/2012/08/the-compact-is-not-about-buying-tons-of-used-stuff/

Certes, un tel exemple peut paraître extrême et, de plus, ce n'est pas toujours une bonne idée sur le plan écologique, car les téléviseurs ou les voitures anciens consomment ou polluent plus que les plus récents. Mais si j'étais un chef d'entreprise vendant de nombreux produits manufacturés au grand public, je suivrais de très près l'expérience et la progression de The Compact. Car la simple existence de ce mouvement révèle qu'il existe un sentiment sous-jacent de ras-le-bol parmi les consommateurs, qui pourrait mener à une pas si hypothétique grande « grève de la consommation ».

On a tous, ou presque, besoin dans la vie actuelle d'un smartphone, d'un accès à Internet et d'un micro-ordinateur. Mais on a beaucoup moins besoin de remplacer nos lecteurs DVD par des lecteurs Blu-ray ou notre télévision par une supertélévision HD, voire par une télévision 3D qu'il faudra regarder avec des lunettes. Beaucoup de ces gadgets sont simplement trop perfectionnés (nos yeux, par exemple, ne voient pas forcément la différence entre les écrans actuels et les écrans ayant une meilleure définition, surtout avec une population dont la moyenne d'âge ne cesse d'augmenter), mais, pour que la société puisse continuer à tourner, telle une bicyclette qui ne peut pas s'arrêter, il faut *absolument* que nous continuions à consommer. C'est pourquoi la publicité est là, pour nous persuader que nous avons besoin de lecteurs Blu-ray ou de télés HD. Mais une partie croissante du public comprend qu'il est manipulé et se met à refuser d'acheter ce qui ne représente pas pour lui un intérêt vital. En France, ce mouvement a commencé juste avant la crise de 2008 : au premier semestre de cette année-là, pour la première fois depuis la Seconde Guerre mondiale, les achats par les Français de produits de grande consommation ont légèrement baissé par rapport à l'année précédente. Avec la crise, le mouvement s'est profondément accéléré, certaines grandes enseignes se mettant à faire du – 8 %, au deuxième semestre 2008. La crise, passée et actuelle, pourrait jouer ici un rôle de catalyseur. Quand le prix du pétrole a explosé à l'été 2008, les gens se sont mis à moins utiliser leur voiture. Quand il s'est effondré au second semestre, les achats de carburant ne sont pas remontés à leur niveau d'avant la hausse des prix. Les conducteurs avaient tout simplement pris de nouvelles habitudes. Cela pourrait être pareil avec la crise. La nécessité de faire des économies pourrait ainsi faire comprendre aux consommateurs que, finalement, ils n'ont pas besoin de tout ce qu'ils achètent, ou les amener à « consommer mieux », c'est-à-dire, par exemple, à acheter une veste de cuir d'occasion de grande qualité, plutôt que d'acheter plusieurs vestes en Skaï qui seront jetées au bout de six mois. C'est ainsi qu'une revue comme *Challenges* annonce « la fin de l'hyperconsommation[1] ». Robert Rochefort, qui a dirigé pendant plus de vingt ans le Centre de recherche pour l'étude et l'observation des conditions de vie (Credoc) et qui est l'un des meilleurs connaisseurs des phénomènes de consommation en France, nous explique que « le recul des volumes vendus dans la grande distribution, mais aussi la diminution des départs en vacances, une moindre utilisation de la voiture, la chute d'audience de TF1 ou, encore, la baisse des achats de vêtements s'inscrivent dans ce cadre ». Cela est parfaitement en phase avec les comportements des créatifs culturels que nous avons décrits au début de ce chapitre. Selon lui, le modèle de l'hypermarché a du souci à se faire, car il est synonyme d'un hyperchoix qui apparaît aujourd'hui étouffant[2]. Et,

1. *Challenges*, n° 257, 26 février 2009, p. 48-55.
2. *Ibid.*, p. 50-51.

de fait, depuis 2009, on a constaté, comme Robert Rochefort l'a annoncé, un fort développement de petits commerces en centre-ville, Carrefour, Monoprix et d'autres se livrant une lutte pour acquérir des emplacements stratégiques pour une telle activité.

Serge Papin, P.-D.G. de Système U, a bien perçu la nature de ce mouvement, quand il nous dit qu'une partie des foyers pourraient durablement s'installer dans le rejet du surplus et la traque du gâchis, jusqu'à produire des « objecteurs de croissance ». Selon Robert Rochefort, 10 % des consommateurs sont déjà entrés dans un tel modèle, et près de 70 % de la population pourraient à terme les rejoindre.

Une autre tendance potentiellement très importante dans l'évolution des consommateurs est ce que j'ai appelé « le passage du dromadaire au chameau ». Le dromadaire n'a qu'une bosse. Celle-ci correspond à la fameuse courbe de Gauss ou « loi normale »[1]. En général, un produit donné se décline en peu d'articles bas de gamme, beaucoup d'articles de milieu de gamme et peu d'articles haut de gamme. Mais aujourd'hui, la situation est en train de changer radicalement. On voit ainsi des voitures de luxe sur le parking des discounters, tandis que des personnes à faible pouvoir d'achat font des économies tout au long de l'année pour pouvoir passer un week-end dans un palace ou dîner dans un restaurant ayant 3 étoiles au Michelin. De façon quelque peu schématique, il y avait auparavant une séparation, en termes de classe sociale, que ce soit pour l'endroit où l'on faisait ses courses, où l'on s'habillait, ou pour les restaurants et les hôtels que l'on fréquentait. Ici aussi, le dépassement de la modernité fait exploser les frontières, comme *Challenges* l'avait

1. Voir chapitre 8, p. 284.

bien vu dès 2009 : « Pour continuer à se faire plaisir, le consommateur est prêt à baisser en gamme pour certains produits peu impliquants, voire faire ses courses dans des magasins hard discount, et à monter en gamme sur d'autres produits. "Nous n'avons jamais vendu autant de champagne à Noël", se félicite Bernardo Sanchez Incera, le directeur général de Monoprix. On achète des T-shirts H&M et un pull en cachemire chez Bompart, on s'envole sur EasyJet vers Venise pour passer un week-end au palace Danieli. On achète de l'eau Cristalline et des carottes bio à Carrefour. » « Il y a une focalisation à la fois sur les produits haut de gamme comme l'iPhone et sur les forfaits bloqués », constatait Didier Lombard quand il était P.-D.G. d'Orange.

On ne saurait mieux décrire le « chameau » et ses deux bosses, la première, celle du *low cost*, et la seconde, celle des produits porteurs de sens. Ce qui est entre les deux risque fort de s'écrouler. Or c'est là que se situaient jusqu'ici la majorité des gammes des entreprises classiques. C'est à une véritable révolution conceptuelle que vont donc être confrontées un certain nombre d'entreprises. Un jour où je présentais ces réflexions dans un amphithéâtre composé de pharmaciens venus se former à HEC, j'ai été frappé de voir leurs réactions. Ils en ont déduit automatiquement que le rayon « cosmétiques » allait baisser chez eux. En effet, la cosmétique bas de gamme se trouve en hypermarché, tandis que la cosmétique haut de gamme est diffusée dans des réseaux de magasins spécialisés. La cosmétique milieu de gamme, que l'on trouve dans les rayons des pharmacies, est donc une victime désignée pour un tel mouvement. Ayant eu l'occasion d'intervenir régulièrement pour des directeurs d'hypermarchés d'Auchan, j'ai pu tester la validité de ma théorie. Il s'agit d'un mouvement qui ne fait que commencer et dont on n'a pas encore tiré toutes les conséquences ni vu tous les effets. Néanmoins, il est remarquable qu'une revue faite pour des décideurs comme *Challenges* ait présenté, dès 2009, un dossier que ne renierait pas un membre du groupe The Compact, puisqu'il insiste sur le fait que les consommateurs font désormais durer leur produit plutôt que de le renouveler, que l'on préfère le « fait maison » à l'achat des plats surgelés, que la vente des lecteurs DVD Bluray stagne et que la course à l'équipement ou à la frime est dépassée dans le domaine de l'automobile.

La consommation, nouvel outil de la révolution ?

Pendant longtemps, les révolutionnaires de tout poil rêvaient (voire rêvent encore) du « grand soir », celui de la révolte des prolétaires. Ici aussi, il semble qu'un changement fondamental se soit déjà produit. C'est par leur choix de consommation que les consommateurs peuvent espérer infléchir le développement de l'économie et la marche de la société. L'idée que l'on puisse mieux agir sur les plans social et politique en remplissant son Caddie d'hypermarché plutôt qu'en allant manifester dans la rue est sans doute dure à avaler pour tous les révolutionnaires professionnels. Et pourtant... Un premier signal d'alerte est venu des États-Unis, il y a plus d'une décennie, quand un activiste se fit embaucher comme marin sur un thonier et réalisa des films montrant comment la pêche au thon avait pour conséquence le massacre des dauphins tournant autour des bancs de poissons. En quelques années, tous les pêcheurs durent s'adapter et les logos *Dolphin Safe* finirent par se généraliser sur les boîtes de thon. Il y a aujourd'hui une forte croissance de l'intérêt des consommateurs, non seulement pour la composition des produits qu'ils achètent (intérêt logiquement lié à une meilleure hygiène de vie et à la progression de l'attrait pour l'agriculture biologique), mais aussi pour l'impact environnemental du produit et de son processus de fabrication. Ainsi, 89 % des Français déclarent qu'ils vont privilégier les produits et les enseignes ayant pris des dispositions en faveur de l'environnement, et 79 % des Français se disent prêts à le faire même si cela leur coûte plus cher. 77 % sont prêts à boycotter une marque ou un distributeur néfastes pour l'environnement, et 33 % d'entre eux, certainement. 95 % souhaitent être mieux informés de l'impact écologique des produits de grande consommation, entre autres par une amélioration de l'étiquetage vert[1].

Certes, il y a un écart énorme entre ces déclarations d'intention et la réalité, tout particulièrement en période de crise. Mais l'importance de ces chiffres nous montre bien qu'il s'agit d'une tendance de fond et non pas seulement d'un effet de mode. C'est d'une certaine façon un hommage que le vice rend à la vertu. Les démocraties populaires étaient des tyrannies extrêmement impopulaires. Néanmoins, elles s'intitulaient « démocraties populaires », portant en elles-mêmes le germe de leur destruction, puisqu'elles affirmaient ainsi que ce qui était désirable était à l'opposé de leur réalité. De la même façon, si aujourd'hui un nombre limité de personnes sont prêtes à se lancer dans des campagnes de boycott d'entreprises néfastes pour l'environnement, la très grande généralisation de l'idée que ce comportement est celui que l'on *devrait* adopter est extrêmement significative.

---

1. Sondage OpinionWay sur 950 personnes, octobre 2007, et sondage LH2 sur 1 000 personnes, octobre 2007.

Un autre indicateur est le succès des guides d'achat pour les consommateurs. Aux États-Unis, le « guide d'achat pour un monde meilleur » (*Shopping for a Better World*) se vend régulièrement à près de un million d'exemplaires, lors de chaque nouvelle édition, et cela depuis près de vingt ans. Il s'agit d'un guide qui note non seulement les distributeurs de produits alimentaires ou les fabricants de produits manufacturés en fonction de leur dimension sociale et de leur respect de l'environnement, mais également les banques et autres services. En France, *Le Guide éthique du consommateur*[1] a, dès 2001, donné aux consommateurs français ce genre de possibilités. Depuis, ce type d'ouvrages s'est multiplié[2]. Cette question de l'information du consommateur est cruciale, car le frein numéro un à l'achat de produits éthiques ou respectant la nature est, *ex æquo*, le manque d'information et leurs prix. On peut donc parier que, au fur et à mesure qu'une information fiable et crédible sera disponible pour les consommateurs en général et plus seulement pour les militants, ces tendances se traduiront de plus en plus dans les actes d'achat et obligeront donc des pans entiers de l'industrie à évoluer[3]. Cette émergence de nouveaux consommateurs et la progression du poids qu'ils représentent dans la société se visualisent très clairement tout au long des années 2000. En 2003, on les appelle les « alterconsommateurs » et ils représentent en France 15 % de la population, selon une étude

1. Albin Michel, 2001.

2. Voir, par exemple Élisabeth Laville et Marie Balmain, préface de François Lemarchand, *Achetons responsable ! Mieux consommer dans le respect des hommes et de la nature*, Seuil, 2006 ; ou *Acheter pour un monde meilleur* (collectif), Eyrolles, 2007.

3. Nous reviendrons de façon plus détaillée là-dessus aux chapitres 12, 13 et 15.

Thema/TGI. En 2005, ils étaient 19 %, en 2006 24 %, selon une étude Ipsos. On les définit comme des opposants à la publicité, à la télévision, à la consommation de masse et aux marques (c'est l'époque du best-seller de Naomi Klein *No Logo*). Puis, en 2007, les « impliqués environnement » représentent 32 % de la population française, selon une enquête TNS Sofres, soit plus qu'un doublement en moins de cinq ans. Peu de mouvements sociaux ont été aussi rapides dans l'histoire de l'humanité.

Bien entendu, il y a de très fortes différences géographiques. Ainsi, aux États-Unis où les créatifs culturels seraient désormais 35 % (contre 25 % en l'an 2000), ce groupe est très présent, voire parfois majoritaire sur les côtes est et ouest, alors qu'il est très minoritaire dans tout le centre des États-Unis. Même si le vote pour Obama va très au-delà de l'influence des créatifs culturels, il est extrêmement significatif que les cartes des dernières élections américaines montrent une Amérique véritablement coupée en deux, selon le schéma que nous venons de décrire. L'important succès d'Obama en 2008 et sa réélection en 2012 malgré la crise viennent du fait que son offre politique a rencontré, au moins en partie, celle de cette nouvelle génération qui s'est mobilisée comme jamais, tout particulièrement en 2008 *via* les réseaux sociaux, pour assurer son succès.

En Europe, en revanche, ce mouvement se répartit selon une opposition nord-sud. Ainsi, 62 % des Allemands et 53 % des Anglais ont envisagé d'abandonner la marque qu'ils achètent actuellement pour des raisons tenant à la responsabilité sociale et environnementale de celle-ci. Ils sont 44 % en France et seulement 26 % en Italie. Ces chiffres sont à peu près les mêmes en ce qui concerne l'intérêt pour le commerce équitable ou l'agriculture biologique. En moyenne, 33 % des Européens et 29 % des Japonais sont considérés comme faisant partie de ce mouvement.

Au Japon, on parle de LOHAS (pour *Lifestyle of Health and Sustainability*), et on retrouve les mêmes valeurs : la protection de l'environnement, la protection de sa propre santé par, entre autres, une consommation de nourriture biologique, un intérêt pour le développement personnel et spirituel, et une conscience des implications sociales et éthiques de ses actions[1]. Une enquête menée sur les consommateurs européens recoupe en partie ces différents points en identifiant trois grandes tendances : la montée du spirituel dans notre société, la recherche de sens à travers l'éthique et l'engagement – qui amène le consommateur à se sentir responsable de son acte d'achat –, mais aussi une recherche d'hédonisme et de plaisir associée à l'univers du bio et de la nature. Il importe de souligner ce dernier aspect, car cette révolution en cours ne peut s'implanter durablement dans la société que si elle est associée à des sentiments de plaisir et non à des contraintes.

Le retour des rebouteux

Dans le passé, chaque petit village avait son rebouteux, son homme ou sa femme médecine, voire dans d'autres régions du monde son chamane. On parlait aussi en Occident de « brûleurs de feu », capables de soulager des brûlures et des souffrances. La médecine classique parut faire disparaître ce que l'on appela avec mépris les « remèdes de bonnes femmes ». Mais, il y a déjà plus de

1. Source : Élisabeth Laville, *Utopies* (www.utopies.com).

vingt ans, j'eus l'intuition que tout cela n'allait pas tarder à revenir, en regardant à la télévision un reportage sur un chirurgien russe qui avait mis au point une technique d'opération de la cataracte plutôt efficace : elle consistait à attacher des patients sur une espèce de chaîne de montage et à les faire défiler devant une série d'assistants, tous immobiles, et qui faisaient sur chaque patient le même geste répété. À la fin de la chaîne, les heureux patients sortaient avec un œil tout neuf. La rentabilité d'un tel processus permit à ce médecin de devenir millionnaire, mais tous ceux qui assistaient à cette scène ne pouvaient manquer d'avoir un haut-le-cœur.

La médecine classique est, certes, irremplaçable, comme le montrent ses nombreux succès dans les domaines les plus divers et l'accroissement de la longévité de l'espèce humaine. Mais c'est une médecine totalement réductionniste, qui suit en cela parfaitement les principes de la modernité et de la science classique. On retire un organe et on le remplace, de la même façon que l'on remplace la pièce mécanique d'un moteur. On pourrait imaginer un médecin classique qui soit un robot, qui fasse des analyses de sang et d'urines et qui vous crache une ordonnance de médicaments que vous pourrez ensuite acheter sur Internet. On pourrait presque imaginer, en théorie, que la médecine classique n'ait plus besoin ni de médecin ni de pharmacien, tant aujourd'hui les médecins se centrent plus sur le résultat des analyses que sur l'auscultation des patients.

C'est pourquoi la montée des médecines dites alternatives ou non conventionnelles au cours des vingt dernières années en Occident ne doit en aucune façon constituer une surprise. Il ne s'agit pas, ici, de prendre partie pour l'efficacité de telle et telle d'entre elles, mais de comprendre pourquoi elles se développent.

Par opposition au caractère réductionniste de la société moderne, les approches globales ou holistiques sont particulièrement favorisées par les évolutions actuelles. Or, la plupart des médecines douces, que ce soient les médecines énergétiques, telle l'acupuncture, les médecines à base de plantes, telle la phytothérapie, ou les médecines traditionnelles indiennes ou chinoises, l'homéopathie ou l'ostéopathie prétendent toutes traiter l'être humain de façon globale. De plus, le praticien de ces médecines se centre d'abord sur les personnes qu'il a en face de lui et non sur des batteries d'analyses et de chiffres. L'interaction humaine entre le praticien et le malade est ainsi au cœur de ces médecines, alors que nous avons vu combien elle était réduite dans le cadre de la médecine classique. Aux États-Unis, ce mouvement se voit dès le début des années 1990. Le nombre d'Américains qui se sont rendus dans des centres alternatifs passe de 61 millions de personnes en 1990 à 83 millions en 1997, tandis que le nombre de visites est passé, pour la même période, de 427 millions à 629 millions, soit une augmentation de 47 % en sept ans, alors que les visites dans les établissements médicaux conventionnels stagnaient et même baissaient pendant la même période, passant de 388 millions à 386 millions. À la fin de la période, 85 % des Américains avaient eu recours à au moins une des 23 sortes de médecines alternatives étudiées[1]. Cela ne veut pas dire que les Américains abandonnent la médecine conventionnelle, mais qu'ils sont de plus en plus nombreux à utiliser en parallèle les deux approches.

Ici aussi, la situation est souvent bien différente selon les pays. En Europe du Nord, certaines médecines

1. Paul H. Ray et Sherry Ruth Anderson, *L'Émergence des créatifs culturels*, *op. cit.*, p. 487.

alternatives sont non seulement officiellement admises, mais remboursées par la Sécurité sociale. En Suisse, c'est un référendum d'initiative populaire qui a obligé les centres hospitaliers à développer un département d'études des médecines alternatives. Aux États-Unis, les National Institutes of Health ont développé un National Center for Complementary and Integrative Health qui a pour but de développer des recherches rigoureuses dans ces domaines. En France, comme dans d'autres pays européens, les résistances sont très fortes. On voit dans ce retour des thérapies traditionnelles un regain d'obscurantisme et une défaite de la raison. C'est pourquoi le domaine de la santé sera, sans doute, un des grands champs d'affrontements entre modernes et transmodernes dans les décennies à venir. Des affaires comme celle du Mediator et les accusations de collusion entre instances médicales internationales et laboratoires pharmaceutiques, comme à l'occasion de la grippe H1N1, ne sont pas de nature à améliorer l'image de la médecine classique[1].

Depuis près de vingt ans déjà, la quasi-totalité des pharmacies françaises se sont équipées de petits présentoirs offrant des gélules de plantes accompagnées de livrets expliquant les différentes maladies qu'elles peuvent traiter. Si l'industrie pharmaceutique a dû au début sourire en voyant le retour de ce qui paraissait être un « remède de bonnes femmes », les créateurs de ce mouvement sont devenus aujourd'hui millionnaires. Encore un bel exemple de la façon dont l'enfermement dans un paradigme peut faire rater d'intéressantes opportunités.

Il est très significatif que ce ne soit pas seulement dans les villes où se trouve une clientèle potentielle à haut

1. Voir sur ce point mon livre *La Science en otage, op. cit.*, chapitre 9.

pouvoir d'achat que réapparaissent toute une série de rebouteux, de brûleurs de feu, voire de guérisseurs holistiques, appliquant non pas des méthodes traditionnelles, mais des méthodes « new age » ou apprises lors de stages auprès de peuples dits « premiers ». La compagne de l'un d'entre eux me confiait que le seul vrai obstacle à l'explosion de ces méthodes non conventionnelles était le non-remboursement par la Sécurité sociale et que, le jour où un remboursement identique serait proposé à ceux qui iraient voir les guérisseurs et à ceux qui iraient voir les médecins, le taux de fréquentation des médecins classiques connaîtrait un véritable effondrement.

Cela reste à vérifier. Mais il est clair que la désertification médicale de nos campagnes crée un appel d'air pour ce type d'approche. Plus un médecin est débordé et doit enchaîner les consultations parce qu'il est le seul à couvrir un territoire de plusieurs dizaines de kilomètres carrés, plus les patients sont susceptibles de se tourner vers d'autres médecines.

Bien entendu, une telle situation est porteuse de nombreux risques de dérive : des charlatans peuvent prospérer sans aucun contrôle ; des personnes peuvent proposer des thérapies n'ayant aucun impact réel en dehors du fameux effet placebo et peuvent de bonne foi prétendre guérir de nombreuses personnes ; des patients peuvent renoncer aux thérapies classiques dans des cas de maladies graves et en mourir. C'est pourquoi il serait absurde de la part des pouvoirs publics de continuer à ignorer ou essayer de refreiner ce genre de pratique en multipliant les procès pour exercice illégal de la médecine. De toute façon, pour les raisons explicitées ici, le développement d'un tel mouvement est irrémédiable. Le souci des pouvoirs publics mais aussi des autorités médicales doit être de l'encadrer le mieux possible, pour séparer le bon grain de l'ivraie, en créant, comme dans d'autres pays, des structures d'études et d'évaluations de ces différentes approches.

La vérité est ailleurs

Cette célèbre phrase a servi de véritable slogan à toute une génération de fans de *X-Files* dans les années 1990. Le succès de cette série, bien que son influence soit restée relativement marginale à l'échelle de la société, est caractéristique de ce sentiment de désamour vis-à-vis des médias traditionnels comme des structures politiques. L'idée qu'« on nous cache tout » se répand de plus en plus, favorisant la croyance d'un pourcentage significatif de la population dans les théories du complot, comme celle selon laquelle le 11 Septembre aurait été favorisé sinon fomenté par l'administration américaine. Nous nous trouvons exactement face au même schéma que dans le domaine de la santé. Un système dominant (la médecine classique ou les médias traditionnels) perd une partie de sa crédibilité, d'autres systèmes de remplacement émergent (les médecines alternatives, les nouveaux médias numériques ou les forums de discussions sur Internet) et acquièrent une influence non négligeable, sans qu'il y ait de garanties de leur sérieux ou de leur crédibilité.

Ici aussi, il s'agit d'une tendance lourde. En dehors de grandes élections comme l'élection présidentielle, la participation à la plupart des élections baisse en France et dans divers pays européens. La crise accentue une radicalisation qui avait commencé avant elle et qui voit des partis extrémistes ou atypiques recueillir un nombre important de voix. Ce mouvement de désenchantement vis-à-vis de la politique ne peut que s'accélérer au fur et à mesure que les citoyens se sentent emportés par un mouvement que plus personne, semble-t-il, ne peut contrôler. On a de plus en plus de difficultés à faire accepter aux citoyens européens la construction européenne, car ils ont l'impression (justifiée) que celle-ci se fait sans eux et que l'on cherche à leur faire valider, après coup, ce qui a été décidé par une élite des différents pays, et que les principaux médias, de droite ou de gauche, sont plus des instruments de contrôle social destinés à exposer, avec quelques petites différences, une pensée unique qu'à proposer de véritables choix. Certains s'en contentent en lançant la fameuse formule « TINA » (*There is no alternative*) mais beaucoup s'en désespèrent, et cela contribue à la méfiance envers à la fois les politiques et les médias. Ce discrédit des experts touche aussi de nombreux autres domaines où les soupçons de collusion sont désormais généralisés, ce qui réduit la crédibilité de l'opinion exprimée par lesdits experts. Tout cela crée un climat de révolte latente qui pourrait s'enflammer le jour où quelque populiste pourra, de façon crédible, se faire entendre du grand public. En Italie, Beppe Grillo avait déjà eu un certain impact avec ses journées « Allez vous faire f… » où il appelait à rejeter tous les partis politiques. En février 2013, le parti de cet humoriste a obtenu 25,5 % des voix aux législatives et est devenu le deuxième parti d'Italie ! Cette montée des populismes généralisés, même dans des pays tranquilles comme la Suisse, était récemment illustrée par cette campagne d'un membre de l'UDC (premier parti de Suisse en 2007 avec 29 % des voix) intitulée : « Les autres candidats vous racontent des salades, moi, je vous les offre. » Joignant le geste à la parole, il distribuait des salades par camions entiers dans les rues de sa circonscription. Tout cela nous montre la nécessité d'une véritable révolution dans le domaine de la politique. La théorie du chaos nous apprend que, dans un monde complexe comme le nôtre, plus personne n'a de véritable levier de contrôle. Ce qui, notons-le au passage, rend absurdes toutes les théories du complot, selon lesquelles le groupe Bilderberg, les Illuminati ou autres contrôleraient en secret la planète ! Mais quel homme politique, quel parti aura le courage de le dire ? On demande aux hommes politiques de fournir des certitudes dans un monde de plus en plus incertain. Comment pourraient-ils ne pas échouer ? Le seul discours qui sera véritablement crédible à l'avenir serait un discours politique de type « gödelien[1] ». « Votez pour moi, car je ne sais absolument pas ce que je vais faire... mais je m'engage fermement sur ce que je ne ferai jamais. » Ce n'est pas une attitude aussi facile que l'on pourrait le croire, car s'il est très simple d'expliquer pourquoi on n'a pas pu réaliser telle ou telle promesse électorale, il est beaucoup plus difficile d'expliquer pourquoi on a fait quelque chose qu'on s'était engagé à ne *pas* faire. Par exemple, si l'on s'engage à ne pas augmenter les impôts, il faut être bien sûr de son fait avant d'affirmer cela. Mais c'est sur une morale, sur une éthique, sur une façon d'être, sur un programme en creux, en « négatif », que pourra se retrouver une crédibilité du politique dans le monde de demain. Un jour, ceux qui présenteront un programme et des promesses électorales seront totalement déconsidérés, car les électeurs auront compris que plus personne ne peut s'engager dans le monde d'aujourd'hui et encore moins dans le monde de demain à réaliser telle ou telle chose concrète. Ce qui compte, c'est d'être capable de réagir face à l'imprévu, la rapidité avec laquelle on va s'adapter, bref, les qualités qui seront

1. Voir le théorème de Gödel, p. 169-173.

demandées également, et de plus en plus, aux chefs d'entreprise[1].

Les métamorphoses de Dieu

On discute encore pour savoir si la fameuse phrase de Malraux « Le XXIe siècle sera religieux ou ne sera pas » est apocryphe ou non et s'il a dit « spirituel » au lieu de « religieux ». Mais, ce qui est sûr, c'est que cette affirmation correspond bien à une réalité. Alors que les penseurs de la modernité, de Freud à Marx, en passant par Ernest Renan et Nietzsche, affirmaient la mort de Dieu et affichaient la certitude que le futur de l'humanité serait débarrassé de ces superstitions qu'étaient à leurs yeux les religions, nous assistons aujourd'hui à un « retour de Dieu », selon l'expression de certains auteurs, et plus encore de la spiritualité. Le 11 septembre 2001 et les différents soubresauts qui en découlèrent ne sont que la face visible d'un iceberg confirmant les risques énoncés par Huntington d'un choc des civilisations[2], dans lequel la dimension religieuse prend toute sa place. Mais pour clarifier les choses, il importe ici de se livrer à une distinction essentielle.

Dans certains pays, ce retour de la religion se traduit par un retour au passé ou, plus exactement, à ce que l'on *croit être* le passé. On voit ainsi des femmes se voiler entièrement en portant le niqab dans des régions comme le Maghreb où cette tradition n'a jamais existé. Ce rejet de la modernité qui amène à se tourner vers des formes littéralistes, voire fondamentalistes, des religions

1. Voir sur ce point le chapitre 14 (p. 533 et suiv.).
2. Samuel Huntington, *Le Choc des civilisations*, Odile Jacob, 2000.

n'est pas seulement l'apanage de pays n'étant pas pleinement entrés dans la modernité, comme un grand nombre de pays arabes, car on trouve ainsi de nombreux défenseurs de ces approches aux États-Unis, dans les divers mouvements fondamentalistes protestants et dans le mouvement du « Tea Party ». De tels courants existent dans toutes les religions, y compris l'hindouisme ou le judaïsme, et, s'ils sont très minoritaires en Europe, on en trouve aussi au sein du catholicisme, dans des mouvements situés en dehors de l'Église, comme la Fraternité sacerdotale Saint-Pie X.

Par ailleurs, principalement dans les pays où la modernité est implantée depuis un ou plusieurs siècles, on trouve le développement de formes de religiosité et de spiritualité transmodernes qui se caractérisent par ce que les sociologues des religions ont appelé un « nomadisme spirituel ». C'est dans ce cadre que prend place une véritable métamorphose de Dieu, selon le titre de l'ouvrage de Frédéric Lenoir[1].

La religion classique était, et est encore, fondée sur un ensemble de croyances (credo, catéchisme de l'Église catholique), de principes de vie (charia pour les musulmans, Halakha pour les juifs) que l'on doit croire ou respecter sous peine de ne plus faire partie de la communauté des croyants. Comme le disait au père François Brune, alors jeune séminariste, un de ses vieux professeurs : « Il vaut mieux avoir tort avec le pape que raison contre lui[2]. » Cette mise sous l'éteignoir de sa liberté de penser, cette abdication de la raison dans un cas comme celui-là, est encore plus insupportable pour

1. Frédéric Lenoir, *Les Métamorphoses de Dieu*, Plon, 2003.

2. François Brune, *Christ et Karma, la réconciliation ?*, préface de Jean Staune, Temps présent, 2012.

les attitudes post- et transmodernes qu'elle ne l'était pour la modernité qui avait déjà inventé le concept de libre examen. Pour toutes les grandes religions traditionnelles, au premier rang desquelles figure la religion catholique à cause de sa structuration et de sa hiérarchisation, il y a là un défi absolument redoutable, comme l'a très bien montré Luc Ferry[1].

La transmodernité a souvent été définie comme le passage de l'avoir à l'être. On existe non pas par les objets que l'on possède (Rolex, Ferrari, etc.), mais par ce que l'on est et ce que l'on vit. Dans un tel cadre, il y a un très fort besoin de spiritualité. Un nombre sans cesse croissant des Occidentaux perçoit bien que la société de consommation à elle seule n'offre aucun sens à la vie, qu'on ne peut pas vivre de réfrigérateurs et de mots croisés, comme le résumait lapidairement dans une de ses dernières lettres Saint-Exupéry, où il affirmait, toujours visionnaire : « Il n'y a qu'un problème, un seul de par le monde, rendre aux hommes une signification spirituelle, une inquiétude spirituelle, faire pleuvoir sur eux quelque chose qui ressemble à du chant grégorien, redécouvrir qu'il existe une vie de l'esprit, plus haute encore que la vie de l'intelligence. » Mais cette quête spirituelle ne profite pas directement aux grandes religions constituées, pour les raisons que nous venons d'évoquer. On pourrait parler d'une véritable religion en self-service où l'on prend un peu de christianisme, un peu de bouddhisme, la croyance en la réincarnation, ou en l'astrologie, etc. Bien sûr, ce syncrétisme peut mener dans certains cas à un « grand n'importe quoi » ; cependant il ne s'agit pas ici de porter des jugements de valeur ni de dire comment on voudrait que les choses soient, mais de mettre

1. Luc Ferry, *L'Homme-Dieu ou le Sens de la vie*, *op. cit.*, chapitre 1.

en lumière quelques-unes des tendances dominantes de la société d'aujourd'hui et de demain.

Prenons à titre d'exemple la question de la réincarnation. Pour différentes raisons théologiques, il y a probablement peu de concepts qui font autant l'unanimité contre eux chez les théologiens catholiques, qu'ils soient « classiques » ou « progressistes ». Pourtant, selon une enquête menée au début des années 1980, 21 % des Européens dont 23 % des catholiques y croyaient[1]. Dix ans plus tard, ce pourcentage était monté à 34 % en France mais, surtout, et c'est peut-être cela le plus important, à 32 % en Pologne chez les catholiques pratiquants. Que sous le pontificat de Jean-Paul II un tiers des catholiques pratiquants du pays le plus « catholiquement classique » d'Europe puisse adhérer à ce qui constitue, comme nous venons de le dire, une « hérésie » majeure est peut-être la démonstration la plus significative de la vacuité des efforts de tout magistère d'empêcher la constitution d'une religion à la carte dans le monde post- et transmoderne[2]. On pourrait penser qu'il s'agit ici d'une forme de syncrétisme ou d'un « désir d'orientalisme » sans importance, mais, sans prendre position pour ou contre le concept de la réincarnation, une analyse plus fine montre qu'il n'en est rien. En effet, dans le but louable de vouloir faire progresser ses membres le plus rapidement possible, la théologie catholique a mis en place une doctrine très exigeante : vous n'avez qu'une seule vie, et après celle-ci, le « temps du mérite » est terminé. Cela veut dire

1. Jean Stoetzel, *Les Valeurs du temps présent : une enquête européenne*, PUF, 1983, p. 115.

2. Voir Hélène Riffault (dir.), *Les Valeurs des Français*, PUF, coll. « Sociologies », 1994.

que vous ne pouvez plus progresser par vos propres efforts après la mort, mais seulement grâce aux prières que vos proches feront pour votre salut. Cela amène à des incohérences majeures. Ainsi, un enfant qui meurt juste après avoir été baptisé va au paradis, alors qu'un homme qui aura vécu pendant quatre-vingt-dix ans une vie bonne, mais non parfaite, ira au purgatoire attendre que le Jugement dernier décide de son sort. Bien pire encore, si le prêtre a cinq minutes de retard et que l'enfant meurt sans être baptisé, il ne peut accéder au paradis et sera alors « stocké » dans les limbes. Un prêtre traditionaliste m'a ainsi expliqué les limbes : c'est comme si un enfant était né dans un puits de mine et y passait toute son existence. Il n'est pas malheureux parce qu'il ne sait pas qu'il existe un monde meilleur à la surface de la Terre. Inutile de vous dire que les femmes catholiques, même militantes, qui ont eu le malheur de perdre un enfant avant de l'avoir baptisé, rejettent avec horreur une telle théologie. Le Vatican a donc été amené à dire officiellement qu'il n'était plus obligatoire de croire dans les limbes. Mais que deviennent alors les enfants morts sans avoir été baptisés ? La théologie reste silencieuse sur la question, au point que de nombreux prêtres, pas seulement fondamentalistes, regrettent les limbes et continuent à y croire. C'est cela, le problème de ce genre de construction théologique : retirez un élément, et l'ensemble s'écroule. La réincarnation étant une solution extrêmement simple pour sortir de ce dilemme, on peut penser que son adoption par plus de un tiers des chrétiens, y compris des catholiques pratiquants, est une façon de corriger les incohérences du dogme. Il est d'ailleurs intéressant de noter que l'on trouve des laïcs faisant profession d'une fidélité totale à l'Église catholique et affirmant en même temps la nécessité pour celle-ci d'intégrer la réincarnation dans ses dogmes[1].

Mais une grande partie de ces démarches se situe (du moins en Occident et dans tous les pays ayant déjà connu la modernité) en dehors des grandes religions constituées, qu'elles soient révélées ou non. Dans un tel cadre, il n'y a plus besoin de « jongler » avec les dogmes quels qu'ils soient, mais de tracer un chemin spirituel particulier. L'énorme succès de certains ouvrages, comme *L'Alchimiste* de Paulo Coelho, vendu à 65 millions d'exemplaires dans 56 langues différentes[2], ou *La Prophétie des Andes* de James Redfield, publié à plus de 20 millions d'exemplaires en 35 langues[3], en sont des exemples frappants. Malgré leurs différences (l'ouvrage de Redfield est, entre autres, très anticatholique, alors que Paulo Coelho se dit réconcilié avec son héritage catholique, tout en se situant très clairement dans un « ailleurs » par rapport aux dogmes chrétiens), ces deux best-sellers ont un grand nombre de points communs : foi dans l'existence d'un autre monde, d'un divin vague, avec lequel l'esprit humain est relié, existence en chacun de nous de potentialités qui ne demandent qu'à s'exprimer, possibilité d'être aidé par des messagers, des « synchronicités », des « non-hasards », pour la réalisation de ce que Coelho appelle notre « légende personnelle ». Certes, lire dans *L'Alchimiste* que « quand on veut une chose, tout l'univers conspire à nous permettre de réaliser notre rêve » peut faire sourire devant ce qui semble être une application naïve de la psychologie positive,

1. Voir les ouvrages de Marie-Pia Stanley, *Christianisme et Réincarnation, vers la réconciliation*, L'Or du temps, 1989, et *Réincarnation, la nouvelle affaire Galilée ?*, Lanore, 1998.

2. Publié en France chez Anne Carrière en 1994.

3. Édition française : Robert Laffont, 1994.

pour ne pas dire de la méthode Coué. C'est encore pire sur un autre plan, celui de la vraisemblance, dans *La Prophétie des Andes*, quand on voit que le manuscrit au cœur de l'énigme a été écrit par les Mayas en… araméen et se trouve conservé au Pérou où les Mayas n'ont jamais mis les pieds. Néanmoins, on aurait tort de mépriser ces « spiritualités minimalistes », de tendance new age, car leur succès montre qu'elles répondent à une attente majeure, celle d'un développement personnel intégrant une dimension transcendante, ce qui se situe au cœur de la démarche des créatifs culturels. Dans un même ordre d'idées, un film comme *La Guerre des étoiles*, avec son affirmation de l'existence d'une « force » immatérielle et universelle et d'une possibilité de vivre après la mort, est sans doute, avec *L'Alchimiste*, *La Prophétie des Andes* et des films plus élaborés comme *Jonathan Livingston le Goéland* ou *Matrix*, une des principales formes de ces nouvelles religiosités qui viennent combler le besoin de sens dans un monde désenchanté par le matérialisme de la modernité.

Essayons donc, pour y voir un peu plus clair, de classifier les différentes formes de spiritualité qui s'offrent aux créatifs culturels.

Tout d'abord, il est particulièrement significatif de ce renouveau de la spiritualité de voir des auteurs, se définissant eux-mêmes comme modernes et athées (André Comte-Sponville) ou agnostiques (Luc Ferry), nous parler de spiritualité laïque. Ainsi, dans son ouvrage *L'Esprit de l'athéisme. Introduction à une spiritualité sans Dieu*[1], André Comte-Sponville n'hésite-t-il pas à nous faire part d'une véritable expérience mystique qu'il a vécue dans une forêt, ce sentiment de ne faire qu'un avec la nature

1. Albin Michel, 2006.

et l'univers, que Romain Rolland a appelé le « sentiment océanique ». Quant à Luc Ferry, nous avons vu, avec son ouvrage *L'Homme-Dieu ou le Sens de la vie*[1], qu'il se livrait à une véritable divinisation de l'humain qui va de pair avec une humanisation du divin et qui l'amène à ériger la famille et l'amour de ses proches en valeurs suprêmes. Mais ce qui est intéressant dans sa démarche, c'est qu'il n'hésite pas à affirmer qu'il y a dans l'homme quelque chose que n'expliquent ni la nature ni la culture, ce qui nécessite l'existence d'un troisième terme (dont il se garde bien de dire qu'il est spirituel, mais dont on voit mal ce qu'il pourrait être d'autre)[2], faisant ainsi appel au concept de transcendance dans l'immanence. André Comte-Sponville et Luc Ferry rejettent fortement le concept de Dieu, ce qui les pousse à rejeter la religion dans son ensemble, car ils la perçoivent comme liée à ce concept. Néanmoins, l'un comme l'autre apparaissent involontairement avoir des liens avec une pensée du type panthéiste, même si je pense qu'aucun des deux ne serait prêt à l'admettre. Ainsi Comte-Sponville a-t-il consacré un livre à la pensée de Swâmi Prajnânpad[3]. Et Luc Ferry se rapproche également de spiritualités comme celle de Spinoza, en affirmant la transcendance dans l'immanence. Il s'agit certes d'un « panthéisme minimaliste », d'une dimension autre que la matière *stricto sensu*, mais qui n'est porteur d'aucun esprit ni d'aucun espoir de survie après la mort, même sous une forme collective.

À l'opposé de ces approches spirituelles qui se veulent rationnelles se trouvent toute une galaxie de sorcières et

1. Grasset, 1996.

2. Voir entre autres son opposition avec André Comte-Sponville dans *La Sagesse des modernes*, Robert Laffont, 1999.

3. *De l'autre côté du désespoir. Introduction à la pensée de Swâmi Prajnânpad*, Accarias-L'Originel, 1997.

de chamanes autoproclamés ou de happenings, comme le *Burning Man*[1] (« l'homme qui brûle »), grand rassemblement mystico-artistique ayant lieu chaque année fin août dans le désert du Nevada et particulièrement caractéristique d'une spiritualité postmoderne (et non pas transmoderne !). Il s'agit de démarches néopaïennes, la plupart du temps relativement floues, qui ne postulent même pas forcément la survie de l'homme après la mort, tout juste une éventuelle fusion dans un grand tout, grâce à l'existence d'énergies subtiles, dans lesquelles notre esprit peut s'immerger. Aussi opposée qu'elle puisse être à la spiritualité laïque de nos modernes, il s'agit, là aussi, de spiritualités minimalistes.

L'étape suivante consiste dans une claire affirmation de la survie individuelle après la mort et de l'existence d'une forme de divin, sans aucun lien avec une tradition ou une religion particulière. C'est là que l'on peut classer des approches comme celles de Paulo Coelho, de *Jonathan Livingston le Goéland* ou de *La Guerre des étoiles*.

L'étape suivante consiste dans une foi en Dieu, en lien avec les grandes religions, sans toutefois y adhérer directement. C'est là que l'on trouvera, par exemple, la grande population des ex-chrétiens ou des gens de culture chrétienne qui se disent attachés au Christ, mais méfiants vis-à-vis de l'Église et de ses dogmes. Cette position s'accompagne souvent d'un grand intérêt pour les anges, les miracles, les apparitions de la Vierge, mais vus sous une forme revisitée et guère classique.

Enfin, la dernière étape consiste dans le développement de communautés nouvelles qui s'insèrent tout à fait dans les grandes religions traditionnelles, tout en ayant

1. www.burningman.com/whatisburningman/about_burningman/bm_timeline.html#2012

des approches spécifiques adaptées au monde moderne. On pense ainsi à Communion et Libération qui, chaque année fin août, réunit à Rimini en Italie pas moins de 800 000 personnes[1] ; ou, en France, à la Communauté de l'Emmanuel réunissant chaque été à Paray-le-Monial plus de 50 000 personnes. Dans l'islam, il s'agirait des mouvements soufis qui connaissent actuellement une forte résurgence dans plusieurs pays du Maghreb et d'Afrique, pour offrir une voie opposée à l'intégrisme et au littéralisme[2].

Qu'ils soient post- ou transmodernes, tous ces mouvements ont en commun la tolérance. Dès 1998, 52 % des Français pensaient que l'on trouvait des vérités fondamentales dans beaucoup de religions, alors que seulement 6 % d'entre eux estimaient que l'on ne trouvait la vérité que dans une seule religion. Ce dernier chiffre était de 15 % en 1981 et de 50 % en 1952[3]. Cette approche tolérante s'accompagne bel et bien d'un renouveau de la croyance en général, puisque, entre 1981 et 1999, on voit toutes les croyances (en Dieu, en l'âme, en une vie après la mort) augmenter chez les personnes se disant globalement sans religion[4]. Ainsi, le dépassement du matérialisme classique, représenté en France par quelqu'un comme Michel Onfray, est une caractéristique du monde de demain, et même certains penseurs modernes, tels André Comte-Sponville ou Luc Ferry, peuvent y contribuer, certes de façon marginale.

1. http://belgicatho.hautetfort.com/archive/2011/08/27/rimini-800-000-personnes-pour-le-meeting-de-communion-et-lib.html

2. Voir, par exemple, l'ouvrage d'Éric Geoffroy, *L'islam sera spirituel ou ne sera plus*, Éditions du Seuil, 2009.

3. www.scienceshumaines.com, « La culture religieuse des Français ».

4. Yves Lambert, « Religion : le développement du hors-piste et de la randonnée », in Pierre Bréchon (dir.), *Les Valeurs des Français. Évolution de 1980 à 2000*, Armand Colin, 2000.

Je dis « marginale », car il semble que la spiritualité des modernes, comme celle des postmodernes, est trop minimaliste pour répondre aux attentes de la grande majorité des chercheurs de sens. Celles-ci reposent en effet sur trois grandes caractéristiques dont la première est la recherche d'une vraie transcendance, quelle qu'elle soit. C'est pourquoi les démarches de spiritualité laïque ou, à l'opposé, celles qui reposent sur un vague paganisme seront destinées à rester dans l'ombre de celles qui, bien qu'également minimales, affirment avec force l'existence d'un autre monde et d'une survie individuelle après la mort, même si elles ne sont pas très élaborées (cf. *La Guerre des étoiles*, *L'Alchimiste* ou *La Prophétie des Andes*).

Une autre caractéristique recherchée est celle qui consiste à vivre une expérience personnelle. C'est ainsi que les églises restent vides, mais que les monastères catholiques sont pleins, au point qu'il faille parfois réserver des mois à l'avance, que le pèlerinage de Saint-Jacques-de-Compostelle a vu sa fréquentation multipliée par 100 en trente ans, que un million de jeunes ont pu se réunir en août 1997 autour de Jean-Paul II à Paris, dans un pays où il y a pourtant moins de 10 % de pratiquants.

Enfin, comme nous l'avons mentionné, la dernière grande caractéristique est l'ouverture à d'autres religions, d'autres croyances et d'autres approches, ce qui est logique dans le cadre de la mondialisation actuelle.

C'est pour cela qu'il ne faut pas sous-estimer l'avenir des grandes religions, malgré ce que nous avons dit plus haut. Leur capacité à créer d'immenses rassemblements répond à l'exigence d'émotions et du « vivre quelque chose ensemble » que nous venons de mentionner : Journées mondiales de la jeunesse, pèlerinages à La Mecque ou Kumbh Mela[1] en Inde (qui constitue le plus grand rassemblement religieux de tous les temps, puisque le dernier a rassemblé le 10 février 2013 près de 30 millions de personnes à Allahabad). Et les catholiques de Communion et Libération rassemblent en Italie, la même semaine de la fin août, 20 fois plus de personnes que la grande réunion néopaïenne et postmoderne du *Burning Man* aux États-Unis. Néanmoins, la volonté typique de se faire sa propre synthèse individuelle, de ne pas laisser un système penser à votre place, amènera une forme de morcellement où les grandes religions seront comme des astres entourés d'une nuée de microsatellites, dont on peut penser que la masse globale finira par dépasser celle de l'astre lui-même, ce qui pourrait bien faire infléchir la trajectoire de cet astre.

Nous avons parlé ici des spiritualités postmodernes et transmodernes, mais il existe deux autres grandes tendances qu'il nous faut mentionner au passage. Tout d'abord l'intégrisme et le fondamentalisme, qui s'analysent essentiellement comme des rejets de la modernité, mais qui prônent le retour au monde prémoderne, au lieu de passer vers le monde postmoderne. Ainsi, à une époque, tout le monde, aux États-Unis comme dans le monde arabe, a été moderne. C'était, pour faire simple, l'époque de Nasser et de Kennedy. Puis on a vu se développer, aussi bien aux États-Unis que dans les pays arabes, une réaction contre la modernité, qui a engendré le développement des néoconservateurs et des créationnistes (qui rejettent l'enseignement de l'évolution et tiennent à interpréter la Genèse au sens littéral) aux États-Unis, et celui des Frères musulmans et autres fondamentalistes à l'origine des dérives qui se produisent actuellement dans le

1. Voir http://fr.wikipedia.org/wiki/Kumbh_Mela

monde musulman. Rappelez-vous que les terroristes du 11 Septembre étaient tous diplômés de grandes universités ou d'écoles d'ingénieurs. Ce n'étaient pas des prémodernes sortis d'une grotte afghane, mais bien des gens élevés dans la modernité ayant décidé qu'il fallait revenir au passé, ou plutôt à ce qu'ils croyaient être le passé de leur civilisation.

D'autres mouvements surfent sur cette quête de spiritualité, ce sont les sectes. Mais il semble qu'elles aient connu leurs heures de gloire dans les décennies 1980 et 1990 et qu'elles soient aujourd'hui relativement en baisse, au point que l'on peut affirmer, sans guère courir le risque de se tromper, que, bien que certaines soient encore très puissantes (comme la Scientologie), et même si les sectes continueront à exister, elles ne joueront qu'un rôle marginal au XXIe siècle. En effet, la transmodernité est associée, comme nous l'avons vu, à ce désir de ne pas laisser quelqu'un d'autre penser à notre place, ce qui se situe parfaitement à l'opposé de la démarche sectaire. Il faudrait créer ici l'oxymore « individualisme collectif » pour décrire cette caractéristique de la transmodernité. On veut vivre une émotion collective, rencontrer l'autre dans des événements, comme les JMJ ou les grandes réunions religieuses que nous venons de citer, mais tout en gardant son libre arbitre et ses idées. On veut débattre avec des gens qui ont les mêmes centres d'intérêt que nous, tout en s'en différenciant sur certains points. Peut-être ne serait-il pas exagéré de dire que le succès des sectes a correspondu à une phase de la postmodernité, celle-ci étant caractérisée par des démarches de type tribal[1].

1. Michel Maffesoli, *Le Temps des tribus*, *op. cit.*

En attendant l'arrivée du centième singe...

Ainsi, nous voyons maintenant clairement quelles sont les grandes tendances qui définissent les créatifs culturels :

– intérêt pour l'écologie et la préservation de la nature,

– intérêt pour les civilisations traditionnelles,

– investissement dans l'éthique, tel que le commerce équitable,

– choix de l'agriculture biologique et recours à un certain nombre de médecines douces,

– adoption de principes moraux sans moralisme ou ordre moral,

– retour de la fidélité mais pas du mariage,

– retour de la spiritualité et de la religion mais pas forcément de la pratique religieuse,

– méfiance envers les experts classiques, les corps constitués, les médias et la publicité,

– rejet des formes classiques de consommation et des modes de vie métro/boulot/dodo ou hypermarché/Loto/télé-réalité.

Vous auriez tort de penser qu'il s'agit juste d'une quelconque fantaisie de bobos, de descendants de hippies et autres babas cool. Tout d'abord, ce mouvement, même s'il est encore minoritaire, ne se limite nullement aux beaux quartiers des grandes villes. Je peux en témoigner par la petite enquête que j'ai menée à Préchac, mon village natal de 1 000 habitants dans le sud de la Gironde, à la frontière de la forêt des Landes. Pas moins de quatre foyers de culturels créatifs sont installés à quelques centaines de mètres de la maison où j'ai passé mon enfance. Une ouvrière d'une usine à bois, n'ayant pas pu faire d'études mais devenue contremaître à force de volonté, se passionne pour les thérapies naturelles, soulage elle-même certaines blessures par magnétisme, contribue à l'organisation dans la région de conférences sur l'au-delà et l'après-vie, s'est impliquée socialement pour restaurer des fêtes locales, telle la fête du Pain, dont je n'avais jamais entendu parler, car elles avaient été abandonnées avant ma naissance et la sienne. À côté, un bûcheron, n'ayant lui non plus pas fait d'études et qui s'occupe désormais de handicapés mentaux auxquels il fait faire des travaux forestiers, dans le cadre d'un centre agréé, a commencé des études de psychologie par correspondance, a passé des diplômes de formateur et anime des ateliers de création artistique par l'écriture, lit de nombreux ouvrages, parfois très spécialisés[1], a développé des démarches artistiques (musique, photographie). Plus extraordinaire encore, un médecin, qui avait un poste important dans l'hôpital le plus proche, s'est retiré de l'ordre des médecins après un voyage de un an avec femme et enfants en Amérique du Sud, pour s'installer comme guérisseur, utilisant des techniques chamaniques et énergétiques apprises lors de son voyage, pendant que son épouse s'occupe d'une association écologique[2]. Certes, la grande majorité de la population de ce village est encore dans le schéma « hypermarché, Loto ou Tiercé, Pastis 51 ou télé-réalité », mais les germes de la nouvelle société sont déjà clairement visibles dans les attentes d'une importante minorité, renforcée par la présence d'un certain nombre de néoruraux qui ont quitté

1. Je lui dois, entre autres, la découverte de l'œuvre de John Zerzan (cf. p. 472-474) au sujet de laquelle je suis bien plus réservé que lui, mais dont j'admets la (redoutable) cohérence.

2. http://la-belle-verte.net/La_Belle_Verte/Bienvenue.html

les villes pour essayer de recommencer une nouvelle vie, plus proche de la nature et des valeurs analysées ici.

Mais surtout, comme le disent Ray et Anderson : « Les changements de société se font progressivement, organiquement : les porteurs de nouvelles valeurs sont temporairement isolés ; puis, la masse critique atteinte, une nouvelle population apparaît aux yeux de tous[1] », ce qui nous donne à penser que nous pourrions parfaitement être dans un effet du type « centième singe ». L'effet du centième singe provient d'une observation faite par des scientifiques sur le comportement des macaques dans une île du Japon. Les scientifiques oublièrent un jour une passoire, une guenon s'en empara et se mit à l'utiliser pour nettoyer les patates douces qu'elle mangeait, de façon à en enlever plus facilement la terre en plongeant la passoire remplie de patates dans une rivière. Fascinés par ce comportement, les scientifiques déposèrent de nombreuses passoires dans toute l'île et se mirent à noter chaque jour le nombre de singes les utilisant. Ce nombre stagnait à 30, 40 ou 50, mais il finit lentement par monter jusqu'à 99, et le jour où un centième singe se mit à utiliser les passoires, tous les singes adoptèrent ce même comportement.

Ce qui est caractéristique des créatifs culturels et qui ressort très bien du livre de Ray et Anderson, c'est le sentiment qu'ils avaient d'être isolés, d'être spéciaux, marginaux, par rapport à la société actuelle, puis le choc qui fut le leur quand ils découvrirent qu'il y avait en fait de nombreuses personnes partageant de près ou de loin leurs valeurs, leurs recherches et leurs attentes. Comme nous l'avons vu, les créatifs culturels représentent en moyenne 30 % de la population des pays occidentaux et

---

1. Paul H. Ray et Sherry Ruth Anderson, *L'Émergence des créatifs culturels*, *op. cit.*, 4e de couverture.

du Japon. Cela correspond à une augmentation de 50 % en dix ans, puisque leur proportion était de l'ordre de 20 % en l'an 2000. C'est pourquoi nous pouvons penser que la masse critique sera atteinte au plus tard dans la prochaine décennie.

Nous avons ainsi mis en lumière quelles seront les grandes lignes de mutations dans les domaines de la société, des pratiques, des valeurs et des recherches des hommes et des femmes de la transmodernité ou de la postmodernité (si l'on donne à cette expression la définition neutre, qui est « ce qui vient après la modernité » et non pas le sens particulier d'une déconstruction telle que nous l'avons analysée au chapitre 9). Ce changement sociétal n'est pas sans lien avec le changement scientifique et conceptuel que nous avons décrit aux chapitres 3 et 4 (auto-organisation, imprédictibilité). Les chapitres 5 à 8 nous ont montré que, comme les concepts scientifiques classiques, les concepts économiques de la modernité ont également atteint leurs limites. C'est encore plus difficile à accepter pour la plupart de nos contemporains, spécialement pour les décideurs des secteurs publics comme du privé, car ce paradigme économique a remporté d'immenses succès, comme le paradigme scientifico-technique dans son domaine. Dans les chapitres 11 à 13, nous allons donc décrire les nouveaux concepts et pratiques économiques susceptibles de servir de base à la société de demain. Cela fait, nous nous rendrons compte que leur développement nécessite de nouveaux comportements et de nouvelles valeurs qui sont justement en phase avec celles des culturels créatifs, et nous verrons ainsi que toutes ces évolutions sont liées.

Résumé de la troisième partie

La modernité était fondée sur le déterminisme et le réductionnisme. En découlait une délimitation claire des ordres et des concepts telle que vie privée/vie publique, à but lucratif/bénévole, ouvrier/patron, secteur public/secteur privé. Un certain type de raison et de rationalité y dominait, rendant cette civilisation plus matérialiste que celles qui l'ont précédée. Les corps constitués (syndicats, partis politiques) et les experts (professeurs, médecins) y jouaient un rôle essentiel de médiateur entre le peuple et ceux qui le dirigent.

Tout cela a déjà commencé à voler en éclats sous l'influence d'abord du développement de la postmodernité introduisant une forme de relativisme (« tout se vaut ») qui appelle à la déconstruction des ordres et des structures établis. L'origine de ce mouvement remonte à Mai 68 (« il est interdit d'interdire »). L'autre grand facteur de remise en cause de la modernité est le développement d'Internet qui permet non seulement à chacun d'avoir accès instantanément à des informations réservées auparavant aux spécialistes, mais aussi d'échanger des conseils, des remarques, des avis, sur des sujets particuliers, voire de créer des mouvements auto-organisés et sans leaders qui ont pu prendre de l'ampleur très rapidement, tels que les révolutions arabes, surprenant tous les observateurs. Mais, en dissolvant un système trop figé, la postmodernité a déjà effectué sa tâche et est désormais en partie dépassée, au profit d'une transmodernité susceptible de reconstruire une nouvelle société avec de nouvelles valeurs et d'autres modes de fonctionnement.

Selon les études d'opinion, un tiers de la population occidentale a déjà basculé dans la transmodernité. On appelle ces personnes les culturels créatifs. Elles se définissent par un intérêt pour l'écologie, la préservation de la nature, les médecines douces et les civilisations traditionnelles. Elles pratiquent au quotidien des gestes qui contribuent au développement durable, achètent des produits de l'agriculture biologique ou du commerce équitable, voire investissent dans les produits éthiques. Se méfiant des corps constitués, des médias et des experts, de la publicité et des formes classiques de consommation, ces personnes recherchent une dimension spirituelle, mais pas forcément dans le cadre des grandes religions constituées, ont une morale qui implique le retour à la fidélité mais pas forcément au mariage, la sincérité et la transparence, valeurs qui s'accompagnent d'une ouverture à l'autre, aux autres civilisations, aux autres religions, et du rejet du dogmatisme.

Même si les contours de cette nouvelle société sont encore flous, on voit bien qu'une grande partie de nos pratiques et de nos attentes vont en être – et sont déjà – profondément bouleversées.

IV

LES BASES D'UNE NOUVELLE ÉCONOMIE

11

L'ère du postcapitalisme : vers une économie du savoir

> « La ressource économique essentielle n'est plus la matière, mais la connaissance et le savoir, qui se valorisent par leur partage grâce à des réseaux ouverts, provoquant une augmentation considérable de l'intelligence collective[1]. »

Au chapitre 1, nous avons vu les potentiels (et les risques) de la révolution fulgurante résultant des possibilités offertes par les nouvelles technologies et par la mise en réseau d'une grande partie de l'humanité. Une des conséquences en était le développement de nouvelles formes d'économies ou d'échanges de particuliers à particuliers. Même si cela pouvait, dans certains scénarios, minorer le rôle des entreprises classiques dans plusieurs secteurs (loisirs, transport, ameublement), cela n'implique nullement la disparition des formes traditionnelles d'entreprises (dans quelques scénarios, certaines d'entre elles deviennent même des pouvoirs plus importants que les États), mais il est clair que les entreprises qui se

1. François Lemarchand, dans sa préface à Marc Luyckx Ghisi, *Surgissement d'un monde nouveau…*, *op. cit.*, p. 11.

développeront et survivront le feront dans un contexte économique très différent de celui d'hier et d'aujourd'hui qui a vu la génération du capitalisme classique. C'est cette quatrième révolution, une révolution économique, qui canalise les trois prochains chapitres.

De General Motors à Google : quand les cerveaux remplacent les machines

Comme son nom l'indique, la base du capitalisme, c'est de disposer de capitaux qui permettent de mettre en place des moyens de production (essentiellement des usines) ou de transport de marchandises (bateaux, trains, avions). C'est cette fameuse « propriété privée des moyens de production » qui définit le capitalisme et qui était pour Marx la cause de tous les maux, ce qui fit que dans les systèmes communistes, qu'ils soient russe ou chinois, les usines et leurs machines se devaient d'appartenir à l'État.

Premier producteur mondial d'automobiles pendant quatre-vingts ans, la General Motors, est un parfait exemple de ce modèle. La seule solution pour dépasser la General Motors était de produire plus de voitures qu'elle. Pour cela, il fallait donc disposer d'une plus grande capacité de production, et donc de plus de capitaux. Toyota a mis quatre-vingts ans à rattraper, puis dépasser, la General Motors. En revanche, en 1980, personne n'aurait imaginé qu'IBM, leader sur le marché des ordinateurs comme sur celui des logiciels, serait rattrapé puis dépassé, en moins de dix ans, par une start-up telle que Microsoft. Dix ans plus tard, personne ne pouvait imaginer que Microsoft, qui a fait de Bill Gates l'homme le plus riche du monde, verrait son hégémonie menacée par une société telle que Google qui était encore loin d'exister. Au début des années 2000, on n'aurait pas imaginé que Google devrait mettre 1 milliard de dollars sur la table pour acheter YouTube, de peur que YouTube, surfant sur le Web 2.0, celui de la production de contenus par les internautes eux-mêmes, ne devienne menaçant pour Google. Et enfin, il y a quelques années, seuls les spécialistes pouvaient prévoir qu'une entreprise comme Facebook, créée seulement en 2006, pourrait devenir menaçante pour Google.

La succession Microsoft – Google – YouTube – Facebook nous montre que nous sommes là face à un tout autre mécanisme que les compétitions entre entreprises classiques du type General Motors et Toyota. La raison profonde, c'est que, s'il faut des capitaux pour développer de telles entreprises, il en faut beaucoup moins que pour les entreprises classiques. Mais surtout, et c'est bien ce qu'a vu Peter Drucker, qui dès 1995 fut le premier à parler de société « postcapitaliste », ce n'est plus le capital qui représente la ressource essentielle de telles entreprises : « La ressource économique de base [...] n'est plus le capital, ni les ressources naturelles (la terre), ni le travail. C'est et ce sera le savoir. La clé de la création des richesses ne sera ni l'allocation de capital aux usages de productions ni le travail – ces deux pôles de la théorie économique aux XIXe et XXe siècles, qu'elle soit classique, marxiste, keynésienne ou néoclassique [...]. Le défi économique de la société postcapitaliste consistera donc à assurer la productivité du savoir et des travailleurs du savoir[1]. »

La révolution qui est à la base de l'idée de postcapitalisme, c'est qu'aujourd'hui ce sont le savoir, la

1. Peter Drucker, *Au-delà du capitalisme*, Dunod, 1993, p. 16.

connaissance, la créativité, l'imagination, la gestion de l'information qui recèlent les principaux relais de croissance, les seuls susceptibles de donner un nouvel élan à une société qui, dans d'autres domaines, est clairement à bout de souffle. Bien entendu, il faudra toujours, et même de plus en plus, vu l'accroissement probable de la population sur Terre, produire et distribuer de la nourriture. Face à la nouvelle économie, le P.-D.G. d'Auchan, Gérard Mulliez, disait : « Je ne m'inquiète pas trop, car les hommes auront toujours besoin de manger. » Il y aura également toujours la nécessité de produire des ordinateurs, des téléphones, des voitures ou d'autres moyens de communication et de locomotion. Mais ce ne sont plus ces secteurs qui représenteront l'essentiel de l'activité humaine et qui seront susceptibles de porter la croissance des générations futures. Dans les pays industrialisés, l'agriculture n'occupe plus que 2 ou 3 % de la population active, et les ouvriers des usines au maximum 15 ou 20 %. Et ce ne sont pas les services, aussi astucieux et novateurs qu'ils puissent être (des livreurs de pizzas aux coiffeurs à domicile), qui vont sauver notre économie en provoquant une de ces nouvelles « destructions créatrices » du type de celles qui se succèdent depuis le début de la société industrielle[1].

Ainsi, après une société agraire fondée sur la force physique des hommes ou des animaux (le cheval pour

1. Cette société industrielle, qui a multiplié la richesse et le niveau de vie des populations occidentales, s'est faite dans les pleurs et les grincements de dents. L'arrivée des machines a ruiné des générations d'artisans et d'ouvriers – nous avons tendance à l'oublier –, au point de générer un mouvement comme celui des « luddites » dans l'Angleterre du début du XIXe siècle où des révoltes populaires, visant à détruire toutes les machines, ont failli tuer dans l'œuf le développement de la société industrielle. L'actuelle mutation se fera donc également dans les pleurs et les grincements de dents.

le labourage), une société capitaliste fondée sur la force mécanique (celle des machines construites grâce aux capitaux accumulés), nous voici arrivés réellement à une troisième phase de l'aventure humaine, où c'est la force intellectuelle qui est la ressource essentielle. Cela change complètement l'organisation économique et sociale, comme le montrent des exemples déjà anciens qui sont pourtant encore loin d'avoir été intégrés par tous les dirigeants des organisations publiques et privées.

En 1983, IBM a racheté, pour l'équivalent de 1 milliard de dollars actuels, la société Lotus, qui était alors leader dans les logiciels de traitement de texte ou de tableurs de type Excel. Les créatifs de Lotus, dont le fonctionnement était peu compatible avec une organisation comme celle d'IBM, ont rapidement quitté la société et sont partis chez Microsoft ou ailleurs. La société IBM a ainsi fini par se rendre compte qu'elle avait acheté pour 1 milliard de dollars... une coquille vide. Vous pouvez, si vous le désirez, déplacer vos machines, les délocaliser dans un pays où la main-d'œuvre sera moins chère, mais vos machines ne vont pas partir toutes seules pendant la nuit. Vos cerveaux, oui. L'esclavage étant, bien heureusement, aboli, rien ne peut empêcher un homme détenteur d'un savoir particulier de quitter votre entreprise pour un concurrent ou pour créer la sienne, ce qu'il pourra faire infiniment plus facilement dans une société postcapitaliste que dans la société capitaliste.

Cela inverse totalement le rapport de forces entre le travailleur (ex-prolétaire) et le patron (ex-capitaliste), ou, pour être plus précis, entre *certains* travailleurs, ceux dont l'expertise constitue un atout essentiel pour l'entreprise, au point que celle-ci ne peut se permettre de les perdre. Les autres travailleurs, ceux qui n'auront, comme leurs ancêtres, que leur force physique à offrir, sont quasiment certains de voir leur salaire baisser régulièrement (au moins en termes de pouvoir d'achat), si tant est qu'ils puissent encore trouver un emploi. Et c'est cette disparité entre « les travailleurs du savoir », comme les appelle Peter Drucker, et les autres qui est sans doute un des principaux défis auxquels doit faire face la société postmoderne. Certes, la révolution que nous vivons n'est pas la première dans le monde occidental. Pour Peter Drucker, elle est la troisième en trois siècles.

La première eut lieu au XVIIIe siècle quand on appliqua le savoir à la technique. Jusque-là, le savoir s'appliquait à des idées philosophiques (Comment être heureux ? Qu'est-ce qu'une vie bonne ? Qu'est-ce que la vérité ?...), tandis que la technique était laissée au savoir-faire des artisans. Avec l'arrivée de démarches comme celle de l'*Encyclopédie* de Diderot, on appliqua le savoir, sa structuration et sa systématisation à l'ensemble des techniques connues de l'époque. Cela paraît aujourd'hui totalement normal, mais c'était profondément révolutionnaire. Un siècle après, une nouvelle étape fut franchie quand on appliqua le savoir au travail. C'est la fameuse « organisation scientifique au travail » de Frederick W. Taylor, qui donna les chaînes de montage telles que celle de Ford, fit exploser la productivité de l'Occident et qui sonna, comme nous l'avons vu au chapitre 5, le glas du marxisme, qui n'avait pas prévu que le gâteau à partager entre prolétaires et capitalistes pourrait croître dans des proportions telles que chacun puisse y trouver son compte. La troisième révolution consiste à appliquer le savoir au savoir lui-même. C'est par l'organisation et la structuration d'un savoir toujours plus étendu que les sociétés d'aujourd'hui et de demain peuvent développer leur productivité. Ces gains de productivité par la technique, puis l'organisation du travail et, enfin, celle du savoir représentent bien trois étapes clés dans le développement de notre société.

Notons que chaque fois les acteurs majeurs d'un nouveau système sont venus des marges de l'ancien et jamais du cœur de celui-ci. YouTube aurait dû être créé par MCM, CNN ou une grande chaîne de télévision. Skype aurait dû être créé par AT&T ou France Télécom. Un outil aussi puissant que Google aurait dû être créé par Microsoft (ne parlons même pas d'IBM !). Et Wikipédia aurait dû être créé par *Encyclopædia Britannica*. Chaque fois, c'est exactement l'inverse qui s'est produit. Un ou plusieurs jeunes étudiants, avec au départ peu d'expérience et de moyens, sont à l'origine de toutes ces révolutions. Ces nouveaux modèles sont conceptuellement trop différents pour pouvoir avoir été conçus par les rois des anciens domaines. C'était tout aussi impossible que de voir la physique quantique développée par quelqu'un comme Laplace. Les blocages psychologiques, ceux qui font que l'on s'enferme dans une vision du monde, même quand l'on peut voir les signes de son obsolescence, sont, comme nous l'avons montré, parmi les plus forts qui puissent exister chez l'homme.

Google *vs* Microsoft : la révolution de la vraie gratuité, ou la « nouvelle nouvelle » économie contre la nouvelle économie

Le mot « gratuit » a mauvaise réputation. Il éveille immédiatement un signal d'alerte dans notre esprit. Une expression anglaise classique nous dit : « *There is no such thing as a free lunch* » (« Un repas gratuit, ça n'existe pas »). C'est le bon sens qui parle. Si quelqu'un vous donne gratuitement un objet ou un repas, c'est qu'il espère bien se rattraper d'une façon ou d'une autre. Dans le meilleur des cas, ce sont des annonces du type « un yaourt gratuit pour un acheté », ce qui signifie en fait « 50 % de réduction sur le prix des deux yaourts ». Les échantillons gratuits d'un parfum qu'on vous distribue sont, bien sûr, destinés à vous le faire acheter. Dans le pire des cas, un produit « gratuit » peut être le point de départ d'une arnaque.

Prenez maintenant un jeune étudiant kenyan vivant à Nairobi. Il possède un notebook, ce petit ordinateur que son oncle, qui a émigré aux États-Unis, lui a offert lors de son entrée à l'université. En s'asseyant à proximité d'un café qui offre une connexion Wi-Fi gratuite à ses clients, il peut surfer sur Internet. Grâce à Google, il peut rechercher instantanément des documents concernant les sujets de son prochain examen, grâce à Yahoo !, trouver et s'inscrire gratuitement dans des groupes débattant de tels sujets, par exemple les lois sur la création d'entreprises en Angleterre. Sur YouTube ou Dailymotion, il peut voir des chansons et des extraits de concerts de ses chanteurs préférés et, même sans se livrer au piratage, visionner un très grand nombre de films. Par Skype, il peut parler gratuitement avec son oncle aux États-Unis, et même le voir, grâce à la caméra intégrée dans son ordinateur. Avec cette même caméra, il peut prendre des images, certes de mauvaise qualité, des émeutes spectaculaires qui ont déchiré son quartier et les poster sur YouTube où elles pourront être reprises et diffusées par CNN ou BBC, ce qui lui assurera son « quart d'heure de célébrité » mondial (cf. p. 339). Bien entendu, il utilise quotidiennement Wikipédia pour les informations dont il a besoin pour ses travaux. Tout cela, sans payer le moindre centime. Nous sommes ici face à une forme de gratuité totalement différente, car il n'y a qu'une chance infime pour que notre étudiant kenyan achète un jour un produit ou un service dont la publicité a contribué à rendre gratuits tous les services dont il bénéficie et dont nous n'avons listé ici qu'une petite fraction. C'est en cela aussi que la révolution numérique que nous sommes en train de vivre se distingue de toutes les autres révolutions. Chris Anderson écrit : « Alors que le gratuit du siècle dernier était une méthode marketing puissante, ce gratuit-là est un modèle économique entièrement nouveau. Cette nouvelle forme de gratuit repose sur l'économie des bits et non des atomes. Particularité de l'ère numérique, dès qu'une chose devient du logiciel, elle devient inévitablement gratuite, dans son coût en tout cas, et souvent dans son prix[1]. » Vous ne pouvez pas multiplier un yaourt avec une baguette magique, mais vous pouvez multiplier un fichier électronique contenant un livre, une vidéo ou une chanson en appuyant sur un bouton, et vous pouvez l'envoyer à des dizaines, des centaines ou des milliers de personnes (à condition d'avoir leur adresse e-mail, bien sûr) en appuyant sur un autre bouton. C'est cela, la révolution du numérique : le coût marginal de la duplication d'un produit est de zéro.

L'industrie classique connaît bien ces fameux coûts marginaux décroissants. Ce sont les économies d'échelle : si vous produisez 100 000 disques, le coût du cent millième sera beaucoup plus faible que le coût du millième si vous n'en aviez produit que 1 000.

Comme nous l'avons vu au chapitre 1, c'est sur cette décroissance du coût marginal que Jeremy Rifkin se fondait pour annoncer des lendemains d'abondance où nous pourrions bénéficier de produits au coût presque nul,

---

1. Chris Anderson, *Free !…*, *op. cit.*, p. 13.

grâce à l'amélioration des coûts de production et à de nouvelles technologies comme les imprimantes 3D. Mais il prenait soin de parler de coût presque nul, car le coût marginal d'un produit fait d'atomes ne peut pas être totalement nul. Dans l'économie numérique, la production du premier fichier peut coûter très cher, si c'est par exemple un film ou un clip, mais la production de tous les autres fichiers se fera gratuitement d'un simple clic. Or, nous dit Chris Anderson, les choses dont le coût marginal de duplication est nul finiront toujours par être gratuites. C'est une loi de l'économie, comme la loi de la gravitation qui veut qu'un objet qui est dans les airs tombe obligatoirement jusqu'au niveau du sol. Dans l'économie numérique, il y a donc une tendance des prix à aller vers 0, comme sont en train de le découvrir, à leurs dépens, tous les majors de l'industrie de la musique, et comme le découvriront demain les majors de l'industrie du cinéma. Face à cet état de fait, on peut soit tenter désespérément de retarder le mouvement et de gagner beaucoup d'argent à court terme, au moins si l'on est en situation de quasi-monopole, ou on peut, à l'inverse, accélérer le mouvement et miser sur la gratuité pour obtenir une situation de monopole et, paradoxalement, finir par gagner beaucoup d'argent. Ce sont les stratégies diamétralement opposées de Microsoft, leader de la nouvelle économie (fondée sur le numérique), et de Google, leader de la « nouvelle nouvelle » économie (fondée sur le numérique *et* sur la gratuité).

Microsoft a été créé en 1975 par deux étudiants de 20 et 22 ans, Bill Gates et Paul Allen. Ils produisaient des logiciels pour ce qu'on appelait, à l'époque, des micro-ordinateurs, d'où le nom Microsoft. Leur grande chance a été de se trouver au bon endroit pour être les vainqueurs indirects de la guerre terrible que se sont livrée, au début des années 1980, IBM et Apple, pour le contrôle du monde des ordinateurs personnels. IBM dominait à l'époque largement le marché des ordinateurs (le *hard*) et le marché des logiciels (le *soft*), ne croyant pas qu'il y ait un marché pour les ordinateurs individuels : qu'est-ce qu'une famille pourrait bien faire d'un ordinateur ? se demandaient alors les spécialistes. Un des premiers micro-ordinateurs fut vendu près de 10 000 dollars, encastré dans une cuisine, sa seule fonction étant de mettre sous le nez d'une ménagère les différentes étapes d'une recette au cours de la réalisation d'un plat. Devant le succès de l'Apple 2[1], IBM dut réagir en urgence et se concentra sur ce qui lui semblait la partie noble du système, c'est-à-dire l'ordinateur lui-même. Vu les délais, IBM signa un contrat avec une petite entreprise, Microsoft, pour utiliser le système d'exploitation que celle-ci avait développé, le MS-DOS (dont le surnom était « vite fait, mal fait »), pour équiper ses ordinateurs. Bill Gates, qui avait une vision du monde nouvelle, selon laquelle l'immatériel serait plus important que le matériel dans le futur, fit signer un contrat à IBM incluant le fait qu'il avait le droit de vendre ce même système d'exploitation à n'importe qui sans verser de royalties à IBM. IBM signa sans se méfier, pensant sans doute : « Il n'y a que nous et Apple sur ce marché, si un autre concurrent y entre, nous l'écraserons ; quant à ce petit boutonneux, nous remplacerons son système d'exploitation par un système maison dès que nous en aurons le temps. »

On vit alors surgir tous les clones de l'IBM PC, avec des arguments publicitaires du type « comme IBM, moins cher qu'IBM », tournant tous avec le système

1. Nous parlerons du cas Apple en détail au chapitre 15.

d'exploitation de Microsoft. Aujourd'hui, IBM s'est retiré du marché de l'ordinateur individuel, Apple ne contrôle que 5 % du marché, mais plus de 90 % des systèmes d'exploitation au monde sont les Windows de Microsoft, les premiers Windows copiés sur le système des icones d'Apple (lui-même issu des travaux d'Alan Kay, ingénieur chez Xerox), ayant succédé au peu pratique MS-DOS. Mais si plus de 90 % des ordinateurs au monde tournent grâce à un système d'exploitation de Microsoft, Microsoft n'a pas touché de royalties sur un bon nombre d'entre eux qui, surtout dans les pays du tiers-monde et en Chine, ont été piratés. Pour des logiciels tels que Word ou Excel, le pourcentage de piratage sur la planète atteint ou dépasse 50 %. Mais cela n'inquiète pas trop Microsoft. Certes, Microsoft organise des campagnes contre le piratage, met des codes sur ses produits pour empêcher leur duplication ou leur utilisation par plus de 3 utilisateurs, et ainsi de suite. Mais comme le montre le fait que Bill Gates a été et est toujours l'un des hommes les plus riches du monde et que le chiffre d'affaires de Microsoft est de 86 milliards de dollars en 2014, avec un profit de 22 milliards de dollars, ce piratage, malgré son énormité, ne nuit pas trop à l'entreprise. Microsoft est l'exemple classique d'une rente de situation donnée par cette nouvelle économie. Quand vous avez déjà eu un ordinateur avec un système d'exploitation Microsoft, vous désirez que votre prochain ordinateur soit compatible avec votre ordinateur actuel. Quand tous vos amis, vos relations de travail, vous envoient de fichiers Word ou Excel, vous souhaitez bien sûr pouvoir les ouvrir. Si vous n'êtes pas un spécialiste de l'informatique, que vous souhaitez avoir des produits garantis et bénéficier d'une assistance, vous n'allez pas vous tourner vers le piratage, mais vous allez acheter des produits Microsoft, alors que vous pourriez avoir recours à des alternatives gratuites, tels que OpenOffice[1].

Dans le monde numérique, celui qui réussit le premier sur les marchés, voire dont les produits deviennent quasi monopolistiques comme Microsoft, a une formidable rente de situation. La plupart des consommateurs sont prisonniers de ces produits. Or, la duplication et la distribution de ces produits ne coûtent que peu de chose (un simple CD gravé dans une boîte en carton) ou rien du tout (si le produit est acheté et téléchargé sur Internet). C'est ce qui permet, comme nous venons de le voir, à Microsoft d'avoir un bénéfice annuel qui s'élève à plus du quart de son chiffre d'affaires, un niveau que bien peu de grandes entreprises peuvent prétendre atteindre. Comme dans la majorité des cas, le système d'exploitation Windows est acheté avec l'ordinateur (c'est le fabricant d'ordinateurs qui paie la redevance à Microsoft et non l'acheteur), Microsoft a encore de beaux jours devant lui.

Google également a été créé par deux étudiants, Larry Page et Sergueï Brin, près d'un quart de siècle après Microsoft, fin 1998. Son chiffre d'affaires est de 60 milliards de dollars en 2013, pour un bénéfice de 13 milliards de dollars, résultat qui, sans être aussi extraordinaire que celui de Microsoft, est néanmoins exceptionnel (il est par exemple supérieur au bénéfice de l'ensemble des constructeurs d'automobiles et de l'ensemble des compagnies aériennes américaines, pour faire une comparaison avec l'ancienne économie). Or, le produit principal de Google et ses nombreux produits annexes sont absolument gratuits et destinés à le rester. C'est la différence fondamentale avec Microsoft, et c'est ce qui caractérise

1. www.openoffice.org/fr/

la « nouvelle nouvelle » économie par rapport à la nouvelle. 80 % des recherches mondiales sur Internet passent par le moteur de recherche de Google. C'est au départ la qualité de son algorithme de recherche qui a fait le succès de l'entreprise. Mais personne n'a jamais payé pour utiliser Google. Et si demain venait à l'esprit des dirigeants de Google l'idée absurde de faire payer, ne serait-ce qu'un seul centime, chacune de nos recherches sur Google, les internautes fuiraient en masse, et un espace serait immédiatement créé par une société Google bis qui reprendrait le flambeau et les parts de marché de Google, tout en étant gratuite, bien sûr. Alors comment Google gagne-t-il autant d'argent ? En vendant aux enchères des publicités sélectives aux entreprises. Si vous tapez, par exemple, « location de voitures à Paris », vous verrez apparaître une colonne à droite, surmontée de la mention « Annonces » encadrée en orange, qui vous signale qu'il s'agit de publicités et non des résultats de la recherche elle-même qui sont au centre de l'écran, un certain nombre de propositions venant de loueurs de voitures. Ceux qui sont en première position étant ceux qui ont payé le plus cher pour cela.

Le 1er avril 2004, ayant déjà obtenu en moins de cinq ans une position dominante dans le domaine des moteurs de recherche sur Internet, Google lança sa messagerie gmail, en offrant 1 Go de stockage en ligne, soit 500 fois plus d'espace que certains de ses principaux concurrents, comme Microsoft. Cela fut un tel choc que certains crurent qu'il s'agissait d'un poisson d'avril. Mais ils durent se rendre à l'évidence et, bon gré mal gré, s'aligner sur les offres de Google ou disparaître. Google appliquait ici la loi de Moore et prévoyait que, dans le futur, non seulement un tel espace de stockage coûterait peu cher, mais qu'il coûterait moins cher de proposer un espace encore plus important, grâce à la diminution simultanée des coûts de stockage et l'augmentation de la bande passante pour la transmission (aujourd'hui gmail offre 15 Go à chaque utilisateur). Google a, certes, un intérêt direct à ce que le plus grand nombre de gens utilisent sa messagerie. En effet, si vous racontez dans un e-mail envoyé à vos proches que vous venez de faire une balade à scooter et que votre e-mail est envoyé depuis la région de Bordeaux, vous verrez apparaître dans la colonne de droite de Google… des publicités pour la vente et la réparation d'un scooter à Bordeaux. Et si vous mentionnez, toujours dans l'e-mail, que vous avez, par exemple, crevé un pneu, vous verrez apparaître des publicités pour des détaillants de pneus ! Ainsi, la force des logiciels d'analyse de Google permet de générer des publicités associées au contexte de vos e-mails. Mais depuis, Google a fait bien d'autres choses, comme le logiciel Google Maps, qui vous aide à établir votre itinéraire dans les principaux pays de la planète, Google Earth, qui vous montre des images satellites du monde entier, avec des millions de photos ajoutées par des internautes de différents lieux, de nombreuses applications gratuites, tels des traitements de texte et bien d'autres choses encore, qui ne rapportent rien directement à Google. Google a également mis en ligne un certain nombre d'innovations qui n'ont pas recueilli les faveurs du public et qui ont alors été supprimées. Le critère a toujours été : est-ce populaire ? Cela contribue-t-il à développer l'usage du Net ? Et jamais : qu'est-ce que cela va nous rapporter ?

Car l'un des plus grands secrets de Google, c'est que, plus l'Internet sera utilisé – peu importe par qui et grâce à qui –, plus Google gagnera de l'argent. En effet, les concurrents directs de Google, vu sa position dominante dans la publicité sur le Net, ne sont pas Yahoo !

ni même Facebook et son milliard d'adhérents. Ce sont la télévision et les autres canaux classiques des publicités (radios, journaux, affichages). Plus le Net sera utilisé, plus la part de publicité consacrée à Internet par rapport à la publicité totale va croître. Il est donc logique de voir Google payer des milliers de personnes à essayer de trouver quel nouveau service gratuit l'entreprise peut offrir au grand public.

C'est pour la même raison que Google s'est lancé dans un projet pharaonique consistant à numériser des centaines de milliers, et bientôt des millions de livres pour constituer la plus grande bibliothèque numérique du monde.

Google pratique également le jeu « gagnant-gagnant », même avec un concurrent. Face à Internet Explorer, le principal navigateur sur Internet, et Firefox, géré par la fondation Mozilla, Google a lancé son propre navigateur, Chrome. Mais, à la suite d'un accord, Google a donné 300 millions d'euros à la Mozilla pour soutenir le développement de Firefox. Quel intérêt Google peut-il bien avoir à assurer la survie d'un concurrent, au lieu de concentrer ses efforts sur la promotion de son propre navigateur ? Encore une fois, ce n'est pas le raisonnement financier qui compte ici, mais un raisonnement en termes d'audience. L'audience de Google passe avant tout. En échange de son soutien à Firefox, la page d'accueil par défaut du navigateur est, bien entendu, celle de Google. C'est-à-dire que Firefox propose Google comme moteur de recherche aux internautes qui l'utilisent[1]. Mais

---

1. Au moment où ce livre est rédigé, Yahoo ! vient de surenchérir, et désormais c'est vers lui que pointera Firefox : www.lemonde.fr/economie/article/2014/11/20/yahoo-devient-le-moteur-de-recherche-par-defaut-de-firefox_4526232_3234.html

surtout, une pluralité de navigateurs contribue à un plus large usage d'Internet. Google ne se contente pas d'avoir une plus grande part du gâteau, mais cherche à faire grossir le gâteau en question. Ainsi, la publicité ciblée attire vers la publicité sur Internet un certain nombre d'entreprises qui, auparavant, ne faisaient pas de publicité, et cela d'autant plus que Google propose des formules de « paiement au clic » où la publicité est payée uniquement quand un internaute clique dessus, c'est-à-dire la consulte. C'est cette même logique gagnant-gagnant qui a amené Google à mettre gratuitement son service d'exploitation Android à la disposition des fabricants de téléphones portables, créant ainsi un cercle vertueux (comme nous l'avons mentionné au chapitre 3 p. 115), logiciel qui est lui-même fondé sur le fameux Linux, le navire amiral des « logiciels libres ».

Un pingouin dans la cour des grands

En 1991, un jeune étudiant finlandais, Linus Torvalds, développe un système d'exploitation qui sera appelé Linux et dont le principe est que tout le monde peut l'utiliser et le développer, à condition de faire profiter librement tout le monde de ces développements. Linux et ses produits dérivés ne sont pas brevetables. Au début, l'industrie du logiciel classique, celle de la nouvelle économie comme Microsoft, a haussé les épaules devant ce qui paraissait une lubie de baba cool posthippie. Mais si Linux est resté confidentiel sur les machines grand public, les parts de marché de Linux n'ont cessé de croître dans le domaine des serveurs destinés à Internet, et même dans celui des supercalculateurs. En effet, quand la technique entre en jeu, les spécialistes préfèrent avoir leur propre système et ne pas dépendre de Microsoft. De plus, soulignent les partisans de Linux, aucun bug n'échappe à un grand nombre d'yeux. On est là typiquement dans le cas de l'auto-organisation décrite au chapitre 3, et de la force du réseau décrite au chapitre 1. La force de Linux est d'être issue d'un travail collectif sans cesse amélioré, une sorte de Wikipédia informatique, un exemple frappant de l'efficacité d'un des principes clés des nouveaux paradigmes scientifiques.

N'allez pas croire que tout cela ne concerne que des organisations sans but lucratif. Le marché tournant autour de Linux pèse aujourd'hui plus d'1,6 milliard de dollars. Et pourtant, Linux est un vrai produit gratuit, il n'y a pas de piège autour. Vous pouvez, si vous en avez la capacité, installer Linux sur votre ordinateur et le faire fonctionner sans rien payer à personne. Mais la majorité des gens préféreront avoir recours à un spécialiste. Comme nous l'avons vu au chapitre 1, ce modèle-là est actuellement en plein développement. Il existe des drones, des alarmes, et même des voitures (cf. l'exemple de Local Motors évoqué p. 40) dont toutes les spécifications, les plans, les modes d'emploi, les manuels pour les fabriquer sont mis gratuitement à disposition sur Internet, pour le plus grand plaisir de nombreuses personnes. Néanmoins, si vous ne vous sentez pas capables de les fabriquer, vous pouvez les acheter tout prêts à des entreprises qui ont décidé de les réaliser, sans pouvoir les breveter, bien sûr.

C'est exactement le même système qui se développe autour du logiciel libre. Dans un chapitre de son livre tout à fait fascinant, Chris Anderson compare les réactions de Microsoft (nouvelle économie) et de Yahoo ! (« nouvelle nouvelle » économie) quand ils furent confrontés à une attaque du gratuit sur un de leurs business essentiels. Face à Linux, Microsoft passa par cinq phases qui durèrent, au total, environ dix ans. Premièrement, le refus de prendre au sérieux la question : un système d'exploitation gratuit serait amené à disparaître ou à rester insignifiant. Deuxièmement, la colère : quand il fut clair que Linux était désormais un véritable concurrent, Microsoft se lança dans des campagnes de dénigrement sur les coûts cachés qu'il y avait pour un utilisateur à adopter un système ouvert, en perpétuelle évolution et donc peu fiable, comme Linux. Troisièmement, Microsoft tenta de débattre, au lieu de dénigrer son concurrent, et chercha à susciter des études indépendantes sur les inconvénients et les avantages des deux formules. Quatrièmement, Microsoft sauta le pas et entra lui-même sur le marché de Linux, en embauchant l'un des meilleurs spécialistes du domaine. L'histoire devient à ce moment vraiment hilarante, car les juristes de Microsoft avaient peur que toute innovation venue du département travaillant sur Linux chez Microsoft se répande comme un virus dans l'entreprise et oblige les produits de Microsoft à être en accès libre (rappelez-vous que tout système développé à partir de Linux doit être en accès libre pour tous). Le département Linux de Microsoft fut alors isolé du reste de l'entreprise, exactement comme les laboratoires traitant les virus les plus dangereux (sida et Ebola) sont séparés des autres laboratoires. Cinquièmement, la phase d'acceptation arriva, Microsoft s'étant rendu compte que les logiciels libres pouvaient être un marché comme un autre.

Nous avons vu que, le 1er avril 2004, ce fut la douche froide pour les concurrents de Google. Ce dernier allait offrir 1 Go de stockage gratuit pour sa messagerie, là où une entreprise comme Yahoo ! offrait péniblement 10 Mo, soit 100 fois moins, et faisait payer ses clients pour avoir droit à 25 ou à 100 Mo. Malgré l'énorme sacrifice que cela représentait pour Yahoo !, ses dirigeants comprirent qu'ils étaient obligés de suivre Google et de faire une offre équivalente, ce qui les amènerait à rembourser tous les abonnés ayant payé pour obtenir 25 ou 100 Mo de stockage, alors qu'ils pourraient désormais avoir 1 Go gratuit. Yahoo ! ne s'en porta pas plus mal, puisqu'il pu ainsi rester en tête dans le domaine de la messagerie, devant Google. Bilan : il fallut dix ans à Microsoft pour trouver la réponse correcte, quelques mois seulement pour Yahoo ! C'est cela, la différence quand vous êtes dans la culture de la « nouvelle nouvelle » économie, celle du « vrai » gratuit.

La leçon de tout cela, c'est que, quand vous êtes dans un domaine lié de près ou de loin au numérique, il faut aller au gratuit, sans attendre que le gratuit vienne à vous. C'est ce qu'ont compris les éditeurs de jeux vidéo. Ils n'ont pas attendu que leurs jeux soient massivement piratés pour proposer des jeux multijoueurs téléchargeables gratuitement en ligne. L'intérêt pour les joueurs est qu'ils jouent contre d'autres joueurs répartis sur toute la planète et non pas contre une machine. Comme ces jeux sont téléchargés et non pas vendus sur des DVD, leur coût de distribution est nul. Mais comment rentabiliser leur important coût de fabrication (ces jeux deviennent de plus en plus réalistes et nécessitent la création de véritables univers virtuels) ? Tout simplement en vendant des objets virtuels qui facilitent la progression du joueur à l'intérieur de l'univers du jeu. Il est possible de progresser dans le jeu sans rien dépenser, et c'est que feront un grand nombre de jeunes qui possèdent beaucoup de temps et peu d'argent. Ceux qui ont de l'argent et moins de temps vont acheter des « raccourcis » leur permettant de découvrir plus vite les niveaux supérieurs du jeu. Mais on peut aussi obtenir ces raccourcis en accumulant des points, c'est-à-dire en jouant longtemps et en étant un bon joueur. Cela a créé une économie parallèle. Il existe, par exemple en Chine, des immeubles entiers de joueurs qui sont payés à jouer à World of Warcraft, le plus célèbre des jeux multijoueurs sur Internet. En accumulant des points, ils peuvent ainsi obtenir gratuitement ces fameux objets numériques, qui seront ensuite proposés à la vente de joueurs passionnés du monde entier et qui rapporteront de l'argent, non pas aux concepteurs du jeu, mais à des personnes ayant suffisamment de temps ou disposant d'employés aux salaires suffisamment bas pour profiter de cette opportunité. Il y a là un modèle destiné à se développer au cours des prochaines années et qui est susceptible de prendre des dimensions inquiétantes. L'exemple le plus fascinant est probablement Second Life.

Second Life est une création des laboratoires Linden. Quand vous vous inscrivez à ce programme, vous êtes pourvu d'un « avatar standard », homme ou femme d'apparence banale, portant des vêtements banals. Vous arrivez sur une île, tels les immigrés américains sur Staten Island à New York, où un préposé virtuel vous présente l'univers de Second Life et ses règles. Vous pouvez vous promener tant que vous voulez, gratuitement, et rencontrer d'autres avatars qui, tous, représentent une autre personne physique habitant quelque part sur Terre, personne qui, au même moment, est également connectée à son ordinateur pour parcourir Second Life. Mais cette personne sera peut-être habillée de façon totalement différente de vous, elle portera de magnifiques vêtements, numériques, bien sûr, vous fera monter dans une magnifique voiture (une Ferrari numérique), pour vous amener visiter sa maison, voire son île privée.

Dans cet univers, à part assurer le fonctionnement de l'ensemble, Linden fait une seule chose : louer les terrains sur lesquels vous allez pouvoir construire votre maison. Tout le reste est fourni par les internautes eux-mêmes. Si vous êtes assez forts, vous pouvez fabriquer vos vêtements, votre voiture, votre maison, mais cela nécessite une bonne connaissance de la programmation et une analyse des logiciels utilisés par Linden. La plupart des gens préféreront donc acheter des biens virtuels à des programmeurs spécialisés dans ce domaine, qui leur proposeront maisons, voitures et costumes. Pour louer à Linden l'emplacement de votre maison virtuelle, comme pour acheter les différents biens virtuels dont nous venons de parler, vous devrez sortir votre carte bancaire et acheter, depuis votre compte en euros ou en dollars, des Linden dollars, la monnaie qui a cours dans Second Life. Mais si vous gagnez de l'argent dans Second Life, vos Linden dollars sont transformables en vrais dollars, à un cours qui, comme pour une vraie monnaie (ou pour le bitcoin), fluctue chaque jour en fonction de l'offre et de la demande. Une Chinoise vendant des maisons sur Second Life a ainsi été la première millionnaire en vrais dollars issue de cet univers.

On voit là le risque de schizophrénie qui peut se développer. Il existe déjà des lunettes à vision totale. Ce sont des écrans vidéo en forme de lunettes. Une fois posées sur votre tête, tout ce que vous verrez et entendrez (les écouteurs sont dans les branches des lunettes) viendra du monde virtuel. On peut imaginer des générations futures, totalement accros à Second Life, vivant dans des bidonvilles nauséabonds de Mexico, São Paulo ou Kinshasa, mais menant une vie princière sur Second Life, et refusant d'enlever leurs lunettes et de revenir dans le monde réel, leur vie dans le monde virtuel étant bien plus agréable. Leurs besoins en nourriture et (encore plus important pour eux) en électricité pour pouvoir aller sur Second Life seront couverts par les revenus qu'ils tireront de leur activité virtuelle. Un tel monde n'est plus très loin du monde cauchemardesque décrit par des films tels que *Matrix* où le monde virtuel devient beaucoup plus réel que le monde réel.

Saurez-vous surfer sur la longue traîne ?

La « longue traîne » est un concept inventé par Chris Anderson[1]. C'est que, avec Internet, le linéaire devient illimité. Vous n'avez plus besoin de rayons pour exposer des livres (ou tout autre produit matériel) aux yeux de vos clients potentiels, il vous suffit de pages numériques virtuelles, avec la photo du livre et sa description.

Le commerce classique se fonde sur la règle des 80/20. Cela signifie que 20 % des produits représentent 80 % des ventes pour le commerçant (cf. la figure qui suit). Mais avec les achats sur Internet, la courbe se prolonge de façon quasiment illimitée vers la droite. Prenons l'exemple d'un disquaire qui, dans le passé, avait 60 000 morceaux de musique dans son magasin. 12 000 d'entre eux constituent 80 % de son chiffre d'affaires. Ces mêmes 12 000 morceaux de musique, parce qu'ils sont les plus populaires, représenteront un pourcentage non négligeable des ventes sur iTunes. Mais

1. Chris Anderson, *La Longue Traîne*, Pearson, 2009.

comme iTunes a des millions de références, son chiffre d'affaires n'aura plus du tout la même structure, car même un morceau situé au-delà de la millionième place aura chaque mois quelques acheteurs. Plus encore, parce que les morceaux situés au-delà de la millionième place sont considérés comme peu rentables, Apple aura acquis pour pas grand-chose le droit de les vendre sur iTunes. Ses bénéfices seront donc plus importants sur chacun de ces morceaux que sur ses morceaux vedettes. En vendant ainsi des millions de morceaux à un petit nombre d'exemplaires chacun, Apple gagne plus d'argent sur la longue traîne, c'est-à-dire la partie de la courbe de la figure ci-dessous qui se prolonge vers l'infini à droite, que sur la tête de la courbe située sur la gauche de la figure. Ainsi, non seulement Internet rend viables un grand nombre de marchés de niche qui n'auraient pas été économiquement rentables avant lui, mais il permet parfois de gagner plus d'argent avec ces niches que sur la partie principale du marché. Amazon aussi surfe sur la longue traîne avec des millions de livres disponibles. Mais la plupart des livres vendus ne sont pas encore numérisés, il faut donc d'immenses entrepôts pour les stocker, ce qui génère des coûts très importants. Pour maximiser son offre, Amazon a eu l'intelligence de proposer à tous ceux qui le veulent de vendre en seconde main leurs livres sur son site. Cela offre aux clients d'Amazon un choix encore plus important et contribue à les fidéliser. Ce qui fait que, s'ils ont acheté, grâce à Amazon, un livre qu'Amazon n'avait pas, mais qu'un particulier leur a vendu, ils auront tendance à revenir sur le site pour acheter un livre que, cette fois-ci, Amazon aura (bien entendu, Amazon prend un pourcentage sur les ventes réalisées entre particuliers sur son site).

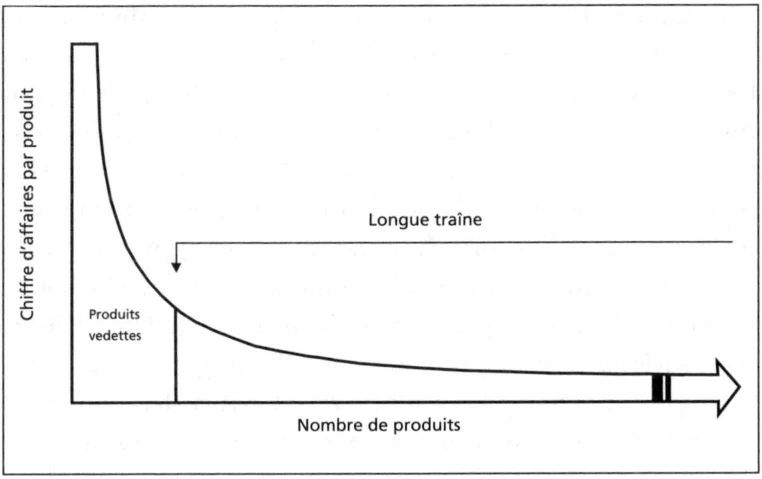

La longue traîne est l'extension illimitée de la flèche horizontale vers la droite : toujours plus de produits proposés, qui, même s'ils sont très peu vendus chacun, finissent par représenter plus de chiffre d'affaires que les produits vedettes à gauche de la figure.

De façon inéluctable, une grande partie du commerce passera par des achats en ligne. Il ne faut pas croire que ce mouvement s'arrêtera à des objets numériques dont la livraison est gratuite (morceaux de musique) ou à des objets que l'on peut envoyer par La Poste (des livres). Il n'y aura aucune raison à l'avenir de ne pas acheter votre marque favorite de petits pois ou de poisson surgelé par Internet, puisqu'il s'agit de produits que vous connaissez parfaitement. Néanmoins, il y a ici des problèmes particuliers à résoudre qui expliquent que les grandes enseignes d'hypermarchés ont moins de soucis à se faire, dans l'immédiat, que les distributeurs de livres ou de musique. C'est ce qu'on appelle « le problème des derniers mètres ». Il est facile de livrer les achats d'un client à l'adresse indiquée, mais comment arriver dans son appartement ? La plupart des gens travaillent et ne peuvent donc recevoir des livraisons qu'en dehors des heures de bureau. Il faut alors un système de livraison qui fonctionne aux heures où les gens ne travaillent pas. De plus, dans les grandes villes, la plupart des portes sont codées, et les codes ne sont pas toujours bien communiqués aux livreurs. Cependant, il ne s'agit pas là de problèmes insurmontables, ce qui doit inciter les distributeurs à réfléchir au plus vite à l'évolution de leur métier.

Peut-être pensez-vous que des marchands de vêtements ou de chaussures sont, eux, à l'abri des bouleversements causés par la nouvelle économie ? Personne n'a envie d'acheter des chaussures ou un vêtement sans les avoir essayés. Mais là aussi, de nouvelles pratiques se mettent en place. Un marchand de chaussures par Internet, tel que Zalando, vous propose de commander autant de paires de chaussures que vous voulez. Le port est gratuit pour toutes les paires, non seulement à l'aller, mais aussi au retour (Zalando vous rembourse le prix de renvoi des chaussures que vous ne gardez pas). Dans une société où le temps va devenir de plus en plus une denrée rare pour les gens qui ont de l'argent, ce type de modèles commerciaux semble promis à un bel avenir.

Cette révolution de l'offre, qui fait qu'aujourd'hui il est possible d'accéder à presque tous les produits existant sur Terre, a une autre facette. Comme nous l'a montré le chapitre 1, nous pouvons tous ou presque devenir des producteurs-consommateurs en positionnant une offre quelque part sur la longue traîne soit par nos propres moyens, soit à l'aide des sites de financement par la foule dont nous avons analysé le fonctionnement.

De la même façon que la révolution de l'intelligence change les rapports entre certains salariés et les dirigeants d'une entreprise, la révolution numérique change le rapport de forces entre le consommateur et les producteurs classiques. Le consommateur de loisirs ou de culture était relativement passif. Il avait accès à 5 ou 6 chaînes de télévision, une dizaine de stations de radio, quelques journaux, quelques dizaines de films au cinéma et quelques milliers de livres et de disques dans son magasin favori. L'évolution que nous venons de décrire change la situation en profondeur. Cette explosion tous azimuts de l'offre fait que les blockbusters ou que les *hits* seront de plus en plus rares, car le consommateur va s'éparpiller tout au long de la longue traîne, et d'ailleurs il est fréquent aujourd'hui de voir, pour les grands succès hollywoodiens, des budgets de 200 millions de dollars... dont 100 millions sont consacrés non pas à la production du film, mais à une campagne de promotion mondiale, sans laquelle le film n'aurait aucune chance d'atteindre ses objectifs[1]. Il est fort probable que ce mouvement s'accentue, car cette atomisation de l'offre continue elle-même de se développer sous nos yeux à une vitesse exponentielle. La bonne nouvelle pour les producteurs, c'est que cette augmentation de l'offre suscite, comme le prévoit la théorie économique, une augmentation de la demande. De nombreux consommateurs, qui ne pouvaient même pas espérer trouver un produit correspondant à leurs attentes dans le monde d'hier, se « mettent » sur le marché aujourd'hui en commençant à le rechercher. La mauvaise nouvelle, c'est que de plus en

1. Au moment où j'écris ce chapitre, Disney vient d'annoncer des pertes probables de 190 millions de dollars pour son film *Lone Ranger* avec Johnny Depp. L'année précédente, le P.-D.G. de Disney avait démissionné à cause des pertes du blockbuster *John Carter*. Il est très significatif que Steven Spielberg et George Lucas viennent d'annoncer la fin probable du modèle des blockbusters qu'ils ont contribué à créer ; voir www.allocine.fr/article/fichearticle_gen_carticle=18624952.html

plus souvent le produit en question lui sera vendu par un autre consommateur et non plus par un professionnel, comme le montre le succès d'un site comme leboncoin.fr.

De nouveaux modèles économiques pour un nouveau monde

Mais comment une entreprise comme Skype peut-elle fournir des communications téléphoniques gratuites dans le monde entier ? Il y a quand même un coût, et il faut bien que quelqu'un paie. Ici se développe la stratégie dite du « Premium ». Les communications utilisant les réseaux Internet coûtent très peu cher, grâce à la baisse du prix de la bande passante (une des trois fées de la nouvelle économie), et ne sont pas de très bonne qualité. Vous pouvez, en revanche, avoir une communication de très bonne qualité, et même appeler depuis votre ordinateur, non pas un autre ordinateur, mais un téléphone fixe ou un téléphone portable, en Chine, au Japon ou n'importe où sur la planète. Mais pour cela, vous devez payer Skype. Vous paierez moins qu'une communication téléphonique normale avec votre opérateur, ce qui est, *a priori*, avantageux pour vous. Et c'est ce service qui permet de financer le service principal de Skype qui est, lui, gratuit. Cette stratégie est courante dans la « nouvelle nouvelle » économie. 5 à 10 % des utilisateurs paient pour bénéficier d'un meilleur service ou d'un service plus rapide et, de ce fait, permettent à un grand nombre de bénéficier d'un service gratuit.

Cela peut sembler immoral. Après tout, tous ces gens ne profitent-ils pas d'un service gratuit parce que quelques « pigeons » ont payé pour cela ? C'est ce qu'on appelle, parfois, le problème du passager clandestin, celui qui bénéficie d'un service sans l'avoir payé ou sans en assumer totalement le coût. Ainsi en est-il des parents d'élèves qui laissent un ou deux parents, toujours les mêmes, encadrer les sorties scolaires de leurs enfants, ou une bande d'affamés qui va dévaliser un buffet illimité proposé par un restaurateur et l'obliger à changer de formule. Mais ce problème n'existe pas dans l'économie numérique, car, encore une fois, le coût marginal de distribution des biens numériques tend vers 0 (contrairement à celui des nourritures présentées sur un buffet), et la masse des individus en jeu supplée au faible pourcentage de ceux qui s'impliquent dans un projet, soit en payant, soit en développant un travail non rémunéré. Si, dans une classe de 30 élèves, un parent fait tout le travail d'accompagnement, il se lassera vite. Mais si dans une communauté de 1 million de personnes, il n'y en a que 1 % qui effectue une certaine tâche, cela est parfaitement viable.

Et si toutes ces formes de gratuité ne conviennent pas à vos principes éthiques parce que, dans tous les exemples que nous avons donnés, il y a quelqu'un qui gagne quand même de l'argent, la nouvelle nouvelle économie vous réserve encore d'autres surprises.

En janvier 2001, Jimmy Wales lança Wikipédia. Jusque-là, une encyclopédie était un ensemble de gros livres (ou, plus moderne, de cédéroms) contenant des milliers d'articles dont la production et la vérification par tout un comité d'experts avaient demandé de longues années. Une fois qu'elle était publiée, il fallait attendre une nouvelle édition pour pouvoir corriger d'éventuelles erreurs ou actualiser certains articles devenus obsolètes. Mais le projet de Jimmy Wales était de créer une encyclopédie en ligne qui serait gratuitement consultable et modifiable par n'importe qui. Comme nous l'avons mentionné au chapitre 9 (p. 334), c'est peut-être une des plus formidables réalisations de l'intuition de Teilhard de Chardin, selon laquelle les intelligences humaines individuelles pouvaient fusionner en une espèce de méta-intelligence collective. Certes, la bêtise aussi est collective, et comme n'importe qui peut écrire un nouvel article de Wikipédia, des erreurs sont fréquentes, mais ces erreurs sont rapidement corrigées, justement grâce à l'auto-organisation : il y a toujours une personne qui connaît le sujet parmi les lecteurs et qui rectifiera. L'obligation de mettre des références pour chaque information avancée limite également la création de textes farfelus. Un des principes clés de Wikipédia étant la neutralité de points de vue, tout article à teneur militante pour une thèse ou une autre est supprimé ou réécrit.

Tout cela n'évite certainement pas qu'il y ait des problèmes, mais, selon des études menées par des universitaires, les erreurs ne sont pas beaucoup plus importantes que dans la prestigieuse *Encyclopædia Britannica*. Et, en plus, ces erreurs, elles, peuvent être corrigées rapidement. Wikipédia est non seulement totalement gratuit, mais également sans publicité. Si vous tapez, par exemple, le mot « automobile » pour vous enquérir de l'histoire de ce moyen de locomotion, aucune publicité pour un fabricant ou un loueur de voitures n'apparaîtra. C'est logique. L'ensemble des contributeurs de Wikipédia étant bénévoles, ils ne risqueraient pas d'accepter longtemps que les dirigeants de Wikipédia encaissent des fortunes en publicité (Wikipédia est un des 10 sites les plus visités au monde). D'une certaine façon, la logique même du modèle de Wikipédia oblige celui-ci à être 100 % gratuit, exactement comme la logique du modèle de Google ou de Skype exige que leur produit principal soit 100 % gratuit, mais ne les empêche pas, eux, de gagner de l'argent avec des produits dérivés, ce qui est également interdit à Wikipédia, faute de voir ses dizaines de milliers de contributeurs bénévoles se décourager très vite. Tout cela produit une encyclopédie en une dizaine de langues qui ne cesse de croître, la version anglaise ayant presque atteint 5 millions d'articles, la version française étant la troisième au monde avec 1,6 million d'articles, juste derrière l'allemande (1,8 million d'articles). Wikipédia est en quelque sorte le premier service public mondial donnant à toute l'humanité (à condition d'avoir une connexion Internet, bien sûr) la possibilité d'accéder instantanément à des informations sur presque tous les sujets possibles. Si l'on revient à l'étudiant kenyan avec lequel nous avons commencé ce chapitre, on voit ainsi la force de l'ensemble : navigateurs gratuits (Firefox ou Chrome), moteurs de recherche et messageries gratuits (Google, Yahoo !), télécommunications gratuites (Skype) et savoir gratuit (Wikipédia). Il y a là les sources d'un gigantesque gain de productivité planétaire. Pour un chercheur et un universitaire comme moi, Wikipédia représente un gain de temps simplement inimaginable. Le temps et le coût que me demanderaient toutes les recherches que je fais sur Wikipédia seraient trop importants pour que je puisse accomplir au cours d'une vie les tâches que je peux désormais accomplir en quelques années. Bien que tout le monde ne fasse pas un usage aussi important de ces nouveaux moyens, les gains de productivité planétaires engendrés sont certainement un des principaux espoirs pour surmonter les crises et les problèmes actuels. Mais même si cela nous donne des raisons d'être optimistes, il ne faut pas verser dans un optimisme béat. Tout n'est pas toujours rose dans le royaume de la « nouvelle nouvelle » économie.

Outre le risque de perdre le sens des réalités en s'immergeant dans la virtualité, l'économie numérique présente celui d'être la source d'une énorme destruction de valeurs. En 1990, le marché des encyclopédies représentait un chiffre d'affaires de 1,6 milliard de dollars, dont la moitié revenait à la vénérable *Encyclopædia Britannica*, chaque collection complète de l'encyclopédie coûtant près de 1 000 dollars. Puis Microsoft lança Encarta, une encyclopédie sur cédéroms pour un coût de 100 dollars seulement. Il s'agissait d'une encyclopédie de moindre qualité qu'*Encyclopædia Britannica* dont Microsoft avait acheté la licence. Le chiffre d'affaires global du marché tomba à 600 millions d'euros. Puis apparut Wikipédia, et, le 13 mars 2012, après deux cent quarante-quatre années d'existence, *Encyclopædia Britannica* jeta l'éponge. Désormais, elle ne sera plus jamais imprimée sur papier, mais vendue par abonnement, sur Internet, pour une somme dont nous pouvons facilement imaginer qu'elle ne cessera de baisser au cours des années à venir. Ainsi, la nouvelle, puis la « nouvelle nouvelle » économie auront fait quasiment disparaître une activité qui pesait 1,6 milliard de dollars. Ces effets néfastes sont présents dans bien d'autres domaines, comme nous l'avons déjà analysé au chapitre 1.

Un autre problème posé par l'économie numérique est celui du piratage. La France raisonne encore des débats violents autour de la loi Hadopi visant à pénaliser les pirates du numérique et pouvant aller, en théorie, jusqu'à leur interdire l'accès à Internet. On a retrouvé des hommes politiques, des philosophes et même des artistes dans les deux camps. Bien des artistes s'élèvent contre le piratage, en insistant sur le fait que celui-ci les prive d'un revenu légitime. C'est là qu'il est intéressant de voir ce qui se passe en Chine, où 95 % de la musique écoutée (y compris celle qui est vendue dans la rue et dans les petits magasins) a été piratée à l'origine. Les artistes ont depuis longtemps intégré que ce n'est pas avec la vente de leur musique qu'ils gagneront leur vie. Mais, grâce au piratage, ils possèdent des millions de fans qui se battent pour assister à des concerts où ils pourront voir, en chair et en os, leur star favorite. Le marché des concerts s'est tellement développé en Chine que certains artistes se plaignent que le trop grand nombre des demandes finit par user leur voix. Ces mêmes artistes, du moment qu'ils sont suffisamment connus, toujours grâce à la diffusion gratuite de leurs œuvres, reçoivent des sommes importantes d'entreprises pour chanter lors de conventions ou de soirées pour des clients. Enfin, il leur est bel et bien possible de gagner de l'argent en vendant de la musique… à condition que celle-ci n'excède pas vingt secondes ! En effet, un marché lucratif est la vente de sonneries de téléphones portables qui sont téléchargées directement sur votre téléphone et dont le prix est prélevé sur votre facture.

La Chine semble bien être un aperçu des adaptations que les majors du disque, mais aussi du cinéma devront effectuer. Certains artistes occidentaux l'ont déjà compris, comme Radiohead, par exemple. Ils ont diffusé en ligne leur album *In Rainbows* en proposant à chacun de payer le prix qu'il voulait. 0 dollar étant une des options possibles, l'album pouvait donc être téléchargé gratuitement. Finalement, le prix moyen a été de 6 dollars. À l'arrivée, l'album s'est vendu à 3 millions d'exemplaires, et Radiohead a gagné plus d'argent avec son offre où la gratuité était une option qu'avec la mise en vente de n'importe lequel de leurs albums précédents. Plus important encore, le coffret de luxe mis sur le marché quelque temps après, vendant à 80 dollars le même album, s'est écoulé à 100 000 exemplaires (c'était la stratégie du « Premium », le coffret contenant un CD supplémentaire, non disponible sur Internet) ! Et, enfin, la tournée effectuée à la suite du lancement de l'album a été la plus grande réussite pour le groupe, avec 1,2 million de billets vendus[1].

Bien entendu, Radiohead est un groupe connu, ce qui permet de mieux comprendre les bons résultats obtenus par cette démarche *a priori* risquée. Mais d'autres artistes, inconnus eux, ont également su tirer profit de l'économie gratuite. Ils ont proposé leurs œuvres en téléchargement gratuit, en demandant à chaque personne qui les téléchargeait d'envoyer l'album à 5 de ses amis et de communiquer à l'artiste les adresses e-mail des personnes en question. En analysant les adresses obtenues, l'artiste peut alors déterminer les meilleurs lieux pour programmer des concerts dont le public sera composé principalement des personnes ayant téléchargé ses œuvres et de leurs amis qui auront été prévenus par e-mail.

Ainsi, même si l'économie gratuite peut se révéler dévastatrice, si elle peut contenir des pièges, elle n'en reste pas moins un formidable vecteur de croissance. Soit elle génère de nouveaux business autour d'activités gratuites, soit ces activités gratuites créent de la valeur indirectement, en faisant gagner du temps et de l'argent à de très nombreuses personnes, grâce à l'accès à des connaissances que celles-ci n'auraient pas pu avoir dans le passé.

Nous nous sommes concentrés sur la « nouvelle nouvelle » économie, celle dans laquelle le produit principal d'une entreprise est gratuit, car c'est là que se trouvent les différences les plus spectaculaires avec l'économie capitaliste classique. Mais, évidemment, il ne faut pas oublier non plus la nouvelle économie, qui est presque déjà en passe de devenir classique : économie de l'immatériel,

1. Voir Chris Anderson, *Free !...*, *op. cit.*, p. 177.

comme celle des logiciels de Microsoft, ventes par Internet de livres *via* Amazon, livraisons à domicile de produits ou même de chaussures et de vêtements. Et il faut ajouter à tout cela les très nombreux produits, à commencer par les puces électroniques, qui contiennent plus d'intelligence que de matière. Le développement de ces trois tendances – produits à haute valeur ajoutée en matière grise, nouvelle économie et « nouvelle nouvelle » économie –, s'il ne nous sauvera pas des crises financières latentes dues aux effets des excès décrits aux chapitres 6 et 7, nous fournit néanmoins des arguments de poids à opposer à tous ceux qui prédisent une fin rapide de notre société sous sa forme actuelle. Ainsi se déploie sous nos yeux une société postcapitaliste fondée sur une économie du savoir. Il est essentiel de comprendre que, comme le dit très bien Peter Drucker : « Elle utilisera le marché libre comme le seul instrument éprouvé d'intégration économique. Ce ne sera pas une société anticapitaliste ; même pas une société non capitaliste ; les institutions du capitalisme, certaines banques par exemple, survivront, mais elles y joueront un rôle sans doute très différent[1]. » Ce n'est donc pas encore aujourd'hui que les rêves des anticapitalistes, néomarxistes ou anarchistes de tout bord, auxquels la crise du capitalisme classique a redonné une seconde jeunesse, seront réalisés. Mais, pour être durable, le postcapitalisme ne doit pas seulement valoriser l'intelligence, la créativité, l'innovation et les réseaux. Il doit aussi intégrer l'éthique, l'équité, la morale, voire une certaine frugalité, sous peine de disparaître à brève échéance et d'emporter avec lui toute la société de liberté et de libres-échanges pour laquelle nous avons tant lutté et à laquelle nous sommes si attachés.

1. Peter Drucker, *Au-delà du capitalisme*, *op. cit.*, p. 15.

12

Le capitalisme peut-il être moral ?

> « Le capitalisme a une vue étroite de la nature humaine. Il suppose que les hommes sont des êtres unidimensionnels qui recherchent exclusivement la maximisation du profit. Les multiples facettes de nos personnalités indiquent que toutes les entreprises ne devraient pas se consacrer au seul objectif de maximisation du profit[1]. »

C'est une question fondamentale, une question « clivante » dont la réponse conditionne en grande partie ce que pourra être cette société postcapitaliste en cours d'émergence, puisque, comme le dit Peter Drucker, le postcapitalisme n'est pas de l'anticapitalisme et utilisera les lois du marché.

Il y a cinq types de réponses à cette question :

1. « Non, le capitalisme ne peut pas être moral, car la morale et le marché appartiennent à des ordres différents. Mais ce n'est pas grave car, s'il est encadré par des lois, le capitalisme est bon pour la société. » Cette réponse est défendue à la fois par des ultralibéraux et par

1. Muhammad Yunus, *Vers un nouveau capitalisme*, J.-C. Lattès, 2008.

un philosophe de gauche comme André Comte-Sponville, dont un ouvrage inspire le titre de ce chapitre[1]. Ces deux approches diffèrent néanmoins par l'intensité de l'encadrement législatif et politique qu'il faut au marché pour qu'il soit bénéfique pour la société.

2. « Pas sous sa forme actuelle, mais il est possible d'élargir la notion de capitalisme à des activités qui ne recherchent pas un profit financier. Dans un tel cadre, le capitalisme peut parfaitement être moral. » C'est la solution défendue par le prix Nobel de la paix et inventeur du microcrédit Muhammad Yunus, avec son concept de *social-business*. Une entreprise qui cherche la rentabilité comme une entreprise classique, mais qui s'interdit de distribuer le moindre profit à ses actionnaires[2].

3. « Non, le capitalisme ne peut être moral, car il est intrinsèquement pervers, c'est pourquoi il faut le détruire ou le dépasser. » Cette réponse est apportée à la fois par les néomarxistes, comme Denis Collin que nous avons mentionné au chapitre 5 (p. 197), et par toute l'école de la décroissance et des différents mouvements écologistes qui considèrent le capitalisme comme une force destructrice de la nature et des rapports humains.

4. « Oui, le capitalisme peut être moral, mais dans ce cas il doit renoncer définitivement non pas au profit, mais à la maximisation du profit. » Cette position est soutenue par une école qui a donné naissance au mouvement du commerce équitable.

5. « Oui, mais à condition de changer radicalement son mode de fonctionnement pour suivre les lois de la nature », répond une autre école, pour qui la croissance peut être positive si elle respecte de telles lois. Définir

1. André Comte-Sponville, *Le capitalisme est-il moral ?*, *op. cit.*
2. Muhammad Yunus, *Vers un nouveau capitalisme*, *op. cit.*

théoriquement et donner des exemples concrets d'une telle croissance est au cœur du travail de William McDonough, Michael Braungart[1] et de Gunter Pauli[2].

Nous avons déjà largement démontré les limites de la position ultralibérale aux chapitres 6 et 7 ; c'est pourquoi nous nous concentrerons ici sur la brillante démonstration d'André Comte-Sponville selon laquelle le capitalisme ne peut être moral, puis nous analyserons les trois positions suivantes, la cinquième étant développée au chapitre 13.

Savoir transgresser la séparation des ordres

Cette démonstration se fonde sur la notion d'ordre tel que défini par Pascal, qui en voyait trois : l'ordre du corps, l'ordre de l'esprit et l'ordre du cœur. Pascal nous montrait que toute confusion de ces ordres déboucherait sur le ridicule ou la tyrannie. Les ordres de Comte-Sponville ne sont pas les mêmes, mais l'idée est la même, toute confusion entre les ordres serait absurde ou dangereuse.

Le premier ordre d'André Comte-Sponville est l'ordre technico-scientifique, dont l'économie fait partie. Cet ordre nous dit ce qu'il est possible ou impossible de réaliser en fonction de l'état actuel de nos connaissances. Par exemple, est-il possible ou impossible de cloner un être humain ? Est-il possible ou impossible de créer une

1. Voir leur ouvrage majeur *Cradle to Cradle, créer et recycler à l'infini*, Éditions Alternatives, 2011.

2. Voir son ouvrage au titre particulièrement provocateur pour les adeptes de la décroissance : Gunter Pauli, *Croissance sans limites : objectif zéro pollution. Croissance économique et régénération de la nature*, Éditions Quintessence, 2007.

bombe à antimatière ? Il est évident qu'un tel ordre ne peut pas nous dire s'il faut le faire ou non. Ce n'est pas la biologie, nous dit Comte-Sponville, qui va nous dire quelles sont les limites de la biologie[1]. De la même façon, nous dit-il, la phrase qu'il a entendu dire par un économiste, « le cours du cacao est très en dessous de ce que la décence peut simplement tolérer », n'a pas de sens dans le domaine de l'économie car la décence n'est pas une notion économique. Quelle est la limite décente pour le cours du cacao ? L'économie ne répond pas plus à cette question que la biologie ne répond à la question de savoir s'il faut cloner l'être humain[2].

Ainsi, cet ordre doit être limité par un ordre supérieur, l'ordre juridico-politique, qui va définir ce qui est permis et ce qui est interdit, ce qui est légal et ce qui est illégal. C'est lui, et lui seul, qui est en mesure d'interdire le clonage humain ou de fixer une limite au cours du cacao.

Mais, contrairement à ce que peuvent penser nombre de nos contemporains pour qui la démocratie est le principe ultime, il existe un ordre au-dessus de celui-ci. En effet, on pourrait parfaitement imaginer que, de façon tout à fait démocratique, un pays élabore une constitution selon laquelle tous les hommes ne sont pas égaux et que l'esclavage pourrait être autorisé pour des êtres déclarés inférieurs. Si cela était voté de façon démocratique, cela serait-il acceptable ? Non, bien évidemment, car il existe un autre ordre, supérieur à l'ordre juridico-politique, qui est l'ordre de la morale. Il y a bien évidemment une limite à la démocratie, car il serait aussi absurde de voter sur ce qui est bien ou mal (« Le racisme est-il un mal ? » n'est pas un sujet de référendum, car

1. André Comte-Sponville, *Le capitalisme est-il moral ?*, *op. cit.*, p. 48.
2. *Ibid.*

nous ne pouvons pas accepter la réponse « non »). De la même façon qu'on ne vote pas pour savoir ce qui est vrai ou faux, par exemple, « La Terre tourne-t-elle autour du Soleil ? », car il s'agit d'une question scientifique qui dépend de l'ordre numéro un (l'ordre technico-scientifique).

Mais dans la pyramide des ordres que construit Comte-Sponville, il en existe un quatrième, supérieur à la morale, celui de l'amour. Ne pas tromper sa femme parce que l'on veut respecter un code moral, c'est bien, mais ne pas la tromper parce qu'on l'aime, c'est mieux. Amour que Comte-Sponville définit avec Aristote et Spinoza comme une joie qu'accompagne l'idée de sa cause : aimer quelqu'un, c'est être heureux qu'il existe[1].

Il suffit maintenant à André Comte-Sponville, par une référence à Pascal, de nous montrer à quel point la confusion des ordres est à la fois ridicule et dangereuse. Un homme qui dirait à sa compagne : « Chérie, je vais te démontrer scientifiquement que tu dois m'aimer » serait absolument ridicule par sa confusion entre l'ordre de l'amour et celui de la démonstration scientifique. Un patron ou un chef d'État qui dirait : « J'ai raison parce que je suis le chef » serait tout aussi ridicule (et en plus très dangereux). Quand le général de Gaulle disait : « La politique de la France ne se fait pas à la corbeille », il voulait dire que la Bourse, qui relève de l'ordre de l'économie, ne peut pas dicter sa loi à l'ordre politique qui lui est supérieur. André Comte-Sponville nous cite quelques passages savoureux de Lénine – « La morale, c'est ce qui est au service de la destruction de l'ancienne société d'exploiteurs et de l'union de tous les travailleurs autour du

1. Toute cette question des ordres est décrite en détail dans André Comte-Sponville, *Le capitalisme est-il moral ?*, *op. cit.*, p. 47-70.

prolétariat » – ou de Trotski – « Les questions de morale révolutionnaire se confondent avec les questions de stratégie et de tactiques révolutionnaires[1] » – tombant dans de telles confusions.

La soumission d'un ordre supérieur à un ordre inférieur, que ce soit le politique à l'économique ou la morale au politique, c'est ce qu'André Comte-Sponville appelle la barbarie. Mais le processus inverse, c'est-à-dire vouloir soumettre un ordre inférieur à un ordre supérieur, est de l'angélisme. Ainsi une formule comme celle des socialistes de 1981[2], « Combattre le chômage est une question de volonté politique », relève-t-elle d'un tel angélisme. Bien entendu, combattre le chômage est de l'ordre de l'économie et non du politique, même si le politique peut favoriser tel ou tel développement économique (par exemple, en faisant voter des lois sur la formation continue pour élever le niveau moyen des travailleurs). On passe à l'angélisme moral quand on veut résoudre des questions d'ordre politique grâce à des ONG telles que les Restos du Cœur ou l'action humanitaire de Médecins sans frontières ou Médecins du monde. La boucle est bouclée, et Comte-Sponville nous explique que le capitalisme ne peut pas être moral, puisqu'il appartient à l'ordre technico-économico-scientifique et que toute confusion entre les ordres au mieux ne mène à rien, au pire mène à des catastrophes.

Ainsi nous pouvons, en tant qu'individus, être moraux, refuser de faire certaines choses que l'on nous demande, voire quitter une entreprise où nous devrions agir contre nos convictions, mais on ne peut pas demander à une entreprise en particulier et encore moins au capitalisme en général d'être moral.

1. *Ibid.*, p. 100-103.
2. Hélas, pas seulement de 1981…

Ce raisonnement possède une telle cohérence qu'il semble inattaquable. En fait, il s'agit d'une cohérence interne. Je me rappelle que Serge Feneuille, qui fut à la fois un grand scientifique (proche des idées de Prigogine), directeur général du CNRS, avant d'être numéro deux du groupe Lafarge (il est très rare dans le monde qui est le nôtre d'être à la fois un grand scientifique et un grand dirigeant d'entreprise), avait dit, après avoir écouté l'exposé de Comte-Sponville sur ce thème dans un grand colloque, « Complexité et Management », que j'avais contribué à organiser dans les années 1990 : « Le seul défaut de votre raisonnement c'est qu'il est parfait, on ne peut pas glisser un papier à cigarette entre vos arguments. »

Bien entendu, André Comte-Sponville avait pris cela pour un compliment, alors que ce que voulait dire Serge Feneuille, en bon disciple de Prigogine, c'est que les sciences de la complexité nous apprennent que tout ce qui est parfait et sans faille est suspect parce que *non adapté au monde réel*, qui, comme nous l'avons vu, n'est pas composé de cercles, de triangles ou de carrés, et où ne s'appliquent pas les raisonnements sans faille.

Le système de Comte-Sponville se fonde sur la séparation des ordres, et nous avons vu que leur confusion peut aboutir à de nombreuses absurdités. Mais cela ne signifie en aucune façon que toute forme de confusion des ordres est à proscrire, que cette démarche aboutit partout et toujours au ridicule, à la tyrannie ou à la barbarie. En fait, comme nous l'avons vu au chapitre 9, le monde postmoderne, ou transmoderne pour reprendre l'expression de Marc Luyckx Ghisi, est un monde qui transgresse en permanence les frontières établies par le monde classique. « Nous sommes à la recherche de solutions holistiques, synthétiques et globales concernant notre survie collective. Il s'agit de repenser en même temps l'économie mondiale, notre rapport à la nature et à l'environnement, mais aussi notre relation au sacré et nos systèmes politiques[1]. » Gunter Pauli nous dit : « Nous avons besoin d'un nouveau changement de paradigme qui voie le monde comme un tout intégré, et non comme une collection éparpillée de parties. Un paradigme qui reconnaisse que les phénomènes sont fondamentalement interdépendants et que les individus et les sociétés sont dépendants des processus cycliques de la nature, tous les éléments étant reliés les uns aux autres[2]. » Comme nous l'avons vu au chapitre 9, l'interconnexion, l'holisme, la transgression de tout type de frontières entre les disciplines, les catégories et les ordres sont justement des points clés qui différencient la postmodernité (ou la transmodernité) de la modernité. Il s'agit bien entendu de quelque chose de très difficile, voire d'impossible, à concevoir pour les principaux penseurs du monde classique. Comme le dit très bien Valerie D. Greenberg : « Transgresser les frontières entre les disciplines [est] une entreprise subversive car elle a toutes les chances de violer les sanctuaires des façons de penser communément acceptées[3]. »

On touche là une frontière essentielle, une sorte de ligne de démarcation, comme il en a existé à la Renaissance,

1. Marc Luyckx Ghisi, *La Société de la connaissance*, Éditions Romaines, 2007, p. 42.

2. Gunter Pauli, *Croissance sans limites*, *op. cit.*, p. 33.

3. Valerie D. Greenberg, *Transgressive Readings* (1990), citée par Alan D. Sokal, « Transgressing the Boundaries: Towards a Transformative Hermeneutics of Quantum Gravity », *Social Text*, 46/47, p. 217-252, printemps-été 1996. C'est un clin d'œil que de citer ici cette phrase qu'Alan D. Sokal a mise en exergue dans son fameux canular (cf. chapitre 9, p. 329-330), car certaines des citations que Sokal voulait ridiculiser sont en fait d'excellentes et très solides introductions aux principes de la postmodernité.

entre les tenants de la vision dominante de l'époque et ceux de la vision radicalement nouvelle qui allait donner par la suite la modernité. Cette impossibilité à comprendre la nouvelle structure de pensée n'est bien entendu pas liée à une quelconque incapacité intellectuelle (les tenants de l'ancien paradigme sont souvent mieux outillés intellectuellement et culturellement que les tenants des idées nouvelles), mais à ce blocage mental que nous avons déjà analysé et qui est caractéristique de l'incompréhension qui peut exister entre Luc Ferry et Michel Maffesoli, ou à l'impossibilité pour André Comte-Sponville d'intégrer la remarque de Serge Feneuille ; André Comte-Sponville, à qui il m'est arrivé de dire (et ce n'était pas qu'une boutade) : « Tu es le meilleur philosophe vivant de la modernité, malheureusement pour toi, nous sommes déjà dans la postmodernité. »

Ainsi, malgré le caractère péjoratif du terme, il nous faut plaider pour une certaine « confusion des ordres ». Oui, il y a des situations où l'économie, le politique, la morale et même l'amour peuvent se retrouver intégrés dans une seule et même démarche.

Intégrer le bien commun au cœur du processus économique

André Comte-Sponville lui-même nous donne un indice quand il insiste sur le fait que, le cours du cacao provenant uniquement des mécanismes de l'offre et de la demande, il n'y a aucun sens sur le plan économique à se plaindre que ce cours puisse perdre toute « décence », puisque la décence n'est pas un concept économique. Une telle plainte se situe sur le plan moral. Mais toute l'aventure du commerce équitable nous montre justement que l'ordre économique et l'ordre moral peuvent parfois fusionner. Il est étonnant que ce soit un homme de gauche comme Comte-Sponville qui « jette l'éponge » en acceptant que le prix d'un produit soit fixé uniquement par les mécanismes de l'offre et de la demande[1]. En effet, on peut parfaitement imaginer une théorie économique où le prix d'un produit intègre la rétribution minimale permettant à ceux qui le produisent d'en vivre (c'est le principe du commerce équitable), ou encore qui intègre différentes externalités, comme les ressources naturelles « gratuites » ayant été nécessaires pour le produire, ainsi que le font les théories économiques intégrant les coûts écologiques de la production des biens. Ces théories peuvent se défendre sur le plan économique. Un cours du cacao qui serait trop bas pour permettre la survie de ceux qui le produisent ne contribuerait-il pas à faire disparaître la culture du cacao, ce qui serait à terme nocif pour l'ensemble de la société et pas seulement pour les producteurs de cacao ?

André Comte-Sponville serait certainement très surpris d'apprendre que le très classique ancien pape Benoît XVI est bien plus avancé que lui dans la prise en compte et l'intégration à son raisonnement des concepts postmodernes. C'est pourtant le cas. En général, bien peu de personnes lisent les encycliques des papes, surtout parmi les leaders d'opinion. Et cela est bien dommage, car même si elles sont écrites dans un langage particulièrement rebutant, du genre à appeler un chat un « animal à poil pourvu d'une bonne vision nocturne et d'une importante souplesse », elles peuvent contenir parfois de parfaits joyaux, comme c'est le cas de l'encyclique *Caritas in Veritate*. Cette

1. Notons qu'André Comte-Sponville soutient le commerce équitable, mais il ne pense pas qu'il pourra jouer un rôle social important à l'avenir.

encyclique pourrait passer pour totalement révolutionnaire si elle ne s'inscrivait pas dans le prolongement de la doctrine sociale de l'Église qui, elle aussi, est souvent ignorée par beaucoup de penseurs du nouveau paradigme, malgré, comme nous allons le voir, un certain nombre de liens évidents. Le pape y pose d'abord que l'économie ne peut en aucune façon se limiter aux mécanismes de marché : « L'activité économique ne peut résoudre tous les problèmes sociaux par la simple extension de la logique marchande. Celle-là doit viser la recherche du bien commun[1]. » Quelles que soient les définitions que l'on puisse donner du bien commun[2], celui-ci est de l'ordre de la morale, si ce n'est de l'ordre de l'amour ; nous sommes donc ici en pleine transgression de la fameuse séparation établie entre les ordres. Mais le pape va plus loin : « Abandonné au seul principe de l'équivalence de valeur des biens échangés, le marché n'arrive pas à produire la cohésion sociale dont il a pourtant besoin pour bien fonctionner. Sans forme interne de solidarité ou de confiance réciproque, le marché ne peut pleinement remplir sa fonction économique. Aujourd'hui, c'est cette confiance qui fait défaut, et la perte de confiance est une perte grave[3]. » Ainsi, la cohésion sociale est un concept non seulement politique, mais aussi économique, et le marché doit la prendre en compte, sous peine de cesser de fonctionner. Elle doit donc faire partie des éléments qui composent la théorie économique, au même titre que, par exemple, la bonne adéquation de l'offre et de la demande.

1. Benoît XVI, *Caritas in Veritate*, Libreria Editrice Vaticana, 2009, paragraphe 36.

2. Le sommet de Zermatt 2012 était consacré à ce thème ; voir www.zermattsummit.org, ainsi que la brochure publiée sur le bien commun par la fondation Ecophilos (www.ecophilos.org).

3. Benoît XVI, *Caritas in Veritate*, *op. cit.*, paragraphe 35.

Cela n'est pas nouveau *a priori* et s'est longtemps incarné dans le paternalisme. Le chef d'entreprise qui construisait des maisons pour ses ouvriers, des écoles et des piscines pour leurs enfants n'agissait pas seulement pour le bien commun, mais également pour faciliter le fonctionnement de son entreprise en offrant un minimum d'harmonie sociale, diminuant ainsi les crises et les tensions. Cela peut même être son intérêt économique, ainsi l'augmentation des salaires des employés de Ford pouvait-elle leur permettre d'acheter la Ford T. Mais ce qui est révolutionnaire dans les propos du pape, c'est la mention de mécanismes *internes* de solidarité. L'encyclique insiste à plusieurs reprises sur ce point. Le temps est terminé où l'on pouvait produire de n'importe quelle façon et s'occuper *a posteriori* de la redistribution par des actes de charité ou de paternalisme. Une certaine forme de justice sociale doit être intégrée au processus de production *lui-même*. C'est justement le cœur même de la définition du commerce équitable[1]. Cela va tout à fait dans le sens de cette transgression des frontières caractéristiques de la postmodernité, de ces approches holistiques qui se définissent par leur dimension non schizophrène. En effet, qu'y avait-il de plus schizophrène (pour prendre un cas extrême bien entendu, mais pas sans lien avec la réalité durant certaines périodes du commencement du capitalisme) qu'une situation où des patrons confrontés à la grogne sociale pouvaient payer des briseurs de grève pour tabasser les meneurs parmi leurs ouvriers, puis faire soigner ces mêmes ouvriers dans les hôpitaux qu'ils avaient financés ?

1. Malgré cette allusion évidente, l'encyclique ne cite malheureusement jamais ce terme pour les raisons que nous avons évoquées plus haut, selon lesquelles les encycliques du pape trouveraient probablement déshonorant d'appeler un chat un chat.

L'autre concept profondément novateur et postmoderne de l'encyclique concerne lui aussi la transgression des frontières. Le pape annonce la fin de la conception classique de l'entreprise, celle qui travaille pour satisfaire uniquement ses actionnaires et ses employés. L'entreprise devra respecter toutes les parties prenantes concernées par son activité : « La gestion de l'entreprise ne peut pas tenir compte des intérêts de ses seuls propriétaires, mais [elle doit] aussi [penser à] ceux de toutes les autres catégories de sujets qui contribuent à la vie de l'entreprise : les travailleurs, les clients, les fournisseurs des différents éléments de la production, les communautés humaines qui en dépendent[1]. » Mais surtout, le pape annonce l'arrivée de nouvelles entités économiques qui transgresseront la frontière privé-public et la frontière « profit/non-profit », ce qui, comme nous allons le voir, est justement au cœur de l'idée de l'entreprise sociale prônée par Muhammad Yunus et de bien d'autres nouvelles formes d'activités : « Le binôme exclusif marché-État corrode la socialité, alors que les formes économiques solidaires qui trouvent leur terrain le meilleur dans la société civile sans se limiter à elle créent de la socialité[2]. » Et : « Divers types d'entreprises existent, bien au-delà de la seule distinction entre "privé" et "public". Chacune requiert et exprime une capacité d'entreprise singulière. Dans l'intention de créer une économie qui, dans un proche avenir, sache se mettre au service du bien commun national et mondial, il est opportun de tenir compte de cette signification élargie de l'entrepreneuriat. Cette conception plus large favorise

1. Benoît XVI, *Caritas in Veritate*, *op. cit.*, paragraphe 40. Il s'agit ici de la notion de « *stakeholder* » : toutes les parties concernées par l'action de l'entreprise.

2. *Ibid.*, paragraphe 39.

l'échange et la formation réciproque entre les diverses typologies d'entrepreneuriat, avec un transfert de compétences du monde du non-profit à celui du profit et *vice versa*, du domaine public à celui de la société civile[1]. »

Même s'il y a évidemment des limites à une démarche favorable au « mélange des ordres », sous peine de tomber dans le « grand n'importe quoi », il est clair que, dans le monde globalisé qui est le nôtre, il n'est plus possible d'invoquer la séparation des ordres pour prétendre que le capitalisme ne peut en aucune façon être moral ou éthique.

Mais il y a également deux autres arguments avancés par Comte-Sponville. Le premier est celui de Kant selon lequel, si vous faites quelque chose par intérêt, votre action n'a aucune valeur morale. Ainsi, le fabriquant de vêtements qui se donne comme règle de ne jamais faire travailler des enfants dans des pays du tiers-monde n'agit pas moralement s'il fait cela pour éviter des campagnes de presse contre lui qui se retourneraient contre les intérêts de sa société. Mais comment peut-on savoir quelle part du comportement de ce chef d'entreprise est dirigée par son sens moral et quelle autre est dirigée par son intérêt ? Là encore, un tel argument, ici kantien, se fonde sur la séparation et le cloisonnement, l'idée que certains hommes pourraient être mus à 100 % par leur intérêt ou à 100 % par des comportements moraux. La seule chose qui importe selon moi est de vérifier les dires de ce chef d'entreprise et de le dénoncer fermement si l'une ou plusieurs de ses sous-filiales fait bel et bien fabriquer ses vêtements par des enfants, contrairement aux affirmations de l'entreprise. Si ce n'est pas le cas, et si ces principes sont respectés dans les faits, je suis prêt à lui décerner un « brevet de moralité », ne pouvant pas entrer

1. *Ibid.*, paragraphe 41.

dans son cerveau pour analyser quelle est la part d'intérêt et la part d'éthique qui a motivé sa décision.

Le deuxième et dernier argument de Comte-Sponville est peut-être le plus dur à réfuter : il est facile de prendre une décision quand celle-ci va à la fois dans le sens de la morale et dans l'intérêt de l'entreprise. Mais qu'en est-il dans une situation où la morale implique de prendre des décisions qui diminuent le profit de l'entreprise ? Nous sommes là au cœur de la question, et Muhammad Yunus entend y apporter une réponse radicale avec la notion d'entreprise sociale.

Le microcrédit : quand les pauvres remboursent mieux que les riches

Muhammad Yunus a reçu en 2006 le prix Nobel de la paix, ce qui constitua le couronnement d'une belle histoire commencée trente ans plus tôt : la Grameen Bank.

Dans les années 1970, Yunus était professeur d'économie dans une université américaine quand il décida de revenir aider son pays, le Bangladesh, qui venait d'accéder à l'indépendance. Sur place, en étudiant la pauvreté, il se rendit compte du décalage qui existait non seulement entre les théories économiques que lui-même enseignait et la réalité, mais aussi entre les divers plans d'aide à la réduction de la pauvreté financés par la Banque mondiale et d'autres grands organismes internationaux et les besoins réels des populations locales. Il se rendit compte que pour les pauvres, qui constituaient la grande majorité du pays, le problème principal était l'impossibilité d'avoir accès à un prêt bancaire. « On ne prête qu'aux riches » comme le dit l'adage populaire. Loin d'être inactifs, les pauvres ont développé pour survivre toutes sortes d'activités. Yunus et ses étudiants analysèrent le cas particulier de femmes fabriquant des sièges en bambou. Comme elles devaient s'endetter auprès d'usuriers à des taux très élevés, pouvant atteindre ou dépasser les 100 % par an, pour acquérir la matière première, le bambou, elles ne pouvaient en aucune façon sortir de la pauvreté, elles ne faisaient que survivre.

Après enquête, il apparut que le besoin de financement des 42 femmes artisanes de ce village s'élevait à l'équivalent de 27 dollars. Yunus prêta lui-même cette somme, et, à sa grande surprise, fut intégralement remboursé par les artisanes, trop heureuses d'avoir enfin trouvé un moyen de sortir du cercle infernal d'emprunts auprès d'usuriers. Yunus comprit alors qu'il y avait là un nouveau modèle économique qui respectait parfaitement un des principes clés du libéralisme : « Ne donne pas du poisson aux pauvres mais apprends-leur à pêcher. » Il n'était en aucun cas question de faire la charité, mais de permettre aux gens de développer leurs talents dans une activité économique. Il s'agissait bien d'une forme de microcapitalisme, dont l'objectif n'était pas d'enrichir le préteur, mais de sortir des personnes de la pauvreté.

Yunus se démena pour convaincre les banquiers de mettre en place ce genre de prêts. Devant leur refus (« Ce ne serait pas éthique de prêter à des gens qui n'ont aucune garantie », lui répondirent certains banquiers), Yunus emprunta lui-même pour prêter à un certain nombre de pauvres. De nombreuses activités purent se développer, et les taux de remboursement furent stupéfiants : de l'ordre de 95 %, soit bien plus que le taux de remboursement des prêts faits aux personnalités les plus riches du pays, qui, bénéficiant de complicités politiques, n'hésitaient pas à mettre leurs sociétés en faillite pour ne pas avoir à rembourser. Malgré cette démonstration, aucun banquier n'accepta de suivre le chemin initié par Yunus. On lui objecta au début que, si ces pauvres remboursaient, c'était qu'ils n'étaient pas vraiment pauvres. Puis, constatant l'extrême pauvreté des emprunteurs, on lui objecta, ce qui n'était pas entièrement faux, que le succès de sa démarche relevait plus du baby-sitting que du travail du banquier. En effet, la méthode mise en place par Yunus suppose tout d'abord un pool d'emprunteurs. Si chacun est responsable du remboursement de son prêt, tous les membres d'un groupe doivent aider les autres, surtout ceux qui sont en difficulté. Bien plus, dans chaque village, les différents groupes d'emprunteurs se réunissent régulièrement autour d'un employé de la Grameen pour présenter leurs idées, échanger et recevoir des conseils. Il est très important de noter que les membres de la Grameen Bank ne disent jamais aux emprunteurs quelle affaire développer. Il faut que les projets des emprunteurs viennent d'eux-mêmes, sinon ils mettront moins d'énergie à les réaliser. Par ailleurs, ce que Yunus voulait démontrer, c'était que la grande majorité des personnes sont capables d'avoir des idées et d'être des entrepreneurs, alors qu'on pense souvent que cela est réservé à une élite. Il n'est pas étonnant que l'on ne trouve guère de banquiers susceptibles de se passionner pour l'encadrement de milliers d'emprunteurs ayant emprunté chacun l'équivalent d'une dizaine d'euros ! Mais de jeunes étudiants diplômés en économie, désireux d'aider leur pays à sortir de la pauvreté, furent enthousiastes et rejoignirent les efforts de Yunus. C'est ainsi que se développa au fil des années la Grameen Bank, qui en trente années d'activités a accordé plus de 10 milliards de dollars américains de crédit à plus de 8,3 millions de personnes, avec le taux de remboursement incroyable de 98 %. Plus de 90 000 villages du Bangladesh abritent un ou plusieurs groupes d'emprunteurs de la Grameen.

Mais la Grameen ne s'est pas arrêtée à ce type de prêt et a créé plus de 25 filiales aux activités aussi diverses que la rénovation de logements, la santé, la diffusion des télécommunications, l'installation de panneaux solaires, et bien d'autres choses encore. Ainsi, pour les télécoms, Grameen Phone a financé l'achat de téléphones mobiles par de nombreuses femmes (les emprunteurs de la Grameen sont à 97 % des femmes, un pourcentage tout à fait exceptionnel), qu'elles louaient ensuite aux différents habitants des villages ayant besoin de téléphoner ; cette démarche a fortement contribué à développer la communication communautaire dans des zones où la téléphonie fixe n'existait pas auparavant. Le travail de la Grameen a aussi une dimension sociale. Les emprunteurs sont fortement encouragés à inscrire leurs enfants à l'école (le taux de scolarisation est 2 fois plus important chez les emprunteurs de la Grameen que dans les autres familles). Mieux encore, chaque « dame téléphone » de la Grameen reçoit avec son téléphone toute une série de numéros, ceux de médiateurs ou d'autorités à appeler en cas d'abus de pouvoir ou de mauvais comportement des autorités locales.

Cette réussite exceptionnelle a suscité un engouement international, mais aussi de nombreuses jalousies et des exemples stupéfiants de blocages absurdes, comme il en existe chaque fois qu'un nouveau paradigme se développe. Ainsi, Muhammad Yunus raconte[1] qu'un jour, le ministre de l'Économie du Bangladesh le convoqua pour lui dire qu'il devait absolument accepter un prêt bancaire de la Banque mondiale, que la Grameen Bank venait de refuser. Yunus lui expliqua que celle-ci n'avait pas besoin de ce prêt et qu'elle refusait désormais les dons ou les subventions de façon à montrer que son modèle économique pouvait être solide et même rentable. Le ministre lui dit alors que, s'il n'acceptait pas ce prêt, la Banque mondiale

1. Muhammad Yunus, *Vers un monde sans pauvreté*, J.-C. Lattès, 1998.

refuserait un prêt à l'État du Bangladesh. Il semblerait que la Banque mondiale voulait empêcher à tout prix Muhammad Yunus de pouvoir démontrer que les bases financières de son système étaient saines. Malgré ce chantage, il refusa ce prêt et, en 2005, la Grameen Bank distribua ses premiers dividendes à ses actionnaires… composés à 90 % d'emprunteurs pauvres et à 6 % de l'État du Bangladesh. En faisant de ses propres bénéficiaires ses actionnaires, Yunus pensait pouvoir ainsi protéger son action des interférences du gouvernement. Hélas, ce dernier trouva en 2011 le moyen de l'éjecter de la tête de la Grameen Bank contre la volonté de l'écrasante majorité des administrateurs, et cela malgré son prix Nobel… de la paix. Bien entendu, Yunus aurait dû recevoir le prix Nobel d'économie pour ce qui représente l'une des plus formidables innovations économiques des trente dernières années. Mais cela aurait été vu comme un aveu d'impuissance, voire une gifle, pour les tenants du « système » qui contribue à donner ou à influencer le prix Nobel d'économie. C'est quand il fut évident que Yunus n'aurait jamais ce prix que lui fut décerné le prix Nobel de la paix.

Le microcrédit est probablement la seule innovation économique provenant d'un pays du tiers-monde qui se soit largement diffusé en Occident. En France, la pionnière est Maria Nowak, créatrice de l'Association pour le droit à l'initiative économique (Adie) dont l'ouvrage porte un titre symbolique[1]. 12 000 microcrédits ont été accordés en France durant l'année 2010, pour des prêts de 6 000 euros maximum, avec un taux de remboursement de 94 %. En 2010, le microcrédit représentait dans le monde 11 milliards de dollars de prêts, attribués à 190 millions de personnes.

1. Maria Nowak, *On ne prête pas qu'aux riches : la révolution du microcrédit*, J.-C. Lattès, 2005.

Bien évidemment, comme toute autre innovation enthousiasmante, le microcrédit n'est pas une panacée. J'ai eu dans le passé un collaborateur qui fut expert en microcrédit et qui se rendit un jour en Amérique du Sud pour développer cette activité ; à peine sorti de l'aéroport, il tomba sur une manifestation de paysans... contre le microcrédit ! De façon beaucoup plus tragique, des vagues de suicides ont eu lieu en Inde chez des paysans acculés par des dettes qu'ils ne pouvaient pas rembourser. Ces échecs sont dus à une double dérive qui a conduit d'abord à accorder des prêts à la consommation portant faussement le nom de microcrédit. Il est clair que, si l'argent du microcrédit sert à une personne sans ressources à acheter un téléviseur, c'est peut-être une très bonne opération pour les fabricants et revendeurs de téléviseurs, mais une catastrophe pour les familles concernées, car le téléviseur ne générera pas de profits permettant de rembourser le prêt. Ces dérives ne sont pas limitées aux pays en développement. J'ai été choqué, il y a quelques années, de voir sur des affiches de la mairie de Paris un sympathique retraité nous dire : « Grâce au microcrédit de la mairie de Paris, j'ai pu m'acheter une nouvelle paire de lunettes. » À moins que cette personne soit un écrivain public, métier qui a disparu en France, il n'est pas évident qu'une nouvelle paire de lunettes puisse l'aider à développer une nouvelle activité économique.

Mais la vraie menace qui pèse sur le microcrédit, c'est le retour des usuriers. Furieux d'avoir perdu leur position de monopole et les bénéfices qui allaient avec, ils reviennent à la charge, en se faisant passer pour des organismes de microcrédit ! Comme le dit très bien Muhammad Yunus[1], ces programmes de prétendu microcrédit

1. Muhammad Yunus, *Vers un nouveau capitalisme, op. cit.*, p. 122.

ont comme objectif de maximiser les profits des prêteurs et certainement pas d'aider les emprunteurs à sortir de la pauvreté. Selon Yunus, les taux d'intérêt devraient être au maximum de 10 à 15 % supérieurs au coût de financement des entreprises de microcrédit (le taux maximal des prêts de la Grameen Bank est de 20 %). On s'est rendu compte que la principale institution de microcrédit du Nigeria, qui bénéficiait d'une bonne notation par certains acteurs internationaux, pratiquait des taux de 126 %[1]. En Inde, une société qui fut visée par une interdiction temporaire d'activité après une vague de suicides de paysans prêtait à des taux de 40, 50 ou 60 %, sans aucun encadrement, et souvent pour des crédits à la consommation, et non pour le développement d'une activité économique. Enfin, nous avons vu la nécessité de sélectionner les projets et de les encadrer sérieusement, de leur donner une dimension sociale et collective qui favorise leur réussite et les remboursements, ce que les organismes recherchant d'abord leur propre intérêt ne sont pas prêts à faire.

Le social-business, ou le capitalisme sans le profit !

Entre les blocages mentaux de ceux qui ne peuvent pas accepter une idée radicalement nouvelle, les jalousies, les détournements effectués par les anciens usuriers dépossédés de leurs activités qui reviennent parés des vêtements du microcrédit, ce domaine a encore bien des obstacles à surmonter. Mais il a déjà aidé des dizaines de

1. « Microcrédits, mais maxiprofits ! », *The New York Times*, 22 avril 2010, traduit par *Courrier international*.

millions de personnes à sortir de la pauvreté et permettra très probablement à des centaines de millions de le faire au cours des décennies suivantes. Mais surtout, le microcrédit montre que sur le plan théorique une autre forme de capitalisme est possible, comme l'indique le titre d'un des ouvrages de Yunus[1]. En effet, d'un côté il n'y a rien de plus capitaliste que le microcrédit, puisqu'il s'agit d'effectuer des prêts bancaires à des taux significativement importants (mais pas usuraires bien sûr) pour aider des entrepreneurs travailleurs et inventifs à développer des activités économiques individuelles. D'un autre côté, le microcrédit foule aux pieds l'une des sacro-saintes règles du capitalisme, il n'a pas pour objectif de réaliser des profits pour le prêteur, et encore moins de maximiser ceux-ci. Muhammad Yunus en tirera les conséquences en établissant les bases théoriques du social-business : le capitalisme sans la recherche du profit. Un social-business vend des produits ou des services et est géré exactement comme une entreprise classique : son activité se doit d'être rentable, ce qui veut dire que, s'il perd de l'argent, il doit réduire ses coûts ou augmenter ses prix. Néanmoins, le social-business a pour objectif de maximiser les avantages sociaux que procure son activité auprès de ses clients et non de maximiser ses profits. Il est interdit à un social-business de rémunérer ses actionnaires. Tout ce que les actionnaires peuvent espérer dans le cas où l'entreprise réussit son développement, c'est le remboursement intégral de leurs investissements et pas un centime de plus. Bien entendu, vous allez immédiatement poser la question : pourquoi diable des investisseurs investiraient-ils dans une telle entreprise ? Pour les mêmes raisons que, chaque année, des milliards d'euros

1. Muhammad Yunus, *Vers un nouveau capitalisme, op. cit.*

et de dollars sont donnés à des organisations charitables. La différence, énorme, étant que, si tout se passe bien, celui qui donne le capital de départ d'un social-business peut le récupérer et le réinvestir dans un autre social-business, le récupérer puis le réinvestir, etc.

On a ainsi, si l'on peut dire, les avantages du capitalisme sans les inconvénients. La pression du marché et de l'activité économique oblige l'entreprise à être efficace. Mais l'activité de celle-ci est entièrement tournée vers le bénéfice qu'elle apporte à ses clients. Que peut faire un social-business ? Vendre de la nourriture ou de l'eau pure à un prix tel que de nombreuses populations qui ne pouvaient se procurer ce type de produit puissent le faire désormais, fournir des services de santé, offrir des moyens de transport, des assurances, etc. Yunus ne s'est pas contenté de développer la théorie, mais l'a mise en pratique depuis 2005 avec Grameen Danone, joint-venture réalisé avec le géant de l'alimentation pour la distribution de yaourts dans les petites villes et les villages du Bangladesh. Danone a accepté avec enthousiasme de ne recevoir aucun dividende sur son investissement[1]. Néanmoins, le développement de Grameen Danone fut loin d'être un long fleuve tranquille[2]. Au départ, un pot de yaourt qui contenait à lui seul 30 % des nutriments dont un enfant avait besoin par jour était vendu 5 takas, la monnaie locale, soit l'équivalent de 7 centimes de dollars, alors que les yaourts « classiques » étaient vendus 25 takas.

1. Au départ, un dividende de 1 % avait été prévu, mais il fut supprimé ; et, comme l'a écrit le vice-président de Danone à Yunus, c'est la première fois dans l'histoire du capitalisme que le conseil d'administration d'une grande entreprise s'est félicité d'avoir supprimé toute chance de recevoir des dividendes. Muhammad Yunus, *Pour une économie plus humaine. Construire le social-business*, J.-C. Lattès, 2011, p. 107.

2. *Ibid.*, p. 77-108.

Le succès semblait au rendez-vous et l'entreprise sur la voie de la rentabilité, quand l'explosion des prix de la matière première en 2007-2008 obligea Grameen Danone à augmenter son prix à 8 takas, soit 60 % d'augmentation. Les ventes dans les villages s'effondrèrent alors de 80 %, ce qui mit l'entreprise en grand danger. Elle réagit en mettant sur le marché un pot plus petit à seulement 6 takas. Cette diversification contribua à la sauver. Aujourd'hui, l'entreprise s'approche de son point d'équilibre, et Grameen a passé d'autres partenariats avec Veolia pour fournir de l'eau potable à bas prix dans des villages où l'eau polluée par des métaux lourds pose d'énormes problèmes, avec BASF pour fournir des moustiquaires traitées chimiquement de façon à éviter la malaria, avec Adidas pour produire des chaussures à prix abordables pour des enfants qui en sont dépourvus. Toutes ces grandes entreprises multinationales ayant accepté sans problème le principe que l'on peut trouver quelque peu intégriste de Yunus selon lequel les investisseurs ne pourraient recevoir aucun bénéfice de toutes ces nouvelles sociétés[1].

Pourquoi cet extrémisme ? Les différents social-business envisageables ne trouveraient-ils pas plus facilement des investisseurs si ceux-ci pouvaient recevoir ne serait-ce que 2 à 3 % des profits d'une entreprise dans laquelle ils ont investi, une fois que celle-ci aurait dépassé son seuil de rentabilité ? En fait, Muhammad Yunus veut ici répondre au type de problématique qu'a posée André Comte-Sponville. Si une entreprise a pour but de faire des profits *et* d'apporter par son activité un bénéfice à tous ses clients, que fera la direction de l'entreprise dans une situation où il faudra sacrifier l'un des deux objectifs ? Pour éviter ce dilemme, Yunus propose donc l'existence d'un

1. *Ibid.*, p. 28.

modèle « pur », une entreprise capitaliste où la notion de bénéfice pour les actionnaires est tout simplement exclue. Comme nous l'avons vu, l'investissement dans un social-business peut venir soit de philanthropes qui trouveront plus efficace ce type d'investissement que de faire des dons à des associations caritatives, ou de grandes entreprises qui, en développant un social-business, ne s'achètent pas seulement une vitrine de « responsabilité sociale », mais touchent aussi une nouvelle clientèle qui, une fois sortie de la pauvreté, est susceptible d'acheter à ces mêmes entreprises des produits classiques sur lesquels elles feront alors un bénéfice. C'est ce que Yunus dit aux entreprises : il serait immoral de faire des profits avec les pauvres, mais quand ces mêmes pauvres auront, grâce, entre autres, à vos actions, atteint la classe moyenne, vous pourrez leur vendre tout ce que vous voulez, et vous aurez ainsi augmenté la clientèle potentielle des produits sur lesquels vous faites des profits.

Notons que Yunus propose également un second type de social-business, dont l'activité ne rend pas forcément un service social (il peut par exemple s'agir de la fabrication de vêtements qui seront vendus en Occident), mais dont 100 %, ou au moins 90 %, des actionnaires sont des familles pauvres (par exemple celles des ouvriers de l'entreprise). C'est ce principe que Yunus a mis en pratique avec la Grameen Bank, puisque 90 % des parts de cette banque sont détenus par les emprunteurs mêmes de la banque ; on retrouve ainsi les formules mutualistes, qui semblaient passées de mode en Occident à l'époque du capitalisme triomphant, mais qui, chez nous aussi, retrouvent une certaine jeunesse[1].

1. Cf. les pubs de certaines mutuelles se félicitant à l'époque du krach financier de 2008 d'être restées à l'écart de toute tentation

Yunus nous explique comment le social-business vient combler un manque essentiel dans la panoplie des acteurs qui luttent contre la pauvreté. Tout le monde peut constater que l'action gouvernementale, avec ses lourdeurs bureaucratiques, son manque d'efficacité dans certains domaines, voire la corruption dans de nombreux pays, n'est pas à elle seule, malgré son importance, de nature à résoudre le problème de la pauvreté et qu'elle en est même très loin. Les ONG et autres organisations charitables, malgré leurs efforts louables, ont un énorme talon d'Achille. Elles doivent, chaque année, convaincre un certain nombre de philanthropes, ou le grand public, de leur donner les subventions nécessaires à leur fonctionnement. Une grande partie de leur temps, de leur énergie et parfois même de leur budget est consacrée à ce but et les détourne donc de leur but principal.

Yunus est également très critique sur l'action de la Banque mondiale ou des organisations internationales. Celles-ci obéissent à une logique très différente de celles d'un social-business comme Grameen Danone. Les experts de la Banque mondiale guident en permanence le développement du projet, mais sont évalués non pas en fonction de la réussite de celui-ci mais du montant du prêt qu'ils ont négocié. Alors qu'un social-business est évalué sur l'impact réel de son action sur la communauté, action qui est construite avec celle-ci et à l'intérieur de celle-ci (par exemple, tout un travail culturel a été fait pour que les femmes puissent aller vendre des yaourts au porte-à-porte au Bangladesh, ce qui était *a priori* contraire à la culture locale et a menacé au début le développement de Grameen Danone), alors que les projets de la

---

d'investissement dans les *subprimes* et autres produits financiers complexes.

Banque mondiale sont trop souvent perçus par les populations locales comme ayant été décidés et imposés de l'extérieur. Quant à la responsabilité sociale des entreprises, elle est trop souvent, nous dit Yunus, une vitrine, et, même dans les cas où elle est sincère, elle n'évite pas toujours le fameux conflit que nous avons déjà décrit, entre la responsabilité sociale de l'entreprise et la nécessité de maximiser le profit pour les actionnaires[1]. C'est ainsi à une véritable « extension du domaine du capitalisme » que nous appelle Muhammad Yunus : « Tout le monde espère gagner de l'argent en faisant des affaires. Mais l'homme peut réaliser tellement d'autres choses en faisant des affaires. Pourquoi ne pourrait-on pas se donner des objectifs sociaux, écologiques, humanistes ? C'est ce que nous avons fait. Le problème central du capitalisme "unidimensionnel" est qu'il ne laisse place qu'à une seule manière de faire : générer des profits immédiats. Pourquoi n'intègre-t-on pas la dimension sociale dans la théorie économique ? Pourquoi ne pas construire des entreprises ayant pour objectif de payer décemment leurs salariés et d'améliorer la situation sociale plutôt que chercher à ce que dirigeants et actionnaires réalisent des bénéfices[2] ? »

Le problème pour Yunus, c'est que le capitalisme a réduit les acteurs économiques à des êtres unidimensionnels (l'entrepreneur, l'actionnaire, le salarié) et qu'il échoue à intégrer la nature humaine dans toute sa complexité. Étendre la définition du capitalisme, c'est donc

---

1. Ces différents points sont abordés dans Muhammad Yunus, *Pour une économie plus humaine*..., *op. cit.*, p. 28-48.

2. *Le Monde*, 25 avril 2008. Bien entendu, ma propre expression est une référence ironique à la formule « extension du domaine de la lutte » reprise entre autres par Michel Houellebecq pour se moquer des approches marxisantes.

réintégrer l'homme en son sein : « Je ne pense pas que les choses aillent mal en raison des défaillances du marché. Le problème est beaucoup plus profond que cela. La théorie du libre-marché souffre d'une "défaillance de conceptualisation", d'une incapacité à saisir l'essence même de l'humain… Notre théorie économique a créé un monde unidimensionnel, peuplé par ceux qui se consacrent au jeu de la concurrence, et pour qui la victoire ne se mesure qu'à l'aune du profit. Et comme cette théorie nous a convaincus que la recherche du profit constituait le meilleur moyen d'apporter le bonheur à l'espèce humaine, nous imitons avec enthousiasme la théorie en nous efforçant de nous transformer en êtres unidimensionnels. Et le monde d'aujourd'hui est si fasciné par le succès du capitalisme qu'il n'ose pas mettre en doute le système sous-jacent à la théorie économique[1]. » Notons, une fois de plus, que cette conception unidimensionnelle de l'homme est caractéristique du réductionnisme de la modernité, qui dans la théorie économique libérale, comme dans la théorie marxiste, définit les hommes comme consommateurs, producteurs ou salariés, parce qu'il est plus facile de le faire ainsi que de prendre en compte leur complexité et leur globalité. Et que ce que propose Yunus est un exemple parfait de ce dépassement des ordres, des disciplines et des cloisonnements qui est au cœur du monde en train d'émerger.

Bien entendu, vous serez probablement nombreux à penser que l'approche de Yunus est parfaitement utopique et que les business sociaux sont destinés à rester une activité sympathique et marginale sur le plan économique, même s'ils peuvent à la fois créer des emplois et apporter des produits et des services vitaux pour un

1. Muhammad Yunus, *Vers un nouveau capitalisme*, *op. cit.*, p. 48-49.

grand nombre de personnes. Pourtant, une entreprise américaine qui existe depuis plus de vingt ans (et dont je suppose que Muhammad Yunus ne connaît pas l'existence, sinon il l'aurait mentionnée avec enthousiasme) montre qu'un tel modèle, non seulement n'est pas utopique, mais peut perdurer et pourra peut-être un jour se développer. Il s'agit de Give Something Back, entreprise américaine basée en Californie et qui vend des fournitures de bureau aux entreprises. Rien dans ses activités ne la distingue de ses concurrents, mais dès ses débuts, en 1991, ses fondateurs Mike Hannigan et Sean Marx (cela ne s'invente pas !) ont décidé que cette entreprise ne distribuerait jamais de bénéfices à ses actionnaires. Grâce à une très bonne organisation et à une optimisation des stocks, Give Something Back offre les mêmes prix et la même qualité de services que les géants du secteur tels que Office Depot. La croissance de Give Something Back lui a permis de devenir la quatrième entreprise du secteur aux États-Unis et la première parmi les indépendants. Pendant plusieurs années, elle fut sur la liste des 50 entreprises de Californie ayant connu la plus forte croissance, alors qu'elle est dans un domaine d'activités tout à fait classique, qui n'a rien à voir avec la « nouvelle nouvelle » économie[1]. Au cours de ses vingt premières années d'existence, elle a toujours réalisé des profits, sauf une fois. À la fin de l'année, les clients reçoivent un formulaire leur indiquant qu'ils peuvent voter pour choisir entre différentes causes humanitaires celles qui recevront les profits de l'entreprise. Les salariés et les actionnaires votent également. Les profits (une fois que l'on a retiré de ceux-ci les moyens nécessaires au développement de l'entreprise) sont alors distribués aux causes ayant remporté

1. www.givesomethingback.com/thm78Home.aspx

le plus de voix. Sans faire de vagues, sans prix Nobel, et sans avoir grandement attiré l'attention des médias, ce système fonctionne depuis plus de vingt ans. J'ai eu l'opportunité de faire inviter Mike Hannigan au sommet de Zermatt où il a tenu le discours provocant suivant : si vous pouvez acheter un produit avec le même prix et la même qualité de services chez Give Something Back, et qu'en plus vous pouvez faire que cet achat contribue à une cause humanitaire, pourquoi diable iriez-vous acheter dans une entreprise « normale », où le profit servira à enrichir les actionnaires ? Aujourd'hui, nous représentons une exception, dit-il, mais qu'est-ce qui nous empêcherait demain de représenter la norme, quand les consommateurs auront compris qu'il vaut mieux acheter chez ce type d'entreprise que chez les entreprises classiques ? Je lui ai quand même objecté qu'il aurait du mal à trouver les capitaux nécessaires s'il devait un jour investir pour donner une dimension encore plus grande à son entreprise. Il m'a alors répondu que de très nombreuses fondations ont des milliards à investir car elles doivent bien placer leur capital. Au lieu de les placer dans une banque, pourquoi ne les placeraient-elles pas dans une entreprise telle que Give Something Back, dont les profits seraient ensuite consacrés à la cause que la fondation veut justement soutenir ? Il s'agit là du fonctionnement de social-business de type 2 (celui dont les bénéfices profitent à des causes sociales) tel que théorisé par Muhammad Yunus mais pas encore mis en application par lui, alors que Give Something Back fonctionne depuis déjà longtemps.

Hannigan et Marx ont compris ce qui avait échappé au célèbre homonyme de l'un d'entre eux. Pour lutter contre le capitalisme, il ne faut pas faire la révolution et, au mieux, nationaliser les entreprises, au pire, pendre leurs propriétaires, mais faire comme aux arts martiaux, utiliser la propre force du capitalisme, son efficience, l'économie de marché, pour corriger ses défauts et ses dérives. Plus encore, Hannigan et Marx, qui sont loin d'être des catholiques, appliquent sans le savoir le principe « révolutionnaire » défini par Benoît XVI. Pourquoi être (toujours l'influence du modèle classique !) réductionniste ? Couper sa vie en deux ? Faire comme Warren Buffett et Bill Gates, c'est-à-dire amasser une fortune considérable pour ensuite en donner la plus grande partie à des œuvres de charité ? Pourquoi ne pas faire tout simplement les *deux à la fois* ? Pourquoi ne pas intégrer le sens, la morale, l'éthique, voire, osons le mot, l'amour, au processus de production, aux processus économiques eux-mêmes ? Oui, il y a là une révolution ! Les exemples de Give Something Back, de Grameen Danone et toute la construction à la fois pratique et théorique de Muhammad Yunus nous montrent que, oui, le capitalisme peut être moral, à condition qu'il intègre en son sein une forme différente de capitalisme, aujourd'hui marginale, mais qui aurait tout à fait le potentiel de devenir majoritaire ; un capitalisme où, au-delà d'un profit raisonnable, l'actionnaire comme le chef d'entreprise cherchent le bien de leurs clients en particulier et de la communauté en général, et non la recherche de profits personnels[1]. On peut néanmoins mettre en question la radicalité de Yunus et de Hannigan : faut-il vraiment proscrire toute distribution de profit, même minime ? Cette nouvelle forme de capitalisme ne se développerait-elle pas plus vite si l'on autorisait des profits ? N'existe-t-il pas d'autres formes de capitalisme qui peuvent être morales

1. Nous avons vu (cf. p. 279) que cela était contraire à la nature humaine. Il nous faudra donc intégrer que dans la nouvelle situation créée par la mondialisation c'est *notre intérêt* de travailler pour le bien commun. C'est ce que Jacques Attali appelle l'« économie positive », et dont nous décrirons de nombreux aspects dans les chapitres suivants.

ou éthiques ? Mais avant d'aborder ces questions, nous devons faire un tour du côté de ceux qui pensent que, pour des raisons économiques ou écologiques, le capitalisme est intrinsèquement pervers.

Décroître, disent-ils

C'est un dimanche matin, dans la grande salle de l'Unesco pleine à craquer, lors d'une Université de la Terre organisée par mes amis François et Françoise Lemarchand, qu'eut lieu une confrontation entre Pierre Rabhi et André Comte-Sponville. Pieds nus dans des sandales de moines, Pierre Rabhi venait plaider au nom de toutes ces lignées paysannes déracinées et jetées dans les « boîtes » que représentent les HLM sans visages, contre cette mobilité qui déracine les hommes et anéantit leurs traditions, et, plus fondamentalement encore, contre cette « immense imposture » qu'est la modernité, qui « réduit, sous prétexte de l'améliorer, la condition de tous à une forme moderne d'esclavage[1] ». Face à lui, André Comte-Sponville invoqua toutes ces femmes mortes en couches faute d'hygiène, ces cimetières où reposent tant de jeunes enfants tués par de simples infections, la condition de vie pénible de nos ancêtres et le confort qui est le nôtre, l'accès à l'éducation, aux soins, à la culture. Jamais peut-être, de façon aussi frappante, n'eut lieu le débat entre le monde prémoderne et le monde moderne, avec deux orateurs exceptionnels, deux discours d'une grande cohérence interne, mais totalement inconciliables.

Pierre Rabhi est né dans une oasis du Sud algérien, et il a pu observer jeune comment l'arrivée de la modernité

1. Pierre Rabhi, *Vers la sobriété heureuse*, Actes Sud, 2010, p. 14.

avait anéanti les structures sociales centenaires de son village, transformant notamment son père, noble artisan forgeron, en mineur salarié d'une compagnie occidentale. Il retrouva ce traumatisme quand il fut en France ouvrier spécialisé sur une chaîne de montage. Bien avant la mode du « retour à la terre », il décida, dès 1961, de quitter la ville pour s'installer dans une ferme isolée de l'Ardèche, ferme qu'il eut le plus grand mal à acheter avec un prêt du Crédit agricole, sous prétexte que les terres qu'il convoitait étaient extrêmement peu productives et que la banque aurait de loin préféré lui prêter de l'argent pour acheter des terres bien plus fertiles, ne pouvant bien sûr pas intégrer le concept de « beauté de la nature » qui guidait Pierre Rabhi dans son achat. Vivant des années sans eau ni électricité, refusant tout pesticide, et pratiquant ce qu'on n'appelait pas encore l'agriculture biologique, Pierre Rabhi en devint un des pionniers, au point où il exporta ses connaissances pour aider des pays africains à redécouvrir des méthodes ancestrales et à se libérer de la dépendance envers les produits de la société moderne tels que les engrais chimiques. Rabhi ne nie pas les progrès apportés par la modernité en termes de santé ou d'éducation, mais ces progrès lui semblent avoir été payés un prix trop important. La mécanisation ne transforme-t-elle pas l'homme lui-même en une machine ? On retrouve ici les élans de Virgil Gheorghiu qui expliquait que, lorsque les esclaves devenaient plus nombreux que les maîtres, c'étaient les maîtres qui adoptaient les coutumes et les comportements des esclaves. Or, nous dit Virgil Gheorghiu, nous n'avons plus d'esclaves humains, mais une foule d'« esclaves techniques » : les « chevaux-vapeur » qui font fonctionner toutes les machines nécessaires à notre survie. N'est-il pas fatal que l'homme finisse par imiter les machines et leurs « comportements »[1] ? C'est cela qui amena Rabhi à faire l'apologie du laboureur aux pieds nus et à rejeter le tracteur, à considérer l'économie actuelle comme « l'art subtil de faire de la prédation une science dont la complexité permet de justifier la place considérable dévolue au superflu[2] ».

Il critique la mondialisation : « Ces peuples qui étaient autonomes seront conditionnés à travailler pour produire des denrées exportables, au détriment de leur propre survie alimentaire. C'est ainsi qu'ils participeront à faire "rentrer" des devises, sous le prétexte de la modernisation de leur pays. Ils doivent utiliser des apports chimiques pour être performants ; mais ces apports se fabriquent avec du pétrole, matière qu'ils ne produisent pas et qui coûte cher. Les voici donc soumis à la loi du marché, précipités dans l'arène où règnent les règles implacables de la concurrence : ils seront toujours perdants, la misère s'installe et pousse à l'immigration[3]. » Ainsi, pour bien des peuples, la fameuse modernité et le fameux progrès tant célébrés ne sont-ils, pour Rabhi et toute une école de pensée, qu'une chute de Charybde en Scylla, que le passage d'une pauvreté « classique » à une misère d'un type nouveau.

Bien entendu, cette analyse est en grande partie exacte. Les peuples indigènes du nord du Canada ont très vite compris que les Ski-Doo à moteur étaient plus rapides que les chiens de traîneau et qu'il était plus simple d'acheter du poisson congelé dans un supermarché que de rester des heures dans le froid pour le pêcher. Ils sont ainsi entrés dans la société de consommation, mais, comme le

1. Virgil Gheorghiu, *La Vingt-Cinquième Heure,* Plon, 2000.
2. Pierre Rabhi, *Vers la sobriété heureuse, op. cit.*, p. 77.
3. *Ibid.*, p. 61.

rappelle la citation de Rabhi, ils étaient bien peu adaptés aux règles nécessaires pour naviguer dans celle-ci. Dans certaines communautés, un tiers de la population s'est suicidé ou a tenté de le faire, et un pourcentage important a sombré dans l'alcoolisme. Et c'est aujourd'hui souvent grâce au travail d'anthropologues occidentaux que leurs culture et mythologie leur sont de nouveau enseignées et que les Inuits réapprennent notamment les techniques de pêche traditionnelles de leurs ancêtres, pour leur permettre de survivre autrement que par la mendicité et les aides de l'État.

Oui, la modernité est peut-être un mirage, un miroir aux alouettes, une flamme à laquelle bien des peuples se sont brûlé les ailes. Mais aussi respectable soit-elle, l'approche développée par Rabhi et bien d'autres critiques de la modernité ne semble pas pouvoir être acceptée pour au moins trois raisons différentes :

– Tout d'abord, une telle démarche idéalise souvent le passé. Le laboureur « aux pieds nus » préférerait bien souvent avoir un tracteur, comme Rabhi lui-même a l'honnêteté de le rapporter, quand il décrit les jeunes agriculteurs avec qui il a fait ses classes, tous passionnés par les nouvelles techniques agricoles, les nouveaux engrais et les nouvelles machines[1].

– Ensuite, tout changement de civilisation entraîne une « casse sociale », mais le bilan n'est pas si négatif que cela. De nombreux contemporains (en Occident en tout cas… pour les Inuits c'est autre chose) ne désireraient pas échanger leur vie contre celle d'un homme du XVIIe ou même du XIXe siècle. On oublie aussi trop souvent que, si des milliers de paysans ont quitté les campagnes au XVIIIe et XIXe siècles pour se précipiter dans

1. *Ibid.*, p. 24-25.

des villes polluées où les attendaient des conditions de travail repoussantes, c'est que cela représentait pour eux un progrès en termes de conditions de vie, par rapport à leur ancienne position de métayers, où ils devaient travailler très dur pour survivre avec le pourcentage des récoltes qu'ils avaient le droit de garder pour eux.

– Enfin, et c'est là un point essentiel, ce mouvement ne propose pas de solutions crédibles. Rabhi est certainement un « saint écologique », qui applique totalement dans sa vie personnelle ses principes (même s'il regrette d'avoir quand même besoin d'une voiture), mais qui peut vivre comme Pierre Rabhi ? Depuis sa naissance, la population de la Terre est passée de 2 à 7 milliards de personnes. Un mode de vie qui déjà aurait été impossible à généraliser à 2 milliards d'êtres humains l'est encore moins maintenant que nous sommes 7 milliards. Pierre Rabhi se garde bien d'utiliser le mot de « décroissance ». Le concept de « sobriété heureuse » est une trouvaille remarquable pour se distinguer des démarches trop souvent punitives de l'écologie, mais il amène forcément à la décroissance. La décroissance a été théorisée par de nombreux intellectuels[1] et elle a son journal et ses fidèles. Ce qui surprend le plus lorsqu'on lit le mensuel *La Décroissance*, c'est le ton haineux qui est utilisé, non pas d'abord contre des pollueurs ou le « grand capital », mais contre... d'autres écologistes. Des écologistes « modérés » comme Nicolas Hulot ou Yann Arthus-Bertrand sont accusés à longueur de pages de trahison pour avoir flirté avec les grandes entreprises,

1. Voir par exemple Serge Latouche et Didier Harpagès, *Le Temps de la décroissance*, Thierry Magnier, 2010 ; Dennis L. Meadows, *Dynamics of Growth in a Finite World*, MIT Press, 1973 ; Donella H. Meadows (et coll.), *The Limits to Growth: the 30-Year Update*, Chelsea Green Publishing, 2004.

alors que ce sont eux qui ont en grande partie contribué à mettre les questions écologiques à la portée du grand public. On retrouve là quasiment le même vocabulaire que celui que les communistes et marxistes utilisaient pour dénoncer les « sociaux traîtres », les socialistes, qui avaient renoncé à la révolution prolétarienne.

Puisque la croissance est mauvaise, il faut lui tourner le dos le plus vite possible. Un ami de José Bové me disait : « Je suis contre le développement durable car je ne veux pas que le système actuel dure, je veux qu'il explose le plus vite possible. » Ceux qui tentent d'améliorer les choses, d'aménager le système doivent donc être dénoncés avec plus de vigueur encore que le système lui-même. Bien entendu, de tels comportements contribuent non à fragiliser le système, mais à lui donner une assurance vie ! Si l'alternative au système actuel est un discours absolument non crédible ou extrémiste, alors le système ne peut qu'en ressortir renforcé ! Aujourd'hui, la moindre décroissance du PIB de 0,2 ou 0,3 % d'un pays tel que l'Espagne met les marchés en émoi. Une décroissance globale de la planète (comme celle que nous avons connue pendant quelques mois lors de la crise 2008), si elle se prolongeait durant quelques années, plongerait des millions de personnes dans une misère encore bien supérieure à toutes celles que l'humanité a expérimentées, provoquerait émeutes, guerres et décès tout autour de la planète. C'est que nous sommes sur une bicyclette folle. Nous avons bâti un système qu'il est impossible d'arrêter. On peut le regretter, on peut même en être furieux, mais c'est un fait : nous sommes sur la bicyclette et, si nous arrêtons de pédaler, nous nous casserons la figure. Et le crash d'une humanité de 7 milliards d'êtres interconnectés sera d'une horreur telle que même les plus pessimistes des écrivains de science-fiction n'ont pas eu assez d'imagination pour l'envisager.

Cela ne veut pas dire qu'il faille accepter le système actuel. De nombreuses routes s'offrent à notre « bicyclette monde ». Nous pouvons bifurquer sur une route différente de la route actuelle, mais ce que nous ne pouvons pas faire, c'est arrêter de pédaler. Et c'est cela que ne comprennent pas les tenants de la décroissance.

Qui a tué l'écologie ?[1]

Fabrice Nicolino est un journaliste, militant écologiste de longue date, qui est l'auteur d'un livre portant le titre de cette section[2]. Cet ouvrage est parfaitement représentatif des impasses, mais aussi des dangers des stratégies menées par ceux qui sont couramment appelés en France les écologistes. Le sous-titre lui-même nous dévoile l'essentiel du livre : *Greenpeace, WWF, Fondation Nicolas Hulot, France Nature Environnement en accusation.* Comme pour le journal *La Décroissance,* le livre est un long réquisitoire contre d'autres militants écologistes, et non pas contre des pollueurs auteurs de tel ou tel scandale. C'est la compromission des écologistes avec les pouvoirs en place, principalement lors de la grande réunion nationale du Grenelle de l'environnement, qui constitue sa cible essentielle. Une des clés de ce comportement est donnée dans la conclusion : « Ou les équilibres de la vie sur Terre sont réellement menacés et nous devons sans crainte abattre tout ce qui gêne la mobilisation générale. Ou bien il ne s'agit que d'une absurde alerte qui discrédite à jamais ses auteurs[3]. »

1. Je parle ici principalement de la France, car je connais moins le contexte de l'écologie politique à l'étranger, mais il me semble que le même processus est à l'œuvre dans plusieurs pays européens.
2. Fabrice Nicolino, *Qui a tué l'écologie ?,* Les Liens qui libèrent, 2011.
3. *Ibid.,* p. 279.

On voit bien ici le mécanisme qui est à l'œuvre. Puisque l'heure est grave et que personne n'écoute nos solutions, il faut se radicaliser. Le terme « abattre » est à prendre au figuré… mais pas totalement. En effet, deux pages plus loin, Nicolino pose la question « du danger, de la prison, du sacrifice » pour les écologistes. Or, fort heureusement, dans un pays comme le nôtre, on ne met pas si facilement les gens en prison. Cela signifie probablement que derrière le mot « abattre », des actes violents sont bel et bien envisagés.

On retrouve là la démarche qui a mené aux dictatures communistes. Puisque les gens ne comprennent pas ce qui est bon pour eux, alors il faut le leur imposer. C'est à cause de ce raisonnement, élaboré par des gens qui, au moins au début, étaient des idéalistes, qu'ont été créés bien des goulags. Il n'est pas très étonnant de retrouver dans ces deux mouvements cette volonté commune de « faire le bonheur des gens malgré eux », quand on sait que de nombreux penseurs écologistes, en France en tout cas, sont des « pastèques » (verts à l'extérieur, rouges à l'intérieur), c'est-à-dire d'anciens penseurs marxistes recyclés dans l'écologie[1]. Ainsi, face aux urgences écologistes, on va développer des démarches de type coercitif. Par exemple, à Paris, on ne va pas essayer d'améliorer en premier la qualité des transports en commun, mais de rendre plus difficile la circulation automobile, en réduisant sans nécessité le nombre de voies disponibles sur de nombreux grands boulevards. La situation devient tellement kafkaïenne que, sur le boulevard de Port-Royal, dans le 5e arrondissement, il est nécessaire de mettre de nombreux panneaux d'avertissement pour aider le piéton… à traverser la rue.

1. Serge Latouche, l'un des principaux penseurs de la décroissance en France, en est un très bon exemple.

Boulevard de Port-Royal à Paris :
quand traverser une rue devient un exploit !

En effet, la circulation des automobiles et celle des bus étant séparée, le piéton traverse successivement quatre files allant dans des sens différents. Bien entendu, il y a déjà eu des morts malgré les panneaux. Les vélos en libre-service Vélib sont une idée brillante, qui a rencontré un grand succès. Mais il faut une noria de camions, surtout dans une ville avec des collines comme Paris ou Lyon, pour rapporter les vélos à certaines stations où tout le monde les prend et où personne ne les remet. Tous ces vélos étant accrochés à des bornes électriques, il serait très simple de leur associer un petit moteur électrique d'appoint qui ferait que les emprunteurs pourraient monter les côtes sans effort et qui diminuerait la nécessité de remonter les vélos avec des camions. Ce serait bien plus écologique. Confrontés à des terribles problèmes de circulation, des grandes villes chinoises comme Shanghai l'ont bien compris. Pour moins de 200 euros, on peut y acheter des vélos à assistance électrique, qui permettent de se rendre au travail en fournissant un effort minimum, sans polluer la ville, contrairement aux nombreux vieux scooters d'origine italienne, extrêmement polluants, que l'on trouve dans les grandes villes indiennes. Je suis presque sûr que l'absence totale de vélos électriques dans les systèmes de type Vélib vient du fait que les responsables écologistes de la municipalité, en charge de ces questions, estiment que l'homme doit souffrir, c'est-à-dire pédaler, et que lui fournir une assistance électrique serait trop facile.

William McDonough et Michael Braungart, qui, comme nous le verrons au chapitre suivant, font partie des véritables écologistes, ceux qui proposent une voie entièrement nouvelle, une voie de l'espoir, n'hésitent pas à reprocher à leurs collègues de singer ici les mécanismes chrétiens de culpabilité et de péché collectif : « Au lieu de présenter une vision inspirante et excitante du changement, les approches écologiques classiques se focalisent sur ce qu'il ne faut pas faire. De telles proscriptions peuvent être considérées comme une sorte de gestion coupable de nos péchés collectifs, placebo familier de la culture occidentale. [...] En tant que membres d'une espèce coupable d'accabler la planète au-delà de ce qu'elle peut supporter, les humains sont jugés et condamnés. Et pour cette raison, nous devrions restreindre notre présence, nos systèmes, nos activités, notre population, bref devenir invisibles. Ceux qui considèrent la surpopulation comme la racine du mal estiment généralement que les gens ne devraient plus avoir d'enfants. Le but à atteindre est alors le zéro : zéro déchet, zéro émission, zéro empreinte écologique. Tant que les humains seront jugés mauvais, le zéro demeurera un pis-aller convenable. Mais être moins mauvais, c'est accepter les choses telles qu'elles sont. C'est croire que les hommes peuvent seulement élaborer des systèmes mal conçus, déshonorants et destructeurs. Un manque absolu d'imagination, voilà l'échec ultime de l'approche "être moins mauvais"[1]. » Ainsi ce type d'écologistes, qui considèrent l'homme moderne comme coupable de polluer la nature et qui veulent transformer ses pratiques de façon coercitive s'il le faut, rassemblent-il, dans une même idéologie, le pire du christianisme et le pire du marxisme.

Mais il existe encore une troisième raison pour rejeter les dérives écologistes antimodernistes, c'est le côté antihumaniste qu'elles peuvent parfois prendre. McDonough et Braungart y ont fait allusion dans la citation ci-dessus, et voici ce qu'une certaine « Sandra » nous dit sur le blog écologiste du *Monde* tenu par la journaliste Audrey Garric : « Je le dis depuis que j'ai 20 ans : pour la préservation de la planète, de la faune et de la flore, il faut éradiquer l'être humain jusqu'au dernier, moi y compris, car je suis polluée également[2] ! »

Voici la réponse que lui fit un internaute anonyme, avec lequel je suis bien d'accord : « Cela m'am[ène] à lui conseiller de s'occuper d'autre chose que d'écologie. Je défends avec conviction l'idée suivante : l'écologie est une chose trop importante pour être confiée à des écologistes (surtout ceux qui sont du modèle de Sandra)[3]. »

Ces idées se retrouvent dans le mouvement visant à accorder aux animaux d'abord, aux rochers et à la nature

1. William McDonough et Michael Braungart, *Cradle to Cradle...*, *op. cit.*, p. 93-94.

2. Voir le commentaire de « Sandra » le 28 juillet 2012, à 8 h 58, sur http://ecologie.blog.lemonde.fr/2012/07/27/la-fin-de-la-planete-en-2100/

3. Voir le commentaire du samedi 28 juillet 2012 à 21 h 45 sur le même blog.

ensuite, les mêmes droits qu'aux êtres humains. Un de leurs leaders est Peter Singer, dont il est important de préciser que, professeur à l'université de Princeton, il est l'un des philosophes actuels les plus écoutés et respectés des États-Unis. Pour Singer, un être humain gravement handicapé a moins de valeur qu'un cochon ou qu'un chien. Puisque notre civilisation accepte sans la moindre hésitation de tuer des cochons et de faire piquer des chiens, n'est-il pas profondément injuste de respecter les enfants handicapés ? Voici du Singer dans le texte : « Les chimpanzés adultes, les chiens, les cochons, et les membres de bien d'autres espèces d'animaux, sont nettement supérieurs au bébé au cerveau endommagé, quant à leur capacité de nouer des liens, d'agir avec autonomie, d'être conscients d'eux-mêmes, et toute autre capacité dont on pourrait raisonnablement dire qu'elle donne une valeur à la vie. Avec les meilleurs soins possibles, certains bébés retardés ne pourront jamais atteindre le niveau d'intelligence d'un chien. [...] La seule chose qui distingue le bébé de l'animal, aux yeux des partisans de son droit à vivre, est qu'il fait partie, au plan biologique, de l'espèce *Homo sapiens*, alors que n'en font pas partie les chimpanzés, les singes et les cochons. Il va sans dire que le fait de se servir de cette différence comme d'une raison pour accorder au bébé et non aux autres animaux le droit de vivre relève du spécisme le plus pur. C'est exactement le genre de différence arbitraire dont se sert le racisme le plus cru et le plus patent pour essayer de justifier la discrimination raciale[1]. » Ainsi, tous ceux qui pensent qu'un être humain gravement handicapé ne doit pas être envoyé à l'abattoir tel un simple cochon sont coupable de l'horrible crime de « spécisme », c'est-à-dire

1. Peter Singer, *La Libération animale*, Grasset, 1993, p. 33.

d'accorder une valeur particulière à tous les membres de la race humaine quels qu'ils soient, par rapport aux autres espèces animales. Pour protéger sa position des attaques dont il sait qu'elles ne manqueront pas, Singer n'hésite pas à traiter de racistes ceux qui s'opposeront à lui. C'est là la plus extraordinaire malhonnêteté qu'un intellectuel ayant pignon sur rue ait développée au cours des dernières décennies. Car c'est bien sûr la position de Singer qui ouvre la porte aux délires eugénistes. N'oublions pas que les nazis gazaient les handicapés mentaux. Mais, de plus, certains disciples de Singer ont récemment développé le concept « d'avortement postnatal », selon lequel un nouveau-né, même parfaitement formé et en bonne santé, ayant beaucoup moins de capacités à créer des liens qu'un chien ou un chimpanzé adulte, bref à manifester une personnalité, pourrait très bien « être mis au rebut » par ses parents, pendant un délai de quelques semaines après sa naissance. Oui, vous avez bien compris, des universitaires sérieux proposent dans une revue tout à fait officielle, le... *Journal d'éthique médicale* (!), la possibilité pour des parents de faire assassiner leurs enfants nouveau-nés, dans un délai de quelques semaines après leur naissance[1].

Mais ce parallèle avec le nazisme ne doit pas nous surprendre. Dans un ouvrage déjà ancien, mais qui avec un recul de vingt ans apparaît visionnaire, Luc Ferry a parfaitement montré les connexions pouvant exister entre certains mouvements extrémistes écologistes (ceux se réclamant de l'« écologie profonde ») et la pensée nazie.

1. Voir Alberto Giubilini et Francesca Minerva, « After-Birth Abortion: Why Should the Baby Live ? », *Journal of Medical Ethics*, 2013, 39, p. 323-324. Je tiens à remercier mon ami Jean-François Lambert pour avoir attiré mon attention sur cette extraordinaire dérive.

Dès 1933, à la demande de Hitler lui-même, furent votées des lois pour faire protéger les animaux et interdire les actes de cruauté envers eux[1]. Ainsi les animaux étaient pourvus de droits dont ne bénéficiait pas, aux yeux des nazis, la plus grande partie de l'humanité. D'après Singer, un cochon a plus de valeur qu'un être humain handicapé mental, pour les nazis, les animaux avaient plus de valeur que les êtres humains non aryens. Voilà pourquoi Singer et ses semblables s'inscrivent bel et bien comme « compagnons de route » du nazisme, tout en faisant au nom de leur « antispécisme » de grandes professions de foi antiracistes. Notons au passage combien il est amusant de voir Fabrice Nicolino faire de grands efforts pour essayer d'établir des liens entre certains des fondateurs du WWF et le nazisme[2]. En effet, ce que l'on peut reprocher aux « vrais » écologistes (au sens de Nicolino bien sûr), c'est-à-dire les extrémistes qui ne sont pas des « écologistes de cour » comme il les appelle, c'est justement d'avoir des parentés idéologiques avec des raisonnements nazis et antihumanistes, comme nous venons de le montrer.

Mais après les droits des animaux, faisons une étape en plus avec Roderick Nash, un théoricien de l'écologie profonde qui nous parle des droits des rochers. « S'il vient un jour où cette question n'apparaîtra plus ridicule pour un grand nombre d'entre nous, nous serons alors sur la voie d'un changement de système de valeur qui rendra peut-être possibles des mesures permettant d'en finir avec la crise écologique[3]. » Si les rochers, les montagnes, la nature ont des droits, c'est-à-dire peuvent

1. Luc Ferry, *L'Homme-Dieu ou le Sens de la vie*, *op. cit.*, p. 147-157.
2. Voir Fabrice Nicolino, *Qui a tué l'écologie ?*, *op. cit.*, p. 60-65.
3. Cité par Luc Ferry, *L'Homme-Dieu ou le Sens de la vie*, *op. cit.*, p. 113.

être des personnes juridiques, alors les atteintes qui leurs sont faites par d'autres personnes juridiques que sont les humains doivent être empêchées. C'est ainsi qu'un autre théoricien du mouvement, Stan Rowe, voulait définir le concept de « crimes contre l'écosphère » de la même façon qu'il existe des « crimes contre l'humanité ». Les principaux crimes contre l'écosphère étaient selon lui la fécondité de l'humanité et la croissance économique[1].

Étant donné l'impact énorme de l'espèce humaine sur la biosphère, une réduction drastique du nombre des êtres humains doit être envisagée pour respecter les droits de la nature, comme le dit Arne Naess, un des principaux fondateurs de l'écologie profonde : « L'épanouissement de la vie et de la culture humaine est compatible avec une diminution substantielle de la population humaine. L'épanouissement de la vie non humaine requiert une telle diminution[2]. » Une diminution certes, mais de combien ? Pour Arne Naess, le nombre idéal d'êtres humains serait de… 100 millions ! Certains vont royalement jusqu'à 500 millions, voire 1 milliard. Mais comment y arriver ? William Aiken n'hésite pas à écrire : « Une mortalité humaine massive serait-elle une bonne chose ? Il est de notre devoir de la provoquer[3]. » Nous voyons que « Sandra » sur le blog écologiste du site lemonde.fr, que nous pouvions prendre pour une hurluberlue et une fanatique, est loin d'être seule à penser ainsi.

Pour être complet dans cette analyse des tenants du rejet de la modernité, de la croissance et du progrès,

1. *Ibid.*, p. 117.
2. Arne Naess, *The Deep Ecological Movement, Some Philosophical Aspects*, p. 14, cité par Luc Ferry, *ibid.*, p. 118.
3. *Ibid.*, p. 128.

il nous faut citer John Zerzan, un des leaders de l'anarcho-primitivisme ou anarchisme vert. Zerzan ne s'oppose pas seulement aux machines et à la mécanisation de l'agriculture et de la vie comme le fait Pierre Rabhi (Zerzan célèbre le mouvement luddite qui, au Royaume-Uni, du début du XIXe siècle, saccageait les machines), mais il s'oppose à l'agriculture, qui est pour Zerzan la source même de l'aliénation. Il part des thèses de Rousseau qui, dans son *Discours sur l'origine et les fondements de l'inégalité parmi les hommes*, nous explique que, le jour où un homme clôtura un terrain et décréta : « Ceci est à moi », préalable nécessaire pour développer l'agriculture, l'homme qui aurait arraché ces clôtures et crié à ses contemporains : « N'écoutez pas cet imposteur, la terre est un bien collectif que personne ne peut s'approprier » aurait été un bienfaiteur de l'humanité. L'humanité n'aurait donc pas dû, selon Zerzan – et il le dit explicitement –, dépasser le stade des chasseurs-cueilleurs, la création des villes, la sédentarisation et surtout l'agriculture étant les sources d'un mal désormais irréversible. Bien entendu, Zerzan a peu de disciples, mais il faut noter la grande cohérence avec laquelle il développe sa pensée sur les sources de l'aliénation[1].

Là où les choses deviennent intéressantes, c'est quand on analyse les relations entre John Zerzan et Theodore Kaczynski. Ce dernier a un parcours pour le moins unique. Doté d'un quotient intellectuel extraordinaire, il rentre à Harvard à 16 ans, démontre un important théorème de mathématique à l'âge de 22 ans et devient à 26 ans, en 1968, professeur de mathématiques à l'université de Berkeley. Puis il démissionne de ce poste prestigieux et l'on perd toute trace de lui au début des

1. John Zerzan, *Aux sources de l'aliénation*, L'Insomniaque, 1999.

années 1970. En 1978, un premier colis piégé est envoyé à un universitaire, sous le nom de « Unabomber ». Pendant les dix-huit années suivantes, 16 bombes seront envoyées à des responsables de compagnies informatiques, des universitaires, bref, tous ceux qui travaillent, de près ou de loin, à soutenir le progrès. La recherche d'« Unabomber » sera la chasse à l'homme la plus coûteuse de l'histoire du FBI. Finalement, Unabomber demanda la publication dans le *New York Times* d'un texte en échange de l'arrêt des attentats. C'est son propre frère qui reconnut son style dans ce texte[1] et qui le fit arrêter. Il vivait depuis plus de vingt ans tel un chasseur-cueilleur, sans eau, ni électricité, ni machine, dans une cabane du Montana, où il élaborait ses bombes qu'il envoyait ensuite par voie postale. Le texte publié dans le *New York Times*, s'il est plein d'une logorrhée verbale que ne désavouerait pas un militant marxiste-léniniste à l'ancienne, est d'une logique antiprogrès et néoluddite proche des idées de Zerzan. Zerzan a désavoué le procédé de Kaczynski parce que celui-ci risquait de faire des victimes innocentes : « L'envoi de dispositifs explosifs visant les agents qui créent la catastrophe actuelle est trop hasardeux ; des enfants, des postiers et d'autres personnes peuvent facilement se faire tuer. Même en admettant la légitimité de frapper la haute technologie en terrorisant ses principaux architectes, les dommages collatéraux ne sont pas justifiables. » Mais il ne le condamne pas sur le fond : « Le concept de justice ne doit pas être négligé dans le phénomène Unabomber. [...] Est-il contraire à l'éthique d'essayer d'arrêter ceux

1. Theodore Kaczynski, *La Société industrielle et son avenir*, Éditions de l'Encyclopédie des Nuisances, 1998. Texte disponible sur http://editions-hache.com/essais/kaczynski/kaczynski1.html

dont les contributions amènent à une agression sans précédent contre la vie[1] ? » Quant à Theodore Kaczynski, il a depuis sa prison de longs échanges avec Zerzan et lui reproche… d'aller trop loin en idéalisant les sociétés de chasseurs-cueilleurs (là encore l'influence de Rousseau), qui, loin d'être de bons sauvages vivant de façon bucolique, opprimaient leurs semblables et avaient des pratiques cruelles allant jusqu'à l'anthropophagie. On voit ainsi qu'un terroriste comme Kaczynski peut parfois être plus réaliste qu'un intellectuel comme Zerzan, et que ce dernier envisage froidement que l'on puisse mener des actions terroristes au nom de la résistance à « l'agression contre la vie ».

Nous sommes arrivés ici au bout du chemin. Il y a bien sûr un écart gigantesque entre Pierre Rabhi avec qui nous avons commencé, grand amoureux de l'agriculture et qui fonde toute son action sur la non-violence, John Zerzan, pour qui l'agriculture est la source de tous les maux, et Theodore Kaczynski, dont la bombe est le moyen de réalisation de ses idées philosophiques. Il existe néanmoins un fil rouge qui part de Pierre Rabhi, qui passe par Fabrice Nicolino (dont le livre est d'ailleurs dédié à Rabhi) puis par les tenants de la décroissance, les activistes souvent haineux du journal *La Décroissance*, les antispécistes promoteurs du droit des animaux, puis les promoteurs de la personnalité juridique de la nature qui cherchent à faire valider la notion de « crime contre l'écosphère », jusqu'à John Zerzan pour finalement aboutir à Theodore Kaczynski qui tua 3 personnes et en blessa 25. Ainsi, la démarche anticroissance et antiprogrès, même si elle est portée par des icones comme Pierre Rabhi, que je ne cherche en

1. http://fr.wikipedia.org/wiki/John_Zerzan

aucune façon à critiquer, malgré les propos que je viens de tenir, n'offre pas de solutions concrètes, en dehors de démarches punitives et coercitives, qui peuvent dans le pire des cas déboucher sur un antihumaniste, voire sur le totalitarisme et le terrorisme. À part quelques réalisations remarquables locales et à l'impact forcement limité telles que le village de Pierre Rabhi, qu'est-ce que le mouvement écologique « classique » a réellement apporté au grand public ces dernières années, dans un pays comme la France ? Principalement des taxes : des taxes sur le recyclage des ordinateurs, des taxes sur l'usage des CD, la taxe carbone, etc. Un jour, peut-être pas si lointain, un jeune des banlieues peu soupçonnable de liens avec la grande industrie polluante se lèvera sur un plateau de télévision face à un leader écologique et tiendra à peu près le discours suivant : « Vous, les écologistes, vous prétendez travailler pour améliorer, voire sauver notre avenir, mais tout cela n'est qu'une infâme escroquerie. Il est temps de vous démasquer. Toute votre action n'aboutit qu'à une seule chose : rendre la vie plus chère, plus difficile, plus complexe pour les plus pauvres d'entre nous. De là à dire que l'écologie est un truc de riches pour que les pauvres restent toujours pauvres, il n'y a qu'un pas que je pense qu'on peut franchir. Tout ce que vous faites, c'est de polluer notre avenir[1] ! »

1. Pour qu'il n'y ait aucune ambiguïté, je précise que ces propos ne reflètent en rien ma position. Par l'approche globale et holistique qui est intrinsèque à cette discipline, il paraît évident que l'écologie sera une composante essentielle du monde de demain. C'est pourquoi il serait dramatique qu'elle perde le soutien populaire qui est actuellement le sien. J'ai voulu, avec ce chapitre, montrer que cela était hélas très probable si les représentants de l'écologie continuaient à être ceux de « l'écologie punitive » décrite ici et non ceux de « l'écologie positive » décrite au prochain chapitre.

Ce jour-là, l'écologie sera morte[1], et il sera facile de répondre à la question : « Qui l'a tuée ? » Ce sont Fabrice Nicolino, les tenants de la décroissance, les antispécistes, les tenants de l'écologie profonde, tous ceux qui développent une écologie punitive, fondée sur le « il ne faut pas faire ». Heureusement, une tout autre écologie est possible, fondée, elle, sur des démarches positives, et c'est ce que nous allons voir au chapitre suivant.

1. Un ouvrage comme celui de Maud Fontenoy, *Ras-le-bol des écolos : pour qu'écologie rime avec économie* (Plon, 2013), montre que le doute atteint déjà certaines personnalités écologistes.

13

Un autre monde est possible, mais pas celui dont on vous parle

> « Si l'hypothèse au départ est que les êtres humains sont mauvais pour cette planète, alors la meilleure chose dans ce cas serait qu'ils disparaissent. Nous n'avancerons pas tant que nous resterons aussi critiques à l'égard de nous-mêmes et des autres. Nous devons faire preuve d'un état d'esprit coopératif et, comme des jardiniers, collaborer davantage avec la nature – nous familiariser avec sa logique[1]. »

L'écologie positive : être bon au lieu d'être moins mauvais

Toute l'approche écologique classique et ce qu'on appelle aujourd'hui le développement durable reposent sur l'idée d'être moins mauvais, de concevoir des systèmes produisant moins de déchets, moins de gaspillage, moins de pollution et moins d'impact sur l'environnement. C'est un premier pas extrêmement positif et qu'il ne faut pas

1. William McDonough et Michael Braungart, *Cradle to Cradle…*, *op. cit.*, p. 29.

négliger, mais le risque, en suivant une telle démarche, est de s'enfermer dans une approche qui conduit aux dérives que nous venons d'analyser dans le chapitre précédent. Après tout, la meilleure façon d'être moins mauvais, c'est de ne pas exister ! Moins on existe, moins on a d'impact sur la nature. Suivre jusqu'au bout l'approche « être moins mauvais » aboutit logiquement à une forme d'antihumanisme. Par ailleurs, c'est une démarche fort peu mobilisatrice : « Au lieu de présenter une vision inspirante et excitante du changement, les approches écologiques classiques se focalisent sur ce qu'il ne faut pas faire[1]. » De plus, cette approche fait preuve d'un énorme manque d'imagination et d'ambition. Pourquoi ne pas imaginer des activités humaines qui soient positives pour l'environnement et la nature, au lieu d'activités humaines qui soient un peu moins mauvaises ? C'est là toute la démarche dite « du berceau au berceau » (par opposition à la démarche classique de l'industrie où les produits vont du berceau à la tombe), initiée par William McDonough, architecte spécialiste du design écologique, élu « héros de la planète » par le magazine *Time*, et qui a reçu le premier prix du développement durable des mains du président Clinton, et Michael Braungart, un ingénieur chimiste pour le moins atypique.

Une croissance qui générerait des emplois permettant de répondre aux besoins d'une population humaine dont le nombre augmente sans cesse, et qui, en plus, favoriserait la régénération de la nature, semblerait, y compris à de nombreux écologistes, une complète utopie. Et pourtant, que fait la nature depuis 3 milliards d'années ? À notre échelle, elle paraît immobile, mais elle est en fait passée de quelques micro-organismes, de quelques algues vertes à l'incroyable diversité de plantes et d'animaux

1. *Ibid.*, p. 93.

que nous avons aujourd'hui sous les yeux. La nature a donc réussi une formidable croissance, tout en enrichissant l'environnement de la Terre et en développant la complexité et la richesse des êtres qui la peuplent. Quel est son secret ? Il tient en une phrase, comme le résume de façon saisissante un des autres pionniers de cette « écologie positive », Gunter Pauli : « La nature n'a pas de poubelles. » Si l'on comprend ce qui se cache derrière cette simple phrase, la non-existence de « déchets ultimes » dans la nature, le fait que tout déchet produit par un organisme est une ressource pour un autre, alors une croissance positive peut se mettre en place, comme le dit McDonough : « Nous voulons suivre les lois de la nature, et dans ce contexte, la croissance est une bonne chose. Un arbre qui pousse, c'est une bonne chose. Un enfant qui grandit, c'est une bonne chose. Et néanmoins, les êtres humains [par « êtres humains » il faut entendre les écologistes classiques] s'inquiètent et considèrent que la croissance est un phénomène négatif. Cela provient de ce que la plupart des choses que les humains produisent actuellement présentent des problèmes. C'est parce que la croissance n'est pas conforme aux lois de la nature. Mais qu'en serait-il si la croissance était positive ? Qu'en serait-il si les usines de textile purifiaient l'eau et produisaient de l'oxygène ? Imaginez une usine automobile qui serait alimentée à 100 % par l'énergie solaire ou même qui produirait de l'énergie supplémentaire. Imaginez des usines qui n'auraient pas besoin de traitement des déchets liquides parce qu'elles recycleraient et assainiraient leurs eaux constamment. Donc, nous célébrons une croissance positive qui suit les lois de la nature. C'est là notre principe stratégique fondamental[1]. »

1. Interview réalisée par Jim Fuller dans *Dossiers mondiaux*, avril 2002.

Imaginons un instant une usine qui soit comme un arbre, qui recrache l'oxygène, qui dépollue l'eau et l'air autour d'elle, et imaginons une zone industrielle peuplée de telles usines. Ce serait l'équivalent d'une véritable forêt, dont le fonctionnement contribuerait non seulement à produire des produits dont l'humanité aurait besoin, mais qui en plus contribuerait à améliorer l'environnement. Certes, l'usine qui fonctionnerait véritablement comme un arbre n'existe pas encore, mais c'est loin d'être une utopie. McDonough et Braungart ont ainsi conçu une usine de textile en Suisse. Aucun des 800 produits chimiques généralement employés pour la finition et/ou les teintures n'y est utilisé. Quand des contrôleurs vinrent analyser l'eau rejetée par la nouvelle usine, ils crurent que leurs appareils étaient cassés : ils ne détectaient aucun polluant dans l'eau rejetée par l'usine, pas même ceux qu'ils savaient présents dans l'eau de la rivière qui alimentait l'usine. Après avoir vérifié leurs instruments, ils durent se rendre à l'évidence : l'eau ressortait de cette usine plus propre qu'elle n'y était entrée. C'est cela, « l'écologie positive », la grande idée de McDonough et Braungart : plus il y aura d'usines de ce type, plus la nature sera dépolluée (au lieu d'être *moins* polluée par des usines classiques améliorées).

Quand il a pris la présidence de Ford, William Ford a offert à McDonough l'occasion de montrer que ses idées pouvaient s'appliquer dans le pire environnement qui soit : l'usine Ford de la rivière Rouge dans le Michigan. Inaugurée en 1927, cette usine était à l'époque le « navire amiral » de l'entreprise. Un exemple de la révolution industrielle où le minerai de fer et le charbon entraient à un bout et où les voitures sortaient à l'autre bout. Après quatre-vingts ans de fonctionnement, le site était entièrement contaminé et ses alentours fortement pollués. McDonough s'attela à la tâche pour que la nouvelle usine puisse, par son fonctionnement, contribuer à dépolluer l'air et l'eau autour d'elle. Cette usine fut recouverte par le plus grand toit vert du monde, 42 000 mètres carrés, capable de stocker et de traiter l'eau pluviale, puis de la retraiter dans des zones humides artificielles, où plantes et microbes la purifient, avant d'être rejetée dans la rivière. Il faut trois jours à l'eau pour accomplir ce parcours.

On put ainsi nettoyer la terre contaminée en recourant à des plantes pour extraire les toxines du sol et aux champignons pour extraire ce que les plantes ne pouvaient enlever. La démarche écologique sur ce site ne consistait pas uniquement à respecter les normes imposées par le gouvernement, mais se mesurait par le nombre de vers de terre par mètre cube, par la diversité d'oiseaux et d'insectes, par la prolifération d'espèces aquatiques dans les rivières à proximité, bref, par l'impact de l'usine sur l'ensemble de son écosystème. Ce système a certes coûté 13 millions de dollars à Ford, mais il lui a permis d'économiser 48 millions de dollars, prix qu'il aurait dû payer s'il avait dû mettre en place des centres de traitement des eaux pour se conformer au Clean Water Act des États-Unis. En contribuant à purifier l'eau mais également l'air autour de l'usine et à assainir une zone fortement polluée, l'expérience de la rivière Rouge montre que les principes d'écologie positive sont applicables, y compris dans de très grosses usines, et que les économies réalisées peuvent être d'autant plus importantes que l'investissement de départ est élevé.

À part son impact positif sur l'environnement, une autre caractéristique de cette usine est d'être éclairée en grande partie par la lumière naturelle. Ce n'est pas seulement pour économiser l'électricité habituellement utilisée pour éclairer ce genre d'usine. Grâce à différents systèmes de hublot, chaque ouvrier peut voir le ciel de son poste de travail dans au moins trois directions différentes. On pourrait penser qu'un tel cadre de travail puisse être peu performant en amenant l'ouvrier à se distraire et à rêvasser. C'est exactement le contraire qui se produit ! Des études ont montré que les ouvriers mis dans de telles situations étaient plus performants que ceux qui étaient enfermés pendant tout leur temps de travail, dans une usine sans fenêtres, éclairée par la lumière artificielle, comme c'est le cas dans quasiment toutes les usines modernes. Même les fonctionnaires sont 20 % plus productifs quand ils travaillent dans des bureaux à ouvertures multiples, construits selon les plans de McDonough.

Malgré tous ces avantages, la construction d'une usine aussi innovante que celle de la rivière Rouge a dû surmonter un grand nombre d'obstacles et d'oppositions, car, comme pour les idées scientifiques, tout ce qui sort du paradigme dominant paraît au départ scandaleux et inapplicable[1]. On demande souvent à McDonough et Braungart : « Comment pouvez-vous travailler avec eux ? » – « eux » désignant les grands groupes multinationaux qui ont historiquement commis tant de « péchés » en termes de pollution, de dégradation de l'environnement, voire de mise en danger de santé de leurs ouvriers. « Comment pouvez-vous ne pas travailler avec eux ? », répondent Braungart et McDonough à ce type d'écologistes, ceux que nous avons rencontrés au chapitre précédent : « La plupart du temps, les gens qui nous interrogent estiment que l'intérêt du commerce et celui de l'environnement sont antino-

1. L'aventure de la rivière Rouge est racontée dans William McDonough et Michael Braungart, *Cradle to Cradle…*, *op. cit.*, p. 200-208.

miques et que les écologistes travaillant avec les grands groupes renient leurs propres principes. Les personnes œuvrant dans les affaires ont elles-mêmes des préjugés concernant les écologistes et activistes sociaux, qu'elles considèrent généralement comme des extrémistes, promoteurs de conceptions et de politiques hideuses, problématiques, rudimentaires et terriblement coûteuses[1]. »

En se retirant sur leur splendide Aventin, les militants de l'écologie « classique » laissent le champ libre à toutes les dérives possibles de la part de l'industrie. Leurs combats « de l'extérieur » n'ont aucune chance d'aboutir, hormis quelques succès ponctuels comme l'annulation de tel ou tel permis de construire, ou la condamnation de telle ou telle entreprise. Car il faut bien continuer à produire pour les 7 milliards d'humains de la planète, et c'est pourquoi la voix de ces écologistes-là, même si elle porte de temps en temps dans les médias, ne sera jamais entendue par les décideurs politiques mondiaux. La seule façon d'améliorer le monde est donc bien d'agir avec les principaux décideurs économiques pour les amener à transformer leurs pratiques, d'où la réponse de Braungart et McDonough. Ainsi, à l'opposé du pessimisme qui règne habituellement dans les mouvements écologistes, il n'est pas utopique d'imaginer que l'on pourrait un jour voir prendre corps une union des industriels et des écologistes, se réjouissant ensemble de l'émergence de nouvelles industries, car celles-ci feraient à la fois du profit tout en contribuant à régénérer la nature. « Notre but est-il de nous affamer, de nous priver nous-mêmes de notre propre culture, de nos industries, d'effacer notre présence sur la planète, d'avoir le zéro pour objectif ? Est-ce là une perspective inspirante ? Ne serait-ce

1. *Ibid.*, p. 189-190.

pas merveilleux, si, plutôt que de déplorer l'industrie humaine, nous avions des raisons de la défendre ? Si les écologistes comme les fabricants automobiles pouvaient applaudir chaque fois que quelqu'un changerait sa vieille voiture contre une neuve parce que ces nouveaux véhicules purifieraient l'air et produirait de l'eau potable[1] ? » La voiture à hydrogène, qui ne rejette que de l'eau, n'est encore qu'un prototype, mais McDonough et Braungart nous montrent à quel point il est possible de rendre plus « positifs » les véhicules automobiles actuels.

On peut par exemple récupérer le fameux CO_2 qui pose tant de problèmes, en extraire le carbone, le stocker dans la voiture, puis le vendre sous forme de poudre (le noir de carbone). On peut aussi imaginer une voiture dont les filtres ne retiennent pas seulement les particules nocives du moteur, ni même celle de l'air aspiré par le moteur pour son fonctionnement, mais les particules de l'air autour de la voiture, et qui contribue ainsi à l'amélioration de la qualité de l'air partout où elle circule !

Dans un tout autre domaine, l'urine et les excréments humains sont un excellent fertilisant pour l'agriculture et un être humain « produit » ainsi chaque jour une grande partie des engrais nécessaires pour la croissance de sa nourriture. Les civilisations traditionnelles le savaient bien et ne manquaient pas d'utiliser ces engrais qui sont gaspillés par nos sociétés modernes. Il suffit donc de faire preuve d'un peu d'organisation pour avoir des tonnes d'engrais naturels recyclés.

L'idée générale, c'est de passer de systèmes qui :

– relâchent moins de déchets toxiques dans l'air, l'eau et le sol,

– satisfont les règlementations en vigueur,

1. *Ibid.*, p. 124.

– créeront moins de déchets ultimes (irrécupérables), à des systèmes qui :

– comme les arbres, produiront plus d'énergie qu'ils n'en consomment,

– purifieront eux-mêmes les eaux usées,

– permettent la production de produits qui ne deviendront pas, après leur vie, de vains déchets, mais qui pourront nourrir les plantes, les animaux et le sol en se décomposant, ou

– qui pourront retourner dans des cycles industriels pour fournir des matériaux bruts de haute qualité qui composeront de nouveaux produits.

Mais un tel monde « idéal » nécessite non seulement une refonte radicale de nos processus de production et de la conception même de nos produits, mais aussi une meilleure compréhension des mécanismes fondamentaux de la nature. C'est là que les idées de l'écologie positive peuvent peut-être paraître plus utopistes, ou en tout cas plus difficiles à mettre en place que celles de l'écologie classique. Néanmoins, du fait des perspectives enthousiasmantes qu'elle offre, cette révolution conceptuelle est un de nos grands espoirs à moyen terme. Nous allons maintenant l'examiner en détail.

Du recyclage au surcyclage

Nous sommes habitués au tri sélectif de nos ordures et nous sommes fiers de préserver des arbres et des matières premières en mettant nos papiers et nos boîtes de conserve dans la poubelle adéquate. Même si c'est un premier pas très positif, cela ne suffit pas, car la plupart des objets recyclés sont « sous-cyclés ». C'est-à-dire que l'usage qui sera fait de la matière recyclée est moins

« noble » que l'usage de départ. De ce fait, les cycles de recyclage sont très vite limités. Imiter la nature nécessiterait que l'on puisse recycler une matière première éternellement ou presque. Mais cela oblige à repenser nos modes de production : « La production industrielle peut être réélaborée de façon à préserver les différentes qualités des matériaux en vue d'une autre utilisation. Actuellement, lorsqu'un véhicule est mis au rebut, ses pièces en acier sont recyclées toutes ensembles ; peu importe la qualité des divers aciers amalgamés. L'automobile est compressée puis transformée, l'acier hautement ductile et pur de la carrosserie fondu avec les autres fragments d'acier et matériaux, compromettant ainsi sa qualité originelle et limitant considérablement son usage futur. Il ne pourra plus contribuer à confectionner d'autres carrosseries par exemple[1]. » Ce sera la même chose pour le cuivre et les autres métaux présents dans cette voiture ou dans nos ordinateurs et nos téléphones. La situation est encore pire pour des produits pourtant simples, telles les chaussures, que Braungart et McDonough appellent les « hybrides monstrueux ». Il y a en effet deux grandes familles de déchets : ceux qui ont une origine biologique, c'est-à-dire qui proviennent de plantes ou d'animaux, et ceux qui ont un caractère technique, c'est-à-dire dont l'origine se trouve dans les métaux, les alliages ou les plastiques en tout genre. C'est le mélange des deux qui crée les « hybrides monstrueux » et qui empêche le recyclage. Ainsi, dans le passé, les chaussures usées appartenaient à la catégorie des déchets biologiques : les chaussures de cuir étaient tannées avec des produits chimiques végétaux relativement sains. Elles pouvaient se biodégrader

1. William McDonough et Michael Braungart, *Cradle to Cradle…*, *op. cit.*, p. 145.

facilement après avoir terminé leur vie de chaussures. Aujourd'hui, le tannage au chrome, les métaux lourds et les plastiques contenus dans les semelles font que jeter une chaussure dans une décharge est nocif pour l'environnement. Il nous faut ainsi non seulement prévoir le recyclage du produit lors de sa production, mais dès sa conception séparer les composants d'origine biologique des composants d'origine minérale, sans parler des PVC et autres dérivés du pétrole. La chaussure idéale de demain est une chaussure qu'on pourra jeter n'importe où dans la nature, car non seulement elle ne contiendra pas de produits toxiques, mais elle pourra contribuer, au vu de sa composition, à fournir de l'engrais aux plantes environnantes.

On touche là un autre grand concept de cette écologie positive, le « surcyclage ». Nous avons vu qu'il y a sous-cyclage chaque fois qu'un composant recyclé est utilisé dans une tâche moins « noble » que celle d'origine, par exemple quand l'acier spécialisé d'une voiture est recyclé en acier pour le portail d'un jardin. L'idéal est donc d'imaginer un surcyclage, c'est-à-dire une tâche plus noble pour le produit dans sa seconde vie que dans sa première. Il semblerait que ce soit Henry Ford, bien qu'il ait été très loin par ailleurs des principes de l'écologie positive, qui soit le premier à avoir eu cette idée. Il était possible d'acheter sa fameuse Ford T en pièces détachées à monter soi-même. Ces pièces étaient livrées dans une grande caisse en bois, dont les parois se transformaient lors du montage en plancher de la voiture. De la même façon, McDonough et Braungart proposent de sur-cycler le plus d'emballages possible. On peut ainsi concevoir des emballages qui en se dégradant pourraient servir d'engrais et qui contiendraient en eux-mêmes des graines prêtes à développer des plantes ou des arbres (adaptées bien sûr au milieu naturel du pays dans lequel ces emballages seraient utilisés). Ainsi il deviendrait recommandé de jeter vos sacs d'emballage partout dans la nature de façon à contribuer à la reforestation !

Vous allez peut-être penser que toutes ces belles idées s'échoueront comme des navires sur un récif à cause d'un simple petit détail : leur coût. C'est ce que pensèrent les patrons d'une célèbre marque de gel douche quand Michael Braungart leur remit le travail pour lequel il avait été missionné : concevoir un gel douche selon les principes de l'écologie positive. Braungart avait identifié pas moins de 32 produits chimiques toxiques dans la composition du gel douche vedette de cette compagnie. Le plus extraordinaire, c'est que certains produits toxiques n'avaient pour seul but que de combattre les effets toxiques d'autres produits. Par exemple, il fallait des produits pour hydrater la peau car certains composants du gel douche desséchaient la peau ! Après les avoir tous éliminés, Braungart proposa une formule avec 9 composants, tous plus chers que les produits toxiques éliminés. Mais, après avoir étudié jusqu'au bout le processus de production de la nouvelle formule de gel douche proposée, les dirigeants se rendirent compte, à leur grande surprise, que celui-ci coûtait finalement 15 % de moins que leur gel douche d'alors ! Cela était dû au fait qu'il y avait moins de composants et que le processus de production était de ce fait beaucoup plus simple. Par exemple, là, comme pour l'usine de textile que nous avons mentionnée, les ouvriers n'étaient plus obligés de porter des masques en travaillant, puisque plus rien de toxique n'était manipulé. Lancé il y a quinze ans (dans un emballage recyclable à défaut d'être surcyclable), ce gel douche est toujours un grand succès.

Cette histoire me paraît d'une importance cruciale, car elle démontre l'incroyable stupidité dans laquelle nos industries se sont parfois enfermées : un ami vient de me faire remarquer qu'un simple biscuit contenait 24 édulcorants, colorants, stabilisants, etc. dans sa formule. En voulant « faire moderne », nous ajoutons des produits qui non seulement ne sont pas nécessaires, mais qui en plus sont toxiques et rendent plus cher, et non pas moins cher, le produit qu'ils composent ! Un immense travail sera nécessaire pour suivre la voie ébauchée ici. Promenez-vous dans les rayons d'un supermarché et regardez ces produits ménagers, ces plats cuisinés, ces sodas, et maintenant prenez conscience que chacun de ces produits devra être repensé de fond en comble, et sa composition en grande partie modifiée. Cela prendra beaucoup de temps et ne se fera pas sans protestation de différents lobbies, sans faillites des filières qui seront abandonnées, etc. Et pourtant, c'est à terme la seule voie possible pour répondre aux besoins d'une population qui va croître d'au moins 2 milliards dans le siècle à venir, tout en contribuant à protéger, et même à revivifier notre environnement. Un autre aspect positif du processus, c'est qu'il fournira ce fameux relais de croissance nécessaire à la survie de notre civilisation, qu'il permettra à la bicyclette folle de continuer à rouler, mais dans une meilleure direction que l'actuelle.

Mais cette révolution nécessite aussi un changement profond de nos habitudes : accepter de remplacer nos produits par des services. En effet, pour que les concepts que nous avons évoqués ici puissent être implantés dans l'industrie, il faut non pas acheter une voiture, mais la possibilité de faire 100 000 kilomètres ; non pas acheter un téléviseur, mais la possibilité de regarder la télévision pendant 10 000 heures. Après 100 000 kilomètres ou 10 000 heures, la voiture ou le téléviseur sont récupérés par le fabriquant. Cela change tout ! Car, au lieu de concevoir une voiture qui quittera définitivement l'usine une fois vendue, les constructeurs doivent imaginer une voiture dont les matériaux resteront toujours leur propriété. Ils seront donc fortement incités à éviter toute forme de sous-cyclage en fabriquant des voitures de façon suffisamment intelligente pour favoriser un recyclage « infini » des matériaux, voir le surcyclage de tous les composants. Pour prouver jusqu'où pouvait aller ce concept de services qui remplacent les produits, Braungart a même inventé le solvant à louer : il s'agit d'un solvant permettant de dégraisser les machines. Dans le cas normal, ces solvants sont ensuite jetés avec un certain nombre de précautions puisqu'ils contiennent des produits toxiques. Dans le cas présent, le solvant et les graisses qu'il contient sont récupérés, la graisse en est extraite et le solvant est préparé pour un nouvel usage. L'entreprise paie ainsi pour le dégraissement de ses machines et non pour l'achat du solvant. Depuis longtemps, la société Interface a mis en place un tel système pour les tapis de sol dans les entreprises. Le tapis est loué à l'entreprise puis récupéré quand il est usé et remplacé par un nouveau. Bien évidemment, les tapis d'Interface sont conçus dès l'origine pour être recyclés dans les meilleures conditions.

En France, ce concept se développe sous le nom « d'économie de la fonctionnalité » ou « économie de l'usage[1] ». Il a été promu lors du Grenelle de l'environnement.

Il n'y a pas que nos habitudes qui doivent changer. Toute notre conception de la ville et de l'urbanisme, tous

1. http://economiedefonctionnalite.fr et http://www.club-economie-fonctionnalite.fr

nos plans d'occupation des sols sont à revoir, si l'on veut progresser vers l'écologie positive. La ville moderne a été conçue en grands blocs : le bloc où l'on travaille, telle La Défense à Paris, où convergent chaque matin plus de 100 000 salariés venant de toute l'Île-de-France ; le bloc où l'on fait des achats, tels les gigantesques centres commerciaux comme Vélizy 2 ou Parly 2 (toujours pour prendre exemple en région parisienne) ; puis le bloc où l'on habite, les interminables zones pavillonnaires qui entourent les grandes villes américaines en étant sans doute le pire exemple. Ainsi, pour aller travailler et se nourrir, un être humain moderne doit-il accomplir en général plusieurs milliers de kilomètres chaque année. L'absurdité d'une telle conception saute aux yeux, pourtant nous l'acceptons comme une évidence.

Comment ne pas voir également l'absurdité de tous ces immeubles identiques sous toutes les latitudes, dans toutes les villes du monde : gigantesques ensembles de béton recouverts de verre, verrières par lesquelles se dissipe la chaleur en hiver, et qui accumulent l'énergie du soleil en été, ce qui nécessite de dépenser des fortunes en chauffage et en climatisation. Bien évidemment, les immeubles devraient avoir des structures et des formes différentes selon les zones où ils sont construits. Dans une zone froide, les ouvertures de ventilation devraient être au sud, pour capter le maximum de lumière solaire, alors qu'elles devraient être au nord dans des pays chauds. Toute une série d'aménagements sont possibles pour réduire les besoins de climatisation et de chauffage. Un travail soigné doit être fait sur la circulation de l'air dans le bâtiment. La construction de bassins intérieurs alimentés par l'eau de pluie permet le rafraîchissement pendant l'été, alors que des arbres stratégiquement placés permettent de protéger de la chaleur en été et du vent en hiver. Mais le plus important, c'est le toit, car il est exposé aux variations de température entre le jour et la nuit, donc à des chocs thermiques permanents, aux dégradations dues aux ultraviolets, etc. Le toit conçu par McDonough, celui qui a été utilisé dans la fameuse usine de la rivière Rouge, résout tous ces problèmes : « Il se constitue d'une mince couche de sol, une matrice en pleine croissance entièrement recouverte de plantes, qui maintiennent le toit à une température constante, refroidissant l'édifice par évaporation par temps chaud, l'isolant en cas de froid, et le protégeant des rayons destructeurs du soleil, de façon que la toiture dure plus longtemps. En outre, il fabrique de l'oxygène, isole le carbone, capture des particules comme la suie et absorbe l'eau de pluie. Mais ce n'est pas tout. Ce toit est beaucoup plus beau que l'asphalte brut, et, grâce à la gestion des eaux pluviales, il permet d'économiser de l'argent qui serait normalement dépensé en frais de régulation et en dégâts des eaux. Dans les sites qui s'y prêtent, ce toit peut même être équipé de façon à produire de l'électricité solaire[1]. »

Puis, au-delà de l'immeuble, c'est la cohabitation des immeubles dans la ville elle-même qui doit être repensée, avec des bassins collectifs de rétention des eaux de pluie pour non seulement éviter les inondations dans les nombreuses villes soumises à ce risque, mais aussi pour reconstituer la nappe phréatique. La gestion de la circulation de l'air dans la ville doit également être repensée collectivement. Quand il fait trop chaud, nous mettons en place des climatiseurs qui refroidissent l'air à l'intérieur d'un immeuble, tout en rejetant des bouffées d'air chaud à l'extérieur. Des armées de climatiseurs élèvent alors

1. William McDonough et Michael Braungart, *Cradle to Cradle...*, *op. cit.*, p. 114.

sensiblement la température des villes, ce qui nécessite d'autres climatiseurs pour résoudre ce problème. Seuls les fabricants de climatiseurs peuvent se réjouir de cette situation, une situation parmi d'autres, tels les 32 composants toxiques du gel douche, qui montre l'absurdité à laquelle peut aboutir une civilisation dont nous sommes pourtant très fiers.

Le dernier élément de l'écologie positive, c'est le plaisir. McDonough et Braungart insistent beaucoup sur ce point. Le processus doit générer de la diversité et de la beauté. Il doit également contribuer à reconstruire les contacts humains détruits par la structure des villes modernes. Il doit nous permettre de sortir de la terrible standardisation de la vie moderne, de ces buildings identiques à New York, Shanghai, Dubaï ou Paris qui sont une absurdité économique, esthétique et culturelle, pour nous aider à retrouver et à favoriser les racines des grandes cultures de notre planète.

Croître sans limites... et sans polluer[1] !

Nous avons vu que l'écologie positive n'aime pas beaucoup le chiffre zéro. Il y a néanmoins un zéro qu'elle aime bien, c'est le zéro déchet. « Nous ne voulons pas minimiser les déchets, nous voulons éliminer le concept de déchets. Nous pensons que tout, depuis les véhicules et les ordinateurs jusqu'aux centres urbains, peut être conçu de manière à ne jamais polluer[2]. » Ce n'est pas si

1. Allusion au titre de l'ouvrage de Gunter Pauli, *Croissance sans limites...*, *op. cit.*

2. William McDonough, interview réalisée par Jim Fuller dans *Dossiers mondiaux*, avril 2002.

utopiste que nous pourrions le penser car, « comme nous le savons, dans la nature il n'y a pas de poubelles. La vie ne s'arrête jamais et tout déchet de l'un constitue de la nourriture et de l'énergie pour l'autre[1] ». C'est pourquoi « je considère la crémation des déchets comme une pratique d'un autre âge[2] ». Ces citations de trois des leaders de l'écologie positive nous donnent une clé : il ne s'agit pas de réduire les déchets au sens classique du terme, mais de considérer tout déchet comme une ressource, ce qui rend doublement absurde l'idée de brûler les déchets puisqu'on détruit de la valeur tout en polluant l'atmosphère. Néanmoins, nous avons vu que la suppression des déchets nécessitait une refonte complète de la conception et de la production des objets industriels. Mais la plus grande source de déchets générés par notre civilisation, ce ne sont pas les déchets industriels, sur lesquels nous avons tendance à nous focaliser parce que nous les avons sous les yeux, mais les déchets naturels !

Quand on coupe un arbre pour en faire de la pâte à papier, la cellulose ne représente que 20 à 30 % de sa composition. Le reste, principalement de la lignine et de l'hémicellulose, est considéré comme un déchet et est souvent incinéré. Or, l'hémicellulose, si l'on y ajoute des molécules d'hydrogène, peut se transformer en xylan, lequel peut se substituer à l'aluminium comme emballage naturel, ou également fournir du xylitol, un édulcorant naturel permettant de remplacer le sucre tout en contenant très peu de calories et en ne contribuant pas à la création de plaque dentaire. La lignine peut aussi être une alternative aux colles synthétiques.

1. Gunter Pauli, *Croissance sans limites…*, *op. cit.*, p. 33.
2. William McDonough et Michael Braungart, *Cradle to Cradle…*, *op. cit.*, p. 22.

Quand on récolte du sucre, il ne représente que 17 % du poids de la biomasse de la canne à sucre. Les 83 % restants constituent la bagasse. Elle aussi est souvent incinérée, alors que la fibre de bagasse peut être utilisée dans le ciment et le Placoplatre, ainsi que pour la production de papier, de détergents et même de plastiques, tous biodégradables. Des immenses forêts sont abattues en Indonésie et dans bien d'autres pays pour être remplacées par des cultures de palmiers produisant de l'huile de palme. Cela ne contribue pas seulement à détruire l'environnement, mais en plus cette huile est dangereuse pour la santé humaine, par rapport à d'autres. C'est pourquoi on voit fleurir désormais des plats cuisinés et des beignets garantis sans huile de palme. Faut-il interdire l'huile de palme ? Ce serait une solution de l'écologie négative et elle serait inapplicable car des millions de gens vivent de la production et du commerce de cette huile. Mais le plus grand scandale, c'est que 95 % de la biomasse produite par le palmier est perdue chaque année, l'huile de palme qui en est tirée ne représentant que les 5 % restants ! Il existe au moins 10 types de produits totalement différents que l'on pourrait tirer de la production du palmier. Parmi ceux-ci, le plus intéressant semble être la vitamine E, dont la valeur peut atteindre 65 000 dollars la tonne. Le palmier en est une des sources potentielles les plus importantes, mais cette vitamine est anéantie lors de l'extraction de l'huile de palme, car le procédé actuel de production inclut un séchage à haute température qui détruit toutes les vitamines. L'huile de palme est également riche en bêta-carotène, mais, là encore, l'élimination par la vapeur des enzymes et des insectes supprime tout le bêta-carotène. D'autres techniques d'extraction existent néanmoins, qui permettraient à la fois de récupérer des vitamines, des antioxydants et du bêta-carotène.

Tout cela réduirait la consommation d'huile de palme sans supprimer aucun des emplois qui en découle, grâce à la création de nouveaux marchés et en évitant un énorme gaspillage[1].

Bien plus, donc, que les déchets visibles qui s'entassent, parfois de manière spectaculaire, dans les décharges qui entourent nos grandes cités, le véritable scandale, c'est que près de 70 % de toute la biomasse produite chaque année sur Terre est purement et simplement perdue. Oui, vous avez bien lu ! 70 % des plantes de l'ensemble des productions agricoles du monde, ou des arbres qui sont abattus dans l'année, sont purement et simplement gaspillés, laissés à pourrir sur place ou brûlés comme déchets. Pourquoi ? Parce que l'industrie agroalimentaire moderne ainsi que la sylviculture et l'agriculture ont oublié la logique « traditionnelle » des paysans, qui, ayant peu de ressources, veillaient à récupérer et à réutiliser le moindre déchet possible. Le drame vient de cette focalisation sur le cœur du métier (on fait de l'huile de palme et pas autre chose, on fait du sucre et pas autre chose). C'est une conséquence des conceptions scientifiques linéaires classiques, comme l'a très bien montré Philippe Herlin[2], ou comme le dit Gunter Pauli : « Le concept de "cœur d'activité" (*core business*), central dans la stratégie des sociétés depuis les années 1970, a causé plus de dommages à l'environnement que n'importe quelle catastrophe pétrolière ou nucléaire. Aujourd'hui encore, les actionnaires récompensent les dirigeants capables de cibler avec précision des marchés bien définis, de réduire les effectifs et de concentrer les forces de l'entreprise sur une seule

1. Pour tous ces exemples, voir Gunter Pauli, *Croissance sans limites...*, *op. cit.*, p. 16-23.

2. Philippe Herlin, *Finance, le nouveau paradigme*, *op. cit.*

activité. [...] Nous pensons linéairement et nous appliquons la règle des *inputs* et des *outputs*. Nous utilisons une logique simple, la logique cartésienne, que les écoles de management enseignent, pour laquelle est un déchet tout ce qui ne rentre pas dans la fabrication du produit principal. Cette approche est fondamentalement fausse[1]. »

Ainsi, une formidable source de productivité est disponible là, sous nos yeux : il s'agit de la productivité des matières premières biologiques. On a depuis Taylor formidablement amélioré la productivité du travail. Aujourd'hui encore, de nombreux consultants pratiquent le *downsizing* dans les entreprises, pour augmenter la productivité en produisant plus avec moins de salariés. À l'opposé de cette démarche, Gunter Pauli propose un *upsizing* : augmenter la productivité en réutilisant toutes les immenses ressources de la biomasse qui sont actuellement gaspillées. Il ne s'agit pas seulement de revenir à des techniques ancestrales ou de bon sens, mais aussi de développer grâce à des technologies nouvelles des filières qui ne pouvaient pas exister auparavant, en cassant par exemple, grâce à des procédés nouveaux, certaines molécules qui se trouvent dans la bagasse ou dans la lignine.

Voici un exemple spectaculaire, réalisé dans un des lieux des plus isolés (et pauvre) du monde, les îles Fidji, dans une école pour garçons défavorisés[2]. Depuis peu, une brasserie s'était installée dans les îles Fidji. Les déchets de céréales qui résultaient de l'activité de la brasserie étaient soit jetés, soit donnés à des paysans. Même si ces déchets contiennent un quart de leur poids en

1. *Ibid.*, p. 52-53.

2. Il s'agit de la Montfort Boys Town, nommée ainsi en l'honneur de saint Louis-Marie Grignion de Montfort, car l'école a été fondée par les frères de Saint-Gabriel, célèbre lycée vendéen situé dans la ville où repose ce saint et où j'ai eu l'honneur de faire des conférences.

protéines, ils étaient très peu digestes pour les animaux. Une équipe, dirigée par les professeurs Chan et Chang, profitèrent de la proximité de l'école pour mettre en route le système suivant : trois espèces de champignons furent sélectionnées en fonction du climat des Fidji, dont le fameux shiitake, un des champignons les plus chers du monde. Non seulement les champignons peuvent, eux, se nourrir des déchets de la brasserie, mais, grâce à une enzyme qu'ils produisent, les champignons cassent les molécules de ces déchets de céréales, ce qui rend comestible le résidu du résidu pour les poulets et les porcs. Cela permet d'élever des porcs, dont les excréments sont chaque jour poussés dans un « digesteur » contenant des bactéries anaérobiques qui produisent du méthane. Ce système permet de produire l'équivalent de 10 litres de pétrole par jour, ce qui couvre une bonne partie des besoins de l'exploitation. Mais cela ne s'arrête pas là, car les déchets qui restent dans le « digesteur » après production du méthane, essentiellement du nitrogène, du phosphore et du potassium, sont évacués par un canal et se retrouvent dans un bassin où ils vont servir à la culture des algues. Le fumier circule dans 3 bassins d'algues, où des bactéries, du plancton et d'autres micro-organismes dévorent ce que les déjections animales ont laissé d'indésirable. Les algues sont récoltées régulièrement comme complément alimentaire pour les porcs et comme engrais de haute qualité pour des légumes et des fruits cultivés à proximité du bassin, avec l'aide de l'humus produit par des vers de terre, qui ont eux aussi droit aux déchets de la brasserie (dans une proportion moins importante que les champignons). Ce qui sort du troisième et dernier bassin d'algues est un parfait aliment pour poisson et tombe donc fort logiquement dans un grand bassin consacré à la pisciculture. Loin d'être « mono-poisson » comme dans la plupart des élevages, ce grand bassin accueille 7 sortes de poissons et des crabes. Il s'auto-entretient ainsi en permanence : la « carpe d'herbe » se nourrit des nénuphars et de l'herbe à éléphant des berges, les empêchant d'envahir le bassin, la « carpe de boue » nettoie le fond du bassin et empêche les sédiments de s'accumuler, les crabes éliminent d'autres déchets, et ainsi de suite.

Le système mis en place par le professeur Chan est en quelque sorte une micronature en réduction[1], qui utilise tous les règnes du vivant (bactéries, champignons, plantes et animaux). Le système produit à la fois des poissons, des algues, des champignons, des poulets, des cochons, des légumes, des fruits et de l'humus, qui sont en partie consommés par les élèves de ce lycée défavorisé – ce qui améliore considérablement leur ordinaire –, et en partie vendus sur le marché. Le système nécessite relativement peu d'entretien (effectué par les élèves) et surtout pas le moindre apport extérieur de nourriture ni d'antibiotiques ou d'hormones, ce qui représente en général le coût le plus important dans les élevages. Juste des déchets qui étaient auparavant détruits. Le système s'autorégule : quelle est la production de poisson que ce processus peut fournir ? Cela dépend bien entendu de la productivité des champignons, des algues, etc., qui se trouvent en amont dans le processus de production. Les ventes des produits non consommés sur place génèrent 30 000 euros de bénéfices par an, ce qui équivaut au salaire annuel de 15 personnes des îles Fidji[2]. Voilà comment on peut faire à la

1. À l'image, mais en plus petit bien sûr, du fameux projet Biosphère 2, laboratoire vivant qui avait pour but une simulation des interactions globales sur la Terre, projet qui a permis un certain nombre d'avancées importantes dans notre compréhension de ce système complexe qu'est la biosphère 1, notre Terre. Voir http://fr.wikipedia.org/wiki/Biosphere_2

2. Gunter Pauli, *Croissance sans limites…*, *op. cit.*, p. 182-190.

fois de la croissance, nourrir plus de personnes, créer plus d'emplois tout en protégeant et enrichissant l'environnement naturel. Ne croyez pas que ce cas soit unique. Sur le site de l'institut crée par Pauli, le ZERI[1], il y a plus de 200 exemples de sociétés dans le monde qui fonctionnent sur ces principes, sous des latitudes et des contextes culturels les plus divers.

Mais en Europe, ce système ne pourrait pas être implanté, car il existe des législations qui interdisent que des cultures soient mitoyennes avec des industries (dans l'exemple ci-dessus, la brasserie). Nous touchons là une autre absurdité du système actuel : l'absurdité législative. Les lois issues des logiques linéaires, réductionnistes et séparationnistes peuvent non seulement freiner les initiatives intégrées et intégrantes, comme celles que nous décrivons ici (la ferme de Montfort Boys Town aux îles Fidji n'est-elle pas un magnifique exemple de ce qu'est un système complexe ?), mais peuvent carrément l'interdire. Dans son ouvrage, Gunter Pauli rapporte le cas d'un extraordinaire hôpital de campagne en Colombie, situé dans une des zones les plus sauvages de ce pays difficile, et qui fut fermé sur ordre du gouvernement, parce que, selon les lois du pays, tout hôpital devait contracter une assurance auprès d'une compagnie d'assurances ayant elle-même au moins 10 000 clients, ce qui était évidemment impossible à trouver dans cette région qui comporte moins de 30 000 habitants[2]. Nous avons nous-mêmes en Europe vu arriver depuis vingt ans une avalanche de règlements absurdes qui menacent de nombreuses activités traditionnelles (lesquelles étaient souvent garantes de savoir-faire ancestraux).

1. www.zeri.org
2. Gunter Pauli, *Croissance sans limites…, op. cit.*, p. 179.

Des nouvelles révolutions de couleur

Entre 1950 et 1990 eut lieu la fameuse révolution verte. Grâce à l'utilisation d'engrais chimiques, aux pesticides, à l'amélioration des techniques d'irrigation, à la sélection des semences, la productivité agricole s'est élevée de manière spectaculaire. En quarante ans, les récoltes de céréales comme la production de viande de bœuf ont triplé, et le rendement de un hectare a été multiplié en moyenne par 2,5. Ce résultat obtenu de façon totalement classique, c'est-à-dire grâce à la force brute des techniques de la modernité, ne doit pas être négligé. C'est lui qui permet aujourd'hui de nourrir 7 milliards de personnes et de ne plus voir se produire les gigantesques famines qui ont frappé certaines régions du monde, alors que celles-ci étaient 4 ou 5 fois moins peuplées qu'aujourd'hui. Mais voilà, ici aussi nous arrivons aux limites de la démarche moderne. Nous avons vu au chapitre 4 que de grands biologistes eux-mêmes jugeaient que la biologie moléculaire et que les approches réductionnistes nous avaient donné tout ce qu'elles étaient susceptibles de nous donner. C'est la même chose avec la révolution verte qui a épuisé les ressources des sols et causé une pollution importante des ressources naturelles, à commencer par l'eau. Pour nourrir les 2 prochains milliards d'êtres humains attendus, il ne sera pas possible d'augmenter encore le rendement de terres qui sont souvent à bout de souffle car la force brute des procédés classiques, engrais et pesticides, si elle est très rentable dans le court terme, cause de graves dommages à la Terre qui commencent déjà à apparaître[1].

---

1. Voir notamment le rapport de la FAO, « L'État des ressources mondiales en terres et en eau pour l'alimentation et l'agriculture

Une autre révolution est donc nécessaire, une révolution qui pourra avoir la couleur blanche, jaune ou bleue. Blanche comme le champignon : « Si nous voulons nourrir le monde entier et éliminer la pauvreté et la malnutrition, il existe peu de solutions aussi porteuses d'espoir que le champignon, et il existe également peu d'espèces qui puissent se développer sur des matières premières aussi abondantes et aussi peu coûteuses[1]. » La teneur en protéines des champignons est infiniment supérieure à celles des animaux. Un terrain de 1 hectare peut nourrir 2 vaches pendant une année, alors que sur la même surface on peut arriver à produire dans de bonnes conditions 100 millions de champignons par mois. De plus, nous avons vu que les champignons peuvent se nourrir à partir de « déchets » d'autres activités, des produits de la biomasse non utilisés, comme des fibres de cellulose venant de la paille de blé, de maïs ou de riz, ou de la fameuse bagasse qui représente 83 % de la biomasse d'une canne à sucre et qui n'est pas utilisé aujourd'hui, ou encore de résidus de la jacinthe d'eau, du bambou ou de déchets de la production de l'huile de palme. Mais en plus, les champignons peuvent casser naturellement les fibres de cellulose pour les convertir en hydrates de carbone susceptibles d'être ingérés par des animaux.

La révolution jaune est celle du bambou. Par rapport à un arbre, la productivité du bambou est exceptionnelle grâce à sa croissance très rapide. Or la pâte issue du bambou peut fournir un excellent papier, ce qui permettrait de préserver bien des forêts. Les résidus non utilisés

---

(SOLAW) », sur www.fao.org/nr/solaw/accueil-solaw/fr/, et plus spécifiquement www.fao.org/news/story/fr/item/95153/icode/ sur l'appauvrissement des ressources en sols et en eau.

1. Gunter Pauli, *Croissance sans limites…*, *op. cit.*, p. 61.

sont les fameuses fibres de cellulose qui peuvent nourrir des champignons. Le bambou est également utilisable dans la construction, ses fibres pouvant être intégrées au ciment et remplacer dans cet usage l'amiante de sinistre mémoire. Les fibres de bambou peuvent même dans certaines conditions être plus solides que l'acier. À côté de cela, la possibilité de faire du jus de bambou ou d'utiliser l'hémicellulose qui est présente en lui comme dans les arbres pour fabriquer de la colle ou de la cire semble presque anecdotique.

La révolution bleue est celle des algues. Nous avons vu à quel point les travers de nos sociétés pouvaient générer une prolifération incontrôlée d'algues potentiellement toxiques pour l'être humain et qui doivent être détruites. Mais il existe un nombre important d'espèces d'algues comestibles soit pour nous soit pour les animaux. L'ingénierie génétique moderne devrait être capable de remplacer les algues « tueuses » par des algues à haute valeur ajoutée, que de nombreuses sociétés se dépêcheraient de récolter sur les plages car cela générerait un chiffre d'affaires important pour elles.

Cette révolution bleue devrait également intégrer les poissons, mais pas la monoculture que pratiquent les élevages actuels et qui elle aussi confine à l'absurde. On donne des hormones aux poissons pour qu'ils deviennent tous mâles (car ils sont plus gros et donc donnent de meilleurs rendements). Ces populations de mâles appartenant tous à une même espèce, entassées les uns contre les autres, nageant dans leurs déchets (car il n'y a pas d'autres espèces pour les consommer) deviennent bien évidemment malades. Il faut donc leur administrer des quantités énormes d'antibiotiques (c'est le deuxième poste de dépenses pour une exploitation de pisciculture après la nourriture !). Dans une exploitation intégrée comme celle du professeur Chan, les budgets de nourriture et d'antibiotiques sont de zéro euro ! Certes, moins de poissons sont produits, mais il n'est pas évident que le procédé soit moins rentable dans le long terme. Et surtout, les produits sont d'une bien meilleure qualité, pour la santé humaine comme pour l'environnement.

Bien évidemment, quand on voit toutes les solutions apportées par McDonough, Braungart et Pauli, qui fonctionnent déjà dans des centaines d'endroits sur la planète, la question qui vient immédiatement à l'esprit est : pourquoi cela est-il encore si marginal ? La réponse que nous avons déjà effleurée à plusieurs reprises est vraiment intéressante car elle se situe au cœur même du fil rouge de cet ouvrage. C'est la pensée classique, avec ses concepts de linéarité, de réductionnisme, de séparation, de mécanicisme, de « passage en force » et de manque d'humilité face à la nature, qui rend si difficile l'implantation de ces nouvelles méthodes. Marc Luyckx Ghisi, Marc Halévy, Ilya Prigogine, Philippe Herlin nous l'ont tous montré : la synthèse classique, celle issue des travaux de Newton, Galilée et Descartes, nous a permis de réaliser de fantastiques progrès dans notre compréhension de certaines dimensions de notre environnement, mais elle n'est pas une fin en soi et elle est bien incomplète. Elle a débouché sur une spécialisation et une quantification de toutes choses qui nous a fait perdre notre vision globale, qui nous empêche de penser de façon systémique, qui nous interdit d'implanter des « systèmes de systèmes ». Elle nous détourne des solutions, exactement comme la lumière du lampadaire fait que le chercheur de clés ne les cherche pas au bon endroit (cf. p. 103). C'est cette tournure d'esprit et ce regard sur le monde qui sont la cause directe du fait que nous construisons des zones industrielles séparées des zones d'habitations, elles-mêmes séparées des zones de commerces, que nous élevons un seul type de poisson ou que nous ne pensons pas à rapprocher des activités en des cycles complexes comme ceux de la nature. Mais un autre frein essentiel vient, selon Gunter Pauli (bien peu soupçonnable d'être un fondamentaliste chrétien !), du… darwinisme[1]. En effet, s'il n'y a aucun doute que le lion le plus rapide ou le plus fort, ou la gazelle la plus rapide, a un avantage important qui facilite sa survie, « affirmer comme l'a fait Darwin que les espèces qui survivent sont les plus fortes est une simplification extrême. La survie dans la nature dépend de l'intégration de l'espèce au sein d'un système. Toute espèce qui choisit d'être en dehors du système court le risque de s'éteindre, quelle que soit sa force ou son intelligence. […] Le principal reproche que l'on peut faire à l'acceptation courante de cette théorie est d'étudier chaque espèce isolément et de rechercher la logique de l'évolution à l'intérieur d'une catégorie spécifique. […] Mais cette analyse, qui ne considère qu'une espèce à la fois, n'embrasse pas la nature en tant que système[2] ».

Nous retrouvons donc toujours le même schéma. Ce sont les conceptions théoriques issues de la science moderne qui ont permis de forger des modèles extrêmement performants, modèles qui ont permis à l'humanité d'accomplir de très grands progrès, mais dont nous touchons aujourd'hui les limites, et que nous n'arrivons pas à dépasser, justement parce que ces conceptions théoriques sont enracinées dans nos éducations et dans

1. Je fais cette remarque car ceux qui critiquent le darwinisme sont trop souvent, de façon simpliste et gratuite, accusés d'avoir des *a priori* religieux.

2. Gunter Pauli, *Croissance sans limites…*, *op. cit.*, p. 29-30.

l'imaginaire des dirigeants politiques et économiques de nos sociétés. Heureusement, la nouvelle compréhension du monde, issue des découvertes scientifiques analysées aux chapitres 3 et 4, aide à prendre conscience de la validité d'autres modèles qui, s'inspirant des cycles de la nature, peuvent nous permettre à la fois de croître sur le plan économique sans sacrifier la protection environnementale. Certes, comme l'augmentation de la productivité du travail, l'augmentation de la productivité des matières premières dont nous venons de décrire les principes a aussi une limite. Mais celle-ci est encore loin, et lorsqu'elle sera atteinte, il sera toujours temps de trouver d'autres modèles.

Même si elles imposent des révisions profondes, les différentes démarches qui ont été proposées ici sont positives à la fois pour l'environnement, pour la justice sociale et pour l'économie, c'est-à-dire qu'elles répondent à la définition du développement durable telle que donnée sur la figure p. 521. Mais cela ne répond toujours pas à la question d'André Comte-Sponville : que faire quand la poursuite des profits d'un côté et le respect de l'éthique de l'autre exigent d'agir de façon différente ? C'est avec le commerce équitable que nous allons finalement pouvoir répondre à cette question.

Voir le monde dans un grain de café[1]

Comment le cours du cacao (du café ou de toute autre matière première) pourrait-il avoir perdu toute décence, nous demandait André Comte-Sponville, puisque la

1. Allusion à la citation de William Blake : « Voir le monde dans un grain de sable et tenir l'infini dans la paume de sa main. »

décence n'est pas un concept économique ? C'est justement pour répondre à cette question que la notion de commerce équitable a été inventée par le père Frans Van der Hoff et Nico Roozen. Certes, la fixation du prix d'un produit par le mécanisme de l'offre et de la demande semble être la meilleure méthode. Tous les autres systèmes, fondés sur des déformations du mécanisme de l'offre et de la demande, tels que les blocages des prix ou les subventions, se sont révélés moins performants à cause des distorsions qu'ils apportaient au marché libre. Mais ce système de fixation des prix est-il pour autant indépassable ? D'après Muhammad Yunus, nous avons été tellement fascinés par sa performance que nous avons tendance à lui faire aveuglément confiance et à ne pas chercher au-delà. Néanmoins, quelle est la crédibilité économique d'un marché qui ne permet pas à un producteur de vivre, donc de continuer son activité productrice, ou qui intègre des pollutions si importantes qu'elles peuvent remettre en cause l'existence même de son activité ? En d'autres termes, est-il judicieux de fixer des prix de marché qui ne permettent pas à l'activité d'être pérenne ? Les tenants de la théorie économique libérale répondent que, si l'activité ne permet pas aux producteurs de vivre, c'est qu'il faut qu'ils deviennent plus performants et produisent des produits de meilleure qualité, ou qu'ils adoptent d'autres d'activités plus rémunératrices. Les aider à vivre de leur activité actuelle en créant une distorsion sur le marché libre de l'offre et de la demande serait un épouvantable crime économique, une façon de recourir au protectionnisme ou à des méthodes de type communiste dont on a vu qu'elles étaient bien moins performantes que les méthodes libérales pour aider des populations à revenus moyens ou faibles à améliorer leur condition.

Comme toute théorie, la théorie néolibérale est parfaite sur le plan théorique, mais, même si elle peut bien fonctionner dans nombre de situations, elle devient absurde si l'on examine certains cas de façon détaillée. Que préconisent en effet les experts de la théorie libérale si la seule autre activité disponible pour vous est la culture de la drogue ou l'enrôlement des jeunes dans la mafia ? Que faire si « l'amélioration de votre processus de production » est rendue impossible par des bandes armées qui, à coups de mitraillette, veulent préserver les intérêts de ceux qui ne désirent nullement voir s'améliorer la qualité en question ? Ces remarques préliminaires servent à cadrer le grand débat sur le commerce équitable.

Au départ, le commerce équitable devrait avoir tout pour plaire aux adeptes du « *Trade, Not Aid* », c'est-à-dire à ceux qui, comme les libéraux et les tenants du microcrédit, veulent favoriser le développement d'activités économiques rentables, plutôt que de pratiquer la charité et les subventions qui rendent dépendants leurs bénéficiaires et ne représentent aucunement des solutions à long terme. Mais le commerce équitable a pour principe d'inclure dans la formation de son prix une rémunération décente pour le producteur et même le prix de la restauration des dommages infligés à l'environnement par le processus de production s'il y a lieu. Bien entendu, la fixation d'un revenu décent pour le producteur est un concept flou et fort difficile à évaluer. Il a fallu de longues enquêtes et de nombreux calculs aux pionniers du commerce équitable pour fixer un tel prix. Le prix doit permettre de payer au producteur chaque journée de travail à un tarif suffisant pour qu'il puisse non seulement survivre et satisfaire ses besoins vitaux, mais également connaître un développement minimal lui permettant par exemple de se soigner, ou d'avoir une maison qui tienne debout. Et si une rivière a été polluée, le coût de sa dépollution doit également être intégré dans celui-ci. Parmi les autres principes clés du commerce équitable, il y a le fait de travailler avec des coopératives, c'est-à-dire avec des collectivités et non des individus, de faire acheter directement (par les torréfacteurs dans le cas du café) la production à ces coopératives pour éviter les intermédiaires, et le prépaiement d'une partie des récoltes. Ce dernier point est presque aussi important que celui du prix minimum garanti pour les petits producteurs (cf. les difficultés d'obtention de prêt pour ce type de personnes en dehors du microcrédit). C'est bien évidemment la « distorsion » des mécanismes du marché, voire « l'entrée de la politique dans les magasins », qui suscite des critiques contre le commerce équitable. J'ai eu des débats, parfois assez animés, avec différents acteurs du jeu économique, aussi bien français qu'américains, qui rejetaient ce mécanisme. L'argument le plus intéressant de l'un d'entre eux, qui a une certaine crédibilité au vu de son action dans des ONG permettant le développement de projets économiques autofinancés[1], pourrait se résumer ainsi : « J'ai trop de respect pour les pauvres pour leur faire faire des compétitions spéciales. » Il compare le commerce équitable aux jeux Paralympiques (réservés aux handicapés) par rapport aux vrais jeux Olympiques. Appliquer le commerce équitable à une communauté de paysans, c'est décréter d'emblée qu'ils sont incapables de « jouer dans la cour des grands », de participer aux véritables jeux Olympiques

1. Il s'agit d'un des coauteurs de l'ouvrage *In the River They Swim: Essays from around the World on Enterprise Solutions to Poverty*, édité par Templeton Press en 2009, qui décrit des expériences réussies de développement d'activités locales dans certains pays du tiers-monde sans déroger aux règles de l'économie libérale.

que constitue la compétition mondiale de tous les producteurs dont l'offre est confrontée à la demande de tous les acheteurs. Ce serait en quelque sorte enfermer les pauvres dans un ghetto, en leur donnant pour leurs activités des conditions trop avantageuses qui ne leur permettraient pas de progresser en se frottant à la véritable concurrence.

Ce raisonnement a une certaine cohérence interne. Sa crédibilité peut même s'appuyer sur une expérience réussie au Rwanda, où, avec l'aide d'ONG américaines ultralibérales, un petit groupe de producteurs de café a pu mettre sur le marché un produit de haute qualité, vendu à un prix élevé, sans passer par la case « commerce équitable ». Mais le très intéressant ouvrage[1] qui décrit à deux voix la fondation du label de commerce équitable Max Havelaar, par Nico Roozen aux Pays-Bas et le père Frans Van der Hoff dans le sud du Mexique, montre à quel point, comme beaucoup de raisonnements ultralibéraux qui paraissent parfaits « sur le papier », celui-ci est éloigné des réalités. Au Mexique, comme dans beaucoup de pays d'Amérique latine, le petit producteur est pieds et poings liés face à un intermédiaire surnommé « le coyote » (ce qui se passe d'explications). En effet, il n'a aucun moyen de transporter ses produits et ne peut donc pas les vendre à une autre personne. Par ailleurs, les routes manquent, et la collecte des produits est très difficile. « Le coyote » peut ainsi imposer n'importe quel prix au paysan. En 1982, le père Frans Van der Hoff calcula que le prix « décent » du café serait de 0,65 dollar le kilo, alors que les intermédiaires en proposaient à l'époque 0,25 dollar aux paysans

1. Nico Roozen et Frans Van der Hoff, *L'Aventure du commerce équitable. Une alternative à la mondialisation par les fondateurs de Max Havelaar*, J.-C. Lattès, 2002.

en prétextant la mauvaise qualité du produit. Dès la première année, simplement en affrétant des camions pour aller vendre le café dans un port directement aux sociétés d'exportation, les paysans purent en retirer 0,75 dollar le kilo, ce qui montre que les intermédiaires dégageaient sur le café une marge de 200 % ! Bien évidemment, ces intermédiaires autrefois tout-puissants ne renoncèrent pas facilement à une telle manne. Ils commencèrent par faire crever les pneus et détruire les moteurs des camions. Puis ils passèrent au stade suivant, celui d'attaques à la mitraillette : 37 personnes de l'Union des villages indigènes créée par le père Van der Hoff (l'UCIRI) furent tuées[1]. Sans être aussi tragique, la naissance du commerce équitable fut tout aussi difficile de l'autre côté de l'Atlantique, raconte Nico Roozen. Les grandes marques de café firent des pressions terribles sur les petits torréfacteurs pour que ceux-ci ne torréfient pas les cafés labélisés Max Havelaar sous peine de perdre des contrats. Elles firent ensuite les mêmes pressions sur les chaînes de distribution pour tenter de les empêcher de mettre ce café dans les rayons. C'est d'une certaine façon un hommage que le vice rend à la vertu. Pourquoi feraient-ils tant d'efforts s'ils ne pensaient pas que ce nouvel entrant sur le marché avait des chances de rencontrer une large adhésion du public ? Quelques jours avant le lancement officiel à Max Havelaar, le syndicat professionnel rassemblant les marques de café des Pays-Bas organisa une conférence de presse pour annoncer un projet intitulé « Planteurs et torréfacteurs » visant à acheter directement le café aux petits producteurs, sans intermédiaires, de façon bien entendu à couper l'herbe sous le pied à Max Havelaar. Ce fut un simple effet d'annonce car ce projet ne se réalisa

1. *Ibid.*, p. 77-82.

jamais[1]. Mais les difficultés vinrent aussi du propre camp des promoteurs du commerce équitable ; en effet, pour assurer le succès de ce concept, il fallait pactiser avec le diable, c'est-à-dire coopérer avec la grande distribution. Cela représentait un choc culturel pour les responsables d'associations qui jusque-là travaillaient avec des magasins spécialisés dans la solidarité avec les pays du tiers-monde, et dont la clientèle était constituée essentiellement d'un petit nombre de militants. Ainsi le réseau des « Magasins du Monde » aux Pays-Bas refusa-t-il d'adopter le logo Max Havelaar, voyant en celui-ci un traître qui travaillait avec le grand capitalisme[2]. C'est ici, encore une fois, la fameuse question : « Comment pouvez-vous travailler avec eux ? » à laquelle étaient confrontés McDonough et Braungart. Et ici aussi, la réponse doit être : « Comment ne pas travailler avec eux ? » Il est intéressant de noter que c'est à la demande des communautés de producteurs elles-mêmes que les militants du commerce équitable européens ont été amenés à contacter la grande distribution. En effet, celles-ci ont fait valoir que le prix garanti ne valait pas grand-chose s'il n'était pas associé à un minimum de volume.

Depuis, la pratique du commerce équitable a été développée pour le thé, le cacao, la banane et même les vêtements. Dans certains pays d'Europe du Nord et en Suisse, la part de marché du commerce équitable peut dépasser les 15 % pour certains produits. Le potentiel de croissance est encore énorme, quand on sait que, dans un pays comme la France, pourtant à la traîne en ce qui concerne le commerce équitable, 90 % des consommateurs

1. Nico Roozen décrit toutes ces difficultés dans l'ouvrage cité, p. 101-123.
2. *Ibid.*, p. 112.

disent, dans les enquêtes d'opinion, que, face à deux produits de qualité égale, ils donneraient leur préférence à un produit du commerce équitable[1].

Il est important de noter que c'est seulement quand le logo du commerce équitable a été associé sur les emballages à un logo d'agriculture biologique que ce concept a véritablement décollé. Cela parce que les personnes prêtes à payer un peu plus cher pour des raisons de justice sociale exigeaient un produit de bonne qualité, respectant leur santé et l'environnement[2]. Nous voyons ainsi, encore une fois, que l'existence d'une triple valeur ajoutée, économique, sociale et environnementale (voir figure p. 521), n'est pas une illusion.

Aujourd'hui, plus de 5 millions de personnes dans le monde bénéficient des pratiques du commerce équitable et ont vu, dans la majorité des cas, leurs revenus doubler, passant de 1 à 2 dollars par jour, pouvant ainsi accéder à des services de santé et de transport, avoir un toit étanche et assurer l'éducation de leurs enfants. Tout cela pour une augmentation de prix très faible pour le consommateur final, le coût payé au producteur représentant peu par rapport au coût de transformation et de distribution pour des produits tels que le café et le cacao. Dans la plupart des cas, ces gens n'avaient aucune autre possibilité de voir s'améliorer leurs conditions de vie en dehors du commerce équitable ; cela ne mérite-t-il pas que l'on fasse une

1. Voir Tristan Lecomte, *Le Pari du commerce équitable*, Éditions d'Organisation, 2003.

2. Selon le témoignage du père Frans Van der Hoff, le passage à l'agriculture biologique dans la communauté UCIRI s'est accompagné à la fois d'une baisse des coûts pour les paysans (le prix de l'engrais chimique représentant un prix très important pour eux) et… d'une augmentation de la productivité, car les engrais durcissaient les sols, ce qui finissait par tuer les plants. Voir Nico Roozen et Frans Van der Hoff, *L'Aventure du commerce équitable…*, *op. cit.*, p. 95.

toute petite entorse à la sacro-sainte règle de la fixation des prix par un marché libre ? Il serait absurde, voire fou, d'imaginer que les millions de petits producteurs des pays du tiers-monde puissent d'emblée jouer dans la cour des grands, qu'il ne soit pas nécessaire d'instaurer pour eux des « jeux Olympiques spéciaux ». Muhammad Yunus a très bien théorisé cette nécessité de règles spécifiques en fonction de la taille et de la puissance des acteurs avec la métaphore suivante : « Le commerce mondial peut être comparé à une autoroute à 100 voies, s'entrecroisant sur toute la surface du globe. Si c'est une autoroute librement accessible à tous, elle sera monopolisée par des camions géants provenant des économies les plus puissantes. Les petits véhicules – par exemple la camionnette d'un maraîcher, les charrettes à bœufs du Bangladesh, les pousse-pousse – seront contraints de quitter l'autoroute[1]. » C'est exactement cela ! S'opposer au commerce équitable, c'est comme s'opposer au fait qu'il existe une voie spéciale pour les charrettes à bœufs ou les vélos sur une autoroute dans un pays du tiers-monde, condamnant leurs possesseurs à d'immenses détours sur des routes non goudronnées et sujettes aux inondations.

Nous voyons donc qu'il est possible de répondre « oui » à la fameuse question : « Le capitalisme peut-il être moral ? » qui nous a occupés au cours des deux derniers chapitres. Il n'est pas nécessaire, pour trouver cette moralité, de sortir de la grande autoroute à 100 voies que représente le capitalisme, il suffit de réserver au cœur de celle-ci un petit nombre de voies pour le microcrédit ou le commerce équitable, qui, tout en utilisant l'essence même du capitalisme, celle qui consiste à susciter l'initiative individuelle et à récompenser les gens pour leur travail et non à

1. Muhammad Yunus, *Vers un nouveau capitalisme*, *op. cit.*, p. 27.

les aider, offre une protection pour éviter que les pousse-pousse et les vélos ne soient écrasés par les camions de 38 tonnes. Il est intéressant qu'un penseur « de gauche » comme André Comte-Sponville baisse son pavillon devant le dogme de l'ultralibéralisme et accepte que le prix des matières premières soit fixé par les lois de l'offre et de la demande, et qu'une personne qui n'a jamais été de gauche comme moi milite pour la fixation de prix décents permettant de rémunérer de façon juste les petits producteurs. Cela est d'une certaine façon logique ; les penseurs de gauche ont été soumis – et le sont encore, à travers le discours de quelqu'un comme Jean-Luc Mélenchon – à des mots d'ordre du style « interdire les licenciements économiques », « bloquer les prix », « confisquer les biens des riches », et autres absurdités du même genre dont on sait qu'elles mènent au mieux à la ruine et au pire à la dictature. C'est donc tout à leur honneur d'avoir effectué une véritable conversion au marché et d'admettre les performances de celui-ci. C'est pourquoi ceux qui peuvent montrer les limites du marché, ceux qui cherchent à imposer un nouveau modèle ne doivent pas se recruter parmi les intellectuels de gauche, mais à droite, chez les libéraux. Ce sont les libéraux, par amour de la liberté, qui, s'ils veulent sauver celle-ci, doivent d'abord et avant tout s'atteler à en démontrer les limites. Ce sont eux qui seront crédibles quand ils défendront l'aménagement de l'autoroute du capitalisme, avec des solutions comme le microcrédit et le commerce équitable.

Mais au fait, quel est le prix « décent » du cacao ? 1 750 dollars la tonne[1]. Quand on sait que le prix moyen

1. Nico Roozen et Frans Van der Hoff, *L'Aventure du commerce équitable...*, *op. cit.*, p. 135. Ce sont les chiffres de 2002, année de la publication de leur ouvrage ; depuis, le cours du cacao a augmenté.

du marché est de 1 250 dollars la tonne, on voit qu'il est urgent de consommer du chocolat équitable.

L'éthique en « actions »

Mais il existe également des domaines tout à fait classiques, tels que les investissements ou des actes de tous les jours, comme les achats dans un supermarché, auxquels on peut donner une dimension éthique. L'investissement socialement responsable a pour objectif d'encourager les entreprises ayant développé des démarches éthiques et ayant été notées pour cela. Il draine donc vers celles-ci plus de fonds que vers les entreprises « classiques ». Bien évidemment, comme vous pouvez l'imaginer, il est très difficile de déterminer ce qu'est exactement une entreprise éthique. C'est pourquoi il est nécessaire de pratiquer une évaluation éthique des entreprises. Mais selon quels critères ? Il y a deux grandes stratégies : celles qui excluent certains secteurs (on n'investit jamais dans les sociétés d'alcool, de tabac ou d'armement) et celles qui pratiquent une sélection à l'intérieur de chaque secteur. On va ainsi prendre, par exemple, des sociétés qui produisent de l'alcool, mais qui s'engagent à ne jamais produire des soft-drinks alcoolisés, produits qui sont conçus pour habituer progressivement les jeunes à l'alcool.

Ceci a généré de nombreux débats, car des sociétés considérées comme admissibles à des fonds d'investissements éthiques (appelés « investissements socialement responsables ») peuvent parfois avoir des pratiques douteuses. Il est normal que de nombreux réglages soient nécessaires dans des domaines nouveaux avant d'arriver à des critères admis par tous. Les pionniers dans ce domaine furent des femmes, avec Amy Domini, qui créa le Domini Social Index 400, dès 1990 aux États-Unis, et Geneviève Ferone, qui créa en France, en 2001, le Arese Sustainable Performance Index, premier indice d'investissement éthique européen. On peut mesurer le succès de cette démarche d'investissement éthique au fait que le Dow Jones a créé son propre indice, « Dow Jones Sustainability Global Index », suivi par la Bourse de Londres avec le « FTSE4Good Europe ». Comme l'agriculture biologique ou le commerce équitable, certains peuvent regretter que de grands groupes s'emparent de ces concepts au risque de les dénaturer. Mais c'est pourtant la seule voie possible pour que de réelles évolutions aient lieu. Plus de 16 % des investissements boursiers aux États-Unis sont investis dans des fonds ISR (Investissement socialement responsable). Cela montre que de telles démarches, même si elles restent encore minoritaires, sont loin d'être négligeables. Dans ce domaine, comme dans d'autres, la France (peut-être à cause de son héritage catholique qui, à l'inverse de l'héritage protestant américain, a moins tendance à mélanger les questions éthiques ou religieuses avec le business et la vie pratique) est également en retard. Mais peut-être que le plus beau succès des fonds éthiques, c'est d'avoir généré l'apparition de… fonds du vice, créés par la maison de courtage Willis Owen en Grande-Bretagne, qui regroupe uniquement les actions d'entreprises fabriquant des cigarettes, des armes, de l'alcool, possédant des casinos ou des maisons closes là où cela est légal ! Aux dernières nouvelles, les fonds du vice rapporteraient moins que les fonds éthiques ! Ces derniers rapportent dans le long terme en moyenne 1 % de plus par an que le marché. Contrairement à André Comte-Sponville, je ne trouve absolument pas scandaleux que « l'éthique paie » ; je serai même particulièrement déçu de vivre dans un monde où l'éthique serait moins rentable que le vice. Mais attention, si un jour les fonds éthiques rapportent moins que le marché, ce n'est évidemment pas pour autant qu'il faudra en modifier la structure. Il faut se réjouir des périodes où éthique et gains financiers peuvent aller de pair, mais dans les périodes où ce ne sera pas le cas, il faudra faire l'effort de préserver les fonds éthiques tels qu'ils sont aujourd'hui.

Il est intéressant de voir qu'une syndicaliste comme Nicole Notat, ancienne secrétaire générale de la CFDT, a, après avoir pris sa retraite du monde syndical, contribué à créer le groupe Vigeo, leader européen de la notation extra-financière des entreprises, société d'évaluation qui vend ses analyses aux divers fonds et banques ayant des fonds éthiques pour qu'ils puissent décider quelles sont les compagnies dans lesquelles ces fonds investir.

Il y a plus de vingt ans, Alice Tepper Marlin a créé le guide d'achat pour un monde meilleur (*Shopping for a Better World*[1]) pour développer le shopping socialement responsable, comme nous l'avons déjà évoqué (cf. p. 360). Ce guide analyse les processus de fabrication des produits courants que l'on achète dans les supermarchés et le comportement de différentes compagnies telles les banques et les sociétés d'assurances. Ce guide peut ainsi aider le consommateur à choisir les produits les plus « éthiques » et faire pression sur les sociétés qui le sont moins. En France, *Le Guide éthique du consommateur* chez Albin Michel a été publié dès le début des années 2000 (cf. p. 360)[2].

---

1. Alice Tepper Marlin, *Shopping for a Better World : a Quick and Easy Guide to Socially Responsible Supermarket Shopping*, Ballantine Books, 1992.

2. Voir également *Achetons responsable* par Élisabeth Laville et Marie Balmain, *op. cit.*, ou *Acheter, c'est voter. Le cas du café*, de Laure Waridel, Écosociété, 2005.

Rien n'incite plus une société à changer que de voir ses ventes s'écrouler en raison d'un boycott d'une partie de ses clients. Or, comme nous l'avons vu au chapitre 10, les consommateurs socialement concernés sont de plus en plus nombreux avec la montée des créatifs culturels. Il y a donc là une force et un potentiel de changement qu'il ne faut surtout pas négliger, même si aucun de nos responsables politiques ne semble encore avoir perçu les potentialités de ce domaine.

Et le développement durable dans tout ça ?

Dans la grande fresque des nouvelles pratiques émergentes que nous venons de parcourir, comment situer ce concept, qui est sans doute celui dont on parle le plus, le développement durable, et que peut-on en penser ?

Il faut d'abord définir ce que c'est. Le fameux rapport « Notre avenir à tous », publié en 1987 par la Commission mondiale sur l'environnement et le développement des Nations unies, connu sous le nom du rapport Brundtland, du nom de la présidente de cette commission, futur Premier ministre de Norvège, le définit ainsi : « Le développement durable est un développement qui répond aux besoins du présent, sans compromettre la capacité des générations futures à répondre aux leurs. » Cela me paraît particulièrement flou, car comment peut-on connaître exactement les besoins des générations futures ? Il me semble plus judicieux et simple de définir le développement durable comme une démarche qui repose sur trois piliers : l'économique, le social et l'environnement. Regardons la figure qui suit et reprenons le cas de notre fameux café équitable. Il s'agissait d'une démarche rentable, donc économiquement saine, et avec une dimension sociale.

Mais, tant qu'il n'y avait pas de dimension environnementale, ce n'était pas véritablement une démarche durable. La réunion des démarches du commerce équitable avec celles de l'agriculture biologique permet ainsi de se placer au centre de la figure, là où se situe le développement durable. Les démarches économiques qui prennent en compte la préservation de l'environnement sont viables, mais n'intègrent pas la dimension sociale, tandis qu'une démarche qui ne prendrait en compte que les dimensions sociales et environnementales déboucherait sur un monde vivable, mais qui ne durerait pas très longtemps à cause de son manque de rentabilité économique. Comme il est assez difficile de se situer exactement dans la partie centrale de la figure ci-dessous, je définirai le développement durable comme toute démarche qui, à partir de l'un des pétales du trèfle, se rapproche du centre de celui-ci.

Les démarches de développement durable peuvent se faire à des niveaux bien différents. Pour une pionnière dans ce domaine comme Élisabeth Laville, il est indispensable pour mettre en place une stratégie du développement durable de « repenser la raison d'être et la finalité de l'entreprise[1] ». Bien évidemment, peu d'entreprises se livrent à une remise en cause aussi radicale ; c'est bien pour cela que des écologistes comme Fabrice Nicolino peuvent ironiser devant des ouvrages comme *Développement durable, 21 patrons s'engagent*[2] où les patrons de grandes entreprises exposent leurs approches du développement durable, qui, bien entendu, sont quelque peu « cosmétiques » dans de nombreux cas, les véritables remises en cause étant fort rares.

1. Élisabeth Laville, *L'Entreprise verte, le développement durable change l'entreprise pour changer le monde*, Village Mondial, 2002.

2. Pierre Delaporte et Teddy Follenfant, *Développement durable, 21 patrons s'engagent*, Cherche midi, 2002.

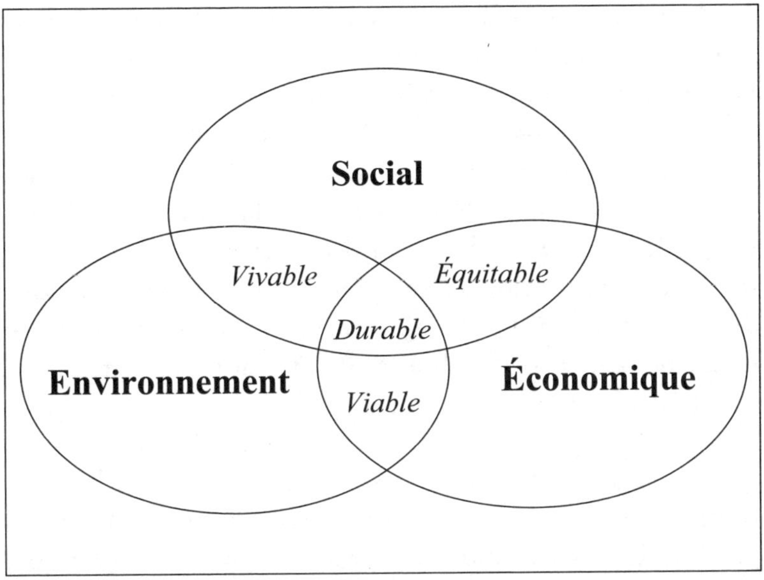

Le développement durable, c'est celui qui prend en compte une triple valeur ajoutée : sociale, environnementale et économique, et non pas seulement cette dernière.

Néanmoins, comme le montre un ouvrage réalisé cinq années plus tard avec les mêmes patrons[1], des progrès ou au moins une prise de conscience existent bel et bien, et même si l'on peut craindre que trop souvent le développement durable ne corresponde pas vraiment à des démarches de fond, tout progrès, quel qu'il soit, me paraît devoir être accueilli favorablement. Car, encore une fois, la transformation nécessaire ne se fera ni en une fois ni par « des sauts quantiques radicaux ». En fait, on peut intégrer dans le développement durable toute une série de pratiques allant d'une meilleure isolation de votre maison à la conception de structures capables de

1. Teddy Follenfant et Claire Tutenuit, *Développement durable, 5 ans après : la métamorphose*, Cherche midi, 2007.

stocker l'hydrogène, un des problèmes essentiels pour le développement d'une voiture propre, en passant par l'utilisation de moteurs plus économes en énergie dans les processus industriels. Tout cela s'inscrit dans le « être moins mauvais » dont nous avons vu les limites avec les critiques qui en ont été faites par McDonough et Braungart. Mais, en attendant la refonte radicale de nos systèmes de conception et de production, même eux nous disent qu'il ne faut pas négliger les petites avancées, tout en gardant à l'esprit le but réel à atteindre et la direction que doit prendre notre bicyclette folle.

Ainsi, nous sommes déjà dans l'ère du postcapitalisme, car même dans l'industrie c'est la connaissance, la créativité, le design, l'innovation qui permettent de dégager les marges les plus importantes, et non les capitaux ; et cela d'autant plus que la crise récente nous a montré à quel point il était dangereux, voire suicidaire dans le long terme, de compter principalement sur la finance pour faire des bénéfices. Mais cette économie de l'information et de la connaissance ne pourra être durable que si elle respecte les différentes dimensions de la figure ci-dessus. Or, à part les raiders et d'autres adeptes du « capitalisme du pillage » (qui, comme les criquets sur un champ, peuvent fondre sur une entreprise, la dévorer, la découper en morceaux et la revendre pour faire un bénéfice rapide, puis s'en aller sur une autre proie), quel est l'investisseur, à commencer par les fonds de pension qui doivent préserver les intérêts des retraités, qui ne souhaite voir ses investissements rapporter à long terme ? Pour cela, il faut inclure la dimension environnementale dans l'économie, en s'appuyant sur la vraie écologie, celle qui imite les cycles de la nature et qui augmente la productivité des matières premières en suivant les voies ouvertes par McDonough, Braungart et Pauli. Mais il faut aussi inclure la dimension sociale, car le grand risque de ce monde postguerre froide serait de donner finalement raison à Marx. L'Occident n'ayant plus d'adversaire depuis la chute du mur de Berlin, certains y ont vu un blanc-seing pour chercher à maximiser sans cesse leur profit, comme le montre le fait que la répartition des bénéfices entre le capital et le travail n'a cessé de se faire depuis vingt ans au détriment des salariés[1]. Or, comme nous l'a rappelé l'encyclique de Benoît XVI, redistribution et justice sociale doivent se vivre au cœur du processus économique, sous peine de voir la légitimité de celui-ci disparaître, ce qui nous amènerait à des situations où l'essence même d'une économie de marché libre pourrait être mise en cause.

Heureusement, il existe, comme nous venons de le voir, tout un panel de solutions. Le commerce équitable, c'est du commerce. Ce n'est pas de la charité, mais un commerce où l'on ne cherche pas à maximiser son profit au détriment de ses fournisseurs. Le microcrédit, c'est du prêt bancaire, ce n'est pas de la charité, car il y a un taux d'intérêt. Mais le but de cette activité n'est pas d'enrichir le prêteur, il est d'aider l'emprunteur à se développer. L'investissement éthique, lui aussi, n'est pas une activité charitable. C'est, comme l'investissement classique, une activité destinée à rapporter de l'argent, mais en y intégrant une sélection des valeurs fondée sur des critères éthiques. Même le social-business de Muhammad Yunus, qui paraît si éloigné du capitalisme puisqu'il y est interdit de distribuer le moindre dividende aux actionnaires, a les mêmes principes

1. Voir Thomas Piketty, *Le Capital au XXIe siècle*, Seuil, 2013. Le succès de cet ouvrage (et la polémique qu'il a déclenchée) provient du fait que les données qu'il présente remettent en cause un fondement du libéralisme selon lequel le développement économique s'accompagnerait mécaniquement d'une baisse des inégalités de revenus.

que l'économie de marché, car, si un social-business perd de l'argent, il doit absolument revenir à l'équilibre en se comportant comme une entreprise normale.

Cela nous permet donc enfin de répondre à la fameuse question d'André Comte-Sponville : l'entreprise se doit de conserver toujours les trois dimensions, sociale, environnementale et économique. Si l'entreprise est en grand danger sur le plan économique, elle doit minorer son action sur les plans social et environnemental, car sa survie dans la durée est l'objectif principal. Mais lorsque la dimension économique va mieux, il est absolument interdit aux entreprises postcapitalistes de faire l'impasse sur les deux autres domaines pour améliorer leurs profits. Comme le dit le bon sens populaire : « On ne peut vivre sans respirer, mais on ne vit pas pour respirer. » L'entreprise ne peut vivre sans profit, mais ce qui compte, ce n'est pas la maximisation des profits à court terme mais sa durabilité à long terme, seul gage de création de valeur solide pour ses actionnaires. Voilà comment l'intérêt bien compris de ceux-ci peut rencontrer la prise en compte des trois grandes dimensions qui sont au cœur de l'activité de l'entreprise, et non de la seule dimension économique.

L'échec d'un certain nombre de délocalisations montre que la poursuite systématique du profit à court terme produit un résultat exactement inverse à celui qui était recherché : la création de valeur pour les actionnaires. Encore une fois, je parle d'actionnaires stables et non pas de raiders se comportant comme des criquets.

Face aux limites du modèle capitaliste classique, résumées par les concepts de « grande illusion », de « grande erreur théorique » et de « grand multiplicateur de toxicité[1] », ce sont en premier lieu les amoureux de l'économie

1. Cf. chapitres 6, 7 et 8.

de marché et de la liberté qui doivent se mobiliser pour faire évoluer le système. Sinon, coincés entre le rejet des uns (ceux qui considèrent que toute collaboration avec le grand capital est une trahison) et l'immobilisme des autres (les libéraux – voire les libertariens – qui nous disent qu'il ne faut surtout pas changer un système qui marche si bien, en refusant de voir les failles béantes qui s'ouvrent sous leurs pas), nous risquons vraiment d'assister à l'effondrement de notre civilisation, ce qui serait particulièrement rageant puisque, comme nous l'avons montré, toute une série d'opportunités et de concepts nouveaux existent pour la construction d'une alternative.

Néanmoins, la description de cette alternative ne serait pas complète si elle ne mentionnait pas la façon dont elle s'incarne dans l'entreprise. En effet, dans n'importe quel système, y compris le social-business, c'est l'entreprise qui est la source principale de création de valeur. Comme l'économie de marché, l'entreprise continuera donc d'être au centre de la société postcapitaliste et transmoderne. C'est pourquoi nous allons consacrer les deux chapitres suivants à étudier, aussi bien sur les plans théorique que pratique, comment le changement de civilisation que nous sommes en train de vivre peut et doit s'incarner dans le monde de l'entreprise.

Résumé de la quatrième partie

Nos pratiques économiques connaissent une triple révolution, conceptuelle, écologique et éthique.

Nous passons d'une société où la force économique reposait sur les machines et les capitaux qui permettaient de les acquérir à une société où la force principale est le savoir, la gestion des connaissances et de la créativité, l'économie du marché passant ainsi du capitalisme au postcapitalisme. Cela correspond au développement, non seulement d'une nouvelle économie, fondée sur l'immatériel et sur l'échange ou le commerce *via* Internet, mais aussi d'une « nouvelle nouvelle » économie, dont les produits sont par construction gratuits et destinés à le rester, ce qui n'empêche pas certaines entreprises telles que Google de gagner énormément d'argent.

On voit enfin apparaître de véritables services publics mondiaux de l'éducation et de l'information, tels que Wikipédia, et d'autres organisations à but non lucratif, comme Khan Academy. Tout cela va de pair avec une explosion de l'offre (la « longue traîne ») qui crée des opportunités pour des centaines de millions de personnes. Cette révolution implique que l'organisation des connaissances, et surtout leur validation (comment s'orienter dans la jungle actuelle de l'Internet ?), sera l'un des enjeux majeurs du XXIe siècle.

Une révolution écologique ensuite. Même si les affirmations des différentes cassandres sont en général prises en défaut, il est évident que notre mode de vie n'est ni durable ni partageable par l'ensemble de la planète. Nous devons donc nous diriger vers une révolution de la qualité dont le but sera non pas d'avoir plus, d'accumuler des biens matériels, mais de produire et de vivre mieux, de produire de façon durable en éliminant toute forme de gaspillage et en mettant en place des stratégies de recyclage qui imitent les lois de la nature. Faire des usines ou des voitures qui dépolluent l'atmosphère autour d'elle au lieu de la polluer, récupérer et valoriser la quasi-totalité des déchets produits par notre civilisation sont des buts que, aussi difficile que cela puisse paraître, cette révolution écologique se devra d'atteindre. C'est ici que l'importance de travaux comme ceux de Gunter Pauli, William McDonough et Michael Braungart prennent tout leur sens. Il ne s'agit pas de minimiser nos déchets, mais de supprimer ce concept. Comme la nature, nous ne devons plus avoir de poubelles !

Révolution éthique enfin. Ces dernières décennies ont vu émerger et se perfectionner une série de pratiques qui, tout en utilisant l'économie de marché et la libre entreprise, intègrent une dimension éthique dans le processus même de la production et non pas *a posteriori*, sous forme d'une redistribution charitable des « fruits de la croissance ». Ce sont le microcrédit, le commerce équitable, le social-business, la notation et l'investissement éthique, qui nous montrent qu'une autre forme de capitalisme est possible, qui est tout aussi éloignée du collectivisme que du libéralisme classique. Des exemples comme ceux de Muhammad Yunus prouvent que l'on peut utiliser la force des principes mêmes du capitalisme pour le profit de toute la société et pas seulement des actionnaires. Ces révolutions sont en plus portées par un mouvement puissant, elles correspondent profondément aux attentes et aux tendances lourdes d'une nouvelle génération qui se démarque à la fois des anciens et des modernes, celle que nous avons désignée, faute de mieux, sous le terme de « créatifs culturels » et analysée dans la troisième partie.

Nous voyons ainsi comment la « bicyclette folle » qu'est notre société peut choisir d'autres routes que celles qui mènent vers le gouffre que nous avons décrit dans la deuxième partie. Encore faut-il que nous ayons la lucidité de comprendre la nécessité de cette mutation et la volonté d'aller dans cette direction.

V

DE NOUVEAUX TYPES D'ENTREPRISES, PILIERS DU MONDE DE DEMAIN

14

Liberté, j'écrirai ton nom

> « Nous gagnerons et l'Occident industriel perdra parce que vos entreprises reposent sur le modèle de Taylor. S'agissant de vos esprits, c'est encore pire. Vos patrons se chargent de la réflexion et les ouvriers manient le tournevis [...]. Le monde économique est devenu si complexe et si difficile, la survie des entreprises si périlleuse et pleine de dangers qu'elle exige la mobilisation au jour le jour de la moindre parcelle d'intelligence[1]. »

> « Si tu veux construire un bateau, ne rassemble pas tes hommes pour leur donner des ordres, pour expliquer chaque détail, pour leur dire où trouver chaque chose... Si tu veux construire un bateau, fais naître dans le cœur de tes hommes le désir de la mer[2]. »

L'entreprise est, et restera, le lieu principal de la création de valeur qui est à la base de cette fameuse

1. Kōnosuke Matsushita, cité par Isaac Getz et Brian M. Carney, *Liberté & Cie. Quand la liberté des salariés fait le bonheur des entreprises*, Fayard, 2012, p. 12.
2. Antoine de Saint-Exupéry, *Citadelle*, Gallimard, 1948.

croissance, sans laquelle notre civilisation s'effondrerait comme un château de cartes. C'est aussi l'endroit où une grande partie des hommes et des femmes de cette planète vont passer l'essentiel de leur vie. C'est dire à quel point il s'agit d'un élément fondamental de notre société.

Or, nous avons vu, au chapitre 2, que les entreprises modernes ont été, pour l'essentiel, formatées à partir des principes de la science classique, en employant le déterminisme, le mécanicisme, le réductionnisme, les méthodes bureaucratiques qui semblaient si novatrices à la fin du XIXe siècle à un Max Weber et l'organisation scientifique du travail de Taylor. C'était une période où la population générale était encore peu instruite et où les moyens de communication étaient limités. Cela répondait donc très bien à l'environnement des entreprises et à leurs besoins. Mais le parcours que nous venons d'effectuer nous a montré que tout a changé. Des concepts scientifiques nouveaux sont apparus et nous permettent de mieux nous diriger dans la mondialisation complexe qui est devenue notre quotidien. L'éducation, associée à la révolution de l'informatique et de l'Internet, a radicalement changé le potentiel et les structures mentales des personnes qui travaillent dans l'entreprise. Leurs attentes aussi ont profondément évolué, vu les changements sociétaux en cours que nous avons décrits aux chapitres 9 et 10. Enfin, les trois derniers chapitres nous ont montré qu'une nouvelle économie était possible. Pour cela, il est bien entendu nécessaire que se développent des entreprises d'un nouveau genre. Dans les deux chapitres qui suivent, nous allons analyser ces dernières, capables de répondre en interne aux aspirations des créatifs culturels ou de ceux qui leur ressemblent, et en externe d'être soutenues par eux en tant que consommateurs. Ces entreprises vont intégrer les nouvelles formes d'économie que nous avons décrites et vont appliquer des méthodes d'organisation dont nous verrons qu'elles sont réellement en phase avec certains des concepts scientifiques que nous avons décrits aux chapitres 3 et 4. N'oublions pas que nous entrons dans une époque non réductionniste, et qu'ainsi science, société, économie et entreprise sont profondément liées dans l'élaboration d'une nouvelle étape de notre civilisation qui est en train de se développer sous nos yeux.

Dans ce chapitre, nous allons nous centrer sur l'organisation des entreprises postcapitalistes, tandis que dans le chapitre suivant nous aborderons le domaine de leur responsabilité sociale et environnementale. Pour cela, nous allons être amenés à citer de nombreuses entreprises ayant effectué des démarches novatrices dans l'un ou l'autre domaine. Bien entendu, aucune de ces entreprises n'est parfaite et, en cherchant un peu, on pourra toujours trouver un ex-salarié ou un ex-client ayant des reproches, justifiés ou non, à lui faire. Cela ne doit pas nous empêcher de nous intéresser à ces entreprises. Tout d'abord parce que « le bien ne fait pas de bruit ». Mille clients satisfaits sont moins visibles qu'un client furieux. Ensuite, parce que la perfection n'est pas de ce monde et que les remarques du style : « Vous nous parlez de telle ou telle entreprise, mais savez-vous qu'ils ont fait ça ou ça ? » sont profondément contre-productives. Quels que soient les défauts d'une entreprise, ce qu'elle fait de remarquable, de novateur, voire d'unique, doit être mis en avant pour inciter d'autres entreprises à évoluer dans la même direction.

Nelson était-il un usurpateur ?

On peut se poser cette question quand on prend conscience que l'amiral Nelson a remporté ses deux plus célèbres victoires contre les Français, celles d'Aboukir et de Trafalgar, alors qu'il a été tué au tout début de la bataille de Trafalgar et qu'il a été dans le coma pendant celle d'Aboukir, ayant reçu lors des premiers coups de canon un morceau du mât sur la tête. Dans la vision classique du rôle d'un dirigeant, Nelson ne mérite donc pas d'avoir sa statue sur Trafalgar Square. Mais nous allons voir que, dans la vision nouvelle du rôle d'un dirigeant, c'est bien Nelson qui a remporté ces victoires. Avec plus d'un siècle et demi d'avance, Nelson organisait ce qui ne s'appelait pas encore des séminaires avec son « comité de direction », c'est-à-dire avec les capitaines de ses navires. Lors de ces réunions, ils échangeaient sur leur vision de la bataille, leur vision de la mer et, même, leur vision du monde au sens le plus large. Nelson a écrit qu'avec ces réunions il voulait développer une « compréhension commune » entre tous ses capitaines. Et voici ce que cette démarche a généré lors de la bataille d'Aboukir.

À cette époque, les batailles navales se déroulaient en général en ligne. La linéarité représentait une certaine forme de sécurité : si un bateau était abîmé, il pouvait s'enfuir et, pour le poursuivre, le bateau d'en face devait passer sous le feu croisé des autres navires. C'est pourquoi les grandes batailles navales étaient rarement décisives. Ainsi, c'est la tempête et non la flotte anglaise qui a coulé l'Invincible Armada. À Aboukir, le plan à l'origine était d'acculer les Français contre la côte d'où ils ne pourraient pas s'enfuir, de façon à les éliminer. Mais quand la flotte anglaise doubla le cap d'Aboukir, on se rendit compte que la flotte française était plus éloignée que prévu des côtes égyptiennes. À ce moment-là, les premiers coups de canon partirent, et Nelson tomba dans le coma frappé par la chute d'un morceau de mât. Le plan initial ne s'appliquait plus, et la flotte anglaise n'avait plus de commandant en chef. On aurait donc pu penser qu'elle était mal en point. Mais le capitaine du premier navire se dirigea alors entre la flotte française et la côte égyptienne, suivi du deuxième. Le troisième et le quatrième, loin de les suivre bêtement, allèrent à l'endroit prévu à l'origine, et la flotte française fut ainsi prise en sandwich. Le résultat de cette manœuvre que personne n'a ordonnée... c'est que la première langue étrangère des Égyptiens est aujourd'hui l'anglais, alors que celle des Marocains, des Tunisiens et des Algériens est le français ! Notons que l'amiral d'Aigalliers, qui commandait la flotte française, refusa jusqu'au bout la rupture de la ligne, car, pour lui, linéarité égalait sécurité (on ne saurait être plus classique). Les simulations modernes nous apprennent que, pour sauver le maximum de bateaux, le commandant de la flotte française aurait dû donner un ordre pour lequel il n'existait même pas de drapeaux à l'époque (les ordres se donnaient par drapeaux vu l'absence d'autres moyens de communication) : « Faites ce que vous voulez, partez dans n'importe quelle direction. » On imagine la réponse stupéfaite des capitaines des vaisseaux : « Mais enfin, on va se rentrer les uns dans les autres ! — Et alors ? Faites n'importe quoi ! » C'est en adoptant un comportement chaotique que la flotte française aurait pu sauver le maximum de ses navires, en déstabilisant la belle manœuvre des Anglais.

Ce qui nous importe de retenir ici, c'est que Nelson est bien le vainqueur d'Aboukir et de Trafalgar (où là aussi la flotte anglaise a employé une stratégie de ce type). Mais son rôle n'était pas celui d'un manager classique qui, comme Napoléon au pont d'Arcole, soit donne des ordres précis, soit donne lui-même l'exemple en disant : « Voici qu'il faut faire, suivez-moi. » Non, Nelson a créé un cadre dans lequel ses capitaines de vaisseaux pouvaient exprimer leur créativité. C'est une façon très différente de concevoir le rôle d'un dirigeant, comme le montre la figure suivante. Le dirigeant classique est au sommet d'une pyramide, tandis que le dirigeant postcapitaliste « fait le cercle » (à droite).

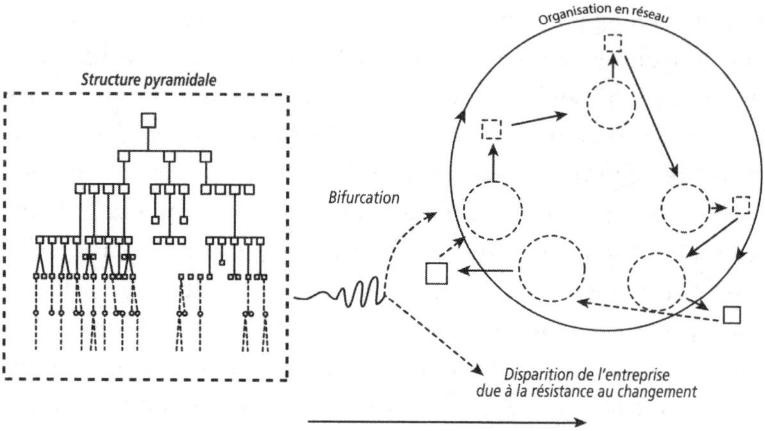

Un système de management classique et un système où le dirigeant « fait le cercle », en étant garant des valeurs d'un système qui s'auto-organise.

On peut appliquer ici une métaphore biologique, celle de la cellule. Une cellule est constituée d'un grand nombre de petites usines chimiques qui produisent différentes molécules. Mais, sans la membrane de la cellule, rien ne pourrait fonctionner. Pourtant, cette membrane elle-même ne produit rien.

Comment ne pas percevoir instinctivement que ce système est mieux adapté au monde incertain qui est le nôtre ? Le changement de position de la flotte française peut représenter pour une entreprise l'arrivée d'une nouvelle loi, comme ce fut le cas avec les 35 heures en France, l'arrivée d'un nouveau concurrent dans son secteur ou n'importe quelle modification brutale de son environnement. Dans ce cas-là, soit on se tourne vers le chef et on attend ses directives, soit on essaie d'adapter un scénario préétabli qui avait plus ou moins envisagé cette situation. Or, une entreprise n'est-elle pas plus performante si ses membres sont capables de réagir instantanément, sans attendre une décision venant d'en haut ? Nous sommes ici dans un cas illustrant parfaitement la façon dont l'auto-organisation peut être plus efficace qu'une hiérarchie classique. Quand un prédateur arrive à proximité d'un banc de poissons, tous les poissons changent immédiatement de sens sans qu'aucun d'entre eux ait donné la moindre consigne. Jean-François Zobrist, qui a modifié de fond en comble l'organisation de l'entreprise de fonderie Favi, comme on le verra ci-dessous, raconte qu'il comprit les handicaps de l'entreprise dont il venait d'être nommé P.-D.G. et qui pourtant fonctionnait bien en changeant un week-end la bougie de sa tondeuse à gazon. Dans son entreprise, l'ouvrier, n'ayant pas le droit de toucher au matériel en panne, aurait appelé un régleur, qui aurait dit que cela relevait de l'entretien ; le chef d'atelier aurait alors appelé le service d'entretien dont le responsable aurait envoyé un mécanicien qui aurait dit que cela relevait d'un électricien, ce dernier serait allé au magasin chercher une nouvelle bougie, aurait pour cela rempli un formulaire et aurait, enfin, mis la bougie neuve sur la tondeuse, permettant à l'ouvrier de continuer à tondre le gazon. Quelle efficacité extraordinaire cela serait pour l'entreprise si l'on pouvait s'y comporter comme dans la vie de tous les jours, c'est-à-dire de permettre à l'ouvrier de réparer lui-même la tondeuse et d'aller chercher lui-même la bougie dans une réserve, sans prévenir personne ! Dominique Louis, P.-D.G. du groupe Assystem, dont nous allons également parler, m'avait fait part de l'anecdote qui suit. Il avait constaté que le postier de son village fermait ses bureaux à 16 h 59 et se dépêchait, dès 17 h 01, de quitter son lieu de travail. On pouvait donc penser que c'était quelqu'un de peu motivé par le travail et qu'il avait choisi pour cela un poste tranquille de fonctionnaire. Mais, à 18 heures, le même homme faisait le tour du village pour vendre, avec beaucoup plus de conviction qu'il ne vendait les produits financiers de La Poste, des places pour le prochain match du club de rugby dont il était le secrétaire général. Ce qui montrait qu'il y avait chez cet homme de grandes ressources qui ne parvenaient pas à s'exprimer dans le cadre de son travail. Ainsi, un très grand nombre d'idées, d'innovations, de créativité ne peuvent pas ou ne veulent pas s'exprimer dans certaines entreprises, et c'est une perte d'autant plus grave pour celles-ci que ce sont justement ces qualités-là qui feront la différence entre une entreprise et ses concurrents, dans le cadre de la société de la connaissance que nous avons décrite tout au long de ce livre. De plus, le niveau d'éducation et d'information du grand public ayant profondément augmenté, les capacités d'innovation et de création, même des personnes « de la base », est plus important qu'auparavant. Mais comment mettre en place une structure qui permette l'expression de ces différentes qualités ? Car il est très facile de dire : « On va libérer les énergies créatrices de chacun », et très difficile de le faire.

« Où est mon poste de travail ?
— C'est à vous de l'inventer »

Vous venez d'être recruté par une grande entreprise industrielle dont certains produits sont connus dans le monde entier. Vous arrivez dans l'entreprise pour la première fois et demandez à la personne qui vous accueille où est situé votre poste de travail. Quelle n'est pas votre surprise quand on vous répond : « C'est à vous de l'inventer », et qu'on vous laisse tout seul. Vous vous promenez ainsi dans l'entreprise, sans connaître personne et sans savoir quoi faire. Vous revenez chez vous et n'osez pas raconter à vos proches cette première journée de travail, pour le moins étonnante. Le lendemain, la situation ne s'est pas améliorée, vous êtes toujours tout seul, sans savoir quoi faire. Vous finissez par vous promener dans différents services, puis par aborder des gens. De proche en proche, vous entamez vos premières discussions. Puis, quelqu'un vous dira : « Ah, vous êtes spécialiste des interactions électroniques de surface ? J'ai entendu dire qu'il y a une équipe là-bas qui travaille sur ce sujet. » Vous allez donc rencontrer les gens en question, présenter ce que vous faites et découvrir ce qu'ils font. Si tout va bien, vous commencez à travailler avec eux, mais ce n'est qu'une forme de stage. À l'issue de celui-ci, un vote démocratique aura lieu parmi l'équipe pour savoir si vous les rejoignez. Si ce n'est pas le cas, vous devrez tenter votre chance avec une autre équipe. Si les choses se passent mal ou que vous êtes trop désorienté par cette façon inhabituelle de faire, un parrain vous accompagnera dans l'entreprise et, sans rien vous imposer ni même vous suggérer, vous présentera les différentes équipes et les personnes qui y travaillent, vous laissant ainsi faire vous-même le choix de l'endroit où vous avez le plus envie de travailler. Cela n'est pas de la fiction, ne se produit pas dans une entreprise baba cool ou hippie de Californie, mais dans une entreprise industrielle, Gore, dont tout le monde connaît le produit vedette, le Gore-Tex. Mais ce que l'on ne sait pas en général, c'est que Gore a créé près de un millier d'autres produits, allant des prothèses médicales aux cordes de guitare, en passant par du fil dentaire ou des câbles de freins pour vélo, et qu'elle a plusieurs fois été nommée l'entreprise la plus innovante au monde. Cela étant rendu possible grâce à une structure de fonctionnement (on n'ose pas dire structure managériale) particulièrement novatrice mise en place par Bill Gore, son fondateur, il y a plus de cinquante ans.

Il n'y a pas de hiérarchie chez Gore, seulement des leaders, et ce n'est pas une simple question de sémantique, car ces leaders, personne ne les a nommés. Ils émergent spontanément de la manière suivante. Vous avez, par exemple, l'idée que les revêtements utilisés par Gore pour des prothèses médicales pourraient parfaitement protéger les cordes de guitare des mains des utilisateurs et les faire ainsi durer plus longtemps. Vous affichez alors un résumé du projet, avec une heure et une date de réunion. Le jour venu, vous présentez votre projet, et l'avenir de celui-ci dépendra entièrement de la réaction des personnes présentes. Si celles-ci adhèrent au projet, alors ses premières étapes seront financées. Si cette adhésion se maintient, le projet ira à son terme et, dans le cas évoqué ici, Gore est devenu le leader mondial de la production des cordes de guitare, alors qu'il n'avait jamais mis les pieds dans le secteur des instruments de musique. Après avoir réussi une telle expérience, vous franchissez les premières marches qui mènent à la fonction de leader. Ainsi, ce sont vos collègues qui vous désigneront comme tel, et les leaders les plus importants de l'entreprise émergent naturellement. Plus encore, la présidente actuelle de Gore, Terri Kelly, a été choisie selon le même processus. C'est la personne avec laquelle le plus de gens de l'entreprise ont désiré travailler. Il n'y a donc pas d'« emploi » chez Gore, mais des engagements. Les associés, comme on les appelle (car la plupart des employés sont actionnaires), prennent l'engagement de travailler sur tel ou tel projet et d'effectuer telle ou telle tâche, au lieu de se voir assignés à des emplois ou à des fonctions. Leur crédibilité augmentera au fur et à mesure qu'ils respecteront leurs engagements. Terri Kelly a pu définir le fonctionnement de Gore comme une « économie du don ». Au lieu de garder jalousement votre idée pour vous en espérant qu'elle vous apportera promotion et augmentation de salaire, vous devez, de par la structure même de l'entreprise, en faire cadeau au plus grand nombre de personnes autour de vous, pour les inciter à développer et réussir ce projet avec vous.

Le fonctionnement de Gore impose de petites structures, que ce soit pour les bureaux ou des unités de production qui, en général, ne dépassent pas 400 personnes, alors que l'entreprise rassemble plus de 9 000 salariés. Gore se moque bien des fameuses économies d'échelle, et se moque tout aussi bien de la fameuse tendance qu'il y a à se recentrer sur son corps de métier pour être performant. Même s'il existe chez Gore de grandes divisions, telles que le textile, l'électronique, les produits médicaux et les produits industriels, les quelque 1 000 produits de l'entreprise proviennent des domaines les plus divers. Mais comment peut-on faire pour entrer sur le marché des cordes de guitare ou du fil dentaire quand on n'a aucune expérience commerciale dans ce domaine ? On applique la stratégie du don. On va donner des échantillons gratuits de cordes dans des revues spécialisées sur les guitares ou de fil dentaire chez les dentistes, de façon à montrer la supériorité du produit.

On pourrait penser qu'une telle structure désordonnée, voire anarchique, risquerait très vite de mettre l'entreprise dans une situation quelque peu chaotique. Mais, dès le début, Bill Gore était habité par l'idée qu'une organisation classique serait moins performante, dans le long terme, pour développer la créativité et l'innovation dans le secteur industriel. L'avenir lui a donné raison. Avec cinquante-sept ans d'existence, 9 000 salariés et des domaines d'activité qui n'ont rien à voir avec la nouvelle économie, mais qui sont enracinés dans des processus de production industrielle, Gore constitue une magnifique démonstration de la validité des principes de l'auto-organisation.

Comme nous l'avons vu, l'économie postcapitaliste est fondée sur la créativité et l'innovation humaines, mais on ne peut pas forcer quelqu'un à être créatif en pressant sur un bouton, ni même en augmentant son salaire ou en lui donnant de bonnes conditions de travail. Pour qu'il soit créatif, il faut qu'il soit plongé dans un environnement qui lui permette non seulement d'avoir des idées, de les exprimer, de recevoir du soutien, mais surtout de les mener à bien. C'est un tel environnement que Bill Gore a construit dans son entreprise, ce qui permet d'expliquer à la fois la créativité de celle-ci et aussi le bonheur qu'a le personnel à y travailler. Depuis trente ans, Gore est présent dans le classement des entreprises où il fait bon travailler ; en 2014, elle était même quatrième mondial dans ce classement[1]. Dans une telle entreprise, comme dans beaucoup de celles dont nous allons parler, le *turnover*, le taux de départ, est très faible, et souvent des employés qui sont partis, attirés par un salaire plus alléchant, reviennent ensuite dans l'entreprise où, loin d'être regardés de travers, ils sont, comme le fils prodigue de l'Évangile, accueillis à bras ouverts (on les appelle affectueusement les « boomerangs »).

Whole Foods Market est une entreprise d'une taille encore nettement supérieure à Gore, avec 56 000 salariés et 9 milliards de dollars de chiffre d'affaires. Elle

1. www.greatplacetowork.fr/meilleures-entreprises/worlds-best-multinational-workplaces/le-palmares

est située dans un secteur complètement différent et très concurrentiel : la grande distribution. Whole Foods Market commence par violer la sacro-sainte règle de ce domaine : alors que les autres hypermarchés réduisent au minimum leurs coûts grâce à des centrales d'achat achetant massivement des produits identiques pour tous les magasins, chaque équipe, dans un magasin de Whole Foods Market, est libre d'acheter les produits de son choix. Ainsi le rayon charcuterie d'un magasin du Texas sera-t-il totalement différent du rayon charcuterie d'un magasin de Californie qui, lui-même, sera totalement différent du rayon de charcuterie d'un magasin de New York. L'unité de base ici n'est pas le magasin, mais bien le rayon, confié à une équipe dans laquelle, si vous voulez y travailler, vous devez, comme chez Gore, être accepté par un vote des autres membres de l'équipe. Et si vous êtes rejeté à la charcuterie, il faudra tenter votre chance aux fruits et légumes ou à la poissonnerie, et ainsi de suite. L'implication de cette liberté extraordinaire est une responsabilité tout aussi extraordinaire. Puisque vous avez choisi les personnes avec qui vous travaillez et les produits que vous allez vendre, vous ne pouvez pas vous défausser si cela ne fonctionne pas. C'est pourquoi, si cela fonctionne, votre salaire peut être doublé ou triplé, tandis que toute l'équipe sera au salaire minimum si les résultats sont mauvais. Par ailleurs, le P.-D.G. fondateur John Mackey a instauré une règle selon laquelle aucune rémunération (y compris son propre salaire) ne peut dépasser 19 fois le salaire moyen versé dans l'entreprise, alors que ce ratio est de l'ordre de 400 pour 1 dans les grandes entreprises. Dans le même esprit, 93 % des stock-options sont attribués à des non-cadres, alors que, dans la plupart des entreprises, un petit nombre de dirigeants, parfois moins de 10, se partagent 75 % des stock-options[1].

Whole Foods Market a comme spécificité de vendre de la nourriture biologique et de soutenir chez ses fournisseurs les démarches de développement durable. En ce sens, l'entreprise surfe sur le développement des créatifs culturels décrits au chapitre 10 et n'avait pas pour objectif premier la réussite financière. Mais la formule mise en place par Whole Foods Market a donné des résultats si extraordinaires que l'entreprise a aux États-Unis le meilleur rendement par mètre carré dans son secteur, ce qui est le ratio le plus important dans la grande distribution, et sa valorisation boursière dépasse de très loin celle des sociétés de distribution de même taille. Il est d'ailleurs intéressant de noter que Whole Foods Market fait partie du NASDAQ qui regroupe, en théorie, des valeurs boursières de la nouvelle économie, alors qu'il s'agit d'une entreprise d'alimentation. Une façon comme une autre de la part des dirigeants du NASDAQ de reconnaître que l'agriculture biologique et les préoccupations de développement durable font partie de la nouvelle économie !

Oser la confiance

Vous penserez sans doute que des résultats aussi extraordinaires ne sont possibles que dans des entreprises conçues dès l'origine par des visionnaires comme Bill Gore ou John Mackey pour maximiser l'initiative et la créativité des salariés grâce à la liberté (mais également

1. Pour une description de Whole Foods Market, voir Gary Hamel, *La Fin du management : inventer les règles de demain*, Vuibert, 2008, p. 63-74.

aux responsabilités) exceptionnelle dont ils bénéficient, mais que cela ne peut être le cas dans une entreprise existante pourvue d'une culture se situant à l'opposé de ces deux exemples. Détrompez-vous. De très nombreuses expériences ont été menées par ce que Getz et Carney appellent des « leaders libérateurs[1] ». La plupart de leurs exemples sont américains, mais en voici un qu'ils ignorent et qui est bien français : le groupe Sulzer.

Cette filiale d'un groupe suisse produisait dans les années 1980 de gros moteurs Diesel pour les navires issus des chantiers navals français. L'entreprise n'avait jamais eu à se frotter à la concurrence internationale. Elle était de ce fait peu compétitive, les contrats se signaient de gré à gré entre les responsables de l'usine et les dirigeants des chantiers navals qui se connaissaient de longue date. Mais voilà que tous les chantiers navals français étaient en cours de fermeture, que l'entreprise accusait un déficit équivalent au tiers de son chiffre d'affaires (200 millions de francs de l'époque pour un chiffre d'affaires de 600 millions de francs). Plusieurs patrons s'étaient succédé l'année précédente à la tête de l'entreprise avec le discours classique : « Tous ensemble, mobilisons les énergies, réduisons les coûts », et cela sans aucun résultat. 400 licenciements étaient prévus parmi les 1 200 salariés lorsqu'un nouveau dirigeant fut nommé, Bertrand Martin. L'état de l'entreprise était si mauvais que ses concurrents l'appelaient pour lui dire : « Quand tu auras fait faillite, on aimerait bien racheter les machines de ton hangar B », car l'entreprise possédait des machines et un savoir-faire de qualité. Après qu'il eut entendu, dans le luxueux siège social de l'entreprise situé à Paris, que « le problème, c'était l'usine », insinuant que là-bas c'était

1. Isaac Getz et Brian M. Carney, *Liberté & Cie…*, *op. cit.*

le tiers-monde, tous des incapables, et, à l'usine, que « le problème, c'est le siège social, là-bas ce sont des incapables qui vivent dans le luxe et qui ne savent que gaspiller nos ressources », Bernard Martin décida de vendre le siège social et de l'installer au cœur de l'usine, à Mantes-la-Jolie, dans la lointaine banlieue parisienne. Il se rendit compte, à cette occasion, que certains ingénieurs n'avaient tout simplement jamais vu l'usine, ce qui montre le niveau de cloisonnement qu'avait pu atteindre cette entreprise. Mais l'action directe de Bertrand Martin s'arrêta là. Quand on l'abordait dans les couloirs pour lui dire : « Votre prédécesseur avait essayé ça et ça, et vous, qu'allez-vous faire ? », il répondait tout simplement : « Je ne sais pas », au point que son directeur des ressources humaines finit par venir le voir, en lui disant : « Vous savez, méfiez-vous, ça se sait, que vous ne savez pas ! On entend dans les couloirs : "Là on est vraiment mal, le nouveau P.-D.G., il ne sait même pas ce qu'il faut faire !" »

« Mais c'est vous qui êtes dans l'entreprise, lui répondit Bertrand Martin. Moi, je viens juste d'arriver, c'est à vous de me dire ce qu'il faut faire. » Ainsi furent créés des groupes d'études et de propositions qui, de façon non hiérarchique, choisirent eux-mêmes d'étudier un problème particulier et ses solutions possibles. Près de 800 personnes participèrent à une trentaine de groupes, mais une fois que le mouvement eut atteint une telle dimension, les ouvriers ne manquèrent pas de dire à Bertrand Martin : « Et qu'est-ce que vous allez faire de toutes nos idées, on va vous les remettre et elles seront enterrées comme d'habitude ? — Pas du tout, dans quelques semaines les groupes présenteront leurs recommandations devant l'ensemble de l'entreprise et je m'engage à ce que 70 % d'entre elles soient appliquées d'ici un an. » C'est là un ensemble frappant de « management à la Nelson » ou de ce que j'ai appelé « faire le cercle » (cf. la figure p. 538), c'est-à-dire instaurer une règle de jeu dont on est le garant et qui rend possible la créativité de ses salariés.

La veille de la grande réunion, la direction de l'entreprise était quelque peu inquiète. Elle est allée voir Bertrand Martin pour lui dire : « Vous allez annoncer quelque chose demain ? Vous avez obtenu une commande de la marine nationale pour sauver l'entreprise ? — Pas du tout, répondit Bertrand Martin, je n'aurai rien à annoncer. — Alors, on va réunir tout le personnel, y compris ceux qu'on va licencier, et on n'a rien à leur dire ? — Oui. — Mais ils vont nous réduire en bouillie. » Bertrand Martin, une personnalité « ronde » et qui parle d'un ton calme, leur répondit tranquillement : « Oh non, je pense que ça se passera bien. » Et effectivement, j'ai vu la vidéo de cette grande réunion, de ce Big Bang, comme on l'a appelé par la suite dans l'entreprise, mais il serait plus correct de dire qu'il s'agissait d'une véritable bifurcation (au sens de la figure p. 109). En effet, la direction fait ce que j'appelle un « retrait créatif ». Elle écoute comme tout le monde les différents groupes présenter leurs propositions, et Bertrand Martin se garde bien de prendre la parole ensuite pour dire quelque chose du style : « Et maintenant, voici ce que nous allons faire. » Ainsi, comme l'ont dit certains ouvriers après coup : « On ne risquait pas de le siffler parce qu'on se serait sifflés nous-mêmes. » Plus symptomatique encore, ce propos d'un ouvrier : « Pour une fois qu'une direction nous appelait à l'aide, on n'allait pas la lui refuser. »

Des mesures fortes et originales furent proposées, comme une formation lourde et coûteuse des ouvriers à la communication, et cela dans une entreprise au bord de la faillite ! En effet, le manque de communication entre les services avait été identifié comme l'une des causes importantes de non-productivité de l'entreprise. Des commissions « les métiers s'expliquent » furent créées pour qu'un commercial présente aux ouvriers les arcanes d'une négociation, tandis que les ouvriers exposaient aux commerciaux les contraintes de leurs travaux au quotidien. D'autres mesures furent symboliques, mais eurent un grand effet, comme le fait de supprimer les places de parking pour la direction ou, tout simplement, de se dire bonjour le matin. Le début de la mise en place des changements provoqua une mobilisation qui fit s'effondrer les taux d'absentéisme. La direction avait affiché comme slogan : « 10 % de productivité en plus. » Un ouvrier dit un jour à Bertrand Martin : « Vous croyez vraiment que 10 % de plus vont sauver l'entreprise ? Vous savez, dans certains domaines, 30 ou 40 % sont facilement atteignables ! »

En fait, à la grande surprise de tous, la productivité augmenta de 90 %, sans aucun licenciement (ceux-ci avaient été bloqués par Bertrand Martin, en attendant les résultats de la réorganisation de l'entreprise). L'entreprise était plus productive, certes, mais il n'y avait toujours pas de marché pour ses produits. Un commercial trouva la possibilité d'exporter des moteurs Diesel pour la construction de centrales électriques en Chine dont la formidable croissance commençait à l'époque. Mais il fallait les livrer en sept mois, alors que le directeur technique affirmait qu'on ne pouvait pas le faire en moins de neuf mois. Bertrand Martin convoqua alors un petit groupe de personnes de tous les niveaux hiérarchiques et leur exposa la situation. « Si nous prenons cette commande et que nous ne tenons pas les délais, notre réputation sera morte à l'exportation, alors que nous commençons juste à exporter. Si nous ne prenons pas cette commande, nous risquons de faire faillite. — Pourquoi nous dites-vous ça ? demandèrent les salariés. — Parce que je me suis engagé à partager avec vous tout ce qui est important pour la situation de l'entreprise. »

Sans rien demander à Bertrand Martin, le groupe en question organisa trois jours plus tard un référendum dans l'entreprise. Bertrand Martin en fut informé par sa secrétaire qui demanda si elle pouvait aller voter. « Bien sûr », lui dit-il. À 80 %, le personnel vota qu'il fallait accepter la commande en Chine. Le directeur technique, affolé, vint dire à Bertrand Martin : « Vous n'allez quand même pas prendre une telle décision stratégique en vous fiant à un vote du personnel ? — Si c'est vous qui me disiez que c'était possible et non pas eux, j'aurais des doutes, mais là, rassurez-vous, cela va bien se passer », lui répliqua Bertrand Martin. Et effectivement, les moteurs furent installés en moins de sept mois, au grand étonnement des clients chinois et des concurrents coréens et japonais de l'entreprise. Mais les ouvriers vinrent voir Bertrand Martin et lui dirent : « On est venus travailler les week-ends, on a tout fait pour que ce soit possible, mais ça doit rester exceptionnel. Il faut améliorer les chaînes de production. » Séduit par ces premiers résultats, l'actionnaire accepta d'investir dans cette entreprise qui semblait vouée à la disparition, des consultants internationaux vinrent pour rebâtir les chaînes de montage dans une logique de « juste à temps » et furent très surpris par l'accueil qu'ils reçurent. « Habituellement, chacun s'accroche à ses habitudes et fait tout pour que rien ne change. Ici, nous avons été accueillis par des gens qui ne cessaient de nous demander : "Comment faire pour rendre mon travail plus efficace ?" » Quittant le marché « protégé » mais sans avenir des moteurs pour les navires, l'entreprise se lança sans filet face à la concurrence internationale sur les marchés des moteurs Diesel pour centrales électriques. Les résultats furent extraordinaires.

Elle devint l'un des leaders mondiaux dans ce domaine. Le chiffre d'affaires doubla, atteignant 1,2 milliard de francs, avec des bénéfices de 200 millions de francs, alors qu'on avait commencé le redressement avec des pertes du même montant.

Quand au milieu des années 1990 je suis allé chez Sulzer pour étudier le fonctionnement innovant de cette entreprise, trois choses m'ont frappé :

– Premièrement, j'ai été interviewé par une équipe de reporters chargés de faire un journal interne, à la fois sur papier et en vidéo (Internet n'existait pas à l'époque, la partie vidéo était donc diffusée sous forme de cassette VHS). Le journaliste était un ouvrier qui faisait bénévolement ce travail, tandis que le cameraman qui me filmait était un ingénieur, tout aussi bénévole. Tous les deux reprenaient leur fonction classique après avoir effectué ce travail de communication. Ces « reporters » jouaient un rôle essentiel pour la diffusion de l'information et la transparence dans l'entreprise. Dès qu'une rumeur commençait à circuler, le service de communication interne enquêtait pour savoir si elle était vraie ou non. Et, des fois, chose assez incroyable, la direction en était réduite à demander un droit de réponse dans le journal de communication interne de l'entreprise, ce qui est pour le moins inhabituel. Si l'entreprise pratique la subsidiarité, c'est-à-dire que les décisions concernant les gens sont prises par eux-mêmes, et qu'on ne fait remonter à la direction que les problèmes qui concernent l'entreprise de façon globale, il reste néanmoins des décisions stratégiques à prendre par la direction, comme celle d'arrêter le développement d'une nouvelle ligne de produits, les études ayant montré que le marché n'était pas suffisamment important. Or, le journal de communication interne venait de faire un numéro spécial sur les opportunités offertes par ce produit. Loin d'enterrer le produit progressivement et en douce pour ne pas créer de clash, la direction générale expliqua, dès le numéro suivant, les raisons de sa décision. Cet incident profita fortement à la crédibilité du journal et à tous les processus de transparence, puisque le personnel avait désormais la preuve que le journal de communication n'était vraiment pas soumis à la direction avant la publication.

– Deuxièmement, ce qui m'avait frappé était également lié à ce processus de transparence. Un ouvrier soudeur avait demandé, sur son temps libre, une formation à la comptabilité et était chargé, avec un autre ouvrier, de donner des cours de comptabilité aux ouvriers pour leur permettre de comprendre les documents comptables que leur communiquait l'entreprise. Il s'agissait là d'une façon intelligente de contrer le discours des syndicats, du style « les patrons vous mentent », « il y a des profits cachés », etc. Ici, c'étaient les ouvriers eux-mêmes qui expliquaient régulièrement la situation financière de l'entreprise à leurs collègues.

– Troisièmement, j'avais été frappé par cette simple remarque d'un ouvrier : « Les commandes ayant récemment baissé, nous avons plus de travail en ce moment. — Mais enfin, comment est-ce possible ? S'il y a moins de commandes, il devrait y avoir moins de travail ? — Non, parce que, lorsque nous voyons baisser les commandes, nous nous réunissons spontanément entre nous pour voir ce que nous pourrions faire pour améliorer la productivité. Si nous ne le faisons pas de nous-mêmes, nous savons que l'entreprise pourrait connaître des problèmes à long terme. »

Un tel comportement est à mettre en parallèle avec l'anecdote suivante. Dans une entreprise d'un type nouveau comme celle-ci, est-il normal que les ingénieurs touchent nettement plus que les ouvriers ? Les ouvriers en question ont proposé une discussion sur les salaires. Les ingénieurs sont alors arrivés non seulement avec leurs fiches de paie, mais aussi avec des fax ou des lettres envoyés par des entreprises concurrentes pour débaucher certains d'entre eux en leur proposant de meilleurs salaires. À la suite de cette réunion, l'incroyable se produisit. Un groupe d'ouvriers alla voir Bertrand Martin et lui demanda : « Êtes-vous sûr que vous payez assez nos ingénieurs ? Vous savez, comme par hasard, ce sont les meilleurs que les concurrents ont démarchés. S'ils nous quittent, ça pourrait vraiment créer un problème. » Quand on voit ce genre de réaction dans une entreprise, ainsi que celle précédemment décrite, on se dit que, quel que soit l'avenir de l'entreprise elle-même, ces salariés ont franchi un palier, acquis une autonomie, une confiance en eux qui augmentent très fortement leur « employabilité » sur le marché du travail, mais aussi leur satisfaction et leur estime de soi. Ainsi la croissance de l'entreprise peut-elle s'accompagner de la croissance des êtres humains qui la composent.

L'entreprise qui croit que l'homme est bon

Même si le cas Sulzer nous montre qu'une entreprise ayant quasiment tous les handicaps (moyenne d'âge élevée, forte syndicalisation CGT, guerre permanente du « tous contre tous » entre les départements, absence d'expérience internationale à cause d'activités se situant sur des marchés protégés) pouvait être transformée en un leader mondial sans changer les hommes, mais en changeant fondamentalement toutes les structures, vous aurez peut-être encore une remarque : changer était une question de vie ou de mort pour l'entreprise. On peut donc penser que cela constituait une motivation particulièrement puissante pour réaliser ce qui peut apparaître comme un miracle. C'est pourquoi notre cas suivant sera une entreprise qui allait bien et qui ne perdait pas d'argent.

À peu près à la même époque où Bertrand Martin arrivait chez Sulzer, Jean-François Zobrist devenait P.-D.G. de Favi, une fonderie située dans le nord de la France. Pendant neuf mois, il se contenta d'observer l'entreprise et son mode de fonctionnement. Nous avons déjà fait allusion à l'anecdote de la tondeuse à gazon. Il lista ainsi d'infimes détails qui montraient comment, sous prétexte de faire des économies, l'entreprise perdait en fait beaucoup d'argent. Ainsi, pour limiter les coûts, il fallait toute une procédure pour aller chercher ne serait-ce qu'une paire de gants de rechange dans le magasin. Il y avait des boissons gratuites, mais pour éviter de les dilapider, il fallait aller chercher chez la standardiste des jetons pour faire marcher le distributeur, etc. Plus fondamentalement, ce que semblait révéler la structure de l'entreprise à Zobrist, quand il l'étudiait, c'était que :

– L'homme est idiot, sinon pourquoi employer des ingénieurs pour dire aux ouvriers comment effectuer des tâches qu'ils accomplissent en permanence ?

– L'homme est irresponsable, sinon pourquoi avoir autant de contrôleurs, contrôlés eux-mêmes par d'autres contrôleurs ?

– L'homme est paresseux, sinon pourquoi avoir des pointeuses qui enregistrent l'arrivée et le départ des ouvriers ?

– L'homme est un voleur, sinon pourquoi tout ce dont il a besoin pour travailler doit être mis sous clé, gardé par des salariés chargés de protéger les biens de l'entreprise et par des cadres chargés de valider la commande d'articles neufs ?

Voyant qu'il n'arriverait pas à changer les choses graduellement, Zobrist organisa une bifurcation, un grand discours dans lequel il déclara, devant toute l'entreprise, qu'il croyait que les hommes face à lui n'étaient ni des idiots, ni des irresponsables, ni des paresseux, ni des voleurs. Désormais, cela en serait fini des pointeuses, car les gens étaient payés pour faire des pièces et non des heures de présence. Il n'y aurait personne pour surveiller le magasin ni aucun formulaire à remplir. Quand on aura besoin d'une pièce, il suffira d'aller au magasin, de la prendre et d'écrire sur un tableau que cette pièce a été prise, sans préciser par qui. La structure de l'entreprise allait changer complètement. Une série de mini-entreprises indépendantes allait être constituée, chacune étant responsable d'un produit ou d'un client. Tous les services supports allaient être dupliqués, et chaque mini-entreprise aurait les siens. Une telle décision peut paraître suicidaire, car elle multiplie les coûts de façon exponentielle. Mais, en fait, elle permet, dans le long terme, une énorme augmentation de la productivité. Quand il y a un service achats ou un service informatique, il fait tout pour que ses besoins soient les plus importants possibles. Par exemple, si son budget de l'année n'a pas été employé en totalité, il va trouver un moyen de le dépenser pour éviter que ce budget ne soit réduit au bénéfice d'un autre service l'année suivante. Ici, chaque mini-entreprise est un centre de profits, pleinement responsable de ses résultats (comme les rayons dans un magasin Whole Foods Market). Ainsi, tous les membres du service se battront pour limiter au maximum les achats, les besoins informatiques, etc., de façon à pouvoir présenter les meilleurs résultats possibles.

Zobrist bâtit ainsi une entreprise fondée sur le postulat que l'homme est bon, alors que les entreprises classiques sont bâties, selon lui, sur le postulat que l'homme est mauvais. Zobrist n'ignore pas qu'au moins 3 % de ses salariés sont ou irresponsables, ou paresseux, ou voleurs, ou idiots, voire les quatre à la fois. Mais il ne veut pas handicaper l'expression au travail des qualités des 97 % restants sous prétexte qu'il y a 3 % de moutons noirs. De plus, dans une société auto-organisée comme celle que nous venons de décrire, il y a une très forte autodiscipline. Celui qui vole ou qui tire au flanc se fera reprendre, non par un supérieur, mais par un de ses collègues. Dans son discours, Zobrist va également prôner[1] :

– La fierté d'appartenance. Les membres de l'entreprise doivent donc prendre l'habitude de parler d'elle à leur famille, à leurs amis, au maire, au préfet, doivent d'eux-mêmes aller rendre visite à leurs clients si ces derniers sont proches de leur lieu de vacances, et ainsi de suite.

– La différenciation. Alors que les fonderies sont grises et mornes, Favi sera une entreprise entièrement repeinte en couleurs vives qui étonnera les visiteurs dès le premier coup d'œil et se différenciera ainsi de ses concurrents.

– La diversification. De même, l'entreprise, qui était une fonderie de pièces brutes, va se mettre à les usiner, les assembler, les concevoir, les optimiser, les tester, bref, en faire beaucoup plus pour les clients, sans même que ceux-ci le demandent. Aujourd'hui, 97 % de la production de Favi est constituée de produits spécialisés contre 4 % à l'arrivée de Zobrist. Cette décision est l'une de celles qui

1. Le cas de Favi et de Zobrist est particulièrement étudié dans l'ouvrage d'Isaac Getz et Brian M. Carney, *Liberté & Cie*, *op. cit.*, p. 147-170. Voir également *L'Entreprise qui croit que l'homme est bon* : www.favi.com/managf.php, ainsi que cette interview de Jean-François Zobrist : www.excellence-operationnelle.tv/une-magnifique-interview-de-jean-francois-zobrist-sur-lorganisation-de-lentreprise-favi.php

ont sauvé l'entreprise, alors que les fonderies non spécialisées disparaissent les unes après les autres en Occident.

– Enfin, l'entreprise doit préserver ses clients des retards de livraison, des problèmes de qualité et des hausses des prix. Ainsi, Favi ne sera plus jamais en retard pour une livraison. Cela a toujours été le cas au cours des trente dernières années, même s'il a fallu une fois louer un hélicoptère pour livrer les pièces dans les délais impartis ! Certes, le prix de cette livraison a été tellement gonflé que l'entreprise a perdu beaucoup d'argent sur celle-ci, mais le client n'oubliera jamais avoir vu un hélicoptère descendre du ciel pour lui apporter ses pièces juste à temps. On peut imaginer que ce genre d'anecdote est devenu une légende chez ce client et que sa fidélité à Favi est indéfectible. Même chose pour la qualité. Lorsque les ouvriers se rendirent compte d'un défaut sur des leviers de boîte de vitesses pour Volkswagen qui venaient d'être produits par l'usine, ils prirent d'eux-mêmes, sans aucune autorisation, une voiture de l'usine, se rendirent en Allemagne, débarquèrent chez Volkswagen et demandèrent à inspecter le stock précédent de leviers de vitesses livrés par l'entreprise. Là aussi, on imagine l'importance de cette démarche pour la fidélisation du client. Quant au prix, Favi fut encore plus radical. Pour éviter toute hausse de prix, il fut décidé que ceux-ci n'augmenteraient plus jamais. Et c'est le cas depuis lors, ce qui, bien entendu, obligea l'entreprise à augmenter en permanence sa productivité. Grâce à la mobilisation de tous les salariés, cela fut possible, au point que Favi a aujourd'hui les prix les plus bas d'Europe et exporte même en Chine. Lors de la grande crise de 2008, qui fut fatale à de nombreux fournisseurs de grands constructeurs d'automobiles, Favi se développa en profitant des problèmes de ses concurrents. L'entreprise a toujours été rentable et fait même une marge à 2 chiffres dans un secteur où les tarifs des fournisseurs sont souvent pressurés par les grands constructeurs.

Plus que de longs discours, une anecdote résumera mieux le niveau de motivation atteint par l'ensemble du personnel de cette entreprise. Un jour, un client étranger devait venir depuis l'aéroport de Roissy, mais le soir, on n'avait aucune nouvelle le concernant. Pourtant, le lendemain matin, il était dans le bureau de Zobrist. Celui-ci, étonné, lui demanda comment il était arrivé là. Il répondit qu'il avait téléphoné, expliqué sa situation, et qu'une femme, qui lui avait répondu, était venue le chercher à l'aéroport. Après enquête, il s'avéra que c'était la femme de ménage qui, nettoyant le bureau après le départ des salariés, avait pris son appel, puis, utilisant une voiture de l'entreprise dont les clés étaient en libre service, avait fait 300 kilomètres pour aller le chercher à l'aéroport et le ramener à son hôtel.

Bien d'autres entreprises ont été ainsi transformées par ce que Getz et Carney appellent les « leaders libérateurs »[1]. Mais peut-être penserez-vous que cette démarche se limite exclusivement à l'Occident et nécessite un contexte postmoderne pour fleurir ? Eh bien non, dans divers pays du tiers-monde, des exemples du même type nous montrent qu'il n'y a pas de limite géographique à l'application de ces idées. L'exemple le plus extraordinaire nous vient du Brésil.

Manager sans managers

C'est sous ce titre provocant que la prestigieuse *Harvard Business Review* publia en 1989 un article d'un illustre

1. Isaac Getz et Brian M. Carney, *Liberté & Cie, op. cit.*

inconnu, Ricardo Semler, un jeune chef d'entreprise brésilien[1]. Cet article, qui était particulièrement novateur il y a vingt-cinq ans, généra d'intenses discussions et débats. Quelques années plus tard, l'ouvrage de Ricardo Semler, *Maverick!*[2], racontant son histoire, fut un best-seller tiré à plus de 1 million d'exemplaires, et chefs d'entreprise, gourous du management, consultants, partirent par avions entiers étudier le fonctionnement de Semco, l'entreprise familiale que Ricardo Semler avait héritée de son père. Ce qu'ils y découvrirent fut si radical que même les entreprises dont nous venons de parler, qui sont parmi les cas d'école les plus extraordinaires d'entreprises libérées (ou, pour être plus exact, où sont libérés les salariés, leur énergie et leur créativité), apparaissent presque timides par rapport aux réalisations de cette entreprise brésilienne.

En 1980, l'entreprise familiale était au bord de la faillite. Elle fabriquait des pompes et des machines pour la construction navale et, visiblement, il n'y avait pas qu'en France que ce secteur était en crise. Jeune homme pressé et ambitieux, Ricardo Semler arracha à son père la direction de l'usine, alors qu'il n'était âgé que de 20 ans. Il commença par développer un mode de management hyperclassique. Persuadé que le salut de l'entreprise reposait sur la diversification, il vira, en une seule journée, la majorité des principaux cadres de l'entreprise dont certains étaient là depuis quinze ans et plus. Prenant son bâton de pèlerin, il parcourut le monde dans une recherche désespérée de licences pour fabriquer au

1. L'article est disponible sur : www.schneede.se/assets/files/Ricardo_Semler.pdf

2. *Maverick! The Success Story Behind the World's Most Unusual Workplace*, Random House, 1993 ; *À contre-courant : vivre l'entreprise la plus extraordinaire au monde*, Dunod, 1999.

Brésil des produits ayant réussi à l'étranger, tout en sollicitant des prêts bancaires pour une entreprise en cours d'asphyxie financière. Il se rappelle ainsi avoir pris en une seule journée le petit déjeuner à Oslo puis, profitant du décalage horaire, avoir déjeuné à New York, dîné à Cincinnati et dormi à San Francisco. L'entreprise survivait péniblement, mais Ricardo Semler eut une crise cardiaque à l'âge de 25 ans, et son médecin lui expliqua que, sans un changement radical de sa façon de travailler, il pouvait dire adieu à la vie. Ce fut en quelque sorte cette nécessité vitale qui le fit opter pour le management participatif et, comme il ne faisait rien à moitié, il décida de le pousser encore au-delà de ce que, à la même époque, Bertrand Martin et Jean-François Zobrist expérimentaient en France, ou que Whole Foods Market et Gore avaient inauguré aux États-Unis.

Comme chez Favi, on commença par un symbole. Chez Semco, non seulement les magasins de stock étaient surveillés, mais les employés étaient systématiquement fouillés en sortant de l'usine pour éviter les vols. La première décision fut donc de supprimer ces fouilles. Ricardo Semler n'avait pas prévu ce qui allait se passer. Les ouvriers vinrent le voir en grande délégation pour lui demander de *rétablir* les fouilles. En effet, en cas de disparition d'objets, ils voulaient pouvoir prouver leur innocence. Semler tint bon, car il estimait, comme Zobrist, qu'il ne fallait pas entraver, voire humilier, 97 % de l'effectif pour contrer les 3 % de voleurs. Petit à petit, une transformation incroyable eut lieu. Non seulement il n'y eut plus de pointeuse, mais les ouvriers pouvaient venir travailler aux heures de leur choix. Très vite, les ouvriers comprirent qu'ils avaient besoin de la présence d'autres membres de la même équipe. Ils se coordonnèrent donc pour mettre en place des horaires communs. Mieux, avec les encouragements de la direction, ils se formèrent pour être polyvalents, de façon à pouvoir pallier l'absence de l'un d'entre eux sur un certain poste. Bien entendu, les cadres et tous ceux qui entendirent parler de ce projet crièrent « au fou » devant la mise en place de ce qui semblait conduire à l'anarchie. Une commission était prévue pour gérer les problèmes qui surgiraient de cette liberté nouvelle et procéder à des arbitrages si nécessaire. Elle n'eut jamais à se réunir. L'entreprise était en forte croissance, et certaines de ses usines atteignirent les 300 salariés. Semler estima que c'était trop important et qu'une telle usine devait être divisée en trois. Au départ, cette perte des économies d'échelle augmenta énormément les coûts, mais la qualité et la productivité augmentèrent de façon incroyable au bout de un an. Comme chez Favi, la division en petites équipes autonomes, et à taille humaine, entièrement responsables de leurs objectifs de production et de leurs profits, se révéla extrêmement efficace.

La démocratie participative atteignit des sommets chez Semco. Ainsi, la direction cherchait des bâtiments pour une nouvelle usine et ne les trouvait pas. Ayant demandé aux ouvriers de les aider, ceux-ci identifièrent pas moins de trois endroits possibles proches du siège de l'époque. Après une visite par la direction et les ouvriers, un vote eut lieu, et le choix des ouvriers se porta sur une usine qui n'était pas le premier choix de la direction. Celle-ci accepta et laissa même les ouvriers décider de l'aménagement de cette usine. Ainsi, on vote chez Semco, et on vote même pour des décisions stratégiques. Ricardo Semler voulait racheter une entreprise, mais même après avoir plaidé la cause de ce rachat devant les ouvriers, le vote fut négatif, et il s'inclina. Même s'il était persuadé que l'entreprise aurait pu bénéficier de ce rachat, il lui paraissait plus important de sauvegarder l'esprit participatif de l'entreprise, source de la motivation de ses salariés.

Chez Semco, il y a 5 coordinateurs dont Ricardo Semler lui-même, 8 responsables de division appelés partenaires, et tout le reste des salariés sont des associés, qu'ils soient ingénieurs en chef, designers ou ouvriers. Il y a, parmi eux, des coordinateurs désignés par la base (comme chez Gore) qui assurent la cohérence de certaines équipes ou de certains centres de profits. Comme chez Sulzer, des ouvriers sont formés pour expliquer aux autres ouvriers l'état de l'entreprise. Autant Semco est flexible dans son organisation, autant elle est précise concernant les chiffres. Le 5 de chaque mois, tous les membres de l'entreprise ont tous les chiffres concernant les activités et, bien entendu, les bénéfices du mois précédent. 23 % des bénéfices de chacun des centres de profits autonomes sont distribués à leurs membres, en plus de leur salaire. Mais ce que ni Gore, ni Sulzer, ni Favi, ni personne n'a osé faire, c'est que les salaires en question sont... librement déterminés par les salariés eux-mêmes ! Il est en effet demandé à chaque salarié d'estimer, en fonction de sa connaissance du marché du travail, de son apport à l'entreprise et de la rémunération de ses collègues, quel doit, selon lui, être son salaire. Bien évidemment, le salaire de tout le monde est public. Comme le dit Ricardo Semler, si vous ne voulez pas que le montant de votre salaire soit divulgué, c'est probablement que vous pensez que vous ne le méritez pas ! Qu'arrive-t-il si un salarié demande un salaire disproportionné au regard de son apport à l'entreprise ? Dans la plupart des cas, ses petits camarades lui feront rapidement revoir ses prétentions à la baisse, et si ce n'est pas le cas, au bout de un an, on lui expliquera gentiment que, soit sa contribution à l'entreprise doit être équivalente à son salaire, soit il doit se préparer à se chercher du travail dans une autre entreprise. Mais, en vingt ans, il n'y eut que 5 ou 6 cas de ce genre.

Progressivement, les postes de réceptionnistes et de standardistes furent supprimés. Celui qui se trouve près de l'entrée accueille les visiteurs qui se présentent, celui qui est libre quand le téléphone sonne le décroche et distribue les appels dans l'entreprise. Comme beaucoup de gens circulent entre les différents établissements de l'entreprise, puisque aucun d'entre eux ne dépasse 150 employés, personne n'a de bureau attitré, pas même Ricardo Semler. Quand il a besoin d'un bureau, il utilise celui qui est libre, un point c'est tout. Tout cela fait que Semco est passé de 100 employés et 4 millions de dollars de chiffre d'affaires en 1980, lorsque Ricardo Semler est arrivé, à 3 000 employés et 212 millions de chiffre d'affaires, vingt ans plus tard. Le taux de *turnover* est le plus bas du Brésil, et sans doute un des plus bas du monde, moins de 1 %, et près de 300 candidatures spontanées arrivent quotidiennement dans cette entreprise. Tout cela a été acquis dans un contexte particulièrement difficile, celui du Brésil, où, comme dans certains pays en développement, la corruption est endémique, sauf que la transparence et l'éthique de l'entreprise interdisent d'y céder. Ainsi, quand des contrôleurs fiscaux expliquèrent qu'il fallait payer une certaine somme, faute de quoi le contrôle fiscal qui serait mis en place ferait couler l'entreprise, Ricardo Semler fit semblant d'accepter, puis, grâce à une caméra cachée, retransmit en direct à la télévision la remise d'une valise de billets au responsable local des impôts. Cela représentait une prise de risque très importante, pour lui comme pour l'entreprise, mais l'opération fut couronnée de succès et Semco ne fut plus « embêtée ».

On pourrait multiplier les exemples au sein du BRICS[1], tel que HCL Technologies en Inde[2] (85 000 employés, 4,5 milliards de dollars de chiffre d'affaires) ou Haier en Chine (80 000 employés, 24 milliards de dollars de chiffre d'affaires) qui, sans aller aussi loin, ont fondé leur succès sur les mêmes pratiques. Mais ce qui est important, c'est de comprendre les points communs entre ces diverses expériences.

Tout d'abord, comme le précise Semler, *ce n'est pas du socialisme*. Un management participatif, même extrême, comme celui de Semco, n'a rien à voir avec les pratiques de la Twentieth Century Motor, l'entreprise caricaturale du roman *La Grève* d'Ayn Rand (cf. chapitre 7, p. 245) où chacun est payé selon ses besoins, mais travaille selon ses capacités, ce qui transforme rapidement des ouvriers honnêtes et travailleurs en menteurs et en paresseux, cachant leurs capacités pour travailler moins et déclarant des besoins qui n'existent pas. Dans toutes ces entreprises, les salariés sont payés en fonction de leur apport à la collectivité, ce qui peut permettre parfois à un ouvrier de base de gagner plus qu'un ingénieur s'il est l'auteur d'une innovation ou d'une nouvelle méthode d'organisation. Le capitalisme encourageant la libre entreprise, il n'a jamais été dans ses principes qu'une partie des travailleurs devaient se comporter comme des moutons ou comme des robots. C'est le manque d'éducation et la grande nouveauté que représentait, pour les populations de l'époque, le système industriel qui a rendu nécessaire ce type d'organisation. S'il s'est perpétué, c'est essentiellement à cause des structures mentales imposées

1. Groupe de cinq pays qui se réunissent en sommets annuels : Brésil, Russie, Inde, Chine et Afrique du Sud.

2. Voir l'ouvrage de son P.-D.G. Vineet Nayar, *Les Employés d'abord, les clients ensuite. Comment renverser les règles du management*, Diateino, 2011.

par la vision classique qui, comme nous l'avons vu, est partie de la science pour imprégner tout le monde moderne avec, principalement, les concepts de déterminisme et de réductionnisme. C'est le même réductionnisme qui fait qu'un homme, gérant le budget de sa famille, l'éducation de ses enfants, votant pour élire les dirigeants de son pays, peut trouver parfaitement normal d'être considéré pendant tout le temps qu'il passe dans une entreprise comme un enfant qu'il faut encadrer, contrôler et surveiller.

Les expériences réussies reposent sur :

– L'authenticité. Le dirigeant doit être profondément impliqué dans la démarche, et ici le sens des symboles est très important. Voyager en classe business avec l'argent de l'entreprise quand on demande des efforts à ses salariés, conserver un bureau luxueux et une place de parking réservée quand on fait des économies sur la taille des bureaux ne risque pas d'aider le processus. L'exemplarité des dirigeants est donc une valeur essentielle.

– L'équité. Les bénéfices, bonus et surtout les stock-options doivent être répartis équitablement en fonction de l'apport de chacun, quel que soit son niveau hiérarchique. Certes, on n'est pas obligé d'aller jusqu'à rendre publics les salaires comme le fait Semco. Néanmoins, l'idée que l'on doive être fier de son salaire et que ses collaborateurs et collègues puissent accepter l'idée que certains ont plus de mérite que d'autres dans le fonctionnement de l'entreprise ne paraît pas si extraordinaire. Il faut de toute façon savoir que la question des rémunérations et de leur équité arrivera toujours sur la table à un moment ou un autre et sera un point central de la réussite ou de l'échec du processus.

– La transparence. Les comptes de l'entreprise, les problèmes et les grandes décisions stratégiques doivent être débattus en public.

– La liberté. Quel que soit le niveau de liberté que vous êtes prêt à concéder à vos employés, il est essentiel de l'accorder vraiment. C'est-à-dire qu'il vaut mieux déclarer concéder moins de liberté et le faire vraiment que faire de grandes déclarations pour ensuite reprendre d'une main ce que l'on a accordé de l'autre, comme le montre l'exemple d'Oticon. Cette société danoise de prothèses auditives fut « libérée » par un manager du nom de Lars Kolind à la fin des années 1980. Après avoir développé de remarquables capacités d'innovation et connu une croissance exponentielle, sur la base des mêmes pratiques que celles que nous avons décrites, l'entreprise connut une crise grave au milieu de la décennie suivante. C'est qu'un comité des produits et des projets s'était substitué à la hiérarchie classique pour filtrer les différentes initiatives. Dans la pratique, cela revenait à la situation d'avant la libération, et la frustration qui en découla pour les membres de l'entreprise qui avait cru à la démarche de libération causa l'échec de l'expérience.

– La confiance. Comme Bertrand Martin, Ricardo Semler ou Jean-François Zobrist l'ont tous dit, celle-ci doit être pleine et entière et ne se limite pas à mettre les stocks et autres outils de maintenance en accès libre ou à ne plus mettre de pointeuse, mais même à ne plus contrôler les notes de frais car, si les dirigeants montrent l'exemple de la modération, l'immense majorité des salariés les imiteront.

– L'écoute. C'est un point central pour la valorisation des êtres humains dans une organisation. Comme le rapporte Bertrand Martin, un technicien d'assez haut niveau, venant d'une grande entreprise prestigieuse, avait été embauché par Sulzer après la « révolution » et, ce qui l'avait le plus frappé, disait-il, c'était que, lors de la première réunion à laquelle il avait participé, quelqu'un s'était spontanément tourné vers lui et lui avait demandé : « Et toi, qu'en penses-tu ? » Il s'est alors rendu compte que c'était la première fois dans sa carrière professionnelle qu'on lui demandait son avis, ce qui en dit long sur certaines organisations, et sur la frustration et le gâchis des capacités humaines qui peuvent en découler.

Mais authenticité, transparence, équité, liberté, confiance, écoute ne suffisent pas. En effet, depuis les années 1960 et le développement par Douglas McGregor de la théorie Y, selon laquelle l'homme est bon et travailleur, ces idées sont bien connues et on a souvent essayé de les mettre en application. Alors pourquoi les réussites comme celles décrites ici sont-elles encore si rares et nous paraissent-elles si extraordinaires ? C'est que leur application rencontre des obstacles importants, et pas seulement ceux issus de la vision du monde classique qui tend à favoriser les procédures déterministes et réductionnistes. Il s'agit :

– Du manque de motivation. Un certain nombre de salariés réagissent avec enthousiasme quand on leur permet de développer leurs capacités, quand on les libère de leur rôle de mouton ou de robot. Mais ce n'est pas, hélas ! le cas de tous. L'expérience de tous les jours montre que la théorie X[1], selon laquelle l'homme est mauvais et paresseux, s'applique à un certain nombre d'individus. Sur les 1 200 salariés de Sulzer, 800 se sont impliqués dans les groupes d'études et de propositions, ce qui signifie que 400 sont restés en dehors du processus. Ils n'ont été ni sanctionnés ni renvoyés, simplement leurs primes n'ont pas été les mêmes que celles des autres. De façon tout à fait intuitive, cette proportion de deux tiers/un tiers entre les motivés et les non-motivés est celle que de nombreux P.-D.G. que j'ai eu

1. Voir fr.wikipedia.org/wiki/Théorie_X_et_théorie_Y pour une définition de ces théories.

l'occasion de rencontrer ont observée dans leur entreprise. Mais il peut y avoir des cas où le pourcentage des non-motivés est nettement supérieur. C'est pourquoi un audit des prédispositions des salariés peut être nécessaire avant qu'on se lance dans cette démarche. Bien évidemment, cet audit ne doit pas être fait par le chef de l'entreprise, mais par un consultant extérieur qui, dans le meilleur des cas, feindra de faire tout autre chose. Ainsi, chez Sulzer, le temps manquait pour faire émerger les « leaders naturels ». C'est pourquoi un consultant, Robert Sarrazac, se balada dans l'entreprise, l'air paumé, contactant les gens à droite, à gauche en leur disant : « Je suis le nouveau consultant de la direction, mais je ne sais pas trop quoi faire. Qui sont, d'après vous, les gens qui agissent pour le bien de l'entreprise et non pas pour tel ou tel service, tel ou tel clan, tel ou tel syndicat ? » Après avoir croisé toutes les réponses obtenues, il soumit une liste de neuf personnes à Bertrand Martin, et ce sont ces neuf-là, de différents niveaux hiérarchiques, qui furent chargés d'organiser, indépendamment de la direction, les groupes d'études et de propositions qui menèrent à la grande bifurcation de l'entreprise.

– La mise en place de tels processus se heurte forcément à des réactions du type : « Encore un bla-bla de la direction pour nous enfumer et nous presser comme des citrons en prétendant nous respecter. » L'authenticité et l'équité sont les seuls remèdes à ce sentiment, mais cela peut prendre du temps.

– La taille. Dans une très grande entreprise ou un important site de production, il est beaucoup plus difficile de mettre en place ce genre de processus. Certains exemples, comme ceux de Favi ou Semco, montrent qu'il faut oser faire exploser les frais généraux en supprimant toute une série d'économies d'échelle pour pouvoir enclencher ces processus qui, s'ils fonctionnent, permettront à terme à l'entreprise d'être beaucoup plus profitable qu'à l'époque où elle faisait des économies d'échelle.

– Les compétences. Le niveau d'éducation et le comportement de la moyenne des salariés sont aussi un facteur essentiel susceptible d'accélérer ou de freiner le processus. Il ne faut pas hésiter, comme chez Sulzer, à mettre en place des formations lourdes, y compris pour la base, même, et surtout, si la situation financière de l'entreprise semble ne pas le permettre.

Comment remporter une petite victoire

Maintenant que vous avez vu qu'il n'était pas nécessaire de bâtir une entreprise dès l'origine sur ces nouveaux modèles, mais que l'on pouvait « libérer » des entreprises existantes ; maintenant que vous avez vu également que cela fonctionnait sous toutes les latitudes, une dernière question se pose : comment faire pour appliquer de tels concepts dans une entreprise où, pour différentes raisons (poids des actionnaires, mentalité des dirigeants), des changements aussi radicaux sont impossibles ? C'est ici que le concept de « petite victoire » prend toute son importance. Vous avez remporté une petite victoire chaque fois que vous avez introduit de l'intelligence dans une tâche du niveau le plus bas. Daniel Hémard, à l'époque secrétaire général du groupe Pernod-Ricard, m'avait raconté que, sur les chaînes d'embouteillage du groupe, il y avait des ouvrières chargées de surveiller toute la journée les bouteilles qui leur passaient sous le nez pour, lorsqu'un défaut était constaté, arrêter la chaîne et appeler un technicien. Si on améliorait ce travail pas très motivant, en apprenant aux ouvrières à réparer la machine dans 20 % des cas et à appeler un technicien seulement dans 80 % des cas, alors le taux de non-détection des défauts chutait de 50 %, les ouvrières ayant été rendues plus motivées par le fait que leur travail était devenu plus intelligent.

Caissière d'hypermarché est un travail tout aussi peu enthousiasmant que celui de contrôleuse de bouteilles chez Pernod-Ricard. À l'époque où Jean-Marie Deberdt était directeur international des ressources humaines du groupe Auchan, le groupe avait instauré la pratique des « îlots caisses », qui existent toujours. Les caissières étaient réparties en petits groupes qui déterminaient eux-mêmes les horaires de leurs membres. Ainsi, si sa fille était malade, une caissière pouvait très bien ne pas venir travailler, à condition, bien évidemment, d'effectuer ensuite des heures à la place de celle qui l'avait remplacée. Les caissières, en s'auto-organisant, trouvaient leur travail bien plus acceptable que si un planificateur central leur avait donné à chacune des horaires à respecter. Ce que Auchan se contentait de dire aux caissières, c'était : « À telle heure, il nous faut tant de caissières en activité, débrouillez-vous. » De plus, dans certains magasins, des caissières qui proposent des innovations, telles que, par exemple, des listes de mariage, se voient confier la possibilité de réaliser leurs idées et, donc, « d'échapper » aux caisses, ce qui ne peut que motiver les autres caissières à être également créatives pour améliorer leur statut.

À l'Association Progrès du Management (APM), j'ai connu un cas tout à fait emblématique de ces questions de culture d'entreprise et de la façon dont de petites modifications pouvaient la faire évoluer. Il s'agissait d'une entreprise de champagne, clairement divisée en deux clans : ceux de la surface, s'occupant des commandes et des livraisons, et ceux qui, dans des immenses sous-sols, devaient trouver les bouteilles correspondant aux différents millésimes. Des sous-sols si immenses que l'on pouvait y circuler avec un train électrique. Le manque de communication entre les deux parties de l'entreprise était l'une des principales sources de non-productivité. La présidente repéra une jeune fille du sous-sol qui avait le désir de progresser. Elle lui confia la tâche d'être le pivot entre les deux parties de l'entreprise, pour améliorer la réalisation des commandes. Mais restait une grande question : où allait être son bureau ? Si on le mettait à la surface, elle passerait pour une traîtresse par rapport au peuple du sous-sol qu'elle venait de quitter et n'aurait plus les contacts ni la crédibilité nécessaires pour aider ceux de la surface. Alors, on creusa une alcôve au milieu de l'escalier qui reliait le sous-sol à la surface, et on y installa son bureau ! Grâce à cette décision qui prenait en compte la spécificité culturelle de l'entreprise, cela fonctionna très bien.

Mais au-delà des petites victoires, il est aussi possible de mettre en place de petites innovations qui peuvent néanmoins impacter toute l'entreprise, comme le montre l'exemple de Best Buy. Il s'agit d'une chaîne d'électroménager, d'ordinateurs et de téléphones portables qui réalise l'essentiel de ses ventes, comme c'est souvent le cas aux États-Unis, entre Thanksgiving et le 1er janvier. Il est vital de prédire de la façon la plus précise possible au mois d'août quelles seront les ventes de la fin de l'année, pour éviter soit les ruptures de stock, soit des stocks trop importants qui feraient perdre beaucoup d'argent à l'entreprise. Le directeur marketing eut une idée très audacieuse : appliquer l'intelligence collective et l'auto-organisation, créer une sorte de Wikipédia d'entreprise en faisant prédire les ventes à tous les salariés et en faisant la moyenne des prédictions obtenues. L'idée parut si risquée qu'on lui demanda d'abord de le faire dans son propre service, avec les bons de réduction que recevait l'entreprise. Comme les compagnies aériennes, pour les

« miles » qu'elles mettent en circulation, les entreprises doivent prévoir combien de bons de réduction vont leur être retournés chaque mois, de façon à ne pas risquer d'avoir un trou dans leur trésorerie, si ce nombre de bons était trop important. Chez Best Buy, la prédiction était faite par le directeur marketing lui-même. Il donna à ses collaborateurs des informations sur le nombre de bons en circulation et les retours au cours des précédentes années, puis lança un concours avec 1 000 dollars à la clé pour la meilleure prédiction. (Bien entendu, on ne peut savoir quelle est la meilleure qu'*a posteriori*.) Il fit donc la moyenne des prédictions, et se rendit compte que celle-ci avait été plus proche de la réalité que ses propres prédictions. Cela permit d'appliquer la démarche à l'ensemble de l'entreprise et à la question essentielle de la prédiction des ventes de fin d'année. À la stupeur des dirigeants, la moyenne des prédictions se révéla 10 fois plus précise que celle des experts. L'entreprise avait mis en place une espèce de Wikipédia qui exploitait le savoir de telle standardiste à qui l'on réclamait tout le temps un produit ou de tel magasinier qui savait que les stocks de tel autre produit étaient trop importants. Voilà comment, à tous les niveaux, il est possible d'appliquer quelques-unes des idées que nous avons développées ici.

La philosophie des sciences appliquée au management

Si ces pratiques sont difficiles à mettre en place, si elles nécessitent au départ une grande implication de la direction (alors que celle-ci, comme Ricardo Semler, peut couler des jours tranquilles une fois que le système est bien rodé), pourquoi sont-elles si performantes ? Pas uniquement parce que des personnes libérées sont plus productives et plus créatives, mais aussi parce que de telles structures correspondent mieux au monde d'aujourd'hui que les structures classiques dérivées de la science du XIXe siècle et du début du XXe (voir tableau p. 96). La puissance et la portée des méthodes décrites ici peuvent être mieux comprises quand on connaît également les concepts clés des nouveaux paradigmes scientifiques que nous avons décrits aux chapitres 3 et 4. Serge Feneuille, une des rares personnes, dans notre monde de spécialisation, à avoir été à la fois un grand scientifique (directeur général du CNRS) et un grand manager (directeur général du groupe Lafarge), nous explique : « J'essaie de faire en sorte que l'organisation, qui reste encore fondamentalement une organisation hiérarchique, trouve d'autres modes de fonctionnement, travaille le plus possible en réseau, travaille le plus possible avec des hommes à des niveaux divers de la hiérarchie, et travaille de façon non linéaire, ne prenne pas un problème uniquement de façon rationnelle, au sens de la rationalité du XIXe siècle, mais admette, dans la résolution de ce problème, de prendre en compte toute la complexité qui l'entoure. Et c'est là que les sciences de la complexité peuvent aider le management… Pour conduire le changement, le dirigeant doit d'abord comprendre ce qu'est le monde et ne pas se limiter aux visions qu'il a pu acquérir dans sa jeunesse, lorsqu'il était étudiant, et, notamment, en sachant abandonner les vieux modèles qui nous ont été fournis par la science du XIXe siècle et qui ne correspondent plus à la vision de notre monde d'aujourd'hui[1]. »

1. Interview exclusive pour le DVD *Questions pour un monde en mutation*, réalisé par Jean Staune, Marc Benner et Pascal Ferriot, disponible auprès de l'UIP : informationuip@gmail.com

Ce n'est donc pas seulement pour leur culture générale ou pour des raisons philosophiques que les décideurs du privé comme du public doivent intégrer les concepts dont nous avons parlé. Faute de comprendre les idées de base qui se cachent derrière la théorie du chaos, la physique quantique ou le théorème de Gödel, ces responsables n'auront pas les outils conceptuels nécessaires pour comprendre et faire face au changement de société que nous sommes en train de vivre, exactement comme les économistes du chapitre 8 (cf. p. 291 et suiv.) n'ont pas les bons concepts pour prévoir les risques en économie. Si beaucoup de managers, tels que Bertrand Martin ou Ricardo Semler, font du « nouveau paradigme scientifique » sans le savoir, il est fascinant d'analyser le comportement de chefs d'entreprise comme Serge Feneuille ou Dominique Louis, P.-D.G. du groupe Assystem (un groupe de 9 000 ingénieurs qui agissent en soutien pour de grands groupes et de grands projets industriels), qui ont sciemment appliqué au management des concepts venant des sciences.

Ainsi Serge Feneuille se vantait-il, tant qu'il était en fonction, de ce que la presse n'avait pas réussi à publier un organigramme du groupe Lafarge. En effet, l'organigramme, comme Jean-François Zobrist et bien d'autres leaders libérateurs vous le diront, fige la situation et les rapports entre les personnes. Il paraît aujourd'hui normal de faire des organigrammes, mais, nous l'avons vu, aucune civilisation précédant la nôtre n'en a produit, car il faut déjà avoir la fameuse vision réductionniste et déterministe du monde pour en élaborer un.

Dominique Louis était un jeune ingénieur passionné par la physique quantique et la théorie du chaos. Il pensait que cela ne lui serait d'aucune utilité pour sa carrière, jusqu'à ce qu'il arrive sur de grands chantiers pétroliers.

Se renseignant humblement auprès de ses aînés sur les problèmes que l'on pouvait rencontrer dans un tel poste, il apprit que, étant donné la grande taille du chantier, on ne pouvait pas savoir à la fois où étaient les équipes ni ce qu'elles faisaient. On faisait donc remplir des fiches *a posteriori* aux ouvriers pour qu'ils indiquent ce qu'ils avaient fait à tel moment de la journée. Ces fiches étaient en général mal remplies, et les indications qu'elles donnaient étaient ainsi inexploitables. Dominique Louis se rappela le principe d'incertitude de Heisenberg qui nous apprend qu'il est impossible de connaître à la fois la position et la vitesse d'une particule. Si cela est vrai pour une simple particule élémentaire, n'est-ce pas encore plus vrai pour quelque chose d'aussi complexe qu'un être humain ? Il essaya donc d'oublier les fiches, de lâcher prise et de se contenter de vérifier que le travail avait été bien fait, sans savoir comment il avait été fait. Cette acceptation de l'incertitude interne dans les organisations (personne n'est assez fou pour vouloir éliminer l'incertitude externe à l'entreprise) trouve sa justification dans une célèbre enquête de Michel Crozier, l'un de nos grands sociologues des organisations, à la Seita, à l'époque où celle-ci était un monopole organisé de façon particulièrement taylorienne[1].

Dans une usine de la Seita, où les ingénieurs étaient jeunes et ne passaient que quelques années avant d'accéder à des postes plus prestigieux, les ouvriers spécialisés, eux, faisaient toute leur carrière au même poste. Or, ces ouvriers étaient les seuls à savoir réparer les machines, car les modes d'emploi étaient perdus depuis plus de dix ans. Crozier montra que, lorsqu'un ingénieur nouvellement arrivé refusait l'existence de cette zone d'incertitude dans

1. Michel Crozier, *Le Phénomène bureaucratique*, Seuil, 1971, p. 79-82.

l'organisation de l'entreprise et se mettait en tête d'apprendre à réparer les machines, tous les ouvriers spécialisés se mettaient en grève comme un seul homme. Bien entendu, aucun d'entre eux n'a dit à Michel Crozier : « On a touché à ma zone d'incertitude, donc je me suis mis en grève. » En revanche tous ont fini par lui confier, lors de discussions privées, qu'ils avaient trouvé un prétexte pour se mettre en grève, mais que la vraie raison était « l'arrivée de ce jeune blanc-bec qui leur manquait de respect ». Le « jeune blanc-bec » en question était un ingénieur qui avait comme caractéristique spécifique, comme l'a montré Crozier, d'avoir voulu apprendre à réparer les machines. En voulant supprimer l'incertitude existante, il avait aggravé la situation au lieu de l'améliorer.

Sa compréhension du nouveau paradigme scientifique n'est sans doute pas la seule raison pour laquelle Dominique Louis a été plus performant que ses collègues, mais elle a certainement contribué à faire qu'il puisse racheter le groupe Assystem, alors qu'il n'avait aucune fortune personnelle. Devenu P.-D.G., il a voulu se former au management, mais les écoles où il est allé lui ont proposé le modèle classique, qu'il a refusé, car il savait de par sa connaissance des nouveaux concepts scientifiques que ce modèle ne pouvait pas coller avec le monde d'aujourd'hui : « Lorsque je me suis intéressé à l'entreprise, j'ai cherché à me former, à savoir quels étaient les arts et les techniques du management, et je me suis aperçu que, finalement, tout ça reposait sur une vision mécaniste et déterministe de l'entreprise. Le but du management était, et je crois est encore souvent, la recherche d'un modèle qui permet d'éradiquer l'incertitude ; c'est de dire, finalement, l'entreprise, on doit la découper en tranches, une tranche marketing, une tranche finances, une tranche ressources humaines, et tout cela on le modélise de façon mathématique, et en plus, aujourd'hui, grâce aux ordinateurs, on peut mettre tout ça dans des machines. Comment imaginer qu'une entreprise qui cherche à éradiquer l'incertitude, à construire un modèle de ce type-là, puisse prendre en compte cet univers qui est incertain[1] ? »

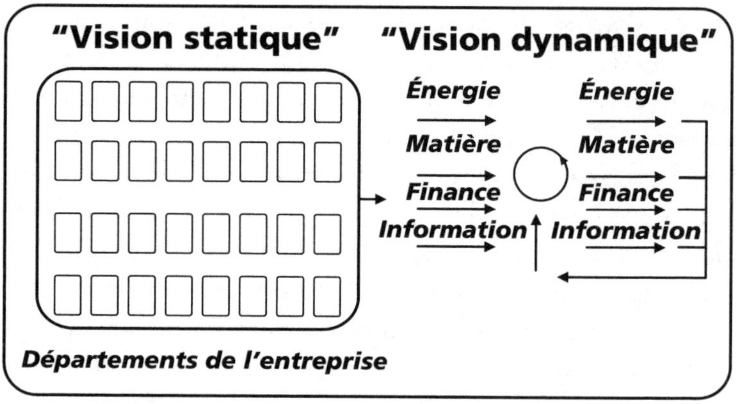

Une conception statique de l'entreprise, où les différents services sont juxtaposés, et une conception dynamique, où l'on prend en compte les flux et non la structure.

Dominique Louis oppose ici la vision statique d'une entreprise, où les départements seraient posés les uns à côté des autres et que l'on pourrait analyser comme un cadavre que l'on dissèque, à la vision dynamique où l'on considère non pas la structure, mais les flux financiers, les flux d'information ou de matière qui traversent cette entreprise. Comme d'autres « leaders libérateurs », il nous dit de façon quelque peu provocante qu'il ne sait pas comment les choses se passent à Assystem : « J'essaie d'insuffler des idées, des comportements, mais il est possible que cela se passe totalement différemment

1. Interview exclusive pour *Questions pour un monde en mutation*, *op. cit.*

de la façon dont je l'imagine[1]. » Il veut dire, selon moi, « je ne sais pas comment cela se passe dans le cercle [à droite dans la figure p. 578], mais je sais très bien ce qui rentre et ce qui sort dans mon entreprise ». Les flux sont les indicateurs qui permettent de voir si l'entreprise est performante, sans savoir exactement ce qui s'y passe. Si ce qui sort de l'entreprise n'est pas supérieur à ce qui rentre, alors le chef d'entreprise doit reprendre sa casquette classique, plonger dans le cercle et essayer de résoudre le problème.

En effet, une des choses peut-être les plus difficiles à comprendre dans cette nouvelle vision de l'entreprise, c'est qu'elle enseigne le non-dogmatisme, *y compris avec elle-même*. Vous pensez peut-être que mon discours, comme celui de beaucoup de consultants, va être : « Il y a une vision ancienne et une vision nouvelle, il suffit de passer de l'une à l'autre pour que tout aille bien. » Eh bien, pas du tout. Une telle recommandation serait beaucoup trop... classique pour être acceptable. En fait, l'entreprise se doit d'osciller entre les deux modèles, en fonction de son environnement extérieur et, surtout, de sa situation intérieure. Analysons le cas d'Assystem. J'ai connu Dominique Louis au début des années 1990, quand son entreprise faisait à l'époque 95 % de son chiffre d'affaires dans le nucléaire, alors que ce secteur était en forte baisse, car plus aucune centrale n'était en construction en France. Il fallait donc faire sauter les barrières, se redéployer dans de nouveaux domaines, être créatif et, pour cela, appliquer les principes détaillés ici. Mais au début des années 2000, l'énorme croissance d'Assystem, réalisée en partie par des rachats d'entreprises, menaçait la survie même de celle-ci, et il fallait rationnaliser

1. *Ibid.*

et stabiliser les choses. Dominique Louis embaucha un directeur général tout ce qu'il y a de plus classique. Alors que, pendant la décennie précédente, j'avais fait venir Ilya Prigogine, le philosophe des sciences Ervin László, des physiciens quantiques et des astrophysiciens pour former, de façon originale, les cadres d'Assystem, j'ai cessé de collaborer avec l'entreprise, tout en restant en contact avec Dominique Louis. L'entreprise, entièrement transformée, était désormais à 5 % dans le nucléaire et à 95 % dans l'aide à la conception des nouveaux avions d'Airbus ou des nouveaux modèles de Peugeot. Mais il est désormais clair qu'une bonne partie de l'avenir de l'industrie est en Asie et, comme il y a vingt ans, Assystem doit se développer sur de nouveaux marchés, faire preuve d'imagination, de créativité, bref, reprendre les valeurs qui ont fait son succès dans les années 1990 et qu'elle a, heureusement pour elle, abandonnées dans les années 2000 ; ce qui fait que j'organise de nouveau, aujourd'hui, des formations pour Assystem.

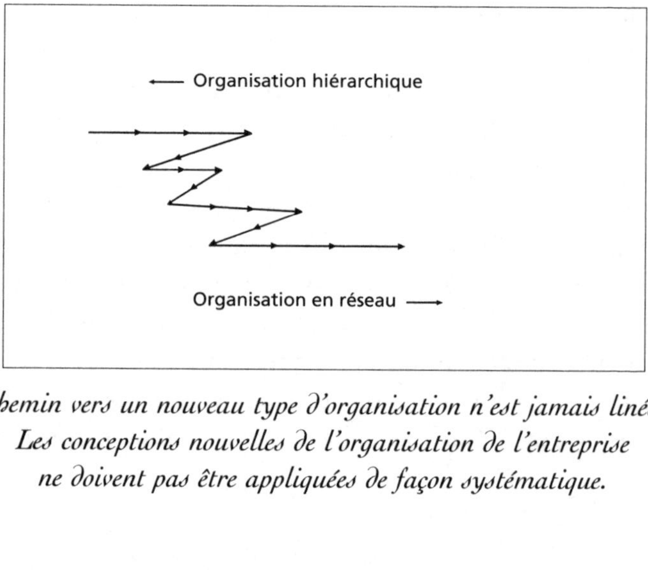

Le chemin vers un nouveau type d'organisation n'est jamais linéaire. Les conceptions nouvelles de l'organisation de l'entreprise ne doivent pas être appliquées de façon systématique.

Oserai-je dire qu'un manager est essentiellement payé pour savoir si son entreprise est dans le zig ou dans le zag ? En effet, si vous êtes à droite de la figure p. 580, que les choses vont mal et que vous continuez à libérer les énergies et à appliquer la nouvelle vision du monde, vous allez tout droit à la catastrophe, mais si vous êtes à gauche, que les choses vont mal, que vous rationalisez, faites des économies d'échelle, ajoutez des niveaux hiérarchiques, vous courez également à la catastrophe. Vous pouvez avoir autour de vous les meilleurs logiciels et les meilleurs experts, mais aucun système informatique ne vous dira si votre entreprise est à droite ou à gauche de la figure en question, c'est vous et vous seul qui pouvez le savoir et, en fonction de cela, prendre la décision qui s'impose.

C'est un point important sur lequel je me sépare des idées exprimées par Getz et Carney, dans leur ouvrage néanmoins remarquable[1]. Pour eux, en période de crise, les salariés ne sont pas devenus moins intelligents, et le chef d'entreprise n'est pas devenu omniscient. Ce n'est donc pas à lui de trouver une solution à la crise. En fait, il ne s'agit pas d'analyser la situation en termes de crise, mais en termes de zigzag, comme nous l'avons fait dans la figure ci-dessus. Appliquer toujours et en permanence la même méthode est une démarche linéaire et dogmatique qui ne correspond pas à la complexité du monde actuel. Un exemple relativement dramatique nous l'apprend : celui de l'entreprise Benoit. Jacques Benoit était un ancien ouvrier devenu P.-D.G. d'une entreprise de cacahuètes et de fruits secs qui portait son nom. Comme Ricardo Semler et d'autres, il était habité par la conviction que, si la démocratie fonctionne dans la société, elle doit aussi fonctionner dans

1. Isaac Getz et Brian M. Carney, *Liberté & Cie*, *op. cit.*

l'entreprise. Il avait alors mis en place tout un système démocratique, unique en France à l'époque et peut-être même encore aujourd'hui. Les cadres étaient évalués à bulletins secrets par un vote des ouvriers qui étaient sous leurs ordres (et cela bien avant la mode des évaluations à 360°), et Jacques Benoit était évalué par toute l'entreprise, sur une échelle qui allait de 1 à 10. Il s'était imposé à lui-même de démissionner s'il n'avait pas la moyenne lors de cette évaluation annuelle. Dans ce cas, une campagne électorale devait se dérouler à l'intérieur de l'entreprise et le nouveau dirigeant devait, pour être élu, recueillir la moitié des voix des actionnaires et la moitié des voix des salariés. Or, la première fois que je suis allé voir fonctionner ce modèle original de démocratie d'entreprise[1], Jacques Benoit a reçu une note inférieure à la moyenne. C'était dû à une crise qui avait conduit au licenciement d'un ancien directeur d'usine, lequel s'est alors présenté contre lui. Une campagne électorale a eu lieu, et Jacques Benoit a finalement été réélu. Mais il est bien clair que ce système démocratique faisait peur à tous les investisseurs potentiels. Jacques Benoit avait beau affirmer qu'il n'avait pas à reculer puisque son système correspondait aux vœux de la grande majorité des Français (qui sont 56 % à penser que le dirigeant de l'entreprise doit être choisi par les actionnaires et les salariés et non pas par les seuls actionnaires[2]), s'étant arc-bouté sur ses convictions, il a fini par faire faillite, et son entreprise a été reprise par un grand concurrent allemand pour 1 euro symbolique. Aujourd'hui, Jacques Benoit a très

1. Voir Jacques Benoit, *L'Entreprise démocratique*, Chronique sociale, 1994.

2. *Futuribles*, n° 200, juillet-août 1995.

bien compris que c'est son refus de transiger qui est à l'origine de son échec. S'acharner à être trop novateur, ce n'est pas mettre en pratique les leçons subtiles que nous donne la nouvelle vision du monde.

Bien entendu, il est très difficile, pour ceux qui ont goûté à la liberté, d'y renoncer, même temporairement. C'est là qu'un travail pédagogique est nécessaire, et surtout il faut qu'il soit très clair dans l'esprit de tous que ce retour en arrière (vers la gauche de la figure p. 580) n'est que temporaire, que l'étape précédente de l'entreprise n'était pas une parenthèse merveilleuse à jamais refermée, mais un état que l'on retrouvera dès que la situation intérieure et extérieure de l'entreprise le permettra.

Ainsi, s'il y a bien une vision classique et une vision nouvelle du management, il faut toujours garder à l'esprit que la progression vers cette vision nouvelle doit se faire en zigzag, aussi déstabilisant que cela puisse être, et non en ligne droite, sauf quand de rares exceptions le permettent. Avant de présenter ces deux visions, il faut introduire une dernière notion, celle du jeu gagnant-gagnant. Vous vous rappelez la collaboration de l'anémone de mer avec le petit poisson qui aurait pu lui servir de proie (cf. p. 150) ? J'ai, au milieu des années 1990, effectué un séminaire pour la direction de la banque Cortal. C'était à l'époque une nouvelle banque qui avait pour caractéristique d'être sans guichet, et ce n'était pas facile, surtout avant l'époque Internet, d'amener les clients à adopter une telle banque. Son marketing d'alors reposait sur le fait qu'elle avait trouvé une astuce légale pour que ses clients puissent avoir l'équivalent d'un compte chèques rémunéré, alors que cela était interdit par la loi. Cela voulait dire que le client qui avait en moyenne 1 000 euros disponibles sur son compte chèques pendant toute une année gagnait

10 euros à la fin de celle-ci. Ce n'était pas très motivant, et il n'était donc pas très étonnant que Cortal soit en déficit à l'époque. Lors de mon séminaire, j'ai présenté un certain nombre d'entreprises novatrices, comme celles analysées ici ou au prochain chapitre. Le président, Olivier Le Grand, était très intéressé. « Mais, me disait-il, comment peut-on introduire de telles valeurs dans une banque ? » Il me demanda néanmoins un jour un séminaire privé dans lequel je lui parlai de l'exemple de l'anémone de mer et de beaucoup d'autres du même type[1], et me dit alors : « Ça y est, j'ai compris. Pour que le client vienne chez moi, il faut d'abord que je lui donne la liberté de repartir. »

C'était à mon tour de ne plus comprendre. « Mais oui, me dit-il. Je vends des SICAV et des fonds communs de placement, comme toutes les banques. Si tu vas au Crédit Lyonnais et que tu demandes d'acheter la SICAV Asie-Pacifique de la BNP, on fera tout pour te persuader d'acheter un produit équivalent au Crédit Lyonnais. Et si tu t'acharnes à acheter un produit financier de la BNP, on te facturera, bien évidemment, des droits de garde. Or, que désires-tu ? Tu désires le meilleur produit possible, pas qu'il soit du Crédit Lyonnais ou de la BNP. » C'est ainsi qu'Olivier Le Grand et la banque Cortal furent les premiers en Europe à proposer à leurs clients d'acheter tous les produits financiers, quels qu'ils soient. Cela voulait dire que les droits de garde étaient les mêmes pour un produit « étranger » que pour un produit maison et que, contrairement à toutes les autres banques, les conseillers financiers ne recevaient pas de primes lorsqu'ils vendaient les produits maison, mais

1. Voir, par exemple, Rémy Chauvin, *La Biologie de l'esprit*, Éditions du Rocher, 1985.

lorsqu'ils vendaient n'importe quel produit. Certains des compétiteurs de la banque Cortal acceptèrent avec plaisir d'être distribués par cette dernière. D'autres, ne pouvant refuser de vendre (ils auraient été accusés de refus de vente devant les juridictions compétentes), dirent à Olivier Le Grand que celui-ci n'aurait aucune marge lors de la revente de leurs produits. Allez expliquer à vos actionnaires que non seulement vous allez vendre les produits de la concurrence, mais que, en plus, vous n'allez strictement rien y gagner ! C'est ce que fit pourtant Olivier Le Grand, et cela a été essentiel à la réussite de l'opération, car le système ne pouvait fonctionner que s'il était sincère et non si les produits « étrangers » vendus aux clients n'étaient pas les meilleurs produits, mais simplement les meilleurs produits financiers sur lesquels la banque Cortal touchait une commission.

Cette révolution conceptuelle fut couronnée de succès puisque, deux ans de suite, l'encours bancaire de Cortal (les fonds supplémentaires récoltés par la banque diminués de ceux qui en avaient été retirés) augmenta de 90 %. C'est une constante quand on applique les idées nouvelles. La progression n'est pas de 5 ou de 10 %, mais de 90 ou de 100 %, que ce soit dans un secteur industriel de type ancien, comme le groupe Sulzer, ou dans un secteur tertiaire, comme la banque Cortal. Cela a été très bien illustré par le prix Nobel de chimie Ilya Prigogine, lors d'un déjeuner que j'avais contribué à organiser avec le président et le vice-président du groupe L'Oréal de l'époque, Lindsay Owen-Jones et Robert Salmon : « Si vous voulez augmenter de 5 à 10 % l'efficacité des produits de L'Oréal, leur avait-il dit, vous devez mettre une équipe de 300 chercheurs pendant un an sur la question, et vous êtes sûr qu'ils vont y arriver. Mais si vous voulez augmenter de 90 %

l'efficacité d'un produit, alors il faut financer pendant plusieurs années une demi-douzaine de petites équipes de 5 ou 6 personnes, et vous avez une très forte probabilité que l'une d'entre elles effectuera une découverte majeure qui permettra ce progrès. »

Peut-être penserez-vous que le jeu gagnant-gagnant n'est possible que dans des secteurs immatériels comme la banque. Néanmoins, dans le domaine des objets matériels, ce type de jeu gagnant-gagnant est également possible. Michelin avait mis au point un nouveau modèle de pneu permettant de rouler à plat après crevaison, ce qui est bien pratique, et surtout, ne déjantant plus en cas d'éclatement, ce qui peut vous sauver la vie. Michelin était persuadé que son pneu allait envahir le marché, mais comme il avait le brevet du pneu et des roues qui allaient avec, aucun constructeur ne voulait monter ces nouvelles roues, car seul Michelin aurait pu fournir les pneus pour ces roues, ce qui fait que les constructeurs et les clients auraient été pieds et poings liés face à Michelin. Ainsi, il était près de perdre des dizaines de millions d'euros d'investissement, dépensés pour mettre au point ces nouveaux pneus, lorsque quelqu'un chez Michelin a eu l'idée de donner le brevet en question à deux de leurs concurrents, Goodyear et Pirelli ; et il s'agissait bien de donner le brevet et non de le vendre, car Goodyear et Pirelli avaient leur propre projet, certes moins développé, et n'auraient pas accepté de payer pour ce brevet. Grâce à ce don, un joint-venture fut créé, les constructeurs et leurs clients avaient désormais trois fabricants possibles pour les pneus, et c'est comme cela que l'on retrouve ces nouvelles roues aujourd'hui sur les voitures haut de gamme.

Il faut vraiment avoir la nouvelle vision du monde, ici celle du jeu gagnant-gagnant, pour comprendre que la seule solution pour sauver les investissements de Michelin consistait à donner un de ses brevets les plus prometteurs à ses concurrents. Dans bien d'autres situations identiques, on peut imaginer que le brevet serait parti à la poubelle, avec, comme épitaphe, des considérations du genre : « C'était une bonne idée, mais quelque chose n'a pas marché. »

L'histoire ne s'arrête pas là, car Michelin n'a pas donné son brevet à Bridgestone. Or, Bridgestone est, avec Goodyear et Michelin, l'un des trois acteurs principaux dans le domaine du pneu. Michelin avait probablement comme idée d'éliminer à terme Bridgestone, son concurrent le plus dangereux, tout en assurant la survie de Goodyear et de Pirelli. Mais Bridgestone s'est alors allié avec l'allemand Continental (un acteur de seconde catégorie comme Pirelli) pour développer son propre standard de pneu permettant de rouler à plat. L'avenir nous dira donc laquelle de ces alliances, Bridgestone-Continental ou Michelin-Goodyear-Pirelli, dominera le marché du pneu au XXIe siècle. Il est intéressant de noter que Michelin aurait pu assurer la réussite de son pneu en donnant également le brevet à Bridgestone. La stratégie intermédiaire choisie, celle d'un jeu gagnant-gagnant partiel, lui permet néanmoins d'espérer dominer une partie de ses concurrents, tout en prenant un risque, tandis que la stratégie gagnant-gagnant complète ne présente aucun risque, mais aucune façon d'avoir un avantage décisif non plus.

Deux conceptions du management des entreprises

1. Accepter l'incertitude interne. À l'inverse du modèle appelé par les Anglo-Saxons « commande et contrôle »,

qui s'acharne à éliminer les « zones d'ombre » de l'organisation d'une entreprise, il s'agit non seulement d'accepter celles-ci et de les gérer, mais parfois même de les provoquer. Les exemples d'Assystem et de l'enquête de Michel Crozier à la Seita nous ont montré l'importance d'un tel lâcher-prise.

2. On regarde les flux qui traversent l'entreprise au lieu de l'analyser comme un système statique, qu'en plus on coupe en tranches, de façon réductionniste, dans la vision classique (voir la figure p. 578).

3. Il faut intégrer dans l'évolution de l'entreprise des bifurcations, des sauts, et être attentif aux signaux faibles, aux effets papillons qui peuvent se développer et prendre une très grande importance, au lieu d'être désorienté, voire paniqué, quand l'entreprise et son environnement évoluent de façon non linéaire (voir la figure p. 109). Il faut accepter d'avance que, en période de bifurcation, on puisse tirer sur certains leviers pour faire que les choses aillent dans le bon sens, c'est-à-dire plutôt vers le haut que vers le bas de la figure p. 109, mais sans savoir où l'on va exactement atterrir.

4. À la place de la hiérarchie pyramidale classique, l'entreprise est organisée telle une cellule, avec une membrane qui assure la cohérence générale du système, c'est-à-dire où les dirigeants créent les conditions de la créativité de leurs salariés, les conseillent, les encadrent, les aident à s'auto-organiser, mais ne les dirigent pas au sens classique du terme (voir la figure p. 538).

5. On recherchera la mise en place de jeux gagnant-gagnant, aussi bien avec les fournisseurs et les clients qu'avec certains concurrents, à l'exemple de la banque Cortal ou des pneus Michelin.

Vision classique	Vision nouvelle
La bonne entreprise est celle qui arrive à éliminer l'incertitude interne.	La bonne entreprise est celle qui gère au mieux l'incertitude interne.
L'entreprise est la somme de ses unités stratégiques d'activité.	L'entreprise est un système global composé avant tout de processus et non de structures.
L'entreprise évolue de façon linéaire, prévisible et contrôlable.	L'entreprise connaît parfois des bifurcations, des sauts, qui peuvent être pilotés, mais dont le résultat précis ne peut être connu à l'avance.
Le mode d'organisation indiqué est une hiérarchie pyramidale.	Le mode d'organisation indiqué est un cercle où les managers ont une fonction de soutien de leurs salariés et de préservation de la culture de l'entreprise.
Les relations commerciales avec les fournisseurs, les distributeurs et les concurrents représentent un jeu à somme nulle du type : je gagne, tu perds.	Les relations commerciales avec les fournisseurs, les distributeurs et les concurrents sont potentiellement du type positif : je gagne, tu gagnes.

Deux conceptions du management des entreprises

À quoi peut servir le théorème de Gödel dans une entreprise ?

Maintenant que nous avons défini la conception nouvelle et la conception classique du management, tout en gardant bien à l'esprit que « l'art de manager » consiste à savoir zigzaguer *à bon escient* entre les deux, une question se pose : qu'est-ce que l'analyse présentée ici apporte de plus par rapport à toutes les excellentes analyses du même type faites par d'autres auteurs ? C'est l'intégration de la science et des nouveaux concepts scientifiques qui enrichit cette analyse sociologique et managériale d'une nouvelle dimension. La compréhension d'un certain nombre de ces concepts scientifiques ouvre de nouveaux horizons aux dirigeants, mais surtout leur permet de sauter le pas, leur montre qu'il y a une cohérence et une logique à abandonner le modèle classique dans lequel ils ont été formés. Prenons ainsi l'exemple du théorème de Gödel (cf. p. 170-171). Quoi de plus éloigné du marketing ou de la gestion d'une gamme de produits dans l'entreprise qu'un théorème de logique dont la portée commence à peine à être comprise au-delà des cercles spécialisés ?

Chez les constructeurs d'automobiles, il y a, depuis que les ordinateurs existent, des systèmes simulant l'environnement du constructeur et les comportements des consommateurs. Ce sont des systèmes avec 3 000 variables qui intègrent les goûts de « la ménagère de moins de 50 ans », le nombre d'enfants par famille, le nombre de kilomètres moyen parcourus chaque jour par les différentes sortes d'automobilistes, etc. Lorsqu'un nouveau modèle de voiture est en préparation, le projet est soumis au système informatique qui répond si oui ou non il y a un marché pour le modèle envisagé. Comme un nouveau modèle de voiture est un pari à plus de 1 milliard d'euros, depuis que les systèmes informatiques sont suffisamment perfectionnés, aucun constructeur ne prend habituellement le risque, en dehors de quelques véhicules de niche, de lancer un nouveau modèle de voiture sans une validation par le système informatique.

Mais chez Renault, il y avait un projet, la Twingo (la première, pas la seconde qui est beaucoup moins innovante), pour lequel le système informatique de Renault répondait en permanence : « Pas assez de données pour conclure. » J'ai rencontré le professeur de mathématiques qui, lors d'un séminaire, avait expliqué le théorème de Gödel à Raymond Lévy, qui était à l'époque le P.-D.G. de Renault. Intéressé, celui-ci avait invité le scientifique à venir étudier le cas de la Twingo et la réponse de l'ordinateur. « C'est très simple, a dit le mathématicien. Tout système d'axiomes contient une proposition indécidable [du type : où met-on le catalogue des ouvrages qui ne se citent pas eux-mêmes ? voir p. 171]. Vous avez ici un système de 3 000 axiomes, il comporte donc des propositions indécidables, et la Twingo est une proposition indécidable dans le système simulant le comportement des consommateurs de Renault. » Il expliqua donc qu'il fallait prendre la décision de lancer ou de ne pas lancer la Twingo sans attendre un résultat de l'ordinateur. C'est ce que Renault a fait, et c'est pourquoi, quand vous verrez la Twingo 1 dans la rue (il y en a encore beaucoup car ce fut un immense succès), vous saurez qu'elle est là grâce au théorème de Kurt Gödel de 1931[1].

Cela ne veut surtout pas dire que l'ère du calcul, de la rationalité et de la modernité est derrière nous. En effet, d'une part Renault continue à utiliser son système informatique pour lancer de nouvelles versions de la Clio ou de la Mégane, et d'autre part Renault a voulu rééditer le coup de la Twingo avec la Vel Satis,

1. L'histoire de la Twingo est racontée par Christophe Midler dans *L'Auto qui n'existait pas*, Dunod, 2004... avec justement une préface de Raymond Lévy.

voiture elle aussi atypique, et cela a été un flop. Alors, que faut-il en conclure ? Il y a un cœur de métier que tous les constructeurs se doivent d'avoir. À l'intérieur de ce cœur, la règle « on ne lancera jamais de nouveaux modèles de voiture sans avoir reçu une validation par le système informatique » s'applique. Mais comme tous les constructeurs ont les mêmes systèmes informatiques fournis par les mêmes grandes sociétés ou par les mêmes brillants chercheurs sortis du MIT ou de l'École normale, et que le prix de l'essence ou le nombre d'enfants par famille est le même pour tous, il ne faut pas s'étonner que toutes les voitures se ressemblent, puisque les modèles et les données qu'ils contiennent sont les mêmes. Ce que nous apprennent Prigogine, la théorie du chaos et le théorème de Gödel, c'est que l'existence de ce cœur est nécessaire, mais *non suffisant* pour assurer le succès d'un constructeur d'automobiles. Ces mêmes concepts scientifiques nous apprennent que le constructeur capable d'explorer les zones situées juste à l'extérieur de son cœur de métier en se passant de la fameuse règle sera plus performant sur le long terme que le constructeur qui y restera coincé en obéissant à cette règle qui paraît pourtant très raisonnable.

On voit ainsi comment tous ces concepts nous font passer de la prévisibilité classique, comme celle du Boston Consulting Group, qui parlait de façon déterministe des phases de croissance, de maturité puis de déclin pour chaque produit, en essayant de les prévoir au plus près, à un système qui permet de prédire que Renault sera plus performant que ses concurrents, mais pas de prédire que la Twingo va réussir ou que la Vel Satis va échouer. Cet exemple nous montrant l'importance vitale qu'il y a pour des managers à intégrer de nouveaux concepts scientifiques qui leur paraissent pourtant extrêmement éloignés de leurs préoccupations quotidiennes, nous pouvons désormais comprendre pourquoi il existe une nouvelle discipline, « science et management », ou, plus exactement, comme j'aime l'appeler, « philosophie des sciences appliquées au management ». Les leaders en sont, au niveau international, des penseurs comme Margaret Wheatley[1] et Ervin László[2], et, dans le monde francophone, Marc Halévy[3] et votre serviteur[4].

Nous pouvons désormais énoncer quelques-uns des thèmes clés de cette nouvelle discipline qui sont résumés dans le tableau p. 595, qui est le complément et l'aboutissement des tableaux p. 96 et p. 177.

1. Le principe d'incertitude (cf. p. 120) nous apprend qu'il y a une limite fondamentale à la connaissance que nous pouvons avoir du réel. Ainsi, comme le pratique Dominique Louis et pour les raisons exprimées par Michel Crozier, il faut tolérer l'existence d'une zone d'incertitude dans l'entreprise.

2. Toujours en physique quantique, la non-séparabilité (cf. p. 123 et suiv.) nous apprend qu'il existe des choses réelles, mais que l'on ne peut ni mesurer, ni toucher, ni détecter. De la même façon, on ne peut ni voir ni détecter la force de certaines entreprises qui n'apparaît pas dans leur bilan. Un expert qui aurait voulu prédire le résultat de la bataille d'Aboukir (cf. p. 536) aurait pu compter le nombre de canons et le nombre de boulets, mesurer la

1. Margaret Wheatley, *Leadership and the New Science: Discovering Order in a Chaotic World*, Berrett-Koehler Publishers, 3e édition, 2006.

2. Ervin László et Christopher László, *Le Management évolutionniste. Naviguer dans la turbulence*, Economica, 1993.

3. Marc Halévy, *Petit Traité de management postindustriel*, Dangles, 2010, ou *L'Âge de la connaissance : principes et réflexions sur la révolution noétique au XXIe siècle*, Éditions MM2, 2005.

4. Voir, par exemple, Abdelkébir Mezouar (dir.), *Science, tradition et management*, Éditions du CRD, 2001, p. 11-20 et 105-115.

hauteur des mâts, la taille des voiles de chaque bateau de chaque flotte, ainsi que la force des courants et la direction du vent. Il lui aurait manqué l'essentiel pour prédire le résultat de la bataille : le lien invisible qui existait entre les capitaines de la flotte de Nelson.

3. Les travaux de Prigogine, la théorie du chaos, les notions d'auto-organisation et de bifurcation nous permettent de comprendre pourquoi les organisations libérées ou conçues comme libres dès l'origine peuvent être aussi performantes.

4. Le théorème d'incomplétude de Gödel nous montre qu'aucun système logique ne peut être à la fois complet et cohérent et que tout système logique contient des propositions indécidables… comme le lancement de la Twingo pour le système expert qui modélisait l'environnement de la clientèle de Renault. Cela doit donc inciter le manager à savoir prendre des décisions non formalisées, en parallèle de décisions rationnelles reposant sur le modèle classique.

5. La biologie nous montre qu'il existe dans la nature des jeux gagnant-gagnant mis en place entre des espèces qui seraient normalement adversaires dans la lutte pour la vie, tels le lion et la gazelle. Cela doit nous amener à chercher des jeux gagnant-gagnant, comme ceux que nous avons décrits pour la banque Cortal et les pneus Michelin.

6. L'astrophysique nous montre que la question du sens se pose au cœur même de la science, à cause du réglage très particulier de notre univers. Les neurosciences nous montrent à quel point la question du sens de nos actes est essentielle pour l'être humain. L'entreprise doit donc être capable de donner du sens à ses salariés comme à ses clients.

Sciences nouvelles	Management nouveau
Principe d'incertitude de Heisenberg.	Acceptation de l'incertitude interne dans l'entreprise (Michel Crozier, Dominique Louis).
Non-séparabilité quantique.	La force essentielle de certaines entreprises n'est pas quantifiable et n'apparaît dans aucun bilan.
Théorie du chaos, auto-organisation, bifurcation, cercle autocatalytique.	Performance des entreprises « libérée » (Gore, Whole Foods Market, Semco, Favi).
Théorème d'incomplétude de Gödel.	Décisions non formalisées dans les entreprises (Twingo).
Collaboration et coévolution dans la nature plutôt que confrontation.	Jeux gagnant-gagnant entre concurrents (Cortal, Michelin).
La question du sens se pose en astrophysique. Les neurosciences nous montrent que le sens de ses actes est essentiel pour l'homme.	Construction d'une organisation qui permette de donner du sens. Dirigeants, porteurs de sens et garants d'une culture, consommateurs recherchant un sens à leurs actes d'achat.

Voilà donc comment les nouveaux concepts scientifiques peuvent servir de boussole et aider à naviguer dans le monde turbulent et complexe qui est le nôtre non seulement les décideurs des secteurs privé et public, pour améliorer l'adaptation de leurs organisations, mais aussi chacun d'entre nous, pour prendre les décisions importantes concernant notre vie et notre carrière. Margaret

Wheatley, l'une des pionnières de ce domaine, écrit : « Nous vivons une période de chaos, potentiellement riche de possibilités nouvelles. Un monde nouveau est sur le point de naître. Nous avons besoin d'idées nouvelles, de nouveaux regards sur les choses et de liens nouveaux pour nous aider maintenant. La Nouvelle Science – les nouvelles découvertes en biologie, théorie du chaos, physique quantique qui sont en train de changer notre compréhension du fonctionnement du monde – nous indique le chemin à suivre. Dans ce monde-là, le chaos est naturel et l'ordre existe "gratuitement". Il montre les liens complexes de coopération qui nous relient. Il nous donne l'assurance que la vie recherche l'ordre, mais se sert de dysfonctionnements pour y parvenir. Il nous apprend que la participation et la coopération sont essentielles à notre survie dans ce monde interconnecté[1]. »

1. Margaret Wheatley, *Leadership and the New Science...*, *op. cit.*, 4e de couverture.

15

Repenser la finalité de l'entreprise

> « Le business est maintenant devenu la force la plus importante de la société. Nous ne pouvons pas résoudre les problèmes sociaux tant que le business n'accepte pas de jouer un rôle de leader dans ce domaine. Cela implique que le business agisse pour le bien commun. C'est un rôle très nouveau pour le business dont il n'a pas l'habitude, et pour lequel il n'est pas préparé[1]. »

Grâce à Éric Brys, un homme aux idées novatrices, j'ai pu, dès 1995, enseigner dans le MBA du groupe HEC les prémices des idées que vous trouvez dans cet ouvrage. Les étudiants de ce MBA, qui est l'un des plus renommés d'Europe, viennent du monde entier et ont déjà une expérience professionnelle. Il leur arrivait parfois de me demander (surtout dans les années 1990) : « Pourquoi nous enseignez-vous le contraire de ce que M. X dit dans son cours ? » Je leur expliquais alors qu'une bonne

1. Ben Cohen et Jerry Greenfield, *Ben & Jerry's Double-Dip. How to Run a Values-Led Business and Make Money, Too*, Simon and Schuster, 1998.

école de commerce ne devait pas avoir de pensée unique et qu'il était nécessaire de présenter plusieurs points de vue. Aujourd'hui, HEC a, entre autres, une chaire de développement durable, et cela fait longtemps que certains de mes anciens élèves ont imposé à la cafétéria du groupe de se fournir en café équitable. L'évolution des désirs des étudiants est elle-même un point significatif. Il y a quinze ans, ils payaient cette formation coûteuse dans l'intention de trouver un emploi extrêmement rémunérateur, alors que, aujourd'hui, la qualité de vie, voire l'éthique de l'entreprise dans laquelle ils pourraient travailler sont aussi prises en considération. Mais on tombe parfois sur des défenseurs acharnés du modèle classique qui critiquent toute « intrusion » du sens et de l'éthique dans les sacro-saintes affaires. François Lemarchand, fondateur, avec son épouse Françoise, du groupe Nature & Découvertes, qui fut l'un des pionniers en France de la notion d'entreprise socialement responsable, intervient régulièrement dans ce cours[1]. Une année, j'avais affaire à un de ces élèves extrêmement classiques et, en plus, relativement hargneux. J'avais prévenu François de ce problème. Dès qu'il commença à parler, l'élève l'interrompit comme prévu. François Lemarchand le regarda et lui dit : « Je vais vous poser une question, monsieur. Êtes-vous un être humain ? » Pas de réponse de l'élève stupéfait. « Vous préférez vivre dans un monde pollué où il n'y aurait plus d'arbres ni d'oiseaux, ou dans un monde qui préserve la nature ? Vous voulez manger de la viande gonflée d'hormones et d'antibiotiques ou de la viande naturelle ? Des légumes avec des pesticides ou venant de

1. Pour en savoir plus sur ses idées, voir François Lemarchand et Grégory Fléchet, *Hors du développement durable, pas d'avenir pour les entreprises*, Milan, 2008.

l'agriculture biologique ? Vous souhaitez travailler dans une entreprise qui vous offrira des millions mais qui vous pressurera comme un citron et qui vous jettera à la poubelle à 40 ans, quand vous serez totalement burn-out ? Ou vous voulez mener une vie saine et heureuse dans une petite ville de province où vous pourrez aller skier en hiver et faire du bateau sur un lac en été ? » L'élève ne dit plus rien, et François Lemarchand put continuer son intervention. Il raconta alors l'histoire suivante.

Il était une fois un vieux marchand de hot dogs qui avait construit une petite baraque au bord d'une route peu fréquentée, car les emplacements sur les routes plus fréquentées étaient trop chers. Grâce à la merveilleuse qualité de ses hot dogs, il fit peu à peu fortune, les gens faisant parfois des dizaines de kilomètres de détour pour pouvoir manger ses hot dogs. Il embaucha des serveuses, des aides cuisiniers, et finit par gagner assez d'argent pour que son fils puisse aller faire des études dans l'une des meilleures écoles de management du monde. Un rêve pour le vieil homme qui, lui, n'avait même pas le bac. Quand son fils sortit de l'école, il ne trouva pas immédiatement un emploi, car c'était le début de la crise. Alors, timidement, son père lui dit :

« Écoute, je sais que c'est vraiment insignifiant pour toi comme premier emploi, mais peut-être pourrais-tu venir à mes côtés pour m'aider, en appliquant les méthodes perfectionnées que tu as pu apprendre. »

Avec condescendance, le fils accepta. Après avoir examiné tous les comptes et le fonctionnement de l'entreprise de son père, il lui demanda un long entretien.

« Écoute, papa, tu as vu le prix auquel tu paies le pain ? Il est 3 fois supérieur à un pain normal.

– Mais, mon fils, c'est un pain qui est roulé à la main par un petit artisan boulanger, cuit dans un four à bois, ce qui lui donne un goût absolument spécial, d'autant plus qu'il utilise des farines biologiques de qualité.

– Mais c'est la même chose pour tes saucisses.

– Oui, mais tu comprends, ce sont des porcs élevés en plein air auxquels on fait manger des graines et non pas des farines et des aliments de synthèse, et, surtout, ils ne reçoivent aucune injection destinée à les faire grossir plus vite.

– Et la moutarde, tu pourrais l'acheter en grande surface.

– Mais c'est une moutarde au miel faite par... »

Le fils le coupa brutalement.

« Écoute, papa, si tu suis tous mes conseils, tu peux gagner 2 euros sur chaque hot dog, alors qu'actuellement tu ne gagnes qu'un seul euro. Or, nous sommes en période de crise. Bientôt, pour conserver ta part de marché, tu seras peut-être obligé de baisser les prix, et tu ne pourras pas le faire dans la configuration actuelle. »

Triste et penaud, le père baissa la tête. Le fils continua :

« J'ai vu que, dans le restaurant, tu as des tables et des chaises du XVIIIe siècle.

– Ben oui, c'était l'héritage de ta grand-mère, je les ai mis là dès l'ouverture parce que je n'avais pas autre chose.

– Mais aujourd'hui, ces meubles valent une fortune, et tu n'as pas besoin de meubles de luxe dans un restaurant de hot dogs. Des tables en Formica et des chaises en plastique peuvent très bien les remplacer et, en les vendant, tu vas améliorer la trésorerie de l'entreprise. »

Toutes ces réformes furent appliquées et, bien entendu, le chiffre d'affaires du restaurant tomba en chute libre. Plus personne ne venait faire un détour pour manger les hot dogs, le père dut licencier aides et serveuses, le fils finit par trouver un emploi plus prestigieux et s'apprêta à quitter son père, désormais tout seul, pour aller mettre en place ces méthodes dans une vraie entreprise digne de lui. Sur le pas de la porte, son père lui dit adieu en ces termes :

« Écoute, mon fils, heureusement que tu étais à côté de moi pour me prévenir, parce que tu vois, sans toi, la crise, je ne l'aurais jamais vue venir ! »

Même si elles peuvent paraître caricaturales et naïves, ces deux anecdotes sont très importantes. La première nous rappelle le caractère holistique de notre monde. Tout est lié, nous sommes ce que nous mangeons, ce que nous respirons, ce que notre environnement fait de nous, et nos actions impactent cet environnement. La deuxième nous montre comment certaines méthodes de *downsizing*, de réduction des coûts, de « il faut se centrer sur son cœur de métier » peuvent, à court terme, augmenter le profit des entreprises (et le bonus de ceux qui les mettent en place), mais peuvent être mortelles à long terme. En dehors de la compréhension intuitive que l'on peut avoir de l'histoire du marchand de hot dogs, une démonstration existe dans l'ouvrage de Philippe Herlin (cf. chapitre 8, p. 281 et suiv.) qui nous montre que la grande erreur théorique que l'on fait dans le calcul du risque en économie impacte également les entreprises. En suivant des indicateurs et des formules mathématiques classiques, c'est-à-dire réductionnistes et ne prenant en compte qu'un certain nombre de paramètres, elles peuvent considérablement s'affaiblir à moyen terme. Hélas ! sous la pression de fonds d'investissement, de nombreuses entreprises appliquent ce genre de stratégie… et perdent beaucoup d'argent[1].

1. Carrefour en est un exemple. À l'origine d'une stratégie « court-termiste » qui a fait perdre des millions aux actionnaires de Carrefour,

L'impact que les activités humaines exercent désormais sur la planète et le fait qu'à l'époque de l'Internet tout finit par se savoir amènent à redéfinir la mission et la finalité de l'entreprise. Dans le passé, une entreprise pouvait se donner comme mission de produire le meilleur chocolat possible, tout en créant des bénéfices confortables pour ses actionnaires. Désormais, il n'est simplement plus possible de faire du business de cette façon, car, si « le meilleur chocolat du monde » a bon goût grâce à des exhausteurs de goût qui se révèlent cancérigènes, est fait avec du cacao qui, pour limiter les coûts, provient d'une dictature africaine où les ouvriers sont traités comme des esclaves, est fabriqué dans une usine dont les déchets polluent gravement l'environnement, cette entreprise risque d'être rapidement emportée par un scandale. Car ce qui menace le plus les entreprises d'aujourd'hui, et surtout de demain, ce n'est plus une grève, mais une vidéo sur YouTube dénonçant leur fonctionnement. C'est pourquoi, pour réussir demain, il vaut mieux être une entreprise socialement responsable. Nous allons ici en passer quelques-unes en revue, qui diffèrent des entreprises du chapitre précédent en ceci que leur trait remarquable n'est pas le volet social, même s'il est présent, ni la liberté donnée à leurs salariés, même si elle est également présente, mais la prise en compte de ce qu'on appelle les *stakeholders*, c'est-à-dire de tous ceux qui sont concernés par l'impact des activités de ces entreprises.

Sébastien Bazin, directeur pour la France du fonds d'investissement américain Colony Capital, a pris la tête du groupe Accor avec le désir d'y appliquer la même stratégie… perdante. Le P.-D.G. de Danone, Franck Riboud, un « vrai » chef d'entreprise, a démissionné pour marquer son désaccord. Voir *Marianne*, 7 septembre 2013, p. 30.

Avez-vous déjà mangé une glace à l'éthique ?

Un des exemples les plus emblématiques de cette révolution de la finalité de l'entreprise, ce sont les glaces Ben & Jerry's, créées en 1978 par Ben Cohen et Jerry Greenfield. Le premier avait été expulsé de tous les postes qu'il avait occupés, car il avait « un problème avec l'autorité », tandis que le second avait raté ses études de médecine. Après avoir appris à faire des glaces par correspondance, ils s'installèrent dans le Vermont où les hivers sont très froids et les étés très courts, car c'était un des seuls États des États-Unis qui, à cause de sa météo, n'avait pas de fabricant local de glaces. Ils retapèrent une vieille station-service désaffectée, seul local que leurs moyens leur permettaient d'avoir, et commencèrent à vendre leurs glaces. Très vite, une idée s'imposa à eux. Il ne fallait pas seulement que leurs glaces soient bonnes, mais que, en plus de leurs glaces, ils apportent quelque chose à la ville où ils étaient installés. En effet, deux jeunes sans moyens débutant dans une ville inconnue avaient besoin d'aide. Or, pour avoir de l'aide, il fallait créer un contact particulier avec les habitants de la ville pour que ceux-ci aient envie non seulement d'acheter leurs glaces, mais de voir Ben & Jerry's réussir. Ainsi, ils commencèrent à organiser des spectacles gratuits, mirent à profit les quelques cours de théâtre qu'ils avaient suivis et, pour fêter la première année de fonctionnement, distribuèrent des glaces gratuites à tous ceux qui se présentaient, pendant toute une journée. Un pianiste venait donner des concerts dans leur magasin, pour faire patienter les files de clients qui s'allongeaient.

Au fur et à mesure que leur chiffre d'affaires augmentait, ils durent se familiariser avec les principes du management (augmenter leurs prix, par exemple, pour que l'entreprise puisse faire des bénéfices suffisants pour se développer). Puis se posa une question de fond : allaient-ils vendre leur business ou se transformer en managers professionnels, eux qui associaient le « big business » à des activités nocives pour l'humanité et l'environnement ? Ils décidèrent alors d'essayer de faire un business qui soit dirigé par des valeurs et, petit à petit, ils furent parmi ceux qui posèrent les bases de la véritable entreprise socialement responsable. Tout d'abord, expliquent-ils[1], ils établirent une différence fondamentale entre « soutenir une cause » et « être dirigé par des valeurs ». Soutenir une cause, c'est donner 1 euro sur chaque produit vendu pour la reforestation de la forêt amazonienne ou la dépollution de telle ou telle rivière. Ce n'est pas une mauvaise chose en soi, et Ben et Jerry le font également, mais c'est infiniment moins exigeant que d'intégrer les valeurs que l'on défend dans l'activité commerciale de tous les jours, au cœur même de la façon dont on conçoit et fabrique ses produits. Ben et Jerry comprirent que c'était là l'enjeu véritable pour être une entreprise qui soit au service de la communauté[2]. Ainsi, aux États-Unis, il est permis de donner des hormones aux vaches pour accélérer leur croissance, ce qui est plus rentable pour l'éleveur. Il est fortement probable

1. Ben Cohen et Jerry Greenfield, *Ben & Jerry's Double-Dip. How to Run a Values-Led Business and Make Money, Too*, *op. cit.*, p. 32-33.

2. Comme nous l'avons vu, l'encyclique du pape Benoît XVI énoncera, vingt-cinq ans plus tard, la même idée. C'est au cœur même du processus de production que doivent s'appliquer les valeurs et non pas sous forme de redistribution *a posteriori* avec l'argent gagné grâce aux activités commerciales (cf. p. 436-437).

que l'absorption par des êtres humains d'hormones de croissance se trouvant dans le lait et la viande ait des conséquences négatives à long terme sur la santé. Ces procédés sont d'ailleurs interdits en Europe, malgré l'énorme pression à laquelle les États-Unis soumettent la Commission européenne pour qu'elle permette à ces viandes d'arriver dans nos assiettes. Dès le début, Ben et Jerry achetèrent leur lait à des petits producteurs n'utilisant pas d'hormones de croissance. Leur matière première principale était ainsi beaucoup plus chère que celle de leurs concurrents, mais ils lancèrent une campagne, en informant les consommateurs sur l'emballage de leurs glaces des risques que pouvait entraîner la consommation de telles hormones.

Être dirigé par des valeurs est quelque chose qui impacte toutes les activités de la société et tous ses choix stratégiques. Une entreprise comme Ben & Jerry's dépensait plusieurs dizaines de millions (et maintenant plusieurs centaines de millions) de dollars chaque année pour acheter les matières premières et les produits nécessaires pour la fabrication de ses glaces. Il y a là une force de frappe financière infiniment supérieure à tout ce que l'entreprise peut donner à des fondations *après* avoir fait des profits (Ben et Jerry donnent chaque année 7,5 % de leurs profits à une fondation chargée de soutenir un certain nombre de causes humanitaires et environnementales). Ainsi devait être développée une politique d'« achats éthiques », mais dans ce domaine tout ou presque était à faire. Les glaces Ben & Jerry's, qui sont excellentes (sinon, bien entendu, rien de cela ne serait possible), sont aussi très originales en ce qu'elles contiennent des brownies, des morceaux de chocolat, de gâteaux, etc. Ben et Jerry's voulurent acheter leurs brownies chez Greyston Bakery, une entreprise située au cœur des quartiers déshérités de New York et qui n'emploie que des personnes sortant de prison, des SDF ou des chômeurs de longue durée, bref, des gens pour qui cet emploi est souvent la dernière chance qui leur reste de revenir à une vie normale. Malgré les préparations faites en amont concernant les questions de qualité, la première livraison de brownies par Greyston fut une catastrophe. Ils étaient tous collés les uns aux autres, inutilisables. Toute entreprise normale aurait simplement renvoyé la livraison pour qualité insuffisante. Mais Greyston leur dit que, s'ils faisaient cela, la société serait en faillite, n'ayant pas les moyens de supporter un tel échec. Les salariés de Ben & Jerry's durent donc décoller un à un tous les brownies pour sauver ce qui pouvait être sauvé et faire avec cette « purée de brownies » des glaces correctes. Bien entendu, les salariés ne furent pas contents. Ben et Jerry comprirent alors leur erreur. Il aurait fallu les préparer à l'avance. Travailler avec des fournisseurs éthiques nécessite une longue préparation et de grands efforts. Les salariés furent alors envoyés par petits groupes chez Greyston, discutèrent avec les salariés de là-bas, virent qui ils étaient et comment ils essayaient de redémarrer dans la vie. Ils envoyèrent aussi leurs experts-comptables, leurs cadres, pour améliorer les processus de l'entreprise, ses calculs de rentabilité, etc. Finalement, Greyston devint le fournisseur attitré de Ben & Jerry's, et toute cette histoire se termina par un grand succès. Bien évidemment, cela avait coûté infiniment plus cher à l'entreprise que d'acheter ses brownies chez un grand producteur classique. Ils réitérèrent avec du café acheté au Mexique, dans le cadre d'une coopérative de commerce équitable, Aztec Harvests. Puis ils entendirent parler d'un projet visant à préserver la forêt amazonienne en valorisant les arbres qui y poussaient, de façon à éviter qu'ils ne soient coupés et vendus en tant que bois. Pour cela, il fallait utiliser des noix qui ne poussaient qu'à l'état sauvage sur certains arbres de la forêt. Ben et Jerry se cassèrent la tête pour faire des recettes à base de ces noix, puis, y étant arrivés, lancèrent une glace spéciale intitulée Rainforest Crunch. On est ici au cœur du processus de ce que signifie être une entreprise dirigée par des valeurs. Ben et Jerry pouvaient lancer un parfum classique, avec un bénéfice de 2 dollars par boîte vendue, ou leur Rainforest Crunch, avec un bénéfice de seulement 1 dollar par boîte vendue, mais qui serait le premier produit en Occident à vraiment valoriser la forêt amazonienne « sur pied ». Ils n'hésitèrent pas une seconde, et ce produit fut un immense succès. Bien entendu, les glaces contenant le café mexicain, les brownies new-yorkais et les noix de la forêt amazonienne comportent toutes sur leur emballage une explication concernant l'origine de leurs ingrédients, les raisons pour lesquelles Ben et Jerry les ont choisis et la manière dont ces produits contribuent à bâtir un monde meilleur. Cela génère un énorme courant de sympathie et de fidélité de la part des consommateurs. Beaucoup d'entre eux se méfient des entreprises, et ils ont raison, nous disent Ben et Jerry. Car, avec leurs bénéfices, de nombreuses entreprises dépensent des fortunes en lobbying pour pouvoir continuer à polluer l'environnement ou à utiliser des produits dangereux pour la santé, mais qui leur permettent de faire de confortables bénéfices, comme le montrent, entre autres, les divers scandales liés à l'industrie du tabac[1]. Ben et Jerry sont moins durs que je ne l'ai été envers Adam Smith, mais ils notent que la théorie de ce dernier s'accompagnait d'une transparence complète de l'information. Or, cette transparence, à l'époque d'Internet, manque encore

1. Voir sur ce point Jean Staune, *La Science en otage*, *op. cit.*, chapitre 7.

cruellement. Si les consommateurs savaient vraiment ce que les entreprises font avec les bénéfices obtenus grâce à leurs achats, ils s'enfuiraient, nous disent Ben et Jerry. C'est pourquoi l'entreprise socialement responsable doit massivement communiquer sur ce qu'elle fait, sur la façon dont elle achète ses produits, sur l'impact positif et négatif qu'elle a sur l'environnement, dans le cadre d'une communication vérité qui montre ses forces, mais aussi ses faiblesses, les points que l'on va essayer d'améliorer, etc.

L'expérience de Greyston Bakery et les autres montrent que, si l'on veut « faire le bien », il faut aussi savoir y aller prudemment. Si l'on veut créer un marché trop vite, on peut déstabiliser les producteurs et inciter à la création de mauvais comportements. Ainsi, Ben et Jerry voudraient que toutes les framboises utilisées dans leurs glaces proviennent de l'agriculture biologique. Mais s'ils l'exigeaient maintenant, cela provoquerait une formidable distorsion sur le marché des framboises bio, vu la taille de leur entreprise. C'est donc progressivement qu'ils doivent pousser les producteurs de framboises à passer à l'agriculture biologique, comme l'explique leur directrice achats[1]. Ben et Jerry ont donc comme projet de passer à l'agriculture biologique à terme, et c'est cela qui est important. Il faut donner un cap, une vision à l'entreprise, pour tout ce que l'on ne peut pas réussir à mettre en place à court terme.

Parfaitement au courant des évolutions que nous avons décrites aux chapitres 9 et 10, Ben et Jerry font remarquer que les référents classiques ont perdu leur crédibilité (hommes politiques, scientifiques, écoles et religions, même aux États-Unis). C'est pourquoi l'entreprise est,

1. Voir Ben Cohen et Jerry Greenfield, *Ben & Jerry's Double-Dip. How to Run a Values-Led Business and Make Money, Too*, *op. cit.*, p. 78.

d'une certaine façon, la seule chose à laquelle les gens puissent s'accrocher pour changer le monde. Or, le grand public a un *a priori* négatif envers elle. Une entreprise qui essaie d'agir pour le mieux, sur les plans social et environnemental, tout en faisant de bons produits ne peut que déclencher un immense courant d'adhésion qui soutiendra sa réussite financière dans le long terme, même si à court et moyen termes, les décisions qu'elle s'impose lui feront faire beaucoup moins de profits qu'une entreprise classique. Telle est la méthode de Ben et Jerry, et les trente années d'activité qui se sont écoulées ont prouvé sa validité, contre toutes les prévisions faites par les spécialistes. Ne dites pas à Ben et Jerry qu'ils sont les héritiers de la génération « Peace and Love », ils le savent parfaitement et ils l'assument. Sur la boîte de l'excellente glace Cherry Garcia que je suis en train de manger, il est justement écrit en gros : Peace and Love[1]. Mais vous auriez tort de les considérer comme des marginaux, parce que, certaines années, Ben et Jerry sont arrivés en tête sur le premier marché mondial des crèmes glacées, celui des États-Unis, et qu'ils ont commencé à s'étendre

1. J'ai un jour offert cette glace à André Comte-Sponville en lui expliquant comment les conceptions philosophiques de Luc Ferry, les siennes et les miennes pouvaient être comprises à travers elle. Pour lui, cette glace est bonne parce qu'elle contient d'excellents ingrédients, du chocolat, de la vanille et de la cerise. Pour Luc Ferry, qui pense qu'il y a dans l'homme quelque chose que n'explique ni la nature ni la culture, mais qui rejette la transcendance, cette glace est bonne parce que de ses composants émerge quelque chose qui n'est pas compréhensible ou prédictible par l'analyse des seuls composants. Pour moi, qui, en tant que philosophe platonicien, crois en une dimension transcendante, cette glace est bonne non seulement par ce qui en émerge, mais aussi par la façon dont elle a été réalisée. Elle contient donc un parfum de plus, l'éthique, même s'il est indétectable. Bien entendu, cela s'applique d'abord aux conceptions que nous avons tous les trois de l'esprit humain et non aux glaces.

à l'international, là aussi en utilisant la qualité de leurs produits et la réputation qui est la leur pour commencer à changer les pratiques.

Grâce à ma collaboration avec le groupe Auchan, j'ai pu avoir des informations de première main sur la négociation qui a permis à Ben et Jerry de commencer leur implantation en France. Ben Cohen arrive à Lille, mal rasé, l'air pas très réveillé, sortant juste de l'avion ; en face de lui, un acheteur traditionnel du groupe Auchan, tiré à quatre épingles et prêt à négocier chaque centime. Ben fit une proposition. Or, il était moins cher qu'un de ses principaux concurrents américains, ce qui amena l'acheteur d'Auchan à lui demander s'il était sûr de ses chiffres. « Oui, dit Ben. Mon coût de revient est de tant, mes coûts de transport jusque dans vos entrepôts à Lille sont de tant, ma marge est de tant, etc. — Très bien, dit l'acheteur d'Auchan, on va pouvoir commencer à négocier. — Mais vous, dit Ben, vous comptez faire une marge de combien sur mes produits ? » La marge est l'une des choses les plus confidentielles dans la grande distribution, mais, comme Ben venait d'être transparent en lui donnant tous ses coûts et sa marge, l'acheteur d'Auchan finit par la donner. « Mais, avec votre marge, vous allez faire quoi ? », dit Ben. Stupeur de l'acheteur d'Auchan. « Comment ça ? C'est notre marge, on en fera ce qu'on voudra. — Non, dit Ben, avec un sourire. Si vous voulez l'exclusivité de mes produits pour trois ans en France, vous allez donner 10 % de votre marge, et moi je vais donner 10 % de ma marge, et vous serez libre de décider à quoi ces 10 % donnés par nos deux entreprises vont servir, à condition que ce soit utile à votre communauté. » C'est ce qui fut fait. Les 10 % en question furent mis dans Nord Entreprendre, une association qui a depuis essaimé dans d'autres régions et où des managers expérimentés encadrent des jeunes ou des chômeurs pour les aider à créer leur propre entreprise.

L'acheteur d'Auchan est sorti complètement lessivé de cette réunion, en disant : « Mais enfin, ce n'est pas possible de négocier avec un type comme ça. » Ce qui montre que les principes de Ben et Jerry peuvent s'appliquer bien au-delà des frontières des États-Unis et dans des domaines où la concurrence et les négociations sont aussi rudes que la grande distribution.

Bien évidemment, même si nous n'avons pas parlé d'eux au chapitre précédent, Ben et Jerry font aussi des efforts pour leurs salariés en interne. Ils ont été, par exemple, parmi les premiers aux États-Unis à proposer une crèche dans l'entreprise, alors que dans ce pays les crèches sont beaucoup plus rares et coûteuses qu'en France. Ils ont également donné des franchises pour leurs magasins à des associations employant des SDF ou des jeunes de milieux défavorisés, et leur grande fierté est que, après formation, rien ne distinguait (pour le client) ces magasins des autres.

C'est quoi, une entreprise vraiment socialement responsable ?

À peu près au même moment où Ben et Jerry lançaient leur entreprise, une jeune Anglaise, Anita Roddick, créa la sienne. Comme Ben et Jerry, elle n'avait aucune expérience du management ni du commerce, et elle n'avait pas de capitaux. Comme eux, elle allait créer une entreprise qui connaîtrait un succès extraordinaire, The Body Shop, et ouvrir plus de 2 000 magasins dans plus de 50 pays. Elle avait deux convictions fortes : premièrement, la nécessité de protéger l'environnement, et tout particulièrement les animaux. Cela l'amena à refuser d'utiliser des produits ayant été testés sur des animaux et à développer des alternatives naturelles, entre autres, en redécouvrant des recettes de soins traditionnelles auprès de peuples dits « premiers », avec lesquels l'entreprise a développé un commerce équitable. Elle a mis en place une politique de réduction des emballages et de récupération et recyclage des emballages vides. Ainsi, on vous encourage à rapporter votre flacon pour le faire remplir dans un magasin The Body Shop, au lieu de vous vendre chaque fois un flacon neuf. Mais c'est la deuxième conviction d'Anita Roddick qui était la plus révolutionnaire pour son cœur de métier.

En effet, elle a créé une multinationale de la cosmétique… en détestant l'industrie cosmétique : « Voici ma relation avec l'industrie de la beauté : elle me rend folle de rage. Et pas seulement parce que c'est une industrie dominée par des hommes occupés à créer de faux besoins. L'industrie de la beauté semble avoir décidé que ce dont elle a besoin avant tout, c'est que les femmes ne soient jamais satisfaites de ce qu'elles sont. Elle joue sur le manque d'assurance, sur les doutes liés à l'image de soi ou au vieillissement, en projetant des idéaux de jeunesse et de beauté impossibles à atteindre. […] Un des plus gros mensonges de l'industrie cosmétique a toujours été de prétendre que l'on pouvait remonter le temps avec une crème pour le visage. Bien que cette promesse défie l'entendement, des millions de femmes (et d'hommes) y ont cru. Au fond, c'est de l'espoir en pot – comment ne pas en avoir envie ? Le problème, c'est qu'aucune crème au monde ne rendra sa jeunesse à une femme de 50 ans. Pourtant, nous laissons l'industrie cosmétique vendre cette illusion[1]. » Il est rare de voir une entreprise dénoncer ce qui se trouve au cœur même du succès de l'industrie dont elle fait partie, car c'est bien la peur de vieillir ou le sentiment de ne pas être à l'aise avec son corps qui est la première source de chiffre d'affaires pour l'industrie cosmétique. Une telle démarche de la part de The Body Shop peut donc paraître suicidaire. Et pourtant... L'entreprise lança des campagnes sur le thème « L'estime de soi », destinées à aider les femmes à accepter et aimer leur corps. Plus provocant encore, l'entreprise créa la poupée Ruby dont la ligne correspond à la moyenne des mensurations des femmes de la Terre. Ruby a donc une silhouette à l'opposé de celle des top models et a été diffusée dans le monde entier, dans le cadre d'une grande campagne d'affichage : « Dix femmes sont des top models, 3 milliards ne le sont pas. » Anita Roddick dénonça sans relâche l'usage de top models filiformes n'ayant aucun lien avec la réalité et qu'elle qualifie de véritables extraterrestres pouvant provoquer de graves crises d'anorexie chez de nombreuses adolescentes qui veulent à tout prix leur ressembler. « Nous célébrons les femmes telles qu'elles sont, plutôt que d'en projeter une image idéale. Nous vendons des produits cosmétiques avec un minimum de rêve et d'emballage. Nous tentons de promouvoir la santé plutôt que la séduction et la réalité plutôt qu'une promesse douteuse de rajeunissement instantané. Nous faisons tout ce que nous pouvons pour promouvoir une autre image de la féminité que celle qui est mise en avant par l'industrie, une image fondée sur

1. Anita Roddick, *Corps et Âme*, Village Mondial, 2003, p. 58-59. (Le titre anglais est beaucoup plus beau : *Business as Unusual*, à l'opposé du fameux *business as usual* qui pourrait se traduire en français par « les affaires sont les affaires ».)

l'estime de soi, sur la diversité physique et culturelle, sur la célébration de qualités uniques qui font de chacun ce qu'il est[1]. » Joignant le geste à la parole, Anita Roddick apparaît non maquillée et avec de gros cernes sous les yeux sur la couverture de son ouvrage.

Alors que tout spécialiste en marketing aurait taxé de suicidaire cette stratégie, The Body Shop connut une progression fulgurante. Quand, au milieu des années 1990, j'eus l'opportunité de travailler aux côtés de Robert Salmon, vice-président du groupe L'Oréal ayant en charge la direction de la prospective, il suivait de très près les progrès de The Body Shop, ayant compris, contrairement à d'autres responsables de l'industrie, que cette entreprise surfait sur une tendance de fond qui allait éclore dans les années suivantes : celle des créatifs culturels et de la transmodernité.

La campagne d'Anita Roddick contre les tests sur les animaux eut un très large impact. Si l'on peut accepter de sacrifier des animaux pour sauver des vies humaines en testant des médicaments, il paraît éthiquement injustifiable de sacrifier des animaux pour permettre à des femmes (et à des hommes) d'améliorer leur apparence physique. Les géants du secteur ont ainsi été contraints de changer leur fusil d'épaule[2]. Ils ont bien eu raison de le faire, car, quelques années après, certains pays, dont la Grande-Bretagne, interdirent purement et simplement ce type de test. Qu'une entreprise comme The Body Shop ait pu faire évoluer un secteur comportant des entreprises géantes telles

1. Anita Roddick, *Corps et Âme*, *op. cit.*, p. 64.

2. J'y ai modestement contribué à mon niveau en présentant, avec Robert Salmon, diverses personnalités scientifiques au directeur de la recherche de L'Oréal, dont le prix Nobel Christian de Duve, spécialiste de la cellule, ce qui a permis à L'Oréal de développer des tests sur des cultures de cellules à la place des tests sur des animaux.

que L'Oréal est une parfaite illustration de cette citation qu'Élisabeth Laville utilise souvent : « Si vous pensez être trop petit pour faire bouger les choses, essayez donc de dormir dans la même pièce qu'un moustique. »

Yvon Chouinard était au départ un alpiniste et un amoureux de la nature. Il a commencé par vendre du matériel d'escalade, puis a créé Patagonia, une entreprise développant des vêtements de qualité pour les activités en plein air, et plus particulièrement en montagne. Protéger l'environnement était une des valeurs de base de l'entreprise, et cela pouvait aller jusqu'à permettre à des salariés d'être payés pendant plusieurs mois, non pas pour travailler dans l'entreprise, mais pour faire aboutir le classement en parc naturel de telle ou telle zone des États-Unis ou développer telle ou telle campagne de protection de la nature. Mais les vêtements de Patagonia utilisaient en grande partie du coton ainsi que des polyesters. Or, le polyester est fait à partir de pétrole, et 25 % des insecticides et 10 % des pesticides mondiaux sont utilisés pour la culture conventionnelle du coton, alors que les champs de coton représentent moins de 3 % des cultures mondiales. La culture du coton nécessite tant de produits chimiques qu'un taux élevé de malformations et de cancers était constaté chez des personnes travaillant dans ces champs ou vivant à proximité.

L'entreprise commença par mettre en place une veste en laine polaire faite à partir de bouteilles recyclées. En dix ans, 86 millions de bouteilles de plastique ont ainsi été utilisées, économisant des milliers de litres de pétrole et les rejets dans l'atmosphère qu'ils auraient produits[1]. Mais pour le coton, les choses étaient bien plus compliquées. En effet, le coton biologique coûtait,

1. Yvon Chouinard, *Homme d'affaires malgré moi. Confessions d'un alter-entrepreneur*, préface de François Lemarchand, Vuibert, 2006, p. 236.

après traitement et purification, 3 fois plus cher que le coton normal. Quelle entreprise peut envisager de multiplier par 3, volontairement et spontanément, le prix de sa matière première principale ? D'autant plus que les études d'opinion montraient que c'était la qualité et non la protection de l'environnement qui était la motivation principale des acheteurs de Patagonia. Néanmoins, la décision fut prise dès 1996. Les références de produits contenant du coton furent diminuées de un tiers, et les prix augmentèrent en moyenne de 5 à 10 dollars. Pourtant, non seulement Patagonia ne perdit pas ses clients, mais elle finit même par en gagner après avoir communiqué sur les raisons de ce changement.

Voulant toujours conserver l'esprit de la marque comme la chose la plus précieuse, Patagonia refusa des commandes très importantes de grands distributeurs tels que Walmart, parce qu'y répondre aurait nécessité de changer son mode de production et de trahir ses valeurs. Mieux encore, un des principaux problèmes de Patagonia est de freiner sa croissance, car la réputation de la marque est telle qu'il y a trop de demandes par rapport à ce que l'entreprise souhaite produire. En effet, celle-ci veut que sa croissance soit non pas nulle, mais modérée, pour ne pas avoir un impact trop important sur l'environnement[1].

En France, nous avons déjà cité Nature & Découvertes, créé par François et Françoise Lemarchand en 1990 avec une volonté : aider les citadins à redécouvrir la nature, avec l'espoir que cette redécouverte les conduirait à mieux soutenir des opérations de protection de la nature. À première vue, le catalogue de Nature & Découvertes ressemble à un véritable inventaire à la Prévert. Des maisonnettes pour

1. *Ibid.*, p. 240-242.

oiseaux y côtoient des instruments de musique tibétains, des lunettes astronomiques, des gourdes, des chapeaux et des hamacs, des jeux pour enfants et des livres. Mais, en fait, tous ces objets ont en commun d'aider à la découverte de la nature, ou d'éveiller l'attention, entre autres celle des jeunes enfants, envers les lois de la nature, ou encore de mettre en scène les cultures et les civilisations traditionnelles. François Lemarchand est intarissable sur les anecdotes qui ont accompagné le développement de ses magasins. Ainsi, les gens boudaient les maisonnettes pour oiseaux, en disant : « Mais chez moi il n'y a plus d'oiseaux depuis longtemps. » On leur répondait alors : « Écoutez, achetez les maisonnettes et les graines, s'il n'y a pas d'oiseaux qui viennent, on vous les remboursera. » Les gens revenaient, étonnés, racontant qu'effectivement des oiseaux nichaient de nouveau dans les maisonnettes. « Ça doit être les graines qui les font venir », disaient-ils en achetant les graines.

Les vendeurs de Nature & Découvertes sont tous payés au-dessus du smic, et une école, La Source, a été créée pour que n'importe quel membre du groupe puisse former les autres à ses passions. Ainsi celui qui connaît les oiseaux ou celui qui connaît les étoiles va-t-il partager ses connaissances de telle façon que les vendeurs de Nature & Découvertes puissent répondre aux questions des nombreux passionnés de tel ou tel domaine qui fréquentent les magasins. Dès 1995, bien avant que l'on parle de bilan éthique, Nature & Découvertes a fait réaliser un « bilan arc-en-ciel » basé sur l'idée de la triple valeur ajoutée (cf. la figure p. 521). Réalisé par des auditeurs externes, il compte le nombre de piles au mercure vendues et qui n'ont pas été rapportées au magasin, l'impact écologique de tel ou tel magasin, et pointe l'utilisation de tel ou tel bois précieux que l'on aurait dû éviter.

Quand on ouvre le catalogue de Nature & Découvertes, on trouve, dès les premières pages, une affirmation de sa philosophie, mais aussi de sa vocation pédagogique. Chaque année, Nature & Découvertes amène des milliers d'enfants sur le terrain, dans des sorties gratuites, pour observer les migrations des oiseaux ou le brame des cerfs, selon les périodes, ou pour faire un grand nettoyage de printemps des plages, à la fin mars. Bien entendu, pour ces différentes activités, les enfants ont besoin d'équipements qui sont en vente chez Nature & Découvertes. Mais l'entreprise donne 10 % de ses bénéfices avant impôts (soit plus que Ben & Jerry's) à une fondation qui, sous l'égide du Muséum national d'histoire naturelle, va financer des projets de protection de la nature. Depuis, une deuxième fondation, directement gérée par François et Françoise Lemarchand, a été créée.

Nature & Découvertes surfe certes sur une mode, celle du « retour à la nature » et de l'écologie, mais, en cohérence avec l'histoire du vieux marchand de hot dogs, François Lemarchand est également contracyclique, comme il l'explique avec humour, toujours devant mes étudiants de HEC : « Moi, j'ai fait le MBA de Harvard [sous-entendu, j'ai fait plus fort que vous], et vous savez, j'ai tout appris là-bas. On m'a dit, si tu veux vendre, il n'y a que trois choses importantes : occupe-toi du prix, du prix et encore du prix, qu'il soit toujours le plus bas possible. Puis réduis tes frais généraux, fais des magasins les moins chers possibles. Pour attirer les clients, mets beaucoup de lumières, comme les papillons, les êtres humains sont attirés par la lumière – d'ailleurs, vous avez vu les États-Unis depuis l'espace, la nuit ? On se croirait presque en plein jour. Ensuite, tu mets du rock, comme certaines marques de vêtements, parce que le rock excite et l'excitation fait acheter. [...] Alors, voilà, quand je suis rentré en France, j'ai fait des magasins très beaux, coûtant 2 fois ou 3 fois plus au mètre carré que les magasins voisins, pour me différencier d'eux.

Riboud, P.-D.G. du groupe Danone, qui venait de racheter Stonyfield Farm, l'équivalent de Ben & Jerry's dans le domaine des yaourts aux États-Unis, m'a dit à ce propos : « Je ne suis pas stupide. J'ai payé cette entreprise très cher à cause des valeurs qu'elle véhicule et de sa dimension éthique. Si demain je détruis cette spécificité, en faisant, par exemple, des produits de moins bonne qualité, je ferai s'effondrer la valeur de cette entreprise et j'irai donc contre les intérêts de Danone. » Ainsi, même intégrée dans des grands groupes, on peut espérer que la spécificité de ces entreprises se perpétue, mais on ne peut pas en être certain. Si ce n'est pas le cas, on peut néanmoins se consoler en étant quasiment sûr que, comme demain un Google bis ou un Skype bis apparaîtrait immédiatement et prendrait l'essentiel des parts de marché de Google et Skype si ceux-ci rendaient payant leur service principal (cf. p. 404), si L'Oréal et Unilever gaspillent le capital éthique des entreprises qu'ils ont rachetées, on verra se lever une Anita Roddick et des Ben et Jerry du XXIe siècle, fans déçus de ces entreprises, qui décideront d'occuper le créneau, en créant de nouvelles entreprises du même type. Il ne s'agit donc pas d'un effet de mode car, comme le disent très bien Ben et Jerry : « Les entreprises ont besoin de capitaux, donc de personnes pour investir dedans. Elles ont besoin de salariés, donc de personnes pour y travailler, et elles ont besoin de clients pour acheter leurs produits ou leurs services. Donc, les personnes peuvent grandement influencer la façon dont les entreprises se comportent, en choisissant dans quelles compagnies elles veulent travailler et lesquelles elles veulent soutenir avec leurs actes d'achats[1]. »

1. Ben Cohen et Jerry Greenfield, *Ben & Jerry's Double-Dip. How to Run a Values-Led Business and Make Money, Too*, *op. cit.*, p. 48.

Néanmoins, comme nous l'avons analysé (cf. p. 279), la nature humaine n'incite pas à travailler en priorité pour le bien commun. Voilà pourquoi il reste du chemin à faire et pourquoi le business « n'est pas préparé » pour cela, comme le disent Ben et Jerry dans la citation mise en exergue de ce chapitre.

Ce chapitre et le précédent nous ont ainsi clairement montré comment un nouveau type d'entreprise, correspondant à la nouvelle économie décrite aux chapitres 11 à 13 et aux attentes des consommateurs et des salariés décrites aux chapitres 9 et 10, était désormais possible. Ces entreprises bénéficient également de tout un véritable écosystème qui leur fournit les outils pour se développer en respectant leurs valeurs : l'investissement éthique, le commerce équitable, le microcrédit, les démarches de développement durable, etc. Et elles bénéficient de plus, non seulement de la sympathie des consommateurs, mais de toutes les ONG et les activistes, comme ceux qui publient le *Guide d'achat pour un monde meilleur*, et ont compris que le Caddie de supermarché était probablement à terme un outil plus puissant pour changer le monde qu'un bulletin de vote ou qu'une Kalachnikov. Mais, avant de conclure, il nous reste encore à analyser d'autres exemples d'entreprises se situant sur des plans différents.

Croquer la pomme !

On pourrait s'étonner au premier abord de voir le cas d'Apple traité ici. En effet, Apple ne fait rien de particulier pour l'environnement[1]. Les ouvriers qui fabriquent

1. À part la toute récente politique de rachat des anciens iPhone lancée aux États-Unis.

ses produits dans les usines géantes de sous-traitants comme Foxconn ne sont pas mieux traités que ceux qui fabriquent les produits de ses concurrents. Il faut qu'il y ait un scandale comme une série de suicides pour qu'Apple daigne s'y intéresser. Et, surtout, le style de management de Steve Jobs n'avait vraiment rien à voir avec celui de Ricardo Semler, de Ben et Jerry ou de Gore. Steve Jobs était un manager extrêmement directif, obsédé par la perfection, capable d'humilier en public un collaborateur venant lui présenter le résultat de dizaines d'heures de travail, en lui disant violemment que ni lui ni ses idées ne valaient quoi que ce soit[1]. Et pourtant, Apple et son célèbre logo de la pomme qui vient d'être croquée, symbole de la connaissance et du fruit défendu, est et restera une entreprise emblématique de la nouvelle civilisation qui commence. C'est aussi un des plus beaux exemples de création de ce lien immatériel qui relie l'entreprise et le consommateur et qui est, dans le monde actuel, la meilleure garantie de survie pour une entreprise, celle qui consiste à avoir des fans prêts à faire la queue pendant des heures pour se procurer ses nouveaux produits, fidélité qui ne repose en rien sur un matraquage publicitaire coûtant des centaines de millions de dollars comme celui qui a valu leur notoriété à Marlboro ou à Coca-Cola. Personne ne dit : « Zut, où ai-je mis mon Nokia [ou mon Samsung] ? », mais on dit : « Où ai-je mis mon iPhone ? » On dit : « J'ai apporté ma tablette », mais si on a un produit Apple, on dit : « J'ai apporté mon iPad » ou : « J'ai apporté mon Mac » au lieu de : « J'ai apporté mon ordinateur. » Toute entreprise, où que ce

1. Sur Steve Jobs et plus généralement l'aventure Apple, voir Walter Isaacson, *Steve Jobs*, J.-C. Lattès, 2011, et Jeffrey L. Cruikshank, *The Apple Way*, McGraw-Hill, 2006.

soit dans le monde, rêverait d'une telle situation. Voyons donc comment Apple a pu y parvenir.

Revenons trente ans en arrière. Nous sommes en pleine guerre froide et l'ordinateur est un objet gigantesque, potentiellement maléfique, comme dans *2001, l'Odyssée de l'espace*, que l'on conserve dans une immense pièce réfrigérée gardée par des hommes en blouses blanches. On y accède grâce à des consoles qui peuvent être réparties dans l'entreprise mais qui n'ont aucune autonomie ni capacité à traiter de l'information. C'est alors que Steve Jobs et Steve Wozniak présentent, en 1977, l'Apple 2, le premier véritable ordinateur individuel, à la fois pratique et vendu à un prix relativement abordable.

Les spécialistes du domaine ne prirent pas la chose au sérieux. Tout d'abord, les capacités de la machine semblaient ridicules par rapport à celles des gros ordinateurs, et ensuite, à quoi pourrait donc servir un ordinateur dans une maison ? Ils ne tardèrent pas à se rendre compte de leur erreur, car la vision de Jobs et Wozniak surfe sur deux grands principes du monde transmoderne. Premièrement, la liberté et l'autonomie. Les gens ne veulent pas dépendre d'un grand système informatique, de la même façon qu'ils ne veulent pas travailler dans une chaîne de montage comme celle dont Charlot se moque dans *Les Temps modernes*. Ils veulent avoir leur propre outil qu'ils puissent contrôler, comme préalable au développement de leur créativité. Et, surtout, ils veulent pouvoir l'emporter partout avec eux. Qui se souvient encore du Bi-Bop lancé par France Télécom ? Il s'agissait d'un téléphone mobile… pas vraiment mobile. On pouvait téléphoner avec dans la rue, à condition de se trouver à proximité de la borne-relais. Si l'on bougeait et que l'on arrivait dans le champ d'une autre borne, la communication se coupait et il fallait rappeler son correspondant.

Ayant observé le désir de mobilité de mes concitoyens, j'avais tout de suite prédit que cette technologie n'avait pas d'avenir. On m'avait répondu que les terminaux et le prix des communications étaient très inférieurs à ceux des premiers téléphones réellement portables et qu'il y avait donc un marché pour ce type d'appareil. C'était oublier la loi de Moore qui nous enseigne que les performances des composants électroniques doublent tous les dix-huit mois. Très vite, des téléphones portables au prix des Bi-Bop étaient disponibles, et les dizaines de millions d'euros investis par France Télécom dans l'opération ont été perdus. Tous les produits Apple obéissent à cette même logique. L'iPod vous permet d'avoir toute votre musique sur vous, l'iPhone met dans votre poche un véritable ordinateur, et l'iPad vous permet d'emporter une bibliothèque.

Mais, surtout, derrière ces concepts d'autonomie et de mobilité, il y a une véritable vision sociétale et politique, qui a été exprimée avec force lors du lancement du Macintosh, le 22 janvier 1984. Ce jour-là, à la mi-temps du *Super Bowl*, regardé par tous les Américains, Apple diffuse une publicité où l'on voit une jeune femme en rouge et blanc, seule tache de couleur dans un univers gris et noir, poursuivie par des policiers portant d'effrayantes tenues, entrer avec un marteau dans une salle où des milliers d'ouvriers assis écoutent, comme hypnotisés, un dictateur parlant sur un écran géant. Elle lance son marteau sur l'écran, le faisant exploser et, d'un coup, tous les ouvriers se lèvent dans un rayon de lumière. La publicité se termine par ces mots qui défilent : « En janvier 1984, Apple lancera le Macintosh, et vous comprendrez pourquoi 1984 ne sera jamais *1984*. » Cette publicité a été nommée meilleure publicité de tous les temps par de nombreux spécialistes, alors qu'elle n'est passée qu'une seule fois à la télévision[1]. Mais pour mieux la comprendre, surtout pour les non-anglophones, il est nécessaire de lire ce que dit le dictateur qui, avec son écran géant, fait bien sûr penser au Big Brother de George Orwell, dans un ouvrage justement intitulé *1984* : « Aujourd'hui nous célébrons le premier anniversaire de la Directive sur la Purification de l'information. Nous avons créé, pour la première fois dans l'histoire, un jardin d'idéologie pure où chacun pourra s'épanouir à l'abri de la peste des vérités confuses et contradictoires. Notre Unification de la pensée constitue une arme plus puissante que n'importe quelle flotte ou armée sur Terre. Nous formons un seul peuple. Avec une seule volonté. Une seule détermination. Une seule cause. Nos ennemis pourront débattre entre eux jusqu'à en mourir. Et nous les enterrerons dans leur propre confusion. Nous devons l'emporter ! »

À une époque où près de la moitié de la planète vit dans des régimes communistes qui tentent de contrôler toute diffusion et reproduction de l'information, Jobs et Wozniak ont parfaitement compris le caractère révolutionnaire de leur invention. Une fois que la révolution qu'ils ont enclenchée sera arrivée à son terme, aucun Big Brother ne pourra plus contrôler l'information, nous dit ce spot. Cette publicité fut le premier clash entre Steve Jobs et son conseil d'administration dont le président était John Sculley, ancien président de Pepsi que Jobs était allé débaucher un an plus tôt, avec cette fameuse phrase : « Tu veux vendre de l'eau sucrée toute ta vie ou tu veux changer le monde avec moi ? », persuadé qu'il avait besoin d'un manager de ce niveau pour épauler le développement de sa jeune entreprise en croissance rapide. La minute de publicité lors de ce grand

1. Vous pouvez la voir sur www.youtube.com/watch?v=R706isyDrqI

événement regardé par tous les Américains coûtait plus d'un million de dollars. Or, la publicité ne disait rien sur le Macintosh, cet ordinateur extraordinaire pourvu d'une souris et dont l'utilisation, grâce aux icones, au bureau et à la corbeille, était d'une simplicité révolutionnaire. Mais Jobs et Wozniak insistèrent, au point qu'ils affirmèrent être prêts à payer le million de dollars de leur poche si l'entreprise ne diffusait pas ce spot, ce qui montre bien que ce thème était constitutif de la culture et de la mission d'Apple.

Une autre publicité montra plus tard un vieux capitaliste se promenant en voiture dans son entreprise, une entreprise qu'on imagine bien classique, et qui dit à son petit-fils assis à côté de lui : « Tout ceci sera à toi un jour, alors écoute bien mes conseils. Ne délègue jamais, ne fais jamais confiance aux hommes, investit toujours dans les machines. » Le petit-fils ne dit rien, mais regarde à travers la vitre une personne déambulant dans l'entreprise. Le film, lui aussi entièrement en noir et blanc, s'arrête là, et le logo Apple apparaît en couleurs, alors qu'une voix dit : « Il y a deux visions de l'homme, en voici une autre : Apple. »

Lors du retentissant retour de Steve Jobs après plus de dix ans d'absence, Apple était au bord de la faillite, au point de devoir demander à Microsoft et à Bill Gates d'investir 150 millions de dollars dans l'entreprise pour la relancer. Pourtant, Apple achète dans la plupart des grands journaux de la planète (en France dans *Le Monde*) un espace publicitaire intitulé : « Une nouvelle façon d'apprendre et de jouer », où il est dit : « Tout cela explique pourquoi nous recensons à ce jour 56 millions d'utilisateurs [chiffre qui paraît aujourd'hui ridicule alors que plus d'un demi-milliard de produits ornés du logo à la pomme circulent à la surface de la planète] et maintenons le plus haut taux de fidélisation du marché [c'est là le point essentiel qui a assuré sa survie]. Apple est en effet une des marques les plus connues et les plus aimées au monde. Ce succès tient en une phrase : le public partage notre vision. Une vision qui veut que la puissance de l'informatique soit accessible et à la portée de tous. L'idée, en somme, que rien n'est impossible à qui dispose de bons outils. Le sentiment au fond que nous pouvons changer le monde. En élargissant le champ d'action de chacun, Apple s'est propulsé au premier rang du progrès technologique. Elle a contribué à donner une nouvelle dimension à l'homme, et continuera avec vous à repousser les limites de l'impossible. »

Une façon de dire, alors que l'entreprise est au bord du gouffre : « Nous ne renoncerons jamais, nous sommes vraiment là pour changer le monde. » La suite est bien connue. Moins de un an après le retour de Steve Jobs, Apple lance le iMac, premier ordinateur prévu pour se connecter facilement à Internet, d'un design totalement révolutionnaire avec sa coque transparente et ses couleurs vives. Sa simplicité est mise en exergue par un spot publicitaire montrant un enfant de 7 ans et un diplômé de Harvard recevant, pour le premier, un iMac, et, pour le second, un des ordinateurs les plus courants pour Windows, un HP, et ayant chacun pour mission de déballer leur produit et de le connecter le plus vite possible à Internet. Le gamin y arriva en huit minutes contre vingt-huit pour le diplômé de Harvard avec son ordinateur classique. C'est cette simplicité d'usage associée à la qualité du design qui fera également le succès de l'iPod en 2001, de l'iPhone en 2007 et de l'iPad en 2010.

Je me rappelle ce déjeuner dans un petit restaurant perdu dans la montagne corse, début octobre 2010, un an jour pour jour avant la mort de Steve Jobs. François

Lemarchand, Olivier Le Grand, Denis Terrien (P.-D.G. des 3 Suisses et président d'Entreprise et Progrès, qui essaie d'appliquer les principes que nous développons ici à des cas difficiles de redressement d'entreprises), Michel Rousseau, président de la fondation Concorde, nos épouses respectives et moi-même étions là pour une espèce de séminaire informel que nous faisons de temps en temps tous ensemble, quand j'ai reçu... sur mon iPhone, bien sûr, cette information : Apple venait pour la première fois de dépasser la capitalisation boursière d'Exxon Mobil, devenant la première capitalisation boursière au monde. « On pourrait, d'une certaine façon, dater de ce jour la naissance de la transmodernité », dis-je à mes voisins et voisines en leur annonçant la nouvelle. Que de chemin parcouru. Revenons à 1984. Steve Jobs est en lutte frontale avec IBM qui semble représenter l'exacte antithèse d'Apple. La grande entreprise hiérarchique et monolithique qui a comme slogan « *Think* » (d'où la campagne « *Think different* » que lancera plus tard Jobs), sa position est hégémonique, à la fois dans le secteur des machines (le *hard*) que dans le secteur du logiciel (le *soft*). C'est contre IBM qu'est dirigé le fameux spot « 1984 », comme l'explique très bien Steve Jobs en dévoilant quelques semaines auparavant cette publicité devant ses actionnaires. Après avoir retracé l'histoire de l'informatique en mettant en avant toutes les erreurs faites par IBM, il dit : « Nous sommes à présent en 1984. Il semble qu'IBM veuille tout s'approprier. Apple est perçu comme le seul challenger potentiel d'IBM. Les revendeurs qui, au départ, ont accueilli IBM à bras ouverts craignent maintenant un avenir dominé et contrôlé par IBM. Ils sont de plus en plus nombreux à revenir vers Apple comme seule puissance pouvant préserver leur liberté à l'avenir. IBM veut tout accaparer et cible Apple comme dernier obstacle à sa toute-puissance industrielle. Big Blue dominera-t-il l'industrie informatique dans son intégralité ? Toute l'ère de l'information ? George Orwell avait-il raison dans *1984* ? » Puis il lance le spot de publicité « 1984 » de façon théâtrale. Les réactions du public qui, rappelons-le, est constitué d'actionnaires et non de fans, sont tout simplement impressionnantes : une *standing ovation* de plusieurs minutes, pendant laquelle Jobs ne pourra pas prendre la parole. On peut voir cela comme une incroyable leçon de marketing, mais aussi de manipulation de la part d'un homme qui n'a pas 27 ans[1].

Mais Steve Jobs se trompe d'adversaire. Obnubilé par sa lutte contre Big Blue, le surnom d'IBM, il n'a pas vu arriver la menace de Microsoft et de Bill Gates. Comme nous l'avons mentionné p. 401, celui-ci a développé une stratégie du coucou pondant ses œufs dans le nid d'IBM et bénéficiant de la force d'IBM pour rendre incontournable son système d'exploitation MS-DOS, qu'il pourra ensuite vendre à tous les constructeurs désirant concurrencer IBM. Car Bill Gates a compris une chose que Steve Jobs, curieusement, n'arrivera pas à comprendre, et cela tout au long de sa vie : la nouvelle vision du monde va avec l'ouverture. Ouverture qui, pour Bill Gates, ne signifie nullement gratuité. Contrairement au système d'exploitation pour téléphones mobiles Android que Google distribue gratuitement, Microsoft bénéficie d'une formidable rente de situation, grâce à ses systèmes d'exploitation. Tous ceux qui ont utilisé le MS-DOS et, à sa suite, le Windows étaient piégés, car ils devraient toujours avoir des ordinateurs et des systèmes d'exploitation qui soient compatibles avec leur ancien système. C'est ainsi que la part de marché des systèmes Microsoft

1. Voir la vidéo sur www.youtube.com/watch?v=GeWnlrcdwPI

n'a cessé de croître et celle d'Apple de diminuer. Steve Jobs refera la même erreur avec l'iPhone, dont le système d'exploitation est lui aussi fermé. Et c'est grâce à des collaborateurs qui osèrent le défier en lui expliquant qu'iTunes se devait de tourner sur les systèmes Windows que l'iPod a pu conquérir à un moment jusqu'à 92 % de la part de marché des baladeurs numériques. Jobs pensait sans doute que les systèmes d'exploitation qu'il mettait sur le marché étaient tellement en avance sur leur temps qu'il n'était pas question de permettre à d'autres de les utiliser sous licence. Que malgré l'énormité de cette erreur Apple ait pu devenir la première entreprise mondiale, représentant près du double de la capitalisation boursière d'IBM et de Microsoft et près du triple de leurs profits (en 2012, la capitalisation boursière d'IBM était de 213 milliards de dollars, avec un chiffre d'affaires de 106 milliards de dollars et 15 milliards de dollars de bénéfices, celle de Microsoft était de 246 milliards de dollars, avec un chiffre d'affaires de 73,7 milliards de dollars et des bénéfices de 17 milliards de dollars, tandis que celle d'Apple était de 426 milliards de dollars, avec 156 milliards de dollars de chiffre d'affaires et 41 milliards de bénéfices) est tout simplement incroyable. Si cela fut possible, c'est bien parce que la qualité des produits Apple est celle qui reflète le mieux les dimensions de liberté, d'autonomie et de créativité qui sont au cœur de la civilisation qui éclot sous nos yeux.

C'est aussi parce que la démarche de Steve Jobs correspond à une deuxième tendance de fond, dont nous avons parlé au chapitre 1 et qui fait écho au titre d'un célèbre ouvrage d'Ernst Friedrich Schumacher, *Small is Beautiful*[1], dont l'édition anglaise a paru en 1973, peu

1. Ernst Friedrich Schumacher, *Small is Beautiful…*, *op. cit.*

avant la création d'Apple et qui annonçait un monde où les dimensions humaines et écologiques seraient importantes et où, surtout, des acteurs petits, rapides et mobiles pourraient faire plus que des géants, c'est-à-dire des entreprises classiques, de type General Motors.

À cause de l'erreur que nous venons de décrire, sans doute liée au caractère ombrageux de Steve Jobs, l'avenir sera probablement dominé par les systèmes d'exploitation Windows dans les ordinateurs et les systèmes Android de Google dans les smartphones. Mais ceux-ci ne sont conceptuellement, et quelles que puissent être leurs améliorations, que des copies des principes de fonctionnement du Macintosh de 1984 pour les premiers, et de l'iPhone pour les seconds[1]. C'est pourquoi les révolutions initiées par Steve Jobs[2] nous accompagneront pendant encore des décennies. Steve Jobs aura durablement marqué son époque, comme, avant lui, Thomas Edison, dont les ampoules électriques nous accompagneront encore longtemps, même si leur technologie a fortement évolué.

Quels qu'aient été ses défauts, Steve Jobs restera donc une icône du monde post- et transmoderne. C'est aussi un homme qui a vécu une épreuve personnelle très importante au cours des sept dernières années de sa vie, et lorsque vous êtes déprimé ou en panne d'énergie, je me permets de vous conseiller de consacrer quinze minutes à regarder son discours pour la remise des diplômes aux étudiants de l'université de Stanford, en 2005, discours

1. Il est d'ailleurs extraordinaire de voir comment les smartphones les plus vendus, comme ceux de Samsung, copient l'iPhone jusque dans la disposition des icônes.

2. Certes, le système d'exploitation du Macintosh et la souris venaient de Xerox, mais Xerox n'en avait rien fait au bout de six ans, et Jobs et son équipe les ont considérablement améliorés.

qui est considéré par beaucoup comme un des meilleurs du genre[1]. Mais même si ses productions nous accompagneront tout au long de nos vies, Steve Jobs appartient désormais au passé, physiquement parlant. Ne serait-il pas fascinant d'identifier, dès maintenant, le Steve Jobs de demain ? Il est toujours hasardeux de faire des prédictions, mais j'ai un bon candidat à vous présenter.

À la recherche du Steve Jobs de demain

Elon Musk est né en Afrique du Sud seize ans après Steve Jobs. Il appartient à la génération de l'Internet, comme Steve Jobs appartient à celle de la micro-informatique. Mais il n'est pas né en Californie et a dû s'enfuir d'Afrique du Sud, pour ne pas servir dans l'armée de l'apartheid, ce qu'il ne pouvait moralement accepter. Il dut quelque temps être éboueur pour gagner de quoi payer ses études aux États-Unis, mais arrêta celles-ci avant d'avoir obtenu sa thèse de physique pour se lancer dans des start-up. Son principal succès fut la création d'une entreprise de paiement sur Internet que nous avons tous utilisée ou serons tous amenés à utiliser un jour : PayPal. En la revendant, il se trouva juché sur un épais matelas de 300 millions de dollars, alors qu'il n'avait pas encore 25 ans. Qu'allait-il faire de son argent ? Son coactionnaire dans PayPal investit fort logiquement sa part dans des start-up, parmi lesquelles Facebook, ce qui lui vaut d'être aujourd'hui multimilliardaire[2]. Elon Musk se comporta de façon complètement différente. Il prit 100 millions de

1. Vous pouvez en trouver une version sous-titrée en français sur www.youtube.com/watch?v=NFvasJzFR_k

2. Il s'agit de Peter Thiel.

dollars, soit un tiers de sa fortune, et il les investit dans quelque chose qui put paraître à tout observateur extérieur l'équivalent d'un gaspillage pur et simple.

Il décida, en 2002, de créer une société de… fusées. Non pas des fusées comme celles sponsorisées par Richard Branson, à l'essai depuis près de dix ans et qui permettront peut-être dans quelques années de faire faire à d'heureux privilégiés des sauts de puce de cinq minutes dans l'espace pour expérimenter l'apesanteur et voir quelques instants la Terre « d'en haut ». Non, de vraies fusées capables de mettre en orbite des satellites et de ravitailler la station spatiale internationale. Or, pour aller réellement dans l'espace, c'est-à-dire pour effectuer une mise en orbite, il faut atteindre une vitesse de 28 000 km/heure, tandis qu'une vitesse de 5 000 à 6 000 km/heure est suffisante pour les « sauts de puce ». La différence technique entre atteindre une vitesse de 6 000 km/heure et une vitesse de 28 000 km/heure est la même qu'entre la production d'une voiture *low cost* et d'une Formule 1. Autant de nombreux compétiteurs privés se sont essayés aux sauts de puce dans le concours appelé XPrize dont le vainqueur est à la base du projet de Richard Branson, autant l'espace, le vrai, était considéré comme relevant uniquement des grands pays tels que les États-Unis, la Russie, la Chine, le Japon et l'Union européenne. C'est dire les éclats de rire qui accueillirent le projet d'Elon Musk. Comment voulez-vous concurrencer la NASA et Ariane Espace avec un budget global de 100 millions de dollars (18 milliards de dollars annuels pour la NASA) ?

La société SpaceX d'Elon Musk[1] commença par concevoir le Falcon 1, un vaisseau capable de mettre en orbite un satellite de la taille d'un pamplemousse et qui ne

1. www.spacex.com

réussit qu'à sa quatrième tentative. Puis vint le tour du Falcon 9 qui, comme son nom l'indique, était constitué de 9 moteurs du Falcon 1. La taille, comme la capacité d'emport de la fusée, atteignait les deux tiers de la fusée Ariane. Mais cela pourrait-il fonctionner ? En 2010, je devais être une des rares personnes en France à surveiller régulièrement le site de la société SpaceX. En dehors des spécialistes, personne n'en parlait et n'était même au courant de ce projet, dont je sentais pourtant confusément qu'il pouvait marquer l'histoire de l'humanité. Le 4 juin 2010, j'étais à l'étranger quand je vis sur mon ordinateur une dépêche AFP : « Une société privée vient de réussir une mise en orbite de satellite. » Après de nombreux reports pendant les six premiers mois de l'année, le lancement du Falcon 9 avait réussi, dès sa première tentative. Lors de sa deuxième tentative, le 8 décembre 2010, le Falcon 9 mit en orbite la capsule spatiale Dragon, prévue pour accueillir du fret pour la station spatiale internationale, mais, surtout, pour héberger à terme pas moins de 7 astronautes, contre 3 pour les fusées classiques russes et américaines, les anciennes fusées, en ce qui concerne les Américains, puisque aujourd'hui leur seul moyen de mettre des hommes dans l'espace est de recourir au vieux vaisseau russe Soyouz, étant donné l'arrêt des navettes. C'est justement sur cet arrêt des navettes que comptait Elon Musk, visionnaire, offrant ainsi à l'Amérique une solution de rechange à bas coûts. La NASA a alors signé un contrat de 1,6 milliard de dollars pour que SpaceX alimente la station spatiale internationale et, le 7 octobre 2012, Elon Musk connut son heure de gloire, lorsque sa capsule Dragon fut non seulement capable de s'accrocher à la station spatiale internationale, mais de rentrer sur Terre (et l'on sait la complexité du processus de rentrée dans l'atmosphère). 100 millions de dollars investis, 1,6 milliard de contrat – pas mal, n'est-ce pas, pour un projet qui était considéré comme une « danseuse » et un investissement qui semblait destiné à être totalement perdu ?

Mais Elon Musk ne va pas s'arrêter en si bon chemin. Il prépare déjà l'étape suivante, le Falcon 9 lourd, qui sera au moins aussi puissant, sinon plus, que la fusée Ariane, mais qui coûtera moins de la moitié de son prix. Car je ne vous ai pas encore dit que les fusées d'Elon Musk coûtent bien moins cher que toutes leurs concurrentes. Elon Musk affiche fièrement sur son site ce commentaire du ministre chinois de l'Espace : « Nous n'avons aucune chance d'avoir des coûts aussi bas que ceux de SpaceX. » Quel est le secret d'Elon Musk ? Celui d'avoir appliqué les principes d'une start-up de l'informatique dans un domaine où on les pensait à jamais inapplicables, celui du spatial. Les 9 moteurs Merlin, tous identiques, qui équipent le premier étage du Falcon 9 sont de conception classique et éprouvée. La société SpaceX n'a que 3 000 salariés, et ses frais généraux sont donc infiniment plus bas que ceux de la NASA ou d'Ariane Espace. C'est d'ailleurs la panique en Europe, et les projets de fusée Ariane 6 sont directement liés à la menace qu'Elon Musk fait peser sur l'avenir commercial du lanceur européen (et de tous les autres). Car, au-delà du Falcon « lourd », Elon Musk a déjà, dans ses cartons, un Falcon superlourd, équivalant à la fameuse fusée Saturn V qui avait permis à l'humanité d'envoyer des hommes marcher sur la Lune. Reprendre la grande aventure de l'homme dans l'espace arrêtée depuis quarante ans en rendant l'accès à l'espace infiniment moins cher qu'il ne l'est actuellement fait partie d'une grande vision d'Elon Musk. Pour lui, l'humanité ne peut se contenter à terme de vivre sur une seule planète, cela serait trop dangereux pour sa survie.

Son but est donc de pousser à l'exploration spatiale, et tout particulièrement à la colonisation de Mars, ce qu'on appelle sa terraformation, c'est-à-dire d'en changer les conditions climatiques pour les rapprocher de celles de la Terre et permettre à l'humanité d'y vivre. Elon Musk, qui est encore jeune, prétend qu'il prendra sa retraite sur Mars ou, pour le moins, qu'il y sera enterré. L'avenir nous dira si ce qui paraît actuellement de la pure science-fiction a une chance de se réaliser. En tout cas, Elon Musk fait partie des très rares personnes capables de rendre un rêve hautement rentable.

Mais, au fait, qu'a-t-il fait des 200 millions de dollars qui lui restaient ?

Eh bien, il a investi 100 autres millions de dollars dans un projet encore plus fou que celui de concurrencer la NASA et Ariane Espace avec un budget ridiculement faible par rapport au leur. Il s'agit de concurrencer General Motors, Toyota ou Renault, bref, tous les grands constructeurs d'automobiles. Pour cela, il a créé en 2003, soit un an après SpaceX, la société Tesla Motors qui ne produit que des voitures électriques. Oui, des voitures électriques, pas des hybrides comme la Toyota Prius. Or, aucun constructeur n'a pu rendre rentable la vente de voitures électriques. La raison en incombe principalement aux batteries. En effet, pour une petite voiture, une sorte de Smart électrique, comme la Bluecar de Bolloré que l'on peut louer à Paris grâce au service Autolib', le prix de revient est de l'ordre de 7 000 ou 8 000 euros, tandis que le prix des batteries peut atteindre 15 000 euros. C'est pour cela que ces voitures sont en location, ou que sont mis en place, comme a fait Renault avec la société Better Place en Israël, des systèmes d'échange de batteries : on achète une voiture, on roule, et quand la batterie est épuisée, on se présente dans une station-service, où la batterie est retirée de la voiture, mise en charge, et où l'on repart avec une autre batterie qui avait déjà été chargée à l'avance. Bref, il est impossible de vendre une voiture électrique avec ses batteries, et de plus celles-ci n'ont pas une autonomie suffisante pour être compétitives face aux voitures à carburant. Elon Musk va prendre le problème complètement en sens inverse. Un peu comme François Lemarchand avec son exemple de « j'ai tout appris à Harvard ». Il va d'abord concevoir une voiture de grand luxe et exploiter une caractéristique du moteur électrique qu'aucun constructeur n'avait utilisée auparavant. Le moteur électrique permet des accélérations foudroyantes, supérieures à celle d'une Formule 1. Mais cela ne paraissait d'aucun intérêt pour des petites voitures électriques pour lesquelles était mis en avant l'aspect écologique. Elon Musk, lui, va vendre l'équivalent d'une Ferrari électrique, capable de laisser sur place les vraies Ferrari. Toutes les stars vont se bousculer pour acheter cette voiture, vendue 200 000 dollars, et pour pouvoir frimer tout en disant : « Et en plus, je ne pollue pas, c'est du 100 % électrique. »

L'idée était de faire ses premières armes sur ce marché de niche, d'acquérir une expérience dans le domaine, d'avoir des marges confortables, puis de descendre en gamme en faisant des voitures progressivement de moins en moins chères, jusqu'à être capable de concurrencer réellement les grands constructeurs d'automobiles. Et cela fonctionne ! Comme SpaceX, Tesla Motors a dû affronter les quolibets et l'indifférence pendant des années. Les observateurs n'y voyaient qu'un jouet sans avenir pour personnes riches. Mais voilà qu'en 2012, Tesla a mis sur le marché le modèle S, une familiale à 60 000 dollars, avec une autonomie de plus de 400 kilomètres, ce qui permet, par exemple, de faire Paris-Bruxelles sans risquer de tomber en panne. Mieux encore, des stations de charge ultrarapides vont être construites par Tesla, sur le territoire américain et en Europe, permettant de recharger la voiture en moins d'une heure, le temps de charge étant l'un des grands points faibles des voitures électriques. Mais le modèle S peut aussi se recharger tranquillement sur secteur, chez vous, pendant la nuit. Et Elon Musk annonce qu'il travaille sur un système qui rendra bientôt possible une recharge en cinq minutes. Bien entendu, le modèle suivant, encore moins cher, est déjà prévu pour 2017. Une véritable folie boursière vient de faire grimper la capitalisation de Tesla à plus de 32 milliards de dollars, soit plus que la moitié de celle de la General Motors (54 milliards) et plus que celle de Renault (23 milliards de dollars). Simplement insensé pour une société qui a vendu, en tout et pour tout, 50 000 voitures depuis sa création et qui ne gagne de l'argent que depuis le premier trimestre 2013, alors que General Motors vend plus de 9 millions de voitures par an et Renault plus de 2 millions. Certes, cela a tout d'une bulle spéculative, et il est probable qu'elle se dégonflera à l'avenir, mais il est tout aussi probable que la stratégie de Tesla soit appelée à fonctionner comme celle de SpaceX et qu'Elon Musk sera l'homme qui révolutionnera nos transports dans le ciel comme sur Terre. Et cela d'autant plus que ce diable d'homme, qui travaille plus de vingt heures par jour, vient de lancer un projet, l'Hyperloop, qui a vocation à envoyer à la ferraille nos bons vieux TGV. Il s'agit de circuler à plus de 1 000 km/heure, dans des tubes posés sur pilotis, dans lesquels un vide partiel aura été fait et où un système de coussins d'air évitera les frictions aux capsules contenant les passagers et leurs bagages. N'ayant ni le temps ni l'argent de développer ce projet, Elon Musk a mis gratuitement les plans, les calculs et les idées de l'Hyperloop sur Internet, en faisant comme pour les logiciels libres, chacun pouvant y apporter des améliorations et utiliser les plans pour réaliser un prototype, s'il le désire.

Mais, au fait, Elon Musk avait encore 100 millions de dollars. Quel fut son troisième choix d'investissement ? Il s'agit de SolarCity, société destinée à développer les panneaux solaires à domicile. Elon Musk a déjà prévu que les nombreux possesseurs de ses voitures électriques auront besoin de se procurer de l'électricité pour les recharger, que cela risque de faire monter les prix et peut donc rendre enfin rentables des panneaux solaires performants, comme ceux qu'il est en train de mettre au point. Et comme le chapitre 1 nous l'a montré (cf. p. 31), l'existence de réseaux intelligents va permettre à chacun d'être producteur d'électricité, car les réseaux ne seront plus dirigés en un seul sens, de la centrale électrique vers le consommateur, mais de myriades de petits producteurs vers des myriades de consommateurs.

SpaceX, Tesla, SolarCity, voire l'Hyperloop, des révolutions dans les transports terrestres, spatiaux et dans l'énergie, voilà le « portefeuille » idéal d'un homme d'affaires visionnaire du XXIe siècle qui me paraît être un bon candidat au titre honorifique de nouveau Steve Jobs. Comme ce dernier, Elon Musk veut changer le monde, non pas en donnant à chacun des outils de créativité, de communication et de mobilité, mais en permettant à l'humanité de vivre sur deux planètes. Ainsi, sur le site Web de SpaceX, derrière le slogan « Changer le monde, travaillez pour SpaceX », vous trouvez une page où l'on vous explique, avant toute offre spécifique de position dans l'entreprise, que le « travail » ou plutôt la vision consiste à faire de Mars une planète habitable pour l'humanité, et que c'est cela le vrai but de la société. Ce n'est qu'après avoir vu une animation, dans laquelle Mars verdit et bleuit, se couvrant progressivement de forêts et d'océans, que vous pourrez accéder aux offres d'emploi[1].

À part faire l'inverse de ses concurrents, comme avec les voitures Tesla, l'autre secret d'Elon Musk, c'est de combattre la complexité par la simplicité, c'est-à-dire de trouver des procédures simples, comme pour SpaceX, de redécouvrir l'esprit pionnier dans des domaines où il avait disparu depuis longtemps. Mais cette démarche peut être appliquée à de nombreux autres domaines, et c'est la dernière des voies de l'avenir que nous voulons explorer dans ce chapitre. Nous devons nous adapter à un monde de plus en plus complexe, mais, quand cela est possible, il peut être rassurant, pour le salarié comme pour le consommateur, de retrouver de la simplicité. C'est d'ailleurs cette demande qui est derrière le succès de tous les produits qui, depuis près d'une vingtaine d'années déjà, surfent sur le retour au naturel, aux recettes d'antan, au bon sens paysan, etc.

Fleury Michon a sorti en 2011 une gamme qui devrait être appelée à un grand avenir quand le public aura compris le caractère révolutionnaire de ce qui lui est proposé. Alors qu'aujourd'hui le moindre produit est accompagné d'émulsifiants, d'acidulants, de stabilisateurs, de conservateurs, pour ne pas parler de colorants, Fleury Michon, fort de son expertise dans la production de plats frais sans colorants ni conservateurs, a sorti une gamme

1. www.spacex.com/careers. Loin d'être complètement farfelue, cette vision s'appuie sur les travaux de Christopher McKay, chercheur à la NASA, et décrite de façon romancée mais crédible par Kim Stanley Robinson dans sa célèbre trilogie *Mars la Rouge*, *Mars la Verte*, *Mars la Bleue* ; seul problème, le coût de l'opération implique de dépenser chaque année le budget des États-Unis pendant… mille ans !

intitulée « Les 5 essentiels ». Chaque plat ne contient que 5 ingrédients, tels que, par exemple, du saumon, des pommes de terre écrasées, des oignons, du lait et du sel… et rien d'autre. Comme la loi oblige à inscrire la totalité des ingrédients sur l'emballage, on peut bel et bien vérifier qu'il n'y a *rien* d'autre dans ces produits et que même le sel compte parmi les 5 ingrédients ! Des produits de ce type, fondés sur une vraie transparence, devraient recevoir un accueil enthousiaste du public, de plus en plus inquiet par rapport aux filières alimentaires, depuis l'affaire de la vache folle jusqu'à l'affaire récente de la viande de cheval utilisée à la place du bœuf. Il me semble que le seul obstacle à la diffusion de tels produits c'est que… ce soit trop beau pour être vrai. J'ai fait une enquête autour de moi, et les personnes consultées n'arrivent simplement pas à croire qu'il puisse y avoir sur le marché des plats cuisinés ne contenant que 5 ingrédients, sel compris.

Cette stratégie de la simplicité, qui est aussi une stratégie de la transparence, peut s'appliquer dans bien d'autres domaines, fort éloignés de l'alimentaire, comme les banques et les assurances. Rappelez-vous les prêts bancaires accordés par la Royal Bank of Scotland à des collectivités locales françaises. Ces prêts étaient sans intérêts pendant les cinq premières années, soit approximativement la durée du mandat du maire ou du président de région. Cela lui permettait de financer des équipements collectifs sans augmenter les impôts de ses administrés. Qui aurait résisté devant une aubaine pareille ? Sauf que, après cinq ans et dans les quinze années suivantes, le taux d'intérêt est calculé sur le différentiel existant entre la baisse de l'euro par rapport à la hausse du dollar, et la hausse du franc suisse par rapport à la baisse du yen japonais ! Il aurait fallu être bac + 12 pour pouvoir comprendre ce que cela pouvait coûter aux collectivités locales et la nature des engagements qu'elle prenait réellement. De ce fait, un certain nombre de villes et de départements sont au bord de la faillite, voire sont en faillite dans d'autres pays, telle la ville de Detroit, ancienne capitale mondiale de l'industrie automobile. Un directeur local du Crédit agricole m'avait dit un jour : « Je refuse de vendre à mes clients un produit dont je ne comprends pas moi-même la nature. » C'est le début du bon sens, et il faut continuer dans cette voie, en mettant en place des contrats d'assurance et des prêts bancaires qui puissent tenir en une page, car on sait bien que la multiplication des petites clauses se fait toujours au détriment de l'emprunteur et de l'assuré. La simplicité pourrait aussi progresser dans le domaine médical, sans parler du serpent de mer de la simplification administrative.

Dix pistes pour la construction du monde de demain

Le parcours que nous venons de faire à travers les cinq derniers chapitres nous permet maintenant d'énoncer quelques-unes des caractéristiques fondamentales de l'économie et des entreprises du XXIe siècle.

1. Développer l'intelligence collective de l'entreprise en libérant la créativité des salariés. C'est la démarche effectuée par Gore, par Semco, et en France par Favi ou Sulzer. La réussite de ces processus provient à la fois de l'efficacité que peuvent avoir des mécanismes comme ceux de l'auto-organisation (cf. chapitre 3) et du fait que l'une des caractéristiques fondamentales de l'être humain est de vouloir donner un sens à ses actes (cf. chapitre 4) et

que, dans des organisations libérées, il est bien plus facile pour tous, quel que soit son niveau hiérarchique, de trouver un tel sens que dans des organisations pyramidales.

2. Être une entreprise socialement responsable, c'est-à-dire avoir un triple objectif, non seulement économique mais aussi social et environnemental (cf. figure p. 521). C'est la voie suivie par Ben & Jerry's, The Body Shop, Patagonia et, en France, Nature & Découvertes, voie synthétisée par Élisabeth Laville dans son ouvrage *L'Entreprise verte*[1]. Cela implique de mettre en place des jeux gagnant-gagnant avec ses fournisseurs, à commencer par le commerce équitable, et de sélectionner ses fournisseurs en fonction de raisons soit environnementales (papier sans chlore), soit sociales (entreprise aidant au retour à l'emploi d'anciens SDF ou d'anciens prisonniers). Plus généralement, il s'agit de prendre en compte les intérêts de tous ceux qui sont impactés par l'action de l'entreprise, y compris, par exemple, ceux qui habitent dans le voisinage de ses usines, même s'ils ne sont ni clients, ni fournisseurs, ni salariés de celle-ci. En bref, l'entreprise doit agir pour le bien commun, tout en veillant, évidemment, à conserver sa rentabilité économique.

3. Créer un social-business. Ici, on va au-delà de l'entreprise socialement responsable. On suit la voie théorisée par Muhammad Yunus (cf. p. 446 et suiv.) et explorée, depuis plus de vingt ans, par des pionniers comme Give Something Back ou Newman's Own. Il s'agit d'entreprises fonctionnant sur le modèle de l'économie de marché et recherchant la rentabilité, mais ne distribuant jamais de bénéfices. Elles peuvent soit répondre à un besoin essentiel de la population (une alimentation saine et à bas prix, une eau propre, des transports ou des soins), ou, tel Give Something Back, travailler dans

1. Élisabeth Laville, *L'Entreprise verte…*, *op. cit.*

n'importe quel domaine économique, mais en réservant la totalité des bénéfices à des causes qui profitent à la communauté dans laquelle ces entreprises sont insérées.

4. Augmenter la productivité des matières premières. Il s'agit ici d'utiliser l'immense biomasse qui est gaspillée chaque année, que ce soient les résidus du blé, de la canne à sucre, du bambou ou du bois, voire, comme dans l'exemple des îles Fidji, l'utilisation des déchets de certains processus de l'agro-industrie. C'est la démarche dont Gunter Pauli est un des pionniers (cf. p. 497 et suiv.).

5. Concevoir les produits de grande consommation, les produits industriels, les usines et les villes comme des processus naturels. Il s'agit de la stratégie développée par McDonough et Braungart qui consiste non seulement à tout organiser à l'image des cycles naturels, mais à prévoir, dès l'origine, le recyclage du produit, voire son surcyclage, de façon que les matières premières puissent être recyclées à l'infini et non pas une ou deux fois. Bien évidemment, une telle démarche se trouve au cœur du véritable développement durable. Elle se doit d'essayer d'intégrer autant d'énergies renouvelables que possible, avec par exemple des immeubles dont le bilan énergétique est nul, voire positif, c'est-à-dire qu'ils sont soit autonomes, soit eux-mêmes producteurs d'énergie.

6. Passer à une économie de la fonctionnalité. C'est une façon d'aller dans la direction du point précédent, en accomplissant les premiers pas, moins ambitieux, mais plus faciles à mettre en œuvre. Il s'agit de vendre un service et non plus un produit, c'est-à-dire 100 000 kilomètres en voiture ou 10 000 heures de télévision, de telle façon que l'entreprise, dès l'origine, soit obligée de concevoir son produit comme devant lui revenir et être recyclé par elle. Cette stratégie peut être mise en place indépendamment du point 5, mais peut bien sûr servir à le renforcer.

Un de ses pionniers est Ray Anderson et sa société de moquette pour entreprises, Interface, tandis que Michelin commence à développer cette stratégie en France pour ses pneus de camion.

7. Développer des produits pour améliorer la créativité, la communication et la mobilité des êtres humains, c'est bien entendu la voie suivie par Steve Jobs et Apple que nous venons de détailler. De tels produits doivent allier la beauté du design et la facilité d'usage aux révolutions technologiques. Contrairement à ce que vous pourriez penser, il y a encore beaucoup à faire dans ce domaine. Un jour, nous aurons très certainement dans notre poche un communicateur universel qui remplacera notre télévision, notre ordinateur, notre iPad, notre iPhone et notre chaîne hi-fi. Son écran sera roulé sur lui-même et pourra se déplier pour nous donner une surface de lecture suffisante[1]. Quant au clavier, il sera virtuel, un hologramme sera projeté sur la table par l'objet, et chaque fois qu'on appuiera virtuellement sur une touche un capteur optique enregistrera le mouvement et affichera la lettre tapée[2]. Si un tel objet n'est pas encore disponible, ce n'est pas seulement pour des raisons techniques, mais parce que les constructeurs ne veulent pas phagocyter leurs produits, n'ont pas l'audace qu'avait Jobs de sortir un téléphone contenant un iPod, alors que celui-ci était son produit vedette, ou un iPad qui commence, dès maintenant, à faire s'effondrer le marché des ordinateurs portables.

8. Entrer dans la « nouvelle nouvelle » économie, celle où le produit principal est gratuit. C'est certainement

1. Ce genre de produit existe déjà comme prototype, voir www.tomsguide.fr/actualite/rollable-ecran-oled, 6048.html

2. Là aussi, des prototypes existent, voir www.waouo.com/clavier-sans-fil-virtuel-laser/

l'un des domaines clés de l'avenir (comme le montre très bien l'ouvrage de Chris Anderson, cf. note 1 p. 27). Cette stratégie peut être développée de trois façons différentes : soit comme Google ou Skype, il s'agit de bâtir une entreprise dont le produit principal est gratuit par définition, mais qui gagne directement beaucoup d'argent, soit grâce à la publicité, soit grâce à une stratégie « Premium » proposant à un petit nombre de consommateurs le même produit, mais de bien meilleure qualité, telles les communications payantes de Skype. Soit, tels les logiciels libres comme Linux, il s'agit de mettre en place un « écosystème » autour d'un produit gratuit qui peut générer indirectement de très importantes retombées économiques. Enfin, on peut révolutionner tout un secteur avec un produit vraiment gratuit comme Wikipédia.

9. Surfer sur la « longue traîne », c'est-à-dire le caractère illimité de l'offre, que permet, dans certains domaines, l'économie numérique (musique, films, vidéos, livres numériques). C'est là aussi une stratégie d'avenir, comme le montre également Chris Anderson (cf. p. 413 et suiv.) qui peut aussi bien fournir un modeste complément de salaire pour tout un chacun (c'est l'aspect « tous producteurs » de la nouvelle économie) qu'une façon de devenir une star (voir le chanteur Kamini et bien d'autres) ou créer une activité commerciale prenant des proportions gigantesques (Amazon, iTunes).

10. Être simple dans un monde complexe. C'est la stratégie d'Elon Musk avec SpaceX ou de Fleury Michon avec ses « 5 essentiels », stratégie qui n'est pas toujours facile à mettre en place, mais qui peut rapporter beaucoup, sur le plan financier comme sur celui de l'adhésion du public, grâce à la transparence qu'une telle démarche peut présenter.

Cette liste ne prétend pas être exhaustive. Vous pouvez, tel un logiciel libre comme Linux, l'améliorer vous-même, et je serais ravi de recevoir vos suggestions sur ce point. Tout en étant très différentes et impossibles à appliquer toutes en même temps dans une seule entreprise, ces stratégies ne sont pas mutuellement exclusives ; on peut, par exemple, être dans l'économie du gratuit, comme Google, et développer l'intelligence collective de son entreprise. Les points 1 à 3 correspondent à un postcapitalisme de type éthique ayant des préoccupations sociales et environnementales. Les points 4 à 6 correspondent à la *vraie* écologie compatible avec une nouvelle forme de croissance économique. Les points 7 à 9 correspondent aux geeks et aux possibilités offertes par l'économie numérique, tandis que le point 10 relève surtout du… bon sens !

Je ne dis pas que ces voies seront majoritairement empruntées par les entreprises et l'économie de demain. Je dis simplement que cela est probable, vu les prémices que nous observons actuellement, et que, surtout, cela est souhaitable, si nous voulons que notre civilisation, voire l'humanité, ait un avenir à long terme. Dans tous les cas, ces dix voies nous montrent qu'il existe de nombreux choix qui s'offrent à notre bicyclette folle pour changer de cap sans avoir à s'arrêter et connaître une chute douloureuse. Montrer leur existence et leur crédibilité, les analyser et les synthétiser était un des objectifs essentiels de cet ouvrage. Il ne tient maintenant qu'à nous qu'elles s'inscrivent durablement dans notre avenir.

Résumé de la cinquième partie

Les entreprises sont un pilier du monde d'aujourd'hui et encore plus de celui de demain. En effet, la plupart des grands États développés sont extrêmement endettés, les grands systèmes religieux ont perdu de leur toute-puissance, et les « experts » sont de plus en plus critiqués. L'entreprise apparaît donc comme une des seules institutions encore debout dans nos sociétés. Les entreprises comme Google ou Apple sont déjà plus puissantes que la majorité des pays de notre planète.

On peut s'en désoler ou s'en indigner, vouloir combattre les multinationales tentaculaires au nom des bonnes vieilles idéologies collectivistes, mais ce n'est guère plus intelligent que de vouloir s'opposer à la montée de la marée. S'acharner dans une opposition stérile serait d'autant plus regrettable qu'il existe deux grands mouvements qu'il faut pousser les entreprises à adopter et à développer : la mise en place de processus pouvant permettre aux salariés de mieux se réaliser et une série de pratiques incitant les entreprises à travailler pour le bien commun et non pas seulement pour celui des actionnaires.

La théorie du chaos nous apprend que plus un monde est complexe, plus il s'y développe des phénomènes imprévisibles, plus le « cygne noir » y est roi, selon le concept développé par Nassim Nicholas Taleb (cf. note 1 p. 285). Alors que les structures pyramidales et les organigrammes étaient parfaitement adaptés aux grandes entreprises de l'époque taylorienne, les modes de management classique, comme l'ont déjà compris depuis trente ans un certain nombre de managers visionnaires ou pragmatiques, ne correspondent plus à ce monde complexe et incertain. Des structures qui donnent à tous les niveaux hiérarchiques une certaine autonomie et un certain pouvoir décisionnel aux salariés seront forcément plus réactives et mieux à même de s'adapter à des situations qu'on ne peut ni modéliser ni prévoir. Sans aller jusqu'à des cas aussi révolutionnaires que ceux où le salarié se doit d'inventer son propre poste de travail et où des leaders émergent naturellement parce que c'est avec eux que le plus de salariés souhaitent travailler, comme chez Gore, même les plus grandes entreprises, si elles veulent continuer à progresser, voire simplement à survivre, devront aller vers des structures qui non seulement permettent mais encouragent l'expression de la créativité et de l'innovation de tous leurs salariés. En favorisant l'épanouissement de ces derniers, de telles entreprises sont susceptibles de voir augmenter la fidélité et l'implication de ceux qui y travaillent.

Dans un monde où les réseaux sociaux peuvent monter en épingle de microévénements, l'entreprise se doit de prendre en compte le bien commun, c'est-à-dire d'avoir un impact positif sur ses actionnaires et sur ses salariés, mais aussi sur tous ceux qui sont liés à son activité, que ce soient les consommateurs, le personnel de leurs sous-traitants ou simplement les citoyens qui vivent à proximité de leurs usines. Être une entreprise socialement responsable sera donc une nécessité au XXIe siècle, car les technologies actuelles permettent à des crises d'image débouchant sur des campagnes de boycott de prendre des proportions pouvant menacer la survie même des entreprises les plus solides. Ainsi, ces tendances font que l'intérêt de la société, des salariés et des entreprises peuvent faire au moins un bout de chemin ensemble dans la même direction. C'est ce mouvement-là qu'il faut encourager, en utilisant, comme le font les créatifs culturels, notre Caddie d'hypermarché pour transformer la société. Les entreprises ayant besoin d'investisseurs, de salariés et de consommateurs, nos choix personnels, démultipliés par les réseaux sociaux, peuvent avoir un impact jusqu'ici inégalé dans l'histoire humaine où les « petits » paraissaient sans poids par rapport aux « gros ».

Même si de tels propos peuvent sembler naïfs à certains, je ne crois pas que nous ayons beaucoup d'autres voies pour diriger la bicyclette folle de notre société vers la bonne route.

Conclusion

> « Je ne suis pas venu vous dire comment tout cela va se terminer, je suis venu vous dire comment cela va commencer[1]. »

Les signaux faibles de la mutation

Je suis revenu à Préchac pour écrire la conclusion de cet ouvrage, sous un chêne, symbole d'enracinement, qui a probablement été planté en 1834, année de construction de la maison familiale. Désormais Internet arrive jusqu'ici, et je peux lire sur mon iPad *Le Figaro* du jour. François Hollande doit présenter 34 plans pour le redressement industriel de la France. Le journal nous parle aussi du succès d'une nouvelle espèce de poulet dans les magasins Carrefour, de la création par Xavier Niel, le « trublion » de l'Internet, président de Free, d'une nouvelle école pour informaticiens, appelée « 42 », du compte rendu d'un livre de deux jeunes économistes et d'une étude montrant que la France dépense chaque année 30 milliards de plus que

1. Dernières paroles de Néo à la Matrice à la fin du film *Matrix*.

l'Allemagne et l'Angleterre pour former dans ses écoles un nombre équivalent d'élèves. Bien que totalement disparates, ces informations me sautent aux yeux comme autant de signes de la mutation décrite par cet ouvrage.

Commençons par le poulet. Il s'agit de la mise en place par Carrefour d'une filière de poulets, non pas biologiques, mais élevés sans antibiotiques (contribuant ainsi à lutter contre leur usage excessif qui menace à terme l'humanité, voir p. 138-139), ce qui implique des contraintes importantes pour l'éleveur qui doit, en fonction des maladies, soigner les poulets avec de l'ail, des huiles essentielles, du thym ou de la cannelle. Payé 7 % plus cher au producteur, il est vendu en magasin 5 % plus cher que les poulets « label rouge » qui sont déjà des poulets haut de gamme. Carrefour n'a pas communiqué sur cette initiative. Aussi le succès de celle-ci a-t-il surpris les responsables de l'entreprise eux-mêmes. Les ventes sont de 16 000 poulets par semaine au lieu de 4 000 prévus : 400 % de plus ! Le syndicat des producteurs doit construire un nouveau poulailler par semaine pour répondre à la demande.

L'ouvrage écrit par les deux jeunes économistes David Thesmar et Augustin Landier porte ce titre provocateur : *Dix Idées qui coulent la France*[1]. Il est présenté dans un article du *Figaro* intitulé « Pour en finir avec le mythe industriel ». Je ne suis pas d'accord avec toutes les thèses de l'ouvrage, qui semble accorder trop de confiance au marché et à la concurrence et qui n'est pas loin de tomber, comme beaucoup d'autres, dans la grande illusion décrite au chapitre 7[2]. Mais, comment ne pas être d'accord quand

1. Flammarion, 2013.

2. Les auteurs tombent même tout à fait dans ce travers dans un autre ouvrage : *Le Grand Méchant Marché : décryptage d'un fantasme français*, Flammarion, 2008.

ils nous disent que c'est « la composante immatérielle de l'économie (conception, commercialisation, financement, service de l'après-vente) qui fait l'essentiel de la valeur ajoutée et non la fabrication elle-même » ?

Ils ont donc parfaitement intégré la notion de post-capitalisme où, comme nous l'avons vu, ce sont la créativité, le savoir et la connaissance qui créent la fameuse valeur ajoutée. Ils en concluent qu'il ne faut pas espérer voir croître le nombre d'emplois industriels dans les pays les plus avancés. Car, s'il est souhaitable de développer des industries du futur, celles-ci seront de plus en plus robotisées, et les emplois qu'elles créeront ne compenseront pas ceux qui seront perdus dans les secteurs industriels classiques, comme le chapitre 1 nous l'a montré.

Visiblement, cette idée est trop complexe pour les responsables politiques, de droite comme de gauche, qui nous parlent tous de la nécessaire réindustrialisation de la France. Loin de moi l'idée de négliger l'effort que représentent les 34 plans présentés par François Hollande. Investir dans des recherches concernant les TGV du futur, les voitures électriques (même s'il est peu probable que l'on puisse rattraper l'avance prise par Tesla et Elon Musk, malgré la grande qualité des batteries de Bolloré), la robotique, les biotechnologies, les objets connectés, les réseaux électriques, le biocarburant et le numérique est louable. Mais il n'est pas sûr que cela suffise à remettre le pays sur la voie du futur. De la même façon qu'on ne peut pas ordonner à quelqu'un d'être créatif, on ne peut pas, par décret, créer les nouveaux Google, YouTube, Facebook, Skype ou Twitter, et encore moins des Steve Jobs ou des Elon Musk. Il faudrait pour cela une ou plusieurs véritables ruptures, alors que la France, cinquième puissance économique mondiale, n'est que la vingtième dans le domaine de l'économie numérique.

Cette rupture est peut-être en train de se produire dans une école du 17e arrondissement de Paris, portant un nom (« 42 ») qui ne parlera qu'à certains « initiés »[1], et dont la façade s'orne d'un drapeau de pirate.

Cette école n'a aucun professeur, car son directeur, Nicolas Sadirac, dit d'une façon provocante : « Au cours de ma carrière, j'ai pu constater que, plus le maître enseigne, moins l'élève apprend. » Elle ne délivre aucun diplôme et elle est gratuite, grâce à un investissement de 50 millions d'euros sur dix ans effectué par Xavier Niel. Son objectif est de combler le manque cruel de talents en France pour le monde numérique. En effet, à l'exception de Criteo et de PriceMinister, aucune société importante de la nouvelle ou de la « nouvelle nouvelle » économie n'est française. Pour Nicolas Sadirac, cela provient du fait que « les écoles d'ingénieurs sélectionnent les profils les plus conformistes, ceux qui prennent le moins de risques. Profils adaptés au processus industriel de masse qui a fait le succès du système occidental, mais parfaitement inadaptés au monde numérique, avide de créativité », car « notre système éducatif fait disparaître l'individu et la capacité à créer ». Il est bien trop tôt pour dire si cette école sera représentative de l'école du futur, mais c'est en tout cas une excellente candidate, puisqu'un des élèves nous assure qu'il a plus appris en un mois qu'en deux années ailleurs.

Toujours dans le même numéro du *Figaro*, une enquête détaille les coûts de l'Éducation nationale, en Allemagne,

1. Dans Le *Guide du voyageur galactique*, roman de science-fiction loufoque et décalé de l'anglais Douglas Adams, on finit par construire l'ordinateur ultime, le plus perfectionné qui puisse être imaginé, capable de répondre à toutes les questions. Quand on lui demande : « Quelle est la réponse à la question concernant le sens de la vie ? », l'ordinateur répond tout simplement : « 42 », sans autre commentaire.

en Angleterre et en France. Dans chacun de ces pays, il y a approximativement 10,5 millions d'élèves et leur niveau est équivalent, selon les enquêtes d'évaluation internationales. Alors, pourquoi la France dépense-t-elle 30 milliards de plus par an pour l'Éducation nationale ? Une ancienne rectrice d'académie de province, auteure d'un livre au titre sans concession[1], nous affirme que l'on nage en plein irrationnel. Des postes sont doublés à tous les échelons administratifs. On conserve, à cause du lobbying des politiques locaux, des collèges qui ne comportent que 65 élèves, ou des classes préparatoires qui n'ont que 10 élèves et où, à cause du manque d'émulation, aucun d'entre eux n'arrive à intégrer les grandes écoles. Il ne faut donc pas s'étonner que l'Éducation nationale rassemble 1 350 000 salariés, contre 821 000 en Allemagne et 878 000 en Angleterre.

La gabegie d'un gigantesque mammouth impossible à réformer d'un côté, une école « pirate » financée (à fonds perdus, il faut bien le noter !) par des capitaux privés et susceptible de produire plus de petits génies de la « nouvelle nouvelle » économie que l'ensemble du système ; des politiques, de droite comme de gauche, qui n'ont à la bouche que le mot « réindustrialisation », quand de jeunes économistes leur expliquent que c'est d'abord la créativité, et non l'industrie, qu'il faut développer : quelle belle illustration d'une des affirmations centrales de cet ouvrage. Un monde est en train de mourir sous nos yeux, sans que les principaux responsables de nos pays occidentaux ne s'en rendent compte. Un autre est en train de naître aux marges et non au centre du précédent, comme toujours dans l'histoire.

1. Martine Daoust, *La Réforme… oui, mais sans rien changer*, Albin Michel, 2013.

Un monde qui n'exclut pas les paradoxes, et qui, bien au contraire, les assume : un monde où la relocalisation voisine avec la mondialisation ou le mouvement Slow Food qui, parti d'Italie, veut nous aider à retrouver le temps de vivre, alors même que le monde du numérique est un monde de plus en plus rapide. Non, les valeurs du terroir et la tradition ne sont pas contradictoires avec Internet et la « nouvelle nouvelle » économie, et l'on peut se trouver sous un chêne dans la forêt des Landes et parler par Skype avec un correspondant chinois tout en dictant un livre sur des fichiers audio numériques qui seront tapés par une collaboratrice en Espagne, quand ce n'est pas à Bali !

Le succès du poulet sans antibiotiques, qui est aussi nourri sans OGM et élevé en plein air, nous montre que, même en période de baisse du pouvoir d'achat, le grand public (celui qui va dans les magasins tels que Carrefour) est prêt à payer plus cher un produit traditionnel. Au même moment, le succès de l'école de Xavier Niel (50 000 candidats pour 1 000 places disponibles) prouve qu'elle vient combler un manque criant pour une nouvelle génération de créatifs culturels qui s'ignorent, dont les valeurs essentielles sont : la créativité, la liberté et l'auto-organisation (il ne vous aura pas échappé qu'en remplaçant les professeurs par des encadreurs, l'école de Niel utilise les mêmes méthodes que les entreprises les plus innovantes du chapitre 14 qui remplacent les supérieurs hiérarchiques par des conseillers ou des coaches).

Vous penserez peut-être que j'ai eu beaucoup de chance de trouver dans un seul numéro d'un quotidien autant de faits se rattachant aux sujets de cet ouvrage. Mais faites vous-même le test. N'importe quel jour et dans n'importe quel média, vous trouverez probablement une, deux ou trois informations s'inscrivant dans l'un des différents domaines de la vaste mutation sociétale, économique, technologique, scientifique et managériale décrite ici. Pour ceux qui savent les lire, ce sont autant de signaux faibles annonçant l'arrivée du monde de demain. Ce livre est fondé sur une affirmation très forte : ce qui se passe aujourd'hui est d'un tout autre ordre de grandeur que le passage d'un monde dominé par le chemin de fer à celui de l'automobile, ou de ce dernier au monde de l'avion à réaction. Il s'agit du passage de la modernité à la transmodernité, avec tout ce que cela implique dans les différents domaines que nous avons cités.

Nous allons maintenant synthétiser les composantes de cette grande mutation en cours avant d'évoquer quelques pistes pour nous y adapter.

Les composantes de la mutation

Les cinq révolutions simultanées

La force et le caractère unique de cette mutation proviennent du fait qu'elle repose sur cinq révolutions quasiment simultanées dont les effets se renforcent.

1. Une révolution technologique

C'est celle des quatre Internets : l'Internet de la communication, celui des objets imprimés à domicile, celui des objets connectés, et le futur Internet de l'énergie, qui sont rendus possibles par une augmentation exponentielle des capacités de traitement, de stockage et de transmission de l'information. Cette révolution est la plus visible, et c'est celle qui a le plus de conséquences dans nos vies, car elle modifie nos façons de produire, de consommer, de se comporter, et commence à inverser les rapports de pouvoir entre les particuliers, les États et les entreprises. Elle a été décrite au chapitre 1.

2. Une révolution conceptuelle

Il s'agit du changement de vision du monde induit par des découvertes effectuées dans des sciences fondamentales, telles la physique quantique, l'astrophysique, la théorie du chaos ou les mathématiques. Commencée il y a plus de un siècle, c'est une révolution silencieuse qui, en changeant notre vision du monde, contribue à changer le « logiciel de base » de notre civilisation, permettant de dépasser les conceptions mécanistes, réductionnistes et déterministes sur lesquelles étaient basées la science classique et, à travers elle, la modernité (cf. chapitres 3 et 4).

3. Une révolution sociétale

Le passage de l'avoir à l'être. On se définit de plus en plus par ce que l'on est ou ce que l'on veut être, ce que l'on vit et non plus par ce que l'on possède ou par son statut social. Porté par de nouveaux groupes d'individus que l'on appelle les créatifs culturels, ce mouvement touche tous les grands pays industrialisés et commence à se répandre dans les pays émergents (cf. chapitres 9 et 10).

4. Une révolution économique

Le passage d'un monde fondé sur les machines et les capitaux à un monde fondé sur le savoir et la créativité. Cette évolution, qui fait partie de celles que certains appellent la troisième révolution industrielle, s'accompagne de la mise en place d'une dimension éthique au cœur de l'économie du marché avec des nouvelles pratiques comme le commerce équitable, le microcrédit, le social-business, le développement durable (cf. chapitres 11 à 13).

5. Une révolution managériale

On ne peut plus gérer de façon classique, c'est-à-dire pyramidale et déterministe, des entreprises dans un monde de plus en plus mouvant, turbulent et incertain. En interne, une entreprise doit construire un cadre qui permette le développement de l'intelligence collective, de l'autonomie et la créativité de ses salariés. En externe, elle doit prendre en compte les *stakeholders*, tous ceux qui sont concernés par son activité et évoluent dans son environnement, et essayer de créer des liens immatériels entre l'entreprise et le public en démontrant qu'elle travaille pour le bien commun et non seulement pour ses actionnaires. Ce sont les clés de la réussite pour les entreprises du XXIe siècle.

Le lien souterrain entre toutes les révolutions

Il y a des liens évidents entre les révolutions sociétale, technologique, économique et managériale. Si la révolution sociétale nous amène à donner un sens à nos actes, il est clair que cela impactera notre façon de consommer et de travailler, et donc l'économie et le management. La révolution technologique modifie également de nombreux aspects de nos vies privées et professionnelles. La révolution économique oblige les entreprises à adapter leur management, et ainsi de suite. Mais l'ambition de cet ouvrage est de vous donner des clés pour comprendre non seulement comment le monde change, mais aussi pourquoi, et c'est ici qu'il faut se tourner vers la révolution scientifique et conceptuelle qui a commencé il y a plus de un siècle. Comme nous l'avons vu avec l'exemple de Copernic et Galilée, par rapport à l'épidémie de peste noire du XIVe siècle (cf. p. 123), les changements de vision du monde sont les facteurs clés de l'évolution humaine, et leur impact est d'autant plus fort qu'il est souterrain et très lent et n'est donc pas perçu par les observateurs qui ne prennent pas assez de recul par rapport aux événements.

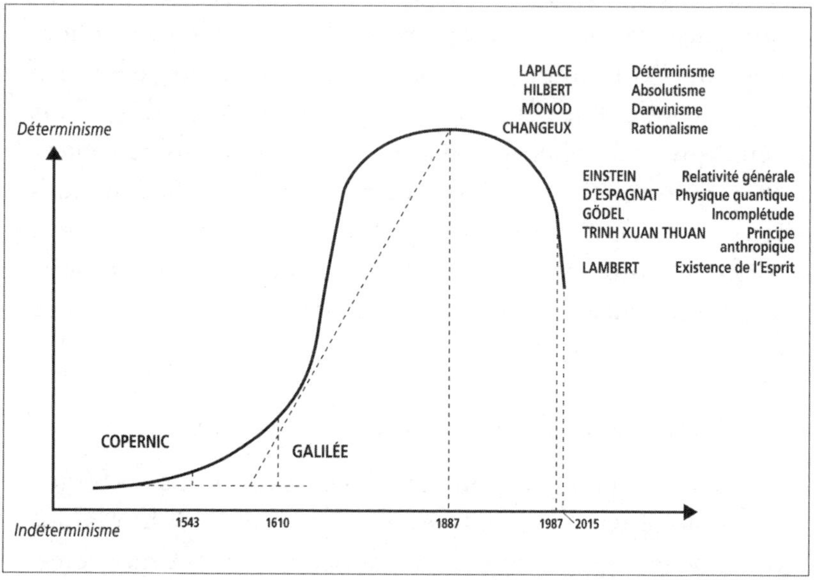

La courbe des sciences
Actuellement, la connaissance progresse, mais l'incertitude aussi.

Cette figure vous décrit la courbe des sciences. Elle débute avec Copernic et Galilée, puis prend une pente ascendante, se dirigeant vers toujours plus de certitude avec le développement du déterminisme et du réductionnisme, de la mécanique céleste de Newton et Laplace, de la physique classique, de l'homme-machine déjà postulé par La Mettrie dès le XVIIIe siècle, de la sélection naturelle de Darwin, etc. Mais, au cours du XXe siècle, la relativité générale d'Einstein, le principe d'incertitude de Heisenberg en physique quantique, la théorie du chaos, le théorème de Gödel et les autres mutations que nous avons passées en revue nous ont donné une vision bien plus indéterminée du monde. On peut dater précisément le point d'inflexion de cette courbe entre 1887 à 1900, car la première date est celle de l'expérience de Michelson et Morley, et la seconde celle de l'élaboration par Planck de ce qui sera la base de la théorie quantique, c'est-à-dire les deux petits nuages noirs mentionnés par lord Kelvin dans son fameux discours de 1900, qui sont devenus deux tempêtes ayant dévasté l'édifice de la science classique[1].

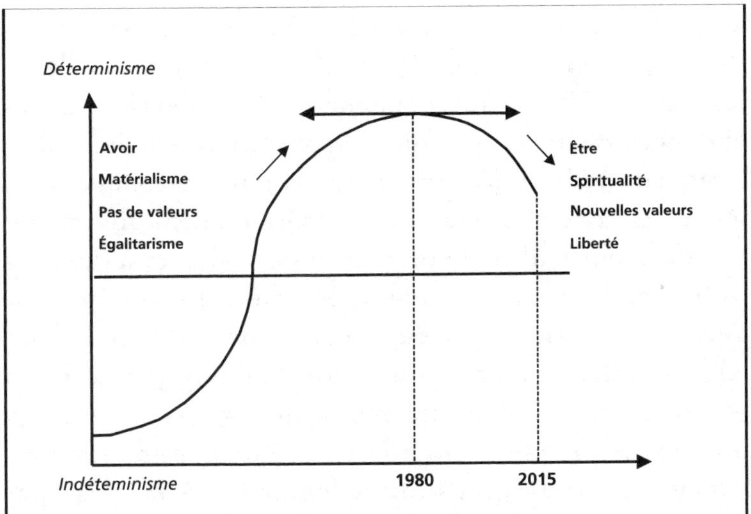

La courbe de société, une inversion des valeurs et des comportements à partir des années 1980.

La courbe de société inclut non seulement l'évolution du comportement des êtres humains et de leurs attentes,

1. Voir p. 101-102.

mais également l'économie qui est une composante de cette société. Ici, l'inflexion a lieu au cours des deux dernières décennies du XXe siècle, avec le passage d'une civilisation fondée sur l'« avoir » et le matérialisme à une civilisation fondée sur l'« être », la quête de sens et la spiritualité. C'est aussi autour des années 1980 qu'on a vu se créer beaucoup des entreprises mentionnées dans cet ouvrage, d'Apple à Ben & Jerry's, en passant par The Body Shop ou Semco. C'est là aussi que l'on voit le basculement de toute une série de valeurs, que ce soit le retour de la fidélité (mais pas du mariage), l'intérêt pour d'autres civilisations et les peuples dits « premiers », le début de la prise en compte des questions d'environnement et du développement durable. En bref, c'est autour du début des années 1980 que commencent à se développer les tendances de fond que nous avons analysées ici. Dans le tableau de la p. 595, nous avons montré comment les nouveaux concepts scientifiques permettaient aux managers de comprendre, de prévoir et de s'adapter à diverses évolutions, internes et externes, du contexte de leur entreprise. Nous avons également montré les parallèles existant entre la théorie du chaos, l'auto-organisation et les révolutions arabes, les mouvements comme Anonymous et les Indignés. On pourrait continuer en montrant comment la mise en cause du réductionnisme favorise, par exemple, les médecines alternatives ou l'intérêt pour les autres approches du réel, que ce soient la spiritualité des grandes religions ou celle des peuples dits « premiers ». En se diffusant progressivement dans toutes les couches de la société, la théorie du Big Bang voire le principe anthropique donnent une crédibilité nouvelle à l'existence d'un principe créateur. Même si l'expression « saut quantique » est désormais entrée dans le langage courant pour décrire un saut brutal, la physique quantique et ses implications paraissent encore très mal connues du grand public. Pourtant, quand vous effectuez une recherche sur le Web, vous voyez apparaître un grand nombre de colloques et de manifestations sur la médecine quantique, le management quantique et bien d'autres choses encore. Même si tout cela est flou et souvent peu rigoureux, c'est un signe fort que les nouveaux concepts commencent à irriguer l'inconscient collectif de la société, exactement comme des concepts tout aussi révolutionnaires à l'époque ont commencé à le faire à partir des XVIIe et XVIIIe siècles pour aboutir à ce qui fut la modernité.

C'est pourquoi il n'est pas absurde de penser que la science puisse être le catalyseur du changement, la carte que l'on retire et qui fait s'écrouler le château, comme elle l'a été à la Renaissance dans le processus de gestation de la modernité. En effet, aujourd'hui encore, malgré toutes les remises en question, internes et externes de la science, son crédit est encore supérieur à celui de toute autre discipline. L'expression « c'est scientifique » ou « c'est scientifiquement démontré » est encore un argument déterminant.

Vous pourriez penser que les différents liens que j'établis entre science et société et science et management, comme dans le tableau de la p. 595, sont en fait des analogies que j'utilise pour mieux vous faire comprendre la nature de certains changements. Mais je fais une hypothèse bien plus audacieuse. Je prétends qu'il y a un lien *causal* entre les courbes des deux précédentes figures (p. 662 et 663) ! C'est-à-dire que la courbe de l'évolution de la société est, de façon souterraine et indirecte, dirigée par la courbe de l'évolution des idées scientifiques. Vous pourriez facilement contester cette idée en affirmant que la physique quantique, la théorie du chaos ou la relativité générale sont encore largement incomprises de la grande majorité du public. Mais êtes-vous sûr que les idées de Kepler, Galilée et Copernic étaient mieux comprises de la grande majorité du public à la fin du XVIIIe siècle ? Bien entendu, je ne peux pas démontrer ma théorie. Il faudrait pour cela que je puisse retourner en 1900, tuer Einstein, Heisenberg, Gödel et tous les fondateurs de la nouvelle vision scientifique du monde, pour pouvoir démontrer que, sans leurs idées, notre monde ne serait pas (ou pas encore) celui que nous connaissons. Alors, que puis-je faire ? Vous parler des Grecs !

Combien de fois croyez-vous que les Grecs ont découvert que le contrat de travail entre hommes libres était plus performant que l'esclavage ? Des milliers ! Chaque fois qu'ils affranchissaient un esclave, ils constataient forcément qu'il était plus performant dans la même fonction, maintenant qu'il travaillait pour un salaire. Ont-ils pour autant aboli l'esclavage ? Non ! En huit cents ans de civilisation, ils ne l'ont pas fait. Pourquoi ? Parce que leur vision du monde n'a pas évolué. Et la vision du monde est première. C'est un facteur clé qui, dans une société, l'emporte même sur l'évidence. Voilà ce qui me permet d'affirmer que, si toute la nouvelle vision du monde en science ne s'était pas développée depuis plus d'un siècle, nos modes d'organisation, de comportements, de consommation n'auraient pas évolué de la même façon, et que l'on peut utiliser le lien science → vision du monde → société pour prévoir l'évolution de ces facteurs au cours des prochaines décennies.

Les trois grandes étapes de l'humanité

Le tableau p. 668 nous montre que l'humanité a traversé trois grandes étapes qui se caractérisent par des changements coordonnés sur les plans à la fois social, économique, scientifique et religieux, passant ainsi d'un monde prémoderne à un monde moderne, puis post- ou transmoderne. Alors que la première époque était caractérisée par le féodalisme, où la ressource essentielle était la force physique (c'est le nombre de soldats, le nombre d'esclaves ou le nombre de paysans qui assurait votre suprématie), la deuxième, correspondant au capitalisme, avait comme ressource principale les machines (c'est leur puissance et leur capacité qui assurait le succès de votre entreprise, ou de votre pays), l'ère actuelle voit se développer le postcapitalisme, où la ressource principale est désormais le savoir.

Bien que des sciences et des techniques aient existé dans le monde prémoderne, une vision quelque peu magique du monde y était dominante, le quotidien dépendait du bon vouloir de Dieu ou des esprits. Il fallait alors s'accrocher à quelque chose de solide dans ce monde peu compréhensible, et quoi de plus solide que la parole divine ? C'est ce qui assurait la généralisation des lectures fondamentalistes et littéralistes. La révolution des sciences en Occident a conduit au scientisme qui pensait pouvoir tout expliquer par des méthodes rationnelles et grâce à l'application du déterminisme et du réductionnisme. Une telle vision engendrait forcément une progression du matérialisme, Dieu étant désormais vu comme une « option », c'est-à-dire, toutes proportions gardées, comme la climatisation dans une voiture et non comme le moteur de celle-ci, comme quelque chose dont nous pouvons nous passer pour fonctionner au quotidien. La démonstration par la science elle-même de ses propres limites, qui débouchent sur les notions de réel voilé (Bernard d'Espagnat) ou le paradigme d'incomplétude (Jean-François Lambert, Thierry Magnin et moi-même) qui rassemble l'imprédictibilité en théorie du chaos, le principe d'incertitude de

Heisenberg, l'incomplétude de la logique, la non-identité de l'état neuronal et de l'état mental chez l'être humain, est venu fondamentalement changer la donne, en réintroduisant une dose de modestie dans une démarche qui pouvait paraître prométhéenne et en réhabilitant un certain nombre d'options philosophiques dont la modernité avait cru pouvoir se débarrasser. Tout cela ouvre les portes à un retour du religieux ou, plus globalement, du spiritualisme qui accompagne le renouveau de la quête du sens chez nos contemporains.

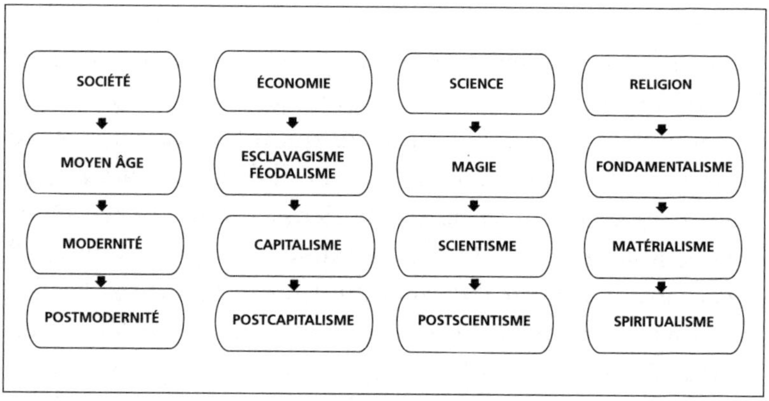

Les trois étapes de l'humanité

Il ne vous aura pas échappé que le schéma décrit ici est très centré sur l'Occident, puisqu'il commence avec le Moyen Âge. Comment les autres peuples s'intègrent-ils dans ce processus ? Nous avons vu que la modernité a obligé toutes les différentes civilisations à se positionner par rapport à elle. Certaines civilisations ont sauté à pieds joints dans la modernité, à l'exemple des civilisations asiatiques. Aujourd'hui, le plus gros marché pour les montres de luxe, les sacs de grandes marques, les Ferrari ou les Rolls-Royce, c'est la Chine. Ce pays et plusieurs autres en forte croissance sont typiquement dans l'état de l'« avoir » où nous étions nous-mêmes il y a à peine plus de deux décennies, le fameux état symbolisé par le : « Si vous n'avez pas une Rolex à 50 ans, vous avez raté votre vie. » Par ailleurs, les signes d'un début de manifestation du stade transmoderne sont déjà visibles dans ces pays. L'ancien Premier ministre chinois Wen Jiabao avait ainsi expliqué que, après avoir raté les révolutions industrielle et informatique, la Chine n'allait pas rater le train de la révolution écologique. En quelques années, les Chinois sont devenus les premiers producteurs de panneaux solaires, d'éoliennes et de vélos électriques.

Néanmoins, une énorme question se pose pour des pays comme la Chine et l'Inde. Ils ne pourront pas, contrairement au Japon ou aux pays de l'Est, suivre exactement le même chemin que nous, passer par la case « monde moderne » avant d'arriver au monde transmoderne. C'est leur nombre qui pose problème puisqu'il est tout simplement physiquement impossible que la majorité des Chinois et des Indiens vivent un jour comme nous. Frustrés de cet accès aux biens de la modernité, les classes moyennes de ces pays accepteront-elles de faire preuve de frugalité et de se diriger vers le monde de l'« être », sans avoir pleinement pu assouvir leur soif d'« avoir » ? Il y a là une source latente de troubles importants pour les années à venir.

Ensuite, il ne faut pas oublier Ben Laden et ses semblables. Les terroristes du 11 Septembre, nous l'avons dit[1] étaient tous diplômés d'écoles d'ingénieurs ou de grandes universités. Ce n'étaient pas des hommes du monde prémoderne sortis d'une grotte d'Afghanistan. Il s'agissait de personnes ayant rejeté le monde moderne

1. Voir p. 382.

pour revenir à ce qu'ils croyaient être le monde prémoderne dans leurs traditions. On trouve le même rejet de la modernité et le même retour vers un passé idéalisé chez les néoconservateurs américains ou dans le mouvement « Tea Party ».

La spécificité du monde actuel peut donc s'expliquer ainsi : un tiers de la population, en Occident comme au Japon, a déjà basculé dans le monde transmoderne, tandis que deux tiers sont encore dans le monde moderne. Des millions de personnes frappent à la porte de ce monde moderne, voulant connaître à leur tour le « paradis » de l'« avoir » et de l'accumulation de biens matériels, tandis qu'une petite minorité des modernes rejettent ce monde comme satanique, au profit d'un retour assumé à ce qu'ils croient être leurs traditions. L'histoire n'a probablement jamais connu autant de mouvements contrastés entre différentes formes de civilisations, les changements du passé se résumant en général au passage d'un état au suivant, tandis qu'ici nous devons gérer à la fois le dépassement de la modernité, le passage du monde prémoderne au monde moderne et le retour du monde moderne au monde prémoderne d'une partie de la population.

Deux modèles économiques pour le XXIe siècle

Au cours des cinq chapitres précédents, nous avons analysé les mutations qui se sont produites dans le domaine le plus important pour notre civilisation, l'économie et l'entreprise. Ce passage d'un monde fondé sur les machines à un monde fondé sur le savoir est résumé dans le tableau p. 672. À tous les piliers et à tous les instruments du capitalisme correspondent désormais des éléments testés et éprouvés d'une synthèse postcapitaliste.

Ainsi, le développement durable vient limiter les processus visant à produire à des prix toujours plus bas sans se soucier des implications des méthodes employées.

Le commerce équitable vient limiter les démarches de maximisation des profits.

Les fonds éthiques offrent une alternative au fonds de pension, de la même façon que la notation (rating) éthique vient en complément de la notation financière.

Mais il est aussi important de noter que la lutte contre les excès du capitalisme va également changer de nature. Plutôt qu'une manifestation classique, voire une « prise d'otages » des patrons par les salariés, ce sont des pièces de théâtre improvisées, des minifilms sur YouTube ou des sketches qui pourront demain ruiner la réputation d'une entreprise en la ridiculisant ou en exposant ses dérives aux yeux de tous. Ainsi, les films d'un activiste comme Michael Moore (*The Big One*, *Roger and Me*, et bien d'autres) ont d'ores et déjà bien plus de poids que les manifestations mises en place par un Mélenchon ou un Besancenot. Quand, au petit matin, Michael Moore entoure Wall Street avec les bandes jaunes que les policiers américains utilisent pour délimiter les scènes de crime et se fait filmer avec un porte-voix criant aux leaders de la finance mondiale : « Sortez tous les bras en l'air », comment ne pas voir qu'une telle action a infiniment plus d'impact que toutes les formes classiques de protestation contre le « grand capital » ?

Les raiders qui, comme le fonds KKR, « dépècent » les entreprises pour maximiser leurs profits à court terme font certes des bénéfices, mais ils en font moins que les entreprises qui, comme L'Oréal, peuvent compter sur la stabilité d'un actionnaire unique pour se développer sur le long terme.

Finalement, c'est à une véritable vision du bien commun, prenant en compte tous ceux impactés par l'activité de l'entreprise (en anglais les *stakeholders*), que nous appelle le nouveau modèle, face à une vision où la croissance était uniquement économique et où l'intérêt pris en compte était d'abord celui des actionnaires et, éventuellement, celui des salariés.

Deux modèles de capitalisme	
Modèle moderne	**Modèle postmoderne**
Capitaux, machines	Informations, créativité, intelligence
Production aux prix les plus bas	Développement durable
Maximisation du profit	Commerce équitable et social-business
Fonds de pension	Fonds éthiques (voire microcrédit)
Rating financier	Rating éthique
Lutte par la revendication (Olivier Besancenot)	Lutte par l'humour (Michael Moore)
Production de masse	Production par les masses
Centralisation	Réseaux
Vision à trois trimestres (KKR)	Vision à long terme (L'Oréal)
Stockholders	*Stakeholders*
Croissance	Croissance du bien commun

Tout cela pourrait donner le sentiment que le modèle postcapitaliste est amené à triompher rapidement, comme le pensent ceux qui militent en sa faveur, et pour lesquels une entreprise qui pollue l'environnement et ne respecte pas ses salariés, bref, une entreprise égoïste, n'a aucune chance de survivre au XXIe siècle. Mais les choses ne sont pas si simples. Un grand bateau ne peut pas faire demi-tour en quelques centaines de mètres. Par ailleurs, beaucoup d'adeptes du modèle classique se gaussent du nouveau modèle en pensant qu'il s'agit de facéties sans avenir, réservées aux bobos et aux ex-babas cool. Ce serait, là aussi, commettre une grave erreur. Le nouveau modèle va dans le sens de l'aspiration de dizaines de millions d'êtres humains ayant un important pouvoir d'achat et porteurs d'un savoir essentiel pour le développement de l'économie. Votant avec leur Caddie de supermarché, ces personnes, dont le noyau est représenté par les créatifs culturels, assureront la pérennité et la rentabilité du nouveau modèle, comme le prouve la réussite de dizaines de milliers d'initiatives de petite dimension, à l'exemple de notre poulet sans antibiotiques. Ainsi, le XXIe siècle verra cohabiter ces deux modèles. Beaucoup d'entreprises, et beaucoup de personnes, peuvent avoir un pied dans chaque camp, tandis que certains militeront pour l'un ou l'autre système.

Que peuvent faire le monde, l'État, l'entreprise… et moi ?

Cet ouvrage est d'abord descriptif, il a pour but de donner des clés de compréhension sur la nature des changements que traverse notre civilisation pour aider le lecteur à mieux naviguer dans ce monde turbulent. Nous estimons l'avoir fait. Il est temps de passer à l'étape suivante, celle d'une forme de militantisme. Un militantisme d'autant plus nécessaire qu'il y a une véritable course de vitesse qui se joue sous nos yeux : soit nous arriverons à réorienter notre bicyclette folle vers une voie durable, et l'humanité aura un avenir, soit les différents risques, menaces, erreurs ou illusions que nous avons décrits nous feront plonger dans un gouffre, ce qui risque de provoquer des drames et des horreurs à côté desquels ceux du XXe siècle seront peu de chose. Alors que peuvent ou, plutôt, que doivent faire les différents acteurs ?

Le monde

Depuis au moins un demi-siècle, de nombreux idéalistes espèrent en un gouvernement mondial, une grande union de tous les hommes de bonne volonté pour résoudre les problèmes de la planète. Cela paraît d'autant plus utopique que, dans le monde complexe, chaotique et auto-organisé que nous avons décrit, il y a tant d'interactions réciproques que personne ne possède les leviers de contrôle nécessaires pour imposer une direction à notre bicyclette. Le modèle « commander et contrôler » est encore moins susceptible de fonctionner au niveau mondial qu'au niveau d'une entreprise ! Il y a, en revanche, un petit nombre de choses à faire au niveau mondial. C'est essentiellement l'interdiction d'un certain nombre de processus et d'outils financiers qui menacent de ruiner, comme nous l'avons vu au chapitre 6, l'ensemble de notre société. Avec la règle Volker, du nom d'un ancien secrétaire d'État au Trésor, on a essayé de limiter en partie le droit des banques de spéculer avec l'argent des dépôts de leurs clients. Comme vous pouvez l'imaginer, les lobbies financiers, qui sont parmi les plus puissants aux États-Unis, ont tout fait pour essayer de limiter l'impact de cette réforme. Certains parlementaires américains proposent purement et simplement de rétablir le Glass-Steagall Act, ce qui serait évidemment la meilleure solution[1]. Un des grands arguments des lobbyistes est : « Vous allez handicaper notre système financier vis-à-vis de la concurrence internationale. » C'est pourquoi il faut les prendre au mot et régler ce problème au niveau planétaire. Les Anglais ont décidé une mesure comme le Glass-Steagall Act, mais elle doit entrer en application… en 2019 ! D'ici là, le monde (financier) a bien le temps de s'écrouler. L'Union européenne a prévu quelque chose dans ce genre, mais les grandes banques, à commencer par les grandes banques françaises, freinent des quatre fers. C'est donc au niveau mondial qu'il faut décider d'empêcher les banques de tous les pays de spéculer pour leur propre compte avec l'argent de leurs clients. Si elles veulent spéculer, elles doivent devenir des *hedge funds* et recruter leurs clients uniquement parmi les spéculateurs. Comme cela, nous n'aurons plus de cas de banques *too big to fail* qui devront être sauvées en catastrophe par l'État, alors qu'elles ont, lors des années fastes, amassé des bénéfices colossaux. Il est essentiel de mettre fin au principe particulièrement immoral de la privatisation des gains et de la mutualisation des pertes auxquelles nous avons assisté cette dernière décennie dans ce secteur.

Par un décret du 15 novembre 2011, la Commission européenne a essayé d'encadrer les ventes à terme et les CDS, principalement en essayant d'empêcher l'existence de CDS « nus », permettant de jouer contre la dette des États et donc d'aggraver la crise en Europe. C'est au niveau mondial qu'il faut interdire les CDS « nus », cet outil de base du « grand multiplicateur de

1. www.thomas.gov/cgi-bin/query/z?c113:H.R.129 :

toxicité ». Il faut également que les CDS soient publics, inclus dans les bilans, et qu'un ratio de sécurité soit imposé aux entreprises pour chaque CDS qu'elles auront signé.

Contrairement à d'autres, tel Paul Jorion, qui veulent interdire les ventes à terme, il me paraît impossible d'aller aussi loin. Mais on pourrait imposer à toute entreprise cherchant une couverture, comme aux spéculateurs, d'aller au bout des ventes et des achats à terme. Ainsi, la spéculation serait toujours possible (on ne peut pas la supprimer, car lorsqu'une entreprise comme Air France veut se couvrir en achetant par avance son pétrole à un prix convenu, celui qui accepte de le lui vendre sera forcément un spéculateur. Il est donc trop facile de crier haro sur les spéculateurs, car ceux-ci ont un rôle clé à jouer dans l'équilibre du marché). Mais cette spéculation se fera dès lors obligatoirement sur des objets physiques, des tonnes de pétrole réelles, à bord de bateaux, ou des tonnes d'or réelles, dans le coffre des banques. Or, aujourd'hui, 90 % des contrats d'achat et de vente à terme dans ce domaine portent sur de l'or ou du pétrole virtuels et sont des paris qui opposent deux spéculateurs. Si l'on pouvait implémenter ces règles simples au niveau mondial lors d'un G20, le risque de connaître la crise que nous essayons actuellement de surmonter serait déjà diminué. Bien entendu, certains États, tels que les États-Unis et l'Angleterre, ne peuvent tout simplement pas tolérer de voir disparaître ce qui a été une source de profits et de croissance importante pour leur pays (tout particulièrement pour la Grande-Bretagne dont l'industrie est en berne et dont les réserves pétrolières sont épuisées). Plus de six ans après la chute de Lehman Brothers le 15 septembre 2008, on dirait que la leçon n'a pas été retenue et que rien de fondamental n'a été fait dans ce domaine. Il y a donc urgence.

L'État

La redéfinition du rôle de l'État est, comme nous l'avons déjà dit, un des grands chantiers du XXIe siècle. Le premier point sera l'application du pragmatisme dans des domaines où règne jusqu'ici l'idéologie. Il faudra ainsi être capable de privatiser les compagnies aériennes dans des pays tels que l'Inde et l'Italie et, au même moment, de les nationaliser aux États-Unis. De nationaliser les chemins de fer en Angleterre et de les privatiser en Inde (et peut-être même aux États-Unis, où la création de l'entreprise d'État Amtrak en 1971 n'a pas apporté grand-chose). En d'autres termes, l'État ne doit rien s'interdire dans ce domaine, mais doit agir en fonction des circonstances, comme l'a fait Obama, nationalisant puis privatisant General Motors et Chrysler, après la grande crise de 2008. En dehors du domaine des transports, l'État devra garder également un pied dans les secteurs de l'énergie et des télécommunications, car, dans le monde de demain, transports, télécommunications et énergie sont au moins aussi importants, sinon plus, que l'armée, la police et la justice ne l'étaient dans le monde moderne. Les fonctions régaliennes de l'État doivent donc être repensées et étendues.

Un autre rôle d'un véritable État transmoderne, de loin le plus difficile et le plus provocant, sera de créer des ruptures et de redonner du sens, celui d'un esprit pionnier qui nécessite pour se mobiliser de grands projets sortant de l'ordinaire.

Imaginez que, au lieu des 34 mesures, certes méritoires, mais convenues et prévisibles, annoncées par François Hollande, l'État ait annoncé qu'il allait investir dans un nouveau moyen de transport tel que l'Hyperloop, dont les ébauches, on l'a vu, ont été mises gratuitement à la disposition de n'importe qui sur Internet par Elon Musk. C'est tout simplement impensable. Immédiatement, le lobby des ponts et chaussée, qui a déjà eu la peau de l'Aérotrain de Jean Bertin, se lèverait comme un seul homme, accompagné pour une fois du syndicat CGT, pour sauver le monopole de la SNCF et du train dans les transports terrestres à grande vitesse.

Imaginez un instant que François Hollande ait annoncé la création d'une dizaine d'écoles gratuites financées par l'État, des écoles sans professeurs, sans diplômes et sans programmes, comme celle créée par Xavier Niel, et pas seulement dans l'informatique, mais dans toute une série de domaines. Là aussi, c'est impossible à envisager, car il y aurait, dès le lendemain, grève générale des syndicats des professeurs devant cette atteinte prétendument inadmissible au sacro-saint principe du service public.

Dans un monde où le principal moteur de la croissance est la créativité, ces comportements de « rupture » sont pourtant essentiels. Dans *Terre des hommes*, Saint-Exupéry nous dit : « Quand il naît par mutation dans les jardins une rose nouvelle, voici tous les jardiniers qui s'émeuvent. On isole la rose, on cultive la rose et on la favorise, mais il n'y a point de jardiniers pour les hommes. » Il n'y a pas de jardiniers non plus pour les idées nouvelles. Pire, certaines personnes, que ce soit dans des administrations ou des organisations privées[1], dès qu'elles voient fleurir une idée nouvelle, se précipitent pour la fouler aux pieds afin de préserver l'intérêt d'une caste, une vision dépassée du monde, ou pour défendre ce qu'ils croient être la

1. Voir à ce sujet Jean Staune, *La Science en otage*, *op. cit.*, chapitres 3, 4 et conclusion.

rationalité. Il est urgent de créer, dans les ministères, au CNRS et ailleurs, des conseillers à l'innovation qui soient autant de jardiniers pour les idées nouvelles, qui favorisent leur croissance et les protègent de tous ces tueurs d'innovation qui ferment parfois des portes potentiellement intéressantes pour le progrès de l'humanité.

En fait, il faudrait que l'État agisse de la même façon que le portefeuille d'investissements proposé par Nassim Nicholas Taleb, l'expert du calcul du risque dans le monde transmoderne[1]. Pour 10 milliards investis d'une façon classique, l'État devrait obligatoirement d'investir 1 milliard dans les domaines les plus décalés, voire les plus farfelus, telles la mise au point de l'Hyperloop ou l'école sans professeurs ni diplômes. Ce milliard serait réparti à parts égales entre une vingtaine ou une trentaine de projets différents dont 90 % échoueraient lamentablement, mais où les 10 % restants généreraient les Google ou les Apple de demain. Ce ne devrait pas être perçu par l'État comme une « danseuse », une sympathique option, mais comme une ardente obligation. En effet, susciter l'imprévu, créer la rupture, offrir les conditions de la créativité aux citoyens qui sont vraiment motivés pour le faire est encore plus important au niveau d'un État qu'à celui d'une entreprise. Il est malheureusement probable que le premier État à développer une véritable action transmoderne ne soit pas un État occidental et, spécialement, ne soit pas la France, vu les blocages idéologiques qui sont les nôtres, à droite comme à gauche, malgré le potentiel d'innovation et de créativité que notre pays a exprimé au cours de son histoire.

Comment ne pas voir la force qu'auraient des processus comme ceux du XPrize où 10 millions de dollars offerts

1. Cf. p. 300.

par une fondation privée (cf. p. 41) ont suscité plusieurs dizaines de millions de dollars d'investissement et ont permis d'inaugurer ce qui sera un jour l'ère du tourisme spatial ? Imaginons qu'un État ou un ensemble d'États propose 20 milliards de dollars à la première compagnie privée qui enverrait un homme sur la planète Mars et l'en ramènerait vivant, ou 1 milliard de dollars à celui qui mettrait au point un vaccin contre le paludisme. Ce type de nouveau partenariat public-privé que la NASA a inauguré à son corps défendant en signant un contrat de 1,6 milliard de dollars avec SpaceX permettrait à l'humanité d'effectuer quelques « sauts quantiques » dans ses réalisations et ses technologies. Nous touchons là au dernier domaine dans lequel l'État transmoderne a un rôle à jouer, celui de faire rêver. Proposer, par exemple, de créer une nouvelle Terre habitable (la fameuse terraformation de Mars, cf. p. 637) ne serait-il pas un projet mobilisateur, même s'il ne peut aboutir que dans plusieurs siècles ? Mais quel politicien, avec un mandat de cinq ans, osera investir, ne serait-ce que dans les débuts des prémices d'un processus pouvant mener à une telle situation ? Pourtant, c'est essentiellement de choses comme celles-là que nous avons besoin à long terme pour donner une nouvelle direction à notre bicyclette, par rapport à ce qui fut la grande motivation de la seconde moitié du XXe siècle et qui l'est encore dans de nombreux pays émergents, celle d'avoir un téléviseur, une machine à laver, une voiture et d'autres biens matériels de ce type.

L'entreprise

Nous avons vu, avec Ben & Jerry's, que l'entreprise socialement responsable pouvait prendre en charge, et parfois mieux que lui, certains problèmes qui étaient traditionnellement du ressort de l'État (et cela au grand scandale des adeptes de la séparation des ordres, tel André Comte-Sponville). Nous avons vu aussi que même une petite entreprise comme SpaceX pouvait tenter de faire rêver en se fixant comme but ultime, pas si utopique que cela étant donné ses réalisations actuelles, le grand projet fédérateur qui pourrait être celui de toute la planète ou d'un ensemble d'États parmi les plus développés : celui de créer un nouvel habitat pour l'espèce humaine, en terraformant Mars. L'entreprise peut aussi changer le monde par des objets. Le premier à me l'avoir dit était, il y a vingt-cinq ans, un jeune ingénieur qui produisait des machines destinées à visualiser une espèce d'aura[1] qui entoure le corps humain et dont les évolutions peuvent aider certains médecins (pratiquant des médecines alternatives) à faire des diagnostics. En aidant ainsi chacun à visualiser son « corps subtil », il espérait faire évoluer notre vision du monde. Il n'a pas réussi. Mais dans un autre secteur, celui de la communication et de l'encouragement à la créativité personnelle, Steve Jobs a parfaitement réussi à changer quelque chose d'essentiel dans nos vies avec les produits qu'il a créés.

L'entreprise est déjà aujourd'hui la force la plus puissante de changement sociétal et l'acteur le plus susceptible d'introduire dans le quotidien la nouvelle vision du monde que nous avons décrite ici. Le résumé en 10 points qui suit rappelle une série de pistes qui s'offrent à l'entreprise pour contribuer à construire ce nouveau monde et à mener des aventures excitantes et pleines de sens, pour elle comme pour ses salariés. Il est important de noter que ces pistes ne s'inscrivent pas forcément toutes dans le cadre de la responsabilité sociale de l'entreprise (Apple ou Amazon ne sont nullement des exemples dans

1. Il s'agit de l'effet Kirlian.

ce domaine) ni ne se limitent à la nouvelle économie, Give Something Back produisant des fournitures pour bureaux, Fleury Michon des plats cuisinés ou Whole Foods Market distribuant de la nourriture. Il y a donc un très grand nombre de façons dont un entrepreneur et une entreprise peuvent apporter leur pierre à la construction de ce nouveau monde :

1. Développer l'intelligence collective de l'entreprise et la créativité des salariés (Gore, Semco, Favi).
2. Être une entreprise socialement responsable (Ben & Jerry's, The Body Shop, Patagonia, Nature & Découvertes).
3. Créer un social-business (Grameen Danone, Give Something Back).
4. Augmenter la productivité des matières premières actuellement gaspillées (Gunter Pauli).
5. Concevoir les produits, les usines et les villes comme des processus naturels (McDonough et Braungart).
6. Passer à une économie de la fonctionnalité : vendre un service et non plus un produit (Interface).
7. Développer des produits pour améliorer la créativité, la communication et la mobilité (Apple).
8. Entrer dans la « nouvelle nouvelle » économie où le produit principal est gratuit (Google, Skype).
9. Surfer sur la longue traîne, c'est-à-dire le caractère illimité de l'offre sur Internet (Amazon, iTunes).
10. Être simple dans un monde complexe (SpaceX, Fleury Michon).

Et… moi

Chacun d'entre nous, s'il a été convaincu par la synthèse présentée ici et par l'urgence qu'il y a à mettre en œuvre certaines des solutions ébauchées, peut faire beaucoup. N'oubliez pas que, collectivement, la force de frappe de l'ensemble des Caddie d'hypermarché des consommateurs de la planète excède de plusieurs ordres de grandeur le budget des États les plus puissants. Soutenir les produits du commerce équitable, s'inspirer dans ses achats des guides d'éthique des consommateurs et d'autres ouvrages nous incitant à « acheter responsable ». Essayer d'acheter quand on le peut des produits de l'agriculture biologique, même s'ils sont plus chers, est à la fois bon pour la planète et bon pour nous-mêmes. Boycotter certaines entreprises qui utilisent leurs bénéfices pour bloquer des réglementations favorables à la protection de la nature ou de l'être humain, sanctionner les pratiques d'entreprises comme Monsanto[1], me paraissent une nécessité pour le citoyen de demain. Diffuser autour de vous les solutions originales des « héros » de cet ouvrage ainsi que les livres qu'ils ont écrits (cf. p. 693-696) est essentiel dans un monde où les médias ne donnent trop souvent la parole qu'aux extrêmes (le système en place et ses critiques les plus virulents), oubliant soigneusement au passage ceux qui présentent des solutions alternatives susceptibles d'être vraiment bénéfiques pour notre société. Mais vous pouvez faire encore bien d'autres choses. Si vous êtes une secrétaire, vous pouvez inciter votre patron à utiliser du papier sans chlore. Si vous êtes caissière, vous pouvez proposer que votre magasin mette en place une boîte pour récolter des piles au mercure usagées. Si vous êtes ouvrier agricole, vous pouvez suggérer que votre patron récupère et réutilise comme engrais un certain nombre de produits qui sont actuellement jetés ou brûlés. Bref, mêmes aux

1. Voir Jean Staune, *La Science en otage*, *op. cit.*, chapitre 9, et le film *Le Monde selon Monsanto* de Marie-Monique Robin.

places les plus modestes de la société, des dizaines de milliers de « gestes de progrès » différents peuvent être envisagés et, dans bien des cas, si les budgets nécessaires pour les mettre en place sont modestes, il est fort probable que l'on vous autorise à le faire. Ne vous réfugiez jamais ni dans le cynisme du style : « Toutes ces belles idées, c'est encore une nouvelle façon pour nous exploiter » ni dans le « confort » que donne l'impuissance : « De toute façon, au poste que j'occupe, il m'est bien impossible de changer quoi que ce soit. » Il faut ici inverser la pyramide, changer au niveau individuel pour faire changer l'entreprise, avec l'espoir que celle-ci fasse changer l'État et, au-delà, la planète dans son ensemble. Puisqu'il est clair que ce n'est pas par le haut que le monde postmoderne peut être transformé, mais par des myriades d'initiatives individuelles ou locales montrant la crédibilité des nouveaux concepts rassemblés ici.

« Soyez insatiable, soyez fou »

C'est par ces mots que Steve Jobs a terminé son allocution aux étudiants de Stanford[1]. C'est sans doute une des meilleures façons de résumer les pistes d'un développement personnel à l'époque transmoderne.

« Soyez insatiable » de connaissance. Oui, le savoir est l'élément clé de ce monde, il sera donc l'élément clé de votre réussite. L'époque où l'on pouvait vivre toute sa vie sur les bagages accumulés à l'université ou dans une école d'ingénieur est définitivement révolue. Il n'est pas nécessaire pour cela de suivre des cursus de formation continue. C'est là l'apport extraordinaire d'Internet qui permet à ceux

1. Voir la note 1 p. 633.

qui le désirent vraiment de se former gratuitement dans le domaine de leur choix. Vous devez avoir l'esprit curieux et éveillé, non pas, certes, dans tous les domaines, mais dans ceux qui vous attirent le plus, et vous devez essayer de diversifier vos centres d'intérêt, car vous ne savez pas lequel d'entre eux est susceptible d'être à la base de votre réussite de demain. On parle beaucoup de l'employabilité, et il est clair que celle-ci sera fondée sur le savoir. Une véritable fracture se produira demain entre ceux qui seront rémunérés pour une connaissance quelle qu'elle soit et ceux qui seront rémunérés pour une action physique, telle que livrer une pizza, visser un écrou ou taper un code-barres dans une caisse enregistreuse. C'est cette diversité de vos savoirs qui vous permettra d'« être fou ».

« Soyez fou » consiste à envisager ce qui était, hier, inenvisageable. Vous êtes aujourd'hui le modeste employé d'une compagnie d'assurances, mais vous avez épousé une Indienne. Et voilà que vous allez développer la « microassurance » en Inde, idée qui n'existe pas encore, mais qui serait très utile. Vous ne serez pas milliardaire, mais vous aurez une vie 10 fois plus porteuse de sens qu'auparavant. Vous recevrez peut-être le prix Nobel de la paix et vous deviendrez une star internationale. Vous avez, lors d'un trekking dans les Andes ou d'une marche dans la jungle brésilienne, découvert une plante rare susceptible de remplacer le sucre, mais aussi les édulcorants chimiques tel l'aspartame[1] ; vous allez développer son importation en France et aider à mettre en place des structures de commerce équitable qui, en plus, aideront à préserver les forêts où pousse cette plante. Vous n'avez aucun goût pour le voyage, vous n'avez pas d'épouse étrangère, vous êtes un éleveur

1. Je pense ici bien sûr à la stévia.

de porcs à Landerneau et vous allez mettre en place une nouvelle filière d'élevage de porcs qui non seulement sera non polluante, mais où les déchets serviront à développer toute une série d'autres filières donnant du travail à de nombreuses personnes et aidant à dépolluer une nature qui, autour de vous, en a bien besoin. Vous êtes un simple employé, sans aucun goût pour l'écologie, mais vous avez une passion pour la musique et, grâce à un clip vidéo bien fait, vous allez devenir une star de l'Internet et encaisser des royalties confortables, grâce à la publicité qui passera sur votre site Web où les internautes viendront voir vos clips diffusés gratuitement. Vous n'avez aucun talent pour la musique, et vous êtes néanmoins passionné par ce domaine. Vous allez créer une structure de *crowdfunding* (financement par la foule tel My Major Company), et vous allez aider les artistes de demain à trouver leur financement.

Je pourrais multiplier sans fin la liste des possibilités qui s'offrent à ceux qui veulent changer quelque chose dans leur quotidien. Avant, il fallait prendre un bateau, risquer dix fois la mort pour devenir fermier sur les terres vierges de l'Argentine ou prospecteur d'or en Alaska. Aujourd'hui, la magie du monde numérique vous permet de découvrir d'autres horizons sans quitter votre fauteuil, et parfois de vous enrichir sans prendre de risques pour votre vie. Bien entendu, parmi tous ceux qui essaieront, un très grand nombre échoueront. Mais l'échec, non seulement ne doit pas vous décourager (il est normal d'essuyer plusieurs échecs avant de réussir dans des créneaux comme ceux mentionnés ici), mais, surtout, vaut mieux que l'immobilité. L'échec a une vertu pédagogique. Oui, le monde de demain sera un monde beaucoup moins sécurisé, beaucoup plus risqué, et cela pour chacun d'entre nous, même pour les fonctionnaires dont l'emploi garanti à vie risque fort d'être supprimé avant la fin de la décennie. Aucun diplôme, aucun poste ne constitue une garantie définitive. C'est, il est vrai, très stressant, mais c'est aussi une raison pour se mettre en mouvement, pour développer cette soif insatiable de connaissance, pour explorer en permanence d'autres opportunités, pour avoir plusieurs sources de revenus complémentaires, pour se préparer à l'imprévisible, grâce à une aptitude à rebondir donnée par une multiplication des talents et des savoirs. Voilà les clés du développement personnel pour aller vers une vie porteuse de sens dans le monde de demain.

Mais, quelle que soit votre religion (ou malgré votre absence de religion), ce développement ne saurait être complet sans une des approches spirituelles que nous avons évoquées à la fin du chapitre 10. Il est difficile de trouver un sens à notre vie dans le cadre d'une conception où nous ne serions qu'un « paquet de neurones », et la nature un ensemble de matières premières à exploiter. C'est ici, bien sûr, que l'on retrouve les problématiques que j'ai développées dans un précédent ouvrage[1] et qui étaient résumées ici aux chapitres 3 et 4. Ce monde d'incertitude, d'incomplétude, d'imprédictibilité est certes un monde qui peut être angoissant, mais aussi, comme nous venons de le souligner, un monde plein d'opportunités. Mais c'est surtout, sur le plan spirituel, un monde ouvert. La modernité et son approche rationnelle avaient voulu clôturer le réel. Nous avons vu comment les nouveaux concepts scientifiques ont fait voler en éclats cette clôture. Rien ne symbolise mieux pour moi cette ouverture à d'autres dimensions ou d'autres niveaux de réalité que le dessin d'Escher *Exposition d'estampes* reproduit ci-dessous.

1. Jean Staune, *Notre existence a-t-elle un sens ?*, *op. cit.*

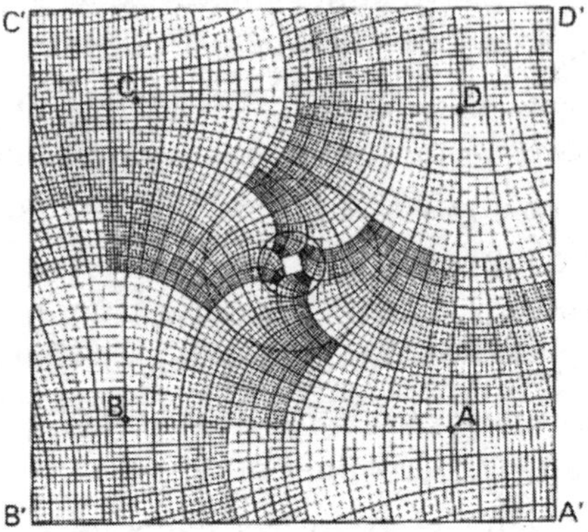

[A]

Print Gallery, *1956, litograph,*
© *The M.C. Escher Company B.V.*

[B]

Le tableau d'Escher Exposition d'estampes *(B)*
n'est cohérent que parce qu'il est incomplet.
La grille sous-jacente (A) montre que l'incomplétude est inhérente
à sa structure : une métaphore du théorème de Gödel…
et du monde de demain.

Si l'on suit la bordure de ce dessin, on se rend compte que le jeune homme à gauche est à l'intérieur du tableau qu'il regarde. Cela n'est possible que parce que la structure du tableau est quelque peu « truquée ». Dans un tableau normal, toutes les cases de la grille sous-jacente devraient avoir la même taille. Ici, elles sont toutes de tailles différentes (cf. la grille A). De même, la grille sous-jacente est tordue, torsion que l'on retrouve dans le tableau. Mais si on le regarde localement, le tableau est cohérent. À côté d'un tableau, il y a un autre tableau. À côté des bateaux, il y a un port. À côté des maisons, une autre maison. Il y a un seul endroit où cette cohérence serait logiquement impossible. Au centre du tableau, où l'eau du port devrait couler au plafond de la galerie de tableaux. Mais là où l'œuvre est vraiment symbolique, c'est qu'elle a une structure du type fractal et que vous ne pouvez pas éviter qu'il existe un trou au centre. Ce trou peut être aussi petit que vous le voulez, mais il est inévitable, et le peintre a signé dans le trou pour montrer que là se situait l'essentiel.

Ce tableau d'Escher était la représentation du théorème de Gödel (Escher peignait souvent des représentations de théories scientifiques, telles que le Big Bang ou la relativité), le fameux théorème d'incomplétude. Or, le message que nous donne ce tableau, c'est que l'incomplétude *fait sens*. En effet, si le tableau était complet, il y aurait en son centre une incohérence, voire une absurdité. C'est donc l'incomplétude qui préserve le sens, ce qui est à la base du message de Gödel (si on est cohérent, on doit rester incomplet). Mais pour moi, cette œuvre ne symbolise pas seulement le théorème de Gödel, mais toute la nouvelle vision du monde, tout ce qui est derrière la matière, derrière l'univers, mais qu'on ne peut mettre en lumière, qu'on ne peut ni mesurer ni peser et qui, pourtant, existe, comme le disent l'astrophysique ou la mécanique quantique. Sur le plan spirituel, ce tableau fait écho aux propos de Marc Luyckx Ghisi, définissant la transmodernité comme une table ronde, avec un trou au centre d'où sort la lumière (cf. p. 332). Il se rapproche de concepts comme celui du tao qui nous explique qu'une maison sans portes ni fenêtres, une poterie qui serait fermée et une roue qui n'aurait pas de trou au centre pour y faire passer le moyeu ne serviraient à rien et seraient donc dépourvues de sens. Dans la tradition chrétienne, une très riche et très intéressante approche théologique, dite négative ou « apophatique », qui nous dit, non pas ce que Dieu est, mais ce que Dieu n'est pas, fait également écho à cette image.

Ce qui est beau dans ce tableau, c'est l'ouverture qu'il propose et qui est tout à fait en phase avec les visions non dogmatiques des différentes spiritualités transmodernes. Vous pouvez mettre derrière ce que vous voulez, et c'est ce qui fait sa beauté. Il est un peu comme ce point d'eau dans le désert autour duquel les espèces les plus diverses peuvent se retrouver pour s'abreuver, tout en faisant une halte dans leur chasse et leur combat.

J'ai, une année, remplacé un professeur de philosophie des sciences dans une grande école parisienne. Les élèves, tout juste sortis d'un concours difficile et on ne peut plus classique, avaient le réflexe de combler le trou quand je leur ai montré ce tableau. Je leur ai répondu que c'était impossible. Alors, un jeune étudiant roumain s'est levé. Il avait échappé à Ceauşescu quelques années auparavant et il m'a dit : « S'il n'y avait pas ce trou au centre, nous serions tous des robots. » Je lui ai dit qu'il avait magnifiquement compris ce que j'avais essayé de transmettre ce jour-là, et j'espère que c'est aussi le cas pour vous. Si le tableau était complet, si le monde classique s'était révélé vrai scientifiquement, alors il n'y aurait aucun espace pour penser le libre arbitre ou la liberté humaine. Dans ce cas, nous ne serions que des machines, et l'avenir qui nous attendrait, comme le pensent les théoriciens de la singularité rencontrés au premier chapitre, nous réduirait à des garçons de course des robots du futur. Mais voilà, la science elle-même a déconstruit cette vision qui tendait à la complétude, et ce qu'illustre cette œuvre d'Escher, c'est ce que, après Ilya Prigogine, Trinh Xuan Thuan et d'autres, j'ai appelé le « réenchantement du monde ». C'est pourquoi je tiens à terminer avec elle, tout en mettant son symbolisme en parallèle avec cette célèbre phrase d'Antoine de Saint-Exupéry : « On ne voit bien qu'avec le cœur, l'essentiel est invisible pour les yeux. »

Paris, Préchac, 2011-2015

Mes héros
(guide de lecture)

Cet ouvrage de synthèse aborde un très grand nombre de thèmes, c'est pourquoi je voulais mettre en avant, parmi les centaines d'ouvrages que j'ai lus et les dizaines de personnes que j'ai rencontrées pour l'écrire, ceux qui me paraissaient les plus innovants, qui avaient fait les réalisations les plus remarquables ou produit les analyses les plus pertinentes. Cette liste peut constituer en quelque sorte un guide de lecture[1] pour ceux qui voudraient en savoir plus.

Écologie positive

Les perspectives ouvertes par William McDonough et Michael Braungart dans leur façon de reconcevoir l'ensemble des produits et de l'habitat pour qu'ils aient des effets positifs sur notre vie au lieu d'être « moins mauvais » me paraissent une des voies les plus enthousiasmantes et les plus prometteuses pour le futur. Si on l'associe aux réalisations de Gunter Pauli sur le recyclage des matières premières végétales qui sont aujourd'hui en grande partie détruites, il y a là une véritable perspective pour une croissance économique qui respecte l'environnement.

1. Voir dans la bibliographie les ouvrages des personnes citées ici.

Responsabilité sociale de l'entreprise

Ben Cohen et Jerry Greenfield ont été les pionniers qui ont défini ce qu'est une entreprise travaillant vraiment pour le bien commun. Les solutions qu'ils ont découvertes lors du développement des glaces Ben & Jerry's sont un modèle du genre. En France, François Lemarchand, avec l'aide de son épouse Françoise, incarne depuis vingt-cinq ans, à travers Nature & Découvertes, mais aussi l'Université de la Terre et bien d'autres actions cette économie positive, cette nouvelle forme de capitalisme qui prend en compte l'ensemble des acteurs sociaux et non pas seulement les actionnaires. Élisabeth Laville est une source inépuisable d'informations sur ce mouvement et son cabinet Utopies a profondément contribué à faire évoluer les choses en France. Muhammad Yunus, avec l'invention et le développement du microcrédit, puis du social-business, restera un acteur essentiel de cette révolution qui vise à utiliser la force du capitalisme pour le bien de tous et pas seulement pour certains. Le commerce équitable est un autre pilier de ce domaine, et j'étais très heureux et honoré de pouvoir rencontrer son fondateur, le père Frans Van der Hoff, grâce à Christopher Wasserman et au Zermatt Summit, lequel sommet est une source importante d'informations sur ce domaine. Il y aurait beaucoup d'autres entreprises et entrepreneurs à mentionner ; contentons-nous de signaler simplement Yvon Chouinard, fondateur de Patagonia.

Management

Prendre en compte tous les acteurs de l'entreprise, c'est bien, mais permettre le développement de la créativité de ses salariés est un point essentiel. Isaac Getz et Brian M. Carney, après une enquête auprès de nombreuses entreprises, ont produit un ouvrage remarquable sur ce qu'ils appellent les « leaders libérateurs » et leurs méthodes. L'un d'entre eux est un Français, Jean-François Zobrist, dont la belle histoire à la tête de l'entreprise Favi est un exemple pour tous. Moins connu, le cas de Ricardo Semler au Brésil nous montre qu'il n'y a pas de frontières culturelles ou géographiques pour appliquer de telles idées.

Les prospectivistes

Chris Anderson, de par sa position dans la revue *Wired* et sa passion pour les nouvelles tendances, est un guide très sûr à travers les mutations économiques, industrielles et technologiques. Ses ouvrages sont toujours brillants et accessibles. Jeremy Rifkin fait partie de ces pionniers qui, s'ils sont parfois excessifs dans leurs prédictions, n'en ont pas moins souvent raison. Ses réflexions sur la troisième révolution industrielle, le développement d'Internet, les communo-collaboratifs, nouvelles méthodes pour retrouver d'anciennes façons de développer des liens de particulier à particulier, ou ses réflexions sur la fin du travail sont d'une grande importance pour les thèmes présentés ici. Pierre Giorgini, une sorte de Jeremy Rifkin français, essaie de développer et d'incarner ces idées, dans la plus grosse structure universitaire privée de France, l'Université catholique de Lille. Il prouve qu'il n'y a pas de fatalité française à être en retard dans ces domaines. Jacques Attali, d'une façon différente, est, lui aussi, une source perpétuelle d'idées, de synthèses et de prédictions audacieuses. Un classique comme celui d'Ernst Schumacher devrait être relu aujourd'hui par beaucoup. Des réflexions comme celles de Ray et Anderson sur les créatifs culturels sont importantes pour comprendre les mutations sociétales, de même que la démarche de Pekka Himanen qui, à travers l'éthique des hackers, nous dévoile quelques pans des valeurs qui animeront demain la société de la connaissance. François Roddier a développé une œuvre originale appliquant, de façon profonde, des concepts scientifiques comme la thermodynamique à la compréhension de l'évolution de nos sociétés. Enfin, une mention spéciale à Marc Luyckx Ghisi, à qui je dois la découverte de la notion de transmodernité et qui est à la fois un observateur et un acteur infatigable de l'émergence de cette nouvelle société en réseau que nous espérons plus tolérante, plus juste et plus porteuse de sens.

Les économistes

Il y aurait ici beaucoup de noms à citer. Je me contenterai de mentionner le travail remarquable de Joseph E. Stiglitz sur les dérives et les limites du libéralisme économique. L'idée remarquable d'Hernando de Soto concernant la nécessité d'une lisibilité par tous des propriétaires des biens et des engagements pris par les différents acteurs économiques. C'est l'absence de cette lisibilité qui est une des causes de la crise actuelle. Quant à Tomáš Sedláček, il a fait un très profond travail de déconstruction des mythes économiques en nous montrant que l'économie était d'abord un choix moral avant d'être une technique « rationnelle » prétendant avoir une base mathématique.

Prévision des risques

Enfin, une des idées les plus décoiffantes que j'aie rencontrées est la sous-estimation dramatique des événements rares dans notre société actuelle, parfaitement expliquée par Philippe Herlin et Benoît Mandelbrot et mise en scène de façon humoristique par Nassim Nicholas Taleb, qui nous montre que nous vivons plus dans un Extremistan que dans un Mediocristan où demain serait peu différent d'hier.

Bibliographie

ANDERSON Chris, *La Longue Traîne*, Pearson, 2007.

—, *Free ! Entrez dans l'économie du gratuit*, Pearson, 2009.

—, *Makers : la nouvelle révolution industrielle*, Pearson, 2012.

ANDREMONT Antoine, TIBON-CORNILLOT Michel, *Le Triomphe des bactéries : la fin des antibiotiques ?*, Max Milo, 2007.

ARMSTRONG Stuart, *Smarter Than Us: The Rise of Machine Intelligence*, Machine Intelligence Research Institute, 2014.

ARTUS Patrick, VIARD Marie-Paule, *Le capitalisme est en train de s'autodétruire*, La Découverte, 2005.

ATTALI Jacques, *Karl Marx ou l'Esprit du monde*, Fayard, 2005.

—, *Une brève histoire de l'avenir*, Fayard, 2006.

BARRAT James, *Our Final Invention, Artificial Intelligence and the End of the Human Era*, Thomas Dunne Books, 2013.

BÉBÉAR Claude, MANIÈRE Philippe, *Ils vont tuer le capitalisme*, Plon, 2003.

BÉNARD Vincent, *Foreclosure Gate, les gangs de Wall Street contre l'État US*, Édouard Valys Éditions, 2011.

BENKLER Yochai, *La Richesse des réseaux : marchés et libertés à l'heure du partage social*, Presses universitaires de Lyon, 2009.

Benoît XVI, *Caritas in Veritate*, Libreria Editrice Vaticana, 2009.

BENOIT Jacques, *L'Entreprise démocratique*, Chronique sociale, 1994.

BLAMONT Jacques, *Introduction au siècle des menaces*, Odile Jacob, 2004.

BOSTROM Nick, *Superintelligence: Paths, Dangers, Strategies*, Oxford University Press, 2014.

BRECHON Pierre (dir.), *Les Valeurs des Français. Évolution de 1980 à 2000*, Armand Colin, 2000.

BRUNE François, *Christ et Karma, la réconciliation ?*, Le Temps présent, 2012.

CHANGEUX Jean-Pierre, *L'Homme neuronal*, Hachette, 1998.

CHANGEUX Jean-Pierre, CONNES Alain, *Matière à penser*, Odile Jacob, 1989.

CHAUVIN Rémy, *La Biologie de l'esprit*, Éditions du Rocher, 1985.

CHOUINARD Yvon, *Homme d'affaires malgré moi. Confessions d'un alter-entrepreneur*, Vuibert, 2006.

COHEN Ben, GREENFIELD Jerry, *Ben & Jerry's Double-Dip. How to Run a Values-Led Business and Make Money, Too*, Simon and Schuster, 1998.

COLLIN Denis, *Le Cauchemar de Marx*, Max Milo, 2009.

COMTE-SPONVILLE André, *De l'autre côté du désespoir. Introduction à la pensée de Swâmi Prajnânpad*, Accarias-L'Originel, 1997.

—, *Le capitalisme est-il moral ?*, Albin Michel, 2004.

COMTE-SPONVILLE André, FERRY Luc, *La Sagesse des modernes*, Robert Laffont, 1999.

CROZIER Michel, *Le Phénomène bureaucratique*, Éditions du Seuil, 1971.

DAOUST Martine, *La Réforme… oui, mais sans rien changer*, Albin Michel, 2013.

DAWKINS Richard, *Le Gène égoïste*, Odile Jacob, 2003.

DE SOTO Hernando, *Le Mystère du capital : pourquoi le capitalisme triomphe en Occident et échoue partout ailleurs ?*, Flammarion, 2005.

DEBORD Guy, *La Société du spectacle*, Buchet-Chastel, 1967.

—, *Commentaires sur la société du spectacle*, Éditions Gérard Lebovici, 1988.

DELAPORTE Pierre, FOLLENFANT Teddy, *Développement durable, 21 patrons s'engagent*, Cherche midi, 2002.

DENNETT Daniel C., *Darwin est-il dangereux ?*, Odile Jacob, 2000.

DRUCKER Peter, *Au-delà du capitalisme*, Dunod, 1993.

ESPAGNAT Bernard D', *À la recherche du réel*, Gauthier-Villars, 1979 ; réédition, Dunod, 2015.

—, *Un atome de sagesse*, Seuil, 1982.

FERRY Luc, *Le Nouvel Ordre écologique*, Grasset, 1992.

—, *L'homme-Dieu ou le Sens de la vie*, Grasset, 1996.

FLEURY Vincent, *De l'œuf à l'éternité, le sens de l'évolution*, Flammarion, 2006.

FOLLENFANT Teddy, TUTENUIT Claire, *Développement durable, cinq ans après : la métamorphose*, Cherche midi, 2007.

FONTENOY Maud, *Ras-le-bol des écolos : pour qu'écologie rime avec économie*, Plon, 2013.

FOURASTIÉ Jean, *Ce que je crois*, Grasset, 1981.

GEOFFROY Éric, *L'islam sera spirituel ou ne sera plus*, Seuil, 2009.

GETZ Isaac, CARNEY Brian M., *Liberté & Cie. Quand la liberté des salariés fait le bonheur des entreprises*, Fayard, 2012.

GHEORGHIU Virgil, *La Vingt-Cinquième Heure*, Plon, 2000.

GIORGINI Pierre, *La Transition fulgurante. Vers un bouleversement systémique du monde ?*, Bayard, 2014.

GOLDENFELD Nigel, WOESE Carl R., « Biology's Next Revolution », *Nature*, vol. 445, 25 janvier 2007.

GOODWIN Brian, *How the Leopard Changed its Spots*, Touchstone Books, 1996.

GOULD Stephen Jay, *La Structure de la théorie de l'évolution*, Gallimard, 2006.

HAMEL Gary, *La Fin du management : inventer les règles de demain*, Vuibert, 2008.

HALÉVY Marc, *L'Âge de la connaissance : principes et réflexions sur la révolution noétique au XXI*e *siècle*, Éditions MM2, 2005.

—, *Petit Traité de management postindustriel*, Dangles, 2010.

HERLIN Philippe, *Finance, le nouveau paradigme*, Eyrolles, 2010.

HIMANEN Pekka, *L'Éthique hacker et l'Esprit de l'ère de l'information*, Exils, 2001.

HUNTINGTON Samuel, *Le Choc des civilisations*, Odile Jacob, 2000.

ISAACSON Walter, *Steve Jobs*, J.-C. Lattès, 2011.

JORION Paul, *Le Capitalisme à l'agonie*, Fayard, 2011.

KACZYNSKI Theodore, *La Société industrielle et son avenir*, Éditions de l'Encyclopédie des Nuisances, 1998.

KAUFFMAN Stuart A., *The Origins of Order: Self-Organization and Selection in Evolution*, Oxford University Press, 1993.

—, *Réinventer le sacré, une nouvelle vision de la science, de la raison et de la religion*, Dervy, 2013.

KOONIN Engene V., « Darwinian Evolution in the Light of Genomics », *Nucleic Acids Research*, vol. 37, 2009, n° 4, p. 1011-1034.

KUHN Thomas S., *La Structure des révolutions scientifiques*, Flammarion, coll. « Champs », 1999.

KURZWEIL Ray, *The Age of Spiritual Machines*, Penguin Books, 2000.

LÁSZLÓ Ervin, LÁSZLÓ Christopher, *Le Management évolutionniste. Naviguer dans la turbulence*, Economica, 1993.

LATOUCHE Serge, HARPAGÈS Didier, *Le Temps de la décroissance*, Thierry Magnier, 2010.

LAVAL Martine, *N'écoutez pas votre cerveau ! Comment rester sain dans un monde malade*, InterÉditions, 2010.

LAVILLE Élisabeth, BALMAIN Marie, *Achetons responsable ! Mieux consommer dans le respect des hommes et de la nature*, Seuil, 2006.

LAVILLE Élisabeth, *L'Entreprise verte, le développement durable change l'entreprise pour changer le monde*, Village Mondial, 2002.

LECAUSSIN Nicolas, *Au secours, ils veulent la peau du capitalisme*, First Éditions, 2009.

LECOMTE Tristan, *Le Pari du commerce équitable*, Éditions d'Organisation, 2003.

LEMARCHAND François, FLÉCHET Grégory, *Hors du développement durable, pas d'avenir pour les entreprises*, Milan, 2008.

LENOIR Frédéric, *Les Métamorphoses de Dieu*, Plon, 2003.

LEWIS Michael, *Le Casse du siècle*, Sonatine, 2010.

LIBET Benjamin, *L'Esprit au-delà des neurones, une exploration de la conscience et de la liberté*, Dervy, 2012.

LODÉ Thierry, *Manifeste pour une écologie évolutive : Darwin et après ?*, Odile Jacob, 2014.

LUYCKX GHISI Marc, *La Société de la connaissance*, Éditions Romaines, 2007.

—, *Surgissement d'un monde nouveau. Valeurs, vision, économie, politique… tout change*, Alphée, 2010.

MAFFESOLI Michel, *Le Temps des tribus. Le déclin de l'individualisme dans les sociétés postmodernes*, La Table ronde, 1988.

—, *Le Réenchantement du monde*, La Table ronde, 2007.

MANDELBROT Benoît, *Fractales, hasard et finance*, Flammarion, 1997.

—, *Une approche fractale des marchés*, Odile Jacob, 2009.

MANDEVILLE Bernard, *La Ruche bourdonnante ou les Crapules virées honnêtes*, Paris, La Bibliothèque, 2006.

McDONOUGH William, BRAUNGART Michael, *Cradle to Cradle, créer et recycler à l'infini*, Éditions Alternatives, 2011.

MEZOUAR Abdelkébir (dir.), *Science, tradition et management*, Éditions du CRD, 2001.

MIDLER Christophe, *L'Auto qui n'existait pas*, Dunod, 2004.

MOODY Raymond, *La Vie après la vie*, Robert Laffont, 1977.

MURNIGHAN Keith J., *Do Nothing! How to Stop Overmanaging and Become a Great Leader*, Portfolio, 2012.

NAYAR Vineet, *Les Employés d'abord, les clients ensuite. Comment renverser les règles du management*, Diateino, 2011.

NEEDHAM Joseph, *La Science chinoise et l'Occident*, Seuil, 1977.

NICOLINO Fabrice, *Qui a tué l'écologie ?*, Les liens qui libèrent, 2011.

NOWAK Maria, *On ne prête pas qu'aux riches : la révolution du microcrédit*, J.-C. Lattès, 2005.

ORTOLI Sven, PHARABOD Jean-Pierre, *Le Cantique des quantiques*, La Découverte, 1984.
PAULI Gunter, *Croissance sans limites : objectif zéro pollution. Croissance économique et régénération de la nature*, Éditions Quintessence, 2007.
PENROSE Roger, *Les Ombres de l'esprit*, InterÉditions, 1995,
PIKETTY Thomas, *Le Capital au XXIe siècle*, Seuil, 2013.
RABHI Pierre, *Vers la sobriété heureuse*, Actes Sud, 2010.
RAND Ayn, *Introduction to Objectivist Epistemology*, Plume, 1990.
—, *La Vertu d'égoïsme*, Les Belles Lettres, 1993.
—, *La Grève*, Les Belles Lettres, 2011.
RAY Paul H., ANDERSON Sherry Ruth, *L'Émergence des créatifs culturels. Enquête sur les acteurs d'un changement de société*, Yves Michel, 2001.
REES Martin, *Notre dernier siècle ?*, J.-C. Lattès, 2004.
RIFFAULT Hélène, (dir.), *Les Valeurs des Français*, PUF, coll. « Sociologies », 1994.
RIFKIN Jeremy, *La Troisième Révolution industrielle. Comment le pouvoir latéral va transformer l'énergie, l'économie et le monde*, Les liens qui libèrent, 2012.
—, *La Nouvelle Société du coût marginal zéro*, Les liens qui libèrent, 2014.
RODDICK Anita, *Corps et Âme*, Village Mondial, 2003.
RODDIER François, *Thermodynamique de l'évolution : un essai de thermo-bio-sociologie*, Parole Éditions, 2012.
ROCHE Marc, *La Banque. Comment Goldman Sachs dirige le monde*, Albin Michel, 2010.
ROOZEN Nico, VAN DER HOFF Frans, *L'Aventure du commerce équitable. Une alternative à la mondialisation par les fondateurs de Max Havelaar*, J.-C. Lattès, 2002.
ROUBINI Nouriel, MIHM Stephen, *Économie de crise, une introduction à la finance du futur*, J.-C. Lattès, 2010.

SAINT-EXUPÉRY Antoine DE, *Citadelle*, Gallimard, 1948.
—, *Pilote de guerre*, Le Livre de poche, 1963.
SCHAFER Lothar, *Le Potentiel infini de l'univers quantique*, Guy Trédaniel Éditeur, 2014.
SCHUMACHER Ernst Friedrich, Small is Beautiful : *une société à la mesure de l'homme*, Seuil, 1978.
SEDLÁČEK Tomáš, *L'Économie du bien et du mal*, Eyrolles, 2013.
SEMLER Ricardo, *À contre-courant : vivre l'entreprise la plus extraordinaire au monde*, Dunod, 1999.
SINGER Peter, *La Libération animale*, Grasset, 1993.
SMITH Adam, *Recherche sur la nature et les causes de la richesse des nations*, Flammarion, 1991.
SORMAN Guy, *Le Capital, suite et fins*, Fayard, 1994.
STAUNE Jean, *Questions pour un monde en mutation*, cédérom réalisé par Pascal Ferriot et produit par l'Institut du Management EDF-GDF, 1998.
—, *Notre existence a-t-elle un sens ?*, Presses de la Renaissance, 2007.
—, *Au-delà de Darwin. Pour une autre vision de la vie*, Jacqueline Chambon-Actes Sud, 2009.
—, *La Science en otage*, Presses de la Renaissance, 2010.
STIGLITZ Joseph E., *La Grande Désillusion*, Fayard, 2001.
—, *Quand le capitalisme perd la tête*, Fayard, 2003.
—, *Le Triomphe de la cupidité*, Les liens qui libèrent, 2010.
STOETZEL Jean, *Les Valeurs du temps présent : une enquête européenne*, PUF, 1983.
SUAREZ Antoine, ADAMS Peter (dir.), *Is Science Compatible with Free Will ?*, Springer, 2013.
TALEB Nassim Nicholas, *Le Cygne noir*, Les Belles Lettres, 2007.

TEPPER MARLIN Alice, *Shopping for a Better World: a Quick and Easy Guide to Socially Responsible Supermarket Shopping*, Ballantine Books, 1992.

THESMAR David, LANDIER Augustin, *Le Grand Méchant Marché : décryptage d'un fantasme français*, Flammarion, 2008.

—, *Dix Idées qui coulent la France*, Flammarion, 2013.

VAN LOMMEL Pim, VAN WEES Ruud, MEYERS Vincent, ELFFERICH Ingrid, « Near Death Experience in Survivors of Cardiac Arrest: a Prospective Study in the Netherlands », *The Lancet*, vol. 358, n° 9298, 15 décembre 2001.

WARIDEL Laure, *Acheter, c'est voter*, Écosociété, 2005.

WEBER Max, *L'Éthique protestante et l'Esprit du capitalisme*, Pocket, 1989.

WHEATLEY Margaret, *Leadership and the New Science: Discovering Order in a Chaotic World*, Berrett-Koehler Publishers, 2006.

WITT François DE, *La Preuve par l'âme*, Guy Trédaniel, 2015.

WOESE Carl R., « A New Biology for a New Century », *Microbiology and Molecular Biology Reviews*, juin 2004, 68 (2), p. 173-186.

YUNUS Muhammad, *Vers un monde sans pauvreté*, J.-C. Lattès, 1998.

—, *Vers un nouveau capitalisme*, J.-C. Lattès, 2008.

—, *Pour une économie plus humaine : construire le social-business*, J.-C. Lattès, 2011.

ZERZAN John, *Aux sources de l'aliénation*, L'Insomniaque, 1999.

ZOBRIST Jean-François, *La Belle Histoire de Favi, l'entreprise qui croit que l'homme est bon*, Humanisme & Organisations, 2014.

Collectif, *Le Guide éthique du consommateur*, Albin Michel, 2001.
Collectif, *Achetons responsable ! Mieux consommer dans le respect des hommes et de la nature*, Seuil, 2006.
Collectif, *Acheter pour un monde meilleur*, Eyrolles, 2007.
Collectif, *In the River they Swim: Essays from around the World on Enterprise Solutions to Poverty*, Templeton Press, 2009.

www.staune.fr
www.utopies.com
www.zeri.org
www.zermattsummit.org

Remerciements

Cet ouvrage n'est pas seulement le fruit de lectures et d'analyses mais de rencontres avec des dizaines d'acteurs des révolutions qui y sont décrites. Ces rencontres ont été rendues possibles, tout d'abord grâce à des colloques comme ceux de l'Université de la Terre organisés par mes amis François et Françoise Lemarchand dont l'entreprise qu'ils ont fondée et qui est aujourd'hui dirigée par leur fils, Antoine, Nature & Découvertes, est une des entreprises françaises qui incarnent le mieux ce que peut être une entreprise socialement responsable pour le XXIe siècle. Élisabeth Laville qui a été une grande pionnière de ce mouvement de la responsabilité sociale des entreprises, avec son cabinet Utopies, m'a aussi inspiré et m'a permis de rencontrer d'autres héros de ce livre dans les colloques qu'elle a organisés à l'École supérieure de commerce de Paris. Laurent Saussereau (qui continue actuellement son action dans la société Yuman) m'a donné la possibilité d'organiser mes premiers grands colloques internationaux destinés à des managers quand il dirigeait Euroforum puis l'ICAD, sur le thème de l'interaction entre les sciences et le management, avec l'aide de Marc Benner, quand il était à l'Institut du Management d'EDF/GDF, qui a également financé le cédérom *Questions pour un monde en mutation* qui résume cette démarche. Christopher Wasserman, grâce aux énormes efforts qu'il a faits pour développer le sommet de Zermatt destiné à humaniser la globalisation, m'a permis de faire inviter et de rencontrer d'autres acteurs essentiels de ces mutations. La fondation Ecophilos qu'il préside également a soutenu mon travail. Au départ, Bertrand Girod de l'Ain m'a, lors de mes études à Dauphine, fait découvrir la sociologie des organisations. Robert Salmon, quand il était vice-président du groupe L'Oréal, en charge de la prospective, m'a mis le pied à l'étrier en me permettant de travailler à ses côtés et de faire certaines de mes premières interventions dans les différentes divisions de ce groupe. Éric Brys m'a fait confiance en me laissant très jeune enseigner dans le MBA du groupe HEC qui s'appelait alors l'Institut supérieur des affaires. Jean-Marie Deberdt, alors DRH international du groupe Auchan, un pionnier qui était probablement trop en avance sur son époque, a été une source d'inspiration et m'a permis de faire de nombreuses interventions dans ce groupe ; des idées comme les siennes ont ensuite été portées par d'autres personnes telles que Philippe Leblond et Yasmina Zrazou. On les retrouve aujourd'hui dans le projet Auchan Cap 2020. Les clubs de dirigeants de l'Association Progrès du Management (APM) où j'interviens depuis 1993 et les clubs de managers Germe ont été pour moi des écoles essentielles pour l'élaboration des idées contenues dans ce livre. C'est, en effet, lors de débats souvent enthousiastes, animés et controversés avec les membres de ces clubs que j'ai pu faire évoluer mes idées ainsi que lors de discussions avec mes étudiants à HEC, où j'interviens également dans le séminaire « Entraînement aux responsabilités managériales » mis en place par Martine Laval. Dominique Louis, P.-D.G. du groupe Assystem, un homme discret et modeste dont le grand intérêt pour les liens entre les théories scientifiques et le management a été pour moi un exemple et une aide précieuse. Son parcours depuis près d'un quart de siècle est emblématique des managers qui savent faire advenir les choses au lieu d'exiger qu'elles adviennent. Marc Luyckx Ghisi, son enthousiasme et son énergie, Marc Halévy et sa grande connaissance de la théorie du chaos sont de très importants compagnons de route de la démarche que j'ai présentée ici. On peut citer à côté d'eux mes amis marocains Abdelkébir Mezouar et Karim Amor, Olivier Le Grand, ancien directeur de BNP-Paribas Personal Investors, un journaliste économique comme François de Witt, un consultant comme Michel Saloff-Coste ou le président des 3 Suisses et d'Entreprises et Progrès, Denis Terrien. La fondation Concorde présidée par Michel Rousseau est un centre d'idées précieux pour les débats rapportés ici. Jacques Attali m'a fait l'honneur d'accepter de préfacer cet ouvrage. Les discussions, pas uniquement philosophiques mais aussi économiques, avec Luc Ferry et André Comte-Sponville, ont été importantes pour l'élaboration de certains de mes thèmes. Pendant plus de vingt ans d'expérience qui ont été la base de cet ouvrage, je suis intervenu dans un très grand nombre d'entreprises que je ne peux toutes citer ici. Je mentionnerai juste le groupe PSA dans lequel Mireille Toussaint m'a fait intervenir et où j'ai pu rencontrer des personnalités telles que Roland Vardanega. Jones Lang Lasalle et son président Benoît du Passage qui était à l'époque accompagné de Jean de Beaufort. Patrick Bondoux, chez Thales Alenia Space ; Jacques Tournier à la DGA ; Philippe Le Roux chez Key People ;

Guy Stievenart chez KPMG ; Silvio Paschi chez Centromarca ; et Ghislain d'Alançon pour les Conversations Essentielles. Enfin, je veux remercier Christiane et Florence Cattin pour la frappe et les conseils qu'elles m'ont donnés au long de l'élaboration de cet ouvrage, ainsi que mon épouse Danya qui m'a fortement soutenu et encouragé tout au long du long processus de son écriture.

Table

II

AUX RACINES DE LA CRISE

V

De nouveaux types d'entreprises, piliers du monde de demain

Composition et mise en pages
Nord Compo à Villeneuve-d'Ascq

Achevé d'imprimer en mai 2015
par Normandie Roto Impression s.a.s.
61250 Lonrai

Dépôt légal : mai 2015
N° d'impression : 1502034

Imprimé en France